国家社科基金
后期资助项目

中国高质量发展理论框架
与经验问题研究

李子联　著

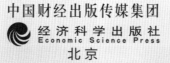

中国财经出版传媒集团

经济科学出版社
Economic Science Press

北京

国家社科基金后期资助项目
出版说明

后期资助项目是国家社科基金设立的一类重要项目，旨在鼓励广大社科研究者潜心治学，支持基础研究多出优秀成果。它是经过严格评审，从接近完成的科研成果中遴选立项的。为扩大后期资助项目的影响，更好地推动学术发展，促进成果转化，全国哲学社会科学工作办公室按照"统一设计、统一标识、统一版式、形成系列"的总体要求，组织出版国家社科基金后期资助项目成果。

全国哲学社会科学工作办公室

序　言

　　围绕人本导向、现实关怀和本土特色，中国经济学应重点关注我国和世界发展面临的重大问题，着力提出能够体现中国立场、中国智慧、中国价值的理念、主张、方案。在逻辑顺序中，应首先总结"中国经验"，其次应基于所积累的经验和提炼的理论挖掘和解决当下的"中国问题"，最终既"稳"又"远"地走好"中国道路"。

　　从内涵上看，"经验"并不应被狭隘地理解为只是一种成功的经历。凡是在中国所发生的种种不管是历史的还是现实的，都可以叫作中国经验。因此，凡是过往，皆为成就现在的"经验"；凡是历程，皆为昭示未来的"经验"。这些"经验"，由于叙述的是特定主体在特定时间下的发展场景，因此具有自身鲜明的特色。在中国特色经济学中，"特色"即是中国的发展经验以及基于此而形成的经济理论。从发展实践中所总结的经验，为中国特色经济学积累了丰富而经典的"问题"。

　　从学理上看，以"中国经验"为样本而进行的理论创新至少有两个方向：一是专注于单一制度经验的理论阐释。由于这些制度经验所涉及的理论可以归属为不同门类的二级经济学科，因此暂且割裂特定制度经验与其他制度经验的联系，并综合运用马克思主义经济学和西方经济学的研究范式对单一的特定制度经验进行理论解释，可能是一种相对简单和快捷的理论创新之路。二是专注于综合制度经验的体系构建。这一方向的创新倾向于构建一种综合性的理论体系，它能够将那些隶属于不同二级经济学科的制度经验纳入统一的逻辑框架下，并能够对中国的发展经验给出完备而严谨的理论解释。因此，那些众多的看似毫无关联的制度经验在这一综合归纳下呈现出了一种内在的联系和外在的秩序。而要完成这一"野心勃勃"而又"困难重重"的工作，似乎至少应在概括出所有制度经验的基础上继续高度地、抽象地寻找出它们的共性。很明显，这种共性应是逻辑演化的起点，它可能是所立足的思想、要达成的目标、应关注的对象和所运用的工具。

李子联教授的专著即是基于中国的发展经验对高质量发展这一重要话题所展开的理论深思，他敏锐地观察到几个影响高质量发展的重要变量，并将其纳入自洽的逻辑体系内，以此构建中国经济高质量发展的理论框架。毫无疑问，这是一项富有挑战的综合性创新，展现了作者构建中国特色经济学理论的壮志和自信，弥足珍贵。全书视野开阔、逻辑严谨、结构合理、方法科学、文笔流畅，框架完整富有启迪，观点深刻而有新意，具有较强的学术性和可读性。希望李子联教授在以后的学术生涯中继续勤耕深挖，为中国发展贡献更多理论和智慧。

南京大学经济增长研究院院长、教育部长江学者特聘教授

沈坤荣

目　录

导论：一个重要的研究介绍

在已全面建成小康社会、实现了第一个百年奋斗目标之后，中国开启了全面建设社会主义现代化国家并向第二个百年奋斗目标进军的新征程，这意味着我国将进入新的发展阶段。从历史使命看，新发展阶段是中国共产党带领全国人民迎来从站起来、富起来到强起来历史性跨越的新阶段，是实现从经济小国到经济大国再向经济强国转变的特殊阶段。从具体指向看，经济强国特指社会主义现代化强国，因为"全面建设社会主义现代化国家、基本实现社会主义现代化，既是社会主义初级阶段我国发展的要求，也是我国社会主义从初级阶段向更高阶段迈进的要求"①。在新发展阶段下实现社会主义现代化强国，应坚持走高质量发展之路。这是因为：就内在关系而言，建设现代化经济体系与实现经济高质量发展之间既相互渗透又相互促进，现代化经济体系是实现高质量发展的基础支撑和重要手段，高质量发展则是建设现代化经济体系的重要内容和基本目标。尽管基于不同的视角，现代化经济体系与经济高质量发展之间存在着评价指标上的差异，但在内涵上两者都因注重技术进步、创新实现与效率提升而存在着诸多交集。就发展历程而言，"富起来"的经济大国，在理论上主要表现为经济总量的扩张和居民收入的增加，主要注重于"数量"的增长；而"强起来"的经济强国，则主要表现为经济结构的优化和经济效率的提高，更加关注于"质量"的提升。因此，旨在建成社会主义现代化强国的新发展阶段，其内在要求和时代主线应在于促进经济社会的高质量发展。

如何构建经济高质量发展的动力机制？总结新中国成立以来不同时期的发展经验，我国经济增长方式经历了从需求拉动型向供给推动型的转变，供求结构的变迁似乎是解释经济高质量发展的有效框架。但实际上，从需求拉动型向供给推动型增长方式的转变只是体制机制转型的一种结

---

① 习近平：《把握新发展阶段，贯彻新发展理念，构建新发展格局》，载于《求是》2021年第9期，第4~18页。

果，是体制机制的转型所释放的经济增长潜力和能量才创造了中国经济发展的"奇迹"。只有制度，才能从根本上对经济活动的主体产生激励与约束作用，并由此产生赋能经济活动的思想和行为。这正如《中共中央关于坚持和完善中国特色社会主义制度推进国家治理体系和治理能力现代化若干重大问题的决定》所指出的那样，中国所取得的成就应归因于中国特色社会主义制度的建设与完善。那么，在众多制度工具中，到底"什么关键性制度影响了经济发展从而将成为新时期经济高质量发展的重要动力"？

从探析中国经济增长动力受阻的制度成因中可以逆向回答上述问题。总体而言，越发凸显的收入分配不平等、高等教育质量不高、财税制度约束、投融资约束、人口红利式微、户籍管制和开放限制等制度所呈现的现实结果，能够直接有效、更为根本且高度概括地解释高质量发展动力受阻的现象。其基本逻辑在于：收入分配不平等制约了消费结构的升级和增长成果的共享，高等教育质量不高制约了科技创新能力的提升和绿色发展理念的践行，财税制度约束降低了民间投资的回报率并导致了政府的重复性投资，投融资约束限制了中小微企业和低收入群体的内涵式发展，人口红利式微减少了有效劳动供给，户籍管制和开放限制分别制约了城乡、国内外之间生产要素的自由流动。在这些制度形式中，财税制度本质上是一种规范公共资源在中央政府和地方政府之间、政府和居民之间进行配置的再分配制度，隶属于收入分配的广义范畴；高等教育质量改革所带来的生产率提高能够有效克服人口红利下降所导致的劳动供给不足；户籍制度是内生于新型城镇化制度体系中的一项关键制度；投融资约束往往依赖于数字普惠金融的制度创新和政策完善。因此，相比于财税制度、人口政策和户籍制度的约束作用，收入分配不平等、高等教育质量不高、城镇化发展失衡、投融资约束以及对外开放受限是这一框架内解释高质量发展动力受阻更为根本的制度因素。

重构经济高质量发展的动力机制，应继续深化各项经济制度改革，而其核心和主线则是继续推进和深化收入分配制度、高等教育制度、新型城镇化配套制度、数字普惠金融政策和自贸试验区创新型制度这五类较为重要且全面的经济制度或政策的改革。之所以重要且全面，不仅是因为我们所常见的社会保障制度、工资分配制度、住房制度、企业制度以及外资引进与走出等均与此关联颇多，更是因为这些政策的实施和制度的改革既能够发挥长效作用，又能够在短期内带来即时性的政策效应，这对于促进经济的短期增长和长期的高质量发展均具有十分重要的政策意义。更为关键的是，这些制度或政策的改革与深化，能够紧密联系和对应"五大发展理念"，而后者既是推动经济社会高质量发展的指导思想，又是重要的理论维度和实践路径。因为创新是高质量发展的不竭动力，协调是高质量发展的内在要求，绿色是高质量发展的基本前提，开放是高质量发展的重要路径，共享是高质量发展的本质追求。这五类政策制度对应于"五大发展理念"的具体指向是：收入分配制度改革除了在直观上能够直接有效地促进共享发展外，还对创新发展、绿色发展、协调发展和开放发展亦有间接性的积极作用；与此类似，高等教育的质量改革亦对五大发展起到了综合性的推动作用，不过在效能上对创新发展的推动作用更大；数字普惠金融的高质量发展有利于缓解创新型企业和环保型企业等"朝阳企业"的投融资约束，因而能够推动经济社会的绿色发展；而以制度改革为核心的新型城镇化的推进和以制度创新为主旨的自由贸易试验区（以下简称"自贸区"）的建设则能够分别促进经济的协调发展和开放发展。因此，基于中国特色社会主义经济发展实践而总结的收入分配制度、高等教育制度、新型城镇化综合配套制度、数字普惠金融政策和自贸区制度创新之间看似"毫无瓜葛"，实则合理又自洽地内嵌于"五大发展理念"的思想框架和逻辑体系之中。从这些角度来解释其影响经济高质量发展的传导机理和数量关系，能够为践行新发展理念并进而推动经济高质量发展提供一种综合性和创新性的理论视角和现实路径。

基于此，本研究拟以"五大发展理念"和供给侧结构性改革的理论为分析框架，选取了收入分配制度、高等教育质量改革、新型城镇化、数字普惠金融和自贸区建设这些重要而典型的维度来分析经济高质量发展的实现机制和现实路径。本书的研究对象是经济高质量发展，地区样本涵盖全国除港、澳、台之外的各个省份（自治区、直辖市），时间样本依据数据可得性和研究需要分为 1949～2019 年、1978～2019 年、1999～2019 年和 2003～2019 年四个时期。具体而言，其内涵层次主要包括三个方面：第一，中国经济增长的历史演进、动力解构、经济发展质量的测度评价以及高质量发展的理论框架，是本书的研究基础；第二，高质量发展的实现机制，即收入分配制度改革、高等教育质量改革、新型城镇化建设、数字普惠金融发展和自贸区建设影响经济高质量发展的传导机制及"数量效应"和"质量效应"，是本书的研究重点；第三，从收入分配制度改革、高等教育质量改革、新型城镇化推进、数字普惠金融高质量发展和自贸区制度创新这五个角度来探析经济高质量发展的路径与对策，是本书的研究目标。

从收入分配制度、高等教育质量改革、新型城镇化建设、数字普惠金融发展和自贸区建设五个角度来构建经济高质量发展的理论框架与实现机制，是全书的主要内容。为此，本书将采用"层层递进"和"总—分—总"的逻辑关系进行论证，其中"层层递进"表现在"发展现实—理论框架—测度评价—影响机制—路径对策"的逻辑关系中，"总—分—总"表现在：首先构建理论总框架，其次从收入分配制度、高等教育质量改革、新型城镇化建设、数字普惠金融发展和自贸区建设五个维度来分别揭示其影响经济高质量发展的传导机制及"数量效应"和"质量效应"，最后从总体上分析促进经济高质量发展的路径和对策。具体研究思路是：首先，在考察中国经济增长历史演进的基础上总结经济增长的动力与约束，从而阐释中国经济从高速增长转向高质量发展、从"经济大国"转向"经济强国"的现实逻辑与理论依据；其次，基于"五大发展理念"从理论上测度经济发展质量指数并构建高质量发展的理论框架；再次，从收入分配制度、高等教育质量改革、新型城镇化、数字普惠金融和自贸区建设五个方面分别揭示其影响经济发展质量的传导机制和现实绩效；最后，基于上述结论提出促进经济高质量发展的路径与对策。

循此思路，全书内容共分为八章：第一章是新中国经济增长的历史考察，主要从新常态前、新常态期和新冠疫情期三个时期来分别考察中国经济增长的特征、动力与约束。从历史演进的角度总结中国特色社会主义经济发展的实践经验，并在现状分析中推演出未来发展的可能路径。第二章是中国经济高质量发展的理论框架，主要包括经济高质量发展的内涵与测度、高质量发展动力的理论解构、高质量发展的理论框架与路径维度。从框架结构上看，此章既是第一章的理论顺承，又是后续章节的理论基础。第三章是收入分配制度与经济高质量发展，主要包括收入分配制度的演变及绩效、收入分配制度影响经济发展的"数量效应"和收入分配制度影响经济发展的"质量效应"三个小节。第四章是高等教育质量改革与经济高质量发展，主要包括高等教育经济功能的机理与思想演变、高等教育质量改革的"创新效应"、高等教育质量改革绩效的"数量效应"以及高等教育质量改革绩效的"质量效应"。第五章是新型城镇化与经济高质量发展，主要包括户籍制度改革与地区协调发展、农村信贷视角下城乡协调发展的"质量效应"以及新型城镇化影响经济发展的"质量效应"。第六章是数字普惠金融与经济高质量发展，主要包括数字普惠金融与农业绿色全要素生产率、数字普惠金融的"增长绩效"以及碳排放视角下数字普惠金融对经济高质量发展的影响三个小节。第七章是自贸区制度创新与经济高质量发展，主要包括自贸区税收政策创新及其成效、自贸区金融制度创新及其成效、自贸区制度创新的"质量效应"以及自贸区建设提升经济发展质量的"金融效应"。第八章是通往经济高质量发展的路径与对策，主要包括形成合理有序的收入分配格局、推进以质量为导向的高等教育改革、推进以协调发展为核心的新型城镇化、推进数字普惠金融的高质量发展以及推进制度型开放的自贸区建设。

在上述研究内容中，我们尝试做到：第一，规范分析与实证研究相结合。规范分析提出经济高质量发展的方向和标准，并探讨理论和政策如何运用和实施才能符合这些标准；实证研究则通过现象描述，回答中国各省市经济高质量发展现状及其与收入分配制度、高等教育质量改革、新型城镇化、数字普惠金融和自贸区建设的关系"是什么"或"怎么样"的问题。第二，数理统计和经济计量相结合。采用数理统计方法分析收入分配制度、高等教育质量改革、新型城镇化、数字普惠金融和自贸区建设与经济增长"数量"和"质量"的关系，并进而揭示这一影响过程的内在传导机制；运用计量经济方法分析如上维度对经济发展的影响程度。第三，历史方法与逻辑方法相结合。对中国经济增长、收入分配制度、高等教育经济功能、户籍制度和自贸区制度安排的演变以及经济绩效进行回顾时将运用历史方法进行分析；分析如上维度对经济发展的影响机理以及提出促进经济高质量发展的路径与对策时将运用逻辑分析方法。本书研究的技术路线见图0-1。

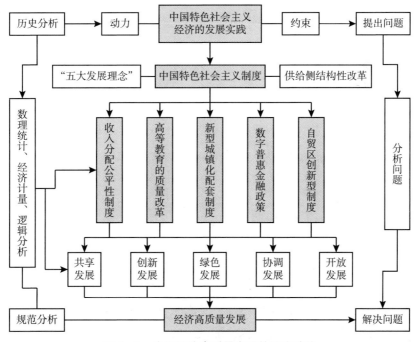

图0-1 中国经济高质量发展的研究路线

本书的主要研究结论显示：第一，中国在推进工业化、城镇化、市场化和国际化的进程中获得了经济的高速增长，但同时也面临着资源环境、市场条件、资金资本、人才资本和收入分配等体制机制方面的发展约束，这些因素对经济持续、稳定发展所带来的约束作用将随着经济新常态的形成、新冠疫情等突发性事件的冲击而愈发明显。在新常态和新形势下突破这些约束以实现经济由高速增长向高质量发展的转变，应在总结并夯实现有发展动力的基础上，进一步着重于挖掘并培育数字经济、居民消费、民生投资、自贸区建设等新经济增长点，着重于提升科技创新能力、畅通国内国外双循环和深化经济制度改革。

第二，"五大发展理念"和供给侧结构性改革是中国经济高质量发展的重要理论支撑。一方面，践行新发展理念能够有效促进经济的高质量发展，这是因为创新是高质量发展的不竭动力，协调是高质量发展的内在要求，绿色是高质量发展的基本前提，开放是高质量发展的重要路径，共享是高质量发展的本质追求。另一方面，供给侧分析框架内的收入分配不平等、高等教育质量不高、财税"制度约束"、投融资约束、人口红利式微、户籍管制和开放限制等发展约束，能够直接有效且更为根本地解释需求侧结构失衡和高质量发展动力受阻的现象。因此，目前构建经济高质量发展的动力机制，应以继续推进和深化收入分配制度、高等教育制度、新型城镇化配套制度、数字普惠金融政策和自贸试验区创新型制度这五项重要且全面的制度改革为主线。

第三，收入分配不平等是中国"要素投入"而非"创新驱动"型供给结构、"低消费、高投资、外需依赖"型需求结构的主要成因，后者长期以来推动了经济的高速增长，形成了中国特有的增长方式；但是，收入分配差距的进一步扩大由于抑制了消费结构的升级、阻碍了创新能力的提升以及降低了经济社会的稳定，因而不利于中国经济的可持续发展。新形势下继续深化收入分配制度的公平性改革，能够有效地推进经济社会的高质量发展。首先，尽管公平性的收入分配直接指向共享发展，但它对"五大发展理念"中的创新、协调、绿色和开放发展也带来了间接性和全方位的积极影响。其次，收入差距的缩小能够有效促进经济发展质量的提升，继续深化收入分配制度的公平性改革是新时期促进经济高质量发展的核心动力。最后，收入分配改善对经济发展质量的影响力度在东部、中部和西部地区出现了依次递减的空间特征，其成因源于要素集聚和制度创新的空间差异。新时期进一步发挥收入分配改革的"质量效应"，除应以"五大发展理念"特别是共享发展为导向外，还应注重要素"导体"的培育与建设，应发挥收入分配与财政、金融、科技、教育和市场机制等政策制度调整在质量提升中的"协同效应"。

第四，高等教育质量改革通过促进创新发展和优化经济结构而进一步推动了经济社会的高质量发展。从创新角度来看，高等教育质量改革通过培养创新人才和积累人力资本而为科技创新提供了智力支持，通过直接参与知识创造和科学研究而为科技创新提供了知识之源，通过提供科技攻关和咨询咨政等社会服务以及通过发挥知识的"外溢效应"而直接或间接地提升了科技创新水平。从经济发展的"数量"角度来看，高等教育质量通过提升教育消费意愿、扩大教育投资规模为经济增长提供发展动力，是对经济发展产生影响的直接路径；高等教育质量通过提升总体人力资本水平、弥补各行业人才缺口为经济增长提供人才供应，是提升经济发展的间接路径；高等教育质量通过基础研究、应用研究和开发性研究为经济增长提供技术和创新保障，也是促进经济发展的间接路径。从经济发展的"质量"角度来看，高等教育质量提升促进经济高质量发展的影响力度既全面又深远。首先，高等教育质量指数与创新发展、协调发展、绿色发展、开放发展和共享发展五类指数之间均存在着同向变化的关系，且尤以创新发展与高等教育质量的关系最为紧密。其次，高等教育质量提升及所带来的人力资本积累均显著地促进了经济的高质量发展，高等教育发展中的"数量扩张"和"质量提升"是"中国奇迹"的重要成因。最后，高等教育质量提升对经济发展质量的积极影响不因区域空间的改变而有差异，空间分布规律不明显。继续发挥高等教育在促进经济高质量发展和建设经济强国中的积极作用，应进一步推进旨在提升高等教育质量的制度改革，应促进更多旨在面向市场和国家发展战略的有效人力资本的积累，尤其应重视科学研究在高等教育质量提升中的重要作用和战略意义。

第五，一种更加注重生产要素优化配置、更加注重人口城镇化与土地城镇化协调发展、更加注重城镇化与工业化和现代化同步推进的新型城镇化，能够因其所带来的农地制度、户籍制度和支农政策的调整而从短期和长期两个维度共同促进经济的高质量发展。概括而言，产业城镇化、人口城镇化和土地城镇化的协同推进能够缩小城乡居民之间的收入差距，能够缩小东中西三大地区之间的发展差距，从而在促进协调发展中推动经济社会的高质量发展。从"总体效应"来看，新型城镇化耦合协调程度的提高能够有效且稳健地促进经济发展质量的提升。从"分维效应"来看，空间城镇化的推进促进了我国经济的高质量发展，这一结论不以"城市病"的显现而改变；产业城镇化对经济发展质量的影响除西部地区不明显外，全国、东部及中部地区均具有显著的正效应；人口城镇化对经济发展质量的影响具有明显的空间差异，表现在全国和中部地区为正效应，而东部和西部地区则为负效应，负效应的成因在于人口城镇化滞后于空间城镇化带来了城市人口密度的下降。在新形势下进一步促进经济社会的高质量发展，应发挥新型城镇化的载体作用和政策功能，以在配套政策实施和制度改革创新的过程中有效释放城镇化耦合协调发展所带来的"新效能"和"新红利"。

第六，发挥数字普惠金融在绿色发展中的重要支撑作用是实现我国经济高质量发展的重要动力源。首先，数字普惠金融对农业绿色全要素生产率具有正向影响，其可以通过提升农业绿色技术进步及农业绿色技术效率来有效提升农业绿色全要素生产率。从数字普惠金融影响农业绿色全要素生产率的效果来看，沿海地区强于内陆地区，中部地区受到的影响最显著，其他地区未出现明显的影响。其次，数字普惠金融对经济增长具有显著的促进作用，且这一积极作用的空间溢出效应显著。数字普惠金融的发展不仅带来了本地区经济的增长，还带动了周边地区的经济增长，因此其"增长绩效"显著。最后，数字普惠金融的经济效应因传统金融发展水平以及市场化程度的不同而具有明显的地区异质性，在传统金融覆盖不足或者市场化程度高的地区，数字普惠金融能够驱动经济高质量发展。在实践中，数字普惠金融对经济高质量发展的提升效应可以通过抑制碳排放，尤其是降低社会生产过程中产生的碳排放来实现。因此，数字普惠金融的创新发展因其有效缓解了绿色环保型产业等朝阳产业、中小微企业以及低收入群体的投融资约束而促进了经济社会的创新发展、绿色发展和协调发展，是推动高质量发展的重要渠道。

第七，尽管自贸区建设在渐进式改革创新中仍然存在着亟须进一步完善的地方，但在国际贸易摩擦日益频繁和日趋激烈的形势下，更大程度地推进对外开放的力度，更高水平地提升对外开放的质量，更有新意地打造对外开放的格局，应以自由贸易试验区和自由贸易港的建设为主要落脚点。从整体绩效看，自贸区建设推动了区域经济的高质量发展，但上海自贸区因创新能力未得到有效提升而对其经济高质量发展带来了负向政策效应；从传导机理看，自贸区建设对提升贸易质量、带动社会投资及激发创新能力等方面都具有积极作用，且这些政策效应将随着时间的推移而愈加显著，但也不排除个别地区存在政策效应"失灵"的现象；从横向比较看，自贸区建设所带来的政策效应在不同地区之间存在着显著的空间差异，即不同自贸区对经济发展质量及动力机制的影响均存在明显的异质性。总体而言，应注重政策优惠与制度创新相结合，应注重区内发展与区间协同相结合，应注重精心筑巢与主动引凤相结合，应注重便利推进与自由探索相结合。

基于上述结论，本书认为，收入分配制度改革、高等教育质量改革、新型城镇化建设、数字普惠金融发展和自贸区制度创新，因其推动了"五大发展理念"中的共享发展、创新发展、绿色发展、协调发展和开放发展，因而是促进经济由高速增长向高质量发展转变的重要维度。新形势下推进经济的高质量发展，应继续深化收入分配制度改革，形成合理有序的收入分配格局，通过使增长成果为更多民众所共享来对经济主体形成有效激励，并在促进需求结构和供给结构优化的过程中实现经济的高质量发展；应深化高等教育制度改革，构建高等教育质量保障体系，通过促进高等教育质量的提升来发挥人力资本在科技创新、效率提升和资源节约、环境改善中的重要作用；应继续推进新型城镇化，促进人口城镇化、土地城镇化和产业城镇化的同步推进与协调发展，通过深化户籍制度、农地制度和财税制度等配套制度改革来发挥制度在区域协调发展中的经济绩效；应推动数字普惠金融的创新发展，通过硬件基础设施建设、软件生态环境改善、数字建设能力提升、加强多方协调合作以及金融数据开放共享促进数字普惠金融的高质量发展；应以自贸试验区建设为契机，推进国际经济新格局下的高水平开放，通过发挥"示范效应"和"辐射效应"带动区域一体化高质量发展。

综合而言，本书就经济高质量发展实现机制所展开的研究在学术价值与应用价值上力求达到：第一，立足于中国特色社会主义经济的发展实践，以"五大发展理念"和供给侧结构性改革为理论框架，运用经济计量与统计方法分析中国经济高质量发展的实现机制，目的在于拓展中国特色社会主义发展经济学的研究边界；第二，考虑地区差异运用省市面板数据从收入分配制度改革、高等教育质量改革、新型城镇化建设、数字普惠金融发展和自贸区建设五个维度来综合分析经济高质量发展的实现机制，目的在于拓宽相关主题的研究视野和丰富其学术内涵；第三，从收入分配制度、高等教育质量改革、新型城镇化、数字普惠金融和自贸区建设的角度分析其增长绩效，能够有效解释我国收入差距扩大、劳动供给下降、创新能力不足、资源损耗严重、环境污染恶化、区域发展失衡、投融资约束、开放质量不高等现象的成因，能够为从深化制度改革的角度促进经济社会的高质量发展提供切实的建议；第四，通过分析各类关键性制度影响高质量发展的经济绩效，而反过来以经济社会的高质量发展为导向来进一步促进这些制度的深化改革，所制定和实施的对策更有针对性、实际性和可行性。

不同于已有研究，本书的边际贡献在于：第一，采用指标赋权法和因子分析法，基于"五大发展理念"构建指标体系来测度中国及各省市的经济发展质量，基于各类大学排行榜来测度各省市的高等教育质量，基于"人口—空间—产业"的耦合协调关系来测度新型城镇化的耦合协调发展是此项研究在方法上的创新；第二，选择收入分配制度、高等教育质量改革、新型城镇化配套制度、数字普惠金融政策和自贸区创新型制度五类关键性制度来分析经济制度改革的增长绩效，是此项研究在框架上和内容上与已有研究的不同之处；第三，遵循问题导向和跨学科、跨学派的研究范式，综合运用教育经济学、经济史学以及新制度经济学、新古典经济学的研究范式来分析经济高质量发展的实现机制，是此项研究在视角上所作的尝试，是对中国特色社会主义政治经济学的一个完善；第四，从收入分配制度、高等教育质量改革、新型城镇化、数字普惠金融和自贸区制度创新的角度来构建中国经济高质量发展的长效机制，并坚持认为如上五类制度是实现经济社会高质量发展的关键性途径，是此项研究在观点上与已有研究的较大不同。

本研究紧紧咬合"五大发展理念"这一框架，既基于此测算了经济发展质量指数，又从供给侧的收入分配制度、高等教育质量改革、新型城镇化、数字普惠金融和自贸区建设几个角度揭示了其影响"五大发展理念"及经济高质量发展的理论逻辑。在研究过程中，所形成的部分阶段性成果和前期研究成果已在《马克思主义研究》《经济学（季刊）》《经济学动态》及 Information Development、Frontiers of Economics in China 等中英文期刊公开发表，并有多篇论文被《新华文摘》、人大复印资料和"学习强国"全国平台等重要期刊和权威媒体二次引用和转载，感谢这些杂志和媒体编辑部的老师，让研究成果得以有效呈现。囿于水平所限，研究难免存在不足，欢迎批评指正。

第一章　新中国经济增长的历史考察

导语：在发展经济学经典理论中，对经济发展历程进行归纳与总结所形成的阶段论不仅能够有效把握人类不同时期经济发展的特征与规律，还能够"以史为鉴"、为相似经济社会形势下所出现的问题提供有效的解决方案，从而为人类更加全面而自由的发展提供更加科学的理论认知和政策思路。在中国特色社会主义的经济发展实践中，从1949～1956年的社会主义过渡期、到1956～1978年的社会主义探索期、再到1978～2020年的全面建设小康社会期，中国政府对经济发展阶段的科学划分以及为此而制定的符合特定历史条件的规划与政策，无不为国民经济的发展和民生福利的改善带来了显著的制度红利与政策绩效。

在新中国的经济发展历程中，尽管"新常态"一词的提出时间是习近平总书记在河南考察时的2014年，但其格局的形成却始于国际金融危机爆发的2009年。因此，在新常态这一大背景下，以2009年为界可以大致将新中国成立至今走过的历程分为新常态前期（1949～2009年）和新常态时期（2010年至今）。此外，暴发于2019年的新冠疫情，由于持续时间长、受灾范围广和负面冲击大而对中国乃至全球经济都带来了不可估量的损失，因而它已成为改变国际经济格局的重要节点事件，在理论上当然也就可以将其对应的时期界定为"新冠疫情期"。鉴于此，本章拟从新常态前、新常态期和新冠疫情期三个时期来分别考察中国经济增长的特征、动力与约束，以从历史演进的角度总结中国特色社会主义经济增长的实践经验，并在现状分析中推演出未来发展的可能路径，从而阐释中国经济从高速增长转向高质量发展的现实逻辑、理论依据与基本路径。

在篇章架构上，本章为全书的源起篇和基础篇。

第一节　新常态前的中国经济增长

按照古人 30 年为一轮回的智慧，新中国成立至新常态形成前的 2009 年，中国经济走过的 60 年历程正好可以分为两个阶段。第一阶段是 1949～1978 年的计划经济阶段，中国经济经历了土地改革以及对农业、资本主义工商业和手工业的社会主义改造，建立了生产资料公有制的社会主义，取得了新中国成立初期经济高速增长的骄人成绩，但同时也遭遇了 1959～1961 年自然灾害和 1966～1976 年"文化大革命"的浩劫。因此总体而言，这 30 年的经济增长速度相对较为缓慢，同时由于受"左"的思想影响较重，经济波动比较频繁。第二阶段是 1979～2009 年的计划经济向社会主义市场经济过渡以及社会主义市场经济形成和完善的改革开放阶段，中国从市场经济体制、财税体制、金融体制、产权保护以及市场开放等方面进行了全方位的改革，初步建立了社会主义市场经济，并取得了经济总量的迅猛发展，创造了"东亚奇迹"和"中国奇迹"（World Bank，1993）。本节拟从中国经济发展的实践特征、动力源泉及面临的约束三个方面来揭示特定时期内经济增长的内在逻辑。

（一）经济增长特征

以改革开放年为界，新中国成立至 2009 年可以划分为两个大的发展阶段。而按照经济周期的波动特征，经济运行可以分为短期经济波动和长期经济增长。

1. 短期经济波动的特点

以国内生产总值增长率为样本，按照从波谷到波谷或波峰到波峰的划分方法，新中国成立至 2009 年共包含 12 个完整的经济周期和 1 个正在向波峰攀升的半周期。其中改革开放前的 30 年有 8 个，改革开放后的 30 年有 4 个周期；这 12 个周期又包括 6 个基钦短周期（Kitchin Cycle）和 6 个朱格拉中周期（Juglar Cycle）。根据经济周期波动的形态，新中国成立以来我国经济运行的基本特征如下。

首先，经济波动愈发缓和。从波动幅度看，我国经济正从"激烈"向"缓和"的方向过渡，大起大落的经济增长状况逐渐改观。1949～2009 年共经历两次波动幅度较大的经济周期，一次是 1958～1961 年的自然灾害时期，经济增长率由 1958 年的 21.3% 急剧下降到 1961 年的 –27.3%，下降幅度为 228.2%；另一次是 1964～1967 年由经济调整期向"文化大革命"过渡的时期,经济增长率由 1964 年的 18.3% 下降到 1967 年的 -5.7%,下降幅度为 131.1%。除此之外,改革开放前 30 年的经济波动幅度相对较大,而后 30 年则相对较为缓和,经济增长率基本保持在 9.6% 的平均水平。

其次,经济运行渐趋平稳。我国改革开放前 30 年共包含 8 个经济周期,改革开放后的 30 年则只包含 4 个周期,而且这 4 个周期均为朱格拉中周期。周期的数量和长短反映了经济运行的平稳程度,其基本逻辑是:周期数量越少,长度越长,则经济运行越平稳,反之则相反。改革开放以来的统计数据表明,我国经济运行正逐渐向"平稳的经济发展"的政策目标迈进(见图 1-1)。

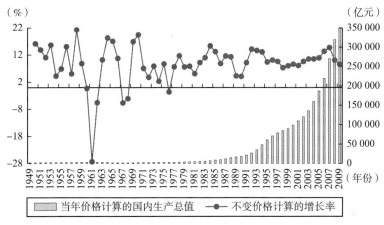

图 1-1 1949～2009 年中国经济增长的动态变化

注:①国内生产总值增长率按可比价格计算而得(上年 = 100),国内生产总值数值按当年价格计算而得,其中 1949～1951 年国内生产总值数据根据《奋进的四十年》(国家统计局,1989)中的国民收入除以 0.827981 计算而得,该权数为 1952～1988 年国民收入占国内生产总值比重的平均值;②左纵标轴对应增长率,右纵坐标轴对应国内生产总值;③其他数据均来自中华人民共和国统计局官方网站。

最后,2009 年开始了新一轮的经济周期。演变于美国次级抵押贷款危机的国际金融危机不仅给世界经济带来了巨大的消极影响,也对我国经济造成了较为严重的负面冲击。这些冲击主要表现在:外部需求降低、出口面临更大的压力、经济高速增长将难以实现。在这种形势下,考虑到国际金融危机对我国经济增长影响的滞后效应,各大机构纷纷调低中国经济高速增长的预期,如国际货币基金组织当时预测 2009 年和 2010 年的经济增长率分别为 7.5% 和 8.5%。不管是从现实宏观经济数据,还是从权威机构的预测值,2009 年开始了新一轮的经济周期。

2. 长期经济增长的特征

总体而言，新中国成立以来我国经济取得了迅猛发展。根据国家统计局公布的数据：从绝对规模看，国内生产总值由 1949 年的 432 亿元增长到了 2008 年的 300 670 亿元，增长了 696 倍，年均增长 5 000 亿元；人均生产总值则由 1952 年的 119 元增长到了 2008 年的 22 640 元，增长了 190 倍。从相对量来看，国内生产总值年均增长 8.3%，其中增长最快的年份为 1958 年，增速高达 21.3%，高于同等年限范围内世界上任何一个国家的增长速度。其中，按照增长速度的快慢，可以将 1949～2009 年划分为几个增长期：第一个时期是 1949～1953 年的社会主义改造期，土地改革在全国范围内轰轰烈烈地展开，曾经饱受"三座大山"欺压的民众终于可以拥有自己的土地进行自主生产，因此在这一时期新中国诞生的"亢奋"激励了民众的生产积极性，生产总值的年均增速达到了 16.13%。第二个时期是 1963～1965 年的经济调整期，在经历了 1958 年开始的"大跃进"和人民公社化运动后，党中央充分认识到"高指标、瞎指挥、浮夸风和'共产风'"所带来的危害，于 1961 年实施了"调整、巩固、充实和提高"的方针政策，把农村生产关系转到以生产队为基本核算单位的范围内，有效地将单位过剩的职工转移到农业生产上。这一调整所带来的经济增长效应只有在三年严重困难时期过后的 1963 年才开始得到有效体现，国内生产总值年均增长率为 15.17%。第三个时期是 1978～2009 年的改革开放时期，这一时期虽然受到亚洲金融危机以及通货紧缩的负面影响，但承包制自农村生产向城市工商乃至国家财政的推行极大地激发了各行各业的生产潜能，同时社会主义市场经济体制的初步建立和逐渐完善、各种经济制度的改革和市场的逐步开放均有效地为国民经济的迅猛发展提供了良好的平台，这一时期年均经济增长率为 9.78%。

这三个时期经济结构的特征表现在：第一，中国经济的所有制结构经历了"多种所有制—单一公有制—以公有制为主体多种所有制共同发展"的演变过程，这一演变过程也恰恰是经济取得高速增长的过程。新中国成立初期土地改革过程中，多种所有制主要表现在以土地为主的生产资料的公有制和资本主义工商业的同时并存。客观地说，资本主义工商业在商品生产、经营创新以及就业创造上都具有较为明显的优势，但它与社会主义的意识形态难以兼容。在充分认识到资本主义工商业的利弊得失后，中国于 1953 年对其进行了社会主义改造，并在 1956 年基本建立了社会主义公有制。1978 年后，家庭联产承包责任制逐渐得到了中央的默许和推广，其经营方式还被扩展到了城市工商业乃至国家财政的运作中，同时渐渐引入了多种所有制以促进各类经济形式的发展。以工业生产为例，1949～1957

年经济结构中除包含全民所有制和集体所有制外，还有城乡个体经济，但其所占比例由1950年的26.3%下降到1957年的0.8%；直到1980年以后，城乡个体才重新得到了发展，并同时引入了合资经营等多种所有制。后来的数据证明，改革开放所引入的外商直接投资等多种所有制结构对中国的经济增长作出了巨大的贡献。

第二，产业结构调整频繁，第一产业的比重逐渐下降，第二产业的主导优势基本形成，第三产业的发展优势得到重视。从各产业产值占总产值的比重来看，1949～1960年是产业结构调整最频繁的时期，如1949～1957年第一产业即农业占主导地位，而1958～1960年则是第二产业即工业占主导地位，第三产业居于中间地位；1961～1984年第三产业的发展一直处于边缘地位，工业在国民经济中的主导地位于1970年开始形成，并一直以领先优势得到较快发展，农业在国民经济中的比重则在1970年后开始逐渐下降；1985年至今第三产业的发展优势逐渐得到重视，因此它在国民经济中的比重在超越第一产业后开始逐年上升，有超越第二产业的趋势。

第三，改革开放在带来经济持续高速增长的同时，也强化了东部在"东、中、西"区域经济结构中的排序，凸显了中、西部与东部的收入差距，中部和西部的差距则逐渐缩小。1952年东部、中部和西部的人均国民收入分别为155.9元、113.1元和88元，比值为1.77/1.29/1；但在改革开放后的1980年，三个地区的人均国民收入则分别为799.2元、337.8元和288.4元，比值为2.77/1.17/1；2007年三个地区的收入比值则变为2.44/1.12/1，东部的比重虽有所下降，但仍然处于较高的位置。

综合而言，中国经济在1949～2009年一直处于高速增长状态，特别是在改革开放后，经济发展更为迅猛。与世界其他国家相比，中国1981～2009年的经济增长速度均高于世界各国和颇具发展潜力的新兴发展中国家的平均增长水平（见表1-1）。在"金砖四国"中，中国经济增长率最高，拥有绝对领先优势。但同时也应看到，中国的经济增长率正向合理水平趋近，要长期保持10%以上的增长速度存在条件约束；而印度和巴西的增长速度则在逐年加快，以印度为例，自1991年实施经济改革后，经济取得了较快的发展，增长率由1991～1995年的5.0%上升到了2006～2010年的7.3%，并有持续上升的趋势。以印度为首的新兴发展中国家经济的高速发展在一定程度上将对中国经济的进一步发展构成竞争。那么，如何寻求经济持续高速增长的新动力？如何突破经济可持续发展的约束条件？

表 1-1			1981~2010 年各经济体的经济增长率比较			单位：%
经济体	1981~ 1985 年	1986~ 1990 年	1991~ 1995 年	1996~ 2000 年	2001~ 2005 年	2006~ 2010 年
发展中国家	3.18	3.62	2.82	4.44	5.9	5.6
发达国家	2.64	3.72	2.22	3.28	2.12	0.56
世界	2.82	3.66	2.5	3.7	3.58	3.22
巴西	1.2	2.08	2.3	2.02	2.78	3.14
俄罗斯 （苏联）	—	—	-8.5	1.78	6.14	3.18
印度	5.4	6.24	5.0	6.36	6.5	7.3
中国	10.78	7.94	12.28	8.62	9.58	9.52

注：数据取各年经济增长率（按不变价格计算）的算术平均数，1981~1992 年苏联数据缺少，数据来源于国际货币基金组织（IMF）官方网站，http://www.imf.org/。

（二）增长动力的经验总结

中国经济的持续高速增长来源于需求拉动和供给推动的共同作用，但是承载这些因素的动力机制是什么？以中国的劳动要素为视角进行剖析可能更为有效。我国劳动力特征主要有两个：一是资源丰富。一方面是因为新中国成立后稳定的政治环境促发了生育率的提升，新出生的人口为我国经济发展提供了丰富的劳动力资源；另一方面则是因为大量从农业劳动中逐渐解放出来的生产者构成了工业和服务业劳动供给的主力军。二是综合素质普遍较低。由于特定时期内劳动力所受的教育程度较低，因此知识含量也较低，劳动力素质有待提高。如何充分利用我国丰裕而素质较低的劳动力资源以实现其对经济增长的推动作用？新常态前我国的发展经验是：以工业和服务业为产业主导、以城市化为空间载体、以市场化为体制基础和以国际化为战略支撑的发展方式，共同推动了中国经济的持续高速增长。因此，从 1978 年开始的由农业向制造业服务业、从农村主导向城镇扩容、从集中计划经济向市场经济以及从封闭经济向开放经济的渐进转型所推动的工业化、城市化、市场化与经济国际化，是支撑这一阶段中国经济持续高速增长的"四大引擎"。

1. 工业和服务业是产业主导

经济增长的过程同时也是劳动生产率具有比较优势的工业部门和服务业部门迅速发展并在经济总量中的份额不断上升的结构转变过程。1949 年以来产业结构对经济增长的促进作用表现出较强的阶段性特征。首先，改革开放前 30 年主要是工业化进程促进了中国经济的增长。1952 年，农业在经济总量中的比重为 50.5%，而工业和服务业则分别只有 20.9% 和 28.6%。经过近 30 年的发展，中国三次产业的结构调整为 28.1%、48.2% 和 23.7%，农业在经济总量中的比重出现较大幅度的下降，而工业份额则相应大幅上升，服务业份额略有下降。可见，在这一阶段，工业而不是服务业的发展推动了中国的经济增长。其次，1978 年后推动中国经济增长的动力则主要是工业化程度的稳步推进和服务业的加速发展。1978 年，工业在经济总量中的比重虽然得到较大幅度的提升，但是，农业的份额依然较大，其就业比例高达 70.5%。在这一环境下，中国在实施改革开放、稳步推进工业化进程的同时，也快速发展了服务业。经过 30 年的发展，中国三次产业的构成转变为 11.3%、48.6% 和 40.1%，农业占经济总量的比重进一步出现下降，而服务业份额则大幅地上升。结构的巨大变化归因于工业化进程的稳步推进和服务业的高速增长。在这一阶段，工业和服务业的平均增长率分别为 16.23% 和 18.22%，这表明中国正处于工业化阶段并正在积极发挥第三产业对经济增长的推进作用。

工业和服务业较强的承载能力是其推动经济增长的主要原因。首先，工业和服务业的发展促进了大量劳动力从农业向工业和服务业的转移，使丰富的劳动力资源得到了有效利用。较高的人口出生率特别是农村人口出生率使大量新生的劳动力对农业资源构成了较大的竞争，并使农业生产率出现了边际递减效应。这时，工业和服务业的发展则能够大量地吸纳农村剩余劳动力，实现劳动力从农业向工业和服务业的转移。其次，工业和服务业的发展实现了土地资源的优化配置，使土地资源得到更为有效的利用。不同于农业，工业和服务业对土地数量的要求较低。工业和服务业能够以相对较少的土地投入实现更大的产出，因此，工业和服务业的发展能够更为有效地使用土地，使土地资源得到更为优化的配置。最后，工业和服务业的发展促进了技术创新，使全要素生产率得到有效提高。工业和服务业的产业特征决定了从业人员所从事的复杂劳动要求具备更丰富的知识、更先进的技术和更完善的信息，这必然导致从业人员在学习知识技术和掌握信息的同时更能够实现技术的科技创新，因此能够有效地提高全要素生产率。

2. 城市化是空间载体

城市化是持续工业化的结果，城市化带来第三产业的发展，并与工业化形成良性互动共同推动经济总量的持续增长。伴随着工业化进程的加快，中国城市化水平在改革开放之后迅速得到提高。1978 年，全部总人口中城镇居民仅占 17.92%，城市化水平不但远低于世界平均水平，而且也低于发展中国家平均水平，城市化严重滞后于工业化与经济发展。改革开放之后，随着户籍制度等一些制约城市化发展的制度性障碍逐步消除，城市化水平在过去 30 年里有了很大的提高。2007 年，城镇人口在总人口中的比重上升到了 44.94%，比 1978 年提高了 27 个百分点。城市化进程的加快与其所带动的第二、第三产业的发展一起构成了中国经济持续高速增长的重要引擎（见图 1-2）。

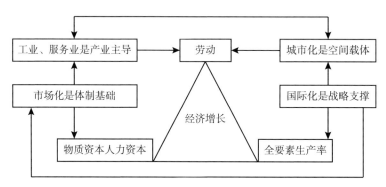

图 1-2 1949~2009 年中国经济增长的动力机制

工业和服务业的发展为中国经济的高速增长提供了产业载体，而相应推进的城市化则为中国经济的持续高速增长提供了有效的空间载体，主要表现在以下几方面：第一，城市化承载了大量的农村剩余劳动力，强化了劳动要素在经济增长中的作用。城镇扩容一方面吸纳了大量的企业，为农村剩余劳动力提供了有效的就业平台；另一方面则利用了大量的土地，为农村剩余劳动力提供了新的住所。这些都将使农村剩余劳动力资源得到充分且有效的利用，从而使劳动要素在经济增长中的作用得到强化。第二，城市化促进了农业向工业和服务业的产业升级，促进了工业和服务业的发展。城市化是持续工业化的结果，但同时也将促进工业和服务业的发展。其原因在于城市化进程本身增加了对基础工业产品的需求，而新增的城市人口则对工业和服务业产品带来更大的需求，这必将使工业和服务业得到更大发展。第三，城市化提升了全社会的消费理念和生活状态，促进了经济增长并提升了社会幸福度。城市化不仅为大量农村剩余劳动力带来了更多的收入，还使农村劳动力的传统消费理念得到有效提升，使全社会消费水平得到有效提高。这不仅促进了中国的经济增长，还改善了居民的生活状态，提高了人们的幸福度。

3. 市场化是体制基础

中国市场化改革是以所有制改革为基础的。经过改革开放近 30 年的所有制改革后，中国的市场化进程取得了较快的发展。从就业结构来看，1978 年 9 514 万城镇就业人员中，在国有企业就业的比例高达 78.3%；而 2006 年 27 331 万城镇就业人员中，国有企业就业人员的比重下降到 22.7%，绝对人数比 1978 年少了近 1 000 万。从企业类型的产值来看，1978 年为单一公有制，以国有企业为代表的内资企业的工业总产值占据了全社会工业的总产值；而 2007 年全国规模以上①工业企业总产值中，内资企业、港澳台商投资企业和外商投资企业的产值分别为 277 548 亿元、42 418 亿元和 85 211 亿元，港澳台商投资企业和外商投资企业占工业总产值的比例分别上升 10.47% 和 21.03%，并呈现出继续上升的趋势。多种所有制经济的共同发展带来了经济的持续高速增长，而市场化改革则为此提供了制度基础。

中国由中央集中计划经济向市场经济体制转型的市场化进程带来了资源配置效率的提高与经济激励结构的变化。主要表现在两个方面：第一，由于商品与生产要素的流动越来越多地由市场主导，因此它推动了生产要素在部门间的重新配置，产生了巨大的结构效应，主要表现在农村劳动力由落后的农业部门转移到具有比较劳动生产率优势的城市现代部门，产业结构由农业主导转变为工业和服务业共同主导。第二，所有制结构的变化改善了激励结构，并构成中国经济持续增长的最主要的制度根源。一方面，所有制改革强化了产权约束和产权保护，使得所有者能够利用产权范围内的生产资料进行自主生产和经营，生产者的财富保值和财富创造意识得到了有效激发。另一方面，所有制改革强化了生产者之间的竞争意识。由于生产者脱离了国家和集体的"保护"，因此在生产过程中，生产经营者必须对其生产盈亏进行自主负责，这将鼓励生产者提高绩效，在竞争中获得生存。

4. 国际化是战略支撑

以 1978 年的改革开放为界，中国的对外开放可以分为两个阶段。1978 年以前，中国的对外开放一直处于相对局限甚至封闭的境地，且对外开放主要以对外贸易为特征。数据显示：1950 ~ 1978 年，外贸出口年均增长 8.81%，占国内生产总值的比例平均为 4.01%；外贸进口年均增长

---

① 规模以上企业为年主营业务收入在 500 万元以上的企业，资料来源于中华人民共和国统计局官方网站，http：//www. . stats. gov. cn/。

10.78%，占国内生产总值的比例平均为 3.99%；外贸依存度只有 8%。可见，在改革开放以前，中国的对外开放水平相对较低。1978 年党的十一届三中全会指出，要在自力更生的基础上积极发展同世界各国平等互利的经济合作，努力采用世界先进技术和先进设备，这实际上提出了实行对外开放的方针。自此之后，各项主要开放型经济指标都得到了迅猛的发展，进出口总额由 1978 年的 355 亿元增长到了 2007 年的 166 740.2 亿元，年均增长 5 546.2 亿元；实际使用外资总额在 1979～1984 年的 6 年间只有181.87 亿美元，但到 2007 年则达到了 783.39 亿美元。改革开放政策的实施带来了中国开放型经济的长足发展，并对中国经济的持续高速增长产生了强有力的支撑作用。

经济开放带来的经济国际化作为支撑中国经济增长的重要引擎，首先，它能对消费者形成有效激励，提高消费水平。之所以如此，是因为国外的消费需求能通过出口部门间接地影响国内消费者的消费观念和消费层次，进而对本国产品形成新的需求。其次，它对生产者形成有效激励，提升投资水平。对外开放能获得更多的外汇，从而形成新的资本积累。对于出口部门而言，外汇的获得有利于企业进行扩大生产，带来规模经济。最后，对外开放对政府形成有效激励，强化政府的建设积极性。通过对外开放，地方政府能够寻求新的经济增长点，能够进一步提高政府的工作绩效，因此政府的建设积极性能够得到有效激发。此外，从供给的角度，对外开放对经济增长也将产生积极的影响：第一，对外开放能增加一国的人力资本存量。由于对外开放部门与国外生产者和消费者之间存在更多的联系，而发达国家或地区拥有更具管理经验和生产技巧的生产者，同时消费者的需求档次也相对较高，因此对外部门在与国外经济主体联系时一方面能获知更多的生产技术，另一方面则对内部管理者和生产者有更高的任职要求，包括拥有更高的学历、更多的工作经验和更好的服务态度等。其结果是：对外部门不仅能拥有更多的人力资本，而且还能将人力资本外溢到其他部门，产生正的外溢效应，提高整个行业的人力资本存量，进而提高一国的经济增长。第二，对外开放能提高一国的全要素生产率。对外开放在提高一国人力资本存量的同时，也带来了一国全要素生产率的提高。不过，全要素生产率的提高并不仅仅是因为人力资本存量的增加，还因为对外开放带来了规模经济和外部效应，这些外部效应包括技术转移、工人熟练程度的提高、管理技巧的改善和生产能力的增加等等（Grosman & Helpman，1990；Fouad，2005）。第三，对外贸易能提高一国的资源配置能力。外贸出口不仅能增加资本品和先进生产设备的进口，克服发展中国家面临的外汇约束，更重要的是，它在带来一国全要素生产率提高的同时，还会使该国在与他国进行国际竞争时吸引更多的生产资源，进而提高该国的资源配置能力（Balassa，1978 & 1985；Ram，1985 & 1987；Bahmani - Os-koee & Alse，1993；Khalifa，1997）。

（三）经济增长的瓶颈约束

工业和服务业的发展，城市化进程的推进，市场化改革的加深以及国际化步伐的加快在推动中国经济持续高速增长的同时，也带来了资源环境、市场条件、资金资本、人才资本和体制机制等方面的困境与不足。

1. 资源环境约束

资源的过度耗费和环境的过度污染是粗放式工业化和城镇化进程的衍生品。首先，粗放型的工业化进程不可避免地带来了资源的过度耗费和环境的过度污染。在社会成本约束缺失的模式下，工业化进程中的公共投资和私人投资倾向于加大投资规模获得粗放式的投资效益，这种投资方式必然导致资源的过度开采和环境的过度污染。其次，城镇化进程不可避免地带来土地资源的过度耗费。在城镇土地资源有限的前提下，城镇化进程中所吸纳的工业开发区和居民住宅区必然将土地需求的触角伸向农业用地，造成农田的丧失和农地的耗费。实际上，向农村索取工业用地并不是城镇化的本来意图，提高农民的人均收入和把城市的生活理念扩展至农村才是城镇化的真实表达，因此，粗放型的城镇化建设是土地资源过度耗费的主要原因之一。另外，工业化进程中资源的过度耗费还存在一个技术性的原因，即投入产出比低。数据显示：我国单位资源产出效率按现行汇率计算，仅相当于美国的1/10，日本的1/20，德国的1/6。以吨煤产出效率为例，我国只相当于美国的28.6%，欧盟的16.8%，日本的10.3%，大大低于国际先进水平。在投入产出比低的情况下，要获得经济的高速增长，必然要求有更多的资源投入。

资源环境的约束主要表现在：第一，土地越发稀缺。从土地总量来看，中国虽然国土辽阔，但作为工厂、城市和道路的最佳用地的平原只占12%，而平原又是中国最宝贵的农业资源，因此，在面对农业和工业发展的共同需求上，我国土地资源显然是稀缺的。从相对量来看，在工业化和城市化的过程中，我国劳动力将不断上升，资本将不断充足，土地则将越来越稀缺。第二，能源消耗严重，并有持续增加的趋势。2008年，我国创造了4万多亿美元的生产总值，但为此也消耗了60多亿吨各类国内资源和进口资源。在集约型经济尚未完全建立粗放型经济继续发展的方式下，我国消耗的资源还将继续增加。以石油消费为例，发达国家人均消费的原油至少是 1 吨，美国是 4 吨，日本是 2 吨。在充分考虑节约和提高能源使用效率的前提下，中国如果人均消费 1 吨原油，总量就要 14 亿多吨，而国产能力可能只有 2 亿吨，面对 12 亿吨的石油缺口，中国将何去何从？第三，环境污染仍然严重。自"十一五"规划提出主要污染物排放总量减少 10% 的约束性指标以来，中国的环境保护取得了一定的成绩。如 2007 年工业废水中化学需氧量排放量同比下降了 5.61%，工业废气中二氧化硫同比下降了 4.24%，首次实现了双下降；2008 年上半年与 2005 年同期相比，中央重点类和关注类企业二氧化硫排放量减少了 35.2%，化学需氧排放量减少了 21.4%。但是，若考虑到废物排放的规模总量，则环境被污染的形势依然很严峻。特别是，工业废弃物的排放总量在环境保护的诉求日益强烈的情况下，不仅没有减少反而有所增加。数据显示，工业废水排放总量在 2007 年达到了 246.65 亿吨，比上年增加 6.46 亿吨，其中直接排入海的废水比上年增加 2.53 亿吨；工业废气排放总量则从 2005 年的 26.9 万亿标立方米增加到了 2007 年的 38.82 万亿标立方米；工业固体废物排放量自 2005 年以来年年递增，从 2005 年的 13.44 亿吨增加到了 2007 年的 17.56 亿吨，增加了 4.12 亿吨，环境污染依然严重。

2. 市场条件约束

我国自计划经济向市场经济转轨以来，市场竞争越来越起到激励作用，而垄断程度则呈逐渐下降的趋势。虽然如此，垄断行业和因垄断而导致的低效率依然存在。在这一阶段我国市场条件下主要存在三种垄断形式：一是国家垄断。国家垄断是国家出于安全、财政收入和社会整体利益考虑，依法对特定领域的产品和服务进行排他性控制的组织行为，常见的有军工生产和烟草专卖等。二是自然垄断，自然垄断产生于某一产品或服务由一个厂商提供比多个厂商共同提供产品或服务成本低的情形，我国的电力、电信、铁路、供气等行业都属于自然垄断行业，自然垄断的形成必须受到国家和政府的支持。三是行政垄断，是指地方政府、政府的经济行业主管部门或其他政府职能部门凭借行政权力排斥、限制或妨碍市场竞争的行为，包括地区垄断、行业垄断、强制联合、行政强制交易行为等形式。

客观地说，国家垄断和自然垄断是一种合法的垄断，但却至少有三条阻碍经济发展的理由：第一，国家垄断和自然垄断的运行低效率造成了资源的较大浪费，形成资源的不合理配置。按照西方经济学的厂商理论，垄断市场条件下的经济生产潜能不能得到有效发挥，垄断的存在造成了资源的不合理配置。这一理论在我国国家垄断和自然垄断的某些行业表现为，生产低效率在占据国家大量资源的同时却造成了连年亏损，国家不得不以纳税人的资金对这些行业进行财政补贴，造成了资源的进一步浪费。第二，国家垄断和自然垄断中的部分行业所行使的价格垄断给居民带来了极高的生活成本，而经营垄断则造成了极大的不便。在价格垄断下，居民不得不支付更高的加油费、上网费和电话费等；而在经营垄断下，"一票难求""车油难加"的现象则极为普遍。第三，国家垄断和自然垄断行业的高收入造成了极大的社会不公，有可能引发社会矛盾。借助行业优势，国家垄断和自然垄断行业在享受价格垄断所带来的高额利润的同时，还能获得国家的财政补贴，这为这些行业的员工带来了高额的薪酬。与以农民工为代表的低收入群体相比，这些行业的高收入无疑拉大了收入差距，增加了社会不公，极有可能引发社会矛盾。行政垄断则因其凭借行政权力的恶意排斥使上述三种情况的负面影响变得更为严重，因此对经济的可持续发展产生更为严重的制约。不仅如此，行政垄断因其对地区内大部分行业都进行排他性"保护"而使地区竞争弱化，市场相对封闭，地区经济发展严重受阻。

3. 资金资本约束

资金资本约束主要表现在中小企业融资难。首先，中小企业获得贷款难。中小企业之所以难以获得贷款，原因在于一方面中小企业本身发展规模有限，所拥有的抵押资产和贷款信用难以符合各大银行的要求，因此中小企业因其所掌握的资源有限而难以获得贷款。另一方面则在于各大银行出于贷款安全性原则的考虑，对盈利能力较为有限的中小企业存在较强的风险警惕性，因此对于中小企业所申请的抵押贷款和信用贷款申请一般不予批准。其次，中小企业资本市场融资难。除因中小企业本身发展特征决定其在资本市场上难以进行融资外，一个更重要的原因在于中国资本市场发展层次单一，风险投资市场尚未建立，资本市场发展较为有限。资本市场的这一发展现状使得中小企业不具备在民间进行融资的平台，而主板市场对上市公司的较高门槛更加决定了中小企业难以进行资本市场的融资。实际上，中小企业贷款和融资难所反映的"成本—效益"分析符合市场经济体制运作的基本内涵，是市场化改革走向规范的一种表现；但是，市场化改革更应为每一类经济主体提供发展的平台，更应满足大多数经济主体的发展需求，比如市场程度相对完善的美国同时设置了全美证券交易所和纳斯达克市场，以方便各种类型的企业进行资本融资。客观地说，中小企业融资难对于防范部分中小企业所带来的金融风险、保证市场经济安全具有一定的意义，但同时也遏制了大部分具有发展潜力的中小企业的发展，同时也阻碍了部分中小企业的科技创新。

中小企业融资难至少从以下两个方面将制约中国经济的进一步发展。第一，中小企业的资金资本约束将限制企业的进一步投资，这将导致中国持续高速的经济增长难以得到有效支撑。由于存在进一步发展的资金资本约束，中小企业难以进行投资以扩大再生产。作为拉动中国经济增长的主要马车之一，投资水平的降低必将使得中国难以获得持续高速的经济增长。第二，中小企业的资金资本约束使其发展规模有限，甚或难以继续发展，这将导致中小企业对社会就业的容纳能力有限，造成资源的闲置，制约经济的发展。自改革开放以来，中小企业正渐渐成为中国经济发展中的一支主力军，原因在于它具有较强的就业吸纳能力，对于提高城镇居民收入和维护社会稳定作出了巨大的贡献。但是，资金资本的约束将难以进一步发挥中小企业的就业吸纳能力，这将造成社会劳动力资源的闲置，使经济的发展潜能难以得到有效发挥。

4. 人才资本约束

从满足市场需求的角度，中国在人才机制建设上仍然存在以下两方面的问题。首先，人才培养的针对性不强，难以满足企业对人才的市场需求。普通高等教育的逐渐普及虽然培养了越来越多的高校毕业生，但是，很多高校并没有形成明确的培养目标和有效的培养方案，致使高校大学生所学的知识与社会实践形成严重的脱钩现象。这种现象的结果一方面使得教育资源配置不当，另一方面则使得大学生就业压力逐渐加大，有效的人才资本难以形成。其次，人才资本的分布不均，部分地区和行业的人才需求难以得到满足。人才资本的分布不均表现为人才资本的地区分布不均和行业分布不均，其中地区分布不均主要是东中西部人才资本存量存在较大的差异，东部沿海地区由于经济相对发达，人才资本存量相对较高，甚至形成人才资本"富营养化"的状态，而中部和西部地区人才资本则相对稀缺；行业分布不均则主要是部分收入较高的行业拥有更多高学历的人才，而低收入行业则相对缺乏人才资本，这种现象极容易形成的一种结果是部分高学历人才在高收入行业所从事的工作相对简单，其所拥有的才能难以得到更加有效的发挥。

人才资本约束至少从以下三方面影响中国的经济增长。第一，人力资本存量难以形成，制约中国经济的可持续发展。按照新古典经济增长理论，经济增长是由劳动、资本和全要素生产率共同推动的，其中资本包括物质资本和人力资本。人才资本的约束使得人力资本存量难以形成，从而使得单纯依靠劳动要素推动的经济增长变得不可持续。第二，全要素生产率难以得到有效提高，制约中国经济的高速增长。全要素生产率的提高主要依赖于生产技术的提高，而生产技术的提高则更多受益于技术型人才资源的充分利用和有效配置。中国人才资本约束的存在一方面使得技术型人才难以形成，另一方面则使得现有的技术型人才难以得到有效利用，这种状况导致全要素生产率难以得到有效提高，持续高速的经济增长存在约束条件。第三，创新机制难以建立，制约新增长方式的形成。创新是一个民族进步的灵魂，是国家兴旺发达的不竭动力，新的经济增长方式必须依靠创新机制的建立。而创新机制的形成关键在于人才的引进和培养，人才资本约束使得创新机制难以建立，从而使得新的经济增长方式难以形成。

5. 体制机制约束

在改革开放的进程中，我国的社会主义经济体制得到了较大的改善，但仍然存在一些不足。具体表现在：第一，在保证公有制主体地位的同时，仍需加强多种所有制企业对经济发展的巨大推动作用。多种所有制企业对吸纳就业、促进投资和提高收入等方面都具有十分重要的意义。而我国当时所有制的特点是，公有制企业总产值仍然占有较高的比重，以 2007 年为例，各类规模以上公有制企业总产值占全国的比重为 35.06% ~ 44.97%，实际上，国有经济的最优规模为 20% ~ 25%（平新乔，2004），国有经济仍存在较大的改革空间。第二，以经济增长为单一目标的政府绩效考核机制必须得到有效改善。以经济增长为单一目标的政府绩效考核机制促使地方政府进行粗放型的投资和生产，造成资源的过度耗费和环境的过度污染。第三，地方政府必须赋予更多的财权和事权。财政分权激励了地方政府的投资积极性和生产积极性，赋予地方政府更多的财权和事权将能进一步激励地方政府改善投资环境和发展当地经济。然而，地方政府的财权和事权划分并不匹配，表现在地方政府的财政收入相较于支出严重不足，这一现象导致的结果是地方政府在发展当地经济的同时，往往面临资金资本约束。

体制机制约束对经济增长的影响主要表现在其对经济主体的激励上。首先，多种所有制改革的不完善将对生产者产生负向激励效应。由于难以形成有效的产权约束和产权激励，生产者行为不能获得有效的正激励，其潜能也就难以得到更大程度的发挥。其次，以经济增长为单一目标的政府绩效考核机制虽然促进了当地经济的增长，但同时也强化了粗放型经济发展方式的负面作用，表现为资源过度消耗和环境过度污染，这将进一步制约中国经济的可持续发展。最后，财政分权制度的不完善将对政府行为产生负的激励效应。由于存在财权和事权的不对等，政府在利用较少的财权履行更多的事权义务时难以获得正的激励，这必将对政府营造便利和谐的投资环境行为产生负面影响，经济发展的软硬条件将受到制约。

从对 1949～2009 年中国经济增长的特征、动力与约束的分析来看，以工业和服务业为产业主导、以城市化为空间载体、以市场化为体制基础以及以国际化为战略支撑的发展方式共同推动了中国经济的持续高速增长；但是，资源环境、市场条件、资金资本、人才资本和体制机制五个方面所存在的困境与不足也共同构成了中国经济持续增长的约束条件。实现经济的可持续增长，宜突破资源环境、市场条件、资金资本、人才资本和体制机制等方面的条件约束，而从产业结构的调整、市场竞争机制和资本市场的完善、人才计划的实施和体制机制的深化改革等方面进行政策制定或许是适合当时中国经济的有利选择。

第二节　新常态下的中国经济增长

中国式新常态虽然形成于经济的"结构性"减速，但却不是也不应是低速增长状态，而是一种速度上从高速增长向中高速增长转变、结构上从失衡增长向优化增长转变、方式上从要素投入向创新驱动转变的长期稳定状态。在新常态下，促进经济结构的优化和实现增长方式的转变，应突破发展过程中的分配结构不合理、人力资本积累慢、企业融资成本高、资源紧张和环境恶化等约束，以切实提升科技创新和促进技术进步。

（一）"结构性"减速与新常态形成

客观地说，中国式新常态虽然不只包含经济增速的放缓，但其形成却是以增速放缓为背景的。从数据所反映的现实来看，自 2010 年第一季度以来，中国季度增长速度呈现出了逐期下滑的趋势，由初期的 12.1% 下降到了 2019 年第四季度的 6.0%；特别是，自 2012 年至今的增长速度均持续低于 8% 的增长值，与两次金融危机冲击后的 1998 年和 2009 年的"较低"增长水平大体相当（见图 1-3）。就这一经济增速放缓的现象，学者们就形成原因和演化趋势给出了不同的解释。概括而言，主要有两种代表性的观点：一种观点可以总结为经济减速是"周期性"的，因此，减速只是暂时、而非持续稳定的现象。从横向来看，中国经济在开始出现增速放缓的同时，发达国家和其他发展中国家也出现了下滑，而且幅度更大，如新加坡 2010 年经济增长 14.8%，2011 年却只有 5%，2012 年则仅为1.3%，2013 年也只有 3.7%；同样，巴西 2010 年增长率为 7.5%，2011年则只有 2.7%，2012 年则只剩下 0.9%，2013 年也仅为 2.2%，因此，中国经济增速的连续下滑，主要不是内部结构问题，而是外部问题（林毅夫，2014）。这一观点意味着，在世界经济形势好转的情况下，中国经济必将"周期性"复苏，因此减速只是暂时的。从纵向来看，中国农村还存在着数量极其可观的潜在劳动力、中国的城市发展远未结束、中国从简单加工制造向重化工工业发展空间依然巨大的有利因素，使得目前中国不仅没有进入所谓的"新常态"，而且也无法接受低速的经济增长，因此，高速的经济增长还将在中国长期持续（华民，2014）。

另一种观点则认为增速放缓是"结构性"而非"周期性"的，且其形成的次高速增长将成为一种"新常态"，因此是持续且稳定的。所谓"结构性"减速，主要是指结构调整过程中带来的增速放缓。就产业结构而言，由于中国制造业就业率已达峰值，因此经济增长开始越来越多地依赖于服务业的发展，但中国服务业的劳动生产率却普遍低于制造业，经济增速将因此而放缓；就生产要素结构而言，中国经济增长已开始越来越多地依赖资本和技术进步而非劳动投入，但资本回报低和技术进步慢却长期制约着经济的增长（李扬，2013）。除此之外，中国经济增速的下降还有其自身独特的原因，即中国经济面临"人口红利"即将消失、出口下降，以及外需不振的增长约束，这些都表明此次经济增速下降是"结构性"而非"周期性"的（沈坤荣，2013）。由于结构调整过程中出现了增长动力的"断层"，因此，中国经济自"十二五"期间即已开始进入减速发展阶段，且"十三五"期间将进一步减速；在预计的未来十年甚至更长的时间里，经济将基本处于一个减速通道，可理解为是由"结构性"引起的中长期经济减速（张平，2012）。

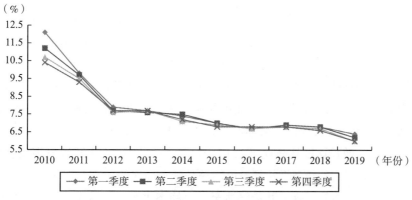

图 1-3 中国季度国内生产总值的累计增长率

资料来源：根据国家统计局官方网站公布的季度数据计算整理而得。

实际上，上述两种观点对经济减速的原因所进行的解释是一致而非矛盾的。首先，林毅夫（2014）所指的是外部需求而非内部结构所带来的经济减速，从本质上来说，还是由中国需求结构失衡所造成的。这是因为从需求角度来看，外需拉动是中国经济取得高速增长的重要原因。在世界经济普遍下滑的形势下，世界主要贸易伙伴国必将减少对中国产品的进口需求，使得中国在投资需求降温和消费需求不足的情况下，经济增长速度逐渐放缓。从这一层面来说，中国目前的经济减速也是由需求结构调整过程中出现的动力"断层"所造成的，因而也具有"结构性"特征。其次，从概念的语义来看，华民（2014）所指的"新常态"和"经济减速"仅指低速增长，而中国仍然具备强劲的增长动力，因此并不会也不应进入低速增长的"新常态"。在此逻辑前提下，这一观点当然是正确无疑的。但是，经济减速并不必然指向低速增长，它只是在现有增速的基础上适当放缓以进入中高速而非低速的"新常态"。从这一层面来看，两者是一致的。此外，华民（2014）也认为中国经济增长的瓶颈主要来自投资回报率下降遏制了投资的增长、出口下降导致了总需求的下降、劳动成本持续提高严重挤压了企业利润这些"结构性"因素。可见，中国的经济减速是由"结构性"因素所造成的，并且由于结构调整过程中出现了增长动力的"断层"，而将使经济增长进入一个减速的"新常态"。

（二）新常态下的增长特征

以"结构性"减速为背景，中国经济增长进入了非高速的"新常态"。但是，经济减速本身并不只是"新常态"的唯一特征，它还为中国经济发展提供了重要的转变机遇，因而带来了其他有益于经济可持续发展的推动力。从其内涵和所衍生的外延来看，中国式的新常态除了表现为经济增长率下降和"滞胀"隐患出现这些不利因素外，也表现为就业压力减小、消费占比提高、产业结构从劳动密集型向资金密集型和知识密集型转换，以及对自主研发的需求增加等有利因素（刘伟和苏剑，2014）。更为精练，这些特征可以被高度概括为几个动态式的转变，即"从高速增长转为中高速增长，经济结构不断优化升级，从要素驱动、投资驱动转向创新驱动"（习近平，2014）。具体而言，主要表现在以下三个方面。

第一，增长速度从高速增长向中高速增长转变。从经济发展简史来看，大多数国家的经济增长都不可能总是处于高速的"亢奋状态"，而更有可能呈现规律性的下降，并最终达至某一稳态水平。如日本在经历1950～1972年年均9.7%的增长后，于1973～1990年回落至4.26%，1991～2012年更是降至0.86%；同样地，韩国在1961～1996年，年均增速达到了 8.02%，但在 1997～2012 年仅为 4.07%①。对于"新常态"下的中国而言，由于经济结构调整过程中新的增长动力正在逐渐培育和构建，因此其所发挥的效应尚未完全形成，经济增长已不可能再达到以前的高速水平。如以国际货币基金组织（2014）当时的预测数据为依据，中国 2014 年的增长率为 7.38%，低于 2013 年的 7.7%，2015 年更是进一步下降为 7.09%。从均值来看，2011～2015 年的增长率为 7.88%，2016～2020 年更是下降到了 6.49%，低于改革开放以来任意一个五年计划的平均增长值。见表 1-2。

表 1-2　　　　　　　中国与世界其他经济体的增速比较　　　　　单位：%

年份	世界	发达国家	发展中国家	金砖五国				
				巴西	俄罗斯	中国	印度	南非
1991～1995	2.75	2.33	3.40	3.00	-8.50	12.29	5.10	0.89
1996～2000	3.81	3.38	4.38	2.02	1.77	8.62	6.09	2.80
2001～2005	3.97	2.25	6.02	2.80	6.13	9.76	6.74	3.84
2006～2010	3.94	1.12	6.64	4.49	3.73	11.23	8.34	3.28
2011～2015	3.40	1.80	3.81	1.18	1.75	7.88	6.78	2.20
2016～2020	3.13	2.52	3.29	0.69	1.52	6.49	7.43	1.06

注：数据取各年经济增长率（按不变价格计算）的算术平均数，2020 年的数据为预测值，数据来源于国际货币基金组织"世界经济展望数据库"，http：//www.imf.org.

即便如此，中国的经济增长依然处于中高速的增长区间，且在世界经济格局中依然处于最快增长国家的行列。不仅快于新兴市场和发展中国家，也快于"金砖五国"除印度之外的其他几个国家。因此，中国经济在原有高速增长的基础上进行适当的减速，并以此实现经济结构的调整和增长方式的转变，不仅不会降低其国际竞争力，反而将进一步有利于经济增长质量的提升。从这一层面来说，与其将"新常态"理解为是"换挡期""阵痛期"和"消化期"的三期叠加，不如将其理解为是实现经济增长方式转变的重要战略。

第二，增长结构从失衡增长向优化增长转变。客观地说，经济增长速度的放缓不仅为经济结构的调整释放了压力，还为经济结构的优化提供了

---

① 转引自若英：《"新常态"对中国经济发展意味着什么？》，载于《红旗文稿》2014 年第 19 期，第 39 页。

动力。这是因为，"调结构"和"促增长"长期以来是中国经济发展过程中的两难，以结构失衡来换取经济的高速增长是过去中国经济增长过程中的惯有方式，而打破这一方式、以适当地减速来换取质量则明显有利于经济结构的调整。事实证明，这一发展思路所带来的成效因经济结构的不断优化而极其显著。首先，从产业结构来看，中国第一和第二产业增加值在国内生产总值中的比重不断下降，而第三产业增加值的比重则不断上升，并于 2012 年首次超越第二产业成为最大产业。其次，从需求结构来看，在拉动经济增长的"三驾马车"中，消费需求不足的失衡格局逐渐改观，体现为其对经济增长的贡献率不断上升，并于 2011 年达到了 61.9%，首次超越资本投资成为最强有力的拉动因素；2018 年消费需求发挥更大贡献的趋势仍得以有效延续，贡献率达到了 76.2%。与此同时，净出口所发挥的作用则不断减弱，近几年甚至出现了负向的贡献率，这表明中国经济增长长期依赖于外需而非内需的格局正在或已经发生了改变。这一调整，与中国劳动和土地要素价格优势的丧失所带来的出口竞争力下降是紧密相连的（刘世锦，2014）。最后，从分配结构来看，虽然初次收入分配中应上缴给政府的生产税净额逐年攀升并有扩大的趋势，但劳动者报酬占比不断降低的趋势则在近几年得到了有效的扭转，如 2010～2018 年这一数值从 48.99% 逐渐上升到了 58.04%，表明收入分配结构也得到了有效的调整和优化，这对于缩小收入分配差距意义重大。

第三，增长方式由要素投入向创新驱动的转变仍需发力。中国经济所取得的高速增长得益于生产要素的丰裕及大量投入，但这一方式由于其粗放型特征也带来了资源紧张、环境恶化和生产率低下等发展困境。有别于这一传统方式的"新常态"，就是要适应要素贡献逐渐降低和技术创新逐渐提升的新形势，以实现经济增长方式从要素投入向创新驱动的转变。从中国经济增长的要素结构来看，中国近几年来工作年龄人口开始不断下降，2012 年工作年龄人口甚至减少了 345 万（朱剑红，2013），2018 年劳动要素增长率为 -0.07%，表明劳动要素增长率呈现出了逐渐下降的趋势，且这一趋势仍将进一步延续，见表 1-3。

表 1-3　　　　　　　　中国经济增长的要素结构　　　　　　　　单位：%

年份	劳动要素增长率	物质资本要素增长率	技术创新程度	人力资本要素增长率
2008	0.32	24.68	17.11	14.33
2009	0.35	18.90	41.27	3.74

年份	劳动要素增长率	物质资本要素增长率	技术创新程度	人力资本要素增长率
2010	0.37	17.72	40.01	8.35
2011	0.41	17.94	17.88	5.69
2012	0.37	10.70	30.67	2.73
2013	0.36	10.38	4.61	2.24
2014	0.36	7.32	-0.79	3.24
2015	0.26	3.34	31.9	3.26
2016	0.20	5.21	2.07	3.42
2017	0.48	9.57	4.71	4.49
2018	-0.07	8.99	5.81	2.38

注：劳动要素为全社会从业人员数，物质资本要素为资本形成总额，人力资本要素为高校毕业生数，技术进步为专利授权数，所有原始数据均来源于《中国统计年鉴》。

以国家统计局人口专家的预测数据为依据，从 2013 年以后中国适龄劳动人口将会逐步下降，其中，2013～2020 年下降较为缓慢，但至 2020 年以后则会快速下降。与此同时，中国的物质资本要素增长率近几年来也呈现出下降的趋势，如 2008 年以来，这一数值由当初的 24.68% 下降到了 2015 年的 3.34%，2018 年尽管回升至 8.99%，但仍低于 2013 年之前的增长值。劳动要素和资本要素增速的放缓均表明，继续依靠生产要素的大量投入来实现经济的高速增长从客观条件上已不再具有可持续性，而依靠技术创新来推动经济增长则变得尤为迫切。但是，中国以专利授权量所衡量的技术创新[①]在这一过程中却并未显现出明显的"补位"作用，如在 2010～2018 年，中国的专利授权量增长率虽出现了"忽高忽低"的变动特征，但总体而言则呈现不断下降的趋势，表明中国的创新能力并未得到有效提升，因此其对经济增长的推动作用并未显现。

总之，新常态的形成虽然以经济的适当减速为背景，但其并不也不应等于经济减速和低速增长，它还应在此基础上更加注重经济减速所带来的发展机遇，既注重经济结构的调整和优化，又注重技术创新的培育和提升。从这一角度来说，新常态更应被理解为是一种更加注重经济增长"质量"而非"数量"的发展状态。实际上，从长远来看，这一注重增

① 以专利授权量来衡量技术创新的文献可以参阅格里利克斯等（Griliches et al.，1986）和范红忠（2007）等。

长质量的新常态，并不必然带来数量上的低增长。只是，在现阶段从粗放型向集约型增长过渡的过程中，旧的要素红利正在消失、而新的发展动力尚在构建，使得经济增长出现了结构性的断层；一旦形成新的发展动力，这一"裂痕"必将得以"焊接"，而经济的高速增长也依然可以实现。

（三）新常态下的增长约束

应当看到，虽然提升中国经济增长质量的有利因素正在不断形成，但是制约经济可持续发展的不利因素却依然存在。其中有些不利因素，不仅存在于新常态发展时期，而且在新中国成立以来至今的漫长时期也一直存在。其特有的"顽强性"，至少表明它具有很强的制度属性，应该通过长效机制的构建来去除这一"顽疾"。具体而言，新常态下所面临的增长约束主要表现在以下几个方面。

第一，收入差距依然较大，分配结构仍需优化。从居民收入分配来看，在 1990～2018 年，中国城乡居民收入比和基尼系数总体而言均呈"波浪式"扩大的趋势。其中，城乡居民收入比由 2.2 上升到了 2.7，最高时为 2009 年的 3.33；与此相对应，基尼系数①则由 0.3555 上升到了 0.4742，同时在 2010 年达到了最高点，其值为 0.4751。此后，这些指标虽然自 2010 年以来开始有所好转，但其数值依然较大。从收入分配格局来看，在 1990～2018 年的居民、企业和政府三个经济主体之间，居民收入总额在国民收入中的占比由 55.21% 下降到了 42.62%；企业收入占比虽然经历了 1990～1994 年的上升阶段，但自 1994 年后则开始不断下降，其在国民收入中的比重由 1994 年的 42.58% 下降到了 2018 年的 30.65%；与此不同的是，政府收入则在相对规模上由 15.69% 快速上升到了 26.73%，两者均呈大幅上涨的趋势。这些数据所表明的收入差距依然较大和分配结构仍然不合理将对经济增长带来负面效应，这主要是因为它不仅从微观上抑制了经济个体的生产积极性和强化了生产者之间的经济社会矛盾，还从宏观上阻碍了居民消费需求的扩大和科技创新能力的提升，因而不利于经济的可持续发展。

第二，资金成本逐步攀高，融资渠道依然有限。从金融体制改革和经济发展趋势来看，中国企业将面临越来越高的资金成本，主要是因为：一

---

① 基尼系数的测算：以程永宏（2007）所测算的 1978～2005 年农村居民基尼系数和 1981～2004 年城市居民基尼系数为基础数据，并利用其分解公式计算全国基尼系数。其中，2006～2018 年的农村居民基尼系数及 2005～2018 年的城市居民基尼系数依据等分法公式计算并调整而得。

方面，利率市场化改革特别是贷款利率市场化改革的推进，将使长期处于金融抑制的资金价格从低利率水平向均衡或是正常利率水平回归，而从数值上来看后者无疑将高于前者；另一方面，中国劳动要素和土地要素价格的上升将减弱其对国际资本的吸引力，使得进入中国境内的外商投资规模在原有基础上增长缓慢甚或急剧减少，不仅如此，随着国内资本对外投资步伐的加快，原来滞留投资于国内的本国资金也将因此而减少，这些都将使得国内的资金供给趋于紧张，资金成本逐步攀高。可以预见的是，资金成本攀高的状况将使得企业的融资来源变得更为有限。在旧有的融资方式下，企业主要依赖于银行贷款来获取必要的生产性资金，但是，新形势下贷款利率的上升和信贷资金供给的短缺将不仅使得企业从银行中所能获取的可贷资金规模大为减少，还将使其获得信贷资金的难度进一步加大。从这一角度来说，资金成本的攀高及所带来的融资渠道的缩窄，极有可能将对中国企业的正常生产和新增投资带来抑制作用。特别是，对于大部分中小企业而言，这一负面冲击效应将变得尤为明显。由于这一制约因素的存在，中国新常态下的经济增长不管是在投资规模还是劳动就业方面，都将受到不同程度的抑制。

第三，人力资本积累放缓，创新动力有待加强。以高校毕业生数的增长率来衡量人力资本积累程度的快慢，所测算的数据结果显示：在所考察的 2008～2018 年间，人力资本增长率从 2008 年的 14.33% 不断下降到了 2018 年的 2.38%，（见表 1-3）。人力资本增长放缓将使中国科技创新能力提升的后劲不足，因而将对创新驱动战略的有效实施影响甚微。实际上，人力资本积累放缓极有可能是中国科技创新能力提升缓慢的主要原因。这是因为：从创新支撑机制来看，中国对提升科技创新的扶持力度不断加大，直接表现为历年研发投入的逐年增加，因此从资金供给上来说，中国的技术创新并不缺乏研究与发展经费的支持。但从人才供给上来看，人力资本积累的放缓使得中国所申请和所授权的专利数、技术市场合同转让金额虽然呈快速增长的态势，但却并没有真正转化为市场的生产力和提高劳动生产率。因此，中国的科技创新从人才供给上来说依然存在不足，也就是说，人才而非资金才是影响科技创新的关键变量。进一步地，我们认为形成这一机制的根本原因在于中国收入分配的不平等。按照巴罗（Barro，2000）的观点，收入分配不平等增加了高收入阶层的储蓄从而带来了物质资本的积累，但却也造成了低收入阶层的教育投资从而放缓了人力资本的积累速度。中国的发展历程正与此大致相同：收入分配不平等确实增加了中国的物质资本积累，从而为技术创新提供了强有力的资金支持；但同时也抑制了人力资本积累，因而阻碍了科技创新能力的提升。

第四，土地资源越发紧张，环境污染依然恶化。在中国，土地要素对经济增长的贡献至少来源于土地用途三个转变所带来的巨大"红利"：一是农地使用权从集体向家庭的转变，这一转变既直接带来了农业产出的巨大增长，又间接为工业生产提供了丰裕的劳动要素和原材料；二是大量农业用地向工业用地的转变，这一转变促进了中国的工业化进程，并由此带来了工业产出的巨大增长；三是农业用地、工业用地向城镇住宅用地的转变，这一转变所带来的房地产业的蓬勃发展，既带来了政府财政收入的增加进而促进了公共投资的增长，又带来了中国城市化率的提高进而间接带动了消费需求的扩大。但是，中国土地资源紧张所带来的制约作用正在不断显现。从总量来看，中国虽然国土辽阔，但作为工厂、城市和道路的最佳用地的平原只占12%，而平原又是中国最宝贵的农业资源，因此，在面对农业和工业发展的共同需求上，我国土地资源显然极为稀缺。

就环境整治而言，应当说自"十一五"规划提出主要污染物排放总量减少10%的约束性指标以来，中国的环境保护在某些方面取得了一定的成绩。但是，若考虑到废物排放的规模总量，则环境被污染的形势依然很严峻。在各种废弃物排放总量中，工业废水排放总量在2018年达到了699.7亿吨，比上年增加25.6亿吨；工业固体废物产生量与排放量年年递增，如产生量从2006年的15.15亿吨增加到了2018年的33.16亿吨，增加了18.01亿吨。可见，环境污染及其恶化的形势依然严峻，而其对经济可持续发展所带来的制约作用也将长期存在。

（四）构建新常态下经济增长动力的可能路径

新常态下促进经济结构的优化升级和实现经济增长方式的转变，就是要突破发展过程中的制度、人才、资金和环境约束，以国际多边合作为契机，促进对外贸易和对外投资的稳健发展；以新型城镇化为载体，促进投资和消费需求的进一步良性扩大；以深化制度改革为重点，进一步完善制度的有效激励机制，释放制度改革的巨大红利；以战略新兴产业为支撑，有效培育创新增长点和扩大就业吸纳空间；以提升科技创新为关键，实现经济增长的创新驱动战略。

第一，国际多边合作是契机。加强国际多边合作，不仅是因为当今世界各国的联系愈发紧密，更重要的是因为多边合作能够减少国际贸易和投资中的信息搜寻成本，进而加深双方的理解和信任。于中国而言，促进国际多边合作至少可以从以下两方面来促进经济的平稳增长：一方面，从国际贸易的角度，合作可以通过减少贸易摩擦来降低交易成本。由于缺乏有效的认知和对话机制，国际上特别是欧美国家针对中国企业的"反倾销"案例越来越多，这既带来了贸易乃至政治上的误解和摩擦，又带来了经济效率的下降和漏损。建立广泛而有效的国际合作，则能在增进彼此了解与信任的基础上，促进双方贸易额的增长。另一方面，从国际投资的角度，合作可以使双方的剩余资金互通有无，这既拓宽了其中一方面的投资渠道，又增加了另一方的资金来源，从而为资金配置提供了有效的优化机制。因此，新常态下调整中国的需求结构，仍应注重和加强国际多边合作，以促进货物和服务净出口的平稳增长。

第二，新型城镇建设是载体。从内涵来看，新型城镇化更加注重劳动要素的优化配置，更加注重人口城镇化和土地城镇化的协调发展，更加注重城镇化、工业化和现代化的同步演进。因此，新型城镇化将为中国经济增长提供"新亮点"和"新动力"，主要表现在：首先，新型城镇化的推进将带来投资需求的增加，既包括公共基础设施投资的增加，又包括产业投资空间的扩大，因此，投资需求在经济增长中的拉动作用仍将"强势"发挥。其次，新型城镇化的推进将带来消费需求的扩大。由于人口城镇化促进了农村人口向城镇的转移和集聚，而城镇相对于农村而言具有更浓郁的消费氛围，因此这一过程既带来了消费规模的扩大，又带来了消费结构的升级，两者都将带来消费水平的提高。最后，新型城镇化的推进将促进制度改革红利的释放。新型城镇化的推进必须以户籍制度、土地制度和保障制度的改革和完善为前提，而后者则将分别从要素优化、产权激励和消费保障三个方面带来显著的经济增长绩效。

第三，战略新兴产业是支撑。构建新常态下经济增长的新动力，应以产业发展为先行，而战略性新兴产业的培育和壮大则是关键。这是因为：不同于传统产业，战略性新兴产业具有知识技术密集度高、物质资源消耗少、成长潜力空间大以及经济社会效益好的特征。它既能满足人类对良好生存和生产环境的诉求，又能引领产业结构调整和优化的方向，更能支撑经济发展方式的创新性转变。因此，发展战略性新兴产业是促进经济长效发展的重要支撑。这就应以理论研究为先行，从资金上重点资助有利于促进技术创新和成果转化的科技项目；应建立有效的产学研"互助、互通、互利"平台，以合作的形式共同推进理论成果向实体生产的有效转化；应完善知识产权保护和转化制度，使新技术、新知识和新专利的发现发明者能够得到有效的社会激励；应进一步对涉及节能环保、新一代信息技术、生物、高端装备制造、新能源、新材料和新能源汽车七个产业在内的企业和个人提供土地、资金和税收上的优惠。

第四，提升科技创新是关键。从本质上来说，新常态下的经济增长是一种创新驱动或者创新导向的增长，既注重生产技术的创新，又注重经济结构的优化，更注重经济制度的革新，因此，提升创新能力和促进技术进步是构建经济增长动力的关键。从供给上来说，提升社会的创新水平，就是要在资金上重点资助科学技术研究项目，既包括基础性研究，又包括应用性研究；就是要在人力上进一步加大力度引进和培养创新型人才，既包括研究型人才，又包括生产型人才。从需求上来说，提升社会的创新水平，就是要扩大社会对创新型产品的消费需求，而提高居民的收入水平和增强居民的消费意识则是扩大消费需求的关键。综合来看，提高科技创新的供给水平和需求能力，应以有效的激励机制为基础，而深化收入分配制度改革则是重要的制度保障。这是因为形成合理有序的收入分配格局，不仅能在供给上促进社会的人力资本积累，还能在需求上提高低收入者的收入水平，这对于创新的提升极为重要。

第五，深化制度改革是重点。改革是最大的红利，深化各项制度改革将对经济结构的优化和经济增长质量的提升带来显著的提升作用。就目前的形势而言，应继续推进和深化的改革主要包括收入分配制度和农地制度这两项较为重要且全面的经济制度。之所以重要且全面，是因为所常见的社会保障制度、工资分配制度以及财政税收制度等均与此关联颇多。首先，应深化收入分配制度改革。收入分配结构的合理化、收入分配秩序的有序化，以及居民收入差距的缩小，既能有效地促进人力资本积累从而提升科技创新能力，又能缓解主体之间矛盾从而促进经济社会的和谐发展。其次，应深化农地制度改革。一项旨在扩大农民土地产权自由、增加农民土地交易收益的农地制度改革及深化，不仅能够促进土地要素的合理流转，进而提高了土地经营的产出效率，还能够激励农村剩余劳动要素的有效转移，进而推进了新型城镇化和带来了新的增长点，因此，深化农地制度改革促进了生产要素的优化配置。

从对 2010～2019 年新常态期中国经济增长的特征、约束与路径的分析来看，收入差距、融资受限、创新不足、资源环境这四个方面是这一时期制约中国经济稳定增长的主要因素。突破这些约束以实现经济的可持续增长，应以加强国际合作、推进新型城镇化、发展新兴产业、提升科技创新和深化制度改革为重要抓手，应在同时构建长效机制和短期动力的过程中推导经济更好更快更稳发展。

第三节　新冠疫情下的中国经济增长

暴发于人口流动频繁期和密集期的新型冠状病毒以其传染性强、潜伏期长和受众面广而给整个社会带来了全方位的、难以估量的负面影响。它既直接危及了患者及其家属的生命健康，又给整个社会带来了心理恐慌及其他不安定因素。这些负面影响在国际经济格局突变和重塑的复杂形势下，在中国经济由高速增长向中高速增长转换的新常态下，将随着疫情的恶化而极有可能超过历次突发事件所带来的负面影响。但是，正如经济学中一切突发事件一样，新冠疫情所带来的负面影响本身只是一种外生于经济发展机制的、局限于特定产业和特定领域的短期冲击，它不可能改变中国长期经济发展的内在逻辑。因此，疫情结束后的中国经济将在"伤痛后聚力"式的生产、"压抑后迸发"式的消费、"深思后理性"式的改革中继续走向高质量发展之路。

（一）疫情对中国经济的冲击

就理论而言，疫情冲击进出口贸易的传导机制可以综合性地归置于凯恩斯主义经济学的需求框架和新古典经济学的供给框架。这是因为疫情的暴发及全球性蔓延，既在需求层面带来了国内外消费需求和投资需求的下降，又在供给层面抑制了短期劳动投入和物质资本的增加，两者最终不同程度地抑制了进口需求和出口生产规模的扩大，见图 1-4。其中，就中国而言，需求层面所受到的冲击只限于特定领域、特定产业和特定主体，供给层面只限于要素维度，而科技创新所遭受的冲击则相对有限。尽管如此，疫情在短期内仍然直接和间接地对全球性的贸易经济带来了较为严重的负面影响。

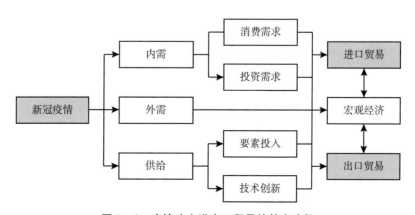

图 1-4　疫情冲击进出口贸易的基本路径

首先，新冠疫情所带来的消费环境的恶化抑制了短期消费需求的扩大。一方面，消费者因居家隔离而减少了对特定产品和服务的有效消费，既包括对日常生活用品和服务的基本消费，更包括生活必需品之外由接触式体验后所产生的引致性消费。因此，这一冲击主要聚焦于对传统行业及其产品和服务的线下消费中，主要包括零售批发、餐饮住宿、旅游、娱乐、交通运输和教育培训等行业。如在 2020 年与 2019 年的主要行业的数据比较中，不管是电影业还是旅游业，抑或是零售餐饮业和交通运输业，其在特定时间内的经营指标均遭受了较大幅度的下降，表明居民消费受新冠疫情的负面冲击较大。在我国的消费结构中，这些行业及其产品所对应的支出总额已经占到了全部消费支出的25%，且其他类别的消费亦有极大部分均发生于居民的外出活动中，因此这些消费项目具有易受冲击又难以形成补偿性增长的特点（蔡昉，2020），使得线下消费在此次疫情中受到了较大程度的负面冲击。另一方面，线上消费因物流业"断流"而受到了一定的抑制。由于疫情同样影响了物流快递的正常运送，因此尽管居民的消费需求可以在互联网上得到有效释放，但却无法通过如疫情发生前一样高效运转的物流体系而最终实现货物的流通，线上消费同样受到了新冠疫情的负面冲击，且在疫情高峰期表现得尤为严重。数据显示：2020 年 1～2 月，我国社会消费品零售总额同比下降 20.5%，其中餐饮收入下降 43.1%，商品零售下降 17.6%，网上零售额下降 3.0%。不过，消费需求所受到的负面冲击具有即期性。疫情结束后，居民"压抑式"的消费心理会使其线上和线下消费行为变得极为频繁，消费需求增速能够得到"井喷式"的反弹，这在一定程度上能够弥补疫情期间下降的部分消费份额。

其次，新冠疫情对投资需求所带来的影响既体现为短期投资规模的减少，又体现为中长期投资结构的改变。在疫情期间，由于投资者和生产者均因隔离而无法复工生产，因此不仅维系企业正常运转的简单再生产无法实现，纳入战略投资计划或预先拟订的扩大再生产也将因此而"搁浅"，并有可能因"错失良机"而无限期延长，这都将使得短期内的投资需求下降，投资总量增长下滑。数据显示：2020 年 1～2 月，全国固定资产投资额同比下降 24.5%，其中基础设施投资下降 30.3%，制造业投资下降 31.5%，房地产开发投资下降 16.3%。总体来看，投资总量减少的部分主要集中于传统行业的民间投资需求。对于新兴的"互联网＋"行业而言，其投资需求不仅不会受到疫情隔离的负面影响，反而有可能借此契机得以不断扩大，诸如在线教育、网络游戏、在线办公软件等行业。对于政府投资而言，为了能够有效地抗击疫情及其对经济社会所带来的负面冲击，政府必将在特定的领域展开公共投资，这些投资包括医疗基础设施的完善、医疗医药和防护设备的生产、通信网络设施的搭建等，且这些公共投资将在未来的一定时期内得以持续。因此，就投资结构而言，新冠疫情在中长期内将改变民间和政府两大主体，以及传统行业和新兴行业两大行业在投资总额上的分布结构。具体而言，政府公共投资和新兴行业投资将成为未来投资的主要方向。

再次，新冠疫情对外需的负面影响不仅体现为本国出口企业的生产下降，还主要体现为部分国家对本国人员流动的严格管制以及货物流动的检验限制。从供给层面来看，新冠疫情所带来的延迟复工将极大程度地降低出口企业的生产能力，使得外贸企业丧失部分出口订单，并有可能影响中外双方企业之间的未来贸易合作，出口贸易额在短期和长期都将面临总量下降的风险。从需求层面来看，新冠疫情将使部分国家提高对来自中国出口产品的检验标准和延长货物的入关时间，部分出口产品将因此而受到"退货"和交易成本增加的风险。不仅如此，在贸易摩擦频发的现实背景下，由疫情期间所确立的检验标准极有可能会成为未来一段时期内部分国家针对中国企业而特设的新型贸易壁垒，这将进一步恶化国际贸易的经济环境，并因此带来贸易风险的增加。如上因素都将带来产品出口和服务贸易总量的下降，且这一负面影响将随着国内外疫情时间的延长而不断加重。海关总署披露的统计数据显示：2020 年 1 ~ 2 月，我国货物出口贸易额仅为 2.04 万亿元，同比下降 15.9%，若以美元计则下降 17.2%，表明出口贸易受疫情的冲击较大。因此，在外需层面，新冠疫情所带来的负面影响既有疫情期间的"即期效应"，又有疫情之后的"后遗症"。

值得一提的是，新冠疫情在对中国的出口贸易带来负面影响的同时，也对全球经济带来了一定程度的损失，比如出境旅游业将因疫情而受到较大的冲击，这一交互影响将随着疫情向全球的蔓延与恶化而变得更加严重。特别是，在国外对疫情失控的严峻形势下，由全球产业链和供应链"断裂"而对我国开放型经济中的制造业，尤其是中高端制造业所带来的负面冲击更加不容小觑。这种"断裂"现象主要表现在：从供给层面来看，疫情同样带来了国外企业的停工停产，使得出口至中国的相关制造品出现了供给不足的现象，不利于中国制造业特别是中高端制造业企业的正常生产；从需求层面来看，疫情导致主要贸易伙伴国对来自中国及其他国家的制造品需求下降，使中国企业所生产的产品销路不畅和资金回流困难，同样阻碍了中国与世界其他国家之间产业链和供应链的有效衔接。

最后，新冠疫情对供给层面所带来的负面冲击主要在于延迟复工而导致的劳动要素供给减少，以及中小企业资金断流导致的资本要素积累放缓，而对技术创新的负面影响则极为有限。从劳动要素的角度来看，新冠疫情极大程度地阻碍了各行各业特别是制造业和服务业用工的有效劳动投入，使得新增城镇就业人数在疫情严重的第一季度将大幅减少。数据显示：2020 年 2 月，全国城镇调查失业率为 6.2%，其中 31 个大城市的城镇调查失业率为 5.7%，均高于 2019 年各月城镇调查失业率 5.0% ~ 5.3% 的均值水平。由于我国每年第一季度新增城镇就业人数占全年总量的比例在 24% 左右（蔡昉，2020），因此，这一负面影响还将波及到全年的新增就业和劳动投入。不仅如此，相比于大型企业，中小微企业由于抗风险能力较低而受到新冠疫情的影响更为严重，而后者吸纳了我国 70% 以上的农村转移劳动力、提供了 80% 的城镇就业岗位以及创造了 90% 的新增就业（杨英杰，2020），是吸纳我国劳动就业的重要载体。因此，中小微企业生产经营的受阻必将进一步加重新冠疫情对劳动要素投入的负面冲击。从资本要素的角度来看，新冠疫情主要对中小微企业的生产投资带来了负面冲击，集中表现为：库存积压、过期和腐败等带来的损失和资金占用，人工和房租等固定成本必须按时支出，市场需求超预期变化影响了经营收入，因复工延迟和防控政策等障碍影响了经营活动（陈道富，2020）。这些集中于企业现金流层面的负面影响不仅带来了资本积累的放缓，还有可能因部分企业的破产倒闭而带来资本存量的减少，均不利于供给能力和生产效率的提升。从技术创新来看，由于研究和实验是一项持续周期较长的活动，且大部分研究和实验不需要科技人员的大量集聚和亲密接触，因此，具有短期冲击特征的新冠疫情并不会影响技术创新的研究进程，也就不会改变经济高质量发展的动力基础。

综合而言，尽管新冠疫情对供给层面的技术创新影响极为有限，并不会改变我国经济长期发展的动力基础，但其对短期需求层面特别是消费需求则带来了较大的冲击。在我国的需求结构中，由于消费需求对国内生产总值的贡献率已接近 60%，因此疫情因其对消费需求带来了较大的负面冲击而有可能对经济增长带来较大的损失，且这一损失在贸易风险陡然上升、劳动要素投入减少和资本投资增长放缓的新形势下而有可能进一步放大。数据显示：在疫情严重的 2020 年 2 月，我国制造业采购经理指数和非制造业采购经理指数分别由 1 月的 50.0 和 54.1 急剧下降到了荣枯线以下的 35.7 和 29.6，为近几年以来的最低值，表明经济发展形势极为严峻，尤以服务业为甚。基于此，国内外不少研究机构和经济学家均纷纷下调对 2020 年中国经济增长的预期，认为全年 GDP 增长率将从 5.8% ~ 6% 降至

4.9%～5.6%（陈维宣和吴绪亮，2020），而这一下降幅度在国际评级机构标准普尔所做的"初步评估"中，甚至达到了1.2个百分点。其实，新冠疫情对中国全年经济增长速度的影响程度，不仅取决于其"本身"所带来的负面影响，更取决于在这一影响背后对新经济增长点的挖掘与培育，以及基于此中国政府所要实施的经济政策和居民所要发挥的主观作用。显然，这些机构和学者明显低估了中国政府和居民为"抗疫"后的"稳增长"和"调结构"所要做出的"努力"。

（二）疫情下的新经济增长点

如果把新冠疫情视为一种全球性的短期"经济危机"，那么它对经济社会所带来的并不只是"危害"，它同样带来了一些"生机"。比如：在疫情期间表现突出的数字经济，"抗疫"过程中所显现的需要进一步补足的短板行业，等等。对这些"生机"的精准识别和培育，不仅能够在短期内有效应对新冠疫情所带来的负面冲击，还能够在长期内促进经济结构的优化，因此是推动经济发展方式转变和实现经济高质量发展的"新增长点"。

第一，数字经济一枝独秀。就理论而言，以互联网技术、人工智能和大数据为基础的数字经济之所以能够成为促进经济社会高质量发展提供重要转机的新增长点，主要是因为它在需求层面不仅推动了消费方式与商业模式在线上和线下的相互融合，还能引导包括休闲娱乐、文化旅游和住宿餐饮等特定领域的线上消费而培育新的经济增长点；在供给层面，数字经济不仅能加速推动企业的数字化、网络化和智能化从而提高生产效率，还能通过倒逼产业运转效率的提升来促进产业结构的优化升级，又能依托其便利而高效的运作模式来促进国家治理能力的提升。在新冠疫情期间，数字经济的表现尤为突出，因为它满足了人们"居家隔离"的娱乐诉求和契合了员工"足不出户"的办公模式。比如：手游《王者荣耀》在2020年农历大年三十的单日流水纪录达到了20亿元左右，远远超过了2019年同期13亿元的销售水平；根据钉钉的统计数据，2020年2月3日，全国近两亿人开启了在家办公模式，刷新了历年的使用纪录；还有在此次"抗疫"过程中，服务型机器人、无人超市、AR试衣、无人机配送等"无人接触"的新消费场景屡屡出现（郑安琪，2020）。因此，作为一项赋能技术，数字技术在应对疫情冲击和恢复经济发展的过程中，因其所具有的特殊"补位"作用而能够有效地彰显中国经济的韧性（陈维宣和吴绪亮，2020；郭晓蓓，2020）。不仅如此，许多从未尝试使用在线教育、远程办公和网络文娱的人们也在疫情期间开始使用了这些技术，并逐渐习惯了其所带来的安全性、便利性和趣味性。这就是说，疫情相当于为数字经济的发展提供了一个产品体验和购买的"试验场"，促使人们在接触和习惯这些产品后形成持久的消费力，从而为新消费模式的开拓和新经济增长点的培育提供了重要的契机。

与其说数字经济是新冠疫情下的新增长点，不如说疫情只是为未来数字经济的发展提供了一个继续攀升的契机。实际上，数字经济所依托的信息传输、软件和信息技术服务业虽然在国内生产总值中的比重相对较低，但其增长速度却呈现出逐年加快的趋势，且目前已经成为增速最快的行业，因此是最具发展潜力的行业之一。在增加值平均增速最快的十大行业中，信息传输、软件和信息技术服务业增加值的增速在 2005～2009 年和 2010～2014 年分别由 14.26% 上升到了 17.57%，2015～2019 年均速虽小幅下降至 15.99%，但却是全行业最快增长水平，增势迅猛且潜力巨大。同时，传统优势产业却表现出了增速放缓的态势。如 2005～2019 年增长最快的金融业，在近十年中却已开始出现了增速下降的迹象，其在 2010～2014 年和 2015～2019 年的平均增速逐渐下降到了 21.81% 和 10.44%。这一增速放缓的现象同样出现在租赁和商务服务业、科学研究和技术服务业、房地产业等以往增速较快的行业中。因此，信息传输、软件和信息技术服务业已经毋庸置疑地成为最具增长潜力的行业，而它与制造业、批发和零售业以及建筑业等传统支柱产业相结合后所形成的智能化产业或数字经济，必将成为未来引领中国经济高质量发展的动力之源。

第二，农村消费大有空间。就需求层面而言，在新冠疫情期间及结束后，中国未来的经济增长应以扩大消费需求、特别是农村居民消费作为主要着力点，这是因为：首先，外需对拉动经济增长的贡献极为有限，且其拉动力将随着新冠疫情在全球的快速蔓延而变得愈发薄弱。一直以来，净出口对经济增长的贡献率都低于消费需求和投资需求，且其值容易随着"黑天鹅"事件的出现而发生频繁的波动，甚至于在不少年份均出现了贡献率为负值的现象，如在 2015 年、2016 年和 2018 年，其贡献率分别为 −1.3%、−9.6% 和 −8.6%。而新冠疫情向主要贸易伙伴国或地区的蔓延，比如欧元区、美英、日韩及"一带一路"沿线国家，必将带来其消费需求的下降，这无疑会对中国的出口贸易带来极为严重的负面冲击，中国不可能通过外需来拉动短期经济的增长。其次，在促进经济增长的内需拉力中，投资需求已于近年来全面让位于消费需求而不再是对经济增长具有最大贡献的中坚力量。其对应的资本形成额对经济增长的贡献率已从 2009 年的最高峰 86.5% 逐渐下降到了 2018 年的 32.4%，且呈现出了继续下降的趋势；与此相反，最终消费支出的贡献率则呈现出不断上升的趋势，2018年达到了76.2%的历史最高值。因此，消费需求成了对经济增长贡献最大的关键力量。最后，农村居民消费需求具有巨大的扩张空间。改革开放以来，我国居民消费需求在最终消费支出中的比重出现了波动下降的趋势，而这一现象的出现则是由农村居民消费支出占比下降所导致的。数据显示：在1978~2018年，农村居民消费需求在居民消费支出中的比重已由62.1%逐年下降到了21.4%，下降幅度达到了40多个百分点，见图1-5。因此，在新冠疫情对投资需求和净出口贸易均带来巨大负面冲击的情形下，稳住并扩大农村居民消费需求，对于进一步发挥消费需求在促进经济增长中的拉动作用具有十分重要的现实意义。

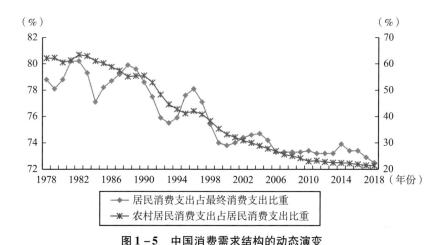

图1-5 中国消费需求结构的动态演变

注：左纵标轴对应居民消费支出占比，右纵坐标轴对应农村居民消费支出占比；数据根据2019年《中国统计年鉴》的原始数据整理计算而得。

扩大农村居民消费需求以增强其对经济增长的贡献，可以从产品消费和服务消费两个方面来挖掘新的增长点。就产品消费而言，发展农村电子商务是扩大农村居民消费需求和促进农村经济发展的关键。这是因为：农村电子商务所提供的购物平台以其消费品的多样性和层次性，不仅能够带来农村居民基本消费和引致性消费的增加，还能够以其为特色农产品所提供的有效展销和推广而带来农产品销量的增加，这将共同促进农业产值的增长和农民收入的提升，并最终带来整个社会经济的均衡发展和高质量发展。虽然电子商务所带来的线上消费早在2003年SARS疫情以后即已出现并得到了爆发式的推广，但其所应用的范围仅局限于信息网和交通网均较为便利的城镇，而农村对于这一消费平台的使用程度虽然近年来有所提高，但仍然十分有限。随着互联网和智能化手机在农村的不断普及，以及农村交通条件的不断改善，便捷的交易与顺畅的物流必定能够使线上消费得到广泛应用。因此，正如SARS疫情催生和激发了城镇居民的互联网社交一样，此次新冠疫情也将为农村电子商务的发展及所带来的线上消费提供重要的契机。就服务消费而言，远程医疗与保健是当下与未来农村消费的潜在需求。这是因为：农村留守居民大多以"老弱病残"人群居多，他们对医疗与保健服务具有较大的需求，而农村较为有限的医疗和保健条件则从客观上限制了这些人群对这一服务的有效消费。因此通过线上平台来提供远程医疗和保健服务能够有效地解决供给与需求之间不匹配的结构性矛盾，最终带来农村居民消费需求的扩大和民生福祉的改善。

第三，民生领域值得关注。如果说发展农村电子商务是扩大消费需求的关键，那么关注民生保障则是新形势下扩大投资需求的重要发力点。这是因为在新冠疫情下，不少涉及民生保障的相关产品和服务均出现了供给上的"短板"，主要表现在：首先，与医疗有关的基础设施、医药器械、防护设备以及医护人员均存在供给不足的弊端，表现为新冠疫情下早期患者不能得到有效的隔离与医治，广大市民难以购得符合防护标准的口罩和消毒液等，这无疑加重了疫情所带来的不良影响。其次，市民居家隔离时所涌现出的对文化、娱乐、体育和教育等产品和服务的需求难以得到有效满足，使得居民在已获得丰富充足的物质产品的同时，精神上却出现了相对的"空虚"，因此，精神上的美好生活未得到充分均衡的发展。最后，疫情期间所涌现出的在线教育、在线办公、远程医疗和网络社交等服务具有巨大的发展潜力，但承载这些在线服务的基础设施和通信设备却有待完善。由于通信基站供给不足，因此居民在消费在线产品和服务时，常常出现卡顿和断网等数字信号不顺畅的现象，这大大降低了居民消费和体验的舒适度和满足感。这一供给不足所带来的不良现象在我国的偏远山区和农村地区体现得尤为明显。因此，民生领域的供给"短板"为未来提供了投资方向和发展契机。

实际上，疫情期间民生领域相关产品和服务供需错配的矛盾，是由多年来行业增长下滑的积弊所致。数据显示：与民生保障相关的卫生和社会工作，文化、体育和娱乐业，水利、环境和公共设施管理业以及教育行业的增加值在近十年中均出现了增速放缓的现象，其平均增速分别由2010～2014年的20.24%、13.96%、18.62%和15.11%下降到了2015～2019年的11.94%、13.81%、11.16%和12.40%。可见，虽然这些行业是中国目前增速最快的行业，但其增速却开始出现了下降的趋势。随着疫情的暴发，这一增长下滑的积弊直接导致了相关产品和服务在供给上的相对不足，但需求的突增也为供给的增长和行业的发展带来了契机。此外，由于居民对如上民生领域所涉及的产品和服务的需求是随其消费水平和消费层次的提高而衍生的，因此，补齐民生领域产品和服务供给上的"短板"，不仅是应对疫情的有效举措，更是未来扩大投资需求和促进均衡增长的重要支点。

第四，自贸区经验值得推广。在深化改革开放、推动经济社会高质量发展的新时期，我国仍然面临突发性公共事件冲击、国际贸易保护主义抬头、全球自由贸易进程受阻等诸多不利于贸易质量提升的外部因素。突破这些制约因素，应依托自由贸易试验区建设来进一步促进开放型经济的高质量发展，以在形成国际国内双循环新发展格局的过程中切实促进社会主义初级阶段生产力的解放与发展。从习近平总书记在第二届中国国际进口博览会开幕式上的主旨演讲中所谈到的"中国将继续鼓励自由贸易试验区大胆试、大胆闯，加快推进海南自由贸易港建设，打造开放新高地"，到党的十九届四中全会所明确的"加快自由贸易试验区、自由贸易港等对外开放高地建设"，无不表明自贸区建设在推动经济高质量发展中的重要引领作用。数据显示：自上海自贸区首次建立及经验向全国推广以来，全国自贸区已累计新设企业60多万家，以不到全国万分之二的面积，吸收了12%的外资、创造了12%的进出口额。因此，自贸区这一组织形式在实践中探索和积累的制度创新经验及所带来的外溢效应，极为有效地推进了对外开放的力度，为地区发展带来了显著的制度红利，是各地乃至全国经济高质量发展的新亮点。

自贸区建设之所以是新冠疫情下经济高质量发展的"新亮点"，是因为它通过创新行政管理、投资管理、贸易开放、市场监管等体制机制，以及形成并推广可复制的制度创新经验而带来了新一轮的制度改革红利。首先，自贸区制度创新为双边贸易带来了便利。在自贸区辖区内，政府通过转变管理理念和创新管理方式，使政务服务更加透明高效，有利于双边贸易企业更加及时有效、公正公平地掌握办事动态，有利于交易效率的提升；在提供便利化的基础上，自贸区通过减少负面清单的种类、降低双边贸易的税率，而使特定行业的特定产品与服务的贸易限制逐渐放松，有效地吸引了种类多样化、丰富化、差异化贸易产品的流入，使得贸易往来更加频繁。其次，自贸区制度创新为国际投资带来了便利。以负面清单制度为核心的制度创新，降低了外资进驻的准入门槛，扩大了外资进入的行业领域，能够吸引外商投资向自贸区集聚，从而形成产业集聚效应，提升投资绩效。因此，自贸区建设为投融资提供了便利化条件，自贸区投资管理制度创新为我国建设更高水平的开放型经济"打开了门户"。最后，自贸区建设提升了区域创新能力。自贸区设立所伴随的"竞争效应"带动了地区自主创新能力的提升，这是因为自贸区凭借其自身的制度优势和政策优惠，吸引了大量内外资企业的集聚，而这些相对优质企业在特定空间上的数量集聚则加剧了企业间的竞争；自贸区对各类进口商品的优惠政策，使得同类型商品之间的可替代选择越来越多，更加精细的差异化使得产品市场的竞争愈发激烈。

（三）转危为机的可能性政策与制度

从对新冠疫情下新经济增长点的挖掘来看，转危为机的关键在于通过发展数字经济、发展农村电子商务、推广自贸区建设经验和投资民生领域来对冲疫情对消费需求、资本投资和出口贸易所带来的负面影响。因此，政策的设计既要通过需求管理来应对短期冲击，又要通过制度层面的供给侧结构性改革来消除长期影响，以进一步释放政策效能与制度红利。此外，由于我国经济正处于高速增长向高质量发展的新旧动能转换期，需要更加注重经济结构的调整与优化，因此政策的设计既要注重总量上的普惠性，更要注重结构上的精准性，以使政策在有效消除疫情对特定区域、特定行业和特定主体所带来的负面影响中，最终实现总量上的高质量增长，见图1-6。

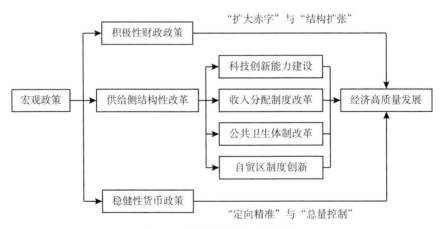

图1-6 转危为机的可能性政策

第一，实施"扩大赤字"与"结构扩张"相结合的积极性财政政策。按照凯恩斯主义经济学的需求管理框架，减税、增加转移支付和扩大投资需求是政府实施刺激性财政政策的主要工具。其中,政府投资相比于减税和增加转移支付能够发挥更大的乘数效应。因此,在实施扩张性的财政政策时,尤其应发挥公共投资在稳增长和促就业中的拉动作用。又考虑到新冠疫情所带来的负面影响较为直接地聚焦于特定领域、特定行业和特定主体,以及一些领域和行业出现了投资过剩的现象,因此财政政策应更加注重结构性而非总量上的刺激效应。具体而言,结构性扩张的财政政策主要包括:首先,从投资方向看,政府投资应打破固有思维,转变投资方向,应从以往的"铁公基"等传统的基础设施领域转向医疗卫生、文化教育、通信信息、能源传输、农村交通等全新的民生基建领域,诸如可以在医院扩建、医护设备改善、医药研发投入、医务从业人员培育、在线教育投入、通信网络基站建设、农村公路拓宽等方面增加公共投资力度。其次,从减税的适用领域看,由于中小微企业对促进经济增长和拉动社会就业都具有举足轻重的作用,同时又因其脆弱性而容易受到新冠疫情较大的负面冲击,因此结构性减税政策应重点惠及这些经济主体,应落到实处地给予其在税费和"五险一金"上的减免优惠,并在协调完善的基础上将此政策转化为长期性的制度安排(刘世锦,2020)。最后,从转移支付的方式看,政府可以针对特定群体和特定产品或服务"力所能及"地发放消费券,比如对低收入家庭的学生群体发放购书券,既可以支持文化产业的发展,又可以增加学生乃至整个社会的知识储备,有利于人力资本的形成和积累。通过发放消费券来增加转移支付,应综合考虑这一行为所带来的"短期效应"和"长期效应"。

值得一提的是,结构性扩张的财政政策具有"缩源扩支"的特征,它要求在政策实践中处理好两种关系:一是处理好"有效识别"与"主体寻租"之间的矛盾,即在识别和遴选特定行业和特定主体的过程中,一些企业或个人有可能通过寻租行为来获得政策优惠,因此应在事前标准设定、事中资金监管、事后绩效评估等方面予以过程规范,以在公平公正的环境中做到精准施策。二是处理好"财政赤字"与"债务风险"之间的关系,即地方政府在通过增发债券来实施赤字政策的同时,也不可避免地带来了政府债务风险的累加,这就要求摒弃依赖发债来获得财政收入的单一思维,应创新投资资金的获得方式、拓宽资金的来源渠道,诸如可以用参股的方式引入社会资本来共同展开公共投资,或以政策优惠来引导社会资本进行单一的民间投资,以在消除政府投资"挤出效应"的过程中实现社会福利的最大化。

第二,实施"定向精准"与"总量控制"相结合的稳健性货币政策。

所谓"定向精准"，即针对疫情影响较大的特定地区和特定行业中的特定主体应给予信贷政策上的优惠，比如批发零售业、制造业和服务业等行业中的中小微企业，由于抗风险能力弱而需要给予其信贷上的便利和利率上的优惠；对防疫物资和医药器械等产品的生产企业，应加大利率优惠的信贷支持力度，以确保病毒能够得到有效隔离、疫情能够得到有效控制；对受疫情影响较大的地区，应享有差异化的优惠金融服务，以助其能够及早恢复生产。所谓"总量控制"，则指整个社会的信贷总量不因疫情冲击而超常规增长，利率和准备金率等价格工具不因疫情冲击而对整个社会搞"一刀切"。因此，"定向精准"与"总量控制"的货币政策体现在信贷总量和价格工具上，则只有结构上的调整，而无总量上的增加。

之所以实施"定向精准"与"总量控制"相结合的货币政策，主要是因为：首先，新冠疫情所带来的直接冲击较大程度上局限于制造业和服务业等特定行业的中小微企业，体现为生产能力下降、固定成本上升和现金回流困难等突发性问题，对其定向性的实施贴息、降准和增加信贷等优惠政策有利于增强流动性和抗风险能力，可以最大限度地降低新冠疫情所带来的负面影响。其次，对特定行业所实施的结构性扩张的财政政策，会使得这些行业在增加产出的同时，也不可避免地面临价格上升的风险，而对其实施"定向精准"的扩张性货币政策，则能够有效地降低这一风险，最终在短期内实现社会总产出的增加。如在图 1 - 7 所示的政策组合中，对特定行业实施扩张性财政政策后，社会总产出从 y_0 增加到了 y_1，但利率也从 r_0 上升到了 r_1。此时，如果实施"定向精准"的稳健性货币政策，则能够使利率在下降到 r_2 的同时，社会总产出也继续扩大到 y_2，这就有效地化解了价格上升的风险。最后，如果对整个社会均实施"大水漫灌"而非"总量控制"的信贷宽松政策，那么商品价格在本已因需求拉动而急剧上升的情形下，将进一步面临供给推动的通货膨胀风险，且这一风险在美国等国家实施量化宽松货币政策的国际背景下将有可能继续攀升。数据显示：2020 年 1 ~ 2 月，全国居民消费价格同比上涨 5.3%，其中食品烟酒价格同比上涨 15.6%，猪肉价格的上涨幅度尤其严重，达到了 125.6%。可见，信贷宽松的货币政策只有在定向精准地实施于特定行业时，才能在控制价格上升的过程中同时实现产出的增长，这与央行货币政策的目标是相一致的。

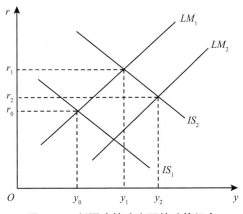

图 1-7　新冠疫情冲击下的政策组合

第三，继续推进供给侧结构性改革，以制度改革助推高质量发展。应以补齐新冠疫情下的供给"短板"为契机，有效结合中国经济高质量发展的现实诉求，着力于消费需求的扩大、民生福祉的改善和创新能力的提升，在继续推进供给侧结构性改革的过程中不断夯实经济可持续发展的制度基础。具体而言，应重点从收入分配制度、创新能力建设、公共卫生体制和自贸区制度创新四个方面来深化制度改革与完善。

首先，继续深化收入分配制度改革。新形势下扩大居民的消费需求和形成高质有效的供给体系，应以深化收入分配制度改革为重要"落脚点"。应进一步破除劳动要素市场的垄断壁垒，坚持人才选拔的唯贤理念；进一步取消城乡分割的传统障碍，实现要素自由流动的优化配置；进一步约束特殊社会群体的特殊权利，推进阶层社会资本的良性发展（李子联，2015）。应在继续加大对低收入者补助力度的同时，创造对口的就业机会以使这部分人群能够从工作中获得更有尊严的生活；提高税收免征额和应税税率，使更多中等收入者能够获得更大幅度的收入增长，并使中产人群规模得到不断壮大；扩增财产税以增加纳税种类，使高收入者对社会总税收的增长作出更大贡献（华桂宏和李子联，2016）。

其次，继续推进科技创新能力建设。促进技术进步和科技创新不仅是促进数字经济发展的能力基础，更是实现经济高质量发展的动力之源。就本质而言，人是创新的主体，因此促进人力资本的快速积累是提升科技创新能力的关键，而提升教育质量特别是高等教育质量则是提高受教育者创新素养的重要来源。这就要求在理念上继续把高等教育事业摆在优先发展的重要位置，在实际中加大经费投入和加强政策支持以切实推进高等教育事业的优先发展；应推进高等教育的学科公平和区域均衡，在侧重发展优势大学、优势学科和优势专业的基础上，打破高等教育发展中的地区歧视和学科歧视，以做到真正的公平与均衡。应树立人才立校的理念，坚持将人才引进作为高校长远发展的关键举措，核心在于为不同层次的人才提供快捷的发展通道和丰厚的报酬待遇。应切实推进"绿色通道"建设，增加人才投入在经费总支出中的比重，并为教师使用各项经费提供必要的便利，以使其在获得职业尊严的过程中为高等教育质量的提升作出更大的贡献。

再次，加快推进公共卫生体制改革。以制度改革来构建完备而高质量的医疗卫生体系，既要注重"存量"的完善，又要注重"增量"的培育；既要增加"硬件"的投入，更要提升"软件"的质量。体现在具体的改革实践中，则是要逐步提高医疗卫生支出在国内生产总值以及总财政支出中的比重，着重加大公共医疗设施的投资力度，特别是应完善基层医疗卫生的基础设施建设，不断提高人均床位数和医疗设备数；着重培养完备而高质量的医务人才体系，应切实提高医务人员的薪酬水平，不断改善医务人员的工作环境，通过提高其社会地位来组建更加专业化的人才队伍；逐步放开医疗卫生行业的市场准入，通过鼓励民间资本兴办医疗机构来增加医疗卫生的服务主体，通过强化事中事后监管来促进医疗卫生行业的有效竞争，以在为居民提供更加便利、实惠和健康的医疗卫生服务的过程中最终带来民生福祉的改善。

最后，推动自贸区建设高质量发展。一是应发挥自贸区建设中贸易质量、投资绩效和创新能力等动力机制对经济高质量发展的促进作用。应进一步完善通关一体化制度来提高通关效率，以在降低交易成本的过程中促进进出口贸易额的增长；应进一步放松负面清单的投资限制，进一步打造宽松透明的营商环境，以在大力吸引外商投资的过程中形成规模经济；应进一步减少对外投资阻碍，依托先进国家的技术平台来学习和获得先进的科学技术，在提升科技创新能力的过程中促进经济发展质量的提升。二是应充分发挥自贸区的制度创新优势，通过完善创新激励制度来提升区域创新能力。在自贸区制度创新设计中，不仅要注重创新要素的投入激励，还应关注投入产出的效率提升。其中，应加强和完善知识产权保护制度，推进产权保护的法治化进程，使企业在获得权利保障的过程中敢于创新、勇于创新和乐于创新，以此发挥自贸区制度对整个区域创新能力提升的激励作用。三是应进一步推进自贸区制度的自主化改革。只有结合自身发展实践并坚持自主改革，才能切实形成改革热情和创新动力。实际上，任何建设经验的推广不应只是简单的"复制"和"粘贴"，每个自贸区都有其特殊的经济环境和发展背景，只有将他方经验与自身发展相结合，才能真正发挥自贸区制度对地区经济高质量发展的最大激励效用。

从对新冠疫情期间中国经济的发展变化来看，新冠疫情给中国经济带来了较大的负面冲击，但同时也出现了数字经济、农村消费、民生投资和自贸区建设等显现或潜在的发展动力，其中农村消费的扩大一直是中国经济扩大内需的关键所在，其在新常态形成前的 1949～2009 年以及新常态时期的 2010～2019 年同样存在着较大的发展诉求，但数字经济、民生投资和自贸区建设则是这一时期新出现的增长点。这对我们构建新发展阶段下经济高质量发展的理论框架的启示是：应结合传统的发展动力和新出现的新增长点为抓手寻找关键的动力机制，如应通过完善收入分配机制来扩大农村消费，应通过新型城镇化建设来扩大新基建以完善民生保障，应通过人力资本积累来提升科技创新能力以发展数字经济，应通过制度创新来推动自贸区建设更高质量的发展。毫无疑问，这些从中国经济发展历程中总结出来的经验是我们构建经济高质量发展理论框架的逻辑之源，当然也是重要依据。

第二章　中国经济高质量发展的理论框架

导语： 从上文对新中国成立以来各个不同时期发展历程的总结来看，中国在推进工业化、城市化、市场化和国际化的进程中获得经济高速增长的同时，也面临着资源环境、市场条件、资金资本、人才资本和收入分配等体制机制方面的发展约束，这些因素对经济持续、稳定发展所带来的约束作用将随着经济新常态的形成而愈发明显。在新常态和新形势下突破这些约束以实现经济由高速增长向高质量发展的转变，应在总结并夯实现有发展动力的基础上，进一步着重于提高科技创新能力和深化经济制度改革，或者说，应在供给侧结构性改革的理论框架下推进经济的高质量发展。以此为逻辑，本章首先揭示经济高质量发展的内涵本质，并基于"五大发展理念"对经济发展质量进行测度和解释，指出高质量发展即是能够很好满足人民日益增长的美好生活需要的发展，是体现新发展理念的发展，是创新成为第一动力、协调成为内生特点、绿色成为普遍形态、开放成为必由之路、共享成为根本目的的发展。其中，创新是高质量发展的不竭动力，协调是高质量发展的内在要求，绿色是高质量发展的基本前提，开放是高质量发展的重要路径，共享是高质量发展的本质追求。其次，基于所总结的历史经验从理论上解构中国经济高质量发展的动力，指出供给和需求框架下的各个维度只是体制机制演变的结果，是制度的变化才决定了生产要素的配置效率和经济发展的方式。最后，以"五大发展理念"为思想指导、以供给侧结构性改革的理论框架为依据来揭示经济高质量发展的路径，指出收入分配制度、高等教育质量改革、新型城镇化配套制度、数字普惠金融和自贸区建设是新形势下通往高质量发展的更为根本且重要的制度路径，也是本书高质量发展理论框架的基石。

在全书逻辑体系中，本章具有承上启下的作用，是后续各并列章节的总纲。

第一节 经济高质量发展的内涵与测度

不管是新常态前、新常态期还是新冠疫情期间，中国经济增长的时期都可以概括为追求速度增长的阶段。这一时期对"数量"的追求，使得经济增长在取得"高速"成就的同时，也不可避免地带来了各种发展约束，由此而引发的对经济增长动力的反思与重构，本质上是在追求一种更加注重质量的增长方式。就内涵而言，更加注重质量的增长，"就是能够很好满足人民日益增长的美好生活需要的发展，是体现新发展理念的发展，是创新成为第一动力、协调成为内生特点、绿色成为普遍形态、开放成为必由之路、共享成为根本目的的发展"。[1] 因此，一种更加注重质量的增长，是一种在追求一定增长数量的前提下，依托于"五大发展理念"，使效率更高、结构更优以及技术更新的增长，是一种能够将生产成果为经济活动的参与者所共享的增长；它不仅关心经济"本身"的增长，更关注增长之后经济活动的参与者在这一过程中所能获得的福利的提高。遗憾的是，在所能翻阅的研究文献的增长理论中，"人们习惯了用宽泛的数量指标来描述经济增长过程，而发展过程的质量方面则几乎被忽略了"[2]，人们习惯了以西方主流经济学中的供给框架和需求框架来解释经济增长的动力成因，而基于中国特色社会主义发展实践的关键制度因素则明显缺乏系统的提炼，更勿论经济发展质量的形成路径。这使得过去所追求的经济增长成了"一种无工作的增长、一种无情的增长、一种无声的增长、一种无未来的增长以及一种无根的增长"。[3]

（一）经济高质量发展的内涵

理解经济发展的根本，应从逻辑上不断论证"追求经济增长是为了什么"。从微观的角度，宏观经济增长是由单个经济个体生产要素的不断投入带来的产出所组成的，或者说，人们本身无意于关注一国或一个地区的增长，他首先能够体验到的是由于劳动、资本和土地等要素投入增加而带

---

[1] 人民日报社论：《牢牢把握高质量发展这个根本要求》，载于《人民日报》2017 年 12 月 21 日，第 1 版。

[2] 引自于亚诺什·科尔奈：《突进与和谐的增长》，经济科学出版社 1988 年版。

[3] 所谓无工作的增长，即是单纯追求数量的经济增长导致了严重的失业；所谓无情的增长，即是经济增长导致了贫困和收入分配的严重不公；所谓无声的增长，即是经济增长导致了人们民主和自由的丢失；所谓无未来的增长，即是经济增长使得生态破坏严重；所谓无根的增长，即是经济增长导致了本土文化的毁灭（任保平和魏婕，2012）。

来的产出的增加，宏观上的增长只是这一过程的衍生物。那么，经济个体为什么要进行要素投入，或者说人们进行劳动和投资的目的是什么？一种直观的解释是，获得收入是其首要目的。为了获得收入，经济个体才会从事不同种类的劳动，才会反复地计算成本与收益以决定一笔投资的正当性，并愿意为此付出包括体力、智力和财力等方面的支出与消耗。尽管如此，要素投入的目的却不只在于此，它更在于通过获取收入以获得消费的增加。这是因为，从自愿的消费中，人们毫无疑问地获得了主观效用的提升，既从食物的消费中消除了身体上的饥饿感，又从文化的消费中带来了精神上的愉悦感，因此消费而非收入，更接近于人们从事劳动和投资的真正目的。这就是说，宏观上的经济增长本身并不是目的，而将增长的成果公平且有效地分配于经济活动的参与者才是目的；增长不应该比消费更接近于宏观经济政策的目标，因为消费而非增长才能真正满足人们的特殊需求。因此，一种注重质量的增长，是一种以满足"人"的特定需求为根本的增长。

从经济学的角度，增长过程中所需满足的人的特定需求，既具有全面性的特征，又具有动态性的特性。所谓全面性，是指人的需求应包括人人都可以公平地获得参与经济活动的机会、都可以高效率地完成相应的经济任务、都可以有效地规避经济波动所带来的风险、都可以获得结构均衡所带来的可持续增长、都可以享有健康美好的生态环境，以及都可以平等地获得经济增长的劳动果实等基本条件。① 所谓动态性，是指人的需求会随着自身处境的改善或经济社会的发展而不断增进演变，因此会形成包含生存、享受与发展等层次递进的丰富的需求体系。如果将人的特定需求进行抽象归纳，则一种注重质量的经济增长，将在增长条件上更加重视权利的平等和人的自由发展，将在经济增长过程中更加重视技术创新、要素优化和文化传承，将在经济增长结果上更加重视利益和谐、经济可持续及道德伦理等（任保平和魏婕，2012）。其中，人的发展是根本，经济可持续发展是手段，要素的优化配置是关键，技术水平的提高是支撑。

基于如上理解，注重质量的增长也就可以从内涵上做如下几种意义相近的界定：第一，经济增长质量体现了经济系统的投入产出效率、经济增长成本、资源消耗和环境保护等多个方面，包含了环境资源的可持续发展

---

① 高质量发展归根到底是民生导向，就是要满足人民日益增长的美好生活需要的发展。总之，高质量发展应能够满足人的多层次需求，既为人民提供高质量的产品和服务以满足人的基本需要，也要保障公平正义，为人的自我实现创造社会环境和基本条件（赵剑波等，2019）。

因素、技术进步的效率因素和资本投入的成本因素（刘海英和张纯洪，2006）。第二，提高经济增长质量是指不断提高经济增长态势的稳定性，不断提高经济增长方式的可持续性，不断提高经济增长结构的协调性，不断提高经济增长效益的和谐性（刘树成，2007；国家发展改革委课题组，2019）。第三，经济增长质量是经济的数量增长到一定阶段的背景下，经济增长的效率提高、结构优化、稳定性提高、福利分配改善、创新能力提高的结果（钞小静和任保平，2011；任保平，2012；任保平和文丰安，2018；任保平和李禹墨，2018）。第四，经济增长质量是一国所生产的产品和服务品质的总和在增长的可持续性、结构的优化、投入产出效率、达到更高标准、社会福利提升等方面满足社会需求的程度（程虹和李丹丹，2014）。第五，注重质量的发展是体现创新、协调、绿色、开放、共享的新发展理念的发展，是能够很好满足人民日益增长的美好生活需要的发展（何立峰，2018；金碚，2018）。总之，注重质量的增长是以人的需求为基本导向、多维中介目标趋向合理的增长。

以上述内涵为基础，经济增长质量从度量上来说也就不能仅仅用全要素生产率（刘文革等，2014；徐现祥等，2018）、人力资本（刘海英等，2004）、技术进步或教育水平（刘亚建，2002；马茹等，2019）这些单一的维度来进行测度（魏敏和李书昊，2018），而应综合多维指标来考虑经济增长质量的影响因素，并以此来判断经济增长质量的水平。一种观点认为，应把经济增长质量理解为与经济增长紧密相关的社会、政治及宗教等方面的因素，评价指标包括受教育水平、预期寿命、健康状况、法律和秩序发展的程度以及收入公平等（Barro，2002），不仅包括增长的内在性质，还应包括增长的社会层面。另一种观点则认为，将社会层面的因素考虑进去无疑扩大了经济增长质量的边界，讨论经济增长质量应从"经济"本身出发，聚焦于经济变量来进行界定，即应主要从效率提高、结构优化、稳定性提高、福利分配改善、生态环境优化和创新能力提高等诸多方面来进行价值判断（钞小静和惠康，2009；陈佳美，2013）。由于这一界定，经济增长质量的分析框架也就可以概括为：从增长的理念来看，经济增长质量应综合包括创新发展、协调发展、绿色发展、开放发展和共享发展；从增长的过程来看，经济增长质量包含经济增长的效率、经济增长的结构以及经济增长的稳定性；从增长的结果来看，经济增长质量则包括经济增长带来的居民福利水平的变化分配状况、生态环境的代价以及国民经济整体素质的基本状况。

应当看到，上述从内涵出发推导的经济增长质量的研究框架仍然存在逻辑尚未明晰以及指标还不清晰的现象。从逻辑层面来看，质量型经济增长虽然关注经济增长成果为经济活动参与者所共享，因而也注重福利分配的改善这一中介目标；但福利分配或具象为收入分配，本身又内生地影响着经济增长质量的其他分类指标，如经济效率、经济结构和技术创新等。也就是说，在经济增长质量的研究框架之内，若将收入分配纳入为经济效率、经济结构和技术创新等指标的并列层次，则明显忽略了收入分配对这些变量的影响作用，因而也就忽略了收入分配与这些变量对经济增长质量的交叉性影响，而这对于收入分配来说显然是"不公平"的。因此从逻辑上来说，收入分配虽然与经济效率、经济结构和技术创新这些变量同时影响了经济增长质量，但收入分配明显是更深层次的原因。

从指标层面来看，经济增长质量体系所涵盖的经济波动或宏观稳定性的衡量应具体指定为对外贸易的稳定和质量的提升。这是因为在拉动中国经济增长的"三驾马车"中，消费需求虽然在近几年有扩大的趋势，但长期以来仍然存在较大的上升空间；相比而言，投资需求与对外贸易在经济增长中发挥了更为重大的作用，但在产能过剩、内需尚未完全培育以及新一届政府"微刺激"作用的情况下，投资发挥较为稳定的拉动作用将成为一种"新常态"，因此对外贸易净出口而非其他将依然是拉动经济增长的主要马车，外向型经济仍将是未来促进经济发展的重要模式。也就是说，外贸出口的稳定必将影响到国内经济的稳定，而国际不确定性事件的冲击，也必将通过国际贸易对经济稳定产生巨大而深远的影响；保持经济稳定发展和提升经济增长质量，应首先实现外贸出口的稳定和出口质量的提升（郭路，2012）。就对外贸易在经济增长质量中所发挥的作用，有学者指出国际收支在顺差条件下会出现投资挤出效应，进而影响经济增长的稳定性，如果能够将国际收支顺差转化为实际需求，则会在一定程度上推动经济的平稳增长（李娟伟和任保平，2013）；同时也有学者发现，中国国际收支失衡通过宏观经济稳定性影响了经济增长质量的变化，国际收支失衡与经济增长质量负相关，其中经常项目收支失衡加剧了经济增长的波动性，资本项目收支失衡是形成通货膨胀波动的重要因素，而且经济增长的波动性也加剧了通货膨胀波动，因此调节国际收支失衡有利于促进宏观经济稳定和经济增长质量的提高。

除了经济平稳应具体指定为对外贸易的平稳和质量之外，经济增长的代价即生态环境状况实际上是技术创新水平的间接体现，这是因为在一个技术创新水平低的经济体中，经济增长只能依赖生产要素的粗放投入来实现，而后者则不可避免地带来了能源的过度消耗、资源的过度浪费以及环境的过度破坏等，这显然增加了经济增长的代价，因而也带来了生态环境的恶化；反之，技术创新水平的提高则能有效地杜绝生态环境破坏及恶化现象的发生，既能在生产过程中减少"三废"的排放，又能在排放之后进行有效的治理。从这一层面来说，经济增长质量分析框架中的生态环境这一维度，即是技术创新维度的延伸。结合上述理解，我们认为：一种更加注重质量的增长，是一种"稳中有进"的增长，是一种在追求一定增长数量的前提下，使效率更高、结构更优化以及技术更进步的增长，是一种能够将生产成果为经济活动的参与者共享的增长。根据这一解释，经济增长质量的分析框架包括收入分配公平、经济结构优化、经济平稳增长、创新能力提升和经济效率优化五个维度，而这些维度又与"五大发展理念"紧密相连。具体地，收入分配公平对应"共享发展"，经济结构优化对应"协调发展"，经济平稳增长对应"开放发展"，创新能力提升对应"创新发展"，经济效率优化对应"绿色发展"。实际上，经济高质量发展不仅是"五大发展理念"的总结与概括，而且是"五大发展理念"的延续与继承，更是判断高质量发展是否实现的评价标准（刘瑞和郭涛，2020）。因此，"五大发展理念"既是经济高质量发展的实践指导，又是经济高质量发展的理论架构。

相比于已有文献中所提及的经济发展质量的评价体系，基于"五大发展理念"所构建的理论框架更具有指导性、系统性、科学性和适用性。首先，从功能上看，"理念是行动的先导"[①]，理念关涉发展的价值取向、原则遵循、目标追求，是发展思路、方向、着力点的集中体现，以理念来指导发展是构建评价体系的思想基础和基本方法。其次，"五大发展理念"的创新、协调、绿色、开放和共享具有逻辑上的一致性，能够相互顺承而自成体系。这是因为：与实现人的自由而全面发展一样，国家的高质量发展同样要解决国家本身，以及国家内在之间、国家与外在之间的均衡发展问题，而创新则指向国家作为一个整体的本身，解决的是国家整体发展的效率问题；协调与共享则指向国家的内在即区域之间和居民之间的关系，解决的是内部结构的优化问题；绿色和开放则指向外在即国家与自然之间以及国家与其他国家之间的关系，解决的是外部环境的改善问题。[②] 因

---

① 中共中央文献研究室：《习近平关于社会主义经济建设论述摘编》，中央文献出版社 2017 年版。

② 创新发展居于新发展理念的首要和引领地位，协调发展要求正确处理发展中的重大关系，绿色发展要求实现可持续性发展，开放发展要求中国经济深度参与全球经济治理并提高制度性话语权，共享发展要求做到发展为了人民、发展依靠人民、发展成果由人民共享（张涛，2020）。

此，"五大发展理念"之间不是毫无关联的、杂乱无章的拼凑体，而是在"发展"这一体系下不同维度的有机结合，它们各自功能明确又目标一致，因而是一个完备而严谨的理论体系。再次，"五大发展理念"是"我们在深刻总结国内外发展经验教训的基础上形成的，也是在深刻分析国内外发展大势的基础上形成的，集中反映了我们党对经济社会发展规律认识的深化，也是针对我国发展中的突出矛盾和问题提出来的"①，它符合中国经济自身发展的特殊规律，能够有针对性地解决过往发展历程中出现的"老问题"和未来经济可持续发展面临的"新问题"，具有实践上的吻合性和政策上的有效性，因而是科学的思想体系和理论体系。最后，基于"五大发展理念"所构建的指标体系能够较为精准和完备地测算和反映中国经济发展质量的动态变化和地区差异，因此为众多研究者所采用，并最终在对经济高质量发展的内涵理解上达成了一种共识，即经济高质量发展就是要让创新成为第一动力、协调成为内生特点、绿色成为普遍形态、开放成为必由之路、共享成为根本目的的发展（任保平和李禹墨，2018；安淑新，2018；朱启贵，2018；王永昌和尹江燕，2019；张涛，2020；王锋和王瑞琦，2021）。② 基于上述理解，遵循"五大发展理念"的思想内涵，不仅能够构建出中国经济高质量发展的理论框架和路径维度，还能够设计出既科学合理又全面完备的评价体系。

（二）经济发展质量的测度

与已有研究中所关注的经济增长质量稍有不同的是，经济发展质量应当涵盖更多影响"发展本身"的因素，不仅应包括增长的效率，还应包括成果的分享；不仅应包括经济因素，还应包括经济之外的其他因素；不仅应反映人与自然之间的协调关系，还应反映人与人之间的和谐关系。而能够逻辑自洽地综合这些因素，并将其有效地纳入经济发展质量的评价框架内，则应以习近平总书记在党的十八届五中全会上所提出的"五大发展理念"来作为重要的评价维度。这是因为：在内涵上，创新是高质量发展的不竭动力，协调是高质量发展的内在要求，绿色是高质量发展的基本前

---

① 中共中央文献研究室：《习近平关于社会主义经济建设论述摘编》，中央文献出版社 2017 年版。

② 习近平总书记在中国共产党第十九次全国代表大会上的报告指出，"创新是引领发展的第一动力"，"协调既是发展手段又是发展目标，同时还是评价发展的标准和尺度，是发展两点论和重点论的统一，是发展平衡和不平衡的统一，是发展板和潜力的统一"，"纵观世界发展史，保护生态环境就是保护生产力，改善生态环境就是发展生产力"，"开放带来进步，封闭必然落后"，"让广大人民群众共享改革发展成果，是社会主义的本质要求，是社会主义制度优越性的集中体现，是我们党坚持全心全意为人民服务根本宗旨的重要体现"。

提，开放是高质量发展的重要路径，共享是高质量发展的本质追求；在方法上，"五大发展理念"不仅在原则层面上具有思想指导性，还在技术层面上具有可操作性。① 因此，以"五大发展理念"来构建高质量发展的评价体系，不仅从指标本身来说具有全面性、合理性和有效性的特征，还能就实践而言为高质量发展提供科学的思想指引。

借鉴但又不同于已有相关文献（詹新宇和崔培培，2016；安淑新，2018；史丹和李鹏，2019；师博和张冰瑶，2019；高志刚和克魁，2020；陈川和许伟，2020；刘亚雪等，2020；马立政和李正图，2020）②，本节所构建的高质量发展评价体系包括创新、协调、绿色、开放和共享5个一级指标，其中一级指标创新包括研发效率、创新潜力和增长效率3个二级指标及下设的9个三级指标，一级指标协调包括区域协调、产业协调、需求协调和运行协调4个二级指标及下设的11个三级指标，一级指标绿色包括资源消耗、环境污染和环境治理3个二级指标及下设的9个三级指标，一级指标开放仅包括开放程度1个二级指标及下设的3个三级指标，一级指标共享包括居民收入和公共服务2个二级指标及下设的7个三级指标。综合而言，本研究共涵盖39个细化指标，各类指标及其权重见表2－1。

表2－1　　　基于"五大发展理念"的经济高质量发展评估体系

一级指标	二级指标	三级指标	衡量方式	指标属性
创新 (24.11)	研发效率 (6.74)	创新产出水平（2.87）	专利授权数/R&D人员全时当量	+
		创新投入效率（0.91）	新产品销售收入/R&D经费支出	+
		创新成果转化水平（2.96）	技术市场成交额/GDP	+

---

① 高质量发展测度体系构建同时包含原则层面和技术层面。两个层面相互联系、相互渗透，是不可分割的统一体。原则层面要求紧紧把握高质量发展的内涵，以发展思想作为指导，确保高质量测度体系具备全面性、异质性、稳定性和动态性；技术层面要求以统计思想为总领，严格考察入选指标的透明性、可得性和简明性（张涛，2020）。

② 在阅读相关文献的过程中，我们发现有的文献的指标体系过于繁杂，明显超越了"高质量发展"的边界；而有的文献的指标体系又过于简单，不足以反映"高质量发展"的丰富内涵。为了解决这一困境，我们在紧扣高质量发展这一主题以及尽量满足指标独立性、代表性和全面性的前提下，尽可能选择能够反映五大发展理念的关键指标，并据此选择科学合适的方法进行测算。我们深知：基于这一指标体系所测算的经济发展质量指数，当然像所有哲学社会科学都会面临的问题一样——不能确保指标体系客观上的绝对精准和主观上的绝对满意，但我们依然尝试作出尽可能科学有效的测算，并将其形成了阶段性论文。从数据来看，这篇阶段性论文自2019年2月发表以来已被累计引用160余次，似乎在一定程度上反映了这种测算方法及结果的合理性。

一级指标	二级指标	三级指标	衡量方式	指标属性
创新 (24.11)	创新潜力 (8.80)	高校教师比例（2.95）	普通高校专任教师数/总人口	+
		高校学生比例（2.94）	普通高校招生数/总人口	+
		教育投入比重（2.91）	财政性教育经费/GDP	+
	增长效率 (8.57)	劳动生产率（2.84）	GDP/社会从业人员	+
		资本生产率（2.95）	GDP/社会固定资产投资额	+
		土地生产率（2.78）	农业总产值/农作物播种面积	+
协调 (26.53)	区域协调 (5.07)	城镇化率（2.73）	城镇人口/总人口	+
		区域协调（2.34）	城市人均GDP最高最低之比	−
	产业协调 (8.62)	一二产业协调（2.81）	一二产业协调度	+
		一三产业协调（2.82）	一三产业协调度	+
		服务业比重（2.99）	服务业增加值/GDP	+
	需求协调 (6.63)	消费率（2.19）	最终消费/GDP	+
		投资率（3.00）	资本形成总额/GDP	+
		居民消费比重（1.44）	居民消费总额/社会消费总额	+
	运行协调 (6.21)	经济波动（1.95）	经济波动率	−
		失业率（2.68）	城镇登记失业率	−
		通货膨胀率（1.58）	居民消费价格指数	−
绿色 (23.81)	资源消耗 (8.22)	单位产出能耗（2.70）	能源消费总量/GDP	−
		人均用水量（2.84）	用水总量/总人口	−
		人均生活能耗（2.68）	生活能源消费/总人口	−
	环境污染 (7.64)	单位产出废水排放（2.67）	废水排放总量/GDP	−
		单位产出废气排放（2.48）	废气排放总量/GDP	−
		单位产出固体废弃物排放 （2.49）	固体废弃物排放总量/GDP	−
	环境治理 (7.95)	污染治理水平（2.42）	工业污染治理投资/工业增 加值	+
		城市绿化水平（2.74）	城市绿地面积/建成区面积	+
		生态建设水平（2.79）	林业投资/GDP	+
开放 (7.62)	开放程度 (7.62)	外贸依存度（2.48）	进出口总额/GDP	+
		外资依存度（2.45）	利用外商投资总额/GDP	+
		对外投资水平（2.69）	对外直接投资总额/GDP	+

一级指标	二级指标	三级指标	衡量方式	指标属性
共享 （17.93）	居民收入 （6.92）	发展共享（1.47）	居民收入增长率/GDP 增长率	+
		城乡共享（2.87）	城镇居民收入/农村居民收入	–
		区域共享（2.58）	各省人均 GDP/全国人均 GDP	+
	公共服务 （11.01）	教育投入水平（2.78）	教育支出/总人口	+
		医疗卫生投入水平（2.56）	医疗卫生支出/总人口	+
		社会保障投入水平（2.90）	社会保障和就业支出/总人口	+
		农村人均住房面积（2.77）	农村人均住房面积	+

注："属性"栏中的"＋"表示该指标为正向指标，"－"则表示为负向指标，括号中的内容为百分比权重。

对相关变量的数据挖掘及处理特作如下说：第一，西藏的各类统计数据存在较大的缺失，因此本节暂未将其与香港、澳门和台湾地区的数据纳入研究样本内，样本个体为 30 个省份（自治区、直辖市）。第二，个别省份个别年份的分三次产业就业人员数据缺失，考虑到三次产业就业人数的时间趋势较为明显，所以用各产业就业人数分别对时间（年）进行回归估算。第三，OFDI 数据来源于历年《中国对外直接投资统计公报》，但其最早数据仅能追溯到 2003 年，为保持数据的连续性，本节对 2000～2002 年的数据进行了估计，具体方法为：利用 2003 年的 OFDI 累计数减去 2003 年的 OFDI 流量数据作为基数，考虑到中国对外直接投资自进入 21 世纪以来增长趋势明显，所以假定 2000～2002 年各地区的 OFDI 流量数分别是基数的 20%、25%、35%，则可得到这三年的流量估计数。第四，对于能源消费、最终消费、废水、废气、固体废弃物排放和农村人均住房面积等缺少最新统计数据的情况，为保持其连续性一并进行了估算。其中在能源消费数据的估算中，假定各地区能源消费和电力消费的比例不变，则首先计算出 2017 年的比例，再利用 2018 年和 2019 年的电力消费数据估算出地区的能源消费数据；在最终消费数据的估算中，假定最终消费和居民消费的比例不变，则利用 2017～2019 年各地区城乡人均消费支出和城乡人口数计算出居民消费数据，再计算出 2017 年的最终消费和居民消费比值，最后利用 2018 年和 2019 年的居民消费数据计算出相应的最终消费数据；在废水、废气、固体废弃物排放数据的估算中，采用 2017 年以前的数据建立预测模型进行估计；在农村人均住房面积数据的估算中，采用公式：2018 年的人均住房面积＝2017 年人均住房面积×（1＋2018 年农村住宅投资增长速度－2018农村人口增长速度），然后再用同样的方法估算出2019年的数据。除此之外，所有其他变量的数据均来自《中国统计年鉴》和国家统计局网站公布的统计数据。

对于各类指标权重的计算，本节首先采用均值化方法对原始指标进行无量纲化处理，以避免造成主成分过分偏重具有较大方差或量级的指标这一问题的出现。其次，采用主成分分析法进一步计算指标权重。之所以采用主成分分析法，是因为在已有的计算方法中：相对指数法未能考虑到各分项指标之间可能存在的高度相关性（钞小静和任保平，2011；赵英才等，2006）；层次分析法则只能根据研究者对各指标重要性程度的主观认识进行权重赋值，赋权较为随意；熵值法虽然属于一种客观赋权的方法，但却不能很好地反映相关指标之间的关系。相对而言，因子分析法与主成分分析法都是根据数据自身的特征而非人的主观判断来确定权重结构，因此可以很好地避免指标之间的高度相关性和权重确定的主观性。但在这两种方法中，因子分析法无法准确地刻画出各个维度的具体变化情况，只能得到公共因子的变动态势（刘海英和张纯洪，2006）；而主成分分析法却能够获得构成经济发展质量各个维度的量化结果，因此能够较好地分析经济发展质量的内在影响因素。

首先进行标准化处理，具体方法为：

$$正向指标：X_{ij} = \frac{x_{ij} - \min(x_{1j}, x_{2j}, \cdots, x_{nj})}{\max(x_{1j}, x_{2j}, \cdots, x_{nj}) - \min(x_{1j}, x_{2j}, \cdots, x_{nj})}$$

$$负向指标：X_{ij} = \frac{\max(x_{1j}, x_{2j}, \cdots, x_{nj}) - x_{ij}}{\max(x_{1j}, x_{2j}, \cdots, x_{nj}) - \min(x_{1j}, x_{2j}, \cdots, x_{nj})}$$

其中 x_{ij}，X_{ij} 分别为标准化处理前后第 i 个省份的第 j 个指标，n 表示省份个数。

其次用标准化处理后的数据进行主成分分析，结果显示到第三个主成分时方差累积贡献达到了89.84%，所以应选取3个主成分。利用旋转矩阵系数、特征根，及3个主成分的方差贡献即可计算出每个指标的权重，为便于观察和分析，指标权重应进行进一步的标准化处理，总权重为100%，公式如下：

$$W_j = \frac{w_j}{\sum w_j} \times 100\%$$

上式中 w_j 为根据主成分分析结果计算出的各指标权重，W_j 为标准化处理后的权重，即最终确定的各指标权重。

运用如上方法进行处理和测算后，得到如表2－1所示的权重结果：

在反映经济高质量发展的五大因素中，创新、协调、绿色、开放和共享的赋权值分别为24.11%、26.53%、23.81%、7.62%和17.93%。各大因素所出现的权重差异，除了与这些因素影响高质量发展的力度有关外，还与各大因素所包含的三级指标的多寡紧密相连。从三级指标的权重来看，对高质量发展影响较大的前五个指标依次是投资率、服务业比重、创新成果转化水平、资本生产率和高校教师比例，权重分别为3.00%、2.99%、2.96%、2.95%（重），表明投资水平、服务业发展水平、研发效率、增长效率和创新潜力是影响高质量发展的重要因素，这些指标能够较好地解释高质量发展水平在各省市中出现的差异；对高质量发展影响较小的五个指标则依次为创新投入效率、居民消费比重、发展共享、通货膨胀率和经济波动，权重分别是0.91%、1.44%、1.47%、1.58%和1.95%，表明创新投入、居民消费水平、物价变动、居民收入相对于经济增长的差距以及经济波动情况对促进高质量发展的贡献率较小。因此，促进经济社会的高质量发展，更应关注并优化投资水平、服务业发展水平、研发效率、增长效率和创新潜力等重要指标。进一步地运用如上方法进行测算后，中国各省（区、市）经济发展质量的综合指数及"五大发展理念"的分类指数见本章附录。

（三）经济高质量发展的时空差异

总体而言，在2000～2019年的样本期内，中国各省（区、市）的经济发展质量均呈现出了不同程度的上升趋势，表明各地区在追求经济"数量"增长的同时，经济发展"质量"亦得到了有效提升。尽管在现实中有不少观点认为"中国经济只有数量增长而无质量提升"，但就测算结果而言，这些观点可能是一种"先入为主"和"缺乏根据"的臆断。从质量提升的速度来看，中国除西藏和港澳台以外30个省（区、市）的质量增速平均为1.44%，相对于国内生产总值这一单一指标的"数量"增速而言确实较慢，但若考虑到经济发展质量是一个复杂的经济系统，容易因系统内目标变量的指向不同而出现相互不协调从而制约质量提升的现象，则这一平均增速不仅不应"视若无睹"，相反却应得到充分的肯定。其中，贵州、陕西、宁夏、海南和北京的质量提升表现尤为突出，其平均提速分别为2.13%、1.98%、1.88%、1.83%和1.76%，处于提速最高的梯队。相对而言，内蒙古、吉林、安徽、广东和福建（与浙江同速）的质量提速则较慢，平均值分别仅有0.59%、1.09%、1.13%、1.17%和1.21%，处于提速最慢的梯队。而上海、青海、辽宁、广西（与湖北同速）和湖南的质量提速则居中，其均值分别为1.42%、1.39%、1.38%、1.37%和1.36%，见图2－1。

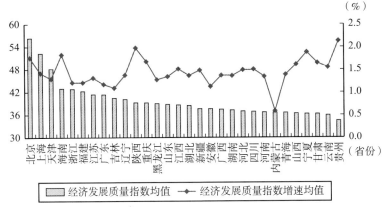

图 2－1　中国省际经济发展质量指数比较

注：左纵坐标轴为指数均值，右纵坐标轴为指数增速均值，数据来源于作者测算。

　　从各省（区、市）经济发展质量指数的横向比较来看，北京、上海、天津、海南和浙江的经济发展质量指数最高，其在样本期内的均值分别为56.3311、52.2808、48.2093、42.9575 和 42.8534；黑龙江、山东、江西、湖北、新疆和安徽的经济发展质量指数则居中，对应的均值分别为 39.0115、38.7926、38.6445、38.4919、37.6488 和 37.6226；而山西、宁夏、甘肃、云南和贵州的经济发展质量指数则最低，其均值分别仅有 36.3830、36.2740、36.2659、35.9436 和 34.5179，与北京、上海和天津等市存在较大的差距，表明各省在经济发展质量提升的过程中存在着较大的空间差异。具体而言，这一空间差异可以大致概括为：经济发展质量在东部、中部和西部地区呈现出了依次降低的统计特征。尽管个别省（区、市）出现了与此特征不相符的噪声现象，但总体而言东部经济发展质量高于中部、中部高于西部省（区、市）的趋势亦较为明显。此外，结合质量提升的速度来看，如果剔除个别省（区、市）的结构性干扰，则经济发展质量指数越高的省（区、市）表现为提速越低，反之质量指数越低的省（区、市）则具有较快的提升速度，这表明经济发展的"后发优势"在中西部地区较为明显。

　　在评价经济发展质量的五个维度中：第一，与经济发展质量指数的变化趋势相似，中国各省（区、市）的创新发展指数在样本期内亦呈现出了不断增长的动态变化特征，年均增速为 5.42%，高于经济发展质量的提升速度，表明各省（区、市）自 2000 年以来在创新发展上得到了较大程度的提升。从创新发展速度的横向比较来看，增速较快的五大省市有海南、宁夏、四川、甘肃和贵州，其增速均值依次为 8.43%、7.67%、7.43%、7.16% 和 6.96%，此外青海、陕西和新疆的创新发展增速亦高于除上述五省之外的其他地区。这些省份除海南外，其他均为西部省份，表明西部地区在创新发展上表现出了较强的"后发优势"。创新发展增速居中的省（区、市）为湖北、北京、山东、广西、江苏和吉林，增速均值分别为5.38%、5.27%、5.21%、5.05%、5.04%和4.98%；而创新发展增速较慢的省（区、市）则为重庆、湖南、安徽、云南和内蒙古，其对应的增速均值仅为4.22%、4.17%、4.03%、3.92%和3.53%，与海南、宁夏和四川等地的增速存在较大的差距，见图2-2。尽管西部地区呈现出了较高的创新发展速度，但增速在东部和中部省市的分布特征却并不明显。也就是说，与经济发展质量指数的空间特征不同，创新发展指数在东部、中部和西部地区的空间差异并未表现出明显的空间差异。

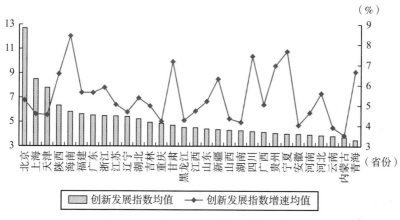

图2-2　中国省际创新发展指数比较

注：左纵坐标轴为指数均值，右纵坐标轴为指数增速均值，数据来源于作者测算。

从各省（区、市）创新发展指数的横向比较来看，北京的创新发展水平最高，其在样本期内的指数均值高达12.69，远远高于全国其他省（区、市），可谓"一骑绝尘"；位居其后的上海、天津、陕西和海南亦表现出了较高的创新发展水平，对应的指数平均值分别为8.5、7.8、6.33和5.82，处于全国创新发展程度较高的梯队。而发展程度居中的省市则有重庆、甘肃、黑龙江、江西、山东和新疆，其在样本期内的平均指数分别为4.87、4.72、4.54、4.52、4.42和4.37；创新发展程度较低的省市则有河南、河北、云南、内蒙古和青海，对应的平均指数则分别仅有3.95、3.89、3.83、3.74和3.51，与以上省市均存在着较大的发展差距，如图2-2所示。综合比较而言，创新发展水平亦未在东部、中部和西部三大地区之间表现出依次递减的空间分布特征，这与上文创新发展速度的无规律分布相似。不过，如果将全国省（区、市）分为经济发达地区和欠发达地区两大样本，则发达地区的创新发展指数普遍高于欠发达地区。数据显示：在创新发展指数排名前十五的省市中，除了陕西、甘肃等个别省份为欠发达地区外，其他省（区、市）不管是在经济总量还是在人均收入上均具有竞争优势。因此，创新发展程度与经济发展水平存在着统计上的正相关。

第二，与创新发展指数的动态变化特征不同，中国各省（区、市）的协调发展指数在样本期内并未表现出较大幅度的增长，表明各省（区、市）的协调发展水平并未得到有效提升。测算结果显示：大部分省份的协调发展指数在不少年份均出现了负增长的现象，使得全国样本下的协调发展指数年均增速仅为0.44%，远远低于创新发展指数的增长水平。个别省份甚至出现了年均增速为负的现象，如内蒙古自治区和陕西省的增速均值分别仅有 −0.31% 和 −0.18%，表明这些省区发展失衡的情形不仅没有得到改观，相反却出现了恶化的趋势。在年均增速为正的省区中，云南、黑龙江、山东、新疆和海南的协调发展指数呈现出了高于其他省份的增速，不过其均值也分别只有1.06%、0.97%、0.88%、0.85% 和0.79%；处于居中增速的梯队则有河南、湖南、江苏、贵州和天津等省市，其均值分别为0.51%、0.49%、0.47%、0.422% 和0.420%；而北京、上海、湖北、四川和吉林等省市的增速最低，均值分别仅有 0.202%、0.195%、0.110%、0.066% 和 0.015%，协调发展指数几乎没有发生变动，表明在 2000～2019 年这些省份在经济协调性上没有得到充分有效的发展，见图 2−3。此外，在增速变动的空间差异上，协调发展指数亦未在东部、中部和西部地区之间表现出明显的递增或递减规律，表明协调发展与经济发展水平之间在统计上并未表现出显著的相关性。

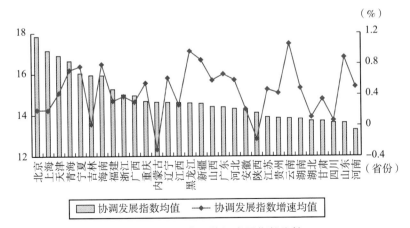

图 2−3 中国省际协调发展指数比较

注：左纵坐标轴为指数均值，右纵坐标轴为指数增速均值，数据来源于作者测算。

从各省（区、市）协调发展指数的横向比较来看，北京、上海、天津、青海和宁夏的协调发展指数最高，其样本期内的指数均值分别为17.84、17.15、16.90、16.64和16.04；辽宁、江西、黑龙江、新疆、山西和广东则处于居中的位置，其协调发展指数均值依次为14.63、14.62、14.60、14.58、14.42和14.40；而湖北、甘肃、四川、山东和河南的协调发展指数最低，其均值分别为13.72、13.71、13.63、13.62和13.28，见图2-3。总体而言，尽管协调发展指数在不同省份的不同时期存在着一定的差异，但相互之间并未表现出较大的差距，表明样本期内全国各省份的协调发展表现为低水平上趋同的现象。此外，与增速变化的空间分布特征相似，协调发展指数亦未表现出明显的空间分布规律。因此，无论是绝对规模还是相对增速，协调发展与经济发展之间的线性关系均不具有统计上的显著性。在新发展阶段下有效促进地区的协调发展，不管是对发达地区还是欠发达地区而言，均应受到普遍而迫切的关注。

第三，与协调发展指数的动态变化相似，各省（区、市）绿色发展指数在样本期内的增长速度亦相对较低，全国年均增速仅有0.54%，表明各省（区、市）的绿色发展亦未得到有效提升。其中，有四个省区甚至出现了年均增速为负的现象，如浙江、新疆、内蒙古和青海四省区的均速分别为-0.19%、-0.24%、-0.47%和-0.56%。在增速为正的省（区、市）中，贵州2.03%的增长速度最快，是全国唯一增速超过2%的省份。紧随其后的山西、宁夏、上海、江西和河北的年均增速则介于1%~2%的水平，分别为1.47%、1.23%、1.09%、1.07%和1.02%，相对于其他省份而言增速较快，但仍处于低速增长的区间。增速居中的省份为湖北、四川、河南、广西和辽宁，均值依次为0.66%、0.63%、0.60%、0.48%和0.45%；增速靠后的省份则为广东、天津、黑龙江、福建和山东，均值分别仅有0.30%、0.28%、0.23%、0.09%和0.06%，与增速最快的贵州存在较大的差距，见图2-4。因此，尽管环境规制、低碳减排的集约型发展思路及其相关政策已制定和实施多年，但从现实效果来看，各省份体现这一绩效的绿色发展指数仍然处于较低的增长水平，也就是说绿色发展仍然存在较大的提升空间。

从各省（区、市）绿色发展指数的横向比较来看，大部分省份的绿色发展指数均介于13~15的区间，表明这些省份之间的指数均值相差不大。其中，山东、海南、黑龙江、北京和河南等省市的发展指数最高，处于绿色发展水平较高的梯队，均值分别为14.91、14.78、14.71、14.62和14.58；而上海、江苏、广东、重庆、四川和浙江等省市则处于增速居中的梯队，均

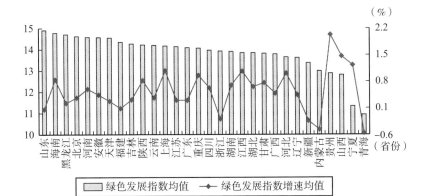

图 2 - 4　中国省际绿色发展指数比较

注: 左纵坐标轴为指数均值, 右纵坐标轴为指数增速均值, 数据来源于作者测算。

值分别为 14.17、14.14、14.09、14.07、13.97 和 13.93, 见图 2 - 4。与上述省份不同的是, 贵州、山西、宁夏和青海四个省区的绿色发展指数则表现出了较低的发展水平, 均值分别仅有 12.88、12.81、11.34 和 10.94。综合而言, 绿色发展指数在时序上的增长态势不明显, 在空间上亦未呈现出明显的分布规律。也就是说, 绿色发展指数在东部、中部和西部三大地区之间并未表现出明显递增或递减的分布规律, 它与经济发展水平之间可能也不存在显著相关, 这与协调发展指数的时空差异极为相似。

第四, 各省开放发展指数在样本期内表现出了较快的增长特征, 全国年均增速达到了 4.42%。不过, 与创新、协调和绿色发展指数不同的是, 各省 (区、市) 的开放发展指数在样本期内呈现出了较大的增长差异, 表明各省 (区、市) 之间存在着较大的差距。其中, 海南、甘肃和宁夏三省区的开放发展指数增长最快, 年均增速分别达到了 13.55%、11.95% 和 10.89%, 是中国所有地区中在样本期内均速超过 10% 的三个省份, 见图 2 - 5。此外, 重庆、河南、湖南和四川也表现出了较快的增长特征, 其年均增速分别为 8.13%、7.51%、7.42% 和 7.08%。相对而言, 北京、辽宁、江苏 (与湖北相同)、吉林和上海的增速则较低, 其均值分别仅有 0.27%、0.29%、1.45%、1.51% 和 1.76%, 与海南、甘肃和宁夏等省区存在着较大的差距。更有甚者, 广东和福建则出现了负增长的现象, 其均速仅有 -1.84% 和 -1.65%。综合来看, 中西部地区各省的开放发展指数表现出了较高的增长速度, 表明这些省份在开放型经济的发展上具有后发优势; 而东部地区的开放型经济尽管具有较大的体量, 但却呈现出了增长乏力的态势。这与资本要素和劳动力要素从沿海地区向中西部地区回流有关。因此，要素成本的上升以及东部地区产业转移的内在驱动在带来中西部地区开放型经济快速发展的同时，也导致了东部各省开放型经济增长的结构性放缓。

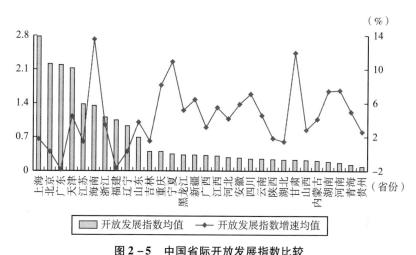

图 2 - 5 中国省际开放发展指数比较

注：左纵坐标轴为指数均值，右纵坐标轴为指数增速均值，数据来源于作者测算。

从各省（区、市）开放发展指数的横向比较来看，东部和中西部地区呈现出了较为明显的阶梯式下降特征，且两者之间表现出了较大的差异。即东部地区的上海、北京、广东、天津、江苏、海南、福建、辽宁、山东和吉林均具有较高的开放发展指数，尤其是上海、北京、广东和天津，其指数均值均超过了2，分别为2.78、2.21、2.19和2.12，较大幅度领先于其他各省（区、市）。而中西部地区各省区的开放发展指数则在相互之间未表现出较大的发展差异，但却与东部地区存在着较大的差距。如中部地区的黑龙江、江西、河北和安徽的指数均值分别为0.33、0.31、0.28和0.27，西部地区的宁夏、新疆和广西的指数均值则为0.35、0.33和0.32，指数间并未表现出较大的差异。与东部地区相比，尽管中西部各省的开放型经济表现出了较快的增长速度，但仍需要继续加大开放力度才有可能赶上东部省市的发展规模与质量。因此，继续深化改革开放，继续承接转移产业、发展特色产业、挖掘优势产业，继续以制度创新和政策优惠来吸引资本、劳动和数字要素，应是中西部地区实现"破茧成蝶"和"鱼跃龙门"的关键。

第五，各省的共享发展指数在样本期内尽管在个别年份有所下降，但总体而言则呈现出了不断上升的趋势，表明各省的共享发展水平得到了一定程度的提升，全国年均提速为4.05%。其中，陕西省的提速最快，其均值达到了11.45%，远远高于其他各省（区、市）；而上海市的提速最慢，其均值只有1.96%，是全国各省（区、市）中唯一均速为2%以下的省份，见图2-6。因此，共享发展指数在各省市中出现了两极分化较为明显的特征。除陕西和上海之外，其他各省份共享发展指数的增速则介于2%~7%的增长区间，省域之间的增长差异不大。尽管如此，年均增速在东部、中部和西部地区之间依然表现出了较为明显的递增分布特征。如北京、天津、广东（与辽宁相同）、福建和浙江（与江苏相同）均处于增速较低的梯队，其均速分别只有3.12%、2.97%、2.79%、2.76%和2.72%；安徽、江西、湖北、湖南、河南和山西则处于增速居中的梯队，均速分别为3.84%、3.63%、3.57%、3.46%、3.42%和3.34%；西部主要省（区、市）青海、云南、贵州、甘肃、宁夏和新疆等则属于增速最快的省份，均速分别只有6.45%、6.22%、5.86%、5.39%、5.06%和4.73%。从增速来看，共享发展指数的变动呈现出了较为明显的空间差异性。

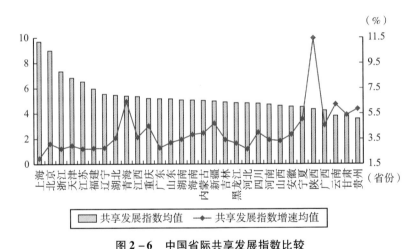

图2-6　中国省际共享发展指数比较

注：左纵坐标轴为指数均值，右纵坐标轴为指数增速均值，数据来源于作者测算。

从各省（区、市）共享发展指数的横向比较来看，东部、中部和西部地区各省市在样本期内的均值出现了依次递减的空间特征。东部地区的共享发展指数普遍较高，其中上海、北京、浙江、天津、江苏、福建和辽宁的共享发展指数位于全国前列，其均值分别为9.69、8.98、7.34、6.83、6.53、5.97和5.54，见图2-6；中部地区的共享发展指数则居于中等数值区间，如湖北、江西、湖南、吉林、黑龙江和河南等省市，其均值分别为 5.46、5.35、5.07、4.90、4.84 和 4.72；西部地区的共享发展指数则普遍较低，如宁夏、陕西、广西、云南、甘肃和贵州，其均值分别仅有 4.52、4.34、4.24、3.81、3.78 和 3.59，与东部地区存在较大的差距。结合共享发展指数增速的空间分布特征来看，西部地区由于共享发展指数较低，因此具有较大的提升空间，表现为较快的增长速度，后发优势明显；东部地区则已经具有较高的共享发展水平，因此在增速上出现了放缓的迹象。

第二节　高质量发展动力的理论解构

如何解释上文中出现的中国各省市经济高质量发展的时空差异？或者说，促进经济高质量发展的动力机制是什么？就基本逻辑而言，经济高质量发展动力机制的构建不可回避动力成因的描述与阐释。按照西方主流经济学所常用的理论框架，以及总结新中国成立以来不同时期的发展经验，我国经济增长方式经历了从需求拉动型向供给推动型的转变（龚刚和陈琳，2007），供求结构的变迁似乎是解释经济高质量发展的有效框架。实际上，从需求拉动型向供给推动型增长方式的转变只是体制机制转型的一种结果，或者说，要素特征并非增长来源而是增长本身（韩雷和钟静芙，2021），制度才是经济增长更为根本的原因（诺斯，1989），是体制机制的转型和创新所释放的经济增长潜力和能量才创造了中国经济的增长奇迹（姚洋，2005）；同样，是体制机制的不畅才导致了高质量发展动力的受阻。那么，什么因素决定了经济制度的供给？有学者将其归功于"人"以及与其相关的机构组织这些主体（张五常，2008；阿列克谢，2005）。应当说，将经济发展的原因抽象地概括为"人"这一经济主体并不能从根本上回答所提出的问题，因为人从根本上受制于制度的激励与约束。因此，对"什么制度关键性地影响了经济发展"这一问题进行深究更有益于新形势下经济的高质量发展。

（一）供需框架下发展动力的理论解构

对于中国经济自"高速"转向"中高速"甚至"低速"这一增长新常态的形成，许多学者尝试从不同的角度对其深层次的动力特征进行了剖析，且大致认为基建投资、房地产市场、出口需求、汽车消费、产业与消费结构演变、宏观经济政策以及国家发展战略的实施是支撑近期中国经济发展的主要动力（潘建成，2017）。然而，这些观点仅仅从需求层面对经济发展的动力进行了挖掘,且并未从历史的视野对中国经济发展的长期演进进行有效的分析,因此对于发展过程中"成就"与"约束"同时并存的现象也就难以进行有效的解释。应当看到,从需求层面来解构中国经济发展的动力,不管是从理论还是从现实来看,都具有极强的解释力。这是因为长期以来,投资导向和外需依赖型的发展方式一直是拉动中国经济高速增长的主要原因。但是,仅从需求层面来挖掘经济发展的动力,很容易忽略生产要素在其中所发挥的同样重要的作用,因而对于经济现实中为什么会出现发展动力后劲不足这一现象,也就同样难以作出解释。毫无疑问,中国经济发展的动力来源于供给和需求的共同发力。

从需求理论来看,经济增长是由消费、投资和净出口三驾"马车"共同拉动的。其中,根据需求主体的不同,消费结构分为居民消费和政府消费,投资结构分为民间投资和政府投资,而净出口则可以分为内资企业和外资企业的净出口。在中国的经济现实中:第一,就消费需求而言,居民消费相比于政府消费在最终消费的占比中长期以来占有绝大份额,但同时其占比却随着居民消费增速的放缓而不断下降。因此,相比于政府消费而言,居民消费对经济发展的拉动作用正在逐渐减弱。对于这一现象的出现,一种可能的解释是:占总人口绝大多数的收入偏低的居民往往倾向于消费基本生活必需品,即低端消费品,但随着低端消费需求的逐渐满足,且高端消费又因收入增长有限而并未形成,居民的消费支出在其收入占比中必将不断下降,因而也就出现了居民消费增速放缓的现象。

第二,就投资需求而言,民间投资在解决就业、激发活力和创造税收等方面,发挥了政府投资所没有的巨大贡献,但政府投资由于其规模浩大、基础功能明显和示范性强而一直以来是拉动中国经济发展的重要"马车",特别是在金融危机和自然灾害等不确定性事件的冲击下,政府投资所发挥的增长效应尤为"立竿见影"。因此,投资需求,尤其是政府投资是需求侧中拉动经济发展的主要动力源之一。但是,由于政府投资侧重于基础设施的重复性建设,因此与其相关的一些产品,诸如钢铁、水泥和电解铝等等,往往就导致了市场的饱和,或者说出现了产能过剩。民间投资增速的放缓,也使得投资需求拉动经济发展所受到的约束越发明显。

第三,就净出口而言,无论是内资企业还是外资企业,两者所从事的出口贸易都对中国经济的高速发展作出了巨大的贡献,外需依赖型的发展方式一直是经济发展的主要动力源之一。但是,在从事出口贸易的过程中,内资企业和外资企业对生产成本的敏感性存在较大的差异。相比于内资企业,外资企业对于中国生产要素价格的变动相对较为敏感,工资、租金和税收的上升，更易使外资企业减少对中国的投资，而内资企业则由于存在较强的本土归属感而对成本上升具有较强的"忍受力"。这一差异使得在中国成本优势逐渐丧失的情形下，外商直接投资规模将不断缩小，而其对中国经济发展所带来的拉动作用也将逐渐减弱。总体而言，在需求侧动力源中，"高投资"和"高出口"是中国经济发展的主要动力，但其所发挥的拉动力作用将随着产能过剩和成本上升而逐渐受限；消费需求中的"高端消费"是未来经济发展的新兴动力，但应以居民收入增长为前提。

从供给理论来看，经济发展则是由劳动要素、资本要素和技术创新共同推动的。就中国的发展现实而言：首先，丰裕而廉价的劳动要素在中国工业化进程中一直发挥着重要的推进作用。但是，随着人口生育率的下降和老龄化程度的加剧，中国的劳动要素市场必将一方面面临劳动存量锐减的现象，另一方面又将面临劳动流量补充不足的困境，两者都将带来劳动要素成本的急剧上升。因此，作为中国经济发展重要动力源的"人口红利"正在逐渐丧失其成本优势。

其次，在资本要素中，相比于人力资本，物质资本具有较快的积累速度，且其在推动经济发展的过程中具有较大的贡献份额。资本要素促进经济高速发展的路径在于：物质资本和人力资本分别为社会投资提供了雄厚的资金保障和人才支持。但这一传导路径最终有效的前提则在于资本具有较高的投资回报率。显然，在资本边际收益率递减的理论依据下，中国资本要素对经济发展所带来的推动作用正在逐渐减弱。特别是在有效人力资本积累放缓的情形下，资本对于经济发展的贡献度将进一步减弱。

最后，技术创新是推动经济长期发展的动力源。但从我国的经济发展现实来看，表征创新水平的全要素生产率虽然经历了从转型开始到 20 世纪 90 年代初期的较高阶段，但在 1994 年以后却呈现出总体下降的趋势（单豪杰和沈坤荣，2008），且其绝对值依旧相对较小，也就是说，全要素生产率的提高对于中国经济发展的贡献程度极为有限。因此，技术创新尚未完全显现其对经济发展的重要推动作用，是要素的高投入和能源的高消耗才使经济保持了持续的高速增长。因此，在供给侧动力源中，要素投入而非创新驱动是中国经济发展的主要动力，但其所发挥的推动作用受到劳动力数量减少和投资回报率下降的制约而面临困境。

（二）制度视角下高质量发展动力受阻的解释

对于高质量发展动力受阻的成因，诸多观点从不同角度就其制约因素进行了概括和解释。这些因素主要包括资源和环境约束日益趋紧、投资与消费关系不协调、产业结构层次不高、人口红利和市场化改革的利好减弱、对外部市场的依赖度较大以及科技创新能力不强等（张远征，2013）。很明显，上述所列的大部分因素，与其说是发展受阻的形成原因，倒不如说是增速放缓的伴生现象。而对于导致这些制约因素出现的根本原因，则仍需进行"追根溯源"式的深层挖掘。如就上述部分制约因素的形成，一种观点认为我国"半壁压强型"的人口分布格局①，是经济发展面临巨大资源环境挑战的根本原因，而区域城乡发展差距较大，则是发展失衡及衍生经济问题产生的主要原因（贾康，2016）。因此，探析我国发展动力受阻的成因，应从制度和社会"本我"的层面来进行挖掘。其实，不管是需求结构中的投资驱动和外需依赖，还是供给结构中的要素投入增长方式的形成，其本质都是由制度供给的方式所决定的，是体制机制不畅才导致了发展动力的受阻。结合中国经济发展历程来看，经济高质量发展动力受阻的制度因素主要有以下几个方面。

第一，收入分配不平等制约着需求层面消费结构的升级。从更为广泛的影响机制来看，收入分配不平等是中国经济过去取得高速发展和未来面临发展约束的主要原因，但就更为直接的传导路径来看，收入分配不平等因其对消费结构升级的制约，而成为中国经济发展动力受阻的主要成因。这是因为：一方面，收入分配不平等使得高收入群体倾向于消费高端产品或创新性产品，但这一类产品的市场需求规模由于高收入群体占总人口比重偏低而相对较为狭小，因此，富有技术创新的高端产品消费在收入分配不平等的情形下难以有效地、大规模地形成；另一方面，收入分配不平等使得低收入群体只能消费缺乏创新含量和技术进步的低端产品，而这一类产品由于消费群体较大因而具有较大的市场需求规模，这将进一步引致生产商进行重复性的、扩大性的和机械化的低端生产，其结果是在带来低端产品产能过剩的同时，技术创新则由于缺乏市场激励而并未得到有效提升。因此，收入分配不平等所带来的消费分层，使得消费需求呈现出低端消费相对不足和高端消费相对旺盛同时并存的结构性矛盾，其本质仍是居民内部的有效需求不足（李子联和朱江丽，2014）。

此外，收入分配不平等使得社会财富大量集聚在部分高收入群体中，在投资渠道有限的现实下，高收入群体更加倾向于投资房地产市场，这不仅带来资产分配不均的进一步恶化，更使得房地产价格出现螺旋式的上

---

① 20 世纪 30 年代著名学者胡焕庸先生提出的"胡焕庸线"基本格局延续至今，在我国这个世界上最大人口规模（14 亿多人）的经济体中，约 94% 的人口聚居于仅占国土面积 43% 左右的东南半壁。

涨，而后者则促使了房地产的进一步开发。可以认为，我国目前存在的房产"库存"堆积的现象，在很大程度上也是由于收入分配的不平等所引致的。有效需求不足和资产市场恶性发展都将在短期和长期内制约经济的可持续发展。

第二，财税"制度约束"对需求扩大带来的负面效应逐渐增强。就目前而言，中国财税体制的"制度约束"主要包括个人和企业的所得税偏高、地方政府的事权和税权不对等、土地财政依赖性强等。这些"制度约束"对经济发展所带来的负面影响主要体现在：首先，偏高的个人所得税使得居民必须承担更高的税负，这将导致居民用于消费的可支配收入份额相对下降；同时，政府从高税收中则获得了更多的财政收入，其用于消费的支出份额则相对上升。因此，偏高的个人所得税带来了消费结构的失衡，直接表现为在政府消费旺盛的同时，处于主导地位的居民消费却显得不足，总体上不利于消费需求的扩大。其次，偏高的企业所得税除了带来与高个人所得税相似的消费结构失衡之外，还提高了企业自身的生产经营成本，这进一步降低了企业的投资回报水平，不利于社会投资特别是民间投资需求的扩大。因此，企业所得税偏高是"降成本"的主要障碍之一。再次，事权和税权的不对等使得地方政府必须通过不断扩大财政收入来源的途径来应对日益庞大的财政支出，在财政税收增长有限或税负水平已趋极限高位的情形下，地方政府则只能通过负债的渠道来应对不确定性事件所带来的负面冲击。这一"加杠杆"的行为不仅带来了地方政府债务的累加，还为全国宏观经济的可持续发展带来了隐患。最后，地方政府对土地财政依然具有极强的依赖性，其成因除了是上文所述的财税体制中存在事权和税权的不对等之外，更直接的原因还在于土地财政"本身"能够更为快捷、更为持久地为地方政府带来更加可观的财政收入。尽管土地财政的实施加速了城镇化的进程，但同时也带来了房地产价格的上涨和房地产"库存"的累积，同时也引致了产业资本"避实向虚"现象的出现，不利于实体产业的均衡发展。因此，财税"制度约束"所带来的负面效应，也已经成为经济发展动力受阻的制度性成因。

第三，高等教育质量不高制约着供给层面创新能力的提升。技术创新是经济可持续发展的持久动力，但创新水平偏低则制约着经济发展动力的形成。就中国的发展现实而言，创新水平偏低带来的制约作用主要表现在：首先，由于科技创新能力不强，因此企业往往倾向于重复性和大规模地生产低端消费品，而富含技术创新的高端消费品的有效供给则明显不足，这不仅带来了低端产品的"产能过剩"，还从供给层面制约了消费结构的升级。其次，由于创新能力不强，因此大量企业一方面只能投资于技术门槛不高的低端行业，而这无疑带来了这些行业及其相关产品之间的激烈甚至恶性竞争，其结果便是这些行业的投资回报率呈现出不断下降的趋势；另一方面这些企业的经营业绩相对较低，相对应地，其获取银行信贷时的资信也相对较低，因此这些企业往往容易出现"融资难"和"融资贵"的问题。综合而言，这两方面都将使得社会投资，特别是民间投资的增速不断下降。最后，由于缺乏技术含量和创新底蕴，因此大量出口的低端产品在对外贸易中缺乏核心的竞争优势，特别是在生产要素成本不断上升的情况下，出口产品的国际竞争力越发受到冲击，这使得我国通过出口贸易来拉动经济发展的路径越发狭窄。因此，创新能力不强所带来的有效需求不足、投资需求减热和出口增速下滑，毫无疑问地对经济可持续发展带来了制约作用。

尽管科技创新是解释目前我国经济发展动力受阻的重要因素，但其"背后"更为根本的决定因素则是我国低质量的高等教育。这是因为：创新的主体是人，而人进行创新所必须具备的思想、知识、经验、信息和技术之源则来自教育的成果。很明显，低质量的高等教育不利于创新人才的培养和创新能力的提升。在我国，高等教育自20世纪末开始便出现了超常规的跨越式发展（张忠华，2016）。高等教育规模的快速膨胀，既对高校师资的数量和质量带来了越来越大的供给压力，又对学生的日常教学质量带来了负面冲击，两者都将不同程度地制约着高等教育质量的提升。因此，较低质量的教育所带来的技术创新的"稳步不前"，已经成为经济发展动力受阻的重要成因（周海银，2015）。

第四，人口生育的有限管制制约着供给层面劳动要素的优势发挥。人口红利的式微，既体现在劳动要素存量逐渐下降的趋势中，又体现在劳动要素质量仍未提升的现实中。从成因来看，首先，劳动力要素的存量下降，主要是由于我国长期以来实施的计划生育政策所带来的人口生育率不断下降所造成的。人口数量的管制政策使得我国劳动力存量在经历特定年份的"断崖式"下降后，开始出现了后续年份逐渐减少的势头。其次，劳动力要素的提质缓慢，则与劳动者自身所受到的教育水平相对低下以及所处的生产链相对底端紧密相关。一方面，由于劳动者所受到的教育水平相对低下，因此其对于提高劳动质量和增加劳动绩效所必须具备的知识、技能、方法和经验等，则明显极为欠缺，不利于自身素质的提升；另一方面，大部分劳动者仍然处于全球价值分工链的底端，这就决定了这些人群在从事日常生产时，并不易接触到富有技术含量和创新底蕴的复杂性工作，因而也就不利于其技能的提升和知识的获得。

劳动要素数量下降和提质缓慢所带来的人口红利的丧失，使得我国要素市场中同时较为普遍地出现了"招工难"和"用工成本高"的现象。①这对我国经济发展所带来的负面影响在于：首先，对于出口企业而言，劳动力要素价格上升抬升了产品的出口价格，使得这些产品的国际竞争力不断下降，在富有"价格－需求"弹性的产品中，价格的上升必将带来外需的下降，从而导致我国出口贸易的增速下滑；其次，劳动要素成本上升不可避免地挤压了企业的利润空间，其所带来的投资回报率下降将使得外商直接投资从中国往外转移，不利于中国本土资本的集聚。由于劳动要素低成本优势已经逐渐丧失，因此，劳动要素成本攀高，与企业所得税偏高同时成为供给侧结构性改革"降成本"的主要着力点。

从中国经济发展动力受阻的成因来看，收入分配不平等、高等教育质量不高、财税"制度约束"和人口生育管制都是供给侧分析框架内的重要维度，能够直接有效且更为根本地解释需求侧结构失衡和高质量发展动力受阻的现象。就逻辑而言，财税制度本质上是一种规范公共资源在中央政府和地方政府之间、政府和居民之间进行配置的再分配制度，而高等教育质量改革所带来的生产率提高又能够有效克服人口红利下降所带来的劳动供给不足，因此，收入分配不平等和高等教育质量不高是供给侧框架内解释高质量发展动力受阻更为根本的因素。

除了破除发展阻力能够畅通经济高质量发展的动力机制外，一些现有制度的完善亦能够带来新的增长点。如在第一章第三节对新冠疫情期间的发展动力进行分析后发现：数字经济、农村消费、民生投资和自贸区建设等已显现或仍潜在的发展动力，必能为中国经济发展带来新机遇。从其对应的制度改革或政策设计来看，发展数字经济应从供给层面提升数字建设能力，而通过高等教育质量改革来促进有效人力资本积累是关键；扩大农

---

① 以我们对江苏企业的调研结果为例：江苏企业普遍存在着缺工的现象，且部分企业的这一状况极为严重。100%的调查企业均存在着1%~70%不等的缺工比例，其中，企业所分别对应的建筑业、商务服务业、卫生服务业和电子制造业，其缺工比例甚至分别达到了70%、50%、50%和50%，超过一半的工作岗位无人胜任，表明企业在编员工的工作强度较大。从已招人数与拟招人数的占比来看，将近92.11%的企业均存在着招工不足的现象，部分企业所对应的行业甚至出现了严重的"零招工"现象，主要集中在卫生服务业和一些精密机械的制造业中。因此，从调查结果所反映的真实信息来看，企业存在着"招工难"的可能性较大。而在产生这一现象的原因中，有34.21%的企业认为企业和员工之间的工资待遇谈不拢导致企业"不愿招"和员工"不愿来"，最终使得企业缺工愈发严重；有13.16%的企业认为劳动力数量下降导致存量紧张是企业招工难现象产生的宏观因素。

村消费除了应通过深化收入分配制度改革来提升农民收入水平外，还应通过新型城镇化建设来改变居民理念、完善基础设施和提供就业收入；扩大民生投资则应依托新型城镇化建设加强通信网络、医疗教育和基础产业的投资；促进自贸区建设则应通过制度创新来推动自贸区内外更高质量的发展，而税收政策和金融制度的创新则是关键。实际上，金融制度创新不仅是推动自贸区建设高质量发展的核心，还是发展数字经济、促进农村消费、扩大民生投资和推进新型城镇化的关键。

在中国，金融制度改革和政策创新应服务实体经济、乡村振兴、经济高质量发展和共同富裕这些重大战略，因此在点多面广的金融创新中，尤其应推动数字普惠金融的创新发展。这是因为：将大数据、区块链和人工智能等数字技术融入传统普惠金融业务，可以打破传统金融服务的地理壁垒，可以在降低金融服务门槛与成本的同时提高其精准性，因而能够改进金融服务的模式、边界和效率，能够满足或实现广覆盖、低成本、可得易得等普惠金融的基本条件。具体而言，数字技术与普惠金融的融合由其提供了标准化、流程化和批量化的金融产品，因而既拓宽了金融服务的受益范围，又提升了金融服务的供给效率。同时，又由其能够精准识别与挖掘潜在的客户需求，以及能够在服务过程中实施全面监管和有效约束，因而既降低了商业银行的搜寻成本，又降低了经营风险。可以认为，在新发展阶段下推动数字普惠金融的高质量发展是解决中小微企业、低收入阶层和受排斥群体"融资难""信贷难"和"资金难"的关键渠道，是发展创新型企业和环保型企业等具有融资约束但却有益于提升经济发展质量的经济主体的重要支撑，是缩小居民、产业、城乡和地区收入差距的主要力量，对于促进经济社会的高质量发展和实现居民的共同富裕具有重要的理论价值和现实意义。

综合而言，重构中国经济高质量发展动力的长效机制，应在供给侧框架下着重推进和深化包括收入分配制度、高等教育制度、新型城镇化配套制度、自贸区制度创新和数字普惠金融发展等在内的各项关键性制度的改革和对应的政策设计。毫无疑问，这些从中国经济发展历程和发展现实中总结的经验是我们构建经济高质量发展理论框架的逻辑之源，当然也是重要依据。

第三节　高质量发展的理论框架与路径维度

以供给侧结构性改革的理论范式来推动中国经济的高质量发展，具有逻辑上的自洽性和政策上的可行性。这是因为：中国供给侧结构性改革的核心内涵是通过进一步深化改革来解放生产力，以有效的制度供给来支持结构优化和激活全要素生产率（贾康，2016），是通过建立有效供给的长效机制，来着重解决创新驱动、结构调整和提高效率的问题（洪银兴，2016）；是通过全面深化改革来破除阻碍资源配置、导致资源错配的体制机制问题（权衡，2015）。其目标在于通过提高供给体系的质量和效率，夯实经济发展的动力基础以及构建高质量发展的长效机制。基于此，本节尝试从新古典经济学和新制度经济学的理论视野，结合中国特色社会主义政治经济学的研究范式①，对包括上节所述之收入分配制度和高等教育制度在内的供给侧结构性改革推动经济高质量发展的框架及所包含的维度进行梳理，以从总体上揭示经济高质量发展的理论框架。

（一）供给侧结构性改革的内涵

在推动高质量发展的供给侧结构性改革框架中，"供给侧"是改革的视角，"结构性"则是在供给侧框架下进行改革的方式。因此，理解供给侧结构性改革的内涵，关键在于把握"供给侧"的理论渊源及框架体系内所包含的维度。尽管在经济思想史中，可以对供给学说的根源进行近乎无穷尽的追溯，但就广泛性和全面性而言，新古典经济学常常被认为是从供给或是生产视角分析现实问题和制定经济政策的主流学说，这与凯恩斯主义经济学从消费、投资、政府购买和净出口这些需求角度所进行的分析是完全不一样的。按照新古典宏观经济学供给体系的分析框架，一国或地区的产出增长是由劳动要素、资本要素以及剩余项共同推动的。其中，在大部分研究中，资本要素既包括物质资本，又包括人力资本，甚至还可以包括道德资本（王小锡，2011）；而剩余项的具体指向，则依据分析问题的视角不同而各有所指，通常包括除劳动和资本要素之外的土地和资源要素、技术创新和政策制度等等。因此，综合来看，劳动力、土地和自然资源、资本、科技创新和制度是供给侧经济发展的主要动力源（贾康，2015），而供给侧改革的核心内涵则应是通过进一步深化改革来支持结构优化和激活全要素生产率（贾康，2016）。在供给侧结构性改革所形成的经济发展的动力源中，生产要素是基础，科技创新是关键，而只有政策制度才是核心，见图 2−7。

---

① 高质量发展已充分体现了马克思主义政治经济学的核心要义，即以人民为中心。党的十九大报告表明高质量发展的基本立场是以人民为中心，既要物质增加，更要人的发展，后者常被其他学派所忽略。高质量发展可能既有西方经济发展理论的影子，也有马克思经济发展理论的本质。但仅从某一学派的理论出发，难以科学地解读高质量发展这一中国问题的经济学内涵（杨瑞龙，2018）。

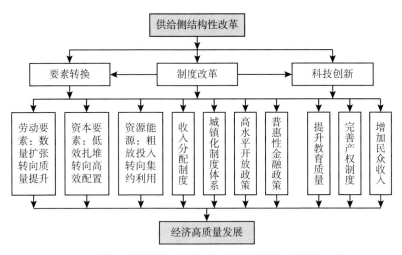

图 2 - 7　供给侧结构性改革推进经济高质量发展的框架维度

就中国供给侧的发展实践而言，中国的经济发展是由劳动要素和物质资本要素的投入来共同驱动的，而人力资本和技术创新所发挥的作用，至少在改革开放以来的区间内相对较弱。其原因在于：首先，从劳动要素来看，由于中国城乡二元经济结构转型促进了大量的农村剩余劳动力向城市转移，因而其为中国工业化进程的加快提供了丰裕且廉价的劳动要素，从而使得"中国制造"具有明显的劳动成本优势，不仅扩大了出口贸易，还吸引了国际资本，两者都带来了产出的高速增长；其次，就物质资本要素而言，中国居民长期以来所形成的高额储蓄为社会投资提供了雄厚的资金支持，从而使得中国经济发展依赖于社会投资的大规模增加，投资成了拉动经济发展的主要"马车"之一；最后，从科技创新来看，中国虽然所申请和所授权的专利数、技术市场合同转让金额取得了快速增长，但是从现阶段来看，由于人力资本积累速度放缓，使得这些专利技术并没有有效地提升自主研发及市场转化能力，进而导致表征技术进步的全要素生产率虽然经历了从转型开始到 20 世纪 90 年代初期的较高阶段，但此后却呈现出总体下降的趋势，因此其对经济发展所带来的促进作用也就较为有限。综合来看，在供给侧的动力源中，是要素投入而非创新驱动带来了中国经济的高速发展。

在中国的制度改革中，究竟是什么制度影响了中国的供给结构，并进而带来了经济发展呢？比较典型的是沈坤荣和李子联（2011）将这些制度及其效应总结为：财政分权所带来的政府激励、所有制改革所带来的生产者激励、社会保障体系完善所带来的消费者激励以及市场开放所带来的全方位激励是中国经济获得发展的原因。尽管这一总结较好地解释了中国经济持续高速发展的原因，但却对于同时出现的土地、能源和环境等因素所带来的约束并不能给出一个合理的解释。与此不同，本章第二节发现收入分配不平等和高等教育质量不高是导致中国经济发展面临诸多约束的关键因素。除了收入分配制度和高等教育制度这两项因素外，我们在此基础上结合新中国成立以来经济发展的动力与约束，特别是结合新冠疫情期间中国经济发展中出现的包括数字经济、自贸区制度创新和民生保障在内的诸多"新亮点"（参阅第一章第三节），进一步认为：新型城镇化制度体系、创新型金融政策以及开放政策由于其在制度完善时对社会经济所带来的"激励效应"以及在制度缺失时所带来的"抑制效应"，在推动了中国经济发展的同时，也不可避免地带来了经济发展的约束，形成了中国经济发展的特有方式。因此，中国供给侧结构性改革的内涵可以理解为：包括收入分配制度、高等教育质量保障、新型城镇化配套制度、创新型金融政策和高水平开放政策在内的制度改革是核心手段，提升科技创新能力以提高供给体系的质量和效率是关键目标，而促进劳动力要素质量和资本边际报酬的提高则是改革实现与否以及"红利"释放高低的基础因素。

（二）要素转换是高质量发展的基础

要素转换是中国供给侧结构性改革推动经济高质量发展的基础，不仅是因为劳动、资本、土地、资源和数据要素是推动经济发展的基本要件，更是因为这些要素是科技创新和制度调整的发力点。在中国，实现要素的转换应实现劳动力要素从数量扩张向质量提升、资本要素从低效扎堆向高效配置以及资源能源从粗放投入向集约利用的转换。

首先，劳动力要素从数量扩张向质量提升转换。毋庸置疑，中国丰裕且廉价的劳动力特别是农村转移劳动力是推动经济高速发展的重要原因之一；但是，随着中国生育率的下降和人口老龄化的加重，这一由人口数量扩张所带来的"红利"却开始不断下降（贾康，2016）。我们所测算的数据显示：中国劳动力要素的增长率在2001年至2017年间由0.99%下降到了0.48%，且这一下降的趋势仍将进一步扩大。如按照国家统计局的预测数据，中国适龄劳动人口自2013年以后将会逐步下降，且至2020年以后将呈快速下降的趋势。因此，劳动力要素数量驱动的经济发展方式不仅将难以为继，还将由要素存量和增量的同步减少而对未来的经济发展形成制约。突破这一约束的唯一出路，就是应在实现产业结构升级的基础上着力提高劳动力要素特别是新增劳动力要素的质量，形成以更少劳动力投入来实现更多经济产出的高效生产格局。因此，就要素层面而言，提高现有和未来劳动力要素的供给质量和生产效率是供给侧结构性改革的重要内容之一。在此过程中，教育发展能够极为有效地提高劳动力质量，这是因为基础教育能够提升劳动者的思考应用能力，职业教育能够提高劳动者的专业生产技巧，而业余培训则能够提高劳动者的生产技术水平，因此"教育红利"能够有效地抵消"人口红利"下降的影响（胡鞍钢等，2016），是实现劳动力要素从数量扩张向质量提升的关键举措。

其次，资本要素从低效扎堆向高效配置转换。从需求结构来看，相对于其他渠道而言，投资驱动是中国经济获得持续高速发展的主要"马车"，其所带来的"立竿见影"的作用在于不确定性事件，比如在国际金融危机事件的冲击下尤为明显。投资之所以在中国发挥着更为重要的作用，不仅是因为居民所形成的高额储蓄为其提供了雄厚的资金支持，更是因为政府长期以来所主导实施的重工业优先发展战略以及其在经济调控与资源配置中所发挥的强势作用，进一步强化了投资这一政府可控工具在中国经济发展方式形成过程中的地位。但是，这一具有公共产品属性、偏离产业均衡发展以及注重短期福利效应的投资方式，自一开始便"注定"了它将带来投资产品的单一化、重复化和堆积化，最终将导致钢铁、水泥和平板玻璃等行业的产能过剩。因此可以认为，中国的资本要素存在大量的低效扎堆的现象。不仅如此，从资本形成和累积的速度来看，中国物质资本的形成速度正在放缓，其增速由 2007 年最高峰的 24.75% 下降到 2014 年的7.15%，且将随着未来经济结构的调整和人口老龄化趋势的恶化而进一步放缓，这使得资金资本紧缺的现象更为严重。资本分布结构的失衡以及规模积累的放缓，必然要求资本应从低效扎堆向高效配置进行转换，应以较少的资本投入带来较高的经济产出。而实现资本要素的这一转换，应首先遵循市场的规则进行资本配置，具有较高回报率的行业应得到更多的资本配置，反之，不具有竞争性的"僵尸企业"和"僵尸行业"则应被市场淘汰；应改善资本的供给结构以满足市场对差异化产品的多样化需求，将居民对国外产品的强烈需求转向国内（李稻葵，2015）；应破除金融抑制以活跃资本资金价格，以市场供求机制来促进利率价格的合理形成，并以此进一步引导资本的高效配置。

最后，资源能源从粗放投入向集约利用转换。中国要素驱动的经济发展方式除了体现在劳动和资本要素的大量投入外，还体现在生产过程中土地和自然资源要素的低效利用。应当说，这一依托土地和资源优势来招商引资从而促进地区经济发展的方式，在中国改革开放以来的很长一段时间内，确实有效承接了发达国家和地区所转移的部分产业，从而较大程度地加快了中国工业化、城镇化和现代化的进程。以土地要素所发挥的经济效应为例，中国土地要素利用过程中所经历的农地使用权从集体向家庭的转变、农业用地向工业用地的转变以及农业用地、工业用地向城镇住宅用地的转变，使得土地要素为经济发展带来了巨大的"红利"，但也因为如此，土地过分利用所造成的紧张局面也不可避免地形成了制约作用。这是因为适合工厂、城市和道路的最佳用地仅占国土总量的12%，而这一部分土地恰恰又是最宝贵的农业资源，因此，在面对农业和工业发展共同的用地需求时，中国的耕地面积正在不断地缩减（李子联和华桂宏，2015），而资源和能源的消耗却在呈不断增加的趋势。可见，自然资源的粗放和低效耗用越来越不能为可持续发展所接受的一种必须改变的现实（贾康，2016）。改变这一现实的出路在于实现资源能源从粗放投入向集约利用的转变，关键在于促进产业结构的优化升级，提升企业的科技创新能力，提高日常生产的操作技术水平。

（三）科技创新是高质量发展的关键

科技创新是供给侧结构性改革推动经济高质量发展的关键。技术水平的提高和创新能力的提升不仅能够有效地缓解劳动、土地、资源和能源等要素供给紧张所带来的发展约束，还能有效地为长期经济发展提供源源不断的推动力。相对于需求结构层面的"四驾马车"具有短期增长效应而言，科技创新能力的提升及体系的形成是一个缓慢但却影响长远的过程。因此，从战略层面和制度设计的角度来促进科技创新能力的提升是创新"本身"所应具备的特征，具体而言这些措施主要包括提升教育质量、完善产权制度以及增加民众收入。

第一，教育育人是创新的源泉。毫无疑问，创新是由人来完成的，因此具有创新能力的人是创新的主体。如何培养人的创新能力？教育尽管不是唯一但却可以认为是第一重要的手段。教育因其知识传播、文化熏陶、方法训练、技能培养以及创新实践极大程度地为创新提供了知识基础和能力素养，而后者则是人力资本构成的基本要件。因此，教育所带来的人力资本的积累是提升科技创新的关键。但是，就目前而言，中国由于教育体制扭曲僵化，尽管科技人员的物质条件得到了较大的改善，如1990～2018年间我国研究与实验发展经费的投入量虽然波动幅度较大，但年均增长率仍高达21.27%；同时统计上的科技成果也在不断上升，国内专利授权量在波动异常的情形下年均增长率也高达21.56%，但是，中国真正的科技竞争力却并没有同步提升（贾康，2016）。

这一技术创新没有出现同步提升的现象是由教育并没有带来人力资本

的有效积累从而使其增速放缓所导致的。以普通高校的毕业生数作为人力资本的替代变量（李子联和朱江丽，2013），中国的人力资本增长率呈逐年下降的趋势，其数值由 2003 年的 40.36% 下降到 2017 年的 4.49%，且有进一步放缓的迹象。由于这一现象的存在，创新投入及其产生的成果并没有真正地转化为市场的生产力，因而也并没有带来劳动生产率的提高，因此，人力资本是影响科技创新的关键变量。促进人力资本的快速积累以实现科技创新能力的形成，应从提升教育质量的角度来不断提高受教育者的创新素养。在这一过程中，教育经费进一步加大力度的投入是重要的资金支撑，应以经费投入来吸引更多的优秀人才，以经费投入来改善教育环境，以经费投入来提高教学与科研水平。教育资源进一步公正平等地配置是重要的机制保障，应有倾斜地扶持中西部地区的教育特别是高等教育以改变教育的地区差距，应更加"高瞻远瞩"地扶持基础研究以为科技创新提供必要的理论保障。教育环境进一步自由独立的营造是重要的环境保障，应进一步推进高校的"去行政化"以培养高校的独立精神，应进一步提高教师的薪资水平以使其能够更加自由专注地从事教学和科研活动。

第二，产权激励是创新的保障。应当说，教育质量提升所带来的受教育者知识技术水平的提高为科技创新提供了坚实的人才基础，但是，这些人才创新意识的形成与加强、创新愿望的激发与强化、创新氛围的营造与优化，都需要有效的产权保护制度来进行正向的激励。一项好的产权制度不仅应能够保护新技术、新知识和新产品的正常占有权和使用权，还应能够以荣誉和利润的形式进一步激励更多民众的创新动机，以真正形成"万众创新"的蓬勃格局。具体而言，提升科技创新过程中的产权保护应从以下两个方面来进行：一方面，制定更为严厉的打击违法侵权的法律条款和管理规定。以主观意识和公共道德来约束现实中出现的抄袭、伪造和仿制等侵权行为，并不是一项最优的公共政策；而最大限度地杜绝并制止这些现象的发生，应通过严厉的法律手段和管理规定来达成。以高校学术抄袭的侵权行为为例，尽管这一行为长期以来为师德建设所坚决禁止，但是这一现象不仅未有式微，相反却是愈演愈烈。出现这一现象的根本原因在于法律法规不严。如果能够在日常考核和职称评定这些"节点"上做到无死角地彻底排查，并对侵权行为进行严厉的惩罚，那么这一行为将能够被有效地制止，而科研和创新氛围也将因此而朝着良性的方向发展。另一方面，以专利的形式对创新行为给予更高额度的支持和奖励。与严惩在于打击侵权行为不同，重奖在于激励创新动机。仍以高校学术创新为例，鼓励研究者从事更有价值的创新性研究，应在现有基础上给予其创新成果以更大幅度的奖励，以排解其研究之外的生活和工作上的担忧。因此，配套财政经费的额外投入与大力支持，是产权保护与激励的重要支撑。

第三，增收惠民是创新的拉力。如果说提升教育质量和完善产权制度是从供给层面来制定提升科技创新能力的举措，那么增收惠民则是扩大创新产品需求的重要手段。按照创新推动的需求假说，需求对创新活动的方向与数量具有决定性的作用，只有当市场中存在足够的有效需求时，企业的创新投入才能通过市场最终转化为创新活动的收益，从而从根本上激发企业的创新动力，实现整个国家科技创新能力的提升，因此，需求规模的大小直接决定了新产品的销售量和创新理念的实现（Schmookler，1966；Zwemuller & Brunner，2005；范红忠，2007；等）。在这一过程中，扩大消费需求的根本在于从源头上提高居民的收入水平。只有当居民的收入足以应付日常生活所必需的开支且有较多剩余时，居民才有可能形成并增加他们对创新产品的需求。就目前而言，在影响居民收入水平进而影响消费需求的因素中，收入分配制度是具有较强解释力的制度因素（Daudey & Garcia-Penalosa，2007；娄峰和李雪松，2009；等），不仅是因为其直接带来了消费规模的缩小，更是因为其通过降低边际消费倾向而减少了需求。从收入分配制度对创新产品需求的影响机制来看，收入分配不平等提高了部分居民的收入水平，而后者所引致的创新产品需求规模的扩大激发了企业的创新动力；收入分配不平等抑制了居民消费结构的优化和升级，使得低收入阶层对创新产品难以形成有效需求，市场规模的缩小则降低了科技创新水平。因此，收入分配改革中的"提低"和"扩中"策略能够有效地培育创新产品的市场规模，因而更有利于科技创新水平的提高（李子联和朱江丽，2014）。因此，深化收入分配制度改革，缩小居民收入差距，让经济活动的参与者都能够共享到经济发展的果实，是提升科技创新能力的制度保障。

（四）制度改革是高质量发展的核心

制度改革是供给侧结构性改革推动经济高质量发展的核心，不仅是因为制度改革能够对要素结构的转换和创新能力的提升带来有效的激励作用，更是因为深化各项制度改革将对经济结构的优化和经济发展质量的提升带来显著的促进作用。只有制度，才能从根本上对经济活动的主体产生激励与约束作用，并因此而促进思想理念和行为模式的形成，最终外化为相应的消费行为、投资行为和生产行为，形成相应的需求结构、供给结构和增长结构。这正如《中共中央关于坚持和完善中国特色社会主义制度推进国家治理体系和治理能力现代化若干重大问题的决定》所指出的那样：

中国所取得的成就应归因于中国特色社会主义制度的建设与完善。继续坚持和完善社会主义的基本经济制度以及发挥其巨大优势，是新时期推动经济高质量发展的根本取向和重要路径。在优化供给侧环境的机制中，应强调以高效的制度供给和开放的市场空间，激发经济微观主体创新、创业和创造的潜能，构建、塑造和强化我国经济长期稳定发展的新动力（贾康，2015）。

毋庸置疑，一切能够对经济主体带来激励作用或对经济效率带来提升作用的经济制度及其改革，都能够有效地促进经济发展。但在中国特色社会主义经济体制中，这些制度所构成的体系如此庞杂，以至于在有限的篇幅里无法也没有必要——详尽叙述其影响经济发展的机理与绩效。因此，本书所关注的问题也就聚焦于：是否存在一些关键性的制度，因为它们的缺失而使经济可持续发展面临诸多约束，而对这些制度进行改革与完善则能够促进经济的高质量发展？从上文对新中国成立以来至今经济发展历程的梳理和当下中国所处的新发展阶段来看，中国经济发展所面临的约束可以从根本上归结为收入分配不平等、财税制度约束、投融资约束、户籍管制、开放限制、生育限制和高等教育质量不高等制度性障碍，制度层面的约束能够直接有效且更为根本地解释高质量发展动力受阻的现象。

正如本章第二节所述，这些制度发挥作用的基本逻辑在于：第一，收入分配不平等制约了消费结构的升级和发展成果的共享，使得低收入阶层"不敢"消费，居民消费占比在总量上出现了下降的现象；第二，以高税收成本为特征的财税制度约束降低了民间投资的回报率，使得民间实体投资增速放缓，而地方政府在"稳增长"背景下则不得不采取重复性投资以拉动地区经济发展；第三，金融创新动力和政策支撑不够不足使得广大民众被排斥于现代金融体系之外，一些朝阳性产业、小微企业和低收入群体面临着较为严重的投融资约束，突破这些约束应促进数字普惠金融的高质量发展；第四，户籍管制和开放限制分别制约了城乡、国内外之间生产要素的自由流动，使得城乡之间的经济发展愈发失衡、国际间的自由贸易愈发受阻；第五，生育限制带来了人口出生率和劳动力存量的下降，人口红利的消失带来了劳动供给的减少；第六，高等教育质量不高制约了科技创新能力的提升，使得创新驱动型发展方式形成缓慢，同时要素供给边际递减的矛盾愈发突出。

值得一提的是，在如上所定位的制度形式中，财税制度本质上是一种规范公共资源在中央政府和地方政府之间、政府和居民之间进行配置的再分配制度，它在广义上可以归类为收入分配制度；高等教育质量改革所带来的生产率提高能够有效克服人口红利下降所导致的劳动供给不足，因此可以内在化解生育限制的制约作用；户籍制度是内生于新型城镇化制度体系中的一项关键制度。因此，相比于财税制度、人口政策和户籍制度的约束作用，收入分配不平等、高等教育质量不高、城镇化发展失衡、数字普惠金融发展不足以及对外开放的深化受限是这一框架内解释高质量发展动力受阻更为根本的制度性因素。突破中国经济发展中所面临的约束以重构经济高质量发展的动力机制，应继续深化各项经济制度改革，而其核心和主线则是继续推进和深化高等教育制度、数字普惠金融政策、收入分配制度、自贸试验区开放型制度和新型城镇化配套制度这五类较为重要且全面的经济制度的改革，见图2-8。

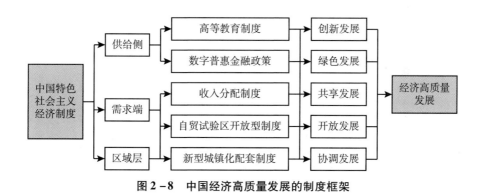

图2-8 中国经济高质量发展的制度框架

之所以说这五类制度重要且全面，主要是因为：首先，从逻辑上来看，这五个方面具有制度和政策的属性，而制度和政策能够比供需结构更具根本性的解释经济发展中的现象。其次，从功能上来看，这五类制度更具有统领性和全面性，发挥着"牵一发而动全身"或"执牛耳"的关键作用。许多经济体制改革，诸如我们所常见的社会保障制度、工资分配制度、住房制度、企业组织制度以及外资引进来与走出去政策等均与此关联颇多，深化改革这五类制度能在较大程度上带动其他制度和政策的完善。最后，从实践来看，这五大方面的制度改革和政策实施既能够发挥长效作用，又能够在短期内带来即时性的政策效应，因而对于促进经济社会的"行稳致远"成效显著，能够切中经济高质量发展的真正要义。

实际上，选择这五类制度来构建中国经济高质量发展的理论框架并不只是"随意地""缺乏体系"地将"毫不相干"的几个经济变量进行简单拼凑，而是能够纳入"五大发展理念"这一统一思想体系下、具有逻辑上的顺承性和功能上的分工性的有机组合①，因而它们能够逻辑自洽且自成体系。也就是说，这五大关键性制度的改革与深化，能够紧密联系和对应"五大发展理念"，其具体指向是：收入分配制度改革除了在直观上能够直接有效地促进共享发展外，还对创新发展、绿色发展、协调发展和开放发展亦有间接性的积极作用；与此类似，高等教育的质量改革亦对五大发展带来了综合性的推动作用，不过在效能上对创新发展和绿色发展的推动作用更大；数字普惠金融的创新发展则能够缓解环保企业等朝阳型产业、小微企业、低收入群体的投融资约束，有利于经济的绿色发展、协调发展和

① 关于为什么选择这五个方面、它们是否能够真正解释我国当前高质量发展以及是否能够逻辑自洽且自成体系的问题，我们特做强化说明：首先我们承认高质量发展是一个庞大的理论体系和政策体系，试图以某几个方面来概括其所有并因此而为不同思想、不同学派和不同视角的众多研究者所认同，在理论上几无可能。特别是对于具有特殊性的哲学社会科学以及不断变化发展的时间和空间而言，变量之间的内在关系更是多维和多变。这是我们思想认知和理论建构的一个基本前提。但是，这并不意味着哲学社会科学工作者在面对复杂性时只有"无能为力"，每一个人在挖掘到一个关键"点"时似乎都为理论的大厦贡献了一块"砖"。

"挖点"的思路是：如果能够遵从一种思想或一种视角，通过现实观察和理论推演而寻找出一些符合所处空间和特定时间下的关键变量，且这些变量既契合所遵从的思想的各个方面，又相对于其他众多变量而言在推进经济高质量发展中具有"执牛耳"的作用，则这些所挖掘的变量或"点"未必不具有理论上的自洽性和政策上的可行性。如此，关键的问题便转化为：一是到底应该遵从什么思想或视角以建构新时代下经济高质量发展的理论框架？二是所选择的关键变量或所挖掘的"点"是否既契合所遵从的思想的各个方面又具有"关键性"属性？或在推进经济高质量发展中是否具有"执牛耳"的作用？

在这一研究思路下，我们首先总结了新中国成立以来不同时期的发展思想和发展经验，发现"五大发展理念"是推进新时代中国经济高质量发展的重要指导思想。这不仅是因为"五大发展理念是我们在深刻总结国内外发展经验教训的基础上形成的，也是在深刻分析国内外发展大势的基础上形成的，集中反映了我们党对经济社会发展规律认识的深化，也是针对我国发展中的突出矛盾和问题提出来的"，更是因为这一思想具备了全面性、科学性、异质性、针对性和有效性的特征，能够指导中国经济实现高质量发展，其机理可概括为"创新是高质量发展的不竭动力，协调是高质量发展的内在要求，绿色是高质量发展的基本前提，开放是高质量发展的重要路径，共享是高质量发展的本质追求"。因此，《人民日报》评论文章才指出"高质量发展，就是能够很好满足人民日益增长的美好生活需要的发展，是体现新发展理念的发展，是创新成为第一动力、协调成为内生特点、绿色成为普遍形态、开放成为必由之路、共享成为根本目的的发展"。其次，在这一指导思想下分别挖掘对应创新发展、协调发展、绿色发展、开放发展和共享发展的关键变量，从而发现：收入分配制度改革除了在直观上能够直接有效地促进共享发展外，还对创新发展、绿色发展、协调发展和开放发展亦有间接性的积极作用；与此类似，高等教育的质量改革亦对五大发展带来了综合性的推动作用，不过在效能上对创新发展和绿色发展的推动作用更大；数字普惠金融的创新发展则能够缓解环保企业等朝阳型产业、小微企业、低收入群体的投融资约束，有利于经济的绿色发展、协调发展和共享发展；而以制度改革为核心的新型城镇化的推进和自贸区的建设则能够分别促进经济的协调发展和开放发展。不仅如此，这五大类制度具有"牵一发而动全身"的重要作用，既能够发挥长效作用，又能够在短期内带来即时性的政策效应，因而对于促进经济社会的"行稳致远"均具有十分重要的政策意义。基于如上考虑，我们选择了高等教育制度、数字普惠金融政策、收入分配制度、自贸试验区开放型制度和新型城镇化配套制度五个关键方面来构建新发展阶段下中国经济高质量发展的基本路径。

共享发展；而以制度改革为核心的新型城镇化的推进和自贸区的建设则能够分别促进经济的协调发展和开放发展。因此，这五类制度或政策可以理解为是以"五大发展理念"为思想基础、紧密结合中国特色社会主义发展现实而总结设计的理论框架和路径维度。具体而言，这五类关键性制度改革对经济高质量发展的推动作用表现如下。

第一，深化收入分配制度改革，提升经济发展质量。收入分配制度改革及深化之所以在众多经济和社会制度改革中具有更为重要的作用和地位，主要是因为它不仅能够从需求层面扩大消费需求、提升投资质量和重构贸易方式，还能够从供给层面促进劳动要素的优化配置、促进人力资本的快速积累以及促进科技创新的能力提升，更能够从社会层面增进政治的稳定、教育的公平以及社会的和谐（Barro，2000）。因此，收入分配通过需求结构和供给结构对经济高质量发展产生了较深层次的影响，而这两个结构层面所涵盖的中间要素则对应地构成了增长质量的评判体系。因此，尽管收入分配公平性改革在狭义上指向共享发展理念，但在具体效应中则近乎全方位地促进了经济的高质量发展，或者说，收入分配的公平性改革直接和间接地促进了经济的高质量发展。一种旨在促进社会公平的收入分配制度，既能够从微观层面激励经济个体把"蛋糕做大"的生产积极性，又能够从宏观层面分别促进需求和供给对经济发展的拉动和推动作用，这对于新常态下经济发展质量的提升和可持续发展的实现，无疑具有十分重要的理论和现实意义。有关收入分配制度推动经济高质量发展更加详细的机理论述参见第三章。

第二，完善高等教育质量保障机制，提升经济发展质量。完善高等教育质量的保障机制即是要发挥其在创新能力提升中的重要作用。创新的主体是人，而人进行创新所必须具备的思想、知识、经验、信息和技术之源则来自教育的成果。很明显，低质量的高等教育不利于创新人才的培养和创新能力的提升。从完善高等教育质量保障机制的角度来促进创新能力的提升，是重构中国经济发展动力长效机制和促进经济高质量发展的重要渠道。这是因为高等教育质量改革通过人才培养为经济高质量发展提供了优质的人力资本。其作用机理主要表现在：一方面，高等教育质量的提升有利于通识教育与专业教育的共同发展，有利于培养社会需要的基于通识教育的复合型人才以及符合各行业发展需求的专业型人才。其中，复合型人才的增加有利于整个社会人才综合素质的提高，而专业型人才的增加则可以为众多行业提供更加专业的技术支持与指导，两者共同保障了经济高质量发展中的人力资本需求。另一方面，全面提升高等教育质量能够丰富高级人才培养的层次。具体而言，在质量导向下，高等教育通过开设满足市场需求的职业培训，使受教育者的劳动技能随着知识的不断更新而得以提高，使其能够适应经济形势和技术要求的不断发展变化；高等教育通过提高整体受教育者的科学文化水平，而为先进工艺的推广、科学文化的传播以及科学管理方法的实施创造了有利的条件，有利于整个社会创新能力的提升和生产效率的提高（刘自成，2017）。因此，高等教育质量的提升使受教育者在增加知识、技能和素养的同时，能够不断积累人力资本和提高劳动生产率，进而带来社会总产出更有质量的增长（姚先国和张海峰，2008）。有关高等教育质量改革推动经济高质量发展更加详细的机理论述参见第四章。

第三，以新型城镇化建设为契机，推动经济高质量发展。区别于传统的城镇化，新型城镇化更加注重生产要素的优化配置、更加注重人口城镇化与土地城镇化的协调发展、更加注重城镇化与工业化和现代化的同步推进。新型城镇化之所以能够促进经济的高质量发展，主要是因为：在需求端，新型城镇化能够促进居民可支配收入的增加，这将带来居民消费意愿的增强和消费需求的扩大；新型城镇化所带来的人口聚集与土地扩大，引致了生活性服务需求和生产性服务需求的增加，这将进一步促进社会投资规模的扩大。在供给侧，新型城镇化的推进能够促使农村剩余劳动力转向城镇，能够将农村闲置土地置换为城镇建设用地，因而为经济高质量发展提供了配置更为优化的生产要素。此外，新型城镇化的推进由于伴随着土地制度和户籍制度的改革，因此从长期来看还能释放制度改革的红利，促进经济增长方式的有效转变（王国刚，2010）。综上所述，在促进经济高质量发展的过程中，新型城镇化既能够带来短期拉动效应，又能够带来长期推动效应。这一综合效应又可以分别体现在人口城镇化、土地城镇化和产业城镇化所带来的增长绩效中。有关新型城镇化推动经济高质量发展更加详细的机理论述参见第五章。

第四，促进数字普惠金融的创新发展，提升经济发展质量。数字普惠金融之所以是新时期推动经济高质量发展的重要渠道，主要是因为它具有其他制度工具和政策手段所不具备的优势：首先，数字普惠金融通过实施精准营销为特定产业和特定人群提供了优惠的金融服务，从而在促进消费结构升级和投资结构优化的过程中实现经济社会的全面发展和均衡发展。数字普惠金融运用大数据能够精准获得服务受众的基本信息，从而可以锁定目标客户实施精准营销；能够识别和挖掘特定客户的潜在需求，通过提供个性化和差异化的产品与服务而为特定产业和行业的发展提供必要的资金，有益于消费需求和投资需求数量的增加和结构的优化，从而在畅通资金供需循环中实现经济体系的均衡发展。其次，数字普惠金融通过风险识别、风险预警和风险管控而降低了经济运行的金融风险，有利于经济社会的平稳发展和健康发展。在科学构建风险预警指标体系的基础上，数字普惠金融能够综合运用大数据、区块链、物联网和人工智能等技术手段而对金融活动的运行过程以及服务对象的风险状态进行适时追踪和及时管控，能够对潜在风险进行预警和防范，有利于金融体系乃至整个经济社会的平稳健康发展。最后，数字普惠金融通过提供线上产品和服务既提高了交易效率又降低了运营成本，有利于经济效益的增加和经济质量的提升。在线交易和服务是数字普惠金融的主要特色，它运用人工智能、区块链、大数据和元宇宙等技术手段所开发的创新型产品和服务，由其具有的标准化和批量化的特征而极大地提高了产品交易和服务供给的效率，同时这些产品和服务的线上交易和供给特征又极大程度地扩大了受众的范围，既能够平摊供给成本，又能够增加经营效益，有利于经济社会的高效发展和高质量发展。因此推动数字普惠金融的创新发展，能够推动经济的高质量发展。有关数字普惠金融发展推动经济高质量发展更加详细的机理论述参见第六章。

第五，以自贸区建设为契机，推动经济高质量发展。在国际贸易摩擦日益频繁和日趋激烈的形势下，更大程度地加大对外开放的力度，更高水平地提升对外开放的质量，更有新意地打造对外开放的格局，应以自由贸易试验区和自由贸易港的建设为主要落脚点。从自贸区建设促进地区经济发展的机制来看，自贸区制度的创新及推广主要通过调整贸易结构、优化投资环境、提高创新能力和改善产业结构等路径推动了区域经济的高质量发展。其基本逻辑在于：在调整贸易结构的渠道中，自贸区的设立在较大程度上放松了与自由贸易相关的行业准入条件，从而为促进出口、便利进口提供了重要的发展契机；此外，通关便利化程度随着贸易监管制度的完善而不断提升，同样为特定行业贸易规模的扩大和贸易结构的优化提供了制度保障（何勤和杨琼，2014），有利于地区固定资产投资、进出口贸易总额和总产出的增长。在优化投资环境的渠道中，贸易自由化和投资便利化在一定程度上降低了外资的准入门槛，同时较高的政策透明度和可预测性也为自贸区乃至整个区域营造了更加良好的营商环境，这些都能够吸引优质外资向自贸区的空间聚集，从而带来地区经济更有质量的增长（杨向东，2014）。在提升创新能力和改善产业结构的渠道中，自贸区的设立通过引进一些创新型外资企业，能够倒逼本土企业更新经营理念、创新生产方式和使用先进技术，能够在参与竞争中提升自主创新能力（张颖和逯宇铎，2019）；而创新型外资企业的引进以及本土企业创新能力的提升，则无疑带来了自贸区乃至整个区域产业结构的升级与优化，使地区在创新发展中实现经济的高质量发展。有关自贸区制度创新推动经济高质量发展更加详细的机理论述参见第七章。

综上所述，基于"五大发展理念"和中国特色社会主义经济发展实践而总结提炼的收入分配制度、高等教育制度、新型城镇化综合配套制度、数字普惠金融政策和自贸区制度创新之间看似"毫无瓜葛"，实则合理又自洽地内嵌于"五大发展理念"的思想框架和逻辑体系之中。在这五类制度中，收入分配制度直接指向共享发展，同时又对创新发展、绿色发展、协调发展和开放发展具有间接影响，因而是理论体系的核心性维度；高等教育制度的质量改革能够促进人力资本的有效积累，是科技进步和创新提升的重要源泉，能够显著地推动创新发展和绿色发展，因而是理论体系的关键性维度；新型城镇化综合配套制度改革能够改善城乡关系和拉动短期增长，是推动经济社会协调发展的重要机遇，因而是理论体系的支撑性维度；数字普惠金融政策因其对绿色转型的支持而能够有效促进经济社会的绿色发展，因而是理论体系的保障性维度；自贸区制度创新是推动开放发展的重要措施，是理论体系中不可或缺的辅助性维度。因此，这五类制度或政策是理解中国经济高质量发展的理论框架，同时也是促进经济高质量发展的重要渠道。从这些角度来解释其影响经济高质量发展的传导机理和数量关系，能够为践行新发展理念并进而推动经济高质量发展提供一种综合性和创新性的理论视角和现实路径。

本章附录　中国各省（区、市）经济高质量发展指数

A - 总指数

地区	2000年	2001年	2003年	2005年	2007年	2009年	2011年	2013年	2015年	2017年	2019年	均值
北京	49.4	47.6	51.3	52.6	53.0	54.8	56.1	58.6	61.7	63.7	68.6	56.3
天津	43.0	42.1	44.0	47.6	46.3	47.0	48.0	51.0	52.4	51.7	54.5	48.2
河北	33.2	33.0	33.5	34.4	35.0	36.6	36.5	38.7	40.2	41.3	43.9	37.0

地区	2000年	2001年	2003年	2005年	2007年	2009年	2011年	2013年	2015年	2017年	2019年	均值
山西	31.5	30.5	31.0	32.7	33.9	36.1	36.8	40.1	39.9	42.0	42.4	36.4
内蒙古	35.8	33.9	32.0	30.9	33.4	36.6	38.3	40.3	40.9	39.5	39.6	36.6
辽宁	36.1	35.4	35.6	37.0	36.8	39.6	40.9	43.6	43.4	45.4	46.6	40.1
吉林	37.6	36.1	36.7	37.4	38.1	40.7	41.0	42.9	44.6	44.2	46.0	40.5
黑龙江	35.7	34.5	34.8	34.9	37.6	38.8	38.8	41.5	43.2	44.2	45.1	39.0
上海	46.5	45.9	47.0	48.9	49.8	51.9	53.0	53.8	56.5	59.4	60.6	52.3
江苏	37.2	36.2	36.7	38.5	39.0	40.4	42.6	44.0	45.6	46.3	47.6	41.4
浙江	39.2	38.1	37.5	39.4	40.5	42.5	43.8	45.3	46.7	47.8	49.2	42.9
安徽	35.4	34.3	34.3	34.6	34.5	36.5	37.3	39.9	41.2	42.2	43.5	37.6
福建	38.8	37.1	38.8	40.2	38.7	41.3	42.3	44.8	46.5	46.8	48.5	42.3
江西	35.0	34.1	33.1	35.1	35.8	37.2	39.1	41.3	43.2	44.1	46.4	38.6
山东	35.5	34.4	34.3	35.4	36.4	38.0	39.0	41.2	42.5	43.9	45.6	38.8
河南	33.6	32.4	32.7	32.5	33.5	36.0	37.1	39.4	40.7	41.9	43.2	36.7
湖北	35.4	34.3	34.7	34.7	34.9	36.7	37.5	40.9	43.1	44.3	45.6	38.5
湖南	33.8	33.1	33.1	34.8	34.6	36.4	37.3	39.3	40.5	41.9	43.4	37.3
广东	38.2	37.4	38.1	38.6	39.2	41.1	42.0	41.5	44.6	46.2	47.6	41.4
广西	34.0	31.9	31.5	32.3	33.6	36.7	38.2	41.4	43.4	44.0	43.5	37.5
海南	39.3	36.7	36.7	37.3	43.1	43.4	44.4	45.2	46.1	48.5	54.5	43.0
重庆	34.1	32.2	34.4	34.7	35.7	38.1	39.8	43.1	45.1	46.0	46.5	39.2
四川	32.8	31.7	33.0	33.8	34.0	35.6	36.9	39.2	40.5	41.5	43.3	36.9
贵州	30.5	26.7	28.3	28.9	29.3	33.9	34.9	37.8	40.9	42.6	44.7	34.5
云南	32.5	30.5	30.5	31.7	32.3	34.8	36.0	38.9	41.0	42.6	43.2	35.9
陕西	32.8	32.0	34.0	34.9	35.3	39.2	40.7	42.7	44.9	45.5	47.2	39.2
甘肃	32.8	31.2	31.2	31.4	32.8	34.7	35.9	38.2	42.1	41.8	44.3	36.3
青海	35.0	31.9	32.4	31.0	32.3	35.9	35.2	38.5	41.9	43.3	44.9	36.6
宁夏	31.5	31.3	29.7	30.0	31.7	35.9	35.7	39.6	42.5	42.5	44.0	36.3
新疆	34.5	33.7	33.9	33.9	34.2	37.1	37.1	39.6	43.7	43.0	45.4	37.6

B－创新指数

地区	2000年	2001年	2003年	2005年	2007年	2009年	2011年	2013年	2015年	2017年	2019年	均值
北京	7.6	8.3	10.1	10.8	11.7	11.6	12.4	14.0	15.3	16.5	19.8	12.7
天津	4.6	5.2	6.3	7.8	7.9	7.7	8.1	8.6	8.8	8.9	10.4	7.8
河北	2.2	2.5	3.0	3.3	3.7	3.8	4.2	4.2	4.4	4.9	6.0	3.9
山西	2.9	2.7	3.0	3.6	3.9	4.2	4.5	4.9	5.0	5.9	6.3	4.3
内蒙古	2.9	3.0	2.7	2.7	3.2	3.6	4.1	4.1	4.5	4.7	5.5	3.7
辽宁	3.8	3.9	4.1	4.2	4.6	4.8	5.5	5.8	6.1	7.5	8.9	5.4
吉林	3.2	3.3	3.4	4.1	4.5	5.2	5.3	5.2	5.5	6.2	7.8	5.0
黑龙江	3.0	3.1	3.6	4.1	4.4	4.3	4.5	4.9	5.3	5.4	6.4	4.5
上海	5.1	5.7	6.6	7.5	8.2	8.2	9.0	9.2	9.7	10.6	11.9	8.5
江苏	3.2	3.6	3.3	4.2	4.9	5.3	6.2	6.4	6.7	7.1	8.0	5.5
浙江	2.8	3.1	3.5	4.4	5.1	5.4	6.2	6.5	6.7	7.0	7.9	5.5
安徽	2.8	3.1	2.9	3.1	3.2	3.5	4.6	4.7	4.9	5.0	5.8	4.0
福建	3.3	3.3	4.0	4.6	4.7	5.1	5.9	6.4	7.0	7.5	9.0	5.6
江西	2.9	2.9	2.8	3.7	4.1	4.0	4.7	5.1	5.9	5.9	6.8	4.5
山东	2.6	2.9	2.8	3.5	4.1	4.3	4.8	5.1	5.4	5.6	6.7	4.4
河南	2.7	2.8	2.8	3.0	3.3	3.6	4.2	4.5	4.7	5.2	6.1	4.0
湖北	2.8	3.0	3.8	4.5	4.9	5.0	5.6	6.0	6.3	6.7	7.3	5.2
湖南	2.8	2.9	3.3	3.8	4.2	4.2	4.4	4.7	4.8	5.1	6.0	4.3
广东	3.0	3.0	3.8	4.6	5.1	5.3	6.0	6.4	6.8	7.3	8.2	5.5
广西	2.7	2.9	2.9	3.2	3.6	3.6	4.1	4.5	5.2	5.8	6.6	4.2
海南	2.6	3.0	3.3	5.1	7.4	5.4	6.0	6.2	6.7	7.5	10.4	5.8
重庆	3.5	2.9	3.3	3.6	4.0	4.5	5.4	5.7	6.2	6.3	7.3	4.9
四川	1.8	2.3	2.4	3.0	3.6	3.8	4.7	5.1	5.8	5.7	6.7	4.2
贵州	2.1	2.1	2.3	2.9	3.5	3.8	4.3	4.5	5.6	5.9	7.1	4.1
云南	2.6	2.9	2.7	2.9	3.4	3.5	4.1	4.5	4.6	5.0	5.3	3.8
陕西	3.1	3.3	3.8	4.7	5.3	6.2	7.0	7.7	8.4	8.7	10.0	6.3
甘肃	2.3	2.5	2.7	3.4	4.1	4.4	5.7	5.2	5.7	6.5	7.7	4.7
青海	1.7	1.8	2.1	2.5	3.4	3.4	3.6	3.6	4.8	5.2	5.3	3.5
宁夏	1.7	2.0	2.1	2.4	3.2	4.0	4.7	5.0	5.4	5.8	6.6	4.0
新疆	2.4	2.7	2.7	3.2	3.8	4.2	4.6	5.1	5.6	5.9	7.2	4.4

C - 协调指数

地区	2000年	2001年	2003年	2005年	2007年	2009年	2011年	2013年	2015年	2017年	2019年	均值
北京	17.5	17.4	18.1	17.6	16.6	18.7	17.6	18.0	18.1	18.4	18.0	17.8
天津	16.4	16.7	16.0	16.4	15.7	17.1	16.7	18.3	18.1	17.2	17.6	16.9
河北	14.0	14.1	13.8	13.8	13.6	14.7	13.6	14.8	15.0	15.2	15.5	14.3
山西	14.1	14.2	13.6	13.8	12.8	14.1	14.0	15.3	15.3	15.8	15.5	14.4
内蒙古	15.0	14.8	13.8	13.1	13.4	14.9	15.4	15.9	15.9	14.0	13.9	14.6
辽宁	13.9	13.5	12.7	14.0	13.3	15.1	15.4	16.7	15.6	15.6	15.3	14.6
吉林	15.6	15.6	15.9	16.2	15.4	16.6	15.7	16.6	16.6	15.9	15.5	15.9
黑龙江	14.1	13.6	13.8	13.3	13.2	14.6	13.8	15.3	16.4	16.9	16.6	14.6
上海	17.2	17.3	16.7	16.9	16.0	17.6	16.8	17.4	17.4	17.7	17.7	17.1
江苏	13.8	13.4	12.8	13.0	12.3	13.7	14.2	14.7	15.3	15.3	15.0	13.9
浙江	14.7	15.1	13.8	14.2	13.9	15.6	15.2	15.4	15.6	15.8	15.7	15.0
安徽	14.5	14.4	14.3	14.5	13.3	14.3	13.1	14.1	14.7	15.1	14.9	14.2
福建	14.8	14.8	15.1	15.1	14.1	15.9	15.2	15.7	15.8	15.8	15.6	15.3
江西	14.7	15.0	14.6	14.6	13.7	14.5	14.1	14.7	15.0	15.1	15.3	14.6
山东	13.1	12.5	12.2	12.4	12.6	13.9	13.5	14.5	14.9	15.3	15.2	13.6
河南	13.0	12.7	12.9	12.0	11.7	13.7	13.2	14.0	14.4	14.5	14.1	13.3
湖北	14.7	14.3	13.9	13.4	12.2	12.8	12.1	14.0	14.7	14.6	14.7	13.7
湖南	13.6	14.1	13.8	14.0	12.7	13.6	13.2	13.9	14.0	14.3	14.8	13.8
广东	13.8	14.1	13.2	13.8	13.4	15.3	14.8	13.2	15.3	15.5	15.3	14.4
广西	14.3	14.3	14.5	14.4	14.1	15.8	14.9	15.9	15.9	15.5	15.0	15.0
海南	15.2	15.2	15.1	15.8	14.0	16.0	15.3	17.1	17.2	17.1	17.2	15.9
重庆	13.8	13.3	14.8	14.8	13.6	14.8	13.9	15.5	15.9	15.8	15.1	14.7
四川	13.9	13.6	14.2	13.8	12.7	13.4	12.8	13.8	13.5	13.9	13.9	13.6
贵州	14.7	12.2	13.0	13.2	11.9	14.1	12.9	14.2	15.2	15.7	15.4	13.9
云南	13.0	12.1	12.2	13.4	12.4	13.8	13.5	14.2	15.3	16.0	15.6	13.9
陕西	14.8	14.9	14.8	14.3	13.2	14.6	13.7	13.7	14.0	14.4	14.1	14.1
甘肃	14.6	14.2	13.9	12.7	11.8	13.3	11.9	13.5	15.4	14.4	15.1	13.7
青海	16.0	15.5	16.0	16.1	15.0	16.4	15.9	18.0	18.7	18.0	18.0	16.6
宁夏	15.5	15.4	15.1	16.2	14.8	16.5	14.8	16.1	17.7	17.3	17.6	16.0
新疆	14.3	14.0	14.2	14.0	12.9	14.2	13.3	14.8	16.4	16.4	16.5	14.6

D - 绿色指数

地区	2000年	2001年	2003年	2005年	2007年	2009年	2011年	2013年	2015年	2017年	2019年	均值
北京	14.1	14.0	14.5	14.5	14.5	14.4	14.8	14.8	15.0	15.0	15.0	14.6
天津	14.3	13.8	14.6	14.8	14.6	14.6	14.5	14.4	14.8	14.7	15.0	14.6
河北	12.4	12.7	13.0	13.3	13.6	13.7	13.5	14.0	14.4	14.5	14.9	13.7
山西	10.3	10.4	11.2	11.8	13.3	13.7	13.6	13.9	13.4	13.6	13.3	12.8
内蒙古	13.5	13.1	12.4	11.5	13.0	13.4	13.2	13.9	13.3	12.9	12.1	13.0
辽宁	12.7	13.1	13.7	13.5	13.5	13.7	13.5	14.1	13.7	14.0	13.8	13.6
吉林	14.4	13.7	13.5	13.1	14.0	14.3	14.5	14.8	14.9	15.0	15.2	14.3
黑龙江	14.4	14.3	14.0	13.7	15.8	14.7	14.9	15.3	15.2	15.0	14.7	14.7
上海	12.7	13.1	12.9	12.9	13.6	14.7	15.0	15.0	15.4	15.6	15.4	14.2
江苏	13.4	13.6	14.3	14.2	14.5	14.3	14.2	14.3	14.3	14.2	14.2	14.1
浙江	14.5	13.8	13.6	13.3	13.8	13.8	14.0	14.4	14.4	14.2	14.0	13.9
安徽	13.9	13.8	14.2	13.6	14.5	14.8	14.7	15.3	14.9	15.0	15.0	14.6
福建	14.1	13.6	14.2	14.5	13.8	14.2	14.4	15.0	15.1	14.5	14.3	14.4
江西	12.4	12.6	12.2	12.9	13.7	13.9	14.4	14.8	14.7	14.9	15.1	13.8
山东	14.8	14.9	14.9	14.8	14.9	14.8	14.8	15.0	14.8	15.1	14.9	14.9
河南	13.7	13.6	14.0	14.1	14.8	14.5	14.8	15.1	15.0	15.2	15.3	14.6
湖北	13.1	13.2	13.2	12.7	13.4	14.1	14.0	14.4	14.5	14.7	14.8	13.9
湖南	12.9	12.7	12.5	13.0	13.6	13.9	14.2	14.6	14.9	15.0	14.6	13.9
广东	13.7	14.2	14.7	13.5	14.1	14.2	14.3	14.3	14.3	14.2	14.3	14.1
广西	13.1	12.1	11.5	11.6	13.3	13.8	14.8	15.6	15.9	15.3	13.9	13.8
海南	14.8	13.7	14.4	12.4	15.5	15.8	16.5	14.9	14.1	14.4	16.5	14.8
重庆	12.4	12.9	13.2	12.8	14.3	14.5	14.7	14.9	14.9	15.0	14.7	14.1
四川	13.0	12.8	13.3	13.3	13.9	14.0	14.3	14.4	14.4	14.5	14.5	14.0
贵州	10.4	10.6	11.4	11.0	11.9	13.4	14.2	14.5	14.4	14.4	14.9	12.9
云南	13.8	13.8	13.6	13.1	14.0	14.3	14.4	14.8	14.9	14.7	14.7	14.2
陕西	12.7	12.8	13.4	13.6	13.9	14.6	14.7	15.1	15.1	14.7	14.8	14.2
甘肃	12.7	12.5	12.7	12.9	14.3	14.0	13.9	14.4	14.0	14.5	14.6	13.8
青海	12.5	12.3	12.1	9.9	11.0	11.8	9.5	9.9	10.0	10.8	10.8	10.9
宁夏	10.2	11.5	9.7	8.3	10.6	11.7	11.3	12.6	11.8	11.5	11.4	11.3
新疆	13.7	14.1	13.7	13.2	13.7	14.2	13.9	13.4	13.0	12.8	12.9	13.4

E－开放指数

地区	2000年	2001年	2003年	2005年	2007年	2009年	2011年	2013年	2015年	2017年	2019年	均值
北京	2.23	1.99	1.97	2.39	2.32	1.93	2.43	2.33	2.34	1.89	2.06	2.21
天津	2.00	1.90	2.19	2.62	2.56	1.64	1.64	1.65	1.74	1.77	1.94	2.12
河北	0.20	0.20	0.23	0.29	0.28	0.25	0.29	0.29	0.27	0.31	0.36	0.28
山西	0.17	0.16	0.20	0.19	0.30	0.25	0.20	0.23	0.19	0.22	0.21	0.22
内蒙古	0.23	0.15	0.16	0.27	0.25	0.19	0.18	0.17	0.17	0.21	0.20	0.21
辽宁	0.95	0.89	0.95	1.04	0.97	0.86	0.91	0.86	0.83	0.93	0.91	0.93
吉林	0.30	0.33	0.61	0.51	0.53	0.38	0.36	0.43	0.33	0.27	0.30	0.40
黑龙江	0.19	0.19	0.22	0.36	0.41	0.29	0.43	0.41	0.23	0.26	0.34	0.33
上海	2.09	2.21	2.76	3.30	3.13	2.43	2.70	2.39	3.53	2.78	2.51	2.78
江苏	0.92	0.96	1.50	1.99	1.97	1.36	1.40	1.18	1.11	1.05	1.05	1.38
浙江	0.68	0.71	0.95	1.25	1.31	1.05	1.15	1.06	1.13	1.23	1.18	1.11
安徽	0.19	0.18	0.22	0.26	0.29	0.19	0.25	0.29	0.40	0.33	0.34	0.27
福建	1.09	1.09	1.31	1.40	1.28	0.93	0.98	0.89	0.90	0.83	0.75	1.05
江西	0.18	0.17	0.24	0.25	0.31	0.27	0.36	0.35	0.40	0.34	0.44	0.31
山东	0.50	0.53	0.67	0.73	0.71	0.58	0.74	0.71	0.67	0.73	0.89	0.69
河南	0.10	0.09	0.11	0.14	0.12	0.10	0.14	0.20	0.25	0.27	0.27	0.17
湖北	0.24	0.20	0.22	0.27	0.25	0.18	0.25	0.19	0.21	0.23	0.27	0.23
湖南	0.12	0.11	0.14	0.17	0.19	0.24	0.21	0.14	0.17	0.29	0.32	0.19
广东	2.59	2.43	2.65	2.78	2.61	1.84	1.94	1.91	1.70	1.82	1.74	2.19
广西	0.26	0.22	0.23	0.27	0.29	0.29	0.28	0.28	0.40	0.44	0.44	0.32
海南	1.83	1.64	0.79	0.67	2.75	1.95	1.53	1.05	1.04	1.90	1.64	1.35
重庆	0.21	0.20	0.17	0.20	0.30	0.21	0.42	0.60	0.67	0.86	0.57	0.40
四川	0.13	0.14	0.18	0.18	0.25	0.24	0.30	0.29	0.26	0.31	0.42	0.25
贵州	0.09	0.08	0.10	0.09	0.09	0.05	0.08	0.14	0.12	0.09	0.09	0.09
云南	0.15	0.16	0.18	0.22	0.28	0.23	0.22	0.29	0.27	0.28	0.26	0.25
陕西	0.27	0.26	0.25	0.23	0.20	0.17	0.18	0.17	0.25	0.36	0.34	0.24
甘肃	0.11	0.13	0.13	0.23	0.34	0.13	0.39	0.26	0.13	0.22	0.16	0.23
青海	0.11	0.12	0.15	0.11	0.17	0.11	0.09	0.11	0.21	0.09	0.09	0.13
宁夏	0.26	0.26	0.45	0.43	0.25	0.13	0.15	0.19	0.87	0.44	0.52	0.35
新疆	0.19	0.14	0.29	0.37	0.47	0.40	0.40	0.34	0.28	0.30	0.37	0.33

F－共享指数

地区	2000年	2001年	2003年	2005年	2007年	2009年	2011年	2013年	2015年	2017年	2019年	均值
北京	8.1	6.0	6.7	7.3	8.0	8.2	8.9	9.5	11.0	11.9	13.7	9.0
天津	5.7	4.6	4.9	5.3	5.6	6.0	7.0	8.0	9.0	9.0	9.6	6.8
河北	4.5	3.5	3.5	3.8	3.8	4.2	4.9	5.4	6.1	6.5	7.1	4.8
山西	4.1	3.0	3.0	3.3	3.6	3.9	4.6	5.7	6.0	6.4	7.0	4.6
内蒙古	4.2	2.8	2.9	3.3	3.6	4.4	5.4	6.2	7.0	7.6	7.9	5.0
辽宁	4.7	4.0	4.1	4.4	4.5	5.1	5.6	6.2	7.2	7.3	7.7	5.5
吉林	4.1	3.1	3.3	3.5	3.6	4.3	5.1	5.8	7.3	6.8	7.2	4.9
黑龙江	4.1	3.4	3.2	3.5	3.8	4.9	5.1	5.6	6.0	6.6	7.0	4.8
上海	9.5	7.6	8.0	8.2	8.8	8.9	9.4	9.8	10.6	12.7	13.2	9.7
江苏	5.8	4.7	4.8	5.1	5.3	5.8	6.7	7.4	8.1	8.7	9.4	6.5
浙江	6.5	5.3	5.6	6.3	6.3	6.7	7.2	8.0	8.9	9.6	10.5	7.3
安徽	3.9	2.9	2.7	3.1	3.2	3.8	4.7	5.5	6.2	6.7	7.4	4.5
福建	5.5	4.3	4.3	4.6	4.8	5.2	5.9	6.7	7.7	8.2	8.8	6.0
江西	4.8	3.4	3.3	3.7	3.9	4.5	5.5	6.3	7.2	7.8	8.7	5.4
山东	4.5	3.5	3.7	4.0	4.1	4.4	5.1	5.9	6.7	7.2	7.8	5.2
河南	4.2	3.2	2.8	3.2	3.6	4.1	4.8	5.7	6.3	6.8	7.5	4.7
湖北	4.5	3.6	3.5	3.8	4.1	4.6	5.5	6.4	7.4	8.1	8.5	5.5
湖南	4.2	3.3	3.4	3.8	3.9	4.4	5.2	6.0	6.6	7.2	7.7	5.1
广东	5.0	3.7	3.8	3.9	4.0	4.4	5.0	5.6	6.5	7.3	8.0	5.2
广西	3.7	2.4	2.3	2.7	2.8	3.2	4.1	5.2	6.1	6.9	7.6	4.2
海南	4.9	3.0	3.1	3.4	3.4	4.2	4.9	5.9	7.1	7.6	8.8	5.1
重庆	4.2	2.9	2.9	3.4	3.5	4.2	5.4	6.4	7.5	8.1	8.8	5.2
四川	4.0	2.8	2.9	3.5	3.6	4.1	4.9	5.7	6.5	7.1	7.7	4.8
贵州	3.2	1.7	1.5	1.8	1.8	2.6	3.5	4.5	5.6	6.4	7.3	3.6
云南	2.9	1.6	1.7	2.1	2.3	3.0	3.8	5.0	5.8	6.6	7.3	3.8
陕西	1.9	0.8	1.8	2.1	2.8	3.7	5.1	6.1	7.1	7.4	8.1	4.3
甘肃	3.1	1.8	1.7	2.1	2.2	2.9	3.9	4.8	6.9	6.2	6.7	3.8
青海	4.6	2.1	2.1	2.5	2.7	4.1	6.1	6.8	8.3	9.3	10.7	5.4
宁夏	3.7	2.1	2.3	2.6	2.9	3.6	4.8	5.7	6.7	7.4	8.0	4.5
新疆	4.0	2.8	2.9	3.2	3.3	4.2	4.9	5.9	8.3	7.6	8.4	5.0

第三章　收入分配制度与经济高质量发展

导语： 以"五大发展理念"和供给侧结构性改革为理论框架来推进经济的高质量发展，应以深化经济制度改革为核心，其主线在于推进与"五大发展理念"相对应的收入分配制度改革、深化高等教育制度改革、完善新型城镇化制度体系和推进高水平开放政策。本章即首先从收入分配改革的角度探索其影响经济高质量发展的路径，内容上包括收入分配制度的演变及绩效、收入分配制度影响经济发展的"数量效应"、收入分配制度影响经济发展的"质量效应"三个方面。研究发现：收入分配不平等是中国"要素投入"而非"创新驱动"型供给结构、"低消费、高投资、外需依赖"型需求结构的主要成因，后者长期以来推动了经济的高速增长，形成了中国特有的增长方式；但是，收入分配差距的进一步扩大抑制了消费结构的升级、阻碍了创新能力的提升以及降低了经济社会的稳定，因而不利于中国经济的可持续发展。新形势下继续深化收入分配制度的公平性改革，能够有效地推进经济社会的高质量发展。首先，尽管公平性的收入分配直接指向共享发展，但它对"五大发展理念"中的创新、协调、绿色和开放发展也带来了间接性和全方位的积极影响。其次，收入差距的缩小能够有效促进经济发展质量的提升，继续深化收入分配制度的公平性改革是新时期促进经济高质量发展的核心动力。最后，收入分配改善对经济发展质量的影响力度在东部、中部和西部地区出现了依次递减的空间特征，其成因源于要素集聚和制度创新的空间差异。新时期进一步发挥收入分配改革的"质量效应"，除应以"五大发展理念"特别是共享发展为导向外，还应注重要素"导体"的培育与建设，应发挥收入分配与财政、金融、科技、教育和市场机制等政策制度调整在质量提升中的"协同效应"。

第一节　收入分配制度的演变及绩效

从制度改革及其绩效来看，中国所实施的更加注重公平的收入分配改革必将对经济活动的参与者特别是低收入群体产生有效的激励作用，如从经济增长成果中获得更公平合理的份额对其消费扩大、投资增长以及创新发明都将带来显著的促进作用。中国的收入分配制度经历了一个怎样的演变过程，之前所实施以及未来所深化的收入分配改革对经济社会带来怎样的绩效？在当代中国视野下从制度演变的角度对上述问题进行回答，目的不仅在于描绘中国收入分配制度形成的路径与轨迹，更在于揭示收入分配制度与经济发展绩效之间的关系，以为从收入分配改革的角度来提升中国经济增长质量提供一个可供参考的历史证据。

（一）收入分配思想在当代中国的思想流变

通常而言，在概念上将公平等同于平等，很容易使收入分配制度进入一种均分状态，后者从个体差异和经济效率的角度而言显然又是不公平的；而公平本身却又极可能夸大个体的差异而带来各种特权，后者又与平等相悖。从当代中国的社会现实来看，收入分配领域出现了 1949～1977 年的"均中求富"和 1978 年至今的"收入差距论、共同富裕"两种主要思想（龚立新，2002），改革开放前的分配思想虽然一而再再而三地坚持按劳分配并非平均分配，但最终却在经济现实中陷入了平均主义的困境；力求克服平均主义以提高生产效率，改革开放以后中国确立并提出了"先富后富论"，使得中国经济长期以来取得了高速的增长，但同时也带来了不合理收入差距的不断扩大。但是，若将改革开放前后所坚持的观点看作"共同富裕"目标下的一个阶段，则其在实践中所带来的不同结果显然也具有历史合理性。

1. 改革开放前的分配思想

改革开放前的分配思想具有复杂性，这与当时主要领导人毛泽东同志的出身环境和知识结构有关。首先，个人利益与集体利益之间的权衡。毛泽东出身于农民家庭，这就决定了其在长期的革命斗争和治国求索中怀有深刻的农民情节，并将增进农民的福祉作为其重要的目标追求，并且意识到"共同富裕"是社会主义不同于任何其他社会的本质区别；在现实中，以提高农民个体福祉的经济目标在集体与个人出现矛盾，或者说个体激励不足时，毛泽东往往认为"应当让位于政治"和倾向于"生产建设"。此外，这一观念也集中地体现在其"政治挂帅"中。如在 1966 年 4 月 10 日，毛泽东同意并转发了中共中央中南局第二书记、湖北省委第一书记王任重的有关"政治挂帅"的发言稿，并在其批语中写道："现在实行的一些奖金制度等，是不符合政治挂帅精神的。我们调动广大人民群众的积极性不是靠工资、工分以外的物质奖励，而是靠毛泽东思想，靠政治挂帅，靠多快好省地建设社会主义的总路线，总之是靠人们的政治觉悟的不断提高"。① 这段批语表明，这一时期的分配"重精神"而"轻物质"。

其次，毛泽东对中国传统文化研究深厚，使其在分配实践中深受中国传统文化特别是大同思想的影响；但同时，毛泽东又接受了新式教育和受到了新文化的影响，这使其理想中所要构建的社会既带有传统思想的色彩，又印有鲜明的时代痕迹。早期毛泽东曾梦想建立一个大同社会，"彼时天下皆为圣贤，而无凡愚，可尽毁一切世法，呼太和之气而吸清海之波。知此义，故立太平世为鹄，而不废据乱、升平二世。大同者，吾人之鹄也"②；但同时又发现这一社会只能是理想而已，"吾知一入大同之境，亦必生出许多竞争抵抗之波澜来，而不能安处于不同之境矣"。③ 在现实中，毛泽东所建立的带有传统印记但却又超越了传统的大同社会④即是共和国和人民公社，"这个共和国将采取某种必要的方法，没收地主的土地，分配给无地和少地的农民，实行中山先生'耕者有其田'的口号，扫除农村中的封建关系，把土地变为农民的私产"⑤；"在农田基本建设和争取丰收的斗争中，打破社界、乡界、县界的大协作，组织军事化、行动战斗

---

① 1966 年 1 月 24 日，中共中央中南局第二书记、湖北省委第一书记王任重在湖北省委常委会发言时指出："现在农村有许多地方是工分挂帅，不是政治挂帅；许多工厂、商业单位则是奖金挂帅，其实质是物质刺激"。"以后只搞精神鼓励，不搞物质刺激""要靠政治挂帅来调动群众的积极性"。2 月 25 日，毛泽东将王任重的这一发言铅印稿批给刘少奇："此件请你看，是讲政治挂帅的。"4 月 10 日，经毛泽东修改同意，中共中央转发了王任重的发言稿。毛泽东在转发的批语中写道："任重同志的发言，是讲政治挂帅的，他的意见提得很好。这是一个重大的问题。现在实行的一些奖金制度等，是不符合政治挂帅精神的。我们调动广大人民群众的积极性不是靠工资、工分以外的物质奖励，而是靠毛泽东思想，靠政治挂帅，靠多快好省地建设社会主义的总路线，总之是靠人们的政治觉悟的不断提高"。——中共中央文献研究室：《建国以来毛泽东文稿》（第十二册），中央文献出版社 1998 年版第 16~17 页。

② 毛泽东：《毛泽东早期文稿》，湖南出版社 1990 年版，第 89 页。

③ 毛泽东：《毛泽东早期文稿》，湖南出版社 1990 年版，第 184~185 页。

④ 王明生（2007）认为毛泽东深受中国传统文化影响。"其中儒家大同思想的影响尤其巨大。这种影响渗透在其政治思维中，成为他日后设计中国社会模式的重要文化基因。……毛泽东所讲的大同已不是传统意义上的大同，而是将中国古代的大同思想与社会主义、共产主义思想进行了有机结合和中国式的理解和发展，是对中国古代大同思想的继承和超越。"

⑤ 毛泽东：《毛泽东选集》（第 2 卷），人民出版社 1966 年版，第 639 页。

化、生活集体化成为群众性的行动，进一步提高了五亿农民的共产主义觉悟；公共食堂、幼儿园、托儿所、缝衣组、理发室、公共浴室、幸福院、农业中学、红专学校等等，把农民引向了更幸福的集体生活，进一步培养和锻炼着农民群众的集体主义思想。所有这些，都说明几十户、几百户的单一的农业生产合作社已不能适应形势发展的要求……建立农林牧副渔全面发展、工农商学兵互相结合的人民公社，是指导农民加速社会主义建设，提前建成社会主义并逐步过渡到共产主义所必须采取的基本方针"。[1]这一社会形式直接决定了收入分配理想的形成，即为各尽所能和按劳分配。但是，社会现实的人民却并未如理想中的那样"各尽所能"，这是因为试图消除家庭人口多少等方面造成的收入差异的人民公社和公社食堂，并未对人民形成有效的激励，使得全国上下人民劳动多少、好坏、甚至劳与不劳一个样的平均主义现象泛滥（白秀银，2012）。

再次，在工资制与供给制之间的思想徘徊。客观地说，毛泽东在新中国成立以后一直是坚持按劳分配的，不管是在三年严重困难时期，还是在后来的调整时期和文化大革命时期，他都从未跳过社会主义而直接进入按需分配的共产主义，"企图过早地否定按劳分配的原则而代之以按需分配的原则，也就是说，企图在条件不成熟的时候勉强进入共产主义，无疑是一个不可能成功的空想"。[2] 只是，毛泽东在不同时期对其所坚持的按劳分配的理解存在很大的差异。在毛泽东的思想里，按劳分配的具体实施至少包含有供给制和工资制两种典型的分配措施。如在 1958 年"大跃进"和人民公社运动兴起之际，毛泽东即强调要破除"资产阶级法权"并考虑取消原有的工资制而恢复供给制问题，并认为"我们的党是连续打了 20多年仗的党，长期实行供给制……供给制是便于过渡的形式，不造成障碍，建设社会主义，为准备过渡到共产主义奠定基础"。[3] 但是随后，吃大食堂过程中所造成的巨大浪费以及后来出现的三年自然灾害，使毛泽东认识到这一供给制所带来的沉重负担以及效率损失，于是在 1960 年 11 月 3 日，毛泽东再次强调社会主义的分配原则仍是"各尽所能，按劳分配，而不是各尽所能，按需分配""在现阶段，在很长的时期内，至少在今后

---

① 中共中央文献研究室：《建国以来毛泽东文稿》（第十一册），中央文献出版社 1995 年版，第 446～450 页。

② 中共中央文献研究室：《建国以来重要文献选编》（第十一册），中央文献出版社 1992 年版，第 606 页。

③ 转引自曲庆彪：《超越乌托邦——毛泽东的社会主义观》，北京出版社 1996 年版，第263 页。

二十年内，人民公社分配的原则还是按劳分配"。① 随后在 1961 年 2 月 23 日，毛泽东在修改刘少奇《在扩大的中央工作会议上的报告》时又增写了以下一段话："按劳分配和等价交换这样两个原则，是在建设社会主义阶段内人们决不能不严格地遵守的马克思列宁主义的两个基本原则"②，这在实际上就等于允许停办具有供给制特色的公共食堂（王明生，2002）。由此可以看出，虽然工资制和供给制都属于按劳分配的原则，但此时的按劳分配总是更应该被大部分理解为工资制，而较少部分被理解为供给制。

最后，毛泽东也尊重经济效率。以人民公社运动期间实行供给制而轻言毛泽东忽视效率是不客观的，毛泽东并非没有认识到经济激励对于生产积极性的巨大作用，如在 1958 年的城市人民公社建设期间，毛泽东指出"应实行工资为主供给为辅的制度"，且"工人的工资总额不能降低。由于取消计件工资等措施而减少了的部分，应当予以补足，并且略有提高"。③ 不仅如此，毛泽东指出"各个地区的工资水平也允许有相当的差别。目前城市中工资差额要比农村大一些，这是必要的。到了将来，由于生产有了极大的高涨，所有一切人都富裕起来，无论在城市或者农村，这种工资等级的差别就会显得没有必要，而逐步趋于消失，那就是接近共产主义的时代了"。④ 另外，在 1959 年召开的郑州会议上毛泽东对平均主义倾向和过分集中倾向作了批评，并指出："所谓平均主义倾向，即是否认各个生产队和各个个人的收入应当有所差别。而否认这种差别，就是否认按劳分配、多劳多得的社会主义原则。所谓过分集中倾向，即否认生产队的所有制，否认生产队应有的权利，任意把生产队的财产上调到公社来"。⑤ 可见，毛泽东在特定阶段也意识到了适当差距扩大所带来的效率的提高。1975 年 10 月到 1976 年 1 月，毛泽东多次强调："小生产每日每时都产生资本主义。列宁说建设没有资本家的资产阶级国家，是为了保障资产阶级法权。我们自己就建设了这样一个国家，跟旧社会差不多，分等级，有八级工资，按劳分配，等价交换。要拿钱买米、买煤、买油、买

---

① 中共中央文献研究室：《建国以来毛泽东文稿》（第九册），中央文献出版社 1996 年版，第 337 页。

② 中共中央文献研究室：《建国以来毛泽东文稿》（第十册），中央文献出版社 1996 年版，第 8 页。

③ 中共中央文献研究室：《建国以来毛泽东文稿》（第七册），中央文献出版社 1992 年版，第 517～519 页。

④ 中共中央文献研究室：《建国以来毛泽东文稿》（第七册），中央文献出版社 1992 年版，第 572 页。

⑤ 毛泽东：《毛泽东文集》（第 8 卷），人民出版社 1999 年版，第 11 页。

菜。八级工资，不管你人少人多"。① 这一"无尽的悲凉"使得后世学者认为，如果把发展生产和防止两极分化实现社会公平比作天平上的两端，那么，他的砝码总是更多地加在后一方面（逄先知，1989）。

2. 改革开放后的分配思想

不同于改革开放前的分配观，改革开放后主要领导人邓小平同志以一种更为纯粹的发展观来大力发展生产力。首先，邓小平对中国经济现实作了较为客观且理性地定位，深刻地认识到中国仍然处于较为贫穷的状态。"现在说我们穷还不够，是太穷"②；"社会主义的第一个任务是要发展社会生产力。一九四九年取得全国政权后，解放了生产力，土地改革把占人口百分之八十的农民的生产力解放出来了。但是解放了生产力以后，如何发展生产力，这件事做得不好。主要是太急，政策偏'左'，结果不但生产力没有顺利发展，反而受到了阻碍"③；"中国社会从一九五八年到一九七八年二十年时间，实际上处于停滞和徘徊的状态，国家的经济和人民的生活没有得到多大的发展和提高"。④ 生产力低下和人民生活贫困使得这一时期不得不思考中国的出路，不得不反思党和国家在过去时期里所制定和实施的相关政策。于是，大力发展生产力就成了这一时期思考的首要目标，而以一种更为切实的方法来全方位调动生产者的积极性，则成了这一阶段的必要选择。1975 年 8 月，邓小平就按劳分配原则所作的思考指出："（按劳分配）在社会主义建设中始终是一个很大的问题，人的贡献不同，在待遇上是否应当有差别？同样是工人，但有的技术水平比别人高，要不要提高他的级别、待遇？技术人员的待遇是否也要提高？如果不管贡献大小、技术高低、能力强弱、劳动轻重，工资都是四五十块钱，表面上看来似乎大家是平等的，但实际上是不符合按劳分配原则的，这怎么能调动人们的积极性？"⑤ 此时，邓小平已认识到按劳分配并非平均分配，而应是一种承认劳动存在数量和质量差异的分配原则，"按劳分配就是按劳动的数量和质量进行分配。根据这个原则，评定职工工资级别时，主要是看他的劳动好坏、技术高低、贡献大小"⑥；"对发明创造者要给奖金，对有特殊贡献的也要给奖金。搞科学研究出了重大成果的人，除了对他的发明创

---

① 中共中央文献研究室：《建国以来毛泽东文稿》（第十三册），中央文献出版社 1998 年版，第 486 页。

② 邓小平：《邓小平文选》（第 2 卷），人民出版社 1994 年版，第 312 页。

③ 邓小平：《邓小平文选》（第 3 卷），人民出版社 1993 年版，第 227 页。

④ 邓小平：《邓小平文选》（第 3 卷），人民出版社 1993 年版，第 237 页。

⑤ 邓小平：《邓小平文选》（第 2 卷），人民出版社 1994 年版，第 30～31 页。

⑥ 邓小平：《邓小平文选》（第 2 卷），人民出版社 1994 年版，第 101 页。

造给予奖励外，还可以提高他的工资级别"。① 由于承认个体之间存在差异，因此邓小平主张对生产效率较高和贡献较大的劳动者进行必要的奖励，而这一奖励，已不仅仅停落在精神层面上，而是落实到更为切实地物质奖励上，"革命精神是非常宝贵的，没有革命精神就没有革命行动。但是，革命是在物质利益的基础上产生的，如果只讲牺牲精神，不讲物质利益，那就是唯心论"。②

其次，邓小平主张拉开适当的差距来带动生产力水平的提高。适当的差距就是要让一部分人先富起来，并充分发挥其带动作用，让后面的人也富起来。在1978年年底，邓小平在党的十一届三中全会中共中央工作会议闭幕会上《解放思想，实事求是，团结一致向前看》指出："在经济政策上，我认为要允许一部分地区、一部分企业、一部分工人农民，由于辛勤努力成绩大而收入先多一些，生活先好起来。一部分人生活先好起来，就必然产生极大的示范力量，影响左邻右舍，带动其他地区、其他单位的人们向他们学习。这样，就会使整个国民经济不断地波浪式地向前发展，使全国各族人民都能比较快地富裕起来"。③ 这一思想在后续的时期里不断地被邓小平提出和强调。如在1986年，邓小平指出："我们的政策是让一部分人、一部分地区先富起来，以带动和帮助落后的地区，先进地区帮助落后地区是一个义务。我们坚持走社会主义道路，根本目标是实现共同富裕，然而平均发展是不可能的"。④ 可见，邓小平深刻地认识到分配的公平或平等只有在生产力极大地丰富之后才有可能实现，而在生产力水平仍然较为低下的发展阶段，注重效率而非平等才是更为迫切的选择。

最后，邓小平坚持共同富裕，而非部分富裕，更非共同贫穷。对于什么是社会主义道路，邓小平在1992年的南方谈话中作了高度的概括和总结，指出："走社会主义道路，就是要逐步实现共同富裕。共同富裕的构想是这样提出的：一部分地区有条件先发展起来，一部分地区发展慢点，先发展起来的地区带动后发展的地区，最终达到共同富裕"⑤，这一思想集中地概括为"社会主义的本质，是解放生产力，发展生产力，消灭剥削，消除两极分化，最终达到共同富裕"。⑥ 对于这一论述，邓小平强调

① 邓小平：《邓小平文选》（第2卷），人民出版社1994年版，第102页。
② 邓小平：《邓小平文选》（第2卷），人民出版社1994年版，第146页。
③ 邓小平：《邓小平文选》（第2卷），人民出版社1994年版，第152页。
④ 邓小平：《邓小平文选》（第3卷），人民出版社1993年版，第155页。
⑤ 邓小平：《邓小平文选》（第3卷），人民出版社1993年版，第373~374页。
⑥ 邓小平：《邓小平文选》（第3卷），人民出版社1993年版，第373页。

适当拉开差距、"让一部分人先富起来"只是达到共同富裕这一最终目标的一个过程或是阶段，因此部分富裕或是收入差距的不断扩大注定不可能是社会主义的本质，正如 1985 年 3 月邓小平在全国科技大会上即席发表的《一靠理想二靠纪律才能团结起来》中指出："社会主义的目的就是要全国人民共同富裕，不是两极分化。如果我们的政策导致两极分化，我们就失败了；如果产生了什么新的资产阶级，那我们就真是走了邪路了"。① 另一方面，社会主义是共同富裕而非共同贫穷，因此，任何以"共同"的名义所实行的平均分配带来的贫穷也都不是真正的社会主义。对此，邓小平也在多个场合指出这一点。1986 年会见新西兰总理朗伊时指出："我们坚持走社会主义道路，根本目标是实现共同富裕，然而平均发展是不可能的。过去搞平均主义，吃'大锅饭'，实际上是共同落后，共同贫穷，我们就是吃了这个亏。改革首先要打破平均主义，打破'大锅饭'"②；1987 年会见捷克斯洛伐克总理什特劳加尔时说："我们过去固守成规，关起门来搞建设，搞了好多年，导致的结果不好。经济建设也在逐步发展，也搞了一些东西，比如原子弹、氢弹搞成功了，洲际导弹也搞成功了，但总的来说，很长时间处于缓慢发展和停滞的状态，人民的生活还是贫困。……这才迫使我们重新考虑问题。考虑的第一条就是要坚持社会主义，而坚持社会主义，首先要摆脱贫穷落后状态，大大发展生产力，体现社会主义优于资本主义的特点"。③ 可见，共同富裕而非扩大差距，更非共同贫穷才是社会主义的真正本质。

综合来看，当代中国的收入分配经历了改革开放前的"平均分配"和改革开放后的"有效分配"两种思潮。实际上，改革开放前并非排斥差距的适当拉开，此时也极其尊重效率的提高和生产力的发展，只是，主要领导人长期以来所形成的大同理想以及均分思想使其在现实中总是向往各尽所能和按需分配的社会模式，虽然也在特定阶段不得不承认和实行差别工资制，而这一朴素的均分制则成了这一时期收入分配思想中的特有标签，或许在那个时期来说是一种合理，但在整个时期来看则不得不说是一种不公平。不同于改革开放前各种对立冲突的收入分配形式，改革开放后更为纯粹地坚持发展生产力才是实现共同富裕的关键选择，此时的分配总是能够清晰且明确地看到对效率而非平等的侧重。我们认为，一种尊重个体

① 邓小平：《邓小平文选》（第 3 卷），人民出版社 1993 年版，第 110～111 页。
② 邓小平：《邓小平文选》（第 3 卷），人民出版社 1993 年版，第 155 页。
③ 邓小平：《邓小平文选》（第 3 卷），人民出版社 1993 年版，第 223～224 页。

差异的分配，不仅是有效率的，同时也是公平的。从这一点来说，追求效率的提高即是追求分配的公平，两者从未产生过冲突。只是，现实往往呈现出与此不一样的现象，不是我们的逻辑出了问题，而是在现实中默认差异所带来的效率，往往会使高效率者，同时也是分配的更大受益者，更有可能是社会的主宰者，会自然不自然地形成一种联盟以制定对其更为有利的分配政策，目的在于获得维护其既得利益，甚至获得更多的权益。这一联盟，即是拥有特权的利益集团。其所带来的影响，不得不说，是对公平或是平等的亵渎，已再无社会公正可言。设定有效的制度框架，以杜绝和防范这一特权阶级对社会公正所带来的负面影响，正是我们讨论公平与有效的关键，更是我们现阶段深化收入分配改革的重点所在。

（二）收入分配思想在中国的制度呈现

在当代中国，"公平"与"有效"的显现是与产权的变化紧密相关的。一般而言，国家赋予经济个体更多的产权，则经济个体的生产积极性就能够得到更大的调动，社会的生产效率也就更高，但同时由效率差异所带来的收入差距也就会更大；反之，国家将经济个体的产权收归国家或集体层面越多，经济个体所获得的收入也就越平均，社会相对而言也就越公平。这是因为，产权是相对生产要素而言的，既包括土地要素，又包括劳动要素，也包括知识、资本和管理等其他要素，对要素所有者赋予更多的产权，要素所释放的生产效率也就越高，只是劳动要素往往伴随着其他要素的释放而释放。

新中国成立以来至今的 70 多年里，经济发展过程中的生产效率可以根据个体对其所拥有的生产要素的产权变化而划分为四个阶段：第一阶段是 1949～1956 年的土地要素和劳动要素效率共同释放阶段，其中以土地制度改革完成的年份 1953 年为高潮；第二阶段是 1957～1977 年的全要素生产率压抑或低下的阶段，尤以人民公社运动所带来的效率损失为甚；第三阶段是 1978～1996 年的土地要素和劳动要素效率重新释放阶段，以1978 年的家庭联产承包责任制改革试点为起点；第四阶段则是 1997 年至今的包括知识、技术、资本、管理和数据在内的其他要素的效率释放阶段，以 1997 年党的十五大提出的按生产要素分配为标志。

1. 1949～1956 年：土地要素和劳动要素效率的共同释放

为改变旧时期沿袭的封建旧制并提高城乡居民当家作主的地位，新一届政府首先在农村进行了土地制度改革，其标志是 1950 年 6 月颁布实施的《中华人民共和国土地改革法（草案）》。从内容上来看，这次改革的目标是实现"耕者有其田",核心则是没收地主的土地归农民所有,没收地主的生产和生活资料归农民所有,彻底实现封建地主土地所有制向农民土地所有制的转变。所谓土地归农民所有,就是在农村实行以家庭为经营单位的个体经济,农民生产的产品在扣除税收以后全部归自己所有。从这一层面来说,新中国实行的第一次土地改革是一场声势浩大的土地私有制改革,是一场充分发挥农民生产积极性的产权改革。农民拥有了土地的所有权,所以农民在土地上所投入的劳动发生了从未有过的改变,而这一延续到1953年的改变则极大地促进了新中国国民经济的发展。不同于此的是,在随后1953~1956年的几年时间里,一场旨在将农村个体经济转变为集体经济的农业社会主义改造则快速地在全国开展。这一新制度使得原来生产资料归农民所有彻底改变为归集体所有,这也就决定了农民获得生产成果的方式为按劳分配。在这一过程中,由于农业的社会主义改造经历了私有化程度逐渐减弱的互助组、初级农业生产合作社和高级农业生产合作社三个阶段(林霞,2012),虽然这一改造在一定程度上降低了农民的生产积极性,但其所产生的负面作用并未立马得到显现。如1953年以后经济增长率虽有所下滑,但总体而言这一阶段仍达到了年均11.8%的高速度。从总体上来说,早期土地私有制改革的制度红利在这一阶段依然发挥了主导作用。

与此同时,新一届政府则在城镇进行了工资制改革,而这一改革与生产资料的所有制形式密不可分。就当时而言,中国所有制形式既包括国营经济,又包括集体经济,同时也包括私营经济等其他经济成分。因此,相对应地,中国的收入分配形式也就包括国营和集体经济的按劳分配以及其他经济成分的其他分配方式等,这一收入分配政策集中地概括为"公私兼顾、劳资两利""低工资、多就业"和"劳动致富",也就是说,社会主义对私营企业实行"公私兼顾、劳资两利"的政策,既允许资本所有者获得一定的报酬,又必须保护工人的合法权益,且工人的工资应由劳资双方协商谈判决定。就分配形式而言,这一时期主要经历了两个节点,其中1952年工资制改革以"工资分"作为统一的工资计算单位、建立等级工资制度[1]、实行计件工资和奖励工资制等等;而1956年的工资制改革则取消"工资分"制度而实行货币工资制度、工人实行八级工资制、继续推广

---

[1] 1951年7月4日,中共中央批准李立三《关于各地调整工资情况的综合报告》,报告指出,"进行工资制度的改革,在增加工资的基础上,本着按劳付酬的原则,大部分依照技术标准实行了八级工资制"。

计件工资制并实行与经济效益挂钩的奖励制度等等。毋庸置疑，这一阶段所实施的工资制改革由于认识到了劳动存在数量和质量方面的差异，并且对这些差异实行了有差别的工资报酬，因此极大地调动了城镇工人的生产积极性。①

2. 1957～1977 年：全民平均主义

应当说，1957～1977 年的收入分配制度是 1956 年制度的延续，总体而言是实行"各尽所能、按劳分配"的原则。这一原则在农村体现为：农民作为集体生产成员的一份子，在集体领导下付出力所能及的劳动，并按工分取得劳动报酬。其中，工分在总量上取决于生产队的纯收入，而生产队的纯收入又取决于农产品的数量和质量；于个体而言则与劳动者的性别和年龄紧密相关，按这些标准一般可以分为成年男性、成年女性、青年、老年和少年等几个级别。在这一分配制度下，由于缺乏有效的监督和计量方法，同一生产队里的任何劳动者，只要参与了相应的劳动，都能够获得与自己等级相对应的工分；同时，任何同一等级的劳动者，不管其生产效率存在怎样的差别，也都能获得一致的报酬。可见，这一不区分劳动数量和质量的按劳分配原则，极大地压制了农民的生产积极性，农忙时节"聊闲天""磨洋工"等怠工偷工的现象屡禁不止。不仅如此，在 1958～1961 的几年时间里，为响应人民公社运动和实现农业生产的高级合作化，农民仅剩的自留地和副业生产也都在全国范围内收归为国有或集体所有了，这使得农民在土地和劳动上残留的最后一点产权都丧失殆尽；同时在生产队里建办公共食堂，实现了农民吃饭不花钱且按需分配的"共产体制"。因这一以供给制为主、工资制为辅的分配制度带来了产出减少和物资浪费，同时更因三年自然灾害所带来的巨大冲击，此时所刚兴建的公共食堂不得不停办，而自留地和副业生产则在 1961 年后又不得不重新回放给农民，并且一直延续到 1977 年；但事实上的均分制所带来的低效率却一直没有改变，这一时期按不变价格计算的年均增长率只有 5.7%，远低于新中国成立头七年的增长水平。

在城镇，按劳分配的原则则体现在其对 1956 年所改革的工资制度的延续上。也就是取消工分制度和物价津贴制度而实行货币工资的制度，确立以技术、职务、行业、地区四个基本因素为参照标准的"按劳分配"制

---

① 陈云在 1954 年 12 月 31 日召开的关于私营工商业座谈会中指出："要实行统筹兼顾、各得其所的方针，以调整私营工业生产，……按照奖励先进，照顾落后，淘汰有害的原则，解决先进与落后之间的矛盾。"

度，继续对一些便于实行计件工资的部门实行计件工资、且对企业及职工实行与效益挂钩奖励的制度。可见，从制度上来说，1956 年所改革的工资制度虽然分配形式极为单一，但却充分考虑到了绩效奖励的作用，这就默认了适当收入差距的拉开有利于当时生产力水平的提高。但在随后，这一通过"物质奖励"来提高生产力的作法却被"精神激励"[1] 所取代了。也就是说，发挥工人生产积极性，不应靠物质奖励来刺激，而应靠为共产主义做贡献的精神来激励。实际上，依靠意识形态来提高生产效率虽然在当时物资紧缺的年代发挥了短暂的作用，但从长远来看，这一激励机制是不稳固且缺乏长效机制的，只有制度规则才具有刚性的激励效应。尽管如此，依靠精神激励来提高生产效率的做法一直延续到 1977 年，且在十年"文革"时期尤甚。在这一时期，甚至通过劳动来获得报酬的方式都被认为是"衰亡着的资本主义""资本主义的旧事物"和"资本主义的分配制度"等等，这就导致此时"按劳分配的分配制度被否定，收入分配的平均化趋势进一步加强"（林霞，2012）。因此，这一时期城镇居民的收入仅在地区、产业、行业和部门之间存在较低程度的差距，但总体而言是平均且固定的，使得职工对企业经营状况的好坏和经济效益的高低漠不关心。

3. 1978～1996 年：土地要素和其他生产要素效率的重新释放

农民生产效率的高低与其在土地中所能获得的产权多少表现出了极为紧密的联系。效率低下和粮食供应不足，直接导致了中国农民发动了一场自下而上式的土地改革。这场改革并未带来农民对土地的所有权，但却极大程度地拥有了使用权和经营权，而产权的增加则直接带来了粮食产出的增加。之所以是自下而上的改革，是因为 1978 年多地民间"暗中"试验的"包干制"直到 1980 年以后才被冠以"家庭联产承包责任制"得以普遍推行。在党的十一届三中全会上，为了克服过去均分制所带来的低效率和低生产力，会议决定首先以农村为突破口，切实贯彻按劳分配原则，并明确提出了"公社各级经济组织必须认真执行按劳分配的社会主义原则，

---

[1] 1957 年 3 月 18 日，毛泽东在济南党员干部会议上说："因为革命胜利了，有一部分同志，革命意志有些衰退，革命热情有些不足，全心全意为人民服务的精神少了，过去跟敌人打仗时的那种拼命精神少了，而闹地位，闹名誉，讲究吃，讲究穿，比薪水高低，争名夺利，这些东西多起来了……总而言之，争名誉、争地位，比较薪水，比较吃穿，比较享受，这么一种思想出来了，为了个人的利益而绝食，而流泪，这也算是一种人民内部矛盾。"1958 年 9 月，毛泽东说"那个时期许多人不觉悟，积极分子只是一部分，落后分子相当多……不为社会主义和共产主义奋斗，是为自行车、手表、钢笔、收音机、缝纫机等五大件而奋斗，就是为个人奋斗。"——毛泽东：《毛泽东选集》（第 7 卷），人民出版社 1999 年版，第 285 页。

按照劳动的数量和质量计算报酬，克服平均主义"。① 之后，规定家庭联产承包责任制在不改变农村土地所有权的情况下，经营主体由原来的集体转变为单个家庭，因此家庭成了农业经营的基本单位；而对农业经营的成果，则实行"缴够国家的，留够集体的，剩下的都是自己的"的分配方式。对于承包期限，1983 年 1 月 1 日中央第二个"一号文件"《当前农村经济政策的若干问题》作了明确规定，指出"土地承包期一般应在15 年以上，生产周期长和开发性的项目，如果树、林木、荒山、荒地等，承包期应该更长一些"，这就在法律法规层面赋予了农民有效经营和使用土地的产权。应当说，家庭联产承包责任制是在社会主义大背景和当时的政治经济形势下实施的有效改革，因为它既废除了人民公社制度，又没有走上土地私有化的道路，更重要的是极大地调动了广大农民的生产积极性。

如果说以往经济工作或政策改革的重心在农村的话，那么自 1984 年10 月召开的党的十二届三中全会后，中国经济体制改革的重点则由农村转向了城市。就收入分配体制而言，此次会议通过的《中共中央关于经济体制改革的决定》规定"企业职工奖金由企业根据经营状况自行决定，国家只对企业适当征收超额奖金税""采取必要的措施，使企业职工的工资和奖金同企业经济效益的提高更好的挂起勾来""在企业内部，要扩大工资差距，拉开档次，以充分体现奖勤罚懒、奖优罚劣，充分体现多劳多得、复杂劳动和简单劳动、熟练劳动和非熟练劳动、繁重劳动和非繁重劳动之间的差别。当前尤其要改变脑力劳动报酬偏低的状况"，不仅如此，"国家机关、事业单位也要改革工资制度，改革的原则是使职工工资同本人肩负的责任和成绩密切联系起来"。② 应当说，党的十二届三中全会所作出的规定仅是对按劳分配正确诠释与执行的理性回归，1987 年 10 月召开的党的十三大才是在此基础上对收入分配方式进行多样化的新尝试，或者说是一次分配范围的尝试性拓展，其贡献在于"允许"了其他方式的分配，"社会主义初级阶段的分配方式不可能是单一的。我们必须坚持的原则是，以按劳分配为主体，其他分配方式为补充"；而这种其他方式的分配，则是"除了按劳分配这种主要方式和个体劳动所得以外，企业发行债券筹集资金，就会出现凭债权取得利息；随着股份经济的产生，就会出现

---

① 《中国共产党第十一届中央委员会第三次全体会议公报》，载于《三中全会以来重要文献选编》（上），人民出版社 1982 年版，第 8 页。

② 《中共中央关于经济体制改革的决定》，中央政府门户网站，2008 年 6 月 26 日。

股份分红；企业经营者的收入中，包含部分风险补偿；私营企业雇佣一定数量劳动力，会给企业主带来部分非劳动收入。以上这些收入，只要是合法的，就应当允许"。① 在这里，党的十三大报告已经指出社会主义的分配方式除了按劳分配这一主体方式外，还必须充分肯定以其他分配方式获取合法性收入的存在。这一有关"其他分配方式"的思想及其表述一直延续到党的十五大召开前夕，不过其在后续政策中的地位不断显现与拔高。如党的十四大提法仍然为"在分配制度上，以按劳分配为主体，其他分配方式为补充，兼顾效率与公平"②；但在党的十四届三中全会作出的《关于建立社会主义市场经济体制若干问题的决定》则指出："个人收入分配要坚持以按劳分配为主体、多种分配方式并存的制度，体现效率优先、兼顾公平的原则"。③ 此时，"其他分配方式"由原来的"补充"凸显到"并存"的地位，并且明确提出了效率优先，尔后兼顾公平。值得一提的是，党的十四届三中全会之后建立了企事业单位和行政机关的工资增长机制④，使得城乡居民之间的收入差距由此先行拉开。

4. 1997～2019 年：缩小收入差距

过去的多次重要会议均已承认按劳分配之外的其他分配方式，但都对"其他"所包含的内容讳莫如深。至 1997 年，党的十五大报告在"坚持按劳分配为主体、多种分配方式并存的制度"的基础上，进一步且第一次明确地提出"把按劳分配和按生产要素分配结合起来"，此时才对党的十三大提出的"其他分配方式"总结概括为"按生产要素分配"，且这一表述一直延续至今。如党的十六大的"确立劳动、资本、技术和管理等生产要素按贡献参与分配的原则"⑤、党的十七大的"健全劳动、资本、技术、

① 《沿着有中国特色的社会主义道路前进——在中国共产党第十三次全国代表大会上的报告》，载于《十三大以来重要文献选编》（上），人民出版社 1991 年版，第 32 页。

② 江泽民：《在中国共产党第十四次全国代表大会上的报告》，1992 年 10 月 12 日。

③ 《中共中央关于建立社会主义市场经济体制若干问题的决定》，载于《十四大以来重要文献选编》（上），人民出版社 1996 年版，第 535 页。

④ 1993 年 11 月召开的党的十四届三中全会做出了《关于建立社会主义市场经济体制若干问题的决定》，指出："建立适应企业、事业单位和行政机关各自特点的工资制度与正常的工资增长机制。国有企业在职工工资总额增长率低于企业经济效益增长率，职工平均工资增长率低于本企业劳动生产率增长的前提下，根据劳动就业供求变化和国家有关政策规定，自主决定工资水平和内部分配方式。行政机关实行公务员制度，国务院的工资由国家根据经济发展状况并参照企业平均工资水平确定和调整，形成正常的晋级和工资增长机制。事业单位实行不同的工资制度和分配方式"。

⑤ 江泽民：《全面建设小康社会，开创中国特色社会主义事业新局面——在中国共产党第十六次全国代表大会上的报告》，载于《党的十六大报告学习辅导百问》，党建读物出版社、人民出版社 2002 年版，第 24 页。

管理等生产要素按贡献参与分配的制度"①、党的十八大的"继续完善劳动、资本、技术、管理等要素按贡献参与分配的初次分配机制"② 以及党的十九大的"坚持按劳分配原则,完善按要素分配的体制机制,促进收入分配更合理、更有序"。③ 从这些规定来看,所有拥有劳动、资本、技术、管理及数据等生产要素的劳动者,都可以按其禀赋和贡献获得相应的报酬。从这一层面来说,按生产要素贡献参与分配的制度既是一项公平又是一项有效的制度,因为它承认了个体差异应获得不同收入这一基本的公平原则,因此所有在法律框架内按这一原则所获得的收入都是合理的,且有效地促进了经济发展。

问题在于,个体差异并不只是带来了合法收入,它还有可能带来了非法和灰色收入,也有可能形成利益集团而带来垄断性收入,后两者无论从公平还是有效的角度,都被认为是不合理的,但这些收入所带来的差距却在不断地扩大。因此,从党的十五大开始,各次重要会议都明确提出应规范收入分配秩序和缩小居民收入差距。如党的十五大提出应"依法保护合法收入……取缔非法收入……整顿不合理收入……调节过高收入……规范收入分配,使收入差距趋向合理,防止两极分化"④,党的十六大指出应"初次分配注重效率……再次分配注重公平,加强政府对收入分配的调节职能,调节差距过大的收入;规范分配秩序,合理调节少数垄断性行业的过高收入,取缔非法收入;以共同富裕为目标,扩大中等收入比重,提高低收入者收入水平"⑤。不同于党的十六大的是,党的十七大指出应"初次分配和再分配都要处理好效率和公平的关系,再分配更加注重公平",并"逐步提高居民收入在国民收入分配中的比重,提高劳动报酬在初次分配中的比重……保护合法收入,调节过高收入,取缔非法收入。扩大转移支付,强化税收调节,打破经营垄断,创造机会公平,整顿分配秩序,逐

① 胡锦涛:《高举中国特色社会主义伟大旗帜,为夺取全面建设小康社会新胜利而奋斗》,载于《人民日报》,2007年10月25日。

② 胡锦涛:《坚定不移沿着中国特色社会主义道路前进,为全面建成小康社会而奋斗——在中国共产党第十八次全国代表大会上的报告》,新华网,2012年11月8日。

③ 习近平:《决胜全面建成小康社会 夺取新时代中国特色社会主义伟大胜利——在中国共产党第十九次全国代表大会上的报告》,新华网,2017年10月18日。

④ 江泽民:《高举邓小平理论伟大旗帜,把建设有中国特色社会主义事业全面推向二十一世纪》,载于《十五大以来重要文献选编》(上),人民出版社2000年版,第24页。

⑤ 江泽民:《全面建设小康社会,开创中国特色社会主义事业新局面——在中国共产党第十六次全国代表大会上的报告》,载于《党的十六大报告学习辅导百问》,党建读物出版社、人民出版社2002年版,第24页。

步扭转收入分配差距扩大趋势"。① 此外，党的十八大则强调应"实现发展成果由人民共享，必须深化收入分配制度改革，努力实现居民收入增长和经济发展同步、劳动报酬增长和劳动生产率提高同步，提高居民收入在国民收入分配中的比重，提高劳动报酬在初次分配中的比重"，同时"初次分配和再分配都要兼顾效率和公平，再分配更加注重公平……规范收入分配秩序，保护合法收入，增加低收入者收入，调节过高收入，取缔非法收入"。② 相对而言，党的十九大的提法更具有新意，指出应"鼓励勤劳守法致富，扩大中等收入群体，增加低收入者收入，调节过高收入，取缔非法收入。坚持在经济增长的同时实现居民收入同步增长、在劳动生产率提高的同时实现劳动报酬同步提高。拓宽居民劳动收入和财产性收入渠道。履行好政府再分配调节职能，加快推进基本公共服务均等化，缩小收入分配差距"。③ 可见，出于提高效率和发展生产力考虑所"允许一部分人先富起来"的制度，无形之中却导致了先高收入者与后高收入者之间差距的不断扩大，因此规范收入分配秩序以"形成合理有序的分配格局"④ 并最终实现共同富裕则成了收入分配改革及其深化的重点。

（三）收入分配制度改革的经济绩效

新中国成立以来至今的 70 多年里，与经济发展过程中生产效率根据个体对其所拥有的生产要素的产权变化而划分为四个阶段相同，居民的收入分配状况也可以划分为相应的变化阶段。以消费而非收入为居民收入分配差距的测算基数，不仅是因为消费数据更易从统计年鉴中获得，更重要的是因为消费支出更能有效地反映居民从经济增长成果中所获得的效用，而非如收入一样仅能反映其所获得的份额，前者从个人发展和制度绩效的角度来说显然更为直观。以此为出发点，我们不仅测算了城乡居民的消费比值，还在此基础上测算了以消费为基数的泰尔指数，用以综合反映城乡居民的分配差距，结果显示两者具有十分吻合的阶段性变化趋势，见图 3－1。

---

① 胡锦涛：《高举中国特色社会主义伟大旗帜，为夺取全面建设小康社会新胜利而奋斗》，载于《人民日报》，2007 年 10 月 25 日。

② 胡锦涛：《坚定不移沿着中国特色社会主义道路前进，为全面建成小康社会而奋斗——在中国共产党第十八次全国代表大会上的报告》，新华网，2012 年 11 月 8 日。

③ 习近平：《决胜全面建成小康社会 夺取新时代中国特色社会主义伟大胜利——在中国共产党第十九次全国代表大会上的报告》，新华网，2017 年 10 月 18 日。

④ 《中共中央关于全面深化改革若干重大问题的决定》，新华网，2013 年 11 月 16 日。

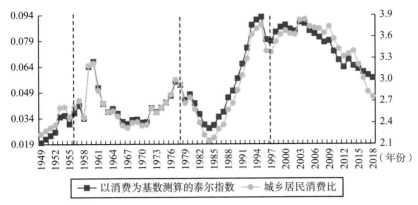

图 3 - 1　以消费为基数的中国城乡居民分配差距

注：左纵坐标轴对应以消费为基数测算的泰尔指数，右纵坐标轴对应城乡居民消费比；1949 ~ 1951 年的城乡居民消费数据根据 1952 ~ 1955 年的平均增长率倒推测算而得，1952 ~ 2008 年的数据来源于《新中国 60 年统计资料汇编》，2009 ~ 2018 年的数据来源于各年的《中国统计年鉴》。

　　总体而言，1949 ~ 2018 年的城乡居民收入分配差距呈不断扩大的趋势，但近些年来有逐渐改善的迹象。在 1949 ~ 1956 年，收入分配的城乡差距相对较小，但其数值则不断扩大，其比值由 2.24 上升到了 2.62，泰尔指数则由 0.0199 扩大到了 0.0371，表明在这一时期所实施的土地制度改革和工资制度改革对经济个体的效率差异表现出了应有的尊重，这使得居民之间的收入差距得到了适当的拉开，因而极大地调动了城乡居民的生产积极性。在这一阶段，1949 ~ 1953 年的土地私有制改革使得经济增长率达到了年均 14.2% 的极高水平，随后土地的社会主义改造虽然在一定程度上降低了农民的生产积极性，且使如图 3 - 2 所示的 1953 年以后的经济增长率有所下滑，但总体而言这一阶段仍达到了年均 11.8% 的高速增长水平。因此，早期土地私有制改革的制度红利及其对农民的激励在这一阶段发挥了主导作用。

　　1957 ~ 1977 年，城乡居民的收入分配差距除了在 1959 ~ 1962 年自然灾害期间出现了结构性的突增现象外，其他时期均保持在了相对较为平稳且较小差距的水平，这一状况是与该时期"供给制"和"公共食堂制"的平均分配紧密相连的。这一均分制度的实施，使得不管是城镇居民还是农村居民都能够凭借自己的劳动获得相应等级的报酬，因此，个体之间的收入和消费差距非常小。除去自然灾害期间所带来的结构性影响，其他年份的泰尔指数均保持在 0.038 上下的水平，处于相对较小且较平稳的状态。与此相对应，这一时期的经济增长率也处于相对较低的水平，年均增长率只有 5.7%，低于我们所划分的几个阶段的任一水平。这一数据显示：

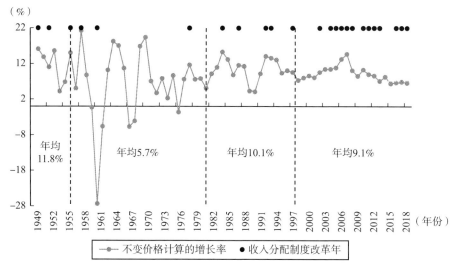

（%）

22
12
2
−8
−18
−28

年均
11.8%

年均5.7%

年均10.1%

年均9.1%

1949 1952 1955 1958 1961 1964 1967 1970 1973 1976 1979 1982 1985 1988 1991 1994 1997 2000 2003 2006 2009 2012 2015 2018（年份）

—●— 不变价格计算的增长率　　● 收入分配制度改革年

图 3 - 2　中国收入分配政策实施及其增长绩效

资料来源：①1949～1951 年的国内生产总值根据《奋进的四十年（1949—1989）》中相应年份的国民收入除以 0.8280 计算而得，该权数为 1952～1988 年国民收入占国内生产总值的比重；1952～2008 年的数据来源于《新中国 60 年统计资料汇编》，2009～2018 年的数据来源于《中国统计年鉴》。②收入分配制度大事根据中央政府门户网站和相关媒体提供的资料整理而得。

虽然在这一时期居民的收入差距相对较小，但其也同时带来了生产效率的耗损和经济增长的下滑，使得居民的福利水平并未因平等分配而得以有效提高。因此，这一时期所实施的分配制度虽然表面上是平等的，但实质而言并非公平。

1978～1996 年，"效率优先，兼顾公平"收入分配思想的践行以及改革开放制度的实施，使得城乡居民的收入水平在不断提高的同时，其收入差距也呈总体不断扩大的趋势，但这一趋势也表现出了明显的阶段性特征。在 1984 年前的改革开放初期，由于思想意识和发展观念仍然受到了过去传统计划体制时期思想的束缚，因此在市场化步伐尚未正式"迈步前行"因而城镇依然沿袭过去等级工资制的同时，农村却已开始"暗中"实施家庭联产承包责任制，前者使得城镇居民的收入增长极为有限，后者则不断地提升了农村居民的收入水平，因此在这一阶段，城乡居民的收入差距不断缩小，其值由 2.93 下降到了 2.15，泰尔指数也相应地由 0.0533 下降到了 0.0282。城镇等级工资制的固守和家庭联产承包责任制的小范围蔓延使得 1978～1981 年的收入差距在缩小的同时经济增长率也逐渐放缓，直到家庭联产承包责任制以文件的形式在全国实施以后，农民的生产积极性才在全国范围内得到有效调动，而这一制度激励所促进的农业产值的增加则极大地带来了经济的高速增长，经济增长率由 1981 年的 5.2% 上升到了 1984 年的 15.2%，出现了"收入差距缩小和经济高速增长"同时并存的现象。1985 年以后市场经济体制的确立使得城镇居民的收入水平得到了较大幅度的提高，因此其与农村居民的差距也在不断拉大。在这一情形下，经济增长率虽有所波动，但均处于相对较高的水平。综合来看，在 1978～1996 年间，中国经济实现了均值为 10.1% 的高速增长。因此，适当的收入差距能够有效地促进经济增长，两者在特定阶段具有正向的变化关系。

在 1997～2018 年间，"按劳分配为主体、多种分配方式并存"、以及"把按劳分配和按生产要素分配结合起来"的收入分配制度的确立及实施，极大地鼓励了劳动、资本、技术和管理等生产要素参与生产和分配的积极性，这一阶段的城乡居民收入差距虽然在近些年内表现出了下降的趋势，但总体而言仍然较大，且不平等程度恶化的形势仍然较为严峻。特别是在 1997～2003 年间，反映城乡居民收入分配差距的泰尔指数由 0.0789 上升到了 0.0899，处于样本范围内收入分配差距的最高值区间。考虑到收入分配差距扩大将带来各种复杂的经济和社会矛盾，中国政府开始实施并深化以缩小收入差距为目标的分配制度改革。从现实数据来看，这一改革的经济效应开始显现，直接表现在以消费为测算基数的收入分配差距在近些年内开始不断下降，由 2004 年的 0.0891 下降到了 2018 年的 0.0574，但仍处于差距较大的状态。收入差距扩大及其高位运行所带来的负面效应在这一时期内开始显现，不仅表现在其经济增长率低于 1949～1956 年和 1978～1996 年两个阶段的平均值上，更体现在 2007 年以来经济增长放缓趋势逐渐清晰的运行特征上。数据显示：在 1997～2018 年，中国经济平均增长率为 9.1%，虽仍处于较高的增长水平，但与过去其他重要阶段相比，已明显出现了放缓的迹象；不仅如此，自 2007 年开始，中国经济增长率也由 13% 逐渐振荡下滑到了 2018 年的 6.6%，增长放缓趋势已明显显现。因此，较大的收入差距抑制了经济增长。

值得一提的是，在 1949～2018 年，我们搜集了收入分配政策制定与实施的相应年份①，并将其与经济增长的变化进行了比较，以观测收入分配政策实施和制度改革所带来的增长率变化，如图 3 - 2。比较发现：1978 年以前，中国收入分配政策调整频率较低，制订和实施分配政策的年数只有 5 个年份，因此，收入分配政策总体相对稳定，此阶段经济增长率平均

---

① 篇幅所限未予展示，备索。

为 7.3%；而 1978 年以后，中国的收入分配政策则开始频繁调整，共有 19 个年份发生了政策变动，而其相应的经济增长率则平均达到了 9.5%。可见，从政策调整与经济增长两者之间的简单统计关系来看，政策越是往"公平"或"效率"目标调整，经济增长则相对越快。

从对收入分配制度改革的绩效考察来看，在经济发展初期生产力水平相对低下的情况下实施更为平等、或是常常被误解为是平均的收入分配制度，往往会禁锢生产力的发展，因而对经济发展毫无裨益。相反，实施一种更加注重效率因而允许差距适当拉开的收入分配制度，则能有效地激励经济活动的参与者特别是高效率生产者的经济行为，从而使该时期的经济得到迅猛发展。但在经济发展到相对较高的水平之后，依然注重效率而忽视公平的收入分配制度则将使收入分配差距进一步扩大，而后者则将对消费需求、技术创新乃至社会稳定带来抑制作用，不利于经济的可持续发展。因此，收入分配制度与经济发展之间因发展阶段不同而呈现出差异性特征。收入分配制度对经济发展所带来的阶段性效应能够有效地解释中国经济取得高速增长的原因以及现阶段所面临的发展约束。在改革开放之前，重视平等或平均原则的收入分配制度并未带来经济的高速增长，而在改革开放之后"允许一部分人先富起来"的分配制度则不仅促进了物质资本的积累，而且为经济发展提供了强而有力的资金支持，还促进了农村剩余劳动力的转移，进而为经济发展提供了充裕的廉价劳动力，因此带来了经济的高速增长。但是，重视效率的收入分配制度也导致中国的收入差距不断扩大，这就阻碍了中国的人力资本积累和技术进步，而后者对经济的进一步发展则明显不利。因此，收入分配不平等所形成的经济增长方式不具有可持续性。

第二节　收入分配制度影响经济发展的"数量效应"

就中国经济所取得的举世瞩目的成就，很多学者在惊呼这一"东亚奇迹"的同时，也尝试从不同的角度对"中国方式"进行了概括和解释，这些角度包括比较优势战略（林毅夫，2007）、政府属性特征（姚洋，2004）、中国共产党及其领导人决策等等（华民，2005）。但是，基于最为根本的逻辑，理解"中国方式"的成功还应从更为直接和更为普遍的视角去作分析，即在制度和增长的传导过程中，传统分析中马克思主义经济学的生产关系范畴是较为有效的分析工具。从这一点来说，中国经济增长方式也就可以用生产力与生产关系之间的辩证关系来进行概括。

（一）马克思主义经济学视角下的传导机制

从马克思主义经济学的观点来看，经济发展属于生产的范畴，并且对于生产与分配的关系，生产因其成果和参与生产的方式而分别决定了分配的对象和形式，因此生产始终优先于分配。这与古典经济学家分配优先于生产和"庸俗经济学家"生产和分配同等重要的观点是不一致的。但是，马克思承认生产的优先性并不是为了否定分配所带来的作用，他在肯定生产对分配起决定作用的同时，也指出生产将随着分配的变动如资本的集聚等而变动，因此分配对生产也具有反作用。从经济现实来看，中国取得的高速经济增长极大幅度地提高了居民的收入水平，但同时也造成了初次收入分配中劳动报酬占比降低和国民收入分配格局中居民收入占比下降的分配困境，而这一格局反过来必将对中国经济的长期增长和可持续发展形成制约，因为收入分配的合理与否是影响企业劳动者和经营者的积极性，从而导致是否有效率的关键问题（程恩富，2005）。

客观地说，马克思并未在其论著中直接创立经济增长理论。但毫无疑问的是，马克思抓住了研究社会资本再生产的核心问题，其创立的简单再生产理论与扩大再生产理论系统且科学地分析了社会总产品产量增长的条件，并且依据这些条件能够进一步从宏观上动态地预测经济增长实现均衡的条件，以及在经济失衡以后所应制定的促增长之措施。因此，其理论对之后多部门经济增长理论的发展，尤其是对里昂惕夫和冯·诺依曼的研究，都有着十分重要的影响，为此，著名经济学家多马甚至认为经济增长模型可以追溯到马克思（Domar，1952）。

马克思的经济增长模型即是其社会资本再生产理论，其核心在于回答社会总资本在实现简单再生产和扩大再生产下所应满足的条件，即"社会总产品一方面在实物形式上如何补偿，另一方面在价值形式上如何补偿的问题"（吴易风，2007）。为此，马克思对产品进行了十分巧妙的分类，即从实物形式的角度把社会总产品划分为生产生产资料的第一部类和生产消费资料的第二部类两个部类，而在价值形式上则把社会总产品划分为不变资本 c、可变资本 v 和剩余价值 m 三个组成部分。在此基础上，马克思把社会总产品的生产进一步分为简单再生产和扩大再生产。其中，社会资本简单再生产下社会剩余产品仅用于消费而非积累，生产在维持原有规模上重复进行，可以看作宏观经济的零增长；社会资本扩大再生产下的生产则在社会总资本循环运动中不断扩大规模，可以看作宏观经济的正增长。

从内涵来看，简单再生产由于是没有资本积累从而生产规模不发生变化的再生产，因而其实现条件或平衡条件是：第一部类全部产品的价值之和，等于第一部类与第二部类的不变资本价值之和；第二部类全部产品的价值之和，则等于第一部类与第二部类的可变资本与剩余价值之和，此时第一部类和第二部类的产品价值可以分别表示为 y_1 和 y_2：

$$y_1 = c_1 + c_2$$
$$y_2 = v_1 + v_2 + m_1 + m_2$$

而扩大再生产由于是发生资本积累从而生产规模扩大的再生产，因此其实现条件或平衡条件则是：第一部类全部产品价值之和，等于第一部类与第二部类原有的不变资本价值与追加的不变资本价值之和；第二部类全部产品价值之和，则等于第一部类与第二部类原有的可变资本价值、追加的可变资本价值、用于资本家个人消费的剩余价值之和，此时第一部类和第二部类的产品价值也可以表示为：

$$y_1 = c_1 + \Delta c_1 + c_2 + \Delta c_2$$
$$y_2 = v_1 + \Delta v_1 + v_2 + \Delta v_2 + (1 - \alpha_1)m_1 + (1 - \alpha_2)m_2$$

上述两式中，Δc_i、Δv_i 和 $\alpha_i (i = 1, 2)$ 分别表示追加的不变资本、可变资本和剩余价值积累率。不同于单个部类的产品，整个国民经济所有产品的价值总和 y 可以表示为：

$$y = y_1 + y_2 = \sum c_i + \sum v_i + \sum \Delta c_i + \sum \Delta v_i + \sum (1 - \alpha_i)m_i$$

进一步地，为使公式简化，我们不妨设 $C = \sum c_i$，$V = \sum v_i$，$\Delta C = \sum \Delta c_i$，$\Delta V = \sum \Delta v_i$ 以及 $(1 - \alpha)M = \sum (1 - \alpha_i)m_i$，则上式可以进一步替换为：

$$y = C + V + \Delta C + \Delta V + (1 - \alpha)M$$

对于上式，总产出式中 $C + \Delta C$ 所构成的不变资本为存量形式，不符合现行国民经济统计中国内生产总值流量的属性，因此若将上式相关变量统计在国内生产总值范围内的话，则只能将可变资本及其追加额、剩余价值消费额计算在内。之所以这样处理，更重要的是因为从国民收入的角度来看，一国收入也只能在劳动所有者和资本所有者之间进行分配，而其所形成的劳动报酬和资本收入则分别体现在 V 和 M 之中。因此，我们在上式基础上进一步将国民收入 Y 表示成劳动报酬和资本收入的形式：

$$Y = V + \Delta V + (1 - \alpha)M$$

为能更直接地反映技术进步和收入分配对社会总产出的影响，我们将不变资本与可变资本之比形成的资本有机构成表示为 $\theta(= C/V)$，用以测度技术进步的程度；而将剩余价值与可变资本之比形成的剩余价值率表示为 $\varphi(\,=M/V)$，用以表征国民收入在资本和劳动要素之间的分配比例。经计算整理后，国民收入 Y 可以得到公式：

$$Y = \frac{1 + \theta + \varphi + \theta\varphi - \alpha\theta\varphi}{1 + \theta}V$$

进一步地，劳动报酬占国民收入的比重 $RV(\,=V/Y)$ 可以表示为：

$$RV = \frac{V}{Y} = \frac{1 + \theta}{1 + \theta + \varphi + \theta\varphi - \alpha\theta\varphi}$$

从上式可知，在其他可变因素不变的情况下，国民收入中劳动报酬的占比主要受到了技术水平、剩余价值积累率和剩余价值率（或者收入分配比例）三个变量的影响，而这三个变量又是影响总产出的主要因素。因此也可以反过来说，收入分配对经济增长的影响是通过劳动份额的变化对这三个中介变量来进行传导的。为此，我们可以通过求导计算进一步分析收入分配对技术进步、积累率和剩余价值率的影响，结果如下：

$$\frac{\partial\theta}{\partial RV} = \frac{\alpha\varphi}{\left[1 - (1 + \varphi - \alpha\varphi)RV\right]^2} \geqslant 0$$

$$\frac{\partial\alpha}{\partial RV} = \frac{1 + \theta}{\theta\varphi RV^2} > 0$$

$$\frac{\partial\varphi}{\partial RV} = \frac{-(1 + \theta)}{(1 + \theta - \alpha\theta)RV^2}\begin{cases} < 0, & \alpha < \dfrac{\theta}{1 + \theta} \\ > 0, & \alpha > \dfrac{\theta}{1 + \theta} \end{cases}$$

首先，从技术进步对劳动份额的求导计算可知，技术进步与劳动份额具有同向变化关系，即是说技术水平将随着国民收入中劳动份额的提高而提高，国民收入中倾向于劳动要素的分配能够有效地促进技术进步。对于这一结果，曼德尔（1993）认为倾向于劳动要素的分配会降低初次收入分配中的利润率，而利润率的降低则进一步抑制了企业技术创新的投资，因而劳动份额的提高不利于技术进步。与此观点不同的是，我们认为：一方面，外生制度变量所带来的劳动份额的提高会激励资本家不断地进行技术创新和追求技术进步，以获得更多的利润和改变利润份额占比下降所带来的困境，并且资本家的创新绝不会终结，其对利润的追求会"刺激资本家采用日益翻新的小改进，使他雇佣的工人的劳动时间高于同一生产领域内的社会必要劳动时间的水平"。① 资本家的这一创新行为不仅提高了社会

---

① 马克思：《机器，自然力和科学的应用》，人民出版社1978年，第14页。

的技术水平，还由此进一步带来了工人劳动报酬的增长。另一方面，国民收入中劳动份额的提高会显著地增加占社会人口大多数的中低收入阶层的消费需求，而后者所带来的更高购买力则是影响技术进步的重要因素。正如马克思所言，"已经得到满足的第一个需要本身、满足需要的活动和已经获得的为满足需要而用的工具又引起新的需要，而这种新的需要的产生是第一个历史活动"。① 同时，马克思在批判法国经济学家和社会学家蒲鲁东的观点时也指出了市场需求对技术进步的作用，"在1825年—第一次总危机时期—以前，消费的需求一般说来比生产增长得快，机器的发展是市场需求的必然结果。从1825年起，机器的发明和运用只是雇主和工人之间斗争的结果。但是，这只有对英国来说才是正确的。至于欧洲各国，那么迫使它们使用机器的，是英国在它们的国内市场和世界市场上的竞争"。② 因此，劳动份额的提高既激励了资本家的技术创新，又扩大了工人本身的消费需求，两者都促进了技术进步。

其次，从剩余价值积累率对劳动份额的求导计算可知，剩余价值积累率与劳动份额也具有同向变化关系，也就是说，剩余价值积累率将随着国民收入中劳动份额的提高而提高，国民收入中倾向于劳动要素的分配反而促进了剩余价值积累率的提高。这一结论与我们分析劳动份额的提高促进了技术进步的原理是吻合的，即是说，在国民收入总量不变的前提下，劳动报酬份额的提高意味着资本收入份额的下降，这将一方面激励资本家追求更多的技术创新以获得更多的资本利润，另一方面则迫使资本家积累而非消费更多的剩余价值以从事更多的生产投资，通过扩大再生产的形式获取更多的利润。与资本收入占比相对下降也将带来创新投资减少的"收入效应"相比，其带来剩余价值积累率提高或者说创新投资增加的"替代效应"在国民收入总量不变的前提下发挥了主导作用，因此，国民收入中劳动份额的提高反而促进了剩余价值的积累。应当说明的是，这一由劳动报酬提高对资本家所带来的"倒逼"作用并未反映也并非凸显资本家的"仁慈"，而是表明在劳动力卖方市场逐渐形成从而劳动力工资不得不上涨的情况下，资本所有者只能通过积累和创新的方式获得更多的利润，这一理论与当今人口年龄结构发生巨大改变，从而劳动力市场买卖双方地位也发生巨大改变的各国经济现实极为吻合。

最后，从剩余价值率对劳动份额的求导计算可知，国民收入中劳动份

---

① 《马克思恩格斯选集》第一卷，人民出版社1995年，第79页。
② 《马克思恩格斯全集》第47卷，人民出版社2004年，第443页。

额对剩余价值率的影响取决于积累率与技术进步的比值关系。从数值上来看，当 $\alpha > \theta/(1+\theta)$ 时，剩余价值率与劳动份额具有同向变化关系，剩余价值率随着国民收入中劳动份额的提高而提高；反之，当 $\alpha < \theta/(1+\theta)$ 时，剩余价值率与劳动份额则具有反向变化关系，即剩余价值率随着国民收入中劳动份额的提高反而下降。应当说，这些条件下变量的细微取值对我们的分析并无太大的指示意义，若将其充分放大，则我们可以大致得出如下结论：在剩余价值积累率足够高的情况下，资本家将利用所积累的资本进行扩大再生产，这将为其带来相对于可变资本（或者劳动报酬）更高的剩余价值，此时劳动报酬份额的提高反而激励了剩余价值率的提高，这与我们从上两式中所得出的结论是一致的；反之，当剩余价值积累率不足时，劳动报酬份额的提高将不利于资本家相对利润的增长。因此，只要满足积累率足够高的条件，国民收入中劳动份额的提高对工人和资本家都是有利的。这一结论在经济现实中往往体现为：对于盈利能力有限从而难以做到自身资本积累、以及难以从金融市场获得信贷资金的企业而言，劳动报酬的上升必将增加其经营困难，其可持续性发展必将受到制约；而对于具备较强盈利能力和信贷能力的企业而言，提高劳动报酬不仅能增强其市场竞争力，还能进一步提高其经营利润，因而劳动和资本能够实现"双赢"的局面。这一结论对中国的启示在于：提高劳动者报酬在初次收入分配中的比重和居民收入在国民收入分配格局中的占比，更应发挥大企业和强企业在这一过程中的先锋带动作用。

（二）传导机制的统计检验

从马克思主义收入分配影响经济增长的传导机制来看，国民收入中劳动报酬份额对经济增长的影响是通过技术进步、剩余价值积累率和剩余价值率三个中介变量来进行传导的。实际上，劳动份额对技术进步和剩余价值积累率的影响即已涵盖了其对剩余价值率的作用，因为劳动报酬份额的提高意味着资本收入份额的下降，在国民收入总量不变的情况下，其所带来的"替代效应"不仅激励了企业的技术创新，还促进了其资本积累，目的在于扩大社会资本再生产以获得更多的剩余价值。这样说来，剩余价值率是技术进步和剩余价值积累率的一个衍生性变量，而我们也就只以技术进步和剩余价值积累率两个变量作为分析收入分配影响经济增长的中介变量。为此，本节选择了中国及其各省市 1990～2018 年的相关数据首先分析劳动者报酬及其占比的动态变化，其次利用 VAR 模型检验劳动者报酬份额影响技术进步、资本积累和经济增长的传导路径，最后在此基础上检验劳动者报酬与经济增长率的数量关系。

首先，中国劳动者报酬总量上不断扩大，但在国民收入中的比重则有下降的趋势。数据显示：1990 年以来，中国劳动者报酬总量上从 9 985.63 亿元逐年扩大到 2018 年的 434 186.8 亿元，年均增长 15 150 亿元，增速虽低于经济增长率 0.18 个百分点，但仍有 16.38% 的水平，因而具有较快的扩张速度，见图 3-3；但在相对量上，劳动报酬在国民收入中的比重虽也出现了部分年份的上升，但总体上仍呈下降的趋势，其值从 1990 年的 53.49% 下降到 2018 年的 48.23%，2007 年甚至下降到 42.26% 的最低水平，与美国 20 世纪 70 年代以来劳动收入占比维持在 65%~68% 的水平相比，仍然相差甚远。应当看到，在所考察的样本范围内，劳动者报酬在国民收入中的比重经历了 1990~1992 年由 53.49% 下降到 45.14%、1998~2007 年由 50.66% 下降到 42.26% 以及 2009~2011 年由 49.96% 下降到 49.53% 的三个相对较为明显的下降阶段。

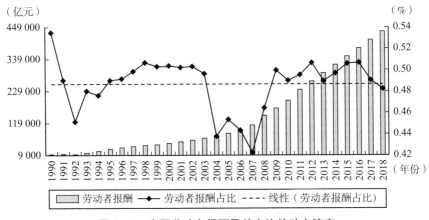

图 3-3　中国劳动者报酬及其占比的动态演变

注：图中左纵坐标对应劳动者报酬，右纵坐标对应劳动者报酬占比；数据资料根据 1991~2019 年《中国统计年鉴》相关数据整理计算而得。

对于这几个时期中国劳动者报酬占比下降及总体上占比偏低的解释，我们认为劳动力供给数量和质量可能是影响这一比值的重要因素。从劳动力供给数量来看，中国农村剩余劳动力向城市的转移为工业部门提供了大量的劳动力，短时期内的供过于求必然带来劳动力价格的降低，且这一局面将一直持续到农村剩余劳动力转移完全的情况下，因此农业部门向非农业部门转型及工业部门的劳动收入份额的变化，一直是左右中国总体劳动收入份额的主要力量，这一解释与 1990~1992 年及 1998~2007 年劳动力供给突发增长的现实极为吻合。从劳动力供给质量来看，由于劳动力特别是农村剩余劳动力人力资本积累较为有限，知识、技术和信息的缺乏使其只能从事较为简单的工作，同样也只能获得较为低廉的劳动报酬，这一现状虽然提高了产品的出口竞争力，但却"实实在在"地降低了劳动报酬在国民收入中的占比。

其次，劳动者报酬占比对技术进步和资本积累均具有正向的冲击效应，劳动份额的提高能够促进技术进步和资本积累。与我们在机理分析中所得出的结论相一致，给定劳动份额一个正向冲击后，技术进步在第1期也将因此受到一个正向的冲击，之后虽然在第2期至第4期受到负面影响，但第5期后均稳定在正向的冲击效应中，见图3-4（a），表明国民收入中劳动报酬占比的提高能够激励企业的技术创新，从而促进技术进步。对于资本积累而言，给定劳动份额一个正向冲击后，资本积累将在后续时期里受到连续的正向冲击，见图3-4（b），表明国民收入中劳动者报酬占比的提高能够有效地促进物质资本积累，"替代效应"在国民收入总量不变的前提下发挥了主导作用。

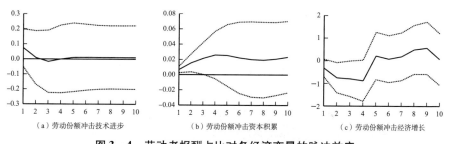

（a）劳动份额冲击技术进步   （b）劳动份额冲击资本积累   （c）劳动份额冲击经济增长

图3-4　劳动者报酬占比对各经济变量的脉冲效应

注：技术进步变量以国家统计局公布的专利申请授权总量为替代指标（范红忠，2007），资本积累变量以张军等（2004）计算的物质资本存量为基础，剔除价格因素后进一步更新计算而得；经济增长变量即为国内生产总值增长率。

对于劳动份额提高对技术进步和资本积累所带来的积极效应，更应结合中国的经济现实做如下理解：一方面，劳动者报酬增加及其占比的提高能够带来其需求的扩大，特别是能够带来其人力资本投资需求的增加，人力资本投资具有更高的回报率，所以从长远来看将促进其人力资本的积累，既包括自身技术培训的获取，又包括后代更好及更多教育机会的提供，这都将带来其自身技术水平的提高和社会整体的技术进步。另一方面，劳动报酬增加及其占比的提高能够增加劳动者的储蓄，从而在信贷市场完善的情况下为企业提供必要的信贷资金，这对中国物质资本的积累和长期经济增长的获得至关重要。应当说明的是，在促进经济增长的过程中，劳动报酬占比的提高对技术进步和资本积累所带来的积极效应具有长期性或滞后性。短期而言，劳动报酬份额提高虽然也带来了人力资本的积累和储蓄水平的提高，但也同时带来了消费水平的下降。相比而言，前者对经济增长所带来的积极效应相对滞后，而后者对经济增长的抑制作用却具有即时性，这一现象在中国的经济现实中尤为普遍。因此，可以认为，劳动份额提高短期而言将抑制经济增长，长期而言却对经济增长具有促进作用。如图 3 - 4（c）所示，给定劳动份额一个正向冲击，经济增长将在第 1 至第 5 期受到负面冲击，之后则开始受到正面影响，这一冲击结果与我们的上述分析极为一致。

最后，中国劳动者报酬份额与经济增长率之间具有"U"型曲线关系。从 1990～2018 年中国省际面板数据来看，劳动者报酬份额与经济增长率之间存在"U"型的动态变化关系，也就是说，在经济发展初级阶段，随着劳动报酬份额的提高，经济增长率将随之下降；随后劳动报酬份额增至某一时点后，经济增长率将随着劳动报酬份额的提高而提高，见图 3 - 5。

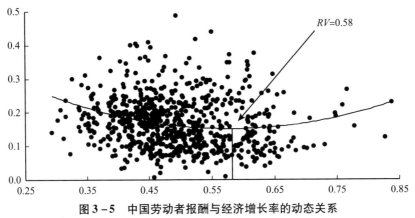

图 3 - 5　中国劳动者报酬与经济增长率的动态关系

注：图中横坐标为劳动者报酬占国民收入的份额 RV，纵坐标为经济增长率 RGDP。
资料来源：根据 1991～2019 年《中国统计年鉴》各省（区、市）相关数据整理计算而得。

结合中国的经济现实来看，除了北京、上海、辽宁、重庆和宁夏五省（区、市）之外，其他各省（区、市）劳动者报酬在总收入中的比重均呈不同程度的下降趋势，其与经济增长率之间的关系表现为：在从 58%～30% 左右的下降区间，各省（区、市）经济增长率均呈上升趋势；与此不同的是，在从 85%～58% 左右的下降区间，经济增长率却表现出下降的趋势。这一统计结果表明，中国各省（区、市）劳动者报酬份额下降对经济增长率的影响取决于前者所处的下降区间。这一结果与我们在脉冲分析中所得出的结论是一致的，其出现的原因也可类似归结为：中国各省（区、市）招商引资政策的贯彻与实施为各地引进了大量的工业资本，而后者所带来的大量农业部门向非农业部门的转型，以及工业部门资本回报率偏高和劳动收入份额偏低的现实使得各地均出现了劳动者报酬份额下降的趋势，这一结果一方面导致居民消费需求减少，从而即时性地抑制了经济的快速增长；另一方面则促使居民增加储蓄和人力资本投资，前者为社会投资积累了大量的信贷资本，从而扩大了社会投资需求促进了经济的短期增长，后者则不断地为社会积累了大量的人力资本，从而提升了社会的创新水平促进了经济的长期增长。对于这一结果所带来的净效应，我们认为劳动者报酬份额所处水平是关键性的决定因素。在较低的下降区间，劳动者报酬主要用于储蓄而非消费，其份额的下降虽然缩减了社会的消费需求，但其幅度相对有限，且它同时也带来了社会投资需求的扩张，后者所带来的高速增长一直是中国经济增长方式所特有的经济现象；而在较高的下降区间，劳动者报酬则主要用于消费而非储蓄，其份额的下降则将极大幅度地缩减社会的消费需求，投资需求所受的影响则相对较小，因此经济增长在消费减少的冲击下出现了下滑的现象。

从上述分析可知，劳动者份额变化所带来的消费需求的改变对经济增长产生了极为重要的作用。一方面，消费直接影响着生产，产品在市场上能否转化为商品、资本在市场上能否流通和周转只有通过消费才能实现，"消费在观念上提出生产的对象，作为内心的意象、作为需要、作为动力和目的，消费创造出还是在主观形式上的生产对象，没有需要，就没有生产，而消费则把需要再生产出来"。① 因此，消费需求的变化直接决定着社会资本再生产的规模，从而决定了经济增长的速度。另一方面，消费也通过资本积累间接地影响着生产，消费越多，积累就越少，反之则越多。马克思在揭示两者的关系时指出"社会消费力还受到追求积累的欲望的限制，受到扩大资本和扩大剩余价值生产规模的欲望的限制"。② 因此，消费需求的变化间接地影响着经济增长的速度。对中国而言，劳动者报酬份额相对偏低导致了居民消费需求的不足，后者无论是对产品创新还是生产扩大，都将带来负面效应，这将进一步制约中国经济的长期增长。因此，构建经济增长的长效机制，提升经济增长的质量与效益，应调整收入分配

---

① 《马克思恩格斯选集》第二卷，人民出版社 1995 年版，第 94 页。
② 《资本论》第三卷，人民出版社 1974 年版，第 272～273 页。

结构以增强社会的消费力。

第三节 收入分配制度影响经济发展的"质量效应"

新时期促进中国经济的高质量发展和实现全民共同富裕，应以公平性的收入分配改革为重要保障。其机理在于：一方面，经济发展质量在内涵上既包括国民经济的高速增长，又包括增长成果的共有共享，因此收入分配内含于经济发展质量的评价体系中，分配制度的公平性改革能够直接带来经济发展质量的提升。另一方面就绩效而言，一国收入分配制度及分配结果能够对"人"这一经济活动的主体带来激励作用，而人的行为又通过改变整个社会供给和需求的数量与结构而几乎"全方位"且"根本性"地影响着经济发展质量的各类决定因素。因此，收入分配的方式直接和间接地决定着经济发展质量的高低。从 1949～1977 年的"平均分配"到 1978～2020 年的"让一部分人先富起来，先富带动后富"、再到全面建成小康社会后追求的"共同富裕"的分配实践及其增长绩效，无不凸显着收入分配在经济发展中所发挥的重要作用。基于此，本节拟聚焦于经济发展的"质量"这一主题并尝试回答：收入分配方式如何影响着指标上"包罗万象"且又"纷繁复杂"的经济发展质量？

（一）收入分配影响经济发展质量的传导机制

就理论而言，收入分配的"质量效应"即收入分配制度及其结果对经济发展质量的影响，本质上仍可归结为收入分配与经济增长之间的关系。在经济学说史中，"分配"与"增长"历来是不同学派和众多学者频繁关注的两个主要关键词。研究文献除了分别阐释分配与增长的经济理论之外，亦有不少就收入分配影响经济增长的传导机制展开了理论研究和实证分析。这些机制可以总结为信贷约束（Galor & Zeira，1993；Piketty，1997）、政治投票（Perotti，1993；Bertola，1993；Alesina & Perotti，1996；Benabou，1996）、社会稳定（Hibbs，1973；Venieris et al.，1986；Alesina & Perotti，1996；Benhabib & Rustichini，1996）、储蓄差异（Barro，2000）、经济危机（Peet，2011；Photis，2011）、政策波动（Ayala & Jura-do，2011）、市场结构（Yurko，2011）和供需结构（李子联，2018）等角度。围绕这些机制，大量文献基于不同的时间和空间样本就其数量关系展开了广泛的实证研究，且均已证明收入分配对经济增长的影响特征既有正向线性关系（Pose & Tselios，2008；Benjamin et al.，2011），又有负向线性关系（Forbes，2000；Benjamin et al.，2011；Woo，2011），也有曲线关系（尹恒等，2005）。正如收入分配对经济增长具有特定影响一样，收入分配与经济发展质量之间也存在着某种有待验证的逻辑关系。不同的是，经济发展质量与经济增长之间因在内涵上包含的维度和指标不同而使其分析框架呈现出较大的差异，而这则为后续研究提供了较大的广化和深化空间。

在中国特色社会主义经济理论与发展实践中，许多学者在梳理收入分配制度的演变及与经济发展的内在关系后，发现从关键性制度特别是收入分配制度改革的角度来突破高速增长中的发展约束，是未来促进经济高质量发展的重要视角（李子联，2021）。显然，这与西方主流经济学所常用的新古典要素供给与凯恩斯主义需求管理等分析框架存在着较大的不同。制度由于其直接对经济主体带来了激励与约束，因而比"浮在空中"的供给与需求发挥着更为根本性的作用。其基本逻辑是：如果收入分配制度公平合理，就能有效激发要素活力，从而实现经济的持续平稳增长；反之，如果收入分配制度僵化扭曲，就会不断扩大收入差距，从而造成供需结构失衡和资源配置无效，甚至造成经济社会危机（李婷和李实，2013）。因此，一种兼顾公平与效率的收入分配制度，才是符合现代化经济体系高质量发展内在要求的有效制度（王喆和汪海，2018）。而坚持以按劳分配为主体、多种分配方式并存的收入分配制度，并将其上升为我国的基本经济制度以进一步凸显其"执牛耳"的关键地位，则是新时期激发生产要素活力、构建新增长动力和实现经济高质量发展的重要保障。

尽管不少文献发现了收入分配在经济高质量发展中的重要作用，但就实证而言，受限于经济发展质量的指标测算及数据可得，极少文献就此理论命题展开了详尽而细致的计量检验，因此对收入分配影响经济发展质量的数量关系也就依然较为模糊。仅有的文献主要见之于钞小静和任保平（2014）、钞小静和廉园梅（2019）的研究中，两者均以经济增长质量的条件—过程—结果为分析框架，且以人力资本、消费需求和生产率为传导机制的中介变量，但分别从城乡收入差距和劳动收入份额两个视角检验了它们对经济发展质量的影响，指出城乡收入差距过大或劳动收入份额过低，会影响经济增长的基础条件、运行过程以及最终结果，从而对经济增长质量产生制约作用。客观而言，这些文献对本节的深化研究具有十分重要的借鉴意义。不过，不同于上述研究的是，本节拟在框架上以"五大发展理念"来作为经济发展质量的重要评价维度和测算依据。

包括创新、协调、绿色、开放和共享在内的"五大发展理念"是新阶段下构建新发展格局、促进高质量发展的重要指导思想，其因提出时间早、影响范围广、渗透力度深而构成了习近平新时代中国特色社会主义经济思想的重要支柱。在这一分析框架下，公平有效的收入分配之所以在经济发展质量的提升过程中发挥了重要的保障作用，是因为收入分配通过人力资本、需求结构、贸易质量和减贫增收而分别影响了这五大理念的践行成效，而这些发展理念及其对应的中介变量则构成了经济发展质量的综合评价体系。因此，尽管公平性的收入分配在狭义上指向共享发展理念，但在具体效应中则亦直接或间接地促进了经济社会的创新、绿色、协调和开放发展，因而在经济高质量发展中发挥了全方位的激励作用，如图3-6所示。

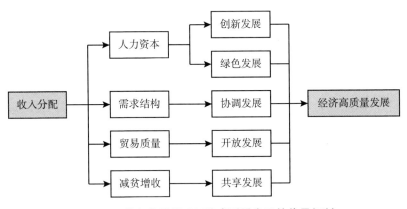

图3-6 收入分配影响经济高质量发展的传导机制

第一，公平性的收入分配通过促进人力资本的有效积累带来了科学技术的进步和创新能力的提升，有利于我国创新发展和绿色发展的实现。首先，公平性的收入分配有利于人力资本的有效积累。这是因为在收入差距扩大的情形下，高收入群体已具有较高水平的人力资本或教育投资，因此更倾向于扩大储蓄和物质资本积累，而低收入群体则倾向于多生孩子并减少教育投资，且由于其群体数量较大，因而与整个高收入群体总量有限的人力资本相比，其更大规模的投资减项使得整个社会的人力资本在净效应上出现了积累下降的现象（Croix & Doepke，2004；杨俊等，2008；Marouani & Nilsson，2016）。相反，公平性的收入分配则有助于整个社会人力资本投资的增加和存量的积累。其次，有效的人力资本是技术进步和创新发展的动力源泉。一方面，人力资本的存量越多和质量越高，整个社会对新知识的认知能力、吸收能力和整合能力就越高，在此基础上将新知识转化为新产品、新技术和新方法的概率也就越大，科学技术的原始创新和再创新也就越有可能实现（March，1991）；另一方面，人力资本水平较高的员工不仅能够实现组织的技术专业性和多样性，还更有可能对现有的流行标准和固定模式提出质疑（Tushman & Anderson，1986），使组织能够在接触到更广泛、更先进技术前沿的基础上实现新知识吸收和利用能力的增强（Hill & Rothaermel，2003）。最后，有效的人力资本促进了经济社会的绿色发展。从践行绿色发展理念的监管层来看，人力资本越高即监管者的受教育水平越高，其对资源利用和生态环境保护的认识和理解就更加深刻，往往会从长远利益出发进行宏观政策的制定，对资源的集约利用与生态环境的改善能够起到实质性的推动作用。从绿色发展理念的技术实现来看，人力资本的有效积累一方面会促使输送到企业的研发人员适应新发展理念的绿色创新知识水平的提高，从而为企业的绿色创新带来新思想；另一方面，人力资本积累所带来的创新能力增强，能够更为有效地带来绿色技术的进步，从而促进资源的集约利用和环境的改善，最终带来整个社会的绿色发展。

第二，公平性的收入分配通过改善需求结构而畅通了国内大循环的运行渠道，有利于我国经济协调发展的实现。公平性收入分配对需求结构的改善集中体现为它能够有效扩大内需。首先，从消费需求来看，当收入分配不平等时，居民边际消费倾向在结构上表现为低收入群体具有较高的边际消费倾向，但却受限于较低的购买力而无法扩大消费支出；高收入群体具有较低的边际消费倾向，但只偏好于市场规模较小的高档消费品，也无法带来总消费需求的扩大（Murphy et al.，1989；杨汝岱和朱诗娥，2007）。在总量上，居民边际消费倾向总体而言均存在着递减的趋势（Cutler et al.，1992；娄峰和李雪松，2009），只有提高收入增长率才能够增加居民的消费支出。因此，收入分配不平等导致了我国居民消费、特别是低收入居民消费需求的不足，而一种旨在促进社会公平的收入分配制度改革则能够有效地提高低收入群体的边际消费倾向，从而带来消费需求规模的扩大和结构的改善。其次，从投资需求来看，在收入分配不平等的情形下，高收入群体拥有较高的初始禀赋及更多的收入来源，因此其物质资本和人力资本均具有较高的投资水平；相反，低收入群体则在资本市场不完善的情况下，不论是初始禀赋还是收入来源均较为有限，因此其投资机会亦受到了较大的限制。相较而言，由于低收入群体在社会总人口中占有较大比重，因此收入分配不平等对投资所带来的净效应始终为负（李子联，2018）。而一种更加注重公平的收入分配制度及其深化改革，则能够在提高低收入群体收入水平的同时促进其对物质资本和人力资本的投资。综上所述，公平性的收入分配能够有效地扩大消费需求和投资需求，进而提升其在社会总需求中的结构性占比，最终在改善需求结构和形成国内大循环新格局的过程中实现经济社会的协调发展。

第三，公平性的收入分配能够有效地提升贸易质量，能够在畅通国外大循环和构建对外贸易开放新格局的过程中促进我国开放型经济的高质量发展。在上文的分析中，当收入分配不平等时，高收入群体更加倾向于扩大储蓄和物质资本投资，而低收入群体则将减少教育投资从而带来了社会人力资本积累的放缓（Barro，2000），不利于技术进步和效率提升。收入分配不平等对物质资本和人力资本所带来的不同效应，使得一国所出口的产品在技术含量和产品附加值两个方面具有"双低"特征，同时所从事的产业则将处于国际分工链和价值链的底端，明显不利于该国对外贸易质量的提高和开放型经济的长远发展。对中国而言，收入分配不平等通过劳动要素和资本要素对贸易质量产生了根本性的影响。首先在劳动要素中，收入分配不平等引致了农村剩余劳动力向城镇的转移。这是因为在城乡融合的初期，城乡收入差距的形成及适度扩大是促进农村剩余劳动力由边际效率较低的农业部门向生产效率较高的城镇工业部门转移的主要动力（Lewis，1954；Ranis & Fei，1961），而这一转移则为我国出口产品的生产提供了丰裕且廉价的劳动要素，从而促进了劳动密集型产业的发展及相应类型产品的出口，带来了我国出口贸易数量的持续增长。其次，在资本要素中，收入分配不平等由其对不同资本要素所带来的效应差异而对出口贸易带来了结构性影响。其中，收入分配不平等所带来的物质资本积累有力地促进了资本密集型产品的出口，但所带来的人力资本减少则不利于技术密集型产品的出口。因此，中国的收入分配通过劳动要素、物质资本要素和人力资本要素促发了贸易模式的形成（李子联和朱江丽，2013）。一种公平性的收入分配制度，因其能够优化劳动要素和资本要素的空间配置而有利于我国出口贸易方式由数量增长型向质量提升型转变，有利于开放型经济的高质量发展。

第四，公平性的收入分配通过发挥减贫增收效应促进了我国经济社会的共享发展。"共享是中国特色社会主义的本质要求"[①]，而"收入分配是民生之源，是改善民生、实现发展成果由人民共享最重要最直接的方

---

① 《中共中央关于制定国民经济和社会发展第十三个五年规划的建议》，载于《人民日报》2015年11月4日。

式"①。这是因为：收入分配的公平性改革即在于发挥税收政策等工具在三次分配中的激励与约束作用，通过"限高、扩中、提低"来缩小收入差距，以使社会每一个体均能享受到经济发展的果实，其对低收入群体而言具有较为明显的减贫增收效应。因此，社会分配公正是共享发展的基础内容与核心要义（赵汇和代贤萍，2016），是保证人民共享发展成果的关键环节（王丹和熊晓琳，2017）。共享发展的实现必须以公平性的收入分配制度为根本保障，而分配制度的调整与改革则反过来也应以是否有利于共享发展的实现为根本目标。在中国特色社会主义的分配实践中，我国确立的生产要素按贡献参与分配的原则、以及参与分配的要素范围的不断扩大，既是对"按劳分配为主体、多种分配方式并存的分配制度"的完善，更是对经济增长成果为人民所共享的一种高度体现。从党的十六大指出的"确立劳动、资本、技术和管理等生产要素按贡献参与分配的原则"②，到党的十九届四中全会提出的"健全劳动、资本、土地、知识、技术、管理、数据等生产要素由市场评价贡献、按贡献决定报酬的机制"③，无不体现收入分配制度改革的惠民性、包容性和共享性。它能够最大限度地融合各种生产要素，并对其对应的社会力量及经济主体形成有效的制度激励，使其在分享和优化资源配置的过程中积极投入共享发展和共同富裕的"建设大潮"中。

（二）收入分配影响经济发展质量的典型事实

基于上述传导机制，本节实证研究的基本思路是：首先，以"五大发展理念"为分析框架，构建包括创新、协调、绿色、开放和共享五大指标在内的经济发展质量评价体系，并揭示其动态演变与发展现状；其次，分别描绘收入分配与创新发展、绿色发展、协调发展、开放发展和共享发展之间的统计关系，通过分析收入分配影响"五大发展"的典型事实来揭示其内在传导机制；最后，建立以经济发展质量为被解释变量、以收入分配为主要解释变量、以相关制度变量为控制变量的省级面板数据模型，从全国和地区两个层面来综合检验收入分配影响经济高质量发展的时空差异。按照这一思路，本节所设置的具体变量见表 3 – 1。

---

① 中共中央宣传部：《习近平总书记系列重要讲话读本》，人民出版社 2016 年版，第 217 页。

② 《十一届三中全会以来历次党代会、中央全会报告公报决议决定（下）》，中国方正出版社 2008 年版，第 752 页。

③ 《中共中央关于坚持和完善中国特色社会主义制度推进国家治理体系和治理能力现代化若干重大问题的决定》，中华人民共和国中央人民政府网，2019 年 11 月 5 日。

表 3 - 1   变量设置及其经济意义

变量		经济意义		度量及依据
被解释变量	EDQ	经济发展质量		基于五大发展理念构建综合指标体系测算综合质量指数，参见第二章第一节
解释变量	TI	泰尔指数		以城乡人口分组为依据构建收入差距的泰尔指数，参见王少平和欧阳志刚（2008）等
控制变量	CSF	财政制度	财政收入分权	地方财政收入/全国财政收入，参见沈坤荣和付文林（2005）等
	CZF		财政支出分权	地方财政支出/全国财政支出，参见周业安和章泉（2008）等
	JFZ	金融政策	金融发展程度	金融机构存贷款总额/GDP，参见周立和王子明（2002）等
	KZC	科技政策	科技支持力度	科技三项费用支出额/财政支出总额，参见郭文伟和周媛（2020）等
	WHS	教育政策	居民文化素质	人均受教育年限，参见何兴邦（2019）等
	HJZ	环境政策	环境治理力度	环境污染治理投资/GDP，参见 Berman 和 Bui（2001）等
	SHZ	综合改革	市场化改革	市场化指数，参见王小鲁等（2019）等

对变量的设置方法及数值计算作如下说明：第一，对于主要解释变量收入分配的度量，本节不同于大多数文献所采用的基尼系数和城乡收入差距指标，而是通过计算泰尔指数来衡量收入分配制度或分配方式的平等与否。之所以选用泰尔指数，不仅是因为这一指标更易统计和计算，更是因为它考虑了人口权重因而能够更好地观测收入分配的差异，因此泰尔指数是一个较为适用的分析变量（王少平和欧阳志刚，2008；李子联和朱江丽，2013）。其计算方法为：若以 y_i 和 y 分别表示不同组别的收入和总收入，以 p_i 和 p 分别表示不同组别的人口和总人口，则基于城乡分组的泰尔指数可以表示为：

$$TI = \sum_{i=1}^{n} \frac{y_i}{y} \left(\log \frac{y_i}{y} - \log \frac{p_i}{p} \right)$$

第二，由于本节采用综合指标评价法来测算经济发展质量，因此为在解释变量中有效规避指标体系已选相关变量的重复出现及尽可能避免因此而出现的内生性问题，本节在控制变量的设定中特意选取了不同维度下具有较强代表性的制度变量，这些变量包括财政制度、金融政策、科技政策、教育政策、环境政策和综合制度改革等等。其中：①对于财政制度的度量，国内外许多经典文献从财政分权的角度进行了替代处理，即以地方财政收入或地方财政支出占全国同一指标的比重来进行单一或双重衡量（林春，2017）。基于此，本节综合采用财政收入和财政支出占全国的比重来进行分析。②金融政策的度量拟采用金融发展水平来进行替代处理，考虑到我国现阶段金融主要通过以银行为主的信贷体系来影响实体经济，因此使用金融机构存贷款总额与国内生产总值的比值来反映金融发展程度。③对于教育政策的度量，本节以居民人均受教育年限来判断其政策实施绩效，其计算公式为：未受教育人口占比 ×0 + 小学文化人口占比 ×6 + 初中文化人口占比 ×9 + 高中文化人口占比 ×12 + 大学专科及以上人口占比 ×16。④对于综合制度改革的度量，本节以王小鲁等（2019）测算的市场化指数来作为替代变量，但这一变量的最新数据目前只更新到 2016 年。为此，本节借鉴郭文伟和周媛（2020）的处理方法，采用均值法对 2017 ~ 2019 年的数据进行了插值处理。除此之外，科技政策和环境政策这两个控制变量的度量及具体计算方法如表 3 - 1 所示。

在综合考虑数据可得性和连续性的情形下，本节对 2000 ~ 2019 年除西藏、香港、澳门和台湾之外 30 个省份（自治区、直辖市）的相关数据进行了挖掘与测算，各主要变量的数据特征如表 3 - 2 所示。其中，被解释变量经济发展质量的综合指数在研究样本内的最小值为 26.7145，最大值为 68.5837，平均值为 39.8283，呈现出较大的时空差异性，表明各省在不同时期的经济发展质量存在着一定的差距。与此同时，主要解释变量泰尔指数的最小值为 0.0058，最大值为 0.1275，均值为 0.0510，与经济发展质量指数相似亦表现出了较大的变动幅度，表明各省（区、市）在不同时期的收入分配差距亦相对较大。除此之外，各类控制变量在样本范围内也表现出了与被解释变量相类似的波动性，且其标准方差的相伴概率均能够在 1% 统计水平下通过显著性检验，表明就波动性而言，所设置的解释变量和控制变量与被解释变量表现出了较强的同向变化关系。

表 3 - 2　　　　　　　　　　各变量的统计描述

变量	均值	最大值	最小值	标准方差	概率	观测值
EDQ	39.8283	68.5837	26.7145	6.3659	0.0000	600
TI	0.0510	0.1275	0.0058	0.0243	0.0000	600

变量	均值	最大值	最小值	标准方差	概率	观测值
CSF	0.0331	0.1436	0.0019	0.0271	0.0000	600
CZF	0.1404	0.5036	0.0110	0.0873	0.0000	600
JFZ	2.7923	8.1310	1.2882	1.0528	0.0000	600
KZC	0.0165	0.0720	0.0012	0.0129	0.0000	600
WHS	8.4601	12.6800	5.2700	1.0799	0.0000	600
HJZ	1.3160	4.6600	0.0100	0.7174	0.0000	600
SHZ	6.3205	12.8900	2.3700	2.0412	0.0001	600

从具体的测算结果来看，中国各省（区、市）样本期内的经济发展质量指数均表现出了不同程度的上升趋势，表明各地区在获得经济高速增长的同时，经济发展质量也有了一定程度的提升。其中就总量而言，北京、上海、天津、海南和浙江为经济发展质量指数最高的5个省份，其指数均值分别为56.3311、52.2808、48.2093、42.9575 和 42.8534，见图 3 - 7；黑龙江、江西、湖北、安徽和湖南等中部省份则处于指数排名居中的区间，对应的指数均值分别为 39.0115、38.6445、38.4919、37.6226 和 37.2681；而贵州、云南、甘肃、宁夏和山西则占据经济发展质量指数排名的末五位，其指数均值分别只有 34.5179、35.9436、36.2659、36.2740 和 36.3830，与如上发达省市相比存在着一定的差距。这一横向比较表明经济发展质量在东部、中部和西部三大区域之间具有非常明显的空间递减特征，这与经济总量的空间分布特征极为相似。但从增速来看，这一特征则未表现出统计上的显著性。数据显示：经济发展质量提升速度最快的前5个省份依次为贵州、陕西、宁夏、海南和北京，其增速均值分别为2.13%、1.98%、1.88%、1.83% 和 1.76%；增速居中的省市依次为河北（与新疆并列）、上海、青海、辽宁、湖北（与广西并列），其增速均值分别为 1.49%、1.42%、1.39%、1.38% 和 1.37%；而提升速度较慢的五个省份则依次为内蒙古、吉林、安徽、广东和福建（与浙江并列），其对应的增速均值分别为 0.59%、1.09%、1.13%、1.17% 和 1.21%。尽管如上数据显示贵州、陕西和宁夏等西部省份具有较高的质量提升速度且同时广东、福建和浙江等东部发达省份则表现出了较低的提升速度，但就质量提升速度而言，其在东部、中部和西部三大区域之间的空间差异性并没有表现出非常明显的趋势。

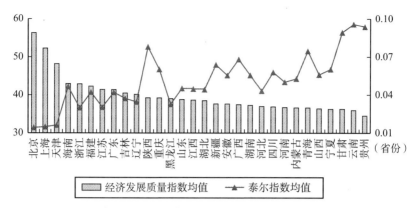

图 3 – 7　中国各省市经济发展质量指数和泰尔指数的均值比较

注：图中左纵标轴为经济发展质量指数，右纵坐标轴为泰尔指数，数据根据上述方法整理测算而得。

与经济发展质量指数的上升趋势不同，大部分省份的泰尔指数在2000～2019年则表现出了震荡下降的变化特征，即尽管在一些年份出现了上升的现象，但之后则又出现了下降的趋势，表明这些地区的居民收入分配总体上出现了差距缩小的动态变化特征。这与我国在样本时期内所实施的兼顾公平与效率的收入分配制度改革不无关联。特别是自党的十八大以来，我国通过"铁腕式"的反腐扫黑有效地抑制了非法收入和灰色收入的无节制增长，通过结构性减税逐步培育和壮大了中产阶级的社会群体，通过精准扶贫摘掉了全国贫困县的"帽子"，并最终全面建成了小康社会，这些"限高、扩中、提低"的分配思路及其形成的具体措施对于居民收入差距的缩小以及合理有序收入分配格局的形成，显然至为关键。从横向比较来看，收入差距依然较大的5个省份有云南、贵州、甘肃、陕西和青海，其泰尔指数均值分别为0.0957、0.0937、0.0893、0.0780和0.0746；收入差距居中的六个省份则为安徽、内蒙古、河南、海南、山东和江西，其泰尔指数均值分别为0.0555、0.0528、0.0502、0.0466、0.0451和0.0447；收入差距较小的5个省份则为北京、上海、天津、浙江和江苏，其泰尔指数均值分别只有0.0143、0.0149、0.0162、0.0299和0.0303。因此，就数值而言各省份的居民收入分配状况存在着极大的空间差异，且大致表现出了较为明显的东、中、西序次排列特征，即东部、中部和西部地区的收入分配依次出现了差距扩大的现象。这与经济发展质量指数所表现出的动态变化特征及空间差异极为相似，表明两者之间极有可能存在着统计上的线性关系。

进一步地，按照"五大发展理念"的分析框架对收入分配影响经济发展质量的传导路径及效应进行统计考察后发现：收入分配不平等程度与创新发展、协调发展、绿色发展、开放发展和共享发展之间存在着较为明显的反向变化关系。也就是说，在样本时期内各省市的泰尔指数在出现普遍下降现象的同时，其对应的创新、协调、绿色、开放和共享发展指数则均经历了不断扩大的变化特征，两者在数值上表现出了负相关，见图3-8（a）（b）（c）（d）（e）。其中，共享发展指数相较于其他四类发展指数而言，其与泰尔指数之间的散点分布密度更为聚集，表明共享发展与收入分配之间的线性关系更为显著。这一直观判断亦可体现在各散点图趋势线回归方程的拟合优度上，结果显示共享发展指数与泰尔指数之间的拟合优度为0.550，表明共享发展指数的变动有55%能够被泰尔指数的变化所解释。这一数值明显高于其他四组关系的相应统计值。结合上面收入分配影响"五大发展"的理论机制来看，收入分配与"五大发展"之间并不只是统计学上简单的相关关系，而是具有理论基础的包含内在因果律的逻辑关系。由于存在这一内在影响机制，因此收入分配方式及结果在总体上影响了经济发展质量的高低。或者更为具体地，泰尔指数与经济发展质量综合指数之间亦呈现出了反向变化关系，收入差距的缩小或收入分配的改善在统计上能够促进经济发展质量的提升，见图3-8（f）。不过，这一统计上的典型事实仍有待于进一步更为严谨的计量检验。

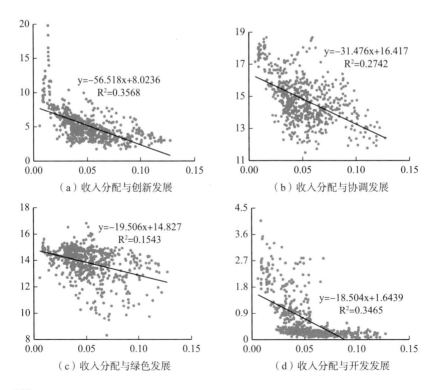

（a）收入分配与创新发展

（b）收入分配与协调发展

（c）收入分配与绿色发展

（d）收入分配与开发发展

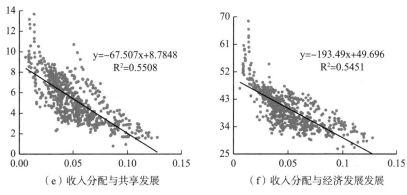

图 3 - 8　收入分配影响经济发展质量的典型事实

注：各图横坐标轴均为泰尔指数，纵坐标轴从（a）到（f）分别为创新发展、协调发展、绿色发展、开放发展、共享发展和经济发展质量的测算指数，数据根据上述方法整理测算而得。

（三）收入分配影响经济发展质量的数量关系

在上述收入分配影响经济发展质量的典型事实中，两者在统计上存在着较为明显的反向变化特征。为了进一步更为精准地揭示收入分配影响经济发展质量的传导机制，本节拟构建以经济发展质量指数为被解释变量，以泰尔指数以及相关制度变量为解释变量的省际面板数据模型。对于收入分配对创新、协调、绿色、开放和共享发展的影响，由于它们已经内含在了经济发展质量的综合指数中，在计量检验中并未分别检验收入分配对这些一级指标的影响。基于此，拟展开的实证检验包含如下具体步骤：首先，以全国数据为样本从总体上检验收入分配影响经济发展质量的数量关系。为了能够有效识别这一检验过程中所存在的内生性问题，本节分别采用了 EGLS 和 GMM 两种检验方法，并基于结果差异在后续检验中统一使用了能够克服内生性问题的 GMM 估计法。其次，为了检验全国样本的估计结果是否具有有效性和稳健性，本节进一步采用分地区样本，从东部、中部和西部三大地区来考察收入分配影响经济发展质量的空间差异。在各自的检验过程中，分别对添加控制变量前后的模型进行了检验。各类模型的构建应以变量平稳为前提，对各变量进行平稳性检验后发现：全国样本和分地区样本下各变量经 ADF、LLC 和 PP 检验后均为零阶平稳，表明各变量的原始序列均可以作为面板数据模型的检验变量。进一步地，对各类模型进行 Hausman 检验及相应的模型形式选择后，本节拟采用个体固定效应加权估计进行检验。

在全国样本下收入分配影响经济发展质量的总体效应中，采用 EGLS 估计法进行初始检验后可得到表 3 - 2 所示的检验结果。结果显示：不管是否加入政策变量作为控制变量，模型 1、模型 2 和模型 3 中的泰尔指数均能通过 1% 统计水平下的 t 值检验，其系数分别为 - 265. 234、- 110. 244 和 - 107. 338，表明收入分配不平等对经济发展质量的变化情况具有较强的解释力，或者说，收入分配差距的扩大会抑制经济发展质量的提升，而收入分配的公平性改革则将提升经济发展质量，这与现有文献的研究发现基本一致，同时亦验证了我们在上文传导机制的分析中所得出的结论。此外，在控制变量对经济发展质量的具体影响中，除了模型 3 和模型 6 中环境治理变量对经济发展质量的影响不显著外，其他政策变量如财政分权、科技支持、金融发展、居民文化水平和市场化改革均对经济发展质量具有显著的促进作用。也就是说，中央对地方赋予的财权和事权越多、对科技支持的力度越大、金融发展程度越高、居民文化水平越高以及市场化程度越高，经济发展质量也就越高。因此，在新时期发挥收入分配公平性改革在促进经济高质量发展中的重要作用时，仍应同时注重财政政策、科技政策、金融政策、教育政策（对应居民文化素质）以及市场化综合改革等政策制度的正向激励作用。

表 3 - 2　　　　　　全国样本下个体加权固定效应的估计结果

变量	EGLS 估计			GMM 估计		
	模型 1	模型 2	模型 3	模型 4	模型 5	模型 6
C	53. 354 * (159. 348)	18. 133 * (16. 570)	22. 806 * (23. 400)	52. 726 * (162. 667)	1. 051 (0. 498)	8. 664 * (5. 145)
TI	- 265. 234 * (- 41. 732)	- 110. 244 * (- 18. 709)	- 107. 338 * (- 20. 841)	- 248. 878 * (- 40. 454)	- 50. 438 * (- 5. 573)	- 55. 235 * (- 7. 518)
CSF		76. 425 * (8. 142)		58. 808 * (4. 293)		
CZF			19. 147 * (14. 761)			19. 525 * (10. 781)
JFZ		1. 469 * (9. 193)	1. 591 * (11. 199)		0. 793 * (3. 131)	1. 092 * (5. 240)
KZC		46. 633 * (6. 037)	25. 623 * (3. 452)		37. 979 * (3. 251)	16. 045 (1. 575)
WHS		2. 076 * (14. 364)	1. 540 * (11. 524)		3. 988 * (12. 316)	2. 963 * (11. 480)

变量	EGLS 估计			GMM 估计		
	模型 1	模型 2	模型 3	模型 4	模型 5	模型 6
HJZ		0.314 * (2.798)	0.052 (0.482)		0.678 ** (2.261)	0.358 (1.375)
SHZ		0.307 * (5.139)	0.293 * (5.331)		0.281 * (2.807)	0.353 * (4.170)
R^2	0.837	0.959	0.964	0.857	0.951	0.964
调整 R^2	0.828	0.956	0.962	0.849	0.948	0.961
标准差	2.788	1.498	1.407	2.656	1.589	1.374
观测值	600	600	600	570	570	570

注：表中圆括号内数值为 t 统计值，＊、＊＊和＊＊＊分别表示在 1%、5% 和 10% 统计水平下显著。

考虑到收入分配与经济发展质量之间可能存在着互为因果的内生性关系，即在收入分配改善带来经济发展质量提升的同时，经济发展质量的提高也有可能反过来为收入分配的公平性改革或收入差距的缩小提供更好的治理环境，因此两者之间在理论上存在着相互影响。为了在实证检验中尽量克服这一可能存在的内生性问题，本节同时设置了泰尔指数与其同一时期省级平均值的差值、以及泰尔指数和各控制变量的滞后项作为工具变量，并采用广义矩估计法（GMM）进行了内生性检验。之所以采用泰尔指数与省级平均值之差，是因为根据同群效应理论，处于同一发展环境下的省份会产生攀比而带来相互影响。也就是说，这一依托于省级平均值而"自我设定"的评判标准会影响其收入差距的变动，但却不会对经济发展质量带来直接的内生性影响。鉴于此，已有不少文献使用了样本在一定范围内的单个值与其均值之差作为工具变量来解决模型中存在的内生性问题（Fisman & Svensson，2007）。检验结果显示：在表 3 - 3 的模型 4、模型 5 和模型 6 收入分配不平等影响经济发展质量的内生性检验中，与初始检验相似，主要解释变量泰尔指数的系数均为负值，分别为 - 248.878、- 50.438 和 - 55.235，且均能通过显著性检验，表明收入分配公平性改革所带来的收入差距缩小有效地促进了经济发展质量的提升，这一结果与初始检验所得出的结论相一致。

表 3 – 3

分地区样本下个体加权固定效应的 GMM 估计结果

变量	东部地区				中部地区			西部地区	
	模型 7	模型 8	模型 9	模型 10	模型 11	模型 12	模型 13	模型 14	模型 15
C	55.431* (145.326)	5.901** (2.028)	10.638* (4.493)	49.230* (56.665)	-5.588 (-1.337)	8.051** (2.279)	52.279* (159.801)	6.216** (2.517)	14.529* (3.314)
TI	-342.963* (-31.054)	-79.717* (-4.388)	-72.406* (-5.749)	-232.459* (-12.997)	-50.964** (-2.526)	-65.239** (-5.158)	-209.935* (-47.706)	-58.506* (-6.321)	-49.859* (-6.555)
CSF		23.916** (2.115)			116.083* (3.355)			130.937* (6.495)	
CZF			16.085* (7.041)			25.864* (7.141)			20.244* (8.206)
JFZ		1.413* (4.456)	1.548* (7.191)		0.851 (0.976)	1.035*** (1.935)		1.178* (3.921)	1.378* (7.295)
KZC		34.094* (3.015)	13.236 (1.296)		16.041 (0.549)	-7.958 (-0.474)		572.918* (5.013)	259.531*** (1.715)
WHS		2.867* (6.281)	2.308* (6.581)		4.893* (8.929)	3.170* (5.564)		3.331* (6.398)	2.103* (2.789)
HJZ		2.998* (3.659)	2.254* (5.634)		-1.939*** (-1.932)	-1.223** (-2.388)		0.058 (0.136)	0.611 (1.160)

变量	东部地区			中部地区			西部地区		
	模型 7	模型 8	模型 9	模型 10	模型 11	模型 12	模型 13	模型 14	模型 15
SHZ		0.529* (2.977)	0.471* (3.667)		0.235 (1.303)	0.259 (1.512)		0.454*** (1.842)	0.027 (0.077)
R^2	0.965	0.949	0.969	0.876	0.833	0.917	0.948	0.950	0.961
调整 R^2	0.963	0.945	0.967	0.869	0.816	0.908	0.949	0.945	0.973
标准差	1.013	1.159	1.107	0.961	1.253	1.051	1.019	1.375	1.109
观测值	209	209	209	152	152	152	209	209	209

注：表中圆括号内数值为 t 统计值，*、** 和 *** 分别表示在 1%、5% 和 10% 统计水平下显著。

在分地区样本下收入分配影响经济发展质量的空间差异中，采用GMM 估计法进行检验后可得表 3 - 3 所示的检验结果。结果显示：不管是东部地区，还是中部和西部地区，泰尔指数与经济发展质量之间均存在着负相关，即收入差距扩大将带来经济发展质量的下降，而收入分配改善则将促进经济发展质量的提升。这一结论与全国样本下的检验结果相一致，表明收入分配公平性改革有益于经济高质量发展的结论具有统计上的稳健性。进一步地从影响力度的空间差异来看，东部、中部和西部三个地区的影响力度出现了依次递减的规律。在添加控制变量前的模型 7、模型 10 和模型 13 中，三大地区泰尔指数影响经济发展质量指数的系数绝对值分别为 342.963、232.459 和 209.935；而在添加控制变量之后，这三大地区同一影响系数的绝对值均值虽有所下降，但亦表现出了依次递减的现象，分别为 76.062、58.102 和 54.183。这一结果表明，收入分配公平性改革所带来的收入差距缩小，对经济高质量发展的促进作用在东部地区最强，中部和西部地区则依次减弱。

从统计数据来看，之所以在东部、中部和西部地区出现了影响力度依次递减的现象，主要是因为：一方面，东部地区相较于中部和西部地区在收入分配的结果上更为公平，体现为泰尔指数的数值相对较小，其通过进一步改革来缩小收入差距的空间较为有限，因此在数值变动的幅度上东部地区小于中部和西部地区，同理中部地区也小于西部地区。另一方面，从样本时期内经济发展质量指数的变动来看，东部地区的增长幅度普遍高于中部和西部地区，这就出现了在东部地区收入差距小幅缩小的同时，经济发展质量却出现了更大幅度的变动，使得东部地区的弹性系数大于中部和西部地区，同理中部地区亦大于西部地区。实际上，这一现象更加深层次的成因在于：受历史积淀、地理位置和制度演进的影响，东部地区在劳动力、人力资本和物质资本等要素集聚和积累上具有先行优势，使得收入分配能够依托这些优势载体发挥制度红利和政策效应，即收入分配制度改革通过有效激励劳动力的生产和消费行为、通过激励高端人才的创新行为、通过激励企业家的投资行为和贸易行为而共同强有力地推动了经济的高质量发展。很明显，收入分配对经济发展质量这一富有弹性的推进效应，在优势要素外流和匮乏的西部地区无法有效达成，因此西部地区也就容易出现改革绩效较小的现象。就其本质而言，区域发展中的"先行优势"和"马太效应"，是导致东部、中部和西部地区收入分配对经济发展质量在影响力度上出现依次递减的根本原因。

此外，在分地区样本下控制变量影响经济发展质量的检验结果中，大部分变量均与全国样本检验结果一样产生了正向影响。但亦出现了一些负相关且能通过显著性检验的"反事实"现象，如中部地区的环境治理对经济发展质量带来了负向影响，其系数分别为 -1.939 和 -1.223，见模型11 和模型 12。中部地区所出现的这一负相关，是否间接验证了环境库兹涅茨曲线存在于中国的发展实践呢？按照这一理论，经济发展水平居中的中部地区相比于东部和西部地区而言具有较高的污染度，或者说中部地区更加倾向于和依赖于牺牲环境来发展地方经济，而一旦添加发展约束即加大环境治理力度，经济发展"数量"层面的增长速度则将出现下降的现象，从而使两者之间在数量上出现了负相关。

综上所述，本节研究发现：第一，尽管公平性的收入分配直指共享发展，但对"五大发展理念"中的创新、协调、绿色和开放发展也带来了间接性和全方位的积极影响。从内涵来看，公平性的收入分配与共享发展在逻辑上具有高度的连贯性和相关性，收入分配的公平性改革是促进共享发展的直接且重要的制度路径。但是，收入分配所带来的经济绩效并不只限于此，它还通过促进人力资本积累而提升了创新能力和促进了技术进步，进而推动了经济社会的创新发展和绿色发展；通过扩大消费需求和投资需求而改善了需求结构，有益于实现经济的协调发展；通过促进技术服务贸易出口和提高国际分工地位而带来了贸易质量的提升，有益于开放型经济的高质量发展。

第二，收入差距的缩小有益于经济发展质量的提升，继续深化收入分配制度的公平性改革是新时期促进经济高质量发展的重要保障。从传导机理来看，收入分配公平性改革所带来的收入差距的缩小，通过促进创新发展、协调发展、绿色发展、开放发展和共享发展而最终提升了经济发展的质量。在实证研究中，表征收入差距的泰尔指数与构成经济发展质量综合指数的创新指数、协调指数、绿色指数、开放指数和共享指数之间均呈现出了显著的负相关关系，同时检验结果亦显示泰尔指数对经济发展质量指数带来了负向影响，且这一结论在替换检验方法和样本数据后依然稳健，因此收入差距的缩小能够有效促进经济发展质量的提升。

第三，收入分配改善对经济发展质量的影响力度在东部、中部和西部地区出现了依次递减的空间特征，其成因在于要素集聚和制度创新的空间差异。在分地区样本的检验结果中，泰尔指数对经济发展质量指数的负向影响出现了明显的空间差异，表现为影响力度在东部地区最强，中部地区次之，西部地区最弱。之所以出现这一差异，主要是因为东部地区相比于中部和西部地区在要素集聚和制度创新上具有先行优势，其丰富的劳动要素、物质资本和人力资本要素为收入分配改革发挥"质量效应"提供了有效的"载体"或"导体"，使得收入分配改善能够指向有效的受体并对其发挥即时性的激励作用，从而最终推动经济社会的高质量发展。

根据如上结论，通过深化收入分配制度的公平性改革来缩小城乡、区域和居民之间的收入差距，是进一步推动经济社会高质量发展的一个重要理论视角。首先，应以"五大发展"特别是共享发展为导向推进收入分配制度的公平性改革。应在分配起点坚持参与权利的平等原则，以使每一个经济主体在从事经济活动的起点都能够获得平等的就业和创业机会；应在分配过程中坚持按贡献分配的公平原则，以使每一种对经济活动和经济成果作出贡献的生产要素都能够按贡献大小得到应有的回报；应在分配结果中坚持救助弱势群体的正义原则，以使因客观条件而致贫的社会群体都能够享受到经济发展的成果。同时，应不断完善以住房公正、教育公正、医疗公正和就业公正为导向的公共政策体系，以使经济主体在获得收入增长的同时，也能够共享社会发展所提供的优质公共资源与服务。

其次，应注重要素"导体"的培育与建设，以使收入分配制度改革能够依托这些受体而发挥其对经济高质量发展的促进作用。在发展实践中，这些"导体"既可以是"人"，又可以是"物"，总之是优质的生产要素。这就要求制定和实施富有针对性和能够落到实处的公共政策来促进优势生产要素的集聚和积累，如制定包含提供优质教育、医疗、住房和薪酬在内的人才政策既可以激励本土拔尖人才的成长，又可以吸引外部高端人才的流入，而这将直接和间接地促进人力资本快速且有效地积累，有利于制度创新及其红利的释放；制定富有竞争性的税收、信贷和土地方面的优惠政策可以吸引资本要素的流入，有利于收入分配制度改革在改善需求结构中积极效应的显现。

最后，应发挥收入分配改革与其他政策在促进经济高质量发展中的"协同效应"。应在发挥收入分配公平性改革在提升经济发展质量中的重要作用时，同时注重财政政策、金融政策、教育政策以及市场化综合改革等政策制度的正向激励作用。这就要求积极推进财政、科技、金融、教育和市场机制等制度的配套改革，应继续完善财税体制中的"央－地"关系和"财权－事权"关系，继续加大基础研发和科学技术的财政投入和政策激励，继续推进金融普惠的广度和深度，继续完善教育质量的保障机制以及继续推进要素、行业和价格层面的市场化改革，以在制度改革中推动经济社会的高质量发展。

第四章 高等教育质量改革与 经济高质量发展

导语：从完善高等教育质量保障机制的角度来促进创新能力的提升，是重构中国经济增长动力长效机制和促进经济高质量发展的重要渠道。与上章收入分配制度改革影响经济高质量发展的逻辑相似，本章从高等教育质量改革的角度来探索其影响经济高质量发展的路径，内容上包括高等教育经济功能的演变、高等教育发展影响科技创新和经济发展质量的传导机制及对应的数量关系。研究发现：第一，从创新角度来看，高等教育质量改革通过培养创新人才和积累人力资本而为科技创新提供了智力支持，通过直接参与知识创造和科学研究而为科技创新提供了知识之源，通过提供科技攻关和咨询咨政等社会服务以及通过发挥知识的"外溢效应"而直接或间接地提升了科技创新水平。第二，从经济发展的"数量"角度来看，高等教育质量通过提升教育消费意愿、扩大教育投资规模为经济增长提供发展动力，是对经济发展产生影响的直接路径；高等教育质量通过提升总体人力资本水平、弥补各行业人才缺口为经济增长提供人才供应，是提升经济发展的间接路径；高等教育质量通过基础研究、应用研究和开发性研究为经济增长提供技术和创新保障，也是促进经济发展的间接路径。第三，从经济发展的"质量"角度来看，高等教育质量提升促进经济高质量发展的影响力度既全面又深远。首先，高等教育质量指数与创新发展、协调发展、绿色发展、开放发展和共享发展五类指数之间均存在着同向变化关系，且尤以创新发展与高等教育质量的关系为紧密。其次，高等教育质量提升及所带来的人力资本积累均显著地促进了经济的高质量发展，高等教育发展中的"数量扩张"和"质量提升"是"中国奇迹"的重要成因。最后，高等教育质量提升对经济发展质量的积极影响不因区域空间的改变而有差异，空间分布规律不明显。继续发挥高等教育在促进经济高质量发展和建设经济强国中的积极作用，应进一步推进旨在提升高等教育质量的制度改革，应促进更多旨在面向市场和国家发展战略的有效人力资本的积累，尤其应重视科学研究在高等教育质量提升中的重要作用和战略意义。

第一节　高等教育经济功能的机理与思想演变

从高速增长到高质发展，是中国在经历 40 年改革开放后基于成就与约束并存的现实所内生的一种重要转变。而以发展高等教育来促进有效人力资本的积累和科技创新能力的提升，则是实现这一转变的重要渠道。很明显，高等教育在促进发展方式转变中的作用，抑或其经济功能，在人口增长放缓、资源供应紧张和治污成本攀升的新常态下，将随着现代化经济社会体系的全面建成而愈发彰显。因此，尽管高等教育的本质在于通过促进学生的心智发展来实现其身心的"自由""解放"和"创新"（巴尼特，2012），但附着于这一终极追求下的经济功能，则同样重要而不可忽视。根据萨卡洛普洛斯（Psacharopoulos，1984）的研究，教育对经济增长的贡献率介于 1% ~ 23%，而这一指标在舒尔茨（Schultz，1962）的测算中甚至达到了 33%。那么，就理论而言，高等教育的经济功能是如何呈现的？在中国特色的高等教育发展实践中，高等教育的经济功能又经历了怎样的演变？基于此，本节以中国改革开放四十年的发展经验为样本，就高等教育经济功能的演变展开理论分析。

（一）本质内涵

就本质而言，高等教育的经济功能归属于高等教育政治论哲学的思想范畴。按照美国著名高等教育学家布鲁贝克（1987）的观点，高等教育哲学主要包括认识论和政治论两种思想观。其中，认识论哲学将自由追求知识和真理作为目的，且这种追求不受价值和利益的影响，而政治论哲学则坚持认为对知识和高深学问的追求必须考虑国家和社会的需要。相比于认识论哲学，政治论哲学更加强调高等教育活动的外在性、社会性和服务性。高等教育经济功能侧重于发挥高等教育活动对经济社会发展所带来的积极作用，因此，它作为政治论哲学观在现实中的具体呈现，自大学成立并确立其地位开始，就已经与认识论哲学"并足而行"了。此外，由于知识"外溢性"特征的存在，主张认识论哲学的高等教育活动参与者，在自由追求与分享知识和真理的过程中，其言行就早已"不经意地"给社会带来了外部效应。从这一层面来说，认识论哲学与政治论哲学，在最终归宿上总是会走向一种趋同。高等教育经济功能在理论与现实中的不可回避性，使得中国政府及其领导人更为理性客观和辩证务实地推崇政治论的哲学观。如在邓小平的主导和推动下，自1977年开始经过广泛而激烈的批判、反思和讨论后，逐步澄清了过去哲学思想上的一些混乱和误区，形成了具有中国特色的高等教育哲学理念，主张应正确认识和把握政治论高等教育哲学的精髓在于其生产性而非阶级性，同时应提升认识论高等教育哲学的地位。自此，具有"生产性"特征的经济功能，与"知识论"理念一起回到了各自在中国高等教育哲学观中的应有"位置"。

高等教育这一哲学理念的回归，不仅使知识分子得到了应有的尊重，对其定位由"臭老九"转向了"工人阶级的一部分"，还直接促发了施政纲领由"以阶级斗争为纲"向"科教兴国""人才强国"发展战略的转变，因此，它既改变了高等教育，又改变了整个社会，是改革开放以来中国教育领域取得的"最大成绩"（顾明远，2008）。由于这一巨大"功效"的存在，因此随着我国政治、经济、文化和社会不断进入新的历史发展时期，教育、尤其是高等教育被持续确定为经济和社会发展的战略重点之一（梁文明和张存群，2009），诸如"把教育摆在优先发展的战略地位"的文本表述，"教育制度是社会制度中具有基础性和根本性作用的重要组成部分"[①] 的基本认知，以及"通过发展高等教育来实施科教兴国战略、人才强国战略和建设人力资源强国"的政策逻辑，无不表明中国高等教育改革侧重于国家主义和经济主义的价值诉求，无不凸显高等教育经济功能在发展实践中所蕴含的巨大价值。基于发展实践所展开的大量实证研究大多表明，中国高等教育规模的扩大和教育质量的提升，均有效地促进了经济增长，高等教育发展是促进经济增长的关键（Ozturk，2001；梁文艳和唐一鹏，2013；罗来军等，2009；周永红和熊洋，2013）。这一观点得到了相关测算研究的验证，这些研究发现：在1952~1978年，中国教育对国民经济增长的贡献率为20.9%（靳希斌，2009）；而在1982~2004年，中国高等教育毛入学率平均每年增加1%，将会促使或引致GDP增长约712亿元（崔玉平，2007），足见高等教育经济功能的表现显著而强势。

从影响机制来看，高等教育发展主要通过人力资本积累所带来的技术创新而促进了经济增长。如许多经典文献均指出伴随着高等教育入学率的提高，经济将因人力资本积累的加快而得以快速发展，因此人力资本的培养

---

① 高等教育制度作为社会制度的重要组成部分，具有基础性、根本性的作用，只有教育率先实现现代化、达到先进水平，才能为建设社会主义强国、实现中华民族伟大复兴强基固本（范跃进和刘恩贤，2018）。

是高等教育发展对经济增长的重要贡献（Schultz，1962；Nelson & Phelps，1966；Romer，1986；Johansen & Arano，2016）。实际上，人力资本的这一重要贡献在于其近乎"无漏损"地提升了技术创新水平，这是因为受教育水平高或人力资本丰富的劳动要素更能有效地促进技术进步和创新提升（Barro & Sala-i-Martin，2004；邵宜航和徐菁，2017）。人力资本与技术创新之间的同向变化关系如此紧密，以至于在许多研究中总是将两者相互视为替代变量。如有实证研究将教育人力资本视同为技术创新的替代变量，指出相对于初级教育人力资本而言，高级教育人力资本主要通过技术创新而间接地影响了总产出（杜育红和赵冉，2018）。因此，人力资本或技术创新是高等教育促进经济增长的重要渠道。

强化高等教育在中国经济社会发展中的重要作用，并不是在高等教育哲学观中遵从"唯政治论"。片面、简单地以"适应和服务经济社会"作为高等教育的唯一目标，不仅会混淆社会的当前需要与长远需要，进而助长高等教育的短视行为，损害社会的长远利益，还会混淆学校特殊环境和社会一般环境的界限，降低学校的教育要求和学术目标，甚至容易导致高等教育的刻板模式和对学生个性的抹杀。因此，中国改革开放以来先后提出的一些政策命题或口号，如"教育是基础""教育先行""百年大计，教育为本""科教兴国"和"人才强国"等功利主义的价值诉求，并不能极端地理解为是忽视"认识论"哲学观的"唯政治论"，而应理解为是上层政府为了促进高等教育和经济社会的发展而采取的一种施政策略。因为将高等教育的经济功能制定为国家发展战略的"命题"或"口号"，有助于说服和动员各级政府高度重视高等教育的改革和发展，有助于大幅增加对高等教育的公共财政投入，以为全面提高教育质量创造更好的思想、物质与舆论条件（石中英和张夏青，2008）。

（二）运作机理

从理论上来说，高等教育经济功能的运作，抑或高等教育对经济发展的影响，可以纳入新古典经济学的供给框架下进行分析。在这一框架下，经济增长是由资本要素、劳动要素、技术创新和有效制度共同推动的。其中，资本要素既包括物质资本，又包括人力资本。且相对于物质资本而言，人力资本所发挥的作用更为强劲。不仅如此，在如上的所有推动因素中，按照人力资本理论的观点，经济发展主要取决于人力资本的积累，而非取决于自然资源的丰瘠与物质资本的多寡，这是因为人力资本作为体现在劳动者身上的一种资本类型，是劳动者知识、技术、能力和健康等方面的价值总和，只有实现人的综合素质的提高，才能带来更高效的投入产出比。很明显，高等教育由于肩负着培养高级人才的重任，因此是知识方法和技术创新的主要来源，是人力资本的重要创造者，促进高等教育的投资和发展能够带来有效人力资本的快速积累（Dawood & Mansoob, 2009；等）。根据这一推理，高等教育的发展从根本上推动了经济的快速增长，且这一传导作用将随着知识经济的发展而愈发明显。这一观点得到了绝大部分研究的论证和支持①，比如：舒尔茨（1961）和登申（Dension, 1962）认为以高等教育为核心投资途径的人力资本在很大程度上解释了长期困扰经济学家的"增长余值"问题；卢卡斯（Lucas, 1988）将人力资本分为接受学校教育获得的一般性人力资本和"干中学"获得的专业性人力资本，通过比较后发现一般性人力资本不仅能够直接促进经济增长，而且还决定着专业性人力资本的规模、速度和质量，因此，学校教育在经济增长中的作用更值得重视；从教育质量的角度，周永红和熊洋（2013）发现高等教育质量的提升会使一个国家的人力资本水平达到一个较高的水平从而推动经济增长。因此，高等教育经济功能的发挥主要是通过促进人力资本的积累来实现的，而这一机制又将从微观上提升劳动者的技能，从中观上促进产业结构升级以及从宏观上提升技术创新能力得以具体体现，见图4-1。

图4-1 高等教育经济功能的运作机理

首先，从微观层面来看，高等教育通过提升受教育者的生产技能和扩大其就业机会而促进了经济的快速增长。一方面，高等教育因其知识供给的复杂性、专业性和多维性而提升了受教育者的学习方法、专业技能和职业素养。高等教育通过开设必要的职业培训，使受教育者的劳动技能随着知识的不断更新而得以提高，使其能够适应经济形势和技术要求的不断发展变化；高等教育通过提高整体受教育者的科学文化水平，而为先进工艺

---

① 少部分观点认为教育发展在特定阶段会带来负向收益，如克鲁格和林达赫尔（Krueger & Lindahl, 2001）等的研究。

的推广、科学文化的传播以及科学管理方法的实施创造了有利的条件，有利于整个社会创新能力的提升和生产效率的提高（刘自成，2017）。因此，高等教育使受教育者在增加知识、技能和素养的同时，能够不断积累人力资本和提高劳动生产率，进而带来社会总产出的快速增长（Schultz，1962；姚先国和张海峰，2008）。另一方面，高等教育学制设计的层次性和知识学习的递进性，使受教育者能够胜任不同产业形态的职业，并使其具备从事多种工作或职业的能力，而这则无疑拓宽了其劳动参与的"广度"，或者说，增加了其就业机会和职业转换率，有利于劳动市场中人才供求之间的有效匹配，这对于个人收入和社会产出增长的稳定不无裨益。综合而言，社会总产出的增长依赖于微观个体不断增长的才能、创新、知识、技能和经验，而这些禀赋的拥有又可以为其带来大量的就业机会和更多的丰厚回报。因此，高等教育的获取成为经济增长的重要促进因素。

其次，从中观层面来看，高等教育通过促进产业结构升级和新兴行业发展而推动了经济的高质量增长。在推进产业结构升级和培育新兴行业的过程中，高等教育的经济功能发挥着"直接效应"和"间接效应"。其中，"直接效应"是指高等教育的发展直接带来了教育及其相关行业的兴起与发展。由于高等教育能够在带来受教育者生产技能提升和就业机会增加的过程中，不断提高其收入报酬和社会地位，因此投资于高等教育具有丰厚且稳定的收益回报率，这将吸引越来越多的潜在受教育者对高等教育进行投资，从而带动高等教育乃至整个教育行业的发展（周永红和熊洋，2013）；不仅如此，一些与此相关的知识性行业，诸如印刷、传媒和电子等行业也将得到"引致性"发展，而这些行业由于具备更多的知识和技术含量，因此将进一步带来经济增长质量的提升。"间接效应"则是指高等教育在促进人力资本积累的过程中，受教育者由于掌握了更多的知识、技能与素养，因而逐渐脱离了单一产业形态下的简单劳动，而不断向更高级产业形态下的复杂劳动趋进的过程。从经济发展的历史脉络来看，由农耕时代向工业时代再向知识时代的迈进，正是高等教育的规模不断扩张、质量不断提升的历史过程。是教育所带来的知识传播与发扬，才促进了人力资本的积累；是高等教育的层次结构才带来了人力资本的结构，并推动了产业结构的优化升级（杨宇轩，2012）。因此，古伊山等（Guisan et al.，2001）认为发达国家之所以能够成功地实现工业化，主要应归功于高等教育的发展。高等教育的发展直接促进了人均劳动生产率的提高和经济结构的优化，进而带来了高质量发展。

最后，从宏观层面来看，高等教育通过促进基础研发和提升技术创新而带来了经济的持续增长。不同于初等教育侧重于提高劳动者的基本素质和中等职业教育侧重于提高劳动者的基本技能，高等教育因其对国家基础研发和技术创新具有关键影响而带来了经济的可持续增长（Romer，1990；Barro，2001）。高等学校主要学术人员所从事的基础理论研究，不仅能够促进专业知识的传承与创新，从而带来社会整体知识水平的提高和思考能力的提升，还能够以此为指导促进基础理论向生产实践的有效转化，并最终带来创新产品的生产、创新技能的运用和科学技术的进步。除此"直接影响"外，高等教育所传承和创新的基础知识和专业知识，还因其具有"外溢性"而通过内在效应和外在效应使产品和服务的生产过程本身产生了递增的边际收益，并促进了资本和劳动力等其他物质要素的收益增长，因而对经济社会带来了"间接影响"（Romer，1990）。这一影响机制得到了蔡增正（1999）的研究佐证，他发现高等教育在促进经济增长的过程中具有正向且可观的"外溢效应"。可以认为，高等教育中的专业知识传承和基础理论研究，是整个社会技术创新的源头；推动高等教育的发展才能带来研发水平的提高和创新能力的提升，并最终带来经济的持续增长。

除上述渠道外，高等教育还通过提高受教育者的综合素质而减少了社会暴力，增进了社会文明，从而使人际关系更为融洽、政治局势更为和谐和社会结构更为稳定（Lipset，1960），有利于营造良好的生存空间和生产环境，带来经济的稳定发展。值得一提的是，高等教育经济功能是否有效发挥，应以高等教育是否能够适应经济社会的发展为前提。随着高等教育"政治论"哲学理念的不断摆正与全面展开，高等教育已经开始越来越紧密地关联着经济社会的改革与发展，既受其制约，又为其服务。这就要求高等教育在总体上必须不断适应于经济社会的改革与发展，在区域层面则应因地制宜以协调其与区域经济的发展节奏（艾丽和石刚，2010）。高等教育只有适应和协调经济社会的发展，才能促进经济增长，否则就会阻碍经济增长（蒋义，2010）。比如就中国的发展现实而言，相对于对教育投入的承担能力，高等教育规模的急剧扩张导致了教育质量的滑坡，使得在经济增长较快的情况下，部分受教育者仍难以实现就业，带来了所谓的"教育悖论"（罗来军等，2009）。

（三）思想演变

以改革开放以来的发展实践为样本，中国高等教育事业的发展及经济功能的演变，按照不同的划分标准呈现出了不同的逻辑脉络。如根据目标导向的不同，高等教育规模扩张先后经历了以"经济建设"为导向的"精英化发展阶段"，以"政府和市场"双导向的"跨越式发展阶段"和

"内涵式"扩张的"大众化发展阶段"①；以制度变迁模式为标准，高等教育制度变迁经历了1978年之前的僵滞阶段、1978年之后政府主导下的强制性制度变迁阶段，以及20世纪90年代后期开始的高校主导的诱致性变迁阶段（王宝玺，2008）；以改革周期为标准，高等教育改革可以划分为1978～1984年的酝酿与恢复发展时期、1985～1992年的起步与稳步发展时期、1993～1998年的全面展开与快速发展时期以及1999～2008年的持续深入与质量全面提升时期②；以市场经济体制的建立为节点，高等教育事业的发展经历了1977～1991年的拨乱反正和改革开放初期、1992～2009年的深化改革开放时期两个阶段。③ 客观而言，以如上标准来理解中国高等教育事业发展演变的逻辑，能够相对较为直观而清晰地观测高等教育在不同阶段的发展状况；但要更为全面、深刻而根本地把握高等教育发展及功能演变的逻辑体系，则应从权威而连贯的、具有"思想发源地"特征的文本表述中进行梳理。很明显，这一文本集中体现在国家主要领导人的讲话和著述中。其中，与新中国成立后高等教育发展相对应的高等教育思想，集中体现在由毛泽东、邓小平、江泽民、胡锦涛和习近平有关高等教育的重要论述中（刘尧，2011）。改革开放以来，党和政府始终站在时代的高度，以科教兴国和人才强国为基本理念，在推动高等教育大众化、高质化和均衡化中与时俱进，提出了系统的教育辩证发展观和科学的教育发展理念，成为中国特色社会主义理论体系中的重要组成部分，对理解高等教育事业发展和经济功能的演变具有重要的学术意义。

---

① 政府、市场和大学自治是推动高校运行的动力机制，三股力量博弈之下出现了高等教育规模的动态变迁。在我国高校动态扩张过程中政府力量始终占居主导地位，"精英化发展阶段"市场力量开始介入，大学自治萌芽；1999年的大规模扩招阶段市场力量不断增强，与政府力量一同成为高等教育规模跨越式发展的主要诱因，大学自治力量微弱；2006年后高校扩张规模逐渐收缩，注重质量的"内涵式"发展道路的选择是政府、市场和大学自治三方力量博弈的结果，市场化和民主化的双重取向将成为我国高等教育变革发展的必然趋势（赵红霞和李赛琦，2014）。

② 改革开放以来我国教育改革从根本上说具有社会性和政治性，是对不同历史时期社会发展需求的政策表达；教育改革的根本动因不在于教育自身，而在于社会经济和科技进步提出的客观需要；教育改革采取的是自上而下的路径；教育改革的价值诉求明显侧重于国家主义和经济主义等（石中英和张夏青，2008）。

③ 在1977～1991年的拨乱反正和改革开放初期，在"以经济建设为中心"思想的指导下，"'经济论'中心论"取代"'政治论'中心论"成为高等教育发展观的主要内容，"中心城市大学"、"联合办学"、"教学、科研、生产联合体"成为大学办学模式的新举措，高等教育的"内部规律"和"外部规律"说取代了充满政治斗争色彩的"上层建筑"理论。在1992～2009年的深化改革开放时期，在"建立有中国特色社会主义高等教育体系"思想的指导下，建设"世界一流大学"和实现"大众化高等教育"几乎同时成为高等教育的跨越式发展目标，以科研为中心的"研究型大学"和为大众化目标服务的"巨型大学"代表着两种新型大学模式的探索（陈学飞和展立新，2009）。

从目标定位来看，高等教育应适应于经济社会发展的要求，并为社会主义现代化建设培养和储备专业人才。面对经济比较落后的基本国情，江泽民同志指出，"我们必须立足于这个实际，深化教育改革，使我们的教育结构和教育体制适应社会主义市场经济发展和社会全面进步的要求"①，"培养同现代化要求相适应的数以亿计高素质的劳动者和数以千万计的专门人才，发挥我国巨大人力资源的优势，关系 21 世纪社会主义事业的全局"。② 此后，在 1998 年 5 月的北京大学百年校庆大会上，江泽民同志又强调"我们的大学应该成为科教兴国的强大生力军。应与经济社会发展紧密结合，为现代化建设提供各类人才支持和知识贡献。这是面向 21 世纪教育改革和发展的方向"。③ 高等教育从目标上应适应并服务于经济社会的发展，因此被定位为"民族振兴、社会进步的基石，是提高国民素质，促进人的全面发展的根本途径，寄托着亿万家庭对美好生活的期盼"④"事关国家发展、事关民族未来"⑤，而大力发展教育事业，也就成了"全面建设小康社会、加快推进社会主义现代化、实现中华民族伟大复兴的必由之路"⑥，具体而言，"高等教育要紧紧围绕实现"两个一百年"奋斗目标、实现中华民族伟大复兴的中国梦，源源不断培养大批德才兼备的优秀人才"。⑦由于有此目标定位，因此高等教育的培养模式不可能脱离经济社会的需求而"自娱自乐"，而应以培养国家和社会需要的专业人才为目标，不断地适应并服务于经济社会的发展。

从具体使命来看，高等学校应培养服务人民、服务国家和服务社会的高级专门人才。尽管在不同的历史时期，高等学校所培养的人才类型因意识形态、经济背景和社会结构等因素的不同而具有不同的称谓，但就共性而言，都是服务人民、服务国家和服务社会的高级专门人才，而这一指向也就成了高等学校一以贯之的重要使命。在 20 世纪 80 年代，高等学校的使命在于"造就宏大的又红又专的工人阶级知识分子队伍"，要求"掌握和发展科学文化知识和各行各业的新技术新工艺""创造比资本主义更高的劳动生产率"，以"把我国建设成为现代化的社会主义强国，并且在上

---

① 中华人民共和国教育部、中共中央文献研究室：《毛泽东邓小平江泽民论教育》，中央文献出版社、人民教育出版社、北京师范大学出版社 2002 年版，第 250 页。

② 江泽民：《江泽民文选（第二卷）》，人民出版社 2006 年版，第 1 页。

③ 江泽民：《江泽民文选（第二卷）》，人民出版社 2006 年版，第 123 页。

④ 胡锦涛：《在全国教育工作会议上的讲话》，载于《人民日报》2010 年 9 月 9 日，第 2 版。

⑤⑦ 习近平：《习近平致清华大学建校 105 周年贺信》，载于《人民日报》2016 年 4 月 23 日，第 1 版。

⑥ 胡锦涛：《在全国教育工作会议上的讲话》，载于《人民日报》2010 年 9 月 9 日，第 2 版。

层建筑领域最终战胜资产阶级影响"。① 在 20 世纪 90 年代，高等学校的使命则在于"一方面要为国家培养大批高级专门人才，另一方面又要面向广大农村和基层企事业单位，培养大量急需的各种中级、初级技术人才，经营人才和管理人才"②，"要积极面向经济建设主战场，研究解决经济社会发展中的重大理论和实践问题，促进科技成果向现实生产力转化，成为知识创新、技术创新和高新技术产业化的重要方面军"。③ 进入 21 世纪后，高等学校的使命则在于"把促进学生健康成长作为学校一切工作的出发点和落脚点，全面贯彻党的教育方针，坚持育人为本、德育为先、能力为重、全面发展，着力增强学生服务国家服务人民的社会责任感、勇于探索的创新精神、善于解决问题的实践能力，努力培养德智体美全面发展的社会主义建设者和接班人"。④ 在全面建设小康社会的新征程和新时代下，习近平总书记传承和创新了中国特色社会主义高等教育思想的理念，指出高等学校的使命在于"努力培养出更多更好能够满足党、国家、人民、时代需要的人才"⑤，既强调高等教育是"为人民服务、为中国特色社会主义服务、为改革开放和社会主义现代化建设服务的"⑥，又创新性地提出"高等教育发展方向要同我国发展的现实目标和未来方向紧密联系在一起，为人民服务、为中国共产党治国理政服务、为巩固和发展中国特色社会主义制度服务、为改革开放和社会主义现代化建设服务"。⑦

从经济功能来看，高等教育是提升科技水平的基础，而科技进步则是促进经济增长、推进现代化和增强综合国力的关键。自改革开放以来，领导人在其讲话和著述中均强调高等教育的重要功能在于提升科技水平，或者说，高等教育是科技进步的基础；而发展科技的目的则在于短期内促进国民经济增长、中期内增强综合国力、长期内推进社会主义的现代化。首

① 邓小平：《邓小平文选（1975—1982）》，人民出版社 1983 年版，第 101 页。
② 江泽民：《在庆祝北京大学建校一百周年大会上的讲话》，载于《人民日报》1998 年 5 月 5 日，第 1 版。
③ 《江泽民文选（第 2 卷）》，人民出版社 2006 年版，第 335 页。
④ 胡锦涛：《在庆祝清华大学建校 100 周年大会上的讲话》，载于《人民日报》2011 年 4 月 25 日，第 2 版。
⑤ 习近平：《在北京市八一学校考察时的讲话》，载于《人民日报》2016 年 9 月 10 日，第 1 版。
⑥ 习近平：《做党和人民满意的好老师》，载于《光明日报》2014 年 9 月 10 日，第 1 版。
⑦ 习近平：《把思想政治工作贯穿教育教学全过程开创我国高等教育事业发展新局面》，载于《人民日报》2016 年 12 月 9 日，第 1 版。

先，从短期来看应通过发展教育来提升科技水平并进而促进国民经济的增长。在1978年的全国科学大会开幕式上，邓小平同志指出"没有科学技术的高速度发展，也就没有可能有国民经济的高速度发展……科学技术人才的培养，基础在教育"。[①] 其次，从中期来看，"我们国家要赶上世界先进水平，……要从科学和教育着手"[②]"要通过大力发展教育事业，努力培养造就数以亿计的高素质劳动者，数以千万计的专门人才和一大批拔尖创新人才，加快转变经济增长方式，坚持走中国特色新型工业化道路，增强我国发展后劲和国际竞争力"[③]，因此，"高等教育发展水平既是一个国家发展水平的重要标志，也是国家发展潜力的重要标志；我们提高高等教育发展水平，就是提升国家核心竞争力"[④]"中国的未来发展，中国民族的伟大复兴，归根结底靠人才，人才培养的基础在教育"。[⑤] 最后，从长期来看，社会主义现代化这一远景的实现，"关键是科学技术要能上去。发展科学技术，不抓教育不行"[⑥]，"必须把教育摆在优先发展的战略地位，努力提高全民族的思想道德素质和科学文化水平"[⑦]，因此，"高等教育的发展程度和发展质量，不仅影响整个教育事业，而且关系到社会主义现代化建设的未来"。[⑧]"大力发展教育事业，是发挥我国人力资源优势、建设创新型国家、加快推进社会主义现代化的必然选择"。[⑨]毋庸置疑，以邓小平、江泽民、胡锦涛和习近平总书记为首的这些讲话和著述，对改革开放以来不同时期高等教育事业的发展及经济功能的具体发挥，起到了决定性的引领作用，对中国高等教育的改革及经济的快速发展"奏响了序曲"。

从方针政策来看，为了发展高等教育事业，应坚持科教兴国战略和教育优先发展战略。首先，科教兴国战略是在我国经济发展相对落后的基本

---

① 邓小平：《在全国科学大会开幕式上的讲话》，载于《人民日报》1978年3月22日，第1版。

② 中共中央文献研究室：《邓小平论教育》，人民教育出版社1995年版，第29页。

③ 胡锦涛：《在全国教育工作会议上的讲话》，载于《人民日报》2010年9月9日，第2版。

④ 习近平：《把思想政治工作贯穿教育教学全过程开创我国高等教育事业发展新局面》，载于《人民日报》2016年12月9日，第1版。

⑤⑨ 胡锦涛：《在全国优秀教师代表座谈会上的讲话》，载于《人民日报》2007年9月1日，第1版。

⑥ 中共中央文献研究室：《邓小平论教育》，人民教育出版社1995年版，第25页。

⑦ 《江泽民文选（第一卷）》，人民出版社2006年版，第233页。

⑧ 《江泽民参加四所交通大学负责人座谈会的讲话》，载于《光明日报》1996年3月28日，第1版。

国情下，在科学判断科学技术对经济社会发展具有内在而持久推动力的基础上，党和政府高瞻远瞩所制定的一项发展大计。按照江泽民同志在1995年全国科技大会上的解释，"科教兴国，是指全面落实科学技术是第一生产力的思想，坚持教育为本，把科技和教育摆在经济、社会发展的重要位置，增强国家的科技实力及向现实生产力转化的能力，提高全民族的科技文化素质"①，而"实施科教兴国战略，高等教育是非常重要的一环。大学办得好不好，直接影响社会主义现代化建设"，因此高等学校是"科教兴国的强大生力军"。② 其次，以科教兴国战略为支撑的教育优先发展战略，是在科学判断教育经济功能和精准定位教育基础地位的前提下，党和政府从顶层出发所提出的大力发展教育事业的正确方针。"教育是发展科学技术和培养人才的基础，在现代化建设中具有先导性全局性作用，必须摆在优先发展的战略地位"③，"坚持把教育摆在优先发展的战略地位，是我们党和国家提出并长期坚持的一项重大方针"④，要求"在整个社会主义现代化建设过程中，教育优先发展的战略地位必须始终坚持，不能动摇"，否则"就会丧失时机，贻误大事，就要犯历史性的错误"。⑤ 因此，坚持科教兴国战略和教育优先发展战略，从国家经济社会整体发展的角度重视高等教育发展，增加对大学的投入，解决大学的持续发展和水平提高问题，是促进国民经济增长、增强综合国力和推进社会主义现代化建设的重要保障。

第二节　高等教育质量改革的"创新效应"

中国经济由要素投入型的粗放式增长向创新驱动型的高质量发展的方式转变，是在渐进式改革的探索中基于成就与约束相并存的现实所催生的一种内在变革。而以发展高等教育来促进有效人力资本的积累和科技创新能力的提升，则是实现这一转变的重要渠道。这是因为：创新从根本上来

---

① 中共中央文献研究室：《江泽民论有中国特色社会主义（专题摘编）》，中央文献出版社2002年版，第232页。

② 江泽民：《考察北京大学时的讲话》，载于《人民日报》1998年4月30日，第1版。

③ 江泽民：《江泽民文选（第三卷）》，人民出版社2006年版，第562页。

④ 胡锦涛：《在中央政治局第三十四次集体学习会议上的讲话》，载于《人民日报》2006年8月31日，第1版。

⑤ 中华人民共和国教育部、中共中央文献研究室：《毛泽东邓小平江泽民论教育》，中央文献出版社、人民教育出版社、北京师范大学出版社2002年版，第247页。

说是由"人"这一主体所从事的对制度和要素进行重组和革新的综合性活动，它应以一定的知识、技能、信息、文化和素养等要素或禀赋的积累和储备为基本前提。很明显，高等教育以其丰富的学科门类、前沿的专业知识和高端的师资人才而为"人"的创新活动提供了重要的支撑平台，它既"是我国培养高层次创新人才的重要基地"，又"是我国基础研究和高技术领域原始创新的主力军之一"，更"是解决国民经济重大科技问题、实现技术转移、成果转化的生力军".[①] 高等教育在促进科技创新能力提升和实现经济高质量发展中的关键作用，在人口增长放缓、资源供应紧张和治污成本攀升的新常态下，将随着高等教育质量改革而愈发彰显。那么，高等教育质量改革将如何影响科技创新？高等教育质量的变动又带来了怎样的"创新效应"？

（一）高等教育质量改革影响科技创新的传导机制

已有文献对于创新为何会发生这一问题的解释，主要从创新需求和创新供给两个方面作了大量的理论分析和实证研究。其中，从创新需求的角度来看，创新性产品市场需求规模的扩大和需求结构的优化，不仅能够有力地激发企业的创新意愿（Schmookler，1966），还能够有效地降低企业的市场风险（Vernon，1966），更能够极大地增加企业的经营利润（Nelson & Winter，1982）。因此，市场需求规模的大小和结构的优劣直接决定了新产品的销售量和创新理念的实现，是拉动创新的外在力量（Zweimuller & Brunner，2005；Edler & Georghiou，2007；范红忠，2007）。但是，市场规模和结构在逻辑上只是需求层面影响创新的直接原因，导致规模大小和结构形成的收入分配制度才是影响创新的深层次原因。其机理在于：低收入阶层不能承担非生活必需品的消费需求，而高收入阶层则倾向于消费个性化定制的产品，只有中等收入阶层才是消费标准化的工业创新产品的主要力量，因此，中产阶层和高收入阶层的比重越高，越有利于国家的科技创新（Sokoloff & Zorina，1990）。不过，收入分配对科技创新的影响，在实证研究中由于采用不同的分析样本而有可能得出具有差异的结论，如有观点认为收入不平等的加重能够有效激发企业的创新动力，因而有利于科技创新（Foellmi & Zweimuller，2006）；亦有与此完全相反的观点则认为收入不平等的加重不利于科技创新能力的提升（Greenwood & Mukoyama，2001；Young，1993；张杰和刘志彪，2008）；还有观点则认为收入不平等对科技创新的影响并不只是简单的线性关系，它将随着发展阶段的变化而

---

① 参阅"国家中长期科学和技术发展规划纲要（2006~2020年）。

有可能形成或正或负的数量关系（王俊和刘东，2009；李平等，2012；李子联和朱江丽，2014）。

如果说市场需求是创新提升的外在拉力，那么创新供给则是创新提升的内在推力。从机理来看，基础研究与实验发展领域的人员投入和资本投入是科技创新能力提升的主要源泉（权晓虹和沈体雁，1999），而高等教育的发展则为研发人员创新能力的培育和提升提供了重要的支撑。因此，不管是熊彼特的创新理论，还是舒尔茨的人力资本理论，创新的源泉最终都将归于教育特别是高等教育。在创新实践中，尽管创新往往表现为企业的一种逐利活动，但就根本而言，企业技术创新的主体依然来自高等教育的接受者，且创新活动依然需要获得高校或科研机构的智力支持（石丽和陈万明，2015）。高等教育发展对科技创新所带来的作用具体表现在：高等教育通过提高整体受教育者的科学文化水平，而为先进工艺的推广、科学文化的传播以及管理方法的实施创造了有利的条件，有利于整个社会创新能力的提升和生产效率的提高（刘自成，2017）；高等教育发展所带来的知识传播与发扬，总量上促进了人力资本的积累，结构上则丰富了人力资本的层次，最终促进了高新技术产业的发展和推动了产业结构的优化升级（杨宇轩，2012）。这正如吉桑（Guisan et al.，2001）所指出的：发达国家之所以能够成功地实现工业化，主要应归功于高等教育的发展（Guisan et al.，2001）。因此，高等教育的发展提升了微观个体的创新能力，最终带来了中观层面高新技术产业的发展以及宏观层面国家或区域创新能力的提升（Fritsch，2002；Benneworth & Sanderson，2009；李子联，2020）。

客观而言，已有文献主要从"数量"的角度对高等教育发展影响科技创新的传导机理作了大量的理论分析和实证研究，这为本章的深化研究提供了可供借鉴的研究思路与理论认知。但遗憾的是，注重于从高等教育质量的角度所展开的直接研究看似丰富，实则极少出现在文献之中，这在经济社会向高质量发展转型的新时期，无疑是一种理论上的滞后和研究上的缺位。仅有的直接分析这一主题的文献研究发现教育质量对地区创新能力具有显著的促进作用（郝洁，2017）。更多的文献则间接地见之于高等教育质量对经济增长的影响、高等教育发展水平对创新的影响等主题的研究中。这些文献体现在在构建内生经济增长理论模型探讨教育质量对经济增长的影响逻辑（罗来军等，2009）、综述教育质量影响经济增长的机理（梁文艳和唐一鹏，2010）、运用省际面板数据研究教育质量对个人高等教育选择进而对经济发展的影响时（周永红和熊洋，2013），间接地涉及了高等教育质量对科技进步或技术创新的影响，且发现前者对后者具有显著的促进作用。此外，亦有文献在分析区域高等教育发展水平对创新水平的影响时也间接地揭示了这一作用机制具有显著的正效应（吕艳和胡娟，2010）。综合而言，已有研究较少就高等教育质量改革对科技创新所带来的效应展开直接的分析，同时，考虑地区差异从省市层面来分析高等教育质量影响科技创新的文献也较为少见。不仅如此，仅有的相关主题的研究也只是侧重于分析高等教育发展与科技创新之间的简单数量关系，而对于高等教育质量改革影响科技创新的作用机制则极少涉及，这为本节就这一主题展开深化研究提供了可行空间。

从内涵来看，高等教育质量可以被抽象化地概括为高校里进行某种教育活动的目标所达至的水平（托斯坦·胡森，1987）。若以高等教育满足不同对象的需求作为目标达成程度的考量，则高等教育质量可以分为个人本位为主、知识本位为主和社会本位为主的高等教育质量（胡建华，2005）。在这一标准中，高等教育水平的高低和受教育者能力的强弱，取决于是否有效地完善了个人、创新了知识和服务了社会。基于这一理解，高等教育质量改革影响科技创新的传导机制也就可以相应地概括为：高等教育质量改革通过培养创新人才和积累人力资本、通过直接参与知识创造和科学研究、通过提供科技攻关和社会服务而多层次、全方位地提升了区域的科技创新水平（赖德胜等，2015；何宜庆和吴铮波，2019）。在这一传导机制中，高等教育质量改革所带来的"创新效应"在呈现出"直接效应"和"间接效应"的同时，又交融性地显现出了"内在效应"和"外溢效应"，见图4-2。

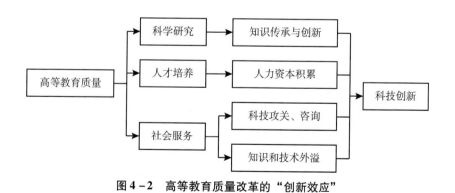

图4-2 高等教育质量改革的"创新效应"

第一，高等教育质量改革通过促进有效人力资本的积累而提升了一国科技创新的水平。从内涵上来看，人力资本通常被界定为一种具备知识、技术、信息和文化等禀赋的有效劳动要素，人力资本的形成必须经过特定的知识教育、技能培训和经验积累才更有可能达成。在这一过程中，高等教育以其丰富的学科门类和专业的学科知识而为多样化、专业化人才体系的形成奠定了基础，因此是促进人类知识进步的重要场所，是社会专用型人力资本和通用型人力资本形成和积累的重要来源（孙志军，2004）。不同于高等教育数量扩张只是带来了受教育者人数的增加，高等教育质量改革能够在单位教育资源投入中带来更多高效率和高素质的人才产出，因而能够更为有效地提升一国或地区的整体人力资本水平，而高质量人力资本的快速积累则进一步促进了科技创新能力的提升（Benhabib & Spiegle，1994；Audretsch，1996；Moretti，2004；Luis，1996；Madsen，2014；张涛和张若雪，2009；檀慧玲，2010；姚东旻等，2017）。其作用机制主要表现在：首先，人力资本的存量越多以及人力资本的质量越高，整个社会对新知识的认知能力、吸收能力和整合能力就越高，在此基础上将新知识转化为新产品、新技术和新方法的概率也就越大，科学技术的原始创新和再创新也就越有可能实现（March，1991）。其次，优质高等教育的接受者往往具有较强的学习精神和研究精神，而这又往往伴随着较强的创新能力和创新精神，这些品质有利于其在熟练掌握某个领域内基本工具以及该领域操作流程的基础上进行旨在提质增效的改革和创新（吴延兵和刘霞辉，2009）。最后，人力资本水平较高的员工不仅能够实现组织的技术专业性和多样性（Hayek，1945），还更有可能对现有的流行标准和固定模式提出疑问（Tushman & Anderson，1986），使组织能够在接触到更广泛、更先进技术前沿的基础上实现新知识吸收和利用能力的增强（Hill & Rothaermel，2003）。综上，高等教育质量改革所带来的人力资本的积累有效地促进了一国科技创新水平的提高。

第二，高等教育质量改革通过促进知识创造而为一国科技创新提供了知识之源。高等院校不仅是知识传播和培养人才的"主阵地"，更是知识创造和科学研究的"发源地"。高等院校以其直接参与知识创造和科学研究而为科技创新提供了源源不断的智力支持，这是因为：一方面，高等院校拥有完备而专业的科学研究团队，能够对不同学科领域出现的重大理论和现实问题展开长期的追踪式研究，而在这一过程中产出的论文、报告和专利等科技成果则成为区域科技创新中新产品、新技术、新方法和新知识的重要来源，同时这些优秀成果通过校企合作或技术转让等方式而直接为区域科技创新提供了技术支持，因此高等院校研究人员所从事的原创性基础研究、理论研究和科学实验是知识创新的源泉，是社会生产力直接而重要的构成部分（柳翔浩，2018）。另一方面，高等教育拥有专一而充足的科学研究经费，能够为科学研究和知识创造的顺利开展提供稳定而坚实的资金支持。从硬件来看，科技创新的提升必须有完备的基础设施、丰富的研究资料和先进的研究设备，高等院校通过投入必要的专项经费，既能够在过程上促进科学研究的顺利推进，又能够在结果上对科研人员形成有效的激励，从而使知识创造和科技创新在"人－物"要素相融的过程中实现螺旋式上升，并最终通过技术转化而成为促进社会经济发展的直接生产力（钟之阳和周欢，2018）。不仅如此，高等院校的研究团队在直接从事知识创造和科学研究的过程中，能够形成有效的"带动效应"，即研究团队中的领军人才或高层次人才会在日常研究活动中带动其他成员研究水平的提高，这些成员在进入其他创新型团队后又将吸纳和带动更多的能在短时间内掌握该创新技术的一般人才，最终带来科技创新水平的提高（Black et al.，2014）。很明显，在多层次人才队伍中，"领头羊"式的领军人才在推动科技创新中的"带动作用"，与高等教育质量改革密不可分。只有提升高等教育质量，才更有可能在高等教育中培养出知识体系完备、研究视野开阔和研究方法先进的专业人才。

第三，高等教育质量改革通过提供科技攻关和咨询咨政等社会服务、通过发挥知识的"外溢效应"而直接或间接地提升了一国的科技创新水平。从直接渠道来看，与通过人才培养促进人力资本积累、通过科学研究促进知识创造而带来科技创新水平的提高一样，高等教育质量改革在提供更为有效的科技攻关和更高质量的咨询咨政等社会服务中亦直接促进了科技创新能力的提升。这一直接影响的传导机理表现在：高等院校能够在培养人才和从事科学研究的过程中，主动对接区域经济社会发展的重大战略和现实需求，通过建立学科专业的类型、层次、课程和研究方向的动态调整机制来主动提高人才培养和科学研究与区域经济社会发展的契合度，以在与政府、企业以及其他院校的紧密合作中，通过提供重大科技攻关研究和咨询咨政服务而为国家、区域、行业发展中的重大需求和关键问题提供创新性的解决方案（郝峰，2017），并最终以可复制的方案成为科技创新的重要来源。[①] 从间接渠道来看，高等教育质量改革通过社会服务所带来的科技创新的提升亦体现在知识技术对其他机构和群体的"外溢效应"中。知识技术之所以具有"外溢效应"，是因为知识技术具有非排他性和非竞争性的公共产品属性。新知识和新技术一旦被优质高等院校或科研团

---

① 从发达国家的科技发展史来看，许多带动国民经济发展的重大科技突破都是依托高等院校产生的，影响人类生活方式的重大科研成果70％都来自于高等院校（韦钰，2000）。

队"生产"出来后，能够很快被其他高等院校、企业及研究团队所学习吸纳，从而形成一种由内而外的"外溢效应"。这种超出单个组织需求规模的知识要素将最终外溢至整个社会组织，并最终带来地理区域内整体创新能力的提升（权晓虹和沈体雁，1999）。因此，自高等院校在直接参与人才培养、科学研究和知识创造之始，就已经开始由其所带来的知识外溢而为社会提供了一种"不为人知"的公共服务，而后者则显然带来了整个社会科技创新能力的提升（Anselin et al.，1997；Kirchhoff et al.，2007；梁军和赵青，2018）。

（二）高等教育质量影响科技创新的典型事实

以上述传导机制的分析为基础，本节实证研究的思路是：建立以科技创新为被解释变量、以高等教育质量为解释变量、以消费需求等变量为控制变量的面板数据模型，从全国、地区和主体三个层面来综合检验高等教育质量影响科技创新的时空差异。

首先，对于被解释变量科技创新的度量，已有研究主要从创新要素投入和创新成果产出两个方面进行了替代性处理。其中，在创新成果产出的指标中，尽管有诸如科技论文发表数、科技著作出版数、科技成果登记数、专利申请受理数与专利申请授权数等指标可供选择，但就合理性和可靠性而言，各类专利应当是创新成果产出的较好体现形式（Griliches，1990；Archibugi，1992）。尽管它不能完全反映创新成果和创新质量，但却依然是可用于经济社会的内生发明知识的唯一最可靠的历史指标（Luis，1996），因此，本章首先借鉴已有研究文献的处理方法（梁军和赵青，2018；宋旭光和赵雨涵，2018），采用国内专利授权数来作为主要被解释变量。然后基于统计年鉴的可得数据，采用专利申请数来度量不同创新主体的科技创新水平。在我国创新实践和统计制度中，专利申请主体主要包括高等院校、科研机构和企业研发部门三大研发主体的科研人员。从统计数据来看，这些人员普遍具有较高的学历，或者说各类研发主体拥有高等教育经历的研究人员占比普遍较高，特别是在研究与实验开发机构和高等学校中，这一比例尤其高，见表4－1。因此，这些主体的科技创新能力在理论上都受到了其所接受的高等教育质量的影响，而本章所聚焦的高等教育质量的变动在"知识外溢"和"创新外溢"的催化下，都将直接或间接地为这三大创新主体的专利产出带来不同程度的影响。基于此，本章将在揭示高等教育质量为科技创新带来总体影响的基础上，进一步区分主体揭示其所带来的分维效应。在本章替换被解释变量的稳健性检验中，我们着重考察科技创新中"人"的因素，选择了研发人员全时当量这一指标来作为被解释变量的替换变量。此外，由于技术市场成交状况能够综合反映单位时间内创新投入所带来的产出规模，因此，在替换被解释变量的稳健性检验中，本章亦选择了技术市场成交额这一指标来作为科技创新的替换变量，见表4－2。

表4－1 各类创新主体拥有本科以上学历的研究人员情况 单位：%

年份	全国	企业	#规模以上工业企业	研究与实验开发机构	高等学校
2009	48.89	36.56	38.87	77.99	87.98
2010	50.48	38.27	39.50	78.97	89.63
2011	51.70	40.31	39.77	80.10	91.67
2012	50.27	38.96	38.36	80.97	92.69
2013	46.57	34.14	33.36	82.46	93.43
2014	45.70	33.05	32.02	83.29	93.20
2015	50.47	38.14	37.22	84.49	94.80
2016	65.74	59.02	56.53	84.70	95.95
2017	65.16	57.96	54.94	85.48	96.55
2018	63.66	55.67	52.08	86.69	96.85
平均值	53.86	43.21	42.27	82.51	93.28

注：值得一提的是，此表只统计了本科及以上研发人员占总人数的比重。如果加上大专学历的研发人员，则这一占比将毫无疑义地更高。而从国家教育体制的规定来看，大专学历亦是高等教育的一个重要层次。

资料来源：根据2010～2019年《中国科技统计年鉴》的相关数据整理计算而得。

表4－2 变量设置及其经济意义

变量		经济意义	度量及来源
被解释变量	PA	国内授权专利	科技创新的度量，参见格里利克斯（Griliches，1990）、阿奇布吉（Archibugi，1992）、路易斯（Luis，1996）、范红忠（2007）、赖德胜等（2015）、郑浩和张印鹏（2017）、梁军和赵青（2018）、宋旭光和赵雨涵（2018）
	PA_{BE}	规模以上工业企业的申请专利，企业科技创新的度量，本章设置	
	PA_{HS}	高等学校的申请专利，高效科技创新的度量，本章设置	
	PA_{RD}	研究与实验开发机构的申请专利，研究机构科技创新的度量，本章设置	
	TE	技术市场成交额	稳健性检验中科技创新的替代指标，本章设置
	PE	研发人员全时当量	

变量		经济意义	度量及来源
解释变量	EQ	高等教育质量指数	高等教育质量的度量,参见阿吉翁等（Aghion et al.，2007）、周永红和熊洋（2013）、李子联和魏畅（2018）等
	EP	高等教育政策演变虚拟变量	高等教育制度改革的度量,参见李子联（2020）
控制变量	UR	城乡居民收入比	收入不平等的度量,参见墨菲等（Murphy et al.，1989）、康志勇（2012）、李子联和朱江丽（2014）等
	EX	居民人均消费支出	创新需求规模的度量,参见王俊和刘东（2009）等
	EG	加权恩格尔系数	创新需求结构的度量,参见李子联和朱江丽（2014）等
	XM	进出口总额/GDP	开放度的度量,参见范红忠（2007）等
	FDI	外商直接投资实际利用额/GDP	外资引进规模的度量,参见沈坤荣和耿强（2000）、胡和杰弗逊（Hu & Jefferson，2004）、张和林（Cheung & Lin，2004）等

其次,对于解释变量高等教育质量的度量,已有文献主要有单一指标法和多元指标法。相对而言,多元指标法在质量评价上更加科学全面。如何将多元指标体系下的高校质量转化为国家或地区层面的高等教育质量?阿吉翁等（2007）基于上海交通大学发布的世界大学学术研究排名榜对欧洲各国进行测算,其具体方法是:对世界排名前50位的各个高校进行赋分,其中排名第一位的赋值50分,第二位的赋分49分,直至最末位的赋分1分,然后对相同国家的大学分值进行加总,并除以该国的总人口数即为其学术研究质量指数,这一方法也可以拓展至对前100位、200位和500位高校排名的测算。为便于比较欧洲各国与美国的差距,阿吉翁等（2007）还将欧洲各国的分值与美国相除（以美国=100）,最终发现在前50位高校排名榜的计算中,瑞士的指数最高,为97,其次为英国和荷兰,大部分欧洲国家则为0;随着排名样本逐步扩大至100位、200位和500位,欧洲各国的质量指数则逐步上升,表明欧洲顶尖的高校较少。正如阿吉翁等（2007）所言,这一方法最大的优势在于能够便捷地获得公开的排名数据,而大学排名数据的得出又综合考察了教学培养、科学研究和社会服务等基本功能,尽管自然排序法可能无法精准地反映微观层面高校的质量状况,但对于从宏观层面来刻画国家或地区间的质量差异及动态趋势而言是充分且有效的。因此,这一方法广泛运用于其他各国（包括中国）教

育质量的测算及所展开的实证研究中（周永红、熊洋，2013；Enders et al.，2013；Manuel et al.，2014；Torrisi，2016）。

本节采用上述方法测算中国各省高等教育质量。但有两点不同：一是考虑到单一机构的大学排名有可能对特定指标存在偏好差异而带来测算结果的失准，因此，本节与阿吉翁等（2007）、周永红和熊洋（2013）基于某一机构大学排行榜所进行的测算不同，综合挖掘了网大网、中国校友会网和武书连中国大学评价课题组发布的前500名高校排名数据进行赋权。二是本节使用地区总分值而非人均分值来度量高等教育的宏观质量，因为高等教育所带来的影响具有典型的外溢性、传染性和累积性，以地区总分而非人均分来进行评估更为合理。基于此，本节的测算方法为：假设 n 为发布高校排名的机构数，$i(i=1，2，\cdots n)$ 为其中一家机构，m 为排名高校样本数，则排名第 j 位（$j=1，2，\cdots m$）高校的教育质量的赋分值 C_j 为：

$$C_j = m + 1 - j$$

进一步，设 k 为省份编号，$x(x=1，2，\cdots y)$ 为高校的序号，则该省份高等教育质量分值 B_k 为：

$$B_k = \sum_{x=1}^{y} C_{k,j,x}$$

在综合考虑各种机构排名数据的情况下，设 θ_i 为基于第 i 个机构排名所得出的地区宏观分值的权重，则该省份高等教育的宏观质量 A_k 进一步加权为：

$$A_k = \sum_{i=1}^{n} \theta_i B_{k,i}$$

权重 θ_i 的计算公式即为排名机构数量的平均值：

$$\theta_i = \frac{1}{n}$$

将权重公式代入 A_k 后，可得第 k 个省份高等教育宏观质量的最终加权分值为：

$$A_k = \sum_{i=1}^{n} \frac{1}{n} B_{k,i}$$

其中，k 为中国31个省份，其值取1，2，$\cdots$31；n 为网大网、中国校友会网和武书连中国大学评价课题组3家机构，其值取3。

再次，在主要解释变量的设置中，本章亦考察了高等教育制度改革对科技创新的影响。对于这一变量的度量，本章将高等教育制度改革作虚拟化处理，其取值以当年是否制定和实施相关法律、规定和规划，是否召开重大会议并形成重大决定为赋值依据，如所列事件发生，则该年的高等教育制度改革取值为 1，若未发生则取值为 0。应当强调的是，为能有效地揭示高等教育制度改革的"实质"而非"频率"所带来的"创新效应"，本章在选取高等教育制度改革的发生事件时，特地按照其重要性作了有效甄别和取舍，着重以重要文件、重要法律和重大会议的发生与否作为虚拟变量的取值。

除上述解释变量外，本章还设置了创新需求和创新供给两大类影响科技创新的控制变量。其中，创新需求方面的控制变量主要包括城乡居民人均收入比、居民人均消费支出和城乡居民加权恩格尔系数，分别用以度量收入分配不平等、创新需求规模和创新需求结构。在创新供给方面的控制变量中，考虑到高等教育质量即是创新供给层面的重要影响因素，因此本章着重考察了除此变量之外的改革开放对本土创新供给的影响，主要包括进出口总额/GDP 和外商直接投资实际利用额/GDP，分别用以度量开放度和外资引进对创新供给的"溢出效应"，见表 4 - 2。

除高等教育质量指数测算中高等院校排名的原始数据来源于艾瑞深中国校友会网中国大学排行榜（2003 ~ 2018）、网大中国大学排行榜（1999 ~ 2013）和武书连中国大学评价的数据外，其他所有数据均根据 1999 ~ 2019 年中国及 31 个省（区、市）统计局披露的官方数据整理计算而得。受数据可得性的影响，研究与实验开发机构以及高等学校两类创新主体专利申请量的样本范围为 2009 ~ 2018 年，其他数据的时间样本则均为 1999 ~ 2018 年。在所挖掘的数据中，变量专利授权量和申请量、技术市场成交额、研发人员全时当量、高等教育指数和居民人均消费支出均为总量数据，为使其与其它相对指标保持统计单位上的一致性，特对这些变量采取对数化的无量纲处理，所有变量及数据的描述性统计见表 4 - 3。在各主要变量的数据特征中，表征科技创新的指标国内授权专利、技术市场成交额和研发人员全时当量，其对数值的最小值分别为 1.9459、6.3953 和 5.3936，最大值则分别为 13.0776、17.7341 和 13.3293，平均值分别为 8.5707、12.5652 和 10.4765，表明科技创新水平总体而言变动较大。与此相似，专利申请量在规模以上工业企业、高等学校和研究与实验开发机构中亦表现出了较大的差异性，其对数值的最小值均为 0，最大值则分别为 12.40、10.77 和 9.68，均值分别为 7.33、7.53 和 6.27。与此同时，高等教育质量的对数值最小值为 4.3944，最大值则为 9.7942，平均值为 7.9569，表明高等教育质量在不同省份和不同时期呈现出了较大的差异，在统计上表现出了与科技创新指标相似的变动特征。

表 4 - 3

主要指标	Log(PA)	Log(PA_{BE})	Log(PA_{HS})	Log(PA_{RD})	Log(TE)	Log(PE)	Log(EQ)
平均值	8.57	7.33	7.53	6.27	12.57	10.48	7.9569
最大值	13.08	12.40	10.77	9.68	17.73	13.33	9.7942
最小值	1.95	0	0	0	6.40	5.39	4.3944
标准误	1.90	2.30	1.97	1.46	1.92	1.42	0.9529
观察值	620	620	310	310	620	620	620

表 4 - 3 　　　　　　　　　　　主要变量的描述性统计

上述变量的时空差异可以体现在中国各省高等教育质量指数及与科技创新关系的动态演变特征中。首先，从中国各省高等教育质量指数的测算结果来看，在 1999～2018 年，高等教育质量最高的 5 个地区依次为北京、江苏、辽宁、上海和山东，其质量指数的均值分别为 15 098 分、10 137分、7 766 分、7 557 分和 6 462 分；最低的 5 个省市则依次为贵州、海南、宁夏、青海和西藏，其平均分值则分别只有 1 184 分、564 分、551 分、504 分和 307 分，在横向比较上两者之间存在较大差距。从纵向来看，尽管部分省份的高等教育质量指数呈小幅波动下降趋势，如北京、江苏、辽宁、上海、湖北、陕西、四川和天津等高校集聚的传统重镇，但就总体而言，除此之外的大部分省市的高等教育质量指数则呈现出了明显的上升趋势，如山东、浙江和广东等传统重镇，以及湖南、河南、安徽、江西、福建、云南、广西、甘肃、新疆、贵州、海南、宁夏、青海和西藏等新兴崛起省份。

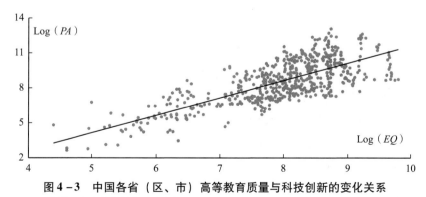

图 4 - 3　中国各省（区、市）高等教育质量与科技创新的变化关系

注：图中横坐标为高等教育质量指数，纵坐标为国内授权专利量，数据根据各机构高校排名的原始数据，以及国家统计局和各省市统计局官方网站公开披露的统计数据整理计算而得。

其次，从图 4 - 3 所显示的样本范围内中国各省（区、市）高等教育质量指数与专利授权量的动态散点图及其变化趋势线来看，两者之间存在着同向的线性变化关系，且这一关系因散点密集分布在趋势线的周围而呈现出十分显著的统计特征。这一测算结果表明：自 1999 年高校扩招以来，我国大部分省（区、市）高等教育的规模在不断扩张的同时，教育质量也得到了有效的提升，且这一事实并不会因教育质量的提升幅度不大而遭至歪曲。与此同时，我国各省（区、市）的专利授权量也几无例外地呈现出了逐年增长的特征。因此，在所考察的样本范围内，我国高等教育质量与专利授权量之间总体上存在着统计上的同向变化关系。也就是说，高等教育质量越高，科技创新能力就越强，反之则越弱。那么，高等教育质量改革是否为促进我国科技创新水平提高的原因？

（三）高等教育质量影响科技创新的实证检验

在上述有关高等教育质量改革影响我国科技创新的典型事实分析中，两者之间在统计上存在着较为明显的同向变化特征。为能进一步更为精准地揭示高等教育质量改革影响科技创新的数量关系，如下章节拟构建以专利授权量为被解释变量，以高等教育质量为解释变量的面板数据模型。检验步骤包括如下：首先，以专利授权量作为科技创新的主要衡量指标，分别从高等教育质量以及其与高等教育制度改革的相乘交叉项两个方面来对其与科技创新的关系进行初始检验。之所以设置高等教育质量与高等教育制度改革的相乘交叉项，主要是因为两者极有可能对科技创新的变动产生了综合影响。其次，在采用相同解释变量和控制变量的情况下，分别以技术市场成交额和研发人员全时当量替代专利授权量作为科技创新的衡量指标进行稳健性检验，以验证高等教育质量影响科技创新的实证结果是否具有一般性或普遍性。再次，仍然以专利授权量作为科技创新的主要衡量指标，分别考察东部、中部和西部三个地区高等教育质量改革影响科技创新的空间差异。最后，以专利申请量为被解释变量，分别考察高等教育质量对规模以上工业企业、高等学校以及研究与实验开发机构科技创新的影响。按此步骤，实证检验模型共有 18 个，其中初始检验模型 2 个，稳健性检验模型 4 个，分地区检验模型 6 个，分主体检验模型 6 个。对各变量进行平稳性检验后发现：不管是在全国样本中还是在分地区情形下，各变量经 ADF、LLC 和 PP 检验后均为零阶平稳。进一步地对各类模型进行 Hausman 检验后发现，各类模型所应采用的形式存在一定的差异性。按模型选择结果进行检验后，全国层面、分地区和分主体情形下高等教育质量影响科技创新的结果分别见表 4 - 4 ~ 表 4 - 6。

表 4 – 4　　全国层面高等教育质量影响科技创新的估计结果

变量	初始检验		稳健性检验			
	被解释变量：Log(PA)		被解释变量：Log(TE)		被解释变量：Log(PE)	
	模型 1	模型 2	模型 3	模型 4	模型 5	模型 6
C	− 5. 6505 (− 6. 6439)	− 2. 7816 (− 2. 8124)	− 6. 1605 (− 9. 1445)	− 2. 9800 (− 3. 6785)	0. 0971 * (0. 2328)	1. 9761 (3. 8176)
Log(EQ)	0. 9959 (24. 1489)		1. 1873 (38. 4675)		1. 0595 (42. 7458)	
Log(EQ) * EP		0. 7134 (21. 2914)		0. 7776 (18. 1500)		0. 7245 (25. 9625)
UR	− 0. 2110 (− 6. 3963)	− 0. 4289 (− 10. 3992)	− 0. 2009 (− 5. 1714)	− 0. 0429 * (− 1. 2755)	− 0. 0678 (− 3. 8760)	− 0. 3075 (− 11. 9595)
Log(EX)	0. 6985 (9. 3229)	1. 0685 (10. 4270)	0. 9699 (15. 6991)	1. 4856 (18. 5950)	0. 2686 (7. 4169)	0. 7801 (13. 9715)
EG	− 1. 8928 (− 5. 3518)	− 0. 6414 * (− 1. 5662)	− 0. 3249 * (− 0. 9774)	− 3. 5042 (− 9. 4299)	− 0. 4453 (2. 0571)	− 2. 2873 (− 8. 2992)
XM	0. 0610 * (1. 1267)	0. 1007 * (1. 2649)	0. 3449 (5. 8807)	0. 2148 (2. 8169)	0. 0116 * (0. 3973)	0. 0892 (2. 1257)
FDI	− 2. 5034 (− 4. 0032)	− 2. 8506 (− 4. 3041)	4. 9199 (6. 0541)	4. 3682 (4. 5627)	− 2. 6929 (− 7. 2334)	− 2. 2563 (− 4. 7171)
模型形式	时期固定效应（时期加权广义最小二乘法）					
调整后 R^2	0. 8619	0. 8828	0. 9104	0. 7765	0. 8336	0. 7281
F – 统计值	155. 5333	187. 4419	252. 4276	87. 0375	125. 0497	67. 3109
相伴概率	0	0	0	0	0	0
观察值	620	620	620	620	620	620

注：表中括号内的数值为回归系数的 t 值，标 * 号的回归系数表示在 10% 统计水平下检验不显著。

表 4-5　　　　分地区情形下高等教育质量影响科技创新的估计结果

变量	东部地区		中部地区		西部地区	
	模型 7	模型 8	模型 9	模型 10	模型 11	模型 12
C	-15.5691 (-5.9011)	-13.1193 (-4.2547)	-10.8459 (-5.3549)	-8.2714 (-5.7837)	-11.3825 (-8.3021)	-0.6718* (-0.3650)
Log(EQ)	1.2257 (11.5559)		0.3266 (1.7793)		1.2043 (22.2978)	
Log(EQ) * EP		0.7888 (6.6905)		0.0032 (3.5891)		0.0515 (2.7282)
UR	0.9585 (4.2206)	1.2304 (4.6016)	-0.4830 (-4.3002)	-0.5428 (-5.0551)	-0.5818 (5.6837)	-0.5994 (-4.0726)
Log(EX)	1.2733 (4.9051)	1.9493 (6.7588)	1.8861 (17.5699)	1.8995 (17.6245)	1.2326 (12.0011)	1.1797 (8.0010)
EG	-4.0449 (-2.1937)	-3.5398 (-1.8584)	4.2347 (3.7799)	4.5037 (4.0345)	2.7837 (2.9202)	-2.1200* (-1.5934)
XM	-0.4455 (-2.3862)	-0.6482 (-2.9364)	-0.4831* (-0.5511)	-0.4274* (-0.4833)	1.4026 (1.7117)	3.5721 (3.0492)
FDI	-9.9421 (-3.6337)	-8.8028 (-2.8274)	6.3869 (1.8474)	7.4982 (2.1933)	0.9639* (0.1612)	23.1279 (2.7305)
模型形式	时期固定效应		个体随机效应		时期随机效应	
调整后的 R^2	0.7944	0.7206	0.9420	0.9410	0.8336	0.4911
F-统计值	34.8565	23.5892	431.6719	423.8075	200.5413	39.4377
相伴概率	0	0	0	0	0	0
观察值	220	220	160	160	240	240

注：表中括号内的数值为回归系数的 t 值，标 * 号的回归系数表示在 10% 统计水平下检验不显著。

表 4-6　　　　分主体情形下高等教育质量影响科技创新的估计结果

变量	被解释变量：Log(PA_{BE})		被解释变量：Log(PA_{HS})		被解释变量：Log(PA_{RD})	
	模型 13	模型 14	模型 15	模型 16	模型 17	模型 18
C	-13.0881 (-6.3274)	-10.9565 (-4.5354)	-9.5829 (-4.6671)	-3.8108 (-2.4661)	-9.6910 (-7.7464)	1.4028* (0.7131)
Log(EQ)	1.2699 (22.1794)		0.6639 (3.6680)		1.1606 (26.6601)	

变量	被解释变量：Log(PA_{BE})		被解释变量：Log(PA_{HS})		被解释变量：Log(PA_{RD})	
	模型 13	模型 14	模型 15	模型 16	模型 17	模型 18
Log(EQ)*EP		0.9744 (14.3684)		0.0191 (5.8940)		0.0280 (2.3068)
UR	−0.0315* (−0.3163)	−0.3029 (−2.7219)	−0.5724 (−4.8631)	−0.6310 (−5.2908)	0.1059* (1.2589)	0.0127* (0.0909)
Log(EX)	1.1831 (5.3609)	1.7676 (6.9325)	1.5092 (12.7669)	1.4789 (12.5430)	0.7969 (7.8286)	0.8307 (4.8892)
EG	−0.0691* (−0.0713)	−2.6453 (−2.4272)	−2.7775 (−3.7251)	−3.3032 (−4.4628)	−3.3445 (−4.5733)	−10.4172 (−9.2261)
XM	−0.2462* (−1.3851)	−0.4297 (−2.0070)	0.0014* (0.0112)	0.0950* (0.7279)	0.4695 (4.3928)	0.8594 (4.8821)
FDI	0.7807* (0.2990)	0.8003* (0.2760)	5.7688 (3.6658)	8.6565 (5.4057)	−4.8267 (−2.0230)	14.9458 (3.9800)
模型形式	时期加权固定效应		个体加权固定效应		时期随机效应	
调整后的 R^2	0.8134	0.7709	0.9690	0.9737	0.8337	0.5568
F–统计值	108.9209	79.9666	269.3948	318.6728	259.0971	65.6942
相伴概率	0	0	0	0	0	0
观察值	620	620	310	310	310	310

注：表中括号内的数值为回归系数的 t 值，标 * 号的回归系数表示在 10% 统计水平下检验不显著。

首先，在初始检验中，除模型 1 中的控制变量 *XM*、模型 2 中的控制变量 *EG* 和 *XM* 的回归系数不能通过 10% 水平下的显著性检验外，其他主要解释变量和控制变量的回归系数均为显著，表明高等教育质量等解释变量对科技创新的变化情况具有较强的解释力。因此，所设置的变量及模型较为理想，高等教育质量改革对科技创新的作用机理能够得到计量检验的支撑。具体而言，在模型 1 中，高等教育质量指数 Log(EQ) 对国内专利授权量 Log(PA) 具有显著的促进作用，表明高等教育质量改革有效地促进了我国科技创新水平的提高。这一结果与赖德胜等（2015）的间接发现相一致，同时亦验证了典型事实分析中两者之间存在着同向线性变化关系的结论。在模型 2 中，高等教育质量指数与高等教育制度改革的相乘交叉项对国内专利授权量亦存在着显著的正向影响。也就是说，高等教育质量越高、高等教育制度的良性改革越多，我国科技创新的能力就越强，因此，一种旨在提升高等教育质量的制度改革和政策实施能够有效地促进我国科技创新水平的提高。

其次，采用替换被解释变量的方法进行稳健性检验后，高等教育质量改革对科技创新具有促进作用的结论依然稳健。具体表现在：在以技术市场成交额为被解释变量的模型 3 和模型 4 中，高等教育质量指数 $Log(EQ)$ 以及其与高等教育制度改革的相乘交叉项 $Log(EQ)*EP$ 均对技术市场成交额 $Log(TE)$ 具有显著的促进作用。也就是说，两者均能够有效地促进技术市场成交规模的扩大，或者说，两者均带来了科技创新产出的增长。在模型 5 和模型 6 以研发人员全时当量为被解释变量的模型中，高等教育质量指数 $Log(EQ)$ 以及其与高等教育制度改革的相乘交叉项 $Log(EQ)*EP$ 均对研发人员全时当量 $Log(PE)$ 亦具有显著的正向影响，即两者均能够有效地促进研发人员全时当量的增加，或者说，两者对于科技创新投入的增加具有十分重要的支撑激励作用。综合而言，不管是科技创新产出，还是科技创新投入，高等教育质量的提升及高等教育制度的改革均能够有效地促进其数量的增长，而两者则极大程度地反映了社会整体创新能力的提升。

最后，在分地区情形下的估计检验中，尽管东部、中部和西部地区所选择的模型形式各有差异，但三大地区高等教育质量指数 $Log(EQ)$ 及与高等教育制度改革的相乘交叉项 $Log(EQ)*EP$ 与国内专利授权量 $Log(PA)$ 之间均亦存在着显著的正相关，即高等教育质量的提升以及高等教育制度的良性改革均有效地促进了国内专利授权量的增长，因此是促进我国科技创新的重要因素。值得一提的是，在各省（区、市）高等教育质量指数的测算结果中，尽管东部部分省市如北京、上海、江苏、辽宁和天津的专利授权量在实现逐年增长的同时，高等教育质量的指数却呈现了小幅下降的趋势，但估计结果表明：这些省（区、市）的反向变化事实并未对两者之间具有同向变化的检验结果带来负面影响。也就是说，局部异常并不足以影响整体趋势。因此，分地区情形下的最终估计结果与全国情形下的研究发现并无二致，这一结果亦进一步稳健地验证了高等教育质量改革存在着明显的"创新效应"。

在如上机理分析和实证检验中，尽管我们在理论上坚持认为、在现实中确实发现科技创新主要来自接受过高等教育的研究人员，且这些人员将通过"知识外溢"和"创新外溢"而对其他人员的创新行为带来辐射作用，因此高等教育质量的提升将直接和间接地带来整个社会科技创新水平的提高。但就逻辑而言，在创新实践中确实存在着一定比例的未接受过高等教育的研究人员，且这些人员在特定的时期内有可能是创新的"骨干"或是"中流砥柱"，这就使得以高等教育质量来解释这类人员所在部门或机构的创新产出有可能存在着"逻辑脱节"或"教育夸大"的"嫌疑"。实际上，这一所谓的"嫌疑"是否属实取决于这类人员在部门中所占的比重。现实所呈现的结果是：在全国研发人员中，拥有本科及以上学历的人员占比在近几年已超过了60%，且存在着不断上升的趋势，见表4-1。此外，在无法从微观上获得每一项专利拥有者的学历信息的情况下，从宏观上"洗清"这一"嫌疑"的最好方法便是区分不同创新主体并分别检验高等教育质量与其创新产出之间的一般性关系。表4-7的检验结果表明：不管是在高等教育学历人员占比相对较低的规模以上工业企业中，还是在几乎全员高学历者的高等学校和研究与实验开发机构中，高等教育质量及高等教育制度改革均显著地促进了科技创新水平的提升。其中，在直接影响中，$\text{Log}(EQ)$ 对 $\text{Log}(PA_{BE})$、$\text{Log}(PA_{HS})$ 和 $\text{Log}(PA_{RD})$ 的影响系数分别为1.2699、0.6639 和 1.1606；在交叉影响中，$\text{Log}(EQ)*EP$ 对 $\text{Log}(PA_{BE})$、$\text{Log}(PA_{HS})$ 和 $\text{Log}(PA_{RD})$ 的影响系数则分别为0.9744、0.0191 和 0.0280。可以认为，尽管在创新实践中确实存在着一定比例的未接受过高等教育的研发人员，但因其占比较小且易受到具有高等教育学历的研发人员"知识溢出"和"创新溢出"的正面影响，因此高等教育质量与科技创新之间仍然呈现出了显著正相关的统计规律。

在影响科技创新的控制变量中：第一，以城乡居民收入差距所衡量的收入不平等对科技创新具有抑制作用，即收入不平等越严重，科技创新水平越低。不过，这一现象在东部地区并未出现，相反，东部地区收入不平等与科技创新之间却出现了正相关。之所以出现这一差异，是因为科技创新与收入不平等之间存在着"倒U型"关系（李子联和朱江丽，2014），即在收入不平等较低阶段，收入差距的适当拉大能够带来科技创新水平的提高，反之在收入不平等较高阶段，收入差距的进一步拉大则会抑制科技创新能力的提升。相对而言，东部地区各省市的城乡居民收入差距较小，处于"倒U形"曲线的左侧同向变化区间，而中部和西部地区则属于"倒U形"曲线的右侧反向变化区间。第二，居民人均消费支出对科技创新具有促进作用，也就是说，居民消费支出规模越大，科技创新水平就越高。这一结果表明居民消费需求的扩大能够有效地促进科技创新水平的提高，扩大内需对于实现创新驱动型发展方式意义重大。这一结论与范红忠（2007）等的发现相一致。此外，加权恩格尔系数、开放度和外资引进规模对科技创新的影响在不同的分析样本和模型形式下具有不同的效应，其对科技创新的影响不具有稳健性。

上述研究结论显示：从传导机理来看，高等教育质量改革通过培养创新人才和积累人力资本而为科技创新提供了智力支持，通过直接参与知识创造和科学研究而为科技创新提供了知识之源，通过提供科技攻关和咨询咨政等社会服务以及通过发挥知识的"外溢效应"而直接或间接地提升了科技创新水平。因此，高等教育质量改革所带来的"创新效应"既呈现出了"直接效应"和"间接效应"，又交融性地显现出了"内在效应"和"外溢效应"。从实证检验来看，首先，虽然自高校扩招以来我国高等教育质量的提升幅度总体较小，但却有效地促进了科技创新水平的提高。其次，高等教育制度的良性改革对科技创新带来了显著的"红利效应"，一种旨在提升高等教育质量的制度改革能够有效促进科技创新水平的提高。最后，消费需求亦是拉动科技创新的重要力量，发挥高等教育质量改革在缩小居民收入差距和扩大居民消费需求中的积极作用，能够间接地带来科技创新水平的提高。

第三节　高等教育质量改革的"数量效应"

提升高等教育质量不仅是教育改革发展的核心任务，更是建设创新型国家和实现经济社会高质量发展的重要推动力。高等教育的这一推动作用，在人口增长放缓、资源供应紧张和治污成本攀升的新常态下，将随着现代化经济社会体系的全面建成而愈发彰显。而探讨高等教育质量提升对新形势和新格局下中国经济增长的影响机制，对于发挥高等教育在国家战略实施过程中的作用，以及在教育"大众化"和"规模化"背景下进一步促进其内涵式发展，也就具有极为重要的理论价值。

（一）研究基础

从教育质量的角度，高等教育质量的提升会使一个国家的人力资本水平达到一个较高的水平，从而从根本上推动经济的快速增长（周永红和熊洋，2013），且这一效应随着知识经济的发展而愈发明显（Schultz，1961；Dension，1962；Lucas，1988）。[①] 就高等教育发展所带来的"增长绩效"

---

① 少部分观点认为教育发展在特定阶段会带来负向收益，如克鲁格和林达赫尔（2001）发现人力资本存量与经济增长之间存在倒 U 型关系，平均受教育年数对经济增长作用的峰值年数为7.5 年，而1990 年经合组织国家人口平均受教育年数为8.4 年，这些国家的平均教育处于教育与增长曲线的右侧向下倾斜的部分，表明发达国家扩大教育的边际收益为负。

而言，已有文献主要从高等教育"数量扩张"的角度分析了其与经济增长之间的关系，主要包括三个方面：第一，测算高等教育对经济增长的贡献率。在经典文献中，诺贝尔经济学奖获得者舒尔茨首次运用余数法测算出美国1929~1957年的教育对经济增长的贡献率为33%，因此以教育为核心投资途径的人力资本在很大程度上解释了长期困扰经济学家们的"增长余值"问题（Schultz，1961 & 1962；Dension，1962；Lucas，1988）。自此之后的许多文献，如蔡增正（1999）、叶茂林等（2003）、朱迎春和王大鹏（2010）等先后或是基于丹尼森和麦迪逊算法，或是通过构建生产函数模型，或是通过构建面板数据模型估算了中国及其他发展中国家高等教育对经济增长的贡献率，并得出了不同的结果。如以中国为例，靳希斌（2009）测算发现我国1952~1978年教育在国民经济增长中的贡献率是20.9%；而在1982~2004年，中国高等教育毛入学率平均每年增长1%，将会促使或引致GDP增长约712亿元（崔玉平，2007），足见高等教育经济功能的表现显著而强势。

第二，研究高等教育与经济增长之间的互动关系。基于不同的时间样本和空间样本，大部分文献均发现劳动力受教育程度的提高对经济增长具有显著而积极的促进作用，且两者之间呈现出单一的线性关系。比如：李（Lee，2000）在柯布—道格拉斯生产函数中添加了教育的不同水平及教育质量变量，估算后得出韩国1966~1997年的高等教育对GDP增长具有重要作用；姚先国和张海峰（2008）、张文耀（2012）采用单个替代指标或构建多维指标体系，运用时间序列或是面板数据模型研究了全国或是区域的高等教育投入与经济增长之间的互动关系，且大都发现劳动力受教育程度的提高对经济增长具有显著积极的影响。因此，高等教育是促进经济增长的关键，且这一作用将随着知识经济的发展而愈发明显（Ozturk，2001；梁文艳和唐一鹏，2013；邸俊鹏和孙百才，2014；秦永和王孝坤，2017；杜育红和赵冉，2018；李子联，2020）。不过，亦有文献得出人力资本存量对经济增长的影响因发展阶段的不同而不同，两者之间极有可能存在着倒U型的曲线关系（Krueger & Lindahl，2001）。

第三，揭示高等教育影响经济增长的传导渠道。已有文献大都发现高等教育主要通过人力资本积累所带来的技术创新而促进了经济增长。如舒尔茨（1962）、尼尔森和菲尔普斯（Nelson & Phelps，1966）和罗默（Romer，1986）等人均指出伴随着高等教育入学率的提高，经济将因人力资本积累的加快而得以快速发展，人力资本的培养是高等教育发展对经济增长的重要贡献（Johansen & Arano，2016）。实际上，人力资本的这一重要贡献在于其近乎"无漏损"地提升了技术创新水平，这是因为受教育水平高或人力资本丰富的劳动要素更能有效地促进技术进步和创新提升（Barro & Sala-i-Martin，2004；邵宜航和徐菁，2017）。或者说，教育部门对经济产出的贡献主要是通过提高生产部门的技术水平而间接实现的（Uzawa，1964）。人力资本与技术创新之间的同向变化关系如此紧密，以至于在许多研究中总是将两者相互视为替代变量（杜育红和赵冉，2018）。此外，专业知识和人力资本的积累通过内在效应和外在效应使一种产品的生产过程本身产生递增的收益，并且可以促进资本和劳动力等其他物质要素的收益增长（Romer，1986；Lucas，1988）。因此，人力资本或技术创新是高等教育促进经济增长的重要渠道。

与如上有关高等教育"数量扩张"影响经济增长的研究范式相似，高等教育"质量提升"的"增长绩效"尽管研究较少，但亦有少许文献从如下三个方面作了创新性的尝试：一是高等教育质量影响经济增长的理论研究。如从内生经济增长理论视角构建理论模型探讨了教育质量影响经济增长的逻辑（罗来军等，2009）、侧重学生科学素养这一维度在高等教育质量中的表现并评述其对经济增长的影响效应（邓华和曾国屏，2012）、综述跨国样本研究并指出教育质量是影响经济增长的关键（梁文艳和唐一鹏，2010）等等。二是高等教育质量影响经济增长的实证分析。如周永红和熊洋（2013）运用我国省际面板数据研究了教育质量对微观个体高等教育选择和宏观层面国家经济发展的影响，发现高等教育质量的提升对经济发展的促进作用更大。三是高等教育质量影响经济增长的传导路径分析。周永红和熊洋（2013）指出教育质量从间接和直接两个方面影响了经济增长，其中间接效应是指教育质量的提升会吸引一部分潜在的受教育者对教育进行投资从而带动经济水平的提升，而直接效应则是指教育质量的提升会使一个国家的人力资本水平达到一个较高的水平从而推动经济增长。此外，高等教育还通过提高受教育者的综合素质而减少了社会暴力和增加了社会文明，从而使人际关系更为融洽、社会结构更为稳定（Lipset，1960），有利于营造良好的生存空间和生产环境，带来经济社会的稳定发展。

综合而言，已有文献主要从"数量"的角度对高等教育影响经济增长的关系作了较多的理论分析和实证研究，这为本节的深化研究提供了可供借鉴的研究思路与理论认知。但遗憾的是，注重于从高等教育质量的角度所展开的直接研究看似丰富，实则较少出现在文献之中，这在经济社会向高质量发展转型的新时期，无疑是一种理论上的滞后和研究上的缺位。而之所以出现这一研究缺位的现象，主要是因为高等教育质量的数据并未直观统计，而其测算方法又具有一定的复杂性。因此受制于数据的可得性，极少文献就高等教育质量提升的经济绩效展开实证研究，仅有的相关文献也只是在定性层面分析了高等教育质量提升所带来的经济效应。以此为切入点，本节在借助各大机构高校排名数据的基础上测算省市层面的高等教育质量指数，并以此分析高等教育质量提升影响经济增长的传导路径。

（二）高等教育质量改革影响经济增长的传导机制

人力资本相比于物质资本、劳动要素和资源禀赋能够为社会总产出带来更加强劲和更为持久的增长动力，这是因为人力资本积累所带来的增长效应既具有内生性，又具有外溢性。而人力资本的形成与积累，则主要来源于高等教育这一"主阵地"。从基本功能来看，高等教育质量的提升则能够促进高质量人力资本更加有效地积累，进而带来更为显著的经济增长绩效。高等教育质量提升通过人力资本积累而促进经济增长的这一传导机制，可以更加具体地体现在高等教育人才培养、发展科学和社会服务三大职能发挥所带来的经济效应中，见图4-4。

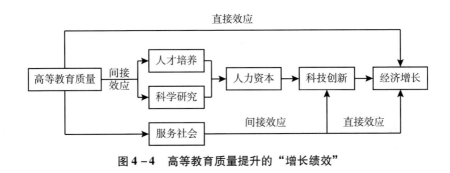

图4-4　高等教育质量提升的"增长绩效"

首先，高等教育质量提升通过人才培养为经济增长提供了优质的人力资本。高等教育对人力资本的影响可以追溯到舒尔茨的人力资本理论，该理论认为经济的"增长剩余"应归因于人力资本的贡献（John & Schultz，1972），而教育、特别是高等教育无疑是形成人力资本最为重要的途径。其作用机理主要表现在：一方面，高等教育质量的提升有利于通识教育与专业教育的共同发展，有利于培养社会需要的基于通识教育的复合型人才以及符合各行业发展需求的专业型人才。其中，复合型人才的增加有利于整个社会人才综合素质的提高，而专业型人才的增加则可为众多行业提供更加专业的技术支持与指导，两者共同保障了经济增长中的人力资本需求。另一方面，全面提升高等教育质量能够丰富高级人才培养的层次。在中国的发展实践中，目前的本科教育难以满足各行业对人才、尤其是专业人才的需求，因而需要进一步扩大专科与研究生层次的人才培养规模，以弥补各行业、各层次的人才缺口，为经济增长提供人才保障，这需要通过质量视域下高等教育的多样化和纵深化发展来提供门类更为齐全的高级人才。具体而言，在质量导向下，高等教育通过开设满足市场需求的职业培训，使受教育者的劳动技能随着知识的不断更新而得以提高，使其能够适应经济形势和技术要求的不断发展变化；高等教育通过提高整体受教育者的科学文化水平，而为先进工艺的推广、科学文化的传播以及科学管理方法的实施创造了有利的条件，有利于整个社会创新能力的提升和生产效率的提高（刘自成，2017）。因此，高等教育质量的提升使受教育者在增加知识、技能和素养的同时，能够不断积累人力资本和提高劳动生产率，进而带来社会总产出的快速增长（姚先国和张海峰，2008）。

其次，高等教育质量提升通过发展科学为经济增长提供了坚实的技术保障。在高等教育的发展历程中，科学研究的职能可以具体表现为基础研究、应用研究和开发性研究三个方面，因而高等教育质量的提升在这一职能下全方位地表现为科学研究质量的提升，而其所带来的经济绩效则具体表现为：第一，在知识经济时代，劳动者的知识水平将决定国家的技术水平和创新能力，而高等教育质量的提升有助于基础研究的进步，即有助于人们认识事物发展的客观规律，提高微观个体的认知能力和创新能力，为经济发展提供重要的知识基础和智力资源。第二，高等教育质量的提升有利于提高应用研究水平，有利于提高将基础研究的成果转化为实用技术的能力，即提高基础研究在特定目标研究中的实现能力。或者说，高等教育质量的提升将推动科技创新水平的提高，促进高新技术产业的发展，为经济增长提供技术支持。第三，高等教育质量的提升有助于开发性研究的发展，即有助于发挥基础研究和应用研究在生产实践中的作用。在科学研究中，只有切实将知识形态的科技转换为物质形态的生产力，高等教育质量提升的经济绩效才能有效显现。作为科学技术转化为生产力的中心环节，开发性研究因高等教育质量的提升而得以有效推进，这将进一步促进"科技—生产力"的转换和国家或区域科技创新能力的提升，并在有效提高全要素生产率的过程中带来经济的高质量发展。因此，不同于初等教育侧重于提高劳动者的基本素质和中等职业教育侧重于提高劳动者的基本技能，高等教育因其对研究发展和技术创新具有关键影响而带来了经济的可持续增长（Romer，1990；Barro，2001）。

最后，高等教育质量提升通过服务社会为经济增长提供了持久的发展动力。从广义的角度看，服务社会既包括高等教育"本身"作为一种行业或产业，直接参与了整个社会经济体系的分工与合作，并以其独特的供应链而促进了经济的增长，又包括高等教育所培养的人才和研发的成果为经济增长和社会发展提供了坚实的知识基础和有效的智力支持。也就是说，高等教育质量提升所带来的"增长绩效"既表现为"直接效应"，又表现为"间接效应"。其中，就"直接效应"而言，高等教育质量的提升能够增强人们接受高等教育的意愿，即增强其消费意愿，有利于教育产品及相关产业消费需求的扩大；高等教育质量的提升有助于各种社会服务的开展，包括但不限于人员培训、委培、专业咨询、大学生创业、产业科技园等，这将带来教育投资规模的扩大，并最终推动教育产业的发展，从而带来直接的社会效应和经济效益（秦永和王孝坤，2017）。此外，高等教育质量的提升会直接带动教育行业的发展，例如增加或更换学校的办公用品、实验器材、校舍，甚至是新建校区等等。因此，高等教育质量的提升丰富了社会服务的形式，增强了教育消费意愿，扩大了教育投资规模，推动了教育行业发展，进而直接对经济产生了正向影响。就"间接效应"而言，服务社会表现为主动对接区域经济社会发展的重大战略和现实需求，通过建立学科专业的类型、层次、课程和研究方向的动态调整机制来主动提高人才培养和科学研究与区域经济社会发展的契合度，以在与政府、企业以及其他院校的紧密合作中，通过提供重大科技攻关研究和咨询咨政服务而为国家、区域、行业发展中的重大需求和关键问题提供创新性的解决方案（郝峰，2017）。不仅如此，高等教育质量提升通过社会服务所带来的"增长绩效"还具有较强的"外溢效应"，即新知识和新技术一旦被优质高等院校或科研团队"生产"出来后，能够很快被其他高等院校、企业及研究团队所学习吸纳，从而形成一种由内而外的"外溢效应"。这种超出单个组织需求规模的知识要素将最终外溢至整个社会组织，并最终带来地理区域内整体创新能力的提升和经济增长的协同推进（权晓虹和沈体雁，1999）。

综合而言，高等教育质量提升所带来的"增长绩效"既有"直接效应"，又有"间接效应"。其中，"直接效应"主要表现在高等教育作为一种特殊的产业，其所引致的消费需求和投资规模的扩大直接带来了社会总产出的增长，这一效应既可以广义地内含于服务社会的教育职能中，又可以直接体现在教育产业的发展绩效中；而"间接效应"则主要体现在高等教育质量提升通过促进人才培养、发展科学研究和提供社会服务而为经济社会的发展带来了有效的人力资本积累，而后者是科技创新能力提升的关键，这对于经济的可持续增长和高质量发展具有十分重要的促进作用。由于人力资本与科技创新之间具有高度的同向变化关系，因此"增长绩效"中的"间接效应"亦可以等同地将科技创新视为这一传导路径中的关键变量。

（三）变量设置与典型事实

1. 变量设置

为检验上面传导机制中高等教育质量提升影响经济增长的"直接效应"和"间接效应"，本节在实证研究中拟遵循如下思路：设置以地区生产总值为被解释变量，以高等教育质量及其与科技创新的相乘交叉项为主要解释变量，以劳动要素、资本要素、市场开放和城镇化等指标为控制变量的省际面板数据模型，从全国和地区两大层面来综合分析高等教育质量提升影响经济增长的时空差异，变量的具体设置见表4-7。其中，"直接效应"体现在高等教育质量影响地区生产总值的基准模型中，而"间接效应"中高等教育质量提升通过促进人力资本或科技创新来间接影响经济增长的传导机制则借助高等教育质量与科技创新的相乘交叉项来进行刻画。值得一提的是，本节之所以选取科技创新而未选取人力资本作为中介变量，主要是因为：一方面，人力资本在度量上与高等教育质量指数的部分指标存在着重合，同时将人力资本与高等教育质量纳入解释变量中容易出现多重共线性的问题；另一方面，科技创新在统计上与人力资本具有高度相关的线性关系，将科技创新视为人力资本的替代变量常见于相似主题的研究文献中，如杜育红和赵冉（2018）等。因此尽管在上述机理分析中，本节均将人力资本和科技创新视为两个重要的"传递点"，但在实证研究中则仅选取科技创新来表征这一间接渠道。

表4-7 　　　　　　　　　　　　**变量设置与经济意义**

变量		变量含义	测度指标与计算方法	单位
被解释变量	GDP	地区生产总值	当年价格计算的地区生产总值	亿元
解释变量	直接　HEQ	高等教育质量	基于高校排名的高等教育质量指数	-
	间接　PAT	科技创新	国内专利授权总量	项
	RDP		研发人员全时当量	万人年
控制变量	LAB	劳动要素	全社会总就业人数	万人
	KAP	资本要素	全社会固定资本形成总额	亿元
	OPE	市场开放度	进出口总额/GDP	-
	URB	城镇化水平	城镇人口/总人口	-

对如上相关变量的测度特作如下说明：首先，对于主要解释变量高等教育质量的度量，本节在借鉴阿吉翁等（2007）、周永红和熊洋（2013）以及李子联（2020）有关高等院校排名转化为省市数据这一计算方法的基础上，有所改进地综合使用了网大网、中国校友会网和武书连中国大学评价课题组发布的前500名高校的原始排名数据来测算宏观层面的地区高等教育质量指数，并以此作为高等教育质量高低的评判标准。具体测算方法见前面。

其次，对于间接解释变量科技创新的度量，按第一节的方法进行了设置。

最后，由于高等教育质量不是决定经济增长的唯一因素，上述变量对经济增长的影响会随着其他因素的变化而发生改变，因此必须设置合理的控制变量。基于新古典经济增长理论的分析框架以及中国特色社会主义的发展经验，本节所选择的控制变量主要包括劳动力要素、资本要素、市场开放度和城镇化水平四个指标，分别用全社会总就业人数、全社会固定资本形成总额、进出口总额/GDP 和城镇人口/总人口来进行度量。

2. 典型事实

除高等教育质量指数测算中高等院校排名的原始数据来源于艾瑞深中国校友会网中国大学排行榜（2003～2018）、网大中国大学排行榜（1999～2013）和武书连中国大学评价的数据外，其他所有数据均根据1999～2019年中国及31个省市统计局披露的官方数据整理计算而得。在所挖掘的数据中，变量地区生产总值、高等教育质量指数、国内专利授权量、研发人员全时当量、劳动力要素和资本要素均为总量数据，为使其与其他相对指标保持统计单位上的一致性，特对这些变量采取对数化处理，所有变量及数据的描述性统计见表4－8。

表4－8 变量的统计性描述

变量	平均值	中位数	最大值	最小值	J－B 统计值	观察值
Log(GDP)	8.8637	9.0028	11.4853	4.6633	34.4745	620
Log(HEQ)	7.9421	8.1136	9.7942	0	3333.18	620
Log(PAT)	8.5707	8.6008	13.0776	1.9459	9.6971	620
Log(RDP)	10.4765	10.6957	13.3293	5.3936	86.7994	620
Log(LAB)	7.4728	7.5961	8.8198	4.8196	68.4752	620
Log(KAP)	8.1768	8.3020	10.6806	3.6104	29.8076	620
OPE	0.3084	0.1255	1.8117	0.0170	623.0305	620
URB	0.4870	0.4704	0.9966	0.1890	41.6473	620

在表4-8所示的各主要变量的数据特征中，中国各省（区、市）国内生产总值的对数值最小值为4.6633，最大值则为11.4853，平均值为8.8637，表明各省市在不同时期的经济增长水平呈现出了一定的差异性。这一波动差异在高等教育质量指数中表现得更为明显，该指标对数值的最小值为0，最大值则为9.7942，均值为7.9421，具有较大的离差值。与此同时，表征科技创新的指标国内授权专利总量和研发人员全时当量也表现出了与高等教育质量指数相似的波动性，其对数值的最小值分别为1.9459和5.3936，最大值则分别为13.0776和13.3293，平均为8.5707和10.4765，表明各省（区、市）的科技创新水平总体而言具有较大的空间差异性。

具体而言，上述变量的时空差异可以体现在中国各省（区、市）高等教育质量指数及与经济增长的动态演变关系中。首先，从中国各省（区、市）高等教育质量指数的测算结果来，在1999～2018年，高等教育质量最高的5个地区依次为北京、江苏、辽宁、上海和山东，其质量指数的均值分别为15 098分、10 137分、7 766分、7 557分和6 462分；最低的5个省市则依次为贵州、海南、宁夏、青海和西藏，其平均分值则分别只有1 184分、564分、551分、504分和307分，在横向比较上两者之间存在着较大的差距。从纵向来看，尽管部分省（区、市）的高等教育质量指数呈现出了小幅波动下降的趋势，如北京、江苏、辽宁、上海、湖北、陕西、四川和天津等高校集聚的传统省市，但就总体而言，除此之外的大部分省（区、市）的高等教育质量指数则呈现出了较为明显的上升趋势，如山东、浙江和广东等教育资源较为丰富的传统地区，以及湖南、河南、安徽、江西、福建、云南、广西、甘肃、新疆、贵州、海南、宁夏、青海和西藏等新兴崛起省（区、市）。

其次，从中国各省（区、市）高等教育质量指数及其与科技创新的相乘交叉项、与经济增长之间的动态变化趋势线来看，两两之间均存在着同向的线性变化关系，且这一关系因散点密集分布在趋势线的周围而呈现出十分显著的统计特征。测算结果表明①：自1999年高校扩招以来，我国大部分省（区、市）高等教育的规模在不断扩张的同时，教育质量也得到了有效的提升，且这一事实并不会因教育质量的提升幅度不大而遭至歪曲。与此同时，我国各省市的经济增长规模也几无例外地呈现出了逐年增长的

---

① 根据测算结果，西藏1999年和2000年两年高等教育质量指数的对数值均为0。为排除这一结构性影响以更为一般性地揭示高等教育质量与经济增长之间的变化规律，图4-5（a）和图4-5（b）均暂未将其统计描绘在内。

特征，且这一趋势在统计学上十分显著。因此，在所考察的样本范围内，我国高等教育质量与经济增长之间总体上存在着统计上的同向变化关系，见图4-5（a）。此外，在高等教育质量指数与国内专利授权量的相乘交叉项，即高等教育质量与科技创新的综合效应指标与经济增长之间的动态变化关系中，两者之间也表现出了十分显著的同向变化关系，见图4-5（b）。这一统计现象表明：高等教育质量越高，经济增长规模就越大，反之则越小；高等教育质量与科技创新的综合作用力度越大，经济增长水平也越高，反之则越低。那么，高等教育质量的提升是否直接或间接通过科技创新促进了经济增长呢？或者说，在高等教育质量提升所带来的"增长绩效"中是否存在着显著的"直接效应"和"间接效应"呢？

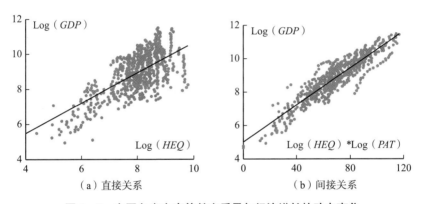

图4-5　中国各省市高等教育质量与经济增长的动态变化

注：图中横坐标分别为高等教育质量指数对数值及其与国内专利授权量对数值的相乘交叉项，纵坐标均为国内生产总值的对数值，数据根据各大机构高校排名的原始数据、以及国家统计局和各省市统计局官方网站公开披露的统计数据整理计算而得。

3. 实证检验与经济解释

在上述有关高等教育质量提升影响我国经济增长的典型事实中，不论是两者之间的直接关系还是间接关系，均在统计上存在着较为明显的同向变化特征。为能进一步更为精准地揭示高等教育质量提升影响经济增长的"直接效应"和"间接效应"，本节拟构建以国内生产总值为被解释变量，以高等教育质量及与专利授权量的相乘交叉项为解释变量的省际面板数据模型。实证检验的步骤如下：首先，以高等教育质量为主要解释变量来揭示高等教育质量提升影响经济增长的"直接效应"，以高等教育质量与专利授权量的相乘交叉项为主要解释变量来揭示高等教育质量提升通过科技创新影响经济增长的"间接效应"。其中在"直接效应"的检验中，将逐步以国内专利授权量为替代变量的科技创新加入控制变量中以观测其显著性和有效性。其次，为能更有效地验证初始检验中"直接效应"和"间接效应"的普遍性和一般性，进一步采用研发人员全时当量来替代专利授权量，以作为科技创新的替代指标，并仍以其作为控制变量、或以其与高等教育质量的相乘交叉项作为主要解释变量来检验结论的稳健性。再次，选择合适的工具变量、采用广义矩估计法（GMM）来对高等教育质量提升影响经济增长的"直接效应"和"间接效应"进行内生性检验，以有效消除模型中的内生性问题。最后，就如上"直接效应"和"间接效应"，进一步从东部、中部和西部三个地区来考察高等教育质量提升影响经济增长的空间差异。

（1）全国样本估计

各类模型的构建应以变量平稳为前提，对各变量进行平稳性检验后发现：不管是在全国样本中还是在分地区情形下，各变量经 ADF、LLC 和 PP 检验后均为零阶平稳，表明各变量的原始序列均可以作为面板数据模型的检验变量。进一步地对各类模型进行 Hausman 检验及相应选择后，全国层面高等教育质量提升影响经济增长的估计结果如表 4 – 9 所示。

在高等教育质量提升影响经济增长的"直接效应"中，采用时期加权的广义最小二乘法对所选定的固定效应模型进行估计后，模型 1 和模型 2 中高等教育质量和控制变量的回归系数均能通过 1% 统计水平下的显著性检验，表明高等教育质量等解释变量对国内生产总值的变化情况具有较强的解释力，高等教育质量提升影响经济增长的"直接效应"能够得到计量检验的支撑。具体而言，在控制变量中加入国内专利授权量前后，模型 1 和模型 2 的高等教育质量对国内生产总值具有正向影响作用，即高等教育质量越高，国内生产总值越大；反之，高等教育质量越低，国内生产总值越小。因此，高等教育质量的提升能够直接带来国内生产总值的增加，这与周永红和熊洋（2013）等人的研究发现是相一致的，同时亦验证了上文机理分析中高等教育质量提升影响经济增长的直接传导路径。此外，在控制变量影响经济增长的数量关系中，劳动要素、资本要素、市场开放和城镇化对经济增长均具有正向作用，即劳动要素和资本要素的存量越大、市场开放度越高和城镇化水平越高，经济增长规模越大。因此，在中国特色社会主义的发展实践中，供给侧的要素投入以及制度端的改革开放和新型城镇化，与高等教育发展带来了有效人力资本的积累一样，都是促进中国经济高速增长的重要动力源。在发挥高等教育质量提升在经济可持续发展中的重要作用的同时，仍应继续注重要素投放的效率、继续推进更高水平的改革开放以及继续推进新型城镇化建设。

表4-9　全国样本下时期加权固定效应模型的EGLS估计和GMM估计

变量	初始检验（EGLS）			稳健性检验（EGLS）		内生性检验（GMM）		
	模型 1	模型 2	模型 3	模型 4	模型 5	模型 6	模型 7	模型 8
C	0.0092 (0.1267)	0.3195* (4.9125)	0.7273* (10.0072)	0.0447 (0.6296)	0.4742* (6.0508)	−0.0343 (−0.4458)	0.6452* (8.2845)	0.0522 (0.2236)
Log(HEQ)	0.0526* (13.5926)	0.0354* (10.1141)		0.0218* (6.2444)		0.0544* (12.7941)		
Log(PAT)		0.0857* (24.1299)						
Log(RDP)				0.0869* (13.1778)				
Log(HEQ)* Log(PAT)			0.0091* (26.6544)				0.0081* (22.4535)	
Log(HEQ)* Log(RDP)					0.0065* (16.7956)			0.0038* (3.2537)
Log(LAB)	0.4487* (34.9211)	0.3882* (32.8803)	0.3881* (31.8243)	0.4042* (31.0179)	0.4174* (31.5887)	0.4725* (34.6570)	0.4138* (31.4682)	0.4978* (17.1138)
Log(KAP)	0.5683* (47.8557)	0.5266* (46.7998)	0.5271* (45.9756)	0.5335 (42.5001)	0.5340* (43.8305)	0.5412* (43.0182)	0.5116* (41.1837)	0.4903* (31.0774)

变量	初始检验（EGLS）			稳健性检验（EGLS）		内生性检验（GMM）		
	模型1	模型2	模型3	模型4	模型5	模型6	模型7	模型8
OPE	0.2302* (17.5635)	0.1720* (18.4039)	0.1561* (16.1523)	0.2117* (20.4645)	0.2001* (16.7445)	0.1981* (16.8284)	0.1479* (14.7776)	0.2992* (4.3046)
URB	0.7522* (22.0365)	0.5512* (17.8062)	0.5082* (16.9800)	0.5895* (19.1063)	0.6036* (19.3681)	0.9468* (23.3075)	0.7081* (18.3229)	1.3947* (3.7667)
R^2	0.9766	0.9865	0.9849	0.9801	0.9763	0.9754	0.9826	0.9677
调整的 R^2	0.9756	0.9859	0.9843	0.9793	0.9753	0.9744	0.9819	0.9664
D－W 值	1.9305	1.9280	1.9353	1.9195	1.9214	1.9117	1.9428	2.0157
P 值	0.0000	0.0000	0.0000	0.0000	0.0000	0.0867	0.034	0.0000
观测值	620	620	620	620	620	589	589	589

注：标 * 表示在 1% 统计水平下显著，模型 1－5、模型 6－8 的 P 值分别为 F 统计值和 J 统计值的相伴概率。

在高等教育质量提升影响经济增长的"间接效应"中，同样采用时期加权的广义最小二乘法对所选定的固定效应模型进行估计后，模型3中的主要解释变量交叉项以及各控制变量的回归系数均能通过1%统计水平下的显著性检验，表明高等教育质量提升影响经济增长的"间接效应"亦能够得到实证检验的支撑。具体而言，高等教育质量与国内专利授权量的相乘交叉项对国内生产总值具有促进作用，即高等教育质量的提升通过促进科技创新而有效地扩大了国内生产总值，因而有利于经济增长规模的扩大。这一结论强而有力地验证了机理分析中的观点，即从传导路径来看，高等教育质量提升所带来的有效人力资本积累，通过促进科技创新更能有效地提高生产效率，并因此而带来了经济的高速增长。

为验证高等教育质量提升影响经济增长的"直接效应"和"间接效应"在统计上是否具有稳定性和普遍性，本节进一步选用研发人员全时当量来替换国内专利授权量进行稳健性检验，结果发现：在以研发人员全时当量作为替换控制变量后，高等教育质量对国内生产总值仍然具有正向促进作用，见模型4，这表明高等教育质量提升影响经济增长的"直接效应"具有结论上的稳定性，它不受变量选择在主观误差上的影响；同样，在以研发人员全时当量作为科技创新的替代变量后，高等教育质量与其的相乘交叉项对国内生产总值亦具有正向促进作用，见模型5，这表明高等教育质量提升通过促进科技创新而带来了经济的高速增长，"增长绩效"中的"间接效应"亦具有统计上的稳定性。因此，初始检验中所得出的高等教育质量提升直接和间接地促进了经济增长的结论均具有稳健性。除此之外，与初始检验中的实证结果相似，稳健性检验中各控制变量与国内生产总值之间也表现出了显著的同向变化关系，表明劳动要素、资本要素、市场开放和新型城镇化的良性发展能够有效地促进经济增长。

实际上，高等教育质量与经济增长之间有可能存在着互为因果的内生性关系，即在高等教育质量提升促进经济增长的同时，社会总产出规模的扩大有可能反过来对高校所实施的旨在提高教育质量的人才培养带来正向激励作用，这些激励既有可能表现为教育经费投入增加的经济激励，又有可能是管理效能自我满足上的制度激励。因此，为有效消除这一统计上的内生性问题，本节拟同时设置高等教育质量与其省级平均值的差值以及高等教育质量的滞后项作为工具变量，采用GMM估计来进行内生性检验。之所以采用高等教育质量的省级平均值，是因为根据同群效应理论，处于同一发展环境下的各省市会在相互比较的过程中产生相互影响，也就是说，这一依托于省级平均值而"自我设定"的评判标准会影响其高等教育质量的变动，却不会对经济增长带来直接的内生性影响。基于此，本节拟以各省市高等教育质量指数与省级平均值的差值作为主要工具变量。事实上，使用样本在一定范围内的均值作为工具变量较为常见，如费斯曼和斯文森（Fisman & Svensson，2007）等。在表 4 - 9 高等教育质量提升影响经济增长的内生性检验中，除常数项的影响系数由正转负之外，模型 6、模型 7 和模型 8 中的主要解释变量及控制变量均能通过 1% 统计水平下的显著性检验，表明高等教育质量提升影响经济增长的"直接效应"和"间接效应"均为显著，其结果与初始检验和稳健性检验中所得出的结论并无差异。

（2）分地区样本估计

更进一步地，在区别空间差异并采用 GMM 估计法对东部、中部和西部地区各省市高等教育质量提升影响经济增长的"直接效应"和"间接效应"分别进行初始检验和稳健性检验后，发现除中部地区个别控制变量的系数方向发生了改变外，其他所有的主要解释变量及控制变量均能显著地影响国内生产总值，表明在考虑地区差异后，高等教育质量及其与科技创新的相乘交叉项与全国情形一样，亦能较强地解释地区生产总值的变化，见表 4 - 10。具体而言，在三大地区的时期加权固定效应模型中，高等教育质量提升不仅能够直接带来地区生产总值的扩张，还能间接地通过科技创新而对经济增长带来进一步的促进作用，且这一间接作用在替换交叉变量后依然显著。因此，高等教育质量提升所带来的"增长绩效"存在着显著的"直接效应"和"间接效应"，且这一结论不因样本选择的不同而出现差异，其在统计检验上具有较强的稳健性，上述机理分析中，高等教育质量提升影响经济增长的传导路径能够得到有效的验证。

此外，在控制变量所带来的影响中，除了中部地区的市场开放变量 OPE 的影响系数为负外，其他变量的影响系数均为正，表明这些因素均显著地促进了各地区的经济增长，这与上述研究中的主要发现相一致。而中部地区各省市的市场开放变量之所以表现出了与经济增长相反的变化关系，主要是因为：在所考察的样本范围内，中部地区除了河南省的市场开放度出现了上升趋势外，其他各个省市则均经历了由上升到下降的负向变化过程；且除江西省的上升周期（1999 ~ 2011 年）大于下降周期（2012 ~ 2018）外，其他省市如山西省、黑龙江省、安徽省、湖北省和湖南省的市场开放度则自 2007 年国际金融危机后，由谷峰开始不断下降，下滑趋势极为明显；更为严重的是，吉林省自 2003 年之后开始出现了不断下降的趋势。与此同时，中部地区各省经济增长的规模则逐年扩大，在统计上表

表4-10   分地区样本下时期加权固定效应模型的 GMM 估计

变量	东部地区				中部地区		西部地区		
	模型 9	模型 10	模型 11	模型 12	模型 13	模型 14	模型 15	模型 16	模型 17
C	0.2709* (3.9951)	1.2720* (13.0729)	0.7847* (7.9445)	1.2843* (6.3643)	1.7549* (7.1701)	1.7932* (7.9489)	-0.3280* (-4.6512)	-0.0132 (-0.1190)	-0.0588 (0.5608)
Log(HEQ)	0.0670* (4.3810)			0.0487* (3.5412)			0.0574* (3.2239)		
Log(HEQ)*Log(PAT)		0.0105* (12.6252)			0.0047* (2.8525)			0.0044* (3.7559)	
Log(HEQ)*Log(RDP)			0.0062* (6.9875)			0.0061* (3.2474)			0.0044* (3.8241)
Log(LAB)	0.6500* (24.0578)	0.5371* (21.8502)	0.6189* (23.3353)	0.4758* (17.7935)	0.4256* (13.6114)	0.4321* (15.0993)	0.3812* (16.9728)	0.3776* (15.7267)	0.3699* (14.9425)
Log(KAP)	0.3286* (11.0817)	0.3103* (12.8376)	0.3049* (10.7830)	0.3755* (14.6951)	0.3834* (15.7470)	0.3545* (14.4938)	0.6481* (23.4914)	0.6353* (22.2250)	0.6382* (22.5215)
OPE	0.1235* (6.7319)	0.0605* (3.9904)	0.0944* (5.4421)	-0.6768* (-3.2841)	-0.7296* (-3.5612)	-0.6467* (-3.3493)	0.7641* (6.0811)	0.6436* (4.8907)	0.7554* (5.8578)

变量	东部地区			中部地区			西部地区		
	模型 9	模型 10	模型 11	模型 12	模型 13	模型 14	模型 15	模型 16	模型 17
URB	1.3006* (13.0622)	0.8850* (10.0438)	1.1666* (11.8904)	1.3409* (6.2122)	1.1750* (5.9658)	1.0518* (4.8026)	0.8811* (6.7036)	0.8700* (6.3842)	0.8590* (6.2814)
R^2	0.9944	0.9963	0.9949	0.9914	0.9917	0.9915	0.9914	0.9910	0.9910
调整的 R^2	0.9937	0.9958	0.9942	0.9899	0.9902	0.9900	0.9904	0.9900	0.9900
D－W 值	0.4599	0.4254	0.4406	0.3509	0.3453	0.3375	0.3178	0.2876	0.2974
P 值	0.0000	0.0009	0.0000	0.0684	0.0705	0.0729	0.0069	0.0141	0.0079
观测值	209	209	209	152	152	152	228	228	228

注：标＊系数表示在 1% 统计水平下显著，P 值均为 J 统计值的相伴概率。

现出了与市场开放度完全相反的变化特征。出现这一统计现象更为根本的原因在于：相比于东部地区"东向出海"和西部地区"丝绸之路"的优越地理位置，居于"夹心层"或"真空地带"的中部各省在进出口贸易和引进外资上缺乏先天的优势，这就使得其所建立的海外贸易关系极为脆弱，极易受到不确定性事件的负面冲击而丧失其外贸资源，因此也就出现了以进出口总额或 GDP 作为替代变量的市场开放度的不断下降。

综上所述，本节研究发现：从影响机理来看，高等教育质量提升主要是通过促进高质量人力资本的有效积累而带来了显著的经济增长绩效，这一传导机制可以更加具体地体现在高等教育人才培养、发展科学和社会服务三大职能发挥所带来的经济效应中。其中，高等教育质量提升通过人才培养为经济增长提供了优质的人力资本，通过发展科学为经济增长提供了坚实的技术保障，通过服务社会为经济增长提供了持久的发展动力。因此，高等教育质量提升所带来的"增长绩效"既有"直接效应"，又有"间接效应"。其中，"直接效应"主要表现在高等教育作为一种特殊的产业，其所引致的消费需求和投资规模的扩大直接带来了社会总产出的增长，这一效应既体现在服务社会的教育职能中，又直接体现在教育产业的发展绩效中；而"间接效应"则主要体现在高等教育质量提升通过促进人才培养、发展科学研究和提供社会服务而为经济社会的发展带来了有效的人力资本积累，而后者则促进了科技创新能力的提升，并进而带来了经济的持续增长。

基于机理分析所得出的实证研究结果显示：首先，高等教育质量提升对经济增长带来了"直接效应"。在我国 1999 年高校扩招以来的教育发展实践中，虽然高等教育质量的提升幅度总体较小，且个别省份甚至出现了质量下降的现象，但却不可忽视其在直接促进经济高速增长中的重要作用。也就是说，高等教育质量提升的"增长绩效"具有十分显著的"直接效应"。其次，高等教育质量提升对经济增长带来了"间接效应"。与机理分析中的观点一致，人力资本积累所带来的科技创新增强是高等教育质量提升影响经济增长的关键渠道，"增长绩效"中的这一"间接效应"在替换交叉项后依然显著而稳健。最后，供给侧的要素投入以及制度端的市场开放和新型城镇化，依然是促进经济持续增长的重要动力。尽管在中部地区的样本估计中，市场开放对经济增长的影响表现出了负向作用，但除此之外的其他地区和其他变量却依然能够较好地解释经济增长规模的变化。因此，发挥高等教育质量提升在劳动力要素、资本要素、市场开放和新型城镇化中的积极作用，能够更为有效地促进经济社会的高质量发展。

上述结论对发挥高等教育在促进经济高质量发展中的积极作用的启示在于：首先，应继续深化高等教育制度改革。既要在理念上继续把高等教育事业摆在优先发展的重要位置，又要在实际中加大经费投入和加强政策支持以切实推进高等教育事业的优先发展；应推进高等教育的公平发展和均衡发展，应在侧重发展优势大学、优势学科和优势专业的基础上，打破高等教育发展中的地区歧视和学科歧视，以做到真正的公平与均衡。其次，应继续提升高等教育的入学率以壮大受教育者群体，这就要求在源头上稳定并适当提高社会的总和生育率。应在高等教育实施过程中进行人本导向的生育教育，即应尊重个体的生育意愿和生育行为，使其按照自身的计划来进行生育，以实现生育观念的再转变。再次，在经济社会高质量发展阶段应注重高等教育质量的提升，既要发挥高等教育质量提升对经济持续增长的直接作用，又要疏通高等教育质量影响经济增长的传导路径，以有效构建高等教育促进经济可持续增长的长效机制。这就要求进一步推进旨在促进高等教育质量的制度改革，要求坚持将人才引进和人才培养作为高校长远发展的关键举措，以通过制度激励来发挥人才在高等教育质量提升中的重要作用。最后，应重视高等教育质量提升中科学研究的重要作用和战略意义。提升科学研究质量，不仅有利于科技创新的增强从而加快高新技术产业的发展，还有利于经济由粗放式向集约式发展方式的转变，从而带来生产效率的提高。这就要求进一步改革科学研究的评价机制，以更加灵活、更加包容和更加多元的指标体系来促进更有自由度和更富创新力的科学研究；同时，应适度为科研人员"松绑"，将其从科研经费使用、报酬待遇低廉以及行政干预普遍的多重束缚中解放出来，为其营造一个更加宽松和舒适的科研环境，以此提升科学研究的投入效率和产出质量，并最终有效发挥高等教育质量提升的"增长绩效"。

第四节　高等教育质量改革的"质量效应"
——兼论"教育强国"的逻辑

对中国而言，从一个"富起来"的经济大国转变成为"强起来"的经济强国，应走既高效又共富的高质量发展之路。由于人是一切经济活动的主体，因此促进经济社会的高质量发展应从根本上回归到"人本导向"的发展理念，既应在"目标"上满足人的发展需求以发挥激励作用，又应在"工具"上借助人的综合素养来构建长效动力。很明显，通过提升教育质量来促进受教育者专业知识、实践技能和文化素养的提高，并进而推动有效人力资本的积累和科技创新能力的提升，是实现"目标"与"工具"自洽融合的有效途径，是提升经济发展质量和全面实现美好生活的重要支撑。作为教育体系的"龙头"，高等教育以其提供了一个通识教育、基础研究、技术开发和素养提升的支撑平台，以其对高级专门人才的培养、科学文化技术的创新和重大发展问题的攻关而对经济社会的高质量发展起着关键性和主导性的推动作用。因此，提升高等教育质量不仅是教育改革发展的核心任务，更是促进高质量发展、建设创新型国家和社会主义现代化强国的重要推动力。而探讨高等教育质量提升对新形势下经济发展质量的影响机制，对于理解"教育强国"的理论逻辑以及更好地发挥其经济功能，也就具有重要的理论价值和实践意义。

（一）研究基础

从经济学的角度探讨"教育强国"，已有研究主要侧重于高等教育的"数量扩张"这一视角分析了其经济绩效，通过揭示高等教育扩张与经济增长变量之间的关系，来验证高等教育在国家或地区经济规模扩大中的重要作用。综合而言，这些研究主要包括三个方面：一是测算高等教育对经济增长的贡献率，直接量化并比较教育与生产要素投入在经济增长中的贡献及差异（Schultz，1962；Lucas，1988；朱迎春和王大鹏，2010）。二是研究高等教育与经济增长之间的互动关系，旨在揭示两者之间是单一的线性关系（Ozturk，2001；张文耀，2012；邸俊鹏和孙百才，2014；李子联，2020），还是具有阶段性特征的曲线关系（Krueger & Lindahl，2001）。三是揭示高等教育影响经济增长的传导渠道，其中传递变量主要包括人力资本（Uzawa，1964；Nelson & Phelps，1966；Johansen & Arano，2016）和技术创新（邵宜航和徐菁，2017）等。由于人力资本与技术创新之间的同向变化关系如此紧密，以至于在许多研究中总是将两者视为互替变量（Romer，1986；Lucas，1988；杜育红和赵冉，2018），而人力资本所常用的平均受教育年限和普通高校毕业生数等衡量指标，无疑具有统计上的"数量"属性。

随着高等教育的"大众化"和"普及化"，规模扩张所带来的负面效应亦不断显现，集中体现为科研产出、人才培养和社会服务等方面的教育综合质量下降问题。因此，在关注高等教育"数量扩张"的同时，对"质量"的"呼唤"与"追求"亦开始出现在高等教育经济功能的相关研究中，尽管这些研究就目前而言仍然较为少见。仅有的一些文献主要对高等教育"质量提升"的"增长绩效"展开了理论研究和实证分析，如罗来军等（2009）从内生经济增长理论视角构建理论模型探讨了教育质量影响经济增长的理论路径；梁文艳和唐一鹏（2010）对跨国样本研究进行了综述并指出教育质量是影响经济增长的关键；邓华和曾国屏（2012）以学生科学素养这一维度指代了高等教育质量并评述了其对经济增长的影响效应。值得一提的是，这些文献并未直接对高等教育质量指标进行测度，因此它们对高等教育质量提升所带来的经济绩效的揭示仍然只停留在"间接影射"的层面。与此不同，周永红和熊洋（2013）则基于大学排名数据测算了宏观层面地区高等教育质量的综合指数，并就高等教育质量提升影响经济增长的"直接渠道"和"间接渠道"进行了实证检验，应当说是对质量测度所作出的最新研究尝试。因此，受制于高等教育质量指标在体系构建上的复杂性和在指数测算上的困难度，质量视域下高等教育的经济绩效鲜见于研究文献之中，这与数量视角下同类研究的关注度形成了巨大的反差。

进一步地从高等教育经济功能指向的目标变量来看，尽管经济"数量增长"是"质量提升"的前提，但经济规模的扩大不足以指代经济实力的增强。因此，如上文献指出的高等教育"数量扩张"和"质量提升"在促进经济"数量增长"中的重要作用，无法在逻辑上对"教育强国"内含的经济发展质量提升形成有力的理论支撑，因而也就无法解释高等教育如何促进了经济的高质量发展。很明显，在追求共同富裕的新发展阶段下，从高等教育质量的角度探讨经济高质量发展的动力机制，无疑是一种符合现实发展战略的创新尝试，因而也就为这一主题的深化研究提供了理论构建的空间。遗憾的是，已有文献主要从数量的角度对高等教育影响经济增长的关系作了较多的理论分析和实证研究，而注重于从质量角度所展开的直接研究看似丰富，实则受制于两个关键变量数据的可得性和测算的复杂性而鲜见于文献之中，这在以质量为发展主线的新时期，无疑是一种理论上的滞后和研究上的缺位。基于此，本节拟尝试突破这一研究障碍，借助各大机构高校排名数据测算省市层面的高等教育质量指数，同时以五大发展理念为指标体系测算经济发展质量指数，并对高等教育质量影响经济发展质量的数量关系展开实证研究，以揭示高等教育质量提升在建设社会主义经济强国中的重要作用。

（二）高等教育质量影响经济发展质量的传导机制

习近平总书记指出："发展是第一要务，人才是第一资源，创新是第一动力。"[①] 在新时期实现高质量发展这一第一要务中，应在生产方式上

[①] 习近平：《在深圳经济特区建立40周年庆祝大会上的讲话》，载于《人民日报》2020年10月15日第2版。

依托人才资源促进要素投入向创新驱动的转变，以最终实现经济发展的质量变革、效率变革和动力变革。而高等教育作为科技第一生产力、人才第一资源和创新第一动力的重要来源，其"自身"发展质量的提升能够在推动经济高质量发展中发挥更加重要的作用。这是因为从内涵上来看，高等教育的高质量发展，是全面实现了以创新为根本动力、以协调为重要着力点、以绿色为重要价值、以开放为重要路径和以共享为根本落脚点的发展（刘国瑞，2021），而在经济高质量发展中，创新是不竭动力、协调是内在要求、绿色是基本前提、开放是重要路径、共享是本质追求（李子联，2021）。因此，高等教育质量的提升为以新发展理念为指导的经济高质量发展提供了引领和支撑，它通过人力资本、要素集聚、技术创新、贸易质量和减贫增收等中间渠道而分别促进了中国特色社会主义经济的创新发展、协调发展、绿色发展、开放发展和共享发展，而这些新理念下的发展类型及其对应的各类子变量则构成了经济发展质量的综合评价体系，见图 4 - 6。

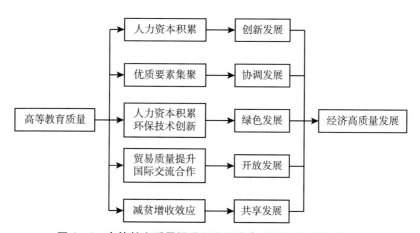

图 4 - 6 高等教育质量提升促进经济高质量发展的传导机制

第一，高等教育质量的提升通过形成和积累有效人力资本而促进了中国经济的创新发展。从内涵上来看，人力资本通常被界定为一种具备知识、技术、信息和文化等禀赋的有效劳动要素，人力资本的形成必须经过特定的知识教育、技能培训和经验积累才更有可能达成。在这一过程中，高等教育以其丰富的学科门类和专业的学科知识而为多样化、专业化人才体系的形成奠定了基础，因此是社会专用型人力资本和通用型人力资本形成和积累的重要来源（孙志军，2004）。不同于高等教育数量扩张只是带来了受教育者人数的增加，高等教育质量提升能够在单位教育资源投入中带来更多高效率和高素质的人才产出，因而能够更为有效地提升一国或地区的整体人力资本水平，而高质量人力资本的快速积累则进一步促进了科技创新能力的提升（Madsen，2014；姚东旻等，2017）。其作用机制主要表现在：一方面，人力资本的存量越多以及人力资本的质量越高，整个社会对新知识的认知能力、吸收能力和整合能力就越强，在此基础上将新知识转化为新产品、新技术和新方法的概率也就越大，科学技术的原始创新和再创新也就越有可能实现（March，1991）。另一方面，优质高等教育的接受者往往具有较强的学习精神和研究精神，而这又伴随着较强的创新能力和创新精神，这些品质有利于其在熟练掌握某个领域内基本工具以及该领域操作流程的基础上进行旨在提质增效的改革和创新（吴延兵和刘霞辉，2009）。综上所述，高等教育质量提升所带来的人力资本的积累有效地促进了一国科技创新水平的提高。

第二，高等教育质量的提升因其形成的"要素集聚效应"而促进了中国经济的协调发展。受历史路径、地理位置和政策偏向的影响，中国经济就结构而言仍然存在着在区域发展差距较大、产业结构升级缓慢和投资需求依赖较重等发展失衡或不协调的现象。由于要素投入是影响产出总量的关键因素，因此发展不协调可以直接归结为传统要素的配置不均以及创新要素的贡献不足两个方面。改变这一结构失衡的局面，应从要素配置的角度促进其效率的提升和分配的公平，而高等教育发展则因其带来的"要素集聚效应"而能够促进经济结构的协调。这是因为：高等教育"本身"作为一种重要的产业能够有效承载和吸纳各种生产要素。高等教育质量的提升不仅要求改善"硬件"，更要求升级"软件"。一方面，高校"硬件"改善中的场馆建设、设备购置和设施完善均需要大量的资本投入和劳动投入，而以高校师生为盈利对象的各类企业和商铺的兴建带来了大量的社会投资和创业就业；另一方面，高校"软件"提升中所开展的知识创新、科学研究和数据库建设活动，则为社会提供了技术、管理、制度和数据这些有别于传统要素的新型要素，能够为地区和产业的发展提供新的动力。因此，资本要素、劳动要素以及创新要素向高校这一中心的集聚，不仅在需求结构上改变了单一的投资依赖从而重塑了投资与消费的双驱动模式，还促进了新兴业态的形成和发展从而加快了产业结构的优化升级，这都将带来地区经济增长方式的转变和经济发展质量的提升，从而在缩短其与其他地区发展差距的过程中实现协调发展。

第三，高等教育质量提升所带来的人力资本积累和技术创新能够促进资源的节约利用和环境的有效保护，最终带来中国经济的绿色发展。从绿色发展的实现主体来看，企业通常是影响资源利用和生态环境最直接和最重要的主体。高等教育质量越高，输送到企业的人力资本就越优，企业得到的新知识、新技术和企业家精神也就越多（郗海霞，2007）。从管理者角度来看，受过高质量高等教育的企业管理者，在确定企业发展目标和发展战略时，会基于创新和环保意识自觉加强管理经验的积累与自身才能的释放，这有助于提高企业的集约化管理水平，甚至有可能加速企业的转型升级，进而带动环保理念在生产过程中的生根发芽，最终对改善生态环境起到重要的推动作用。从研发人员看，高质量高等教育所培养的高素质人才是知识生产的后备力量和企业创新持续发展的重要保证，既有利于现有技术的扩散，又有利于新技术的研发、应用和推广（Vandenbussche et al.，2006）。具体而言，高等教育质量的提升一方面会促使输送到企业的研发人员适应新发展理念的绿色创新知识水平的提高，从而为企业的绿色创新带来新思想；另一方面其所带来的创新能力增强，能够更为有效地带来绿色技术的进步，从而促进资源的集约利用和环境的改善。除了输送高质量的人力资本外，高等教育还通过产学研合作提升了生产效率、促进了技术创新。高等教育质量越高，在当地产学研合作中与资源利用和环境保护相关的高质量人才、研发成果的输出越多，越能有效地激发企业绿色创新发展的原动力，越能更加合理地利用资源和改善环境。

第四，高等教育质量提升通过促进国际交流和提升贸易质量而带来了中国经济的开放发展。构建高水平开放格局是新时期深化改革开放和畅通国际国内双循环的内在意蕴，它要求在继续打开开放门户的基础上，通过提高贸易产品的技术含量、通过掌控贸易标准和贸易规则的制定权来提升贸易层次和贸易质量。显然，高等教育质量的提升为高水平开放格局的构建提供了内在而持久的动力。这是因为：一方面，注重质量提升的高等教育发展能够更大范围、更深层次地促进国际国内人才的相互交流，它不仅能够激励我国青年人才更大程度地"走出去"，更能吸引更多国家的青年学子"走进来"，这对于增进国际国内人才之间的互信互助以及未来中外的全方位交流与合作意义重大，当然也能够为国际贸易和国际金融的全面展开提供更大的契机。因此，高等教育是开放发展的前沿阵地，高等教育的国际化是我国对外开放战略的重要组成部分（贾启君等，2017）。另一方面，高等教育质量的提升为我国提供了更高质量的贸易人才和金融人才，这些人才在从事对外贸易与合作时具有更强的国际竞争优势。不仅表现为更高的生产效率、更强的创新意识和更广的国际视野，因而能够提供高质量的贸易产品和劳务服务；还表现为对更先进的发展理念、更前沿的贸易标准和更超前的制度规则的掌握与把控，因而能够有意识地进行制度创新和标准制定，从而为领跑世界提供"中国方案"。因此，无论是从短期还是长期而言，高等教育质量的提升都能够为我国开放型经济的高质量发展提供坚实的内在保障与重要的发展契机。

第五，高等教育质量提升通过发挥其对居民的"减贫增收效应"而促进了中国经济的共享发展。从内涵上来看，共享发展是居民不论身份、地域和职业都能够共同分享经济发展的成果，都能够公平地获得收入、教育和医疗等各种公共资源。在既定的分配政策框架内，经济成果与公共资源是否能够得到共享与个体自身的综合素质和能力关联甚大。一般而言，拥有较强创业意识、就业能力和创收能力的个体更能够享有社会的各类公共资源。而个体的这些能力与素质，又在根本上取决于其获得的教育经历及对应的教育质量。这是因为：个体的受教育程度及对应的教育质量越高，其获得的知识技能也就越高，而这将拓展其就业创业的"广度"和"高度"。具体表现为：高等教育又因其知识供给的复杂性、专业性和多维性而提升了受教育者的学习方法、专业技能和职业素养（李子联，2021），这将使受教育者具备从事多种工作或职业的能力，因而其就业创业的"广度"得以拓宽，创收机会更加多元；同时能够胜任产业形态更为高级的职业，使其就业创业的"高度"得以拔高，收入报酬更为丰厚。因此，高等教育的数量扩张与质量提升能够通过促进受教育者综合素质和竞争能力的提高而使其收入得到较大程度的增加（郭丛斌和闵维方，2007），最终在总体上为整个社会带来了"减贫增收效应"。可以认为，高等教育是共享发展的根本保障，提升高等教育质量不仅有利于落实共享发展理念，还对实现共享发展的关键领域具有重要的促进作用。

（三）变量设置及其测度

以上述机理分析为实证研究的基础，本节拟按照如下思路设置相关变量：首先，以"五大发展理念"为分析框架，构建包括创新、协调、绿色、开放和共享五大指标在内的经济发展质量评价体系，并揭示其动态演变与发展现状。之所以以"五大发展理念"为构建指标的基础，主要是因为这一评价体系更具全面性、合理性和有效性，且能在实践中为高质量发展提供更加科学的思想指引（李子联和王爱民，2019）。其次，以各大机构发布的大学排名数据为原始数据来构建省级层面的高等教育质量指数，并从纵向和横向两个方面揭示中国各省高等教育质量的动态演变和空间差异。再次，分别描绘高等教育质量与创新发展、绿色发展、协调发展、开放发展和共享发展之间的统计关系，通过分析高等教育质量提升影响"五大发展"的典型事实来检验其传导路径。最后，建立以经济发展质量为被解释变量、以高等教育质量为主要解释变量、以相关制度变量为控制变量的省级面板数据模型，从全国和地区两个层面来综合检验高等教育质量提升影响经济高质量发展的数量关系和时空差异。此外，为考察高等教育质量提升过程中人力资本积累的经济绩效，本节设置了人均受教育年限作为代理变量来对高等教育质量进行稳健性检验。按此思路，本节所设置的变量及其度量方法如表4-11所示。

表4-11 变量设置及其经济意义

变量			经济意义		度量及依据
被解释变量	EDQ		经济发展质量		基于"五大发展理念"构建综合指标体系测算综合质量指数，见李子联和王爱民（2019）等
解释变量	HEQ		高等教育质量		基于各大机构的高校排名构建高等教育质量综合指数，见阿吉翁（2007）等
	WHS		人力资本积累		人均受教育年限，见何兴邦（2019）等
控制变量	CSF	财政制度		财政收入分权	地方财政收入/全国财政收入，见沈坤荣和付文林（2005）等
	CZF			财政支出分权	地方财政支出/全国财政支出，见周业安和章泉（2008）等
	JFZ	金融政策		金融发展程度	金融机构存贷款总额/GDP，见周立和王子明（2002）等
	KZC	科技政策		科技支持力度	科技三项费用支出总额/财政支出总额，见郭文伟和周媛（2020）等
	HJZ	环境政策		环境治理力度	环境污染治理投资/GDP，见伯曼和布伊（Berman & Bui, 2001）等
	SHZ	综合改革		市场化改革	市场化指数，见王小鲁（2019）等

对变量的设置方法及数值计算作如下说明：第一，对于被解释变量的度量，本节所构建的经济发展质量综合评价体系包括创新、协调、绿色、开放和共享5个一级指标，内含13个二级指标和39个三级指标，具体计算方法见前文。

第二，对于主要解释变量高等教育质量的度量，本节在借鉴阿吉翁等

(2007)、周永红和熊洋（2013）以及李子联（2020）有关高等院校排名转化为省市数据这一计算方法的基础上，有所改进地综合使用了网大网、中国校友会网和武书连中国大学评价课题组发布的我国前500名高校的原始排名数据来测算宏观层面的地区高等教育质量指数，具体测算方法见前文。

第三，由于本节采用综合指标评价法来测算经济发展质量，因此为在解释变量中有效规避指标体系中已选相关变量的重复出现及尽可能避免因此而出现的内生性问题，本节在解释变量和控制变量的设定中特意选取了不同维度下具有较强代表性的制度变量，这些变量包括人力资本积累程度、财政类制度、金融类政策、科技扶持政策、环境治理政策和综合制度改革等，测算方法见前文。

（四）统计描述与典型事实

在综合考虑数据可得性和连续性的情形下，本节对2000～2019年除西藏、香港、澳门和台湾之外30个省（区、市）相关变量的数据进行了挖掘与测算，各主要变量的数据特征如表4-12所示。其中，被解释变量经济发展质量的综合指数在样本内的最小值为26.7145，最大值为68.5837，平均值为39.8283，呈现出较大的时空差异性，表明各省在不同时期的经济发展质量存在着一定的差距。与此同时，主要解释变量高等教育质量指数的最小值为142，最大值为17 929，均值为4 161.55，与经济发展质量指数相似亦表现出了较大的变动幅度，表明各省市在不同时期的高等教育质量亦存在着相对较大的差距；替代性解释变量人力资本积累程度的最小值为5.27，最大值为12.68，均值为8.4601，表明样本期内各省居民的人均受教育程度得到了较大的提升。除此之外，各类控制变量在样本范围内也表现出了与被解释变量相类似的波动性，且其标准方差的相伴概率均能够在1%统计水平下通过显著性检验，表明就波动性而言，所设置的解释变量和控制变量与被解释变量表现出了较强的同向变化关系。

表4-12　　　　　　　　各变量的统计描述

变量	均值	最大值	最小值	标准方差	概率	观测值
EDQ	39.8283	68.5837	26.7145	6.3659	0.0000	600
HEQ	4 164.55	17 929.00	142.00	3 080.79	0.0000	600
WHS	8.4601	12.6800	5.2700	1.0799	0.0000	600

变量	均值	最大值	最小值	标准方差	概率	观测值
CSF	0.0331	0.1436	0.0019	0.0271	0.0000	600
CZF	0.1404	0.5036	0.0110	0.0873	0.0000	600
JFZ	2.7923	8.1310	1.2882	1.0528	0.0000	600
KZC	0.0165	0.0720	0.0012	0.0129	0.0000	600
HJZ	1.3160	4.6600	0.0100	0.7174	0.0000	600
SHZ	6.3205	12.8900	2.3700	2.0412	0.0001	600

从具体的测算结果来看，中国各省（区、市）样本期内的经济发展质量指数均表现出不同程度的上升趋势，表明各地区在获得经济高速增长的同时，经济发展质量也有了一定程度的提升。其中就总量而言，北京、上海、天津、海南和浙江为经济发展质量指数最高的五个省份，其指数均值分别为 56.3311、52.2808、48.2093、42.9575 和 42.8534，见图 4-7；黑龙江、江西、湖北、安徽和湖南等中部省份则处于指数排名居中的区间，对应的指数均值分别为 39.0115、38.6445、38.4919、37.6226 和 37.2681；而贵州、云南、甘肃、宁夏和山西则占据经济发展质量指数排名的末五位，其指数均值分别只有 34.5179、35.9436、36.2659、36.2740 和 36.3830，与如上发达省市相比存在着一定的差距。这一横向比较表明经济发展质量在东部、中部和西部三大区域之间具有非常明显的空间递减特征，这与经济总量的空间分布特征极为相似。但从增速来看，这一特征则未表现出统计上的显著性。数据显示：经济发展质量提升速度最快的前 5 个省份依次为贵州、陕西、宁夏、海南和北京，其增速均值分别为 2.13%、1.98%、1.88%、1.83% 和 1.76%；增速居中的省份依次为河北（与新疆并列）、上海、青海、辽宁、湖北（与广西并列），其增速均值分别为 1.49%、1.42%、1.39%、1.38% 和 1.37%；而提升速度较慢的 5 个省份则依次为内蒙古、吉林、安徽、广东和福建（与浙江并列），其对应的增速均值分别为 0.59%、1.09%、1.13%、1.17% 和 1.21%。尽管如上数据显示贵州、陕西和宁夏等西部省区具有较高的质量提升速度且同时广东、福建和浙江等东部发达省份则表现出了较低的提升速度，但就质量提升速度而言，其在东部、中部和西部三大区域之间的空间差异性并没有表现出非常明显的趋势。

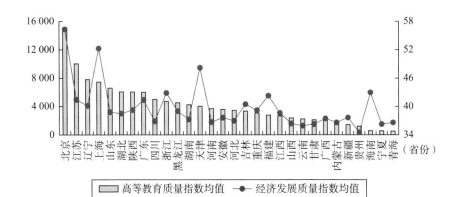

图4-7 中国各省（区、市）经济发展质量指数和高等教育质量指数的均值比较

注：图中左、右纵标轴分别对应高等教育质量和经济发展质量的指数均值，数据来源于本节的整理测算。

与经济发展质量指数的上升趋势相似，大部分省份的高等教育质量指数在样本期内亦表现出了普遍上升的动态变化特征，表明这些地区的高等教育质量亦得到了不同程度的提升。测算结果显示：在2000～2019年，尽管部分省（区、市）的高等教育质量指数呈现出了小幅波动下降的趋势，如北京、江苏、辽宁、上海、湖北、陕西、四川和天津等高校集聚的传统省（区、市），但就总体而言，除此之外的大部分省（区、市）的高等教育质量指数则呈现出了较为明显的上升趋势，如山东、浙江和广东等教育资源较为丰富的传统地区，以及湖南、河南、安徽、江西、福建、云南、广西、甘肃、新疆、贵州、海南、宁夏、青海和西藏等新兴崛起省（区、市）。从横向比较来看，高等教育质量最高的5个地区依次为北京、江苏、辽宁、上海和山东，其质量指数的均值分别为15 024分、10 035分、7 831分、7 475分和6 587分；居中的6个地区依次为天津、河南、安徽、河北、吉林和重庆，其质量指数的均值分别为4 025分、3 695分、3 592分、3 461分、3 344分和3 073分；最低的5个省（区、市）则依次为新疆、贵州、海南、宁夏和青海，其平均分值则分别只有1 447分、1 230分、586分、565分和526分，在横向比较上与上述省（区、市）之间存在着较大的差距，见图4-7。总体而言，高等教育质量在东部、中部和西部地区之间亦呈现出了依次递减的特征，这与经济发展质量指数的空间分布变化特征相似。

进一步地，按照"五大发展理念"的分析框架对高等教育质量影响经济发展质量的传导路径及效应进行统计考察后发现：高等教育质量与创新发展、协调发展、绿色发展、开放发展和共享发展之间均存在着较为明显的同向变化关系。也就是说，在样本时期内各省（区、市）的高等教育质量指数在出现普遍上升趋势的同时，其对应的创新、协调、绿色、开放和共享发展指数同样经历了不断扩大的变化特征，两者在数值上表现出了正相关的线性关系，见图4－8(b)(c)(d)(e)(f)。其中，创新发展指数相较于其他四类发展指数而言，其与高等教育质量指数之间的散点分布密度更为聚集，表明创新发展与高等教育质量提升之间的线性关系更为显著。这一直观判断亦可体现在各散点图趋势线回归方程的拟合优度上，结果显示创新发展指数与高等教育质量指数之间的拟合优度为0.315，表明创新发展指数的变动有31.5%能够被高等教育质量指数的变化所解释。这一数值明显高于其他四组关系的相应统计值。结合上文高等教育质量影响"五大发展理念"的理论机制来看，高等教育质量与"五大发展理念"之间并不只是统计学上简单的相关，而是具有理论基础的包含内在因果律的逻辑关系。由于存在这一内在的影响机制，因此高等教育质量的水平在总体上影响了经济发展质量的高低。或者更为具体地说，高等教育质量指数与经济发展质量综合指数之间亦呈现出了同向变化关系，高等教育质量的提升在统计上能够促进经济发展质量的提升，是新时期促进经济高质量发展的重要影响因素，见图4－8（a）。不过，这一典型事实仍有待进一步更为严谨的计量检验。

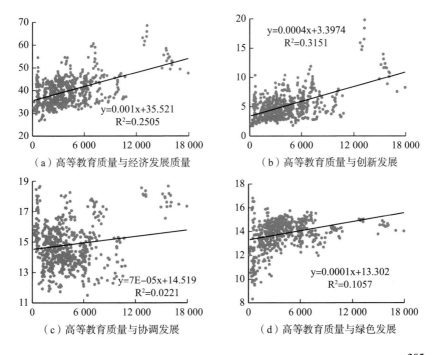

（a）高等教育质量与经济发展质量　　　（b）高等教育质量与创新发展

（c）高等教育质量与协调发展　　　（d）高等教育质量与绿色发展

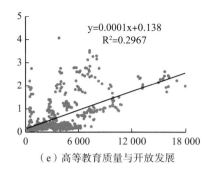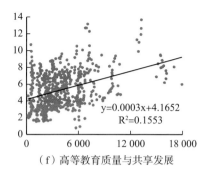

（e）高等教育质量与开放发展　　　　　（f）高等教育质量与共享发展

图 4 - 8　高等教育质量影响经济发展质量的典型事实

注：各图横坐标轴均为高等教育质量指数，纵坐标轴从（a）到（f）分别为经济发展质量、创新发展、协调发展、绿色发展、开放发展和共享发展的测算指数，数据来源于本节的整理测算。

（五）实证检验与结果解释

为了进一步更为精准地揭示高等教育质量影响经济发展质量的传导机制，本节拟构建以经济发展质量指数为被解释变量，以高等教育质量指数为主要解释变量，以人均受教育年限表征的人力资本积累为替代性解释变量，以相关制度变量为控制变量的省际面板数据模型。对于高等教育质量对创新、协调、绿色、开放和共享发展的影响，由于它们已经内含在经济发展质量的综合指数中，因此在计量检验中没有必要分别检验高等教育质量对这些一级指标的影响。实证检验步骤为：首先，以全国数据为样本从总体上检验高等教育质量和人力资本积累影响经济发展质量的数量关系。为了能够有效识别这一检验过程中所存在的内生性问题，本节分别采用了 EGLS 和 GMM 两种检验方法，并基于结果差异在后续检验中统一使用了能够克服内生性问题的 GMM 估计法。其次，为了检验全国样本的估计结果是否具有稳健性，本节进一步采用分地区样本，从东部、中部和西部三大地区来考察高等教育质量影响经济发展质量的空间差异。同时，采用人均受教育年限作为替代变量分析其对经济发展质量的影响，以从高等教育人才输出的角度探析教育发展的经济绩效。在各自的检验过程中，分别对添加控制变量前后的模型进行了检验。各类模型的构建应以变量平稳为前提，对各变量进行平稳性检验后发现：全国样本和分地区样本下各变量经 ADF、LLC 和 PP 检验后均为零阶平稳，表明各变量的原始序列均可以作为面板数据模型的检验变量。进一步地对各类模型进行 Hausman 检验及相应的模型形式选择后，检验结果见表 4 - 13 ~ 表 4 - 15。

1. 全国样本下的综合检验

在全国样本下高等教育质量影响经济发展质量的总体效应中，采用 EGLS 估计法进行初始检验后发现：不管是否加入政策变量作为控制变量，模型 1 和模型 3 中的高等教育质量指数均能通过 1% 统计水平下的 t 值检验，其系数分别为 6.443 和 0.9224，见表 4-13。结果表明，高等教育质量对经济发展质量的变化情况具有较强的解释力，或者说，高等教育质量的提升会促进经济发展质量的提升，这一结果验证了我们在上文传导机制的分析中所得出的结论。与此相似，替代性解释变量受教育年限在控制变量添加前后亦能够在 1% 的统计水平下显著地解释经济发展质量的变动情况，其影响系数分别为 3.1945 和 1.5419，表明人均受教育年限越多或人力资本积累程度越高，经济发展质量越高，两者之间呈现出显著的正相关，见模型 2 和模型 4。从内涵上来看，人均受教育年限相比于高等教育质量指数更加明显地体现了高等教育的"数量"扩张，其对经济发展质量提升具有积极影响的结果表明：在我国高等教育发展实践中，大学扩招尽管不可避免地带来了一些衍生性的负面效应，但就经济功能而言，其因提高了居民的文化素质和促进了人力资本的有效积累而提升了经济的发展质量，因而是提质增效和强国富民的重要渠道。如果将数量扩张视为质量提升的一个过程，则内含于质量提升的数量扩张，对我国实现经济大国向经济强国的转变具有重要的实践价值。

考虑到高等教育质量与经济发展质量之间可能存在着互为因果的关系，即在高等教育质量提升带来经济发展质量提升的同时，经济发展质量的提高也有可能反过来为高等教育质量的提升提供更好的要素资源，因此两者之间在理论上存在着相互影响。为了尽量克服这一可能存在的内生性问题，本节同时设置了高等教育质量指数和人均受教育年限与其各自同一时期省级平均值的差值，以及高等教育质量指数、人均受教育年限和各控制变量的滞后项作为工具变量，并采用广义矩估计法（GMM）进行了内生性检验。之所以采用解释变量与其省级平均值之差，是因为根据同群效应理论，处于同一发展环境下的省份会产生攀比而带来相互影响。也就是说，这一依托于省级平均值而"自我设定"的评判标准会影响其高等教育质量的变动，但却不会对经济发展质量带来直接的内生性影响。实际上，已有不少文献使用了样本在一定范围内的单个值与其均值之差作为工具变量来解决模型中存在的内生性问题（Fisman & Svensson，2007）。检验结果显示：在表 4-13 模型 5 和模型 7 的高等教育质量指数、模型 6 和模型 8 的人均受教育年限影响经济发展质量的内生性检验中，与初始检验相似，

表4-13　全国样本下时期加权（Period SUR）固定效应的估计结果

变量	EGLS 估计				GMM 估计			
	模型 1	模型 2	模型 3	模型 4	模型 5	模型 6	模型 7	模型 8
C	37.1451 (98.8914)	12.8026 (9.7052)	24.5956 (93.9206)	15.3751 (19.1403)	37.2155 (96.0739)	13.1192 (9.4913)	25.1904 (70.7330)	16.0211 (18.6812)
$HEQ/10000$	6.4430 (11.3867)		0.9224 (3.8076)		6.7555 (11.2451)		0.7911 (2.5875)	
WHS		3.1945 (20.9252)		1.5419 (15.4764)		3.1549 (19.8546)		1.5188 (14.1166)
CSF/CZF			13.3037 (16.0085)	7.3900 (7.1459)			13.4052 (14.5721)	7.6642 (6.8224)
JFZ			2.5056 (34.6567)	2.1380 (21.0588)			2.4618 (26.8196)	2.0711 (17.4113)
KZC			9.0757 (3.1586)	14.3422 (3.9505)			10.6781 (3.3553)	16.4602 (4.3262)
HJZ			-0.1059 (-4.3041)	-0.2521 (-6.3588)			-0.0996 (-3.6846)	-0.2617 (-6.4606)
SHZ			0.7468 (23.1196)	0.6012 (14.7104)			0.7035 (16.4875)	0.5555 (10.9632)

变量	EGLS 估计				GMM 估计			
	模型 1	模型 2	模型 3	模型 4	模型 5	模型 6	模型 7	模型 8
R^2	0.77587	0.8262	0.9361	0.8798	0.7826	0.8306	0.9092	0.8653
调整的 R^2	0.7681	0.8202	0.9334	0.8745	0.7751	0.8247	0.9052	0.8594
回归标准误	0.9766	0.9683	1.0068	0.9949	0.9820	0.9630	1.0089	0.9915
$F(J)$ 统计值	100.2159	137.6541	336.6029	168.0242	8.2792	12.0295	3.4417	7.8894
观察值	600	600	600	600	570	570	570	570

注：表中圆括号内数值为 t 统计值，所有系数未标星号表明均在 1% 统计水平下显著。

两个变量的系数均为正值，且均能通过显著性检验，表明高等教育质量提升及其所带来的人力资本积累均有效地促进了经济发展质量的提升，这一结果与初始检验所得出的结论相一致。

在控制变量对经济发展质量的具体影响中，除了环境治理变量带来了负向影响外，其他政策变量如财政分权、科技支持、金融发展和市场化改革均对经济发展质量具有显著的促进作用。也就是说，税权相对于事权越对等、对科技支持的力度越大、金融发展程度越高以及市场化程度越高，经济发展质量也就越高。而环境治理变量之所以与经济发展质量之间呈现出负相关，主要是因为大部分地区在样本期内环境污染上的投入力度相对于经济总量而言出现了下降的现象，如天津、辽宁、吉林、上海、江苏、浙江、广东、重庆、四川和宁夏等，这就使得这些地区在传统粗放型增长模式下尽管取得了较快的经济增长，但其伴随的环境污染却因投入力度的相对不足而得不到有效治理，最终不利于经济发展质量的提升。因此，在新时期发挥高等教育质量提升在促进经济高质量发展中的重要作用时，仍应继续改善央地之间的财权和事权的分配关系，继续加大环境治理的力度，继续发挥科技政策、金融政策，以及市场化综合改革等政策制度的正向激励作用。

2. 替换样本和变量的稳健性检验

在将全国样本分成东部、中部和西部地区三个子样本并分别进行GMM估计后，高等教育质量影响经济发展质量的检验结果如表4－14所示：无论是东部地区，还是中部和西部地区，高等教育质量指数与经济发展质量指数之间均存在着显著的正相关，即高等教育质量的提升将促进经济发展质量的提升。这一结论与全国样本下的检验结果相一致，同时亦进一步验证了我们在上文机理分析中的结论，表明高等教育质量提升有益于经济高质量发展的结论具有统计上的稳健性，它不以空间样本的改变而改变。进一步地从影响力度的空间差异来看，东部、中部和西部三个地区的影响力度并未出现明显的变化规律。尽管在添加控制变量后的模型10、模型12和模型14中，三大地区高等教育质量指数影响经济发展质量指数的系数分别为2.05、3.5458和5.7312，出现了递增趋势；但这一规律并未明显地出现在添加控制变量之前的检验结果中，见模型9、模型11和模型13。因此，高等教育质量提升促进了经济发展质量的提升，但没有证据显示其影响力度在三大地区之间具有明显的空间分布规律。

表 4 - 14 分地区样本下高等教育质量提升的绩效检验

变量	东部：时期加权固定效应		中部：个体随机效应		西部：个体随机效应	
	模型 9	模型 10	模型 11	模型 12	模型 13	模型 14
C	39.4576* (59.0042)	29.4364* (13.8531)	34.7021* (21.6658)	27.7231* (15.3826)	35.7921* (57.1838)	19.8698* (12.0235)
$HEQ/10\,000$	7.5913* (8.3069)	2.0500*** (1.7586)	8.8482** (2.2183)	3.5458*** (1.6734)	5.8035* (2.6787)	5.7312** (2.2999)
CSF/CZF		25.4424 (3.2819)		-18.2546* (-6.1698)		-30.3593* (-7.3467)
JFZ				3.0840* (6.9556)		4.2320* (13.2788)
KZC		135.2538* (4.5491)		77.2848* (2.7439)		282.5011* (4.8810)
HJZ		-1.6766** (-2.3322)		-0.1281 (-0.2996)		-0.7650* (-3.4685)
SHZ				0.7954* (4.1866)		1.0198* (5.9823)
R^2	0.4969	0.6164	0.0280	0.7309	0.0327	0.8064
调整的 R^2	0.4464	0.5710	0.0219	0.7203	0.0280	0.8007
回归标准误	5.2243	4.6123	3.7129	1.9876	4.7358	2.0829
J 统计值	184.7330	180.7680	2.61E-28	2.70E-23	195.0251	1.2833
观察值	209	209	152	152	209	209

注：表中圆括号内数值为 t 统计值，*、**、*** 分别表示在 1%、5% 和 10% 统计水平下显著。

进一步地按照全国样本下的检验方法将高等教育质量指数替换成人均受教育年限进行稳健性检验后，可得表 4 - 15 所示的检验结果。与全国样本下的检验结果相似，人均受教育年限在分地区样本下亦与经济发展质量指数之间呈现出了显著的正相关，如在添加控制变量前的模型 15、模型 17 和模型 19 中，东部、中部和西部地区这一变量的影响系数分别为 5.8192、6.3955 和 5.3603，加入控制变量之后系数则分别变为 2.3541、1.5075 和 2.3575，见模型 16、模型 18 和模型 20。结果不仅直接表明人均受教育年限所表征的人力资本积累有效促进了我国经济发展质量的提升，同时还间接揭示了我国高等教育质量提升过程中的大学扩招对经济发展质量的提升亦带来了促进作用。从统计学来看，这一结论同样并未因空间样本的改变而改变，因而具有稳健性。此外，与高等教育质量提升所带来的经济绩效相似，人均受教育年限的积极影响亦未在三大地区之间表现出明显的空间分布规律。

表4-15　　　　　分地区样本下人力资本积累的绩效检验

变量	东部：时期加权固定效应		中部：个体随机效应		西部：个体随机效应	
	模型15	模型16	模型17	模型18	模型19	模型20
C	-9.0328 * (-3.7990)	9.4502 * (3.1869)	-16.7003 * (-7.6307)	19.4988 * (4.2390)	-5.0093 * (-3.0472)	9.7602 * (5.0804)
WHS	5.8192 * (22.4816)	2.3541 * (6.5719)	6.3955 * (25.8080)	1.5075 ** (2.4960)	5.3603 * (26.2369)	2.3575 * (8.0907)
CSF/CZF		16.3525 ** (2.5102)		-23.1916 * (-6.2369)		-24.5960 * (-6.9346)
JFZ		2.3276 * (10.5057)		2.7140 * (5.2543)		2.7599 * (8.3976)
KZC		-11.2008 (-0.5755)		70.1246 * (3.2015)		210.4636 * (4.1716)
HJZ		-0.6612 *** (-1.8754)		-0.0780 (-0.2297)		0.1695 (0.8399)
SHZ		0.2002 (0.6317)		0.5182 * (3.1708)		0.5623 * (3.5592)
R^2	0.8200	0.9031	0.8221	0.8499	0.7218	0.8754
调整的 R^2	0.8019	0.8904	0.8209	0.8437	0.7204	0.8717
回归标准误	3.4772	2.4591	1.5684	1.4701	2.4774	1.6714
J 统计值	178.0482	164.0370	70.3043	30.5530	152.9365	33.6109
观察值	209	209	152	152	209	209

注：表中圆括号内数值为 t 统计值，*、** 和 *** 分别表示在1%、5% 和10% 统计水平下显著。

值得一提的是，在替换样本的稳健性检验中，控制变量财政分权和环境治理变量的影响系数与全国样本下的检验结果相比出现了较大的变化。具体表现为：在财政分权变量所带来的影响中，东部地区样本下的影响系数为正，这与全国总样本的回归结果相同；但在中部和西部地区的子样本中，这一系数则为负，且在5%统计水平下均能够通过显著性检验，见表4-14和表4-15。之所以出现这一空间差异，极有可能是因为相对于东部地区而言，中部和西部地区的财政收入来源较为有限，使得在全国财政收入快速增长的同时，中部和西部地区的财政收入增长却出现了相对放缓的现象，导致变量CSF出现了下降的趋势。与此同时，地方性的财政支出却因有中央的转移性支付而并未出现相对放缓，即在变量CSF出现了下降的同时，变量CZF却出现了同步上升，最终导致变量CSF/CZF呈现出总体下降的特征，这与其经济发展质量指数的上升形成了两种截然相反的变化趋势，即两个变量在中部和西部地区呈现出负相关。在环境治理变量所带来的影响中，表4-14中的东部和西部地区的影响系数与全国相似，即对经济发展质量带来了负向影响，但中部地区的负向影响系数则不显著；表4-15中的东部地区的影响系数亦与全国样本下的检验结果相似，即显著地抑制了经济发展质量的提升，中部地区和西部地区的影响系数分别为负和正，但均不能通过显著性检验，故不复赘述。

3. 小结

理论分析发现：高等教育质量的提高能够促进经济发展质量的提升，且从力度上来看这一积极影响既全面又深远。之所以全面，是因为高等教育质量提升有利于优质人力资本的形成和积累，而这将进一步推动整个社会的技术进步和科技创新，有利于我国经济的创新发展；高等教育质量提升能够吸引资本、劳动等传统要素以及数据、管理、技术等新型要素向以高校为中心的区域集聚，能够在促进地区经济发展的过程中实现全域经济的协调发展；高等教育质量提升所带来的发展理念的更新和科学技术的创新能够促进资源的节约利用和环境的有效保护，有利于整个经济社会的绿色发展；高等教育质量提升既促进了国际青年人才的交流从而为国际贸易、国际金融的合作与交流提供了新的发展契机，又提供了高端的贸易人才和金融人才从而提升了国际贸易的质量，有利于我国经济的开放发展；高等教育质量提升更有利于受教育者就业创业能力和市场竞争能力的形成与提高，能够通过促进居民的"减贫增收"而推动我国经济的共享发展。之所以深远，是因为教育质量提升更有利于有效知识的传承和创新，而这些知识本身所具有的基础性、持久性和外溢性特征决定了其对经济社会的影响更加深刻而久远。因此，高等教育质量的提升是推动经济高质量发展的重要动力和长效机制。

实证研究发现：首先，在典型事实的分析中，高等教育质量指数与创新发展、协调发展、绿色发展、开放发展和共享发展五类指数之间均存在着同向变化关系，且尤以创新发展与高等教育质量的关系为紧密。其次，在全国样本的实证检验中，高等教育质量提升及所带来的人力资本积累均显著地促进了经济发展质量的提升，表明高等教育发展中的数量扩张和质量提升均对我国经济成就的取得作出了巨大的贡献。最后，在地区样本的实证检验中，无论是东部地区，还是中部和西部地区，高等教育质量的提升均有益于经济的高质量发展，且影响力度并未呈现出明显的空间分布规律。此外，尽管在部分结果中一些控制变量的影响并不显著，但就总体而言，继续改善央地之间的税权和事权分配关系，继续加大资源环境投资和治理的力度，继续发挥科技扶持政策、金融支持政策以及市场化综合改革等政策制度的正向激励作用，是新时期更好地发挥高等教育质量对经济高质量发展推动作用的有效协同机制。

第五章　新型城镇化与经济高质量发展

导语： 从推进新型城镇化的角度来促进区域协调发展，是重构中国经济增长动力长效机制和促进经济高质量发展的重要渠道，这是因为新型城镇化不只是简单地促进人口由农村向城市的转移和集聚，更包含这一过程中相关经济制度的改革与完善，因此能够带来一系列政策效应与改革红利。与上两章分别从收入分配制度改革和高等教育质量改革的角度来分析其影响经济高质量发展的逻辑相似，本章从新型城镇化的角度来探索其影响经济高质量发展的路径，内容上包括新型城镇化配套制度改革（如户籍制度改革、农地制度改革等）影响区域协调发展、经济发展质量的传导机制和数量关系。研究发现：新型城镇化由其更加注重人口城镇化、空间城镇化和产业城镇化的耦合协调，因而是新时期促进经济高质量发展的重要载体。产业城镇化、人口城镇化和土地城镇化的协同推进能够缩小城乡居民之间的收入差距，能够缩小东、中、西部三大地区之间的发展差距，从而在促进协调发展中推动经济社会的高质量发展。从"总体效应"来看，新型城镇化耦合协调程度的提高能够有效且稳健地促进经济发展质量的提升。从"分维效应"来看，空间城镇化的推进促进了我国经济的高质量发展，这一结论不以"城市病"的显现而改变；产业城镇化对经济发展质量的影响除西部地区不明显外，全国、东部及中部地区均具有显著的正效应；人口城镇化对经济发展质量的影响具有明显的空间差异，表现在全国和中部地区为正效应，而东部和西部地区则为负效应，负效应的成因在于人口城镇化滞后于空间城镇化带来了城市人口密度的下降。在新形势下进一步促进经济社会的高质量发展，应发挥新型城镇化的载体作用和政策功能，以在配套政策实施和制度改革创新的过程中有效释放城镇化耦合协调发展所带来的"新效能"和"新红利"。

第一节　新型城镇化与区域协调发展：
户籍改革的视角

户籍管制是人口城镇化发展缓慢的主要原因，其所带来的城乡隔离导致了当代中国经济非均衡格局的形成，而政策的放松和制度的改革则能在推进人口城镇化与土地城镇化同步发展的同时，进一步促进经济社会的协调发展。从地区层面看，新型城镇化进程中的户籍制度改革如何促进地区的均衡发展和协调发展？本节尝试以户籍改革为视角揭示新型城镇化影响经济高质量发展的内在机制。

（一）改革背景与研究争论

新中国成立之初，户籍隔离制度伴随着计划经济体制的建立而形成。由于当时国内物资短缺，失业率居高不下，因此出于控制和减少城市人口的考虑，中央采取了严格的城市人口管理制度，使之与粮油供给制度、就业制度和社会福利制度等挂钩，以缓解城市物资供求严重失衡的困境。自1958年《中华人民共和国户口登记条例》颁布以来，中国当代户籍隔离的制度基本确立，这一制度在相当长的时间里维持了"既不能让城市劳动力盲目增加，又不能让农村劳动力盲目外流"的局面，不仅如此，户籍还深入渗透到城市居民生活的方方面面，这在无形之中彻底催生了城乡"相互割裂"的二元经济格局。然而，随着改革开放以来城市经济发展与工业化进程对劳动力产生大量需求现象的出现，严格的户籍管制已逐渐不合时宜。于是生产要素优化配置的需求使得自1984年起，户籍管制开始逐步松动，使得大批农民涌向北上广地区以及沿海经济发达地区去务工。这一时期虽然户籍制度相对放松了对农村人口流动的严格限制，但户籍歧视问题依然严重。一方面，大城市按照自身发展需求对农村务工人员的进入门槛仍然要求严格；另一方面，在城市务工的农村劳动力无法享受到相应的、与城市居民等同的公共福利与权益，使得农村劳动力在城市的地位极其低下。相应地其工资报酬也处于最低水平。凭借这些丰裕且廉价的劳动力，沿海地区的产业经济得到了快速发展，这就拉大了其与内陆落后地区的经济差距，中国"东高西低"的非均衡区域格局因此形成。

随着市场经济的不断发展，户籍制度的负面效应逐渐凸显，由户籍制度引致的城乡差距与地区差距也越来越制约着社会公平与经济的可持续发展。因此，进一步推进户籍制度改革成为经济发展的迫切要求。2001年，国务院颁布《关于推进小城镇户籍管理制度改革意见》，开始全面放开小城镇落户，并明确指出在小城镇落户的人员享有与城镇居民同等的权益。然而，这次小城镇户籍管理政策的开放并没有带来小城镇人口的大幅增长，农村转移人口仍然还是流向经济相对发达的东部沿海大中城市，尽管这一时期大中城市外来人口的落户政策非常严苛。也就是说，在户籍制度逐步放开的过程中，东部地区人口快速增长，尤其是东部地区大城市人口激增，中西部地区中小城镇人口增长不足，甚至出现负增长，非均衡经济格局更加不稳定。

2014年，旨在解决农村转移劳动力在城镇有序落户的新一轮户籍改革政策出台。新一轮改革的侧重点是通过户籍与教育、就业、住房、土地等配套制度的联动改革，以实现以人为本的户籍制度深化改革，改善农村转移人口在城镇的生存状态。尽管如此，新型户籍改革仍然将规范有序作为改革的首要原则，强调合理引导落户的预期与选择，即"全面放开建制镇和小城市落户限制，有序放开中等城市落户限制，合理确定大城市落户条件，以及严格控制特大城市人口规模"。① 由此可见，大城市实施户籍改革的关口始终没有突破，尤其东部地区的北上广等特大城市落户条件仍然非常严格，而中西部地区小城镇如何引导农村劳动力就近落户、促进人口集聚仍然是改革的难点。

回顾新中国成立以来的户籍制度及其演变，学术界比较一致地认为，户籍管制并没有实现经济均衡却反而扩大了地区差距和城乡差距。针对户籍制度的研究表明，现有的户籍制度基本失去了人口管理的积极作用，其弊端凸显，导致劳动力流动与城乡、地区收入差距双双扩大的悖论（蔡昉，2005；严浩坤和徐朝晖，2008）。之所以是悖论，是因为农村劳动力从落后的农业生产中转移到更高生产率的城市工业部门，有利于缩小两部门之间的边际生产率差别，从而缩小城乡收入差距。新古典经济学理论也指出，要素流动不仅有利于过剩要素转移，还有助于要素价格均等化，缩小地区差距（Braun，1993；Taylor & Williamson，1997）。但是这一情况在户籍制度影响下的中国并非如此。一方面，户籍制度导致了城乡收入差距的扩大。陆铭和陈钊（2004）认为户籍管制影响下的城市化过程实际上是让富人率先成为城市居民，却没有惠及更多的农村居民，拉大了城乡收入差距。刘（Liu，2005）认为户籍制度的限制，不利于农村居民获得与城

---

① 参考中共中央政治局2014年7月30日审议通过的《关于进一步推进户籍制度改革的意见》。

市居民相等的受教育权利和城市就业机会，扩大了城乡收入差距。安虎森等（2011）利用新经济地理学模型分析指出随着城乡市场开放度提高，户籍制度扩大了城乡收入差距。另一方面，户籍制度也造成了地区差距扩大（Whalley & Zhang，2007）。严格管制的户籍制度阻碍劳动力的自由流动，导致劳动要素低效配置，扭曲劳动力要素市场，从而扩大地区差距（Cai et al.，2002；蔡昉，2005；严浩坤和徐朝晖，2008）。德马格等（Sylvie Dmurge et al.，2002）认为，户籍制度等体制限制了劳动力和资本要素流动，制约了斯托珀－萨缪尔森机制发挥作用，阻碍了省际差距的收敛过程。邓可斌和丁菊红（2010）认为户籍管制的作用在经济相对发达地区明显，扩大了核心与边缘地区的发展差距。

大量研究已经证明户籍制度对中国经济非均衡格局的形成与扩大是具有重要影响的，那么取消户籍制度会产生怎样的影响呢？近年来国内外也有一些学者对中国放松户籍制度后的区域经济格局做了分析。波斯克等（Bosker et al.，2012）应用普加（Puga，1999）提出的新经济地理模型，测算了放松户籍管制对中国经济地理的影响，研究发现：随着户籍制度的放松，核心—边缘的地区经济发展格局将更加显著。同时，除了北京、天津、上海和重庆四大直辖市规模格外膨胀之外，一些处于内陆人口稠密地区的中心城市以及个别偏远地区的中心城市规模也会不断扩大。余吉祥和沈坤荣（2013）在集聚经济视角下指出户籍制度改革会促进劳动力自由流动，提高人口空间集聚度，同时也会扩大地区差距。这些研究虽然肯定了放松户籍管制无疑会促进经济集聚程度，加剧"核心—边缘"经济格局的形成。但遗憾的是没有对户籍改革影响地区格局的内在传导机制进行剖析，没有指出化解过度集聚局面的办法以及户籍改革的真正出路。

本节尝试通过对户籍制度改革效应传导机制的深入剖析探讨户籍改革对地区格局的影响机制。我们将借鉴弗吕格（Pflüger，2004，2008）简化自由企业家模型，融合塔布奇和西斯（Tabuchi & Thisse，2002）、穆拉塔（Murata，2003）以及拉塞克（Russek，2009）所主张的劳动力异质性特征，设置一个包含异质性偏好的城市人力资本和农村劳动力跨期流动模型，揭示户籍制度改革会在地区经济集聚发展过程中发挥多大的作用？哪些因素会与户籍改革效应产生联动影响？而哪些因素会制衡户籍改革效应？模型分析结果显示，价格指数效应、前后向关联效应以及竞争效应影响人口流动与区域格局，经济体人口结构、农村劳动力的迁移成本以及贸易自由度是影响地区长期均衡格局的重要因素；取消户籍限制之后，短期内城镇化水平快速提升，地区竞争效应与市场需求效应双双扩大，成为地区经济非均衡发展的重要冲击力，户籍改革带来的农村劳动力迁移成本下降也大大地增强了大市场地区的经济集聚力，而促进贸易自由度提高，将有助于户籍改革后的经济体从集聚走向均衡。

（二）模型设置与短期均衡

1. 基本假设

我们构建一个包含两个地区、两种产品、两种劳动力的跨期模型。基本假设如下：第一，经济体是二元经济体，分为农业与工业两大部门；同时经济体分为东部地区 E 和西部地区 W，初始状态下两地区在技术和初始禀赋等方面均相同。

第二，经济体的人口结构包含青壮年期和中老年期两个时期，到了第三期自然消亡。假设只有青壮年期的人口具有孕育能力，出生率为 b，青壮年人口跨期存活率为 p，初始期（$t=0$）只有青壮年，总人口是 N_0。那么第一期里青壮年人口为 bN_0，老年人口为 pN_0。第 t 期的总人口为 $(b+p)N_0b^{t-1}$。为了让经济体人口保持正增长，令 $b>1$。

第三，对应二元经济体，经济体人口资源可以分为不具备现代生产技术的农村劳动力 L，以及具备现代技术能力的城市人力资本 H。城市人力资本分布在城市工业部门，一部分农村劳动力在农业部门从事农业生产，另一部分年轻的农村劳动力转移到城市工业部门从事生产。在初始期，农村劳动力和城市人力资本的比例是 $\bar{\theta}$。在户籍制度绝对管制下，这一比例将保持不变。另外，在初始期两地区的农村劳动力与城市人力资本规模均等（以保证禀赋均等），但是以后各期个体是可以跨地区流动的，他们的区域分布格局应用以下关系式来表示：

$$L_t = L_{Et} + L_{Wt}; \quad H_t = H_{Et} + H_{Wt};$$

$$\lambda_t = \frac{H_{Et}}{H_t}; \quad 1 - \lambda_t = \frac{H_{Wt}}{H_t}; \quad \theta_t = \frac{L_{Et}}{H_t}; \quad \bar{\theta}_t - \theta_t = \frac{L_{Wt}}{H_t} \tag{5-1}$$

其中，下标 E 和 W 分别表示东部地区和西部地区，λ 表示东部地区人力资本占全部人力资本的比例，θ 是东部地区农村劳动力占全部人力资本的比例，下标 t 表示时期。参数 λ 和 θ 的变动反映了不同类型人口的地区分布格局。

第四，经济体中农业部门具有完全竞争的市场结构，规模报酬不变，农村劳动力是唯一需要投入的生产要素，农村劳动力在农业生产中所获工资记作 w_A。农产品是同质性产品，可以在区域间自由交易，没有交易成本。工业部门是垄断竞争市场，以规模报酬递增为基本特征。每家企业由一个单位人力资本开办，投入些许农村劳动力进行生产。人力资本视为生产的固定成本，而农村劳动力是生产投入的可变成本，并假定企业 i 对农村劳动力的需求为 $L_i = cx_i$，c 表示边际成本。为了便于理解，后文将人力资本统称为企业家。每家企业只生产一种差异化工业品。企业家的收入记为符号 r，农村劳动力的工资记为 w。差异化工业品可以跨区销售，每 τx 单位的产品运往另一地区，$(\tau - 1)x$ 则在途中"融化"了（$\tau > 1$）。

第五，经济体全部人口既是生产者，又是消费者。由于生命、制度和经济发展的不确定性，假设个体作为理性的经济人，只追求当期效用最大化。当期每个个体的效用函数包括个体消费农产品和工业品所获效应之和，表示为：

$$U_t = \alpha \ln C_{Mt} + C_{At} ; \quad C_{Mt} = \left(\int_{i=1}^{n} x_{it}^{\frac{\sigma-1}{\sigma}} dn \right)^{\frac{\sigma}{\sigma-1}} \quad (5-2)$$

α 是工业品的消费比例，σ 表示任意两种工业品之间的替代弹性，反映工业品差异化程度。C_M 和 C_A 分别是消费工业品和农产品的数量。

第六，社会、文化、网络、习俗和环境等社会人文因素，不会直接影响生产，但是会影响人口对地区的选择行为，个人在地区选择过程中由于社会人文因素而引致的偏好差异称之为异质性偏好。将这些影响因子作为随机项 ε_{jk}，它满足独立同分布的双指数分布。为了表现异质性个体迁移成本差异，ε_{jk} 服从位置参数为 0，方差为 $\pi^2 \mu_k^2 / 6$ 的分布。其中，参数 μ_k 体现了个体融入新环境所产生的迁移成本。一般来说，企业家的素质和收入更高，适应力更强，相对农村劳动力的迁移成本就更低一些，因此，$\mu_L > \mu_H$。

2. 短期均衡

（1）消费者市场

经济体每个消费者都是理性经济人，在消费预算约束下追求效应最大化。消费者第 t 期预算约束表示为：

$$P_t C_{Mt} + C_{At} = Y_t ; \quad P_t = \left(\int_{i=1}^{n} p_{it}^{1-\sigma} dn + \int_{i=1}^{n} (\tau p_{it})^{1-\sigma} dn \right)^{\frac{1}{1-\sigma}} \quad (5-3)$$

Y 和 P 分别是消费者预算与工业品价格指数，n 表示工业品总品种数，p_i 表示产品 i 的价格，$i = 1, 2, \cdots, n$。

在当期效用最大化的情况下，得到需求函数：

$$C_{Mt} = \frac{\alpha}{P_t} ; \quad C_{At} = Y_t - \alpha ; \quad x_{it} = \alpha p_{it}^{-\sigma} P_t^{\sigma-1} ; \quad x_{it}^* = \alpha (\tau p_{it})^{-\sigma} P_t^{\sigma-1} \quad (5-4)$$

x_{it} 和 x_{it}^* 分别表示东部和西部地区对工业品 i 的人均需求。将式（5-4）代入效用函数式（5-1），进一步得到间接效用函数如下：

$$V_t = Y_t - \alpha \ln P_t + \alpha (\ln \alpha - 1) \qquad (5-5)$$

（2）农业部门

根据假设农业部门是完全竞争市场。按照瓦尔拉斯一般均衡，农产品价格等于边际成本，即：

$$p_{At} = w, \quad p_{At}^* = w_{At}^* \qquad (5-6)$$

其中，p_{At}代表东部地区农产品价格，星号 * 表示相对应的西部地区。由于没有交易成本，农业生产技术相同，各个地区农产品价格相等，农民的工资收入也相等。为了简化计算，令 $w_A = w_A^* = 1$。同时，由于农村劳动力在工业和农业部门均能充分就业，意味着在两个部门获得的名义工资相等，$w = w^* = w_A = w_A^* = 1$。农村劳动力对区位的选择主要取决于实际工资与异质性偏好。

（3）工业部门

工业部门是垄断竞争市场，在市场出清条件下，企业的产量由市场需求决定。下面以东部企业为例，企业 i 的产量如下：

$$X_{it} = (L_{Et} + H_{Et}) x_{it} + (L_{Wt} + H_{Wt}) \tau x_{it}^* \qquad (5-7)$$

根据对企业生产技术的假设，每生产一单位产品，需要投入包括一单位人力资本作为固定成本，以及边际成本为 c 的农村劳动力。东部企业 i 的营业利润为：

$$\pi_t = (p_{it} - c)(L_{Et} + H_{Et}) x_{it} + (p_{it}^* - c)(L_{Wt} + H_{Wt}) \tau x_{it}^* - r_{it} \qquad (5-8)$$

根据利润最大化原则以及人均需求函数，可以推导出企业 i 均衡价格是：

$$p_{it} = p_{it}^* = \frac{c\sigma}{\sigma - 1} \qquad (5-9)$$

由此写出两地区价格指数分别是：

$$P_{Et} = p_{it} H_t^{\frac{1}{1-\sigma}} [\lambda_t + (1 - \lambda_t)\phi]^{\frac{1}{1-\sigma}}; \quad P_{wt} = p_{it} H_t^{\frac{1}{1-\sigma}} [\lambda_t \phi + (1 - \lambda_t)]^{\frac{1}{1-\sigma}};$$

$$(5-10)$$

其中，$\phi = \tau^{1-\sigma}$ 表示贸易自由度。当贸易成本 τ 趋于无限大的时候，ϕ 趋近于 0，即不存在贸易；反之，贸易成本无限降低时，ϕ 趋近于 1，贸易自由化发展。

由于企业可以自由进入和退出行业，在市场均衡条件下，企业营业利润为零，同时将式（5-7）和式（5-9）代入式（5-8），可以推导出东部地区企业家的收入水平。同理，西部地区企业家收入水平也可求得。经过整理分别表示为：

$$r_{Et} = \frac{\alpha}{\sigma} \left[\frac{(\lambda_t + \theta_t)}{[\lambda_t + (1-\lambda_t)\phi]} + \frac{\phi(1-\lambda_t + \overline{\theta}_t - \theta_t)}{[\lambda_t \phi + (1-\lambda_t)]} \right] \qquad (5-11)$$

$$r_{Wt} = \frac{\alpha}{\sigma} \left[\frac{\phi(\lambda_t + \theta_t)}{[\lambda_t + (1-\lambda_t)\phi]} + \frac{1-\lambda_t + \overline{\theta}_t - \theta_t}{[\lambda_t \phi + (1-\lambda_t)]} \right] \qquad (5-12)$$

当市场出清状况下，两地区在城市工业部门工作的农村劳动力分别表示为：

$$L_{Et}^M = r_{Et}(\sigma-1)H_{Et} \,; \quad L_{Wt}^M = r_{Wt}(\sigma-1)H_{Wt} \qquad (5-13)$$

那么，第 t 期在城市工作的农村劳动力总和是：

$$L_t^M = \frac{\alpha(\sigma-1)(\overline{\theta}_t+1)H_t}{\sigma} = \frac{\alpha(\sigma-1)Nt}{\sigma} \qquad (5-14)$$

二元经济体内农村劳动力是无限供给的。L_t^M 仅仅是农村劳动力 L_t 中非常小的一部分。根据上式第 t 期在城市工作的农村劳动力总是当期总人口的 $\frac{\alpha(\sigma-1)}{\sigma}$。

（三）长期均衡与户籍改革效应

1. 长期均衡与地区格局

将异质性偏好 ε_{jk} 引入消费者间接效用函数，得到：

$$V_{jkt}^* = V_{jt} + \varepsilon_{jk} \,; \quad j=E, \ W; \ k=L, \ H \qquad (5-15)$$

为了简化表达，我们令符号 χ 表示东部地区企业家占全部企业家的比例 λ 和东部地区农村劳动力占全部农村劳动力的占比 $\frac{\theta}{\overline{\theta}}$。根据安德尔森等（Anderson et al.，1992）的假设，不同类型人口对地区的选择服从下面的概率：

$$P_{jt} = \frac{\exp(V_{jkt}/\mu_{kt})}{\exp(V_{Ekt}/\mu_{kt}) + \exp(V_{Wkt}/\mu_{kt})} \,; \quad j=, \ W; \ k=L, \ H \qquad (5-16)$$

P_j 代表迁往地区 j 的概率。当个体流动达到稳定时，满足下面的条件：

$$\frac{\partial \chi_t}{\partial t} = \chi_t P_{Et} - (1-\chi_t)P_{Wt} = 0 \qquad (5-17)$$

将式（5-16）和式（5-17）联立化简，得到决定人口空间分布的均衡条件：

$$G_{kt} = \Delta V_{kt} - \mu_{kt} \ln \frac{\chi_t}{1-\chi_t} = 0 \qquad (5-18)$$

如果函数 G 大于 0，个体迁往东部地区，反之则向西部地区流动。G 由两部分组成：一是由地区间个体间接效用的差距而产生的迁移动机 MI，即式（5-18）右边第一项；二是由异质性个体偏好引致的劳动力迁移成本 MC，即式（5-18）右边第二项。

根据式（5-5），企业家和农村劳动力在两地区间接效用函数的差距是：

$$\Delta V_{Ht} = \frac{\alpha}{\sigma - 1} \ln \frac{\lambda t + \phi(1 - \lambda t)}{\lambda t \phi + 1 - \lambda t} + \frac{\alpha(1 - \phi)}{\sigma} \left(\frac{\theta t + \lambda t}{\lambda t + (1 - \lambda t)\phi} - \frac{\bar{\theta} t - \theta t + 1 - \lambda t}{\phi \lambda t + 1 - \lambda t} \right)$$

$$(5-19)$$

$$\Delta V_{Lt} = \frac{\alpha}{\sigma - 1} \ln \frac{\lambda t + \phi(1 - \lambda t)}{\lambda t \phi + 1 - \lambda t} \qquad (5-20)$$

把式（5-19）~式（5-20）代入式（5-18），获得第 t 期决定企业家分布的函数 $G_{H,t}(\lambda_t, \theta_t(\lambda_t, \phi_t), \phi_t)$。当初始状态下两地区禀赋相同，即 $\lambda_t = 0.5$ 时，$\bar{\theta}_t = 2\theta_t$，$G_{H,t} = 0$，企业家处于均衡状态。对 $G_{H,t}$ 求微分：

$$\left. \frac{\partial G_{H,t}(\lambda_t)}{\partial \lambda_t} \right|_{\lambda_t = 0.5} = \left[\frac{\partial(-\alpha \Delta \ln P_t)}{\partial \lambda_t} + \frac{\partial \Delta R_t}{\partial \lambda_t} + \frac{\partial \Delta R_t}{\partial \theta_t} \frac{\partial \theta_t}{\partial \lambda_t} - \frac{\partial MC_t}{\partial \lambda_t} \right]_{\lambda_t = 0.5}$$

$$(5-21)$$

依次对式（5-21）内各项微分处理。第一项反映的是价格指数效应①，其值恒大于零。意味着东部人口越增加，东部地区价格指数比西部地区越低，产生越大的集聚力。第二项的处理，可以通过分别控制个人需求和市场规模进行分步骤微分。第一部分体现了企业家本身需求产生的后向关联效应②，其值恒大于零，表示在个人需求一定时，东部地区企业家增加会扩大本地市场规模，从而加大东部与西部地区企业家的收入差距，增强东部地区集聚力。第二部分概括了竞争效应③，其值小于零，表示控制市场规模的情况下，东部地区企业家增加，企业增多，竞争效应导致每种产品的相对价格上涨，消费者对每种产品的需求量降低，减少了企业家收入，形成分散力。第三项的微分结果显示，由于企业家的增加带动农村劳动力就业增加，增加了市场规模，放大了本地市场效应，提高了企业利润和企业家收入，这也称之为农村劳动力引致的后向关联效应。④ 最后一

---

① 根据式（5-21）第一项微分整理得价格指数效应：$\left. \dfrac{\partial(-\alpha \Delta \ln P_t)}{\partial \lambda_t} \right|_{\lambda_t = 0.5} = \dfrac{4\alpha(1 - \phi)}{(\sigma - 1)(1 + \phi)} > 0$。

② 根据式（5-21）第二项微分整理得企业家引致的后向关联效应：$\dfrac{4\alpha(1 - \phi)}{\sigma(1 + \phi)} > 0$。

③ 根据式（5-21）第二项微分整理得竞争效应：$-\dfrac{4\alpha(1 - \phi)^2(\bar{\theta}_t + 1)}{\sigma(1 + \phi)^2} < 0$。

④ 根据式（5-21）第三项微分整理得农村劳动力引致的后向关联效应：$\dfrac{4\alpha^2 \bar{\theta}_t (1 - \phi)^2}{\mu_L(\sigma - 1)\sigma(1 + \phi)^2} > 0$。

项表示企业家区域迁移成本。

另外，根据式（5-18），整理出农村劳动力均衡与企业家分布的关系如下：

$$\frac{\theta t}{\overline{\theta t}}(\lambda) = \frac{1}{1 + \exp(-\Delta V_{Lt}(\lambda)/\mu_{Lt})} \qquad (5-22)$$

从上式可以看出，农村劳动力的分布与农村劳动力间接效用差值呈现出一一对应正向联系，而这一差距实质上是由于价格指数效应所引致的，受到企业家分布的影响。如果异质性偏好给定，企业家分布比例完全决定农村劳动力分布。

命题1：初始期地区均衡状态将被打破，价格指数效应、前后向关联效应以及竞争效应都将影响企业家的流动与分布，同时企业家的分布将决定农村劳动力的分布。长期均衡过程中影响企业家以及农村劳动力流动动机与地区分布格局的主要参数是农村劳动力与企业家的比例、农村劳动力的迁移成本以及贸易自由度。

2. 户籍改革对地区格局的影响

户籍改革势必造成一些主要参数的变化。首先是农村劳动力与企业家比例的变化。如果经济体长期施行严格的户籍限制，农村劳动力无法升级成为企业家，任意一期农村劳动力与企业家的比值 $\overline{\theta}_t$ 都保持不变，表示为：

$$\overline{\theta}_t = \frac{N_0}{H_0} - 1$$

该值是一个区间在 [0, 1] 的常数。如果经济体从第 $t+1$ 期取消户籍限制，那么农村劳动力在城市各项权益能够得到保障，农村劳动力市民化进程加快，一部分农村劳动力极有可能转化成为城市企业家；他们的后代也能获得平等的受教育权利，也会发展成为人力资本和企业家。基于此，在第 t 期里代表农村劳动力与企业家的比值 $\overline{\theta}_t$ 是外生变量，而第 $t+m$ 期的 $\overline{\theta}_{t+m}$ 则可以由系统内生决定，其值在大于零的范围具有意义。具体关系如下：

$$\overline{\theta}_{t+1} = \frac{N_0 b^t}{H_0 b^t + s_1 L_t^M} - 1; \quad \overline{\theta}_{t+2} = \frac{N_0 b^{t+1}}{H_0 b^{t+1} + s_1 L_t^M b + s_2 L_{t+1}^M} - 1;$$

$$\overline{\theta}_{t+m} = \frac{N_0 b^{t+m-1}}{H_0 b^{t+m-1} + s_1 L_t^M b^{m-1} + s_2 L_{t+1}^M b^{m-2} + \cdots + s_m L_{t+m-1}^M} - 1; \quad (5-23)$$

其中，符号 s 表示在城市务工的农村劳动力转化成为城市人力资本的比率，这一比率随着城镇化水平提高和城市企业数目增多而不断下降。令其满足以下函数关系式，即：

$$s_m = a^{\frac{1}{1+\bar{\theta}_{t+m-1}}}, \ a \in (0, 1) \quad (5-24)$$

其中，指数反映的是第 $m-1$ 期户籍人口城镇化率。[①] 当户籍管制放开之后，户籍人口城镇化率指标越来越准确地反映了真实的人口城镇化水平。[②] 将式（5-14）代入式（5-15），可以得到第 t 期以后系统内生决定的农村劳动力与企业家的比值，对其化简可得：

$$\bar{\theta}_{t+m} = \frac{\sigma(\bar{\theta}_t + 1)b}{b\sigma + \alpha(\sigma-1)(\bar{\theta}_t + 1)(b+p)\sum_{i=1}^{m}s_i} - 1 ; \quad (5-25)$$

由此可知，从第 $t+1$ 期开始，农村劳动力与企业家的比值 $\bar{\theta}_{t+m}$ 呈现出先以加速度后转为减速度的缩小趋势。但是，这一指标会无止境地缩小吗？也就是说，农村劳动力会源源不断地转化为市民吗？当然不会。当企业家收入与农村劳动力收入均等时，城镇化进程将停止，社会人口结构保持相对稳定。

通过计算发现，第 $t+m$ 期全社会企业家的平均收入 $\bar{r}_{t+m}$ 是 $\frac{\alpha(\bar{\theta}_{t+m}+1)}{\sigma}$，即消费者用于工业品消费的支出比例越大，工业品差异化越显著，企业家收入越高。当企业家平均收入与农村劳动力平均收入相等时，城镇化相对稳定，农村劳动力与企业家比值达到稳态，即：

$$\bar{\theta}_{t+m} = \frac{\sigma}{\alpha} - 1 ; \quad (5-26)$$

其次，户籍改革也会影响到农村劳动力的迁移成本。放松户籍管制会为进城务工的农村劳动力带来诸多好处，他们不仅不再因为身份问题受到社会歧视，方便融入城市生活和文化，享受城市市民的各种权益，他们的迁移成本相对降低了。不过降低的迁移成本也将随着城镇化的完善而相对稳定下来。

命题2：户籍改革促进在城市工业部门务工的农村劳动力市民化，引起农村劳动力与企业家的比例与农村劳动力迁移成本下降，并经历一定时期后两个指标达到稳态。这也意味着，户籍改革后户籍人口城镇化率将先

[①] 户籍人口城镇化率 $\frac{H_{t+m}}{N_{t+m}} = \frac{1}{\bar{\theta}_{t+m}+1}$。

[②] 通常使用的常住人口城镇化率指标存在"虚假成分"，《国家新型城镇化规划（2014—2020）》中提到，"受城乡分割的户籍制度影响，被统计为城镇人口的2.34亿农民工及其随迁家属，未能在教育、就业、医疗、养老、保障性住房等方面享受城镇居民的基本公共服务"。根据社科院对农村转移人口市民化程度推算，2013年中国真实城镇化率仅42.2%。

经历快速上升而后达到相对稳定的过程。

户籍改革后农村劳动力与企业家的比例以及农村劳动力的迁移成本双双降低，这一变化必将影响均衡状态下企业家的迁移动机以及地区格局。利用式（5-21）的微分分析这一传导机制，结果显示：第一，农村劳动力与企业家的比例缩小促进竞争效应与农村劳动力引致的后向关联效应均有所下降；第二，农村劳动力迁移成本降低增强了农村劳动力需求引致的后向联系效应。那么减少的分散力和集聚力，其合力如何呢？将竞争效应与农村劳动力引致的后向关联效应相加，得到：

$$F = \frac{4\alpha(1-\phi)^2\left[\bar{\theta}_t\left[\sigma(\alpha-\mu_L(\sigma-1))-\alpha^2(\sigma-1)\right]-(\sigma-1)(\alpha^2+\mu_L\sigma)\right]}{\mu_L\sigma(\sigma-1)(1+\phi)^2(\sigma+\alpha(\sigma-1)(\bar{\theta}_t+1))}$$

$$(5-27)$$

如果 $\mu_L > \dfrac{\alpha}{\sigma-1}$，那么 $F < 0$。这说明竞争效应与农村劳动力需求引致后向联系效应的合力是恒为负的。同时，$\dfrac{F}{\bar{\theta}_t} < 0$，$\bar{\theta}_{t+m} < \bar{\theta}_t$，说明随着户籍改革造成的农村劳动力与企业家比重降低，这一合力的绝对值会缩小，分散力减弱。进一步加入企业家需求引致的前向联系效应和价格指数效应，得到：

$$F' = \frac{4\alpha(1-\phi)\{\left[\alpha-(\sigma-1)\mu_L\right]\bar{\theta}_t(1-\phi)-\mu_L(\sigma-1)(1-\phi)+\mu_L(2\sigma-1)(1+\phi)\}}{\mu_L(\sigma-1)\sigma(1+\phi)^2}$$

$$(5-28)$$

经过整理，如果在 $\mu_L > \dfrac{\alpha}{\sigma-1}$ 的情况下，$\dfrac{F'}{\bar{\theta}_t} < 0$，若 $\bar{\theta}_t > \dfrac{\mu_L\sigma}{\mu_L(\sigma-1)-\alpha}$，合力将随着贸易成本降低而由负值升向正值；反之，合力恒为正值。这几组关系可以推导出户籍改革后，随着农村劳动力与企业家的比重降低，合力增加，企业流动动机增强，但是具体流动方向取决于当期劳动力与企业家的比值。如果在 $\mu_L < \dfrac{\alpha}{\sigma-1}$ 的情况下，$F' > 0$，$\dfrac{F'}{\bar{\theta}_t} > 0$，说明农村劳动力与企业家的比重降低，合力降低，但是合力仍然恒为正。

命题3：户籍改革后农村劳动力与企业家的比例 $\bar{\theta}_{t+m}$ 以及农村劳动力迁移成本 μ_L 下降，扩大了地区竞争效应与后向关联效应，从而改变了地区经济与人口格局。在户籍改革后第 $t+m$ 期，如果 $\mu_{L(t+m)} > \dfrac{\alpha}{\sigma-1}$，随着农村劳动力与企业家的比重降低，企业家流动动机增强，流动方向取决于

当期 $\bar{\theta}_{t+m}$。若 $\bar{\theta}_{t+m} > \dfrac{\mu_{L(t=m)}\sigma}{\mu_{L(t=m)}(\sigma-1)-\alpha}$，在贸易成本较高水平上企业家由东部向西部流动，随着贸易成本降低，企业家回流东部地区；若 $\bar{\theta}_{t+m} < \dfrac{\mu_{L(t=m)}\sigma}{\mu_{L(t=m)}(\sigma-1)-\alpha}$，在任何贸易成本水平上企业家都将向东部地区集聚。

如果 $\mu_{L(t+m)} < \dfrac{\alpha}{\sigma-1}$，企业家集聚东部地区，农村劳动力与企业家的比例下降会促进东部地区集聚力相对降低。

3. 贸易自由度对户籍改革效应的影响

在户籍制度影响经济活动和劳动力流动的过程中，贸易自由度是一个不可忽略的因素。由于农村劳动力与企业家比例以及农村劳动力迁移成本等重要参数变化，经济格局突破点与持续点的贸易自由度必然会发生改变。令式 (5-21) 等于0，解出第 t 期企业家均衡状态下的突破点和持续点：

$$\phi_{B,t} = \frac{\alpha^2\bar{\theta}_t - \mu_L(\sigma-1)\left[\alpha(1+\bar{\theta}_t)-\sigma\mu_H\right] - \sqrt{\Delta}}{\alpha^2\bar{\theta}_t - \mu_L(\sigma-1)\left[\alpha(3+\bar{\theta}_t)+\sigma\mu_H\right] - \alpha\mu_L}$$

$$\phi_{s,t} = \frac{\alpha^2\bar{\theta}_t - \mu_L(\sigma-1)\left[\alpha(1+\bar{\theta}_t)-\sigma\mu_H\right] + \sqrt{\Delta}}{\alpha^2\bar{\theta}_t - \mu_L(\sigma-1)\left[\alpha(3+\bar{\theta}_t)+\sigma\mu_H\right] - \alpha\mu_L}$$

$$\Delta = \alpha\mu_L\alpha\left[\mu_L(1-2\sigma)^2 + 4\mu_H\bar{\theta}_t\sigma(\sigma-1) - 4\mu_l\mu_H\sigma(\bar{\theta}_t+1)(\sigma-1)^2\right]$$

$$(5-29)$$

$\phi_{B,t}$ 和 $\phi_{S,t}$ 在 $[0,1]$ 区间才具有经济意义。两者皆在 $[0,1]$ 的区间时，可以观察到经济体从分散到集聚再到分散的完整过程。但是从上面公式来看，突破点 $\phi_{B,t}$ 极可能小于零，仅这样就仅能够观察到持续点，那么经济体在走向均衡之前表现出某一地区完全集聚的势态。结合上面的分析，有且仅在 $\mu_L > \dfrac{\alpha}{\sigma-1}$，且 $\bar{\theta}_t > \dfrac{\mu_L\sigma}{\mu_L(\sigma-1)-\alpha}$ 的情况下，在较高贸易成本水平上存在地区均衡；否则，在较高贸易成本水平上不存在突破点。

那么，如果户籍改革后农村劳动力的占比下降，突破点和持续点将发生什么变化呢？这就需要对式 (5-29) 进行微分，表示为：

$$\frac{\partial\phi_{B,t}}{\partial\bar{\theta}_t} = \alpha(\alpha-\mu_L(\sigma-1))Z_1; \quad \frac{\partial\phi_{s,t}}{\partial\bar{\theta}_t} = \alpha(\alpha-\mu_L(\sigma-1))Z_2;$$

$$Z_1 = \frac{\left[2\alpha^2\bar{\theta}_t - 2\mu_L(\sigma-1)(2+\bar{\theta}_t) - \sqrt{\Delta} - \alpha\mu_L\right] - 2\sigma\mu_l\mu_H(\sigma-1)}{\left[\alpha^2\bar{\theta}_t + \mu_L(1-\sigma)\left[\alpha(3+\bar{\theta}_t)+\sigma\mu_H\right] - \alpha\mu_L\right]^2} \Big/ \sqrt{\Delta}$$

$$Z_2 = \frac{\left[2\alpha^2\bar{\theta}_t - 2\alpha\mu_L(\sigma-1)(2+\bar{\theta}_t) + \sqrt{\Delta} - \alpha\mu_L\right] + 2\sigma\mu_I\mu_H(\sigma-1)}{\left\{\alpha^2\bar{\theta}_t + \mu_L(1-\sigma)\left[\alpha(3+\bar{\theta}_t) + \sigma\mu_H\right] - \alpha\mu_L\right\}^2}$$

$$\frac{\left[\alpha^2\bar{\theta}_t - \mu_L(\sigma-1)\left[\alpha(1+\bar{\theta}_t) - \sigma\mu_H\right] + \sqrt{\Delta}\right]/\sqrt{\Delta}}{}$$

$$(5-30)$$

很显然，$Z_1 < 0$，$Z_2 > 0$。根据以上公式，当且仅当 $\mu_L > \dfrac{\alpha}{\sigma-1}$ 时，$\dfrac{\partial\phi_{B,t}}{\partial\theta_t} > 0$，$\dfrac{\partial\phi_{S,t}}{\partial\theta_t} < 0$。这意味着在户籍改革后第 $t+m$ 期，暂不考虑农村劳动力迁移成本变化，随着农村劳动力与企业家比重下降，突破点的贸易自由度下降，甚至消失，持续点的贸易自由度提高。但是如果 $\mu_L < \dfrac{\alpha}{\sigma-1}$ 时，经济体在达到均衡之前不存在突破点，持续点将会随着农村劳动力与企业家的比重降低而降低。

命题 4：贸易自由度影响地区经济格局，随着贸易自由度变化而出现的突破点和持续点将随着农村劳动力与企业家比重 $\bar{\theta}_{t+m}$ 以及农村劳动力迁移成本 μ_L 的变动而变动。户籍改革后第 $t+m$ 期，如果 $\mu_{L(t+m)} > \dfrac{\alpha}{\sigma-1}$，随着 $\bar{\theta}_{t+m}$ 下降，突破点是较前期更低的贸易自由度，甚至消失；持续点则是更高的贸易自由度；如果 $\mu_{L(t+m)} < \dfrac{\alpha}{\sigma-1}$，经济体仅存在持续点，随着 $\bar{\theta}_{t+m}$ 下降持续点相对降低。

（四）数值模拟与结果分析

1. 户籍改革与社会人口结构变化

户籍制度改革能够使经济体中农村劳动力与城市人力资本的比例相对下降，也就意味着户籍人口城镇化率相对提升。户籍管理放开后户籍人口城镇化率更加接近真实城镇化水平。据此下面对经济体人口结构变化与城镇化进程进行模拟。首先对主要参数进行赋值。经过反复赋值尝试与敏感度测验，发现 α 和 σ 是最为敏感的两个参数。这两个参数拟参考已有研究中的常用赋值，其他参数则选定一个相对合理的数值，最终令 $\alpha = 0.5$，$\sigma = 2$，$b = 1.38$，$p = 0.70$，$a = 0.01$，$\bar{\theta} = 10$。模拟结果显示，由于第一期农村劳动力市民化的转化率达到66%，农村劳动力与城市人力资本的比例快递下降，在第一期便跌破临界值3，系统再次形成相对稳定的人口结构。

为了让模拟更具有现实意义，参考中国宏观经济数据对参数进行重新估计。令 $\alpha = 0.88$，$\sigma = 1.25$，$b = 1.38$，$p = 0.70$，$a = 0.01$，$\bar{\theta} = 4.27$。其

中农村劳动力与城市人力资本比例的初始值 $\bar{\theta}$ 是根据 1979 年中国农村人口与城市人口的比值计算而得，消费支出比例 α 参考了 1979～2013 年城镇家庭支出比例的平均水平。其他参数也作微小调整。

从图 5－1 的结果来看，户籍改革后农村劳动力与企业家比例快速滑落，在第 6 期跌落到 1 附近，然后在相当长的时期内保持缓慢下降的趋势，直至第 18 期达到相对稳态。与此相对应，户籍制度改革对城镇化进程产生了极大的刺激作用，经过短短 6 期时间达到户籍人口城镇化率达到 50% 左右；之后城镇化发展速度降低，经历非常长的时间后城镇化率缓慢达到 70%，然后保持稳定。这一模拟与现实情况非常相似。

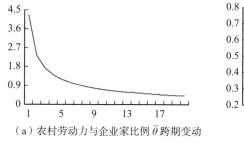

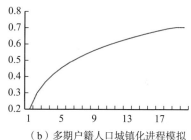

（a）农村劳动力与企业家比例 $\bar{\theta}$ 跨期变动　　（b）多期户籍人口城镇化进程模拟

图 5－1　户籍改革后社会人口结构变化

2. 户籍改革与地区经济格局

户籍改革刺激城镇化快速发展，为经济体地区格局演变带来新的冲击力量。根据命题 3，户籍制度改革造成人口结构以及迁移成本的改变，影响均衡状态下企业家迁移动机，进而影响地区经济活动的集聚程度。其基本规律是：第一，在农村劳动力迁移成本过高的情况下，放松户籍管制之后，企业家向东部集聚的动机较前一期增强，流动方向取决于当期农村劳动力与企业家的比例。第二，在农村劳动力迁移成本较低的情况下，户籍制度放松之后，虽然企业家仍然是全部集聚在东部地区，但是随着农村劳动力与企业家比重减少，东部地区集聚力较先前减弱。在整个从均衡到非均衡的过程中，放松户籍管制的效果受到农村劳动力迁移成本的制约。如果农村劳动力迁移成本较高，安土重迁，即便放松户籍政策，农村劳动力也不会大量流动，一定程度上阻止了地区集聚。如果农村劳动力迁移成本很低，更倾向于自由流动，集聚一旦产生会迅速增强。

为了验证这一结论，我们采用参数赋值进行模拟。下面一共进行三组参数模拟，第一组令 $\alpha = 0.5$，$\sigma = 2$，$\mu_L = 0.65$，户籍改革前 $\bar{\theta}_t = 10$，户

籍改革后第 $t+m$ 期城镇化达到稳态后 $\overline{\theta}_{t+m}=3$，并在此时选取 $\mu_{L(t+m)}=$ 0.65，0.55 和 0.45 进行对比；第二组模拟基本与前一组相似，但是令户籍改革前 $\overline{\theta}_t=8$，使之小于临界值 8.66，户籍改革后第 $t+m$ 期城镇化达到稳态后 $\overline{\theta}_{t+m}$ 仍然为 3，其他操作不变；第三组参数设置参考中国现实情况，令 $\alpha=0.88$，$\sigma=1.25$，$\overline{\theta}_t=4.27$，$\mu_L=0.65$，待到户籍改革后第 $t+m$ 期城镇化达到稳态后 $\overline{\theta}_{t+m}=0.42$，此时也选取不断变小的 $\mu_{L(t+m)}$ 进行对比，使 $\mu_{L(t+m)}=0.65$，0.55 和 0.45。模拟结果见图 5 – 2。

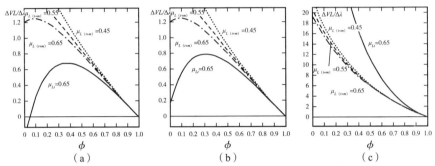

图 5 – 2　户籍改革前后企业家在均衡状态下边际迁移动机比较

　　从第一组模拟结果看出，当农村劳动力与企业家比值以及农村劳动力迁移成本都大于临界值时，随着贸易成本的变化企业家在东西两地流动。户籍改革后，当控制农村劳动力迁移成本时，明显看出不管贸易成本如何变动企业家都会向东部地区集聚，随着贸易自由度提升，企业家在东部集聚的动机逐步达到峰值后快速减弱，当贸易完全自由化时地区均衡再次实现。然后放松农村劳动力迁移成本，使之不断降低到 0.55 和 0.45，结果显示企业家在东部地区集聚动机会随着农村劳动力迁移成本下降而更加增强。第二组模拟与第一组模拟不同的是农村劳动力与企业家比值低于临界值，因此在初始期企业家就表现出集聚东部地区的决心。随着户籍改革后人口比例的继续下降以及农村劳动力迁移成本的下降，企业家集聚在东部地区的决心不断增强。直至贸易自由化完全实现，地区均衡才有可能实现。第三组结果与前两组完全不同。在户籍制度改革之前，农村劳动力的迁移成本就低于临界值，企业家集聚东部地区的动机非常强烈。然而，随着户籍制度改革，人口比例的继续下降引致企业家集聚东部地区的动机减弱，但是农村劳动力迁移成本的下降又使之相对增强。

　　总结以上三组实验，户籍改革对区域格局的影响可以划分为三个阶段：当经济体地区处于相对分散的情况下，户籍制度改革促进大市场地区形成，核心—边缘格局初现；当经济体处于核心—边缘格局形成与发展之中，户籍制度改革大大增强大市场地区的集聚力，地区集聚规模进一步扩大；当核心—边缘格局发展到一定程度，户籍改革反而会削减大市场地区的集聚力，促进产业经济向其他地区扩散。同时，随着户籍改革所带来的农村劳动力迁移成本下降，大市场地区的集聚力会相对增强。另外，据观察可知，随着贸易自由度提高，企业家迁移动机是不断减弱的，这说明贸易自由度是一个非常重要的参数，将在下一部分详细讨论。

3. 贸易自由化对户籍改革效应的影响

贸易自由化过程影响了地区格局演化过程中户籍制度改革的效应。这一影响机制根据农村劳动力迁移成本的水平不同而分为两种类型。第一种情况，当农村劳动力迁移成本大于临界值时，即 $\mu_L > \dfrac{\alpha}{\sigma-1}$，放松户籍管制之后，随着农村劳动力占比下降，突破点所要求的贸易自由度下降，甚至消失，而持续点的贸易自由度提升。第二种情况是，如果农村劳动力迁移成本较低，当 $\mu_L < \dfrac{\alpha}{\sigma-1}$ 时，随着农村劳动力与企业家的比例下降，仅有的持续点所要求的贸易自由度下降。

为了证实这一现象，下面采用数值模拟，首先令 $\alpha = 0.5$，$\sigma = 2$，$\bar{\theta}_t = 10$，$\mu_H = 0.1$，$\bar{\theta}_{t+m} = 3$，$\mu_L = 0.65$ 进行第一组对比，然后采用 $\alpha = 0.88$，$\sigma = 1.25$，$\bar{\theta}_t = 4.27$，$\mu_H = 0.1$，$\bar{\theta}_{t+m} = 0.42$，$\mu_L = 0.65$ 进行第二组对比。模拟结果见图 5-3。

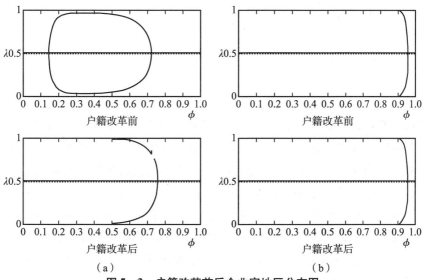

图 5-3　户籍改革前后企业家地区分布图

结果发现，在第一组实验中，户籍改革之前，在较低贸易自由度或较高贸易自由度阶段地区处于稳定均衡，当达到突破点后经济体进入非稳定均衡状态，某一边地区的企业向另一边集聚；户籍改革后，随着农村劳动力占比下降，在较低贸易自由度水平上经济体也出现了某一边地区完全集聚的现象，而打破这一现象的持续点出现在较改革前更高的贸易自由度水平上。第二组实验展示了与第一组完全不同的情况。在第二组实验中，户籍改革之前的经济体长期存在某一边地区高度集聚的现象，只有在贸易自由度非常高的情况下，打破核心—边缘格局的持续点才出现；户籍改革后，经济格局并无大的变化，仅持续点的出现较户籍改革前略微偏低。这两组结果共同反映了一个问题，即户籍改革会加剧地区经济集聚现象，促进贸易自由化则有利于地区均衡发展。因此，在促进户籍改革，加速农村劳动力流动与市民化的过程中，同时出台组合型政策，降低区域之间的贸易成本，加快贸易自由化发展，将会更好地促进地区经济由集聚走向均衡发展。

本节将户籍改革效应嵌入异质性人口跨期流动模型，动态推导与模拟了户籍制度改革对地区发展的影响效应，主要结论有：第一，经济体长期均衡过程中，价格指数效应、前后向关联效应以及竞争效应都将影响企业家和农村劳动力的地区分布。第二，户籍改革促进在城市工业部门务工的农村劳动力市民化，户籍人口城镇化率将先经历快速上升而后减速增长，直至达到相对稳定。第三，户籍改革引致农村劳动力与企业家的比例以及农村劳动力迁移成本双双下降，扩大地区竞争效应与后向关联效应，影响地区经济与人口格局。第四，户籍改革会影响贸易自由度的突破点与持续点，只有经济体较高的贸易自由度才能化解户籍改革后的过度集聚现象。

在现实国情下，中国东西部地区存在明显的经济差距，深化户籍制度改革、促进人口流动势必造成地区差距的进一步扩大，即使提出严格的有序落户条件也很难从根本上改变这一趋势。因此，在推动户籍制度深化改革的同时，应当注意以下几点：第一，城镇化发展应该主动考虑人口流动趋势，充分做好应对准备。一方面，经济发达的大城市提高人口承受能力和经济集聚规模，增强城市公共服务融资能力，扩大城市公共福利覆盖面，优化城市空间布局，提高城市规划效率，积极发展成为集约高效而具备人文关怀的国际化大都市；另一方面，中小城镇应该避免盲目"摊大饼"式城市空间拓展，防止上马与城市定位不相符合的建设项目，积极打造具有地方特色的城市品牌，走"小而精"的中小城镇发展道路。第二，全面提高经济贸易自由度，从根本上缩小地区差距。通过加强交通基础设施的建设，缩短地区时间距离；通过打破地方保护主义和加强地区经济合作，减少地区贸易障碍；通过鼓励中西部地区承接产业转移以及培植本地企业，加快中西部地区经济发展速度，从而缩小地区经济差距。

第二节　城乡协调发展的"质量效应"：
农村信贷的视角

在促进经济高质量发展的新时期，如何推动农村经济发展以缩小城乡差距，是事关国家长期繁荣与社会和谐稳定的重大现实问题。在我国广大农村地区，由于金融供给相对不足，农业生产资金面临着短缺的困境，使得农村相比于城市仍存在着较大的发展差距。缓解这一困境，亟须通过金融创新发挥金融信贷在支农增收中的重要作用，尤其应推进一种更具普适性的农村信贷优惠，通过降低门槛、降低利率、简化程序、灵活应对而为农户提供更加充足有效的资金支持。显然，这一普惠性的金融政策创新在理论上能够助力于农村经济的快速稳定发展。正因如此，我国各类金融机构除国有大型商业银行和股份制商业银行外，有1 600多家村镇银行和17家民营银行相继获准设立了普惠金融事业部，旨在"齐心协力"地使普通百姓、贫困地区村民和小微企业都能够获得更加便利、实惠和安全的金融信贷服务。从现实来看，尽管农村普惠金融产品供给不足、农村金融服务网点覆盖不全、普惠金融法制体系不全等问题依然存在，但就动态发展趋势来看，越来越完善的普惠性金融信贷必将在农村高质量发展中发挥更为重要的作用。基于此，本节拟以农村信贷为视角探讨城乡结构协调影响经济高质量发展的内在逻辑，以从完善农村金融的角度为促进经济高质量发展提供富有价值的证据。

（一）研究基础

已有文献对农村信贷影响经济发展的关系进行了大量的理论分析和实证研究。就传导机理而言，农村信贷影响经济发展的关系存在着"直接效应"和"间接效应"。其中，"直接效应"表现在农村信贷所提供的资金，作为农业资本的重要组成部分，直接带来了农业产出的增长和供给的增加。如扶桑和郑世杰（2018）认为农业贷款增加直接促进了农林渔牧业总产值的增加；谭磊（2015）在分析农业信贷的影响机制中指出农业信贷完成了社会储蓄向社会投资的转变，增加了农村资本的积累，尤其是将农业信贷投放农业产业，推动了农业产业结构升级，提升农业发展质量，促进农村经济质量发展。"间接效应"则表现在农村信贷通过改善经济结构、优化资源配置等途径间接促进了经济发展。一方面，农村信贷改善了经济结构。城乡发展不均衡导致了农村金融发展效率的低下，使其成为"经济洼地"（韩家彬等，2011），而推动金融发展能促进城乡二元制经济结构的转变（谷慎和马谌宸，2019）。另一方面，农村信贷优化了资源配置。有观点认为农户信贷具有空间异质性，其中东部和西部地区经济的发展反而会进一步恶化农户信贷配给的程度（刘艳华等，2014）。也有观点发现，随着农村金融的发展，农户的信贷约束会降低，人们可以通过获得金融服务等方式获取更多收益，从而缩小城乡收入差距（Kapingura，2017；罗楚亮，2019；Behera，2019）。比如，张晓强和李心丹等（2017）发现农户信贷的获取能提高农村消费水平，扩大内需，促进经济增长；陈东和刘金东（2013）发现消费信贷比生产经营性贷款更能提高农村消费水平。可见，农村信贷可以通过影响城乡收入水平、城乡消费水平、城镇化率以及农业产业发展等方面提升经济发展质量。

基于如上机理所展开的实证研究主要得出了三种不同的观点：一是农村信贷对经济增长存在着显著的正向影响（孙玉奎等，2014；Hartarska et al.，2015；Fukuda，2017；张荣，2017；张婷婷和李政，2019）。二是农村信贷对经济增长具有反向抑制作用。如薛晨和袁永智（2018）探讨了农村金融与经济发展的关系，发现农村信贷对促进农民增收和农业可持续发展的影响有限。与此相类似，陈力朋和陈锦然（2015）在分析农业信贷对农村消费的影响时，也发现相较于财政支出和民生支出，农业信贷对农村消费的促进作用较小，未能发挥应有的作用。三是农村信贷对收入差距、经济增长的影响具有非线性特征（乔海曙和陈力，2009；Seabron et al.，2010；胡宗义和刘亦文，2010）。在较早的文献中，格林伍德和乔瓦诺维克（Greenwood & Jovanovic，1990）发现金融发展对收入差距的影响存在着倒"U"形关系，即金融发展初期，收入差距扩大；金融发展后期，收入差距缩小。在中国的样本中，李标等（2020）发现农村信贷供给与城乡收入差距之间存在"库兹涅茨效应"，即伴随农村信贷供给的增加，城乡收入差距将呈现出"先上升、后下降"的走势；邓创和徐曼（2019）从规模和结构两方面进行研究后也发现，金融结构对城乡差距的影响呈现出典型的先扩大后缩小的倒"U"形规律，对经济增长的影响也表现出非线性特征。

综合而言，已有文献对于本节的深化研究具有重要的借鉴意义，然而这些文献主要聚焦于农村信贷与经济"数量"增长之间的关系，忽视了其对经济发展质量的影响。此外，在研究农村信贷影响经济增长的传导机制时，城乡结构这一重要传导变量的作用也鲜见于文端，而这则为本节的深化研究提供了切入点。在促进经济高质量发展的新时期，经济发展质量被赋予了更为丰富的理论内涵和时代意义，尤其是新发展理念中所强调的协调发展和共享发展等理念对农村信贷在城乡协调发展中的作用也赋予了新功能。基于此，本节拟在研究视角和变量测算方面作出创新尝试，边际贡献具体体现为：首先，在传导机制的分析中，本节聚焦于经济发展质量而非经济增长数量，从收入差距、居民消费和农业发展的角度揭示农村信贷通过城乡结构影响经济高质量发展的传导机制，这与已有文献注重于经济增长"数量"以及运用单一指标衡量城乡结构的研究大有不同；其次，在实证研究中，本节综合采用单一指标法和综合指标法来测度经济发展质量，以此检验农村信贷影响经济高质量发展的稳健性，拓宽了这一话题的研究视野。

（二）理论分析与研究假说

从逻辑上来看，由于经济发展质量具有十分丰富的理论内涵，因此影响质量高低的因素包罗甚广，基于不同的思想流派和理论维度会得出不同的核心指标。也正因如此，从来没有一篇文献能够详尽地罗列出影响经济发展质量的所有关键因素，已有文献在研究实践中为了能够有效地克服多重共线性和内生性等技术问题，往往会习惯性地选择特定角度下的关键变量来分析其对经济发展质量的影响，这一边际上的创新当然也是对相似主题研究的一种贡献。因此农村信贷对地区经济高质量发展的直接影响主要体现在两个方面：一方面，农村信贷为地区经济高质量发展提供了资金支持。自我国实行普惠金融政策以来，金融机构重点进行信贷"增量扩面"的发展，特别是农村中小金融机构通过"扫园、扫街、扫村、扫户"模式不断下沉服务，扩大信贷投放覆盖面，增加农村信贷投放量、推进农村信贷发展。因此大量的农村信贷可以通过资金支持的方式保障农业生产中的技术、劳动力等要素投入，从而优化农业生产条件、创新农业生产方式，实现我国从中低端农业生产向高端农产品供给模式转变（薛晨和袁永智，2018），引导地区农业向绿色、环保的可持续发展迈进，促进地区经济发展质量的提升。另一方面，农村信贷能够优化农村发展环境，促进地区经济的高质量发展。首先，普惠信贷的发展带动了农村金融基础设施建设，包括金融支付环境的改善、网络金融体系的搭建等，优化了农村金融环境。其次，包括农村信贷在内的农村现代金融的发展，能够帮助农村教育、农村社会保障的各个环节不断改进和完善。这些对于促进社会公平、经济发展成果共享具有积极意义，对地区经济高质量发展产生正向效应。基于此，本节提出假说1：

H1：农村信贷会对地区经济高质量发展产生直接的促进效应。

此外，农村信贷将通过城乡结构这一中介变量对经济发展质量产生间接作用。本节之所以选择城乡结构为中介变量来分析农村信贷影响经济高质量发展的传导机制，除因城乡协调发展是经济高质量发展的重要维度外（王永昌和尹江燕，2019），更是因为农村信贷对城乡结构的优化具有显著的促进作用，因此从直观上认为农村信贷主要通过优化城乡结构来促进经济高质量发展在逻辑上有其必然性和自洽性。具体而言，农村信贷优化城乡结构促进经济高质量发展主要体现在城乡收入差距、城乡消费水平以及农业产业发展方式三个渠道，见图5－4。

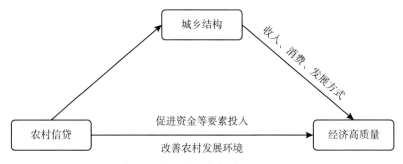

图5－4　农村信贷影响经济高质量发展的传导机制

第一，农村信贷能够缩小城乡收入差距。从城乡差距形成的金融原因来看，首先，按照金融投资的基本原理，收益回报与资本投入之间成正比关系。作为低收入阶层的农民群体，由于资产存量积累不足，因此长期以来缺乏必要的投资资金，很难通过资本投资来获取财产性收入和经营性收入，使其与城镇居民之间的收入差距不断扩大。其次，与城镇相比，我国农村金融长期以来发展较为滞后，表现为金融产品单一、信用环境较差、信贷机制僵化以及农民和农村企业由于自身所能提供的抵押资产较少而面临的信贷渠道较窄（张荣，2017；Ray，2019；Abay et al.，2022），均使得农民和农村企业难以从银行获得信贷资金和金融支持，不利于农民生产收益的增加，从而带来了城乡相对收入差距的拉大。最后，从资本属性和银行的经营理念来看，包括银行信贷在内的金融产品都具有十分明显的趋利性，也就是说，资金更倾向于流入回报率高的行业或发达地区，而农业生产相对而言周期长和回报低，因而很难吸引信贷资金的流入和帮扶，农村经济发展容易进入恶性循环的"怪圈",这将进一步导致城乡收入差距的拉大(李标等,2020;邓创和徐曼,2019;罗楚亮,2019)。综上所述,以农村信贷政策创新为核心的农村金融发展会对农业生产规模的扩大和农民收入水平的提高产生至关重要的积极影响,而通过完善农村金融的发展机制、推动农村信贷的有效投入、均衡农村信贷的地区分配,则能有效地增加农民的经营性收入和财产性收入,有利于城乡收入差距的缩小和城乡收入结构的优化。

第二,农村信贷能够提升居民消费水平。首先,按照"流动性假说"的基本观点,当消费者对未来收入预期不乐观且无法通过获得借贷来维持当前的消费水平时就会存在流动性约束,因此,收入是影响消费水平高低的重要因素之一,而信贷完善则能够突破低收入所导致的低消费约束。随着普惠金融和互联网金融的发展,定位于农村客户群体的消费信贷和抵押信贷产品也日益成熟,农村消费者可以通过银行借贷或是互联网借贷平台随时获得购买商品和服务所需的资金,从而有效地减少了流动性约束,释放了被压抑的消费需求,这不仅扩大了农村居民的消费规模,还在一定程度上提升了居民的消费层级和优化了消费结构(陈东和刘金东,2013)。其次,当期的消费还受到了未来收入预期的影响,对未来收入预期乐观会增加当期的消费。很明显,农村信贷作为农村金融发展中的关键环节,由其对农业生产的支持和农民投资的扶持而能够有效地增加农民的财产性收入和经营性收入(尹学群等,2011),使人们在增强未来收入预期的过程中带来当期消费需求的扩大。最后,农村信贷投入能够改善农村地区的基础设施建设,能够促进交通运输和信息传输网络的通畅(刘赛红和王志飞,2019;刘金全等,2016),这不仅有利于农村电子商务平台的搭建和完善,还有利于农村物流运输效率的提升,使得农村居民的在线消费需求得到更为便捷、高效和多样化的满足,最终带来农村消费需求的扩大和消费质量的提升。

第三,农村信贷能够促进农业发展方式的转变。尽管新农村建设和乡村振兴战略的实施极大程度地改善了我国广大农村的村容村貌,但城乡二元经济结构的发展格局仍未发生本质上的改变,即城市现代工业部门与农村传统农业部门并存的发展特色依然存在,城乡之间的产业经济结构发展不均衡问题仍未有效改观(谷慎和马谌宸,2019)。进一步推进农村经济的高质量发展以缩小城乡发展差距和实现共同富裕,应依托于融合了产业特色和技术优势的现代农业。从发展经验来看,现代农业相较于工业和服务业而言是弱势产业,而越是弱势产业就越需要借助更大力度的资金支持和政策扶持来实现发展升级，而农村信贷则在其中发挥了至关重要的作用。一方面，当前我国融资渠道主要以间接融资为主，通过银行信贷可以解决农业现代化发展中的资金供求矛盾。在发展实践中，不少金融机构不断创新农村信贷机制和丰富农村信贷产品，在政策上适当向对投资农业的企业进行信贷倾斜，有效地促进了当地现代农业的发展（刘松柏，2011；Child，2008）。另一方面，农村信贷资金具有较强的市场导向功能，通过对特定行业和特定产品释放信贷信号而优化农村信贷资金的配置（Enoma，2001；刘艳华等，2014；Narayanan，2016），使信贷资金投向现代农业的重点领域和关键环节。因此将信贷资金适当向农业基础设施建设领域和农业科技推广领域倾斜，可以有效促进农业现代化进程。

总体而言，农村信贷从以上三个方面促进了城乡经济的协调发展，而城乡结构与经济发展之间的同向变化关系则似"共识"一样常见于发展经济学的经典理论和研究文献中。如杜朝运和任永健（2014）、刘金全等（2016）均发现城乡结构的优化与经济发展之间存在着显著的正向关系。此外，就"经济发展质量"而言，多数研究将"五大发展理念"即"创新、协调、绿色、开放、共享"作为经济高质量发展的理论内涵和评价标准（王永昌和尹江燕，2019；李俊玲等，2019），所以相较于以往的"高速度增长"而言，"高质量发展"的重要维度即在于经济结构的优化和升级。一种旨在促进城乡结构优化的发展策略，在逻辑上自然能够带来经济的高质量发展，而这一策略，在上文的分析中则集中体现为农村金融发展中信贷机制的创新。这是因为农村信贷的推进从居民收入、消费水平和农业发展三个方面促进了城乡经济的协调发展或城乡结构的升级优化，而这则进一步共同促进了经济发展质量的提升。基于以上分析，提出假说2。

H2：城乡结构在农村信贷影响地区经济高质量发展的过程中起中介作用，即农村信贷能够通过优化城乡结构促进地区经济高质量发展。

（三）模型设定及变量说明

1. 计量模型设定及变量选择

为有效刻画农村信贷通过城乡结构影响经济高质量发展的传导关系，参考魏蓉蓉（2019）、汪宗顺等（2019）、赵玉龙（2019）等学者关于经济高质量的相关研究范式，本节构建了如式（5-31）所示的经济高质量发展影响因模型。

$$quality_{it} = \alpha_0 + \alpha_1 x_{it} + \sum_{k=1}^{n} \beta_k ctrl_{it}^k + \mu_{it} \qquad (5-31)$$

其中，$quality$ 为被解释变量，x 是主要解释变量，主要包括农村信贷规模和城乡结构变量。$ctrl$ 为控制变量，下标 i、t 分别代表城市和年份，μ_{it} 为模型的误差项。

对于被解释变量经济高质量发展水平或经济发展质量（$quality$）的度量，本节在初始检验中首先借鉴陈诗一和陈登科（2018）的研究选用人均GDP 表示人均劳动生产率来反映经济高质量水平，其次采用前文的高质量发展指数来进行替换主要解释变量的稳健性检验，见表 5 - 1。

表 5 - 1 变量设置

变量名称	符号	指标说明
经济发展质量	*quality*	人均 GDP
		经济发展质量指数，具体指标见前文
城乡结构指数	*urban*	城乡收入水平——农村人均可支配收入占城镇人均可支配收入比重
		城乡消费水平——农村人均消费水平占城镇人均消费水平比重
		农业发展水平——农林牧渔业总产值取对数
技术创新	*R&D*	R&D 经费支出占 GDP 比重
劳动投入	*labour*	各省劳动力人口数量取对数
政府财政支出	*finance*	各省地方政府财政支出取对数

对于主要解释变量农村信贷（*lrural*）的度量，主要有两种方法：一是采用农业信贷指标来反映农村信贷水平（张小凤，2019；刘赛红和王志飞，2018；谭磊，2015）；二是选用涉农贷款来衡量农村信贷水平（李标等，2020）。但涉农贷款余额仅能说明农村信贷供给规模变化，不能体现城乡间信贷资金的配置结构或农村信贷供给的相对变化。因而本节使用涉农贷款余额占地区贷款总额的比重反映农村信贷发展水平。其中涉农贷款这项指标主要包含了农户贷款、农村企业及各类组织贷款和城市企业及各类组织涉农贷款等内容。自 2007 年 9 月起，中国人民银行和中国银监会建立了《涉农贷款专项统计制度》，之后中国人民银行调统司于 2008 年 1月下发《关于〈涉农贷款专项统计制度〉补充说明的通知》，对涉农贷款

统计制度中的部分指标口径进一步明确。依据该通知，涉农贷款统计口径新增加了四项内容，分别为农林牧副渔贷款、农户消费和其他生产经营贷款、农村企业及各类组织农林牧渔业贷款和农村企业及各类组织支农贷款，更加全面、完整地反映了金融机构涉农贷款的发放情况。因此本节考虑到涉农贷款指标在 2008 年后统计口径发生改变，特将农村信贷数据划分成 2000～2008 年和 2009～2019 年两个时间段分别进行实证研究，以保证实证结果的有效性和可靠性。

对于主要解释变量城乡结构（urban）的度量，为了更全面地反映各省市城乡结构的现状和发展情况，本节并未采用已有研究中所惯用的单一指标法，而是基于如上机理分析并参考赵洪丹和赵宣凯（2019）、薛晨和袁永智（2018）等学者的研究，从城乡收入水平、城乡消费水平以及农业发展水平三个方面构建了综合指标。之所以构建综合评价指标，除了是因为城乡结构这一变量是包含诸多因素的复杂系统外，更是因为农村信贷如上述理论分析所揭示的那样，将从城乡收入水平、城乡消费水平和农业发展水平三个关键方面影响经济高质量发展。除主要解释变量外，本节还参考张宏彦等（2013）和张荣（2017）等的研究，选择了技术水平、劳动力数量以及政府财政支出三个相关变量作为控制变量。

2. 数据变量的描述性统计

本节数据主要来源于两个方面：一是 2000～2019 年相关信贷数据来源于各省金融统计年鉴、中国人民银行官网及 Wind 数据库；二是其他经济指标等主要来自中国国家统计局官网、EPS 数据库等。表 5-2 给出了本节所使用变量的描述性统计结果。可以看出各省份之间经济高质量发展水平（quality）的最大值与最小值之间的差距较大且标准差大于 0.5，说明数据在时间区间内有一定波动。就农村信贷（lrural）而言，其最小值为 0.002 且最大值达到 0.605，但平均值、中位数仅为 0.054 和 0.024，表明目前农村信贷的整体发展水平较低且各省之间存在较大的区域差异。城乡结构（urban）标准差较小，说明该数据在样本期间内走势平稳。

表 5-2　　　　　　　　　　变量的描述性统计

名称	样本量	最小值	最大值	平均值	标准差	中位数
quality	620	7.923	12.008	10.125	0.859	10.275
lrural	620	0.002	0.605	0.043	0.054	0.024

名称	样本量	最小值	最大值	平均值	标准差	中位数
urban	620	1.004	1.939	1.482	0.166	1.482
R&D	620	0.119	6.997	1.323	1.115	1.009
labour	620	4.822	8.849	7.49	0.906	7.618
finance	620	4.094	11.582	7.384	1.214	7.474

从图 5－5 农村信贷与经济发展质量的动态变化关系可知，随着农村信贷的增加，区域经济发展质量呈现出逐步提升的特征，说明农村信贷的发展对经济高质量发展有着促进作用。此外，同一农村信贷规模下对应的样本数据大部分不重合，说明即使在相同的农村信贷规模下，其对经济高质量发展的影响和作用效果也可能不同，还需考虑其他相关因素的影响。

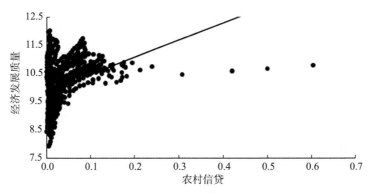

图 5－5　农村信贷与经济高质量的散点关系

图 5－6 则反映了农村信贷和城乡结构两者的交互项与经济高质量发展之间的关系。由散点图趋势可见，两者交互项与经济高质量发展之间呈现正向变动关系，说明农村信贷和城乡结构两者的作用是相互增强的，对经济高质量发展产生积极的作用。就不同地区而言，中西部地区的交互项对经济高质量影响的趋势线比东部地区的趋势线更为陡峭，也说明中西部地区农村信贷和城乡结构的交互作用对经济高质量发展的影响更为敏感和显著。

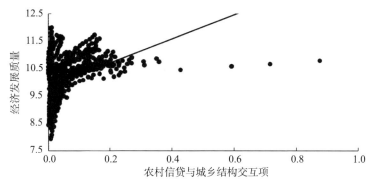

图 5 - 6　交互项与经济高质量的散点关系

（四）农村信贷、城乡结构影响经济高质量发展的实证分析

在充分考虑数据可得性的基础上，本节所采用的数据为中国 2000 ～ 2019 年 31 个省（区、市）的年度数据。由于农村信贷变量的数据统计口径发生改变，因此采用分段回归法将数据划分为 2000 ～ 2008 年和 2009 ～ 2019 年两个时间段。首先，对金融发展影响资本配置效率和经济高质量发展的实证结果进行分析；其次，借助中介效应模型，将农村信贷、城乡结构与经济高质量发展置于同一个框架下进行分析；最后，通过稳健性检验，确保本节结论的可信性。

1. 初始检验

为了防止出现"伪回归"，在构建模型前对数据进行平稳性检验。使用 LLC、IPS、Breitung、Fisher - ADF、Fisher - PP 五种检验方法进行单位根检验。检验结果显示，在 5% 的显著水平下，变量都是平稳的，见表 5 - 3。

表 5 - 3　　　　　　　　　面板数据单位根检验结果

检验方法	LLC	IPS	Breitung	Fisher - ADF	Fisher - PP
统计量	T	T	T	Chi-squared	Chi-squared
quality	- 0. 938 ***	- 3. 176 ***	- 6. 542 ***	33. 778 **	135. 751 ***
lrural	- 1. 071 ***	- 3. 653 ***	- 2. 477 ***	52. 975 ***	196. 031 ***
urban	- 1. 118 ***	- 2. 242 ***	- 1. 417 **	12. 064	150. 720 ***
r&d	- 0. 955 ***	- 2. 252 ***	- 7. 515 ***	109. 268 ***	559. 674 ***
labour	- 0. 968 ***	- 2. 832 ***	- 5. 978 ***	53. 530 ***	203. 017 ***
finance	- 0. 963 ***	- 2. 925 ***	- 3. 501 ***	16. 780 **	115. 677 ***

注：***、**、* 分别表示在 1%、5%、10% 的显著性水平拒绝序列不平稳的原假设。

在回归分析之前，应确定面板数据的模型形式。从表 5 - 4 的检验结果可知：对 2000 ~ 2008 年的数据进行检验，F 检验在 5% 的水平下显著，说明 FE 模型更优。BP 检验呈现出 5% 水平的显著性，表明 RE 模型更优。Hausman 检验并未呈现出显著性 $chi(4) = 2.359$，$p = 0.670 > 0.05$，意味着相对 FE 模型而言，RE 模型更优。对 2009 ~ 2019 年的数据进行检验，F检验呈现出 5% 水平的显著，意味着相对 POOL 模型而言，FE 模型更优。BP 检验呈现出 5% 水平的显著性，意味着相对 POOL 模型而言，RE 模型更优。Hausman 检验呈现出 5% 水平的显著性 $chi(4) = 99.63$，$p = 0.000 < 0.05$，意味着相对 RE 模型而言，FE 模型更优。

表 5 - 4 面板模型检验

数据时间段	检验类型	检验值	检验结论
2000 ~ 2008 年	F 检验	$F(30, 244) = 54.481$，$p = 0.000$	FE 模型
	BP 检验	$\chi^2(1) = 430.665$，$p = 0.000$	RE 模型
	Hausman 检验	$\chi^2(4) = 2.359$，$p = 0.670$	RE 模型
2009 ~ 2019 年	F 检验	$F(30, 306) = 35.696$，$p = 0.000$	FE 模型
	BP 检验	$\chi^2(1) = 615.255$，$p = 0.000$	RE 模型
	Hausman 检验	$\chi2(4) = 99.632$，$p = 0.000$	FE 模型

通过面板模型回归分析可见，农村信贷（lrural）在 1% 的显著性水平下对经济高质量发展（quality）存在正向影响。根据表 5 - 5 第 1 列 2000 ~ 2008 年的数据回归结果可见，地区涉农贷款占地区贷款总额比重每提高 1 个单位，我国经济高质量发展将显著提高 14.2 个单位。根据表 5 - 5 第 2 列的全样本回归结果可以发现，农村贷款地区涉农贷款占地区贷款总额比重提高 1 个单位，我国经济高质量发展将提高 2.07 个单位。以上结果都表明，在过去的 20 年间，农村金融的推进和普及带来的农村信贷发展强而有力地支持了地方经济的发展。

表 5 - 5 农村贷款影响经济高质量发展实证结果

变量	(1) 2000 ~ 2008 年	(2) 2009 ~ 2019 年
截距	6.007 (37.491***)	7.42 (40.111**)

变量	（1）2000～2008 年	（2）2009～2019 年
lrural	14.181 （5.912 ***）	2.07 （9.947 ***）
R&D	0.124 （3.164 ***）	0.432 （9.746 ***）
labour	0.776 （5.053 ***）	0.457 （2.973 ***）
finance	0.487 （17.819 ***）	0.302 （11.951 ***）
R^2	0.827	0.754
调整 R^2	0.824	0.727
样本量	279	341
检验	$\chi^2(4)=1\,305.932$，$p=0.000$	$F(4\ 306)=234.750$，$p=0.000$

注：括号内为 t 值；*** 、** 、* 分别表示在 1%、5%、10% 的水平下显著。

通过比较两个时间段的回归结果可以发现，不同时间段中农村信贷对经济高质量发展的影响效果有一定差距，出现这样结果的原因有：其一，数据统计口径的改变带来的误差。由于涉农贷款数据统计口径的改变，可能会造成 2000～2008 年的数据统计口径较为粗糙，使所得数据较实际结果偏高从而导致对经济高质量的影响效果存在误差。其二，在农村金融发展初期，农村尤其是偏远地区融资方式单一且有限，农村信贷作为最主要的融资方式会对当时经济发展产生较大刺激和影响。近年来，伴随着国家大力推进和帮助农村金融的发展，也出现了更多的除银行信贷外的其他融资方式，为农村融资途径带来更多可能性，因而在后期农村信贷对经济高质量发展的影响就会被削弱。

在控制变量的回归结果中，R&D 经费投入强度越大、劳动力人口数量越多、政府财政支出越多则地区经济发展质量越高。R&D 经费投入越多、政府财政支出增加，对企业的产品创新以及该地区的产业结构升级都有重要的推动作用。此外，回归结果显示劳动力人口增加对经济高质量发展有显著的促进作用，这与索罗模型结论一致，即劳动力数量投入作为最基本投入对经济增长和发展起着重要作用。

2. 基于中介效应模型的机制检验

在理论分析中，农村信贷可以通过缩小城乡收入差距、提高农村消费水平以及改变农业生产方式影响地区城乡结构，进而促进经济高质量发展。为了验证这一机制，本节采用中介效应模型进行实证检验，其中经济高质量发展（quality）作为被解释变量，农村信贷（lrural）作为解释变量，城乡结构（urban）作为中介变量。首先将经济高质量对包含农村信贷在内的基本自变量进行回归；其次将中介变量对包含城乡结构等基本变量进行回归；最后将中介变量城乡结构和农村信贷置于同一模型，对经济高质量发展进行实证分析，具体模型如下：

$$quality_{it} = a_0 + clrural_{it} + \sum_{k=1}^{n} \beta_k Ctrl_{it}^k + \mu_{it} \qquad (5-32)$$

$$urban_{it} = a_0 + alrural_{it} + \sum_{k=1}^{n} \beta_k Ctrl_{it}^k + \mu_{it} \qquad (5-33)$$

$$quality_{it} = a_0 + c'lrural_{it} + burban_{it} + \sum_{k=1}^{n} \beta_k Ctrl_{it}^k + \mu_{it} \qquad (5-34)$$

本节依次对三个面板数据模型进行回归，具体的模型回归结果如表 5-6 所示。第 1 列为式（5-32）农村信贷（lrural）与经济高质量（quality）回归结果，第 2 列为式（5-33）农村信贷（lrural）与中介变量城乡结构（urban）的回归结果，第 3 列为式（5-34）回归结果。为了充分验证城乡结构的中介效应，本节采用逐步检验回归系数法（逐步法）对中介效应进行检验。此处以 2009~2019 年的回归结果为例加以说明。由表 5-6 可知，式（5-32）的系数 c 为 1.978；式（5-33）的系数 a 为 0.522；式（5-34）的系数 c' 为 1.196、系数 b 为 1.499，且式（5-32）、式（5-33）、式（5-34）系数均为正且显著，说明存在显著的中介效应。通过计算可知，其系数估计值满足公式 $c = c' + a \times b$，即农村信贷对经济高质量发展的总效应等于直接效应与中介效应的总和。

表 5-6　　　　　　　　　　　　　模型回归结果

时期	变量名	(2) quality	(3) urban	(4) quality
2000~2008 年	lrural	c: 0.406 (2.118**)	a: -3.886 (-3.575***)	c': 3.265 (4.949***)
	urban			b: 0.736 (3.934***)
	控制变量	yes	yes	yes
	样本量	279	279	279

续表

时期	变量名	(2)quality	(3)urban	(4)quality
2000~2008年	R^2	0.639	0.330	0.658
	调整R^2	0.633	0.320	0.652
	F值	F(4 274)=121.075 $p=0.000$	F(4 274)=33.685 $p=0.000$	F(5 273)=105.075 $p=0.000$
2009~2019年	lrural	c: 1.978 (6.438***)	a: 0.522 (4.191***)	c′: 1.196 (4.769***)
	urban			b: 1.499 (13.984***)
	控制变量	yes	yes	yes
	样本量	341	341	341
	R^2	0.627	0.354	0.764
	调整R^2	0.622	0.347	0.761
	F值	F(4 336)=141.145 $p=0.000$	F(4 336)=46.109 $p=0.000$	F(5 335)=217.402 $p=0.000$

注：括号内为t值；***、**、*分别表示在1%、5%、10%的水平下显著。

考虑到逐步法中检验系数乘积（检验H_0：$ab=0$）可能存在偏误（温忠麟和叶宝娟，2014），因此本节选用Bootstrap抽样检验法对中介作用结果进行稳健性检验。Bootstrap抽样检验法的抽样次数为5 000次，由表5-7可见：针对lrural对于quality影响时，urban的中介作用检验，两个时间段内的数据检验结果都显示，95%区间并不包括数字0（95% CI：-5.885~-0.363），因而说明农村信贷（lrural）影响经济高质量发展（quality）时，城乡结构（urban）具有中介作用。

表5-7   Bootstrap中介效应稳健性检验

时期	传导项	Effect	BootSE	BootLLCI	BootULCI	z	p
2000~2008年	lrural⇒urban⇒quality	-2.859	1.415	-5.885	-0.363	-2.020	0.043
2009~2019年	lrural⇒urban⇒quality	0.782	0.377	0.374	1.861	2.076	0.038

从2000~2008年的模型回归结果来看，农村信贷对城乡结构的影响是反向的，同时农村信贷对经济高质量发展影响的直接效应为3.265，间

接效应系数方向发生改变且总效应为 0.406，具体如表 5 - 7 所示。说明城乡结构对农村信贷影响经济高质量发展起到了中介作用并且削弱了农村信贷对经济高质量发展的影响。该结论与前文假设稍有不符，可能存在以下原因：第一，国家 2007 年出台了《涉农贷款专项统计制度》，该制度对涉农贷款的统计内容做了全面系统的规定和要求并在 2011 年进一步完善。因此可能存在由于 2000～2008 年涉农贷款统计口径较为粗糙而导致的误差。第二，任何金融产品都需要负担一定的成本，因此在涉农贷款推行的初期，会有一定的前期投入并且存在回报率较低等问题，导致农村收入不升反降，城乡差距拉大。因此这一阶段数据分析在加入城乡结构中间变量后，城乡结构会削弱农村信贷对经济高质量的影响。

从 2009～2019 年的模型回归结果来看，首先，农村信贷影响经济高质量的总效应为 1.978 并显著，说明存在中介效应。其次，公式（5-33）的系数 a 与公式（5-34）的系数 b 均显著，表明其间接效应显著。最后，农村信贷影响经济高质量发展的直接效应为 1.196 且显著，同时中介效应与直接效应符号相同，说明城乡结构在农村信贷影响经济高质量发展的过程中起到了部分中介效应。由表 5-8 可见，其中介效应占总效应比重约为 40%，说明城乡结构承担着重要的中介作用，这一影响机理与前文推断相符。

表 5 - 8　　　　　　　　　　效应过程汇总

时期	效应	项	Effect	SE
2000～2008 年	直接效应	$lrural \Rightarrow quality$	3.265	3.442
	间接效应过程	$lrural \Rightarrow urban$	-3.886	1.087
		$urban \Rightarrow quality$	0.736	0.187
	总效应	$lrural \Rightarrow quality$	0.406	3.452
2009～2019 年	直接效应	$lrural \Rightarrow quality$	1.196	0.251
	间接效应过程	$lrural \Rightarrow urban$	0.522	0.124
		$urban \Rightarrow quality$	1.499	0.107
	总效应	$lrural \Rightarrow quality$	1.978	0.307

3. 稳健性检验

为了增强结论的可信性，本节拟采用变量替代法来进行稳健性检验。在替换变量的稳健性检验中，本节拟采用经济发展质量综合评价指标来替换被解释变量人均 GDP，即从"五大发展理念"即创新、协调、绿色、开放、共享五个方面构建经济发展质量的综合评价指标，利用熵权法来计算各省市的经济发展质量指数，具体测算结果及测算方法见前文。表中所有数据均来源于国家统计局、各省金融统计年鉴以及 EPS 数据等官方渠道所披露的统计资料。

将被解释变量替换为经济发展质量指数，并对农村信贷影响经济高质量发展的关系进行检验后可得表 5 - 9 所示的结果。从 2000 ~ 2008 年的数据回归结果来看，农村信贷每增加 1 个单位，经济发展指数增加 1.458 个单位；从 2009 ~ 2019 年的数据回归结果来看，农村信贷每增加 1 个单位，经济发展指数增加 0.106 个单位。整体来看，将经济发展指数作为被解释变量后，农村信贷对经济高质量发展的影响仍具有显著的促进作用，这与上文的实证检验结果一致。

表 5 - 9　　　　　　　农村贷款影响经济高质量发展稳健性检验

变量	（1）2000 ~ 2008 年	（2）2009 ~ 2019 年
截距	1.180 （116.443 ***）	1.217 （102.849 ***）
lrural	1.458 （7.964 ***）	0.106 （5.542 ***）
R^2	0.186	0.083
调整 R^2	0.183	0.080
样本量	279	341
检验	$X^2(1) = 63.421$，$p = 0.000$	$X^2(1) = 30.711$，$p = 0.000$

注：括号内为 t 值；***、**、* 分别表示在 1%、5%、10% 的水平下显著。

将经济发展指数（*quality**）作为被解释变量，农村信贷（*lrural*）作为解释变量，城乡结构（*urban*）作为中介变量，采用中介效应模型进行稳健性检验，具体如下：

$$quality_{it}^* = a_0 + clrural_{it} + \sum_{k=1}^{n} \beta_k Ctrl_{it}^k + \mu_{it} \tag{5-35}$$

$$urban_{it} = a_0 + alrural_{it} + \sum_{k=1}^{n} \beta_k Ctrl_{it}^k + \mu_{it} \tag{5-36}$$

$$quality_{it}^* = a_0 + c'lrural_{it} + burban_{it} + \sum_{k=1}^{n} \beta_k Ctrl_{it}^k + \mu_{it} \tag{5-37}$$

从 2000～2008 年的中介效应检验结果来看，首先，农村信贷影响经济高质量的总效应为 -2.879 并显著，说明存在中介效应。其次，方程（5-36）的系数 a 与方程（5-37）的系数 b 均显著，表明其间接效应显著。此外，农村信贷影响经济高质量发展的直接效应为 -2.472 且显著，同时中介效应与直接效应符号相同（详见表 5-10），说明城乡结构在农村信贷影响经济高质量发展的过程中起到了部分中介效应，其中介效应占总效应的比例为 14.115%。

表 5-10　　　　　　　　　　　中介效应模型稳定性检验

时期	变量名	（5）$quality^*$	（6）$urban$	（7）$quality^*$
2000～2008 年	$lrural$	c：-2.879 （-5.021***）	a：-3.886 （-3.575***）	c'：-2.472 （-4.293***）
	$urban$			b：0.105 （3.342***）
	控制变量	yes	yes	yes
	样本量	279	279	279
	R^2	0.707	0.330	0.708
	调整 R^2	0.595	0.320	0.610
	F 值	$F_{(4\ 274)}=103.137$ $p=0.000$	$F_{(4\ 274)}=33.685$ $p=0.000$	$F_{(5\ 273)}=87.807$ $p=0.000$
2009～2019 年	$lrural$	c：0.041 （2.083**）	a：0.522 （4.191***）	c'：0.032 （1.797*）
	$urban$			b：0.017 （1.351）
	控制变量	yes	yes	yes
	样本量	341	341	341
	R^2	0.853	0.354	0.866
	调整 R^2	0.851	0.347	0.864
	F 值	$F_{(4\ 336)}=666.041$ $p=0.000$	$F_{(4\ 336)}=46.108$ $p=0.000$	$F_{(5\ 335)}=534.505$ $p=0.000$

注：括号内为 t 值；***、**、* 分别表示在 1%、5%、10% 的水平下显著。

从 2009～2019 年的中介效应检验结果来看，农村信贷影响经济高质量发展的总效应和直接效应分别为 0.041 和 0.032 均显著，说明存在中介效应。系数 a 与系数 b 有一个不显著，因此对系数 a 和系数 b 的乘积即中介效应进行 Bootstrap 抽样检验。从表 5 - 11 的 Bootstrap 抽样结果来看，95% Bootstrap 抽样区间为 0.006 ~ 0.019，抽样区间中不包括 0，说明存在中介效应，其中介作用占比约为 21%。综上所述，无论是分区域检验法还是变量替代法，其稳健性检验结果都与上文中的研究结论基本一致，表明基于全样本的实证结果具有良好的稳健性。

表 5 - 11   效应过程汇总

时期	总效应 c	中介效应 $a * b$	直接效应 c'	95% Bootstrap 抽样
2000 ~ 2008 年： $lrural \Rightarrow urban \Rightarrow quality^*$	- 2.879	- 0.406	- 2.472	- 0.077 ~ - 0.003
2009 ~ 2019 年： $lrural \Rightarrow urban \Rightarrow quality^*$	0.041	0.009	0.032	0.006 ~ 0.019

本节研究发现：第一，农村信贷对经济高质量发展具有显著的促进作用。农村金融发展初期，农村信贷对经济高质量发展影响较大；当农村金融发展较为稳定，农村各类融资途径增加后，农村信贷对经济质量发展的影响会减弱。因此应在合法合规的前提下，针对农村经济发展特点推动各类融资方式进入，带动各地经济发展质量的提升。第二，城乡结构是农村信贷影响经济高质量发展的重要中介因素。从对我国 31 个省（区、市）面板数据的检验结果来看，农村信贷通过城乡结构影响经济高质量发展的中介效应显著。但农村信贷对城乡结构的影响存在着"库兹涅茨效应"，即在农村信贷推进初期，城乡差距会因此而拉大，使得城乡结构愈发失衡，这将减弱农村信贷对经济高质量的影响；后期当农村金融普及以及农村信贷发展较为完备时，城乡结构的优化则开始不断发挥正向推动作用。第三，在经济高质量发展的影响因素中，科研经费投入越多、劳动力就业人口数量越多、政府财政支出越高的省份，其经济发展质量也越高。因此在发挥农村信贷积极作用的同时，应加大科技投入和研发力度，吸引更多技术型、创新型人才到岗就业，适度增加财政支出并调控财政资金的区域配置和行业分配，以使农村信贷提升经济发展质量的效能得到更大程度的释放。

上述结论对新时期促进经济高质量发展的启示在于：第一，在夯实农村金融制度基础的同时，应实施富有空间差异化的普惠金融政策。促进经济社会的高质量发展，一方面，应通过夯实农村金融制度基础来完善农村信贷机制，应在金融创新和防范风险的基础上降低农村金融机构、农村金融平台和农村金融产品的准入门槛，让愿意为农村经济社会服务的村镇银行、小贷公司和互联网金融进入农村地区和农业行业进行"开拓式"发展，并鼓励金融资本在农村地区设立证券、信托、保险机构或网点，以加大对农民基本金融、信贷知识的普及力度，并为满足其金融服务需求提供更大的便利。另一方面，则应实施富有空间差异性的普惠金融政策，各地应根据辖区内的农业特色、农村特征和农民特性来设计符合当地资信水平的金融业务和金融产品，以更加精准地满足当地居民的资金需求。这就要求立足于农村的金融机构展开多样、深入而细致的前期调查，实施严谨而有效的过程监管，以及进行适时而科学的结果评估，以使信贷资金既能满足农村客户的需求，又能有效防范和控制信贷风险。第二，在发挥农村信贷对经济高质量发展的积极作用时，应对农村信贷和金融发展进行长远布局和规划，应制定更加具有前瞻性和远见性的信贷政策，以尽量避免制定短期政策和避免出现"库兹涅茨效应"，这就要求：一方面，应对信贷资金投放的行业和项目给予足够的耐心和信心。与其他行业和项目不同，农业投资具有周期长、见效慢和不确定性高的特征，但同时也具有回报率稳的优势，因此在对农业进行资金投放时，应注重行业和项目的长期培育。另一方面，应发挥政策性金融在其中的支撑作用。受环境、气候和基础设施的影响，农业投资往往面临着较大的不确定性，或者说具有较高的风险性，这就要求发挥政策性金融的引导作用和调控作用，通过提供资金担保的方式为农村金融的商业信贷提供强而有力的支撑。第三，从区域与农村信贷配置的视角来看，应在发挥市场配置的决定性作用的同时，加大政府在配置失灵中的调控作用，尤其要促进信贷资金的均衡配置，这就要求：在地区结构中，应适当加大中西部地区的信贷支农力度，应在全国"一盘棋"的大格局下，适度照顾财政资金来源相对单一和有限的中西部地区，并将财政转移资金适当向"三农"倾斜；在城乡结构中，应适度增加农村信贷供给，应借助政策性金融的支撑作用和引导作用来使金融资本更多流向农村地区和农业产业，以在缩小城乡收入差距和优化城乡结构的过程中切实促进经济社会的协调发展和共享发展。

第三节　新型城镇化影响经济发展的"质量效应"

在中国特色社会主义经济的发展历程中，由工业化所引致的剩余劳动力自农村向城镇的转移、由土地财政所推动的城市空间自中心向外围的扩张，既在供给层面促进了生产要素的优化配置，又在需求层面带来了内需规模的快速扩大，因而是地区经济和居民收入高速增长的重要动力，是中国现代化进程中的大战略和大问题（李克强，2012）。然而，在中国经济由数量增长向质量提升转变的新时期，这种"被动式"推进的城镇化所引发的一系列问题也越发值得且已普遍受到各界的广泛关注，诸如如何更加凸显"人"在城镇化红利分配中的主体性、如何在守住耕地"红线"的前提下更高更优地提升土地要素的配置效率、如何更好地发挥"产业"在乡村振兴中的就业吸纳功能等。回答并解决这些问题，对于新时期促进城乡基础设施一体化以及公共服务均等化、对于促进经济社会的协调发展和共享发展（倪鹏飞，2013），显然都具有十分重要的理论价值和现实意义，而这也正是党的十八大以来推进以人为核心的新型城镇化的基本要义。因此，区别于传统的城镇化，新型城镇化由其更加强调以人为本的价值导向和更加注重各子系统之间的内在均衡，因而是当下及未来经济高质量发展的重要载体（辜胜阻等，2010）。以此为逻辑起点，本节拟从人口—空间—产业耦合协调发展的角度来刻画与解释新型城镇化，并基于此进一步分析其影响经济高质量发展的传导机理与数量关系。

（一）研究基础

在现有文献中，新型城镇化与经济高质量发展之间关系的研究可以追溯到国外有关城市化影响经济"数量"增长的理论研究与实证检验中，这些研究近乎达成共识似的支持城市化的推进对各国或地区的经济增长带来了较为显著的促进作用。如在早期的研究中，卢卡斯（1988）基于内生增长理论研究了城市化与经济增长之间的互动关系，发现城市化在宏观经济增长和民生福祉改善中具有突出的贡献。这一结论得到了后续许多实证研究的验证，尽管在贡献率的高低上因所采用的方法和样本不同而存在着估算结果上的差异（Moomaw & Shatter，1996；Henderson，2003；Bugliarello，2006；Krey et al.，2012；Brückner，2012；Belsky，2012）。在中国同类研究的学术话语中，内涵上具有更大包容性和更多层次性的"城镇化"

取代了"城市化"成为学者们分析经济增长动力源泉的重要变量。不过，这并未改变城镇化显著促进了地区经济发展的基本结论，且在中国，城镇化对经济增长的总体贡献率达到了5%以上（王小鲁，2010；陈红蕾和覃伟芳，2014；郗希等，2015；孙叶飞等，2016）。值得一提的是，在早期被动式城镇化的推进过程中，部分地区的粗放式"扩城运动"也带来了资源环境成本过大（邓祥征等，2013）、总体失业率攀升（朱丽萌，2006）、社会保障分配不公（宋娟，2013）以及地区发展差距（赵永平和徐盈之，2014）等多方面的问题。毫无疑问，这些问题制约着经济增长质量的提升，但同时也为新型城镇化的推进提供了改革方向，一种旨在扭转上述不利局面的新型城镇化更有利于经济的可持续发展（毛雁冰和原云轲，2019）。

由经济"数量"增长转向"质量"提升，是传统城镇化向新型城镇化推进的内在诉求。其基本逻辑在于：新型城镇化不仅能够更加有效地提高公共设施水平、促进就业结构转型和健全社会保障体系，还能够通过要素优化、创新驱动和结构升级来提高整个区域的全要素生产率，而两者都将进一步带来经济发展质量的提升。基于这一认知，许多文献围绕新型城镇化与经济发展质量的度量并就其中的内在传导机制展开了丰富的实证研究。首先，从新型城镇化的度量来看，不少文献依然采用传统的人口城市化率这一单一指标来作为替代变量（薛钢等，2015；郭文伟和周媛，2020），但这显然不符合新型城镇化更加注重人口、产业和土地等子系统之间协调均衡的内在规定，因此也就不能全面地度量新型城镇化的发展状况。为此，一些研究"巧妙"地规避了新型城镇化的变量设置与具体取值问题，而将这一事件视为一种试点政策，通过构建一个准自然实验和采用双重差分法以对新型城镇化建设节点前后的绩效表现进行识别与比较，发现新型城镇化自推进以来确实带来了经济发展质量的提升（郭晨和张卫东，2018；姜安印和杨志良，2020）。值得一提的是，在全国均在推进新型城镇化的背景下，准自然实验法极有可能存在着实验组和控制组识别失准的问题，这将进一步影响到测算结果的有效性。为此，另有文献尝试构建新型城镇化的综合评价指标体系进行指数测算，并基于此或采用协调度评价模型分析了其与经济增长质量之间的协调程度（岳雪莲和刘冬媛，2017），或采用面板数据模型分析了其影响经济增长质量的路径与效应（彭宇文等，2017），发现两者之间存在着较为显著的同向变化关系。

其次，从经济发展质量的度量来看，已有研究在分析新型城镇化的经济绩效时主要采用了单一指标法和综合指标法。其中在单一指标法中，大部分文献均将全要素生产率视为经济发展质量的核心替代指标（Brülhart

& Sbergami，2009；薛钢等，2015；郭文伟和周媛，2020）。如刘瑞翔和夏琪琪（2018）对影响经济增长质量即全要素增长率的各类因素进行了检验，发现人口城市化率及人力资本积累的提高对经济增长质量具有明显的促进作用。当城市人口不断积聚时，全要素生产率水平及所表征的经济增长质量将随之显著提升（Fogarty & Garofalo，1988）。相对而言，单一指标法在数据可得性和测算简便性上具有较为明显的优势，但也存在无法体现经济发展质量丰富内涵上的不足，当然也就如人口城市化率度量新型城镇化一样缺乏全面性和综合性。为此，不少文献基于不同的视角选择不同的维度以构建指标体系来测算经济发展质量的综合指数，并以此作为新型城镇化建设绩效的被解释变量。如彭宇文等（2017）基于省级平衡面板数据构建了经济发展质量的指标体系，并分析了城镇化对经济增长质量的作用机理，发现新型城镇化与经济增长质量之间具有显著的正向线性关系。与此相类似，何兴邦（2019）基于省级面板数据所构建的指标体系，分析了中国城镇化进程的经济增长质量效应，发现城镇化进程不仅在总体上有助于改善综合经济增长质量，还在分项上有助于提高增长效率、优化产业结构、促进绿色发展和改善社会福利。相较而言，综合指标法更能有效地揭示新型城镇化影响经济发展质量的建设绩效。

如上文献围绕新型城镇化建设绩效所展开的理论探讨和实证研究均表明：不管是采用单一指标法，还是构建综合评价指标体系，抑或采用自然实验中的双重差分法，城市化或新型城镇化的推进均促进了地区的经济发展。这一观点及其背后所采用的研究方法，对本节的深化研究具有十分重要的借鉴意义。然而，这一认知更多地来自城镇化建设所带来的"数量"增长效应的研究中，对于新型城镇化，特别是其所包含的人口城镇化、空间城镇化和产业城镇化影响经济发展"质量"的研究则相对较少，仅有的文献也只是在分析传统城镇化的建设绩效时有所涉及，这在推进以人为核心的新型城镇化及促进经济高质量发展的新形势下，无疑是一种理论研究上的不足，当然也为本节的研究提供了深化空间。基于此，本节拟尝试从如下两个方面进行边际创新：一是从人口城镇化、空间城镇化和产业城镇化三个维度来度量新型城镇化的耦合协调发展程度，并从此三个渠道来进一步揭示其影响经济高质量发展的内在传导机制；二是基于"五大发展理念"构建经济高质量发展的综合评价体系，并利用省级面板数据分析新型城镇化协调发展程度影响经济发展质量指数的"总体效应"和"分维效应"。

（二）理论框架与传导机制

区别于传统的城镇化，新型城镇化是一种更加注重生产要素的优化配置、更加注重人口城镇化与空间城镇化（或土地城镇化）的协调发展、更加注重城镇化与工业化和现代化同步推进的城镇化，其核心在于协同推进产业城镇化、空间城镇化和人口城镇化（李子联等，2018）。新型城镇化之所以是促进经济高质量发展的新亮点，主要是因为：在需求端，新型城镇化的推进一方面能够为居民可支配收入的增加提供契机，而收入增加则将带来居民消费意愿的增强、消费需求的扩大和消费结构的升级；另一方面，新型城镇化推进过程中所带来的城市人口聚集与城区空间扩张，引致生活性服务需求和生产性服务需求的增加，这将进一步促进社会投资规模的扩大。在供给侧，新型城镇化的推进能够促使农村剩余劳动力向城镇转移，能够促进人力资本和知识技术的积累，能够推进农村闲置土地向城镇建设用地的转换，因而在优化生产要素配置的过程中促进了经济社会的高质量发展。此外，新型城镇化的推进由于伴随着土地制度和户籍制度的改革，因此从长期来看还能释放制度改革的红利，促进经济增长方式由以工业经济为主要推动力向工业经济和城镇经济共同推动的有效转变（王国刚，2010）。综合而言，在促进经济高质量发展的过程中，新型城镇化建设既能够带来短期拉动效应，又能够带来长期推动效应。这一"总体效应"又可以分别体现在人口城镇化、空间城镇化和产业城镇化耦合协调发展所带来的"分维效应"中。

首先，在人口城镇化促进经济高质量发展的过程中，由于人口城镇化在空间上表现为农村人口向城镇的流动转移，因此其所带来的经济效应至少体现在两个方面：一方面，人口城镇化的推进能够有效促进农村居民收入的增长和消费需求的增加。这是因为相对于农业生产而言，农村剩余劳动力转移至发达城市和富裕城镇从事工业和服务业生产能够有效解决农业生产效率边际递减的问题，能够为转移性农民带来更多的就业机会、更高的劳动报酬和更优的公共服务。与此同时，转移性农民将从非农生产中所获得的收入返还至农村原生家庭，也在一定程度上增加了留居性农民的收入来源和财富存量，从而带来了其可支配收入的增加，并缩小了其与城镇居民的收入差距，这有利于城乡之间居民收入的协调发展。进一步地，农村居民可支配收入的增长及与城镇居民收入差距的缩小将带来其消费意愿和消费能力的增强，使其逐渐从"怕消费"转变为"敢消费"、从"想消费"转变为"能消费"，并在持续消费的过程中带来消费观念和消费习惯的转变，最终促进农村居民消费需求的扩大（叶晓东和杜金岷，2015）。

因此，在新的发展阶段，构建以国内大循环为主的新发展格局，应以新型城镇化建设为契机来着重扩大农村居民的消费需求，而缩小收入差距和促进农民增收则是实现这一机制的关键。另一方面，人口城镇化的推进能够满足城镇产业发展的劳动要素需求。发达城市和富裕城镇通过吸纳农村剩余劳动力，能够以更低的劳动要素成本创造出更大的社会产出，同时劳动力要素的集聚能够形成区域内的特色产业和主导产业，从而在依托和发挥产业优势的过程中推动区域经济的高速发展。因此，人口城镇化在需求端通过增收扩支、在供给侧通过要素集聚而缩小了城乡之间的发展差距，有利于经济在高质量发展中协调发展的推进，见图5-7。

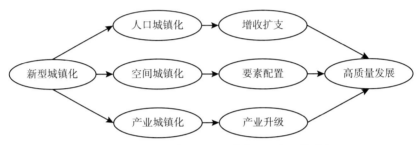

图5-7 新型城镇化促进经济高质量发展的路径

其次，在空间城镇化促进经济高质量发展的过程中，由于空间城镇化在属性上表现为农业用地向城市建设用地的转变，因此这一转变过程所带来的经济绩效也就表现为：第一，空间城镇化的推进必然带来城市空间规模的扩张，与此相伴随的则是在硬件上应增加公共基础设施，诸如公路交通、水电线路、公共设备等公共产品；在软件上则应增加公共服务供给，具体表现为应完善保障性住房、教育、医疗和就业培训等公共服务的供给机制，这将引致生活性服务需求和生产性服务需求的扩大，进而带动政府投资及其他社会投资的扩张，有利于社会投资结构的改善和产出规模的增长。第二，新型城镇化进程中所实施的土地差别化管理制度既能够满足不同地区对土地使用的"个性化"需求，从而使土地要素得到更为优化和更高效率的配置；又可以增加地方政府的土地财政收入，从而为其承担更多的"事权"提供了有力的资金保障。就总量而言，由财政收入增加所带来的公共支出规模的增加，既促进了人们转移性收入的增长，又带来了地区经济建设规模的扩张，因而能够在短期内带来区域经济的快速增长。第三，作为城市产业发展的载体，城市土地规模在不断扩张的过程中，也为产业转移及产业结构的调整与优化提供了便利（沈坤荣和蒋锐，2007）。

同时，作为一种传统意义上的重要生产要素，新型城镇化中城乡土地要素的整合重配与投入供给也有利于生产要素的优化配置、不同产业的耦合联动以及社会分工的精密细化，这将促进创新驱动新机制的有效实现。因此，更加注重协调发展的空间城镇化既在总量上促进了投资需求和资源供给的增加，又在结构上促进了要素配置和产业结构的优化；既能够稳住增长速度，又能够提升增长质量；既具有"短期效应"，又具有"长期绩效"，是新时期促进经济高质量发展的重要路径，见图5-7。

最后，在产业城镇化促进经济高质量发展的过程中，产业城镇化在内涵上界定为因产业结构非农化而引起的生产要素从农村向城市的流动和集中，包括产业空间转移和产业结构升级。由于产业城镇化以产业转移和结构升级为基础，以产城联动为特征，以产城融合为目标，因此其影响经济高质量发展的路径表现在：第一，在产业转移过程中，相对欠发达地区在承接劳动密集型和资本密集型企业时，会促使大量的资本与技术要素向欠发达地区流动，从而使这些地区产生要素集聚的现象，这将进一步通过"规模效应"与"乘数效应"而带来欠发达地区经济总量的快速增长，同时在发挥就业吸纳作用的过程中促进当地居民收入的增长。第二，对于发达地区而言，产业城镇化所带来的经济绩效具有"选择效应"，体现为部分粗放型和资源耗损型企业会因环境成本的内化而逐渐退出市场，而集约型、高新技术型和高附加值型产业则会得到产业政策的优惠照顾和鼓励支持而得以良性发展。在产业转移过程中，发达地区将有选择性地纳入更多技术密集型企业，同时更加优质的劳动力要素也将向这些产业转移和集聚，这将带来生产效率的提高、创新能力的提升和产业结构的升级，既有利于经济总量的增长，又有利于发展质量的提升。第三，区域之间的产业转移与升级将带来双方劳动、土地与资本等生产要素的新需求与新供给，诸如发达地区为发展新兴产业而产生的对高端技术人才的新需求、欠发达地区为承接外来产业而新增的用工需求，这不仅能够使地区内的"剩余劳动力"和"闲暇土地"得到更加充分的利用，还能够使更加高端的人才得以引进或培养，从而使经济高质量发展具备了更为丰富的人力资本。因此，产业城镇化既带来了欠发达地区就业水平的上升从而促进了居民可支配收入的增长，又带来了发达地区产业结构的升级从而促进了经济发展质量的提升，这对于缩小区域发展差距和实现全域协调发展具有十分重要的现实意义。促进新型城镇化在经济高质量发展中的引领作用，应以构建产业发展平台为关键。

值得一提的是，尽管新型城镇化影响经济高质量发展的理论框架可以拆分为人口城镇化、空间城镇化和产业城镇化三个维度，且就内在逻辑而言这三个维度均对经济发展质量的提升具有重要的促进作用。但本节依然强调不应孤立三者之间的内在联系和耦合协调，只有在人口、空间和产业三个维度联系紧密且高度协调时，新型城镇化才能在更高水平上实现更有质量的发展，而新型城镇化"本身"质量的提高才更能促进经济社会的高质量发展。

（三）变量设置及其测度

以上述传导机制的分析为基础，本节实证研究的基本思路是：建立以经济发展质量为被解释变量、以新型城镇化为主要解释变量、以相关制度变量为控制变量的省级面板数据模型，从全国和地区两个层面来综合检验新型城镇化建设影响经济高质量发展的时空差异。按照这一思路，本节所设置的具体变量如表5-12所示。其中，在主要解释变量中，除了在总体上设置了新型城镇化耦合协调度这一变量外，还分别设置了人口城镇化、产业城镇化和空间城镇化三个分变量，以进一步揭示新型城镇化影响经济高质量发展的"总体效应"和"分维效应"。

对表5-12所设置的变量，应对其设置方法和数值计算作如下说明：第一，对于主要解释变量新型城镇化及其子维度产业城镇化、空间城镇化和人口城镇化的度量，本节借鉴朱江丽和李子联（2015）的方法首先从产业、空间和人口三个维度来构建各省市新型城镇化的综合评价指标体系，各级各类指标的具体设置及计算方法见表5-13。其次在进行上文所述的无量纲化处理且利用熵权系数法计算出各类指标的权重后[①]，结果如表5-13所示。

表5-12 变量设置及经济意义

变量			经济意义	度量及依据
被解释变量	EDQ		经济发展质量	基于"五大发展理念"构建综合指标体系测算综合质量指数，参见李子联和王爱民（2019）等
解释变量	OHX	总体效应	耦合协调度	基于产业—人口—空间城镇化耦合协调度模型测算协调指数，参见朱江丽和李子联（2015）等
	CCH	分维效应	产业城镇化	
	RCH		人口城镇化	
	KCH		空间城镇化	

---

① 熵权系数法的具体计算公式可参阅朱江丽和李子联（2015），受篇幅所限本节未予展示，备索。

变量		经济意义		度量及依据
控制变量	CSF	财政制度	财政收入分权	地方财政收入/全国财政收入，参见 Akai 等（2002）和沈坤荣和付文林（2005）等
	CZF		财政支出分权	地方财政支出/全国财政支出，参见张晏和龚六堂（2005）和周业安和章泉（2008）等
	JFZ	金融政策	金融发展程度	金融机构存贷款总额/GDP，参见周立和王子明（2002）和马轶群和史安娜（2012）等
	KZC	科技政策	科技支持力度	科技三项费用支出额/财政支出总额，参见郭文伟和周媛（2020）等
	WHS	教育政策	居民文化素质	人均受教育年限，参见何兴邦（2019）和李强和徐康宁（2013）等
	HJZ	环境政策	环境治理力度	环境污染治理投资/GDP，参见 Gray（1987）和 Berman & Bui（2001）等
	SHZ	综合改革	市场化改革	市场化指数，参见王小鲁等（2019）和郭文伟和周媛（2020）等

基于此，可分别进一步测算出各省市新型城镇化的子维度——产业城镇化、空间城镇化和人口城镇化的综合发展评价指数，公式为：

$$f(U_{it}) = \sum_{j=1}^{m} w_{jt} y_{jt}$$

式中 $i = 1, 2, 3$，分别代表产业、空间和人口三个维度，j 为各评价维度下的指标数量，t 为时间样本内的年份，w 为各指标的权重系数均值，y 为经过无量纲化和平移处理后的指标值。

表 5-13　　基于产业—空间—人口耦合协调视角的新型城镇化测度指标

一级指标	二级指标	衡量方式	权重（%）
产业	产业发展水平	地区生产总值/总人口	16.61
	产业结构水平	第一产业增加值/地区生产总值	16.79
		第二产业增加值/地区生产总值	16.85
		第三产业增加值/地区生产总值	16.76

一级指标	二级指标	衡量方式	权重（％）
产业	产业竞争程度	工业企业个数	16.48
	产业开放程度	外商直接投资实际利用总额	16.51
空间	城镇空间规模	城市建成区面积	19.94
	城镇发展质量	城市绿地面积	19.97
	城镇公共设施	城市人均道路铺装面积	20.05
		每万人拥有公共汽车数	19.98
		城市燃气普及率	20.07
人口	人口基数	年末常住人口数量	19.86
	城镇化率	城镇人口/总人口	20.05
	人口密度	城镇人口密度	19.90
	就业质量	第二、第三产业从业人员/总从业人员	20.02
	就业数量	城镇失业率	20.18

在此基础上，可以进一步计算新型城镇化的耦合协调度指数。根据耦合度函数的计算方法，新型城镇化进程中产业、人口和空间城镇化之间的耦合度为：

$$C_t = \left\{ \frac{f(U_{1t}) \times f(U_{2t}) \times f(U_{3t})}{\Pi(f(U_{it}) + f(U_{kt}))} \right\}^{\frac{1}{3}}$$

式中 i，$k = 1$，2，3；$i \neq k$。C_t 取值在 $0 \sim 1$，数值越大，耦合度越好；反之则耦合度较差。客观而言，耦合度函数能够有效描述系统之间协调发展的程度，但却无法确定该系统是在较高水平上相互促进，还是在较低的水平上紧密联系。因此，进一步引入耦合协调度函数，则不仅能够反映系统之间的协调程度，还能体现协调发展水平的阶段性。其计算方法为：

$$R_t = \left(C_t \times \frac{f(U_{1t}) + f(U_{2t}) + f(U_{3t})}{3} \right)^{\frac{1}{3}}$$

式中 R_t 值为系统之间在高水平上的协调程度。本节设定协调度在 0.7 以下为低级耦合协调发展阶段，$0.7 \sim 0.8$ 为中级耦合协调发展阶段，0.8 及其以上为高级耦合协调发展阶段。

第二，由于本节采用综合指标评价法来测算经济发展质量，因此为在解释变量中有效规避指标体系中已选相关变量的重复出现及尽可能避免因此而出现的内生性问题，本节在控制变量的设定中特意选取了不同维度下具有较强代表性的制度变量，这些变量包括财政制度、金融政策、科技政策、教育政策、环境政策和综合制度改革等。其中：（1）对于财政制度的度量，国内外许多经典文献从财政分权的角度进行了替代处理，即以地方财政收入或地方财政支出占全国同一指标的比重来进行单一或双重衡量（林春，2017）。基于此，本节综合采用财政收入和财政支出占全国的比重来分析。（2）金融政策的度量拟采用金融发展水平来进行替代处理，具体设置参见前文。（3）对于教育政策的度量，本节以居民人均受教育年限来判断其政策实施绩效，其计算公式为：未受教育人口占比×0＋小学文化人口占比×6＋初中文化人口占比×9＋高中文化人口占比×12＋大学专科及以上人口占比×16。（4）对于综合制度改革的度量，本节以王小鲁等（2019）测算的市场化指数来作为替代变量，但这一变量的最新数据目前只更新到 2016 年。为此，本节借鉴郭文伟和周媛（2020）的处理方法，采用均值法对 2017～2019 年的数据进行了插值处理。除此之外，科技政策和环境政策这两个控制变量的度量及具体计算方法如表 5－12 所示。

（四）统计描述与典型事实

本节对 2000～2019 年中国 30 个省（区、市）的相关数据进行了挖掘与测算，各主要变量的数据特征如表 5－14 所示。其中，被解释变量经济发展质量的综合指数在研究样本内的最小值为 26.7145，最大值为 68.5837，平均值为 39.8283，呈现出较大的时空差异性，表明各省在不同时期的经济发展质量存在着一定的差距。与此同时，主要解释变量新型城镇化的耦合协调发展指数最小值为 0.6962，最大值为 0.8459，均值为 0.7642，总体而言数值的变动幅度相对不大，表明各省市在不同时期的新型城镇化水平较为稳定。与此不同的是，产业城镇化、人口城镇化和空间城镇化的综合发展指数则表现出了较大的波动性，其数值最小值分别为 0.5685、0.6999 和 0.5538，最大值则分别为 1.1802、1.3229 和 1.3743，均值分别稳定在 0.8493、0.9605 和 0.8888，表明空间城镇化相对于其他两个维度表现出了更大的波动性，这符合中国各地在城市空间扩张上具有较大差异性的基本现实。除此之外，各类控制变量在样本范围内也表现出了与被解释变量相类似的波动性，且其标准方差的相伴概率均能够在 1% 统计水平下通过显著性检验，表明就波动性而言，本节所设置的解释变量和控制变量与被解释变量表现出了同向变化关系。

表 5 – 14　　　　　　　　　　　各变量的统计描述

变量	均值	最大值	最小值	标准方差	概率	观测值
EDQ	39.8283	68.5837	26.7145	6.3659	0.0000	600
OHX	0.7642	0.8459	0.6962	0.0309	0.0011	600
CCH	0.8493	1.1802	0.5685	0.1070	0.0000	600
RCH	0.9605	1.3229	0.6999	0.1151	0.0393	600
KCH	0.8888	1.3743	0.5538	0.1543	0.0000	600
CSF	0.0331	0.1436	0.0019	0.0271	0.0000	600
CZF	0.1404	0.5036	0.0110	0.0873	0.0000	600
KZC	0.0165	0.0720	0.0012	0.0129	0.0000	600
JFZ	2.7923	8.1310	1.2882	1.0528	0.0000	600
SHZ	6.3205	12.8900	2.3700	2.0412	0.0001	600
WHS	8.4601	12.6800	5.2700	1.0799	0.0000	600
HJZ	1.3160	4.6600	0.0100	0.7174	0.0000	600

从具体的测算结果来看，在 2000～2019 年的样本区间，中国各省（区、市）的经济发展质量指数均表现出了不同程度的上升趋势，表明各地区在获得经济高速增长的同时，经济发展质量也有了一定程度的提升。其中就总量而言，北京、上海、天津、海南和浙江为经济发展质量指数最高的 5 个省份，其指数均值分别为 56.3311、52.2808、48.2093、42.9575 和 42.8534，见前文；黑龙江、江西、湖北、安徽和湖南等中部省份则处于指数排名居中的区间，对应的指数均值分别为 39.0115、38.6445、38.4919、37.6226 和 37.2681；而贵州、云南、甘肃、宁夏和山西则占据经济发展质量指数排名的末五位，其指数均值分别只有 34.5179、35.9436、36.2659、36.2740 和 36.3830，与如上发达省（区、市）相比存在着一定的差距。这一横向比较表明经济发展质量在东部、中部和西部三大区域之间具有非常明显的空间递减特征，这与经济总量的空间分布特征极为相似。但从增速来看，这一特征则未表现出统计上的显著性。数据显示：经济发展质量提升速度最快的前五个省份依次为贵州、陕西、宁夏、

海南和北京，其增速均值分别为 2.13%、1.98%、1.88%、1.83% 和
1.76%；增速居中的省（区、市）依次为河北（与新疆并列）、上海、青
海、辽宁、湖北（与广西并列），其增速均值分别为 1.49%、1.42%、
1.39%、1.38% 和 1.37%；而提升速度较慢的五个省份则依次为内蒙古、
吉林、安徽、广东和福建（与浙江并列），其对应的增速均值分别为
0.59%、1.09%、1.13%、1.17% 和 1.21%。尽管如上数据显示贵州、陕
西和宁夏等西部省份具有较高的质量提升速度且同时广东、福建和浙江等
东部发达省份则表现出了较低的提升速度，但就质量提升速度而言，其在
东部、中部和西部三大区域之间的空间差异性并没有表现出非常明显的
趋势。

与经济发展质量指数的上升趋势相似，大部分省份的新型城镇化耦合
协调发展指数在 2000 ~ 2019 年也表现出了不断上升的变化特征，表明这
些地区的人口城镇化、产业城镇化和空间城镇化的内在协调水平越来越
高。其中，广东、江苏、山东、浙江和上海 5 个东部发达省市的耦合协调
发展水平最高，其指数均值分别达到了 0.8260、0.8254、0.8061、0.8028
和 0.7994，见图 5 - 8；湖北、安徽、湖南、黑龙江和江西等中部省份的
耦合协调发展水平居中，其指数均值分别为 0.7668、0.7663、0.7662、
0.7638 和 0.7592；而贵州、甘肃、云南、宁夏和青海等西部省（区、市）
的耦合协调发展水平则相对较低，其指数均值分别只有 0.7179、0.7215、
0.7328、0.7345 和 0.7387，与沿海省市的新型城镇化水平存在着较大的
差距。这一横向比较表明新型城镇化耦合协调发展水平在东部、中部和西
部地区之间存在着依次递减的特征，其空间差异较为明显，这与经济发
展质量指数的空间特征相似。进一步地，如果以 0.8 和 0.7 两个节点为
界将新型城镇化耦合协调发展水平划分为高级、中级和低级发展阶段，
则在样本范围内以指数均值为依据只有广东、江苏、山东和浙江四个地
区达到了高级耦合协调发展阶段，而此外的所有省（区、市）则处于中
级发展阶段。不过从 2019 年的最新发展态势来看，已经不止有如上 4
个省份越过了 0.8 的高级耦合协调发展界限，它还包括福建省。另外值
得一提的是，个别省市如北京和上海的新型城镇化耦合协调发展指数均
表现出了震荡下降的变化特征，即其指数尽管在部分年份有所上升，但
总体上则呈下降的趋势。

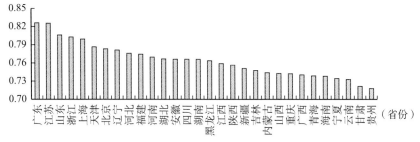

图 5 - 8　中国各省市新型城镇化耦合协调发展指数比较

注：纵坐标对应新型城镇化耦合协调发展指数，根据国家统计局网站公布的原始数据整理计算而得。

新型城镇化耦合协调发展指数与经济发展质量指数在样本范围内所表现出的相似变动特征，也可以体现在图 5 - 9 新型城镇化影响经济发展质量的典型事实中。若以 2000 ~ 2019 年 30 个省份的平衡数据为样本，则可得到新型城镇化与经济发展质量之间的动态散点趋势图，结果发现：在新型城镇化耦合协调发展指数上升的同时，经济发展质量指数也表现出了上升的趋势，两者之间存在着较为明显的同向变化关系。尽管个别省市如北京和上海在经济发展质量指数上升的同时，其新型城镇化耦合协调发展指数却表现出了震荡下降的趋势，也即两者之间存在着统计上的反向变化关系，但总体而言，两者之间的同向变化关系并不会因个体差异而出现异常。这是否表明新型城镇化的推进促进了经济发展质量的提升呢？

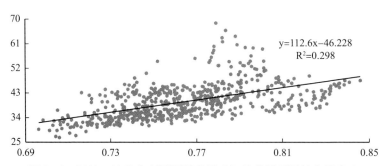

图 5 - 9　2000 ~ 2019 年新型城镇化影响经济发展质量的典型事实

注：图中纵坐标轴为经济发展质量指数，横坐标轴为新型城镇化耦合协调发展指数，所有数据均根据国家统计局官方网站公布的原始数据整理计算而得。

（五）全国样本下的"总体效应"与"分维效应"检验

在上述有关新型城镇化影响经济发展质量的典型事实中，两者在统计上存在着较为明显的同向变化特征。为了进一步更为精准地揭示新型城镇化影响经济发展质量的传导机制，本节拟构建以经济发展质量指数为被解释变量，以新型城镇化耦合协调发展指数以及相关制度变量为解释变量的省际面板数据模型。实证检验的具体步骤如下：首先，从总体上检验新型城镇化影响经济发展质量的数量关系。为了能够有效识别这一检验过程中所存在的内生性问题，本节分别采用了 EGLS 和 GMM 两种检验方法，并基于结果差异在后续检验中统一使用了能够克服内生性问题的 GMM 估计法。其次，按照传导机制中的分析框架，分别从产业城镇化、人口城镇化和空间城镇化三个维度来检验其对经济发展质量的影响。在各自的检验过程中，分别对添加控制变量前后的模型进行了检验。各类模型的构建应以变量平稳为前提，对各变量进行平稳性检验后发现：全国样本下各变量经 ADF、LLC 和 PP 检验后均为零阶平稳，表明各变量的原始序列均可以作为面板数据模型的检验变量。进一步地，对各类模型进行 Hausman 检验及相应的模型形式选择后，本节拟采用个体固定效应加权估计进行检验。

首先，在新型城镇化影响经济发展质量的"总体效应"中，采用 EGLS 估计法进行初始检验后可得表 5 - 15 所示的检验结果。结果显示：无论是否加入政策变量作为控制变量，模型 1、模型 2 和模型 3 中的新型城镇化耦合协调发展指数均能通过 1% 统计水平下的 t 值检验，其系数分别为 223.895、84.709 和 76.212，表明新型城镇化对经济发展质量的变化情况具有较强的解释力。或者说，新型城镇化的推进有效地促进了经济发展质量的提升，这与现有文献的研究发现基本一致，同时亦验证了我们在上文传导机制的分析中所得出的结论。此外，在控制变量对经济发展质量的具体影响中，除了环境治理变量对经济发展质量的影响不显著外，其他政策变量如财政分权、科技支持、金融发展、居民文化水平和市场化改革均对经济发展质量具有显著的促进作用。也就是说，中央对地方赋予的财权和事权越多、对科技支持的力度越大、金融发展程度越高、居民文化水平越高以及市场化程度越高，经济发展质量也就越高。因此，在新时期发挥新型城镇化在促进经济高质量发展中的重要作用时，仍应继续注重财政政策、金融政策、教育政策（对应居民文化素质）以及市场化综合改革等政策制度的正向激励作用。

表 5 - 15   "总体效应"的个体加权固定效应估计

变量	基于 EGLS 估计的初始检验			基于 GMM 估计的内生性检验		
	模型 1	模型 2	模型 3	模型 4	模型 5	模型 6
C	- 131.281 * (- 32.540)	- 53.687 * (- 13.862)	- 44.336 * (- 9.762)	- 123.743 * (- 28.724)	- 45.880 * (- 11.111)	- 27.388 * (- 5.796)

变量	基于 EGLS 估计的初始检验			基于 GMM 估计的内生性检验		
	模型 1	模型 2	模型 3	模型 4	模型 5	模型 6
OHX	223.895 * (42.420)	84.709 * (14.799)	76.212 * (12.076)	214.154 * (38.022)	63.942 * (10.265)	43.894 * (6.587)
CSF		72.255 * (6.563)			62.702 * (5.469)	
CZF			13.204 * (7.304)			18.730 * (10.009)
KZC		46.930 * (5.044)	35.432 * (3.727)		22.831 ** (2.266)	7.829 (0.817)
JFZ		2.227 * (13.261)	2.293 * (14.102)		2.019 * (11.027)	1.910 * (11.560)
WHS		2.197 * (14.887)	1.923 * (12.707)		3.153 * (18.188)	2.720 * (16.334)
SHZ		0.097 (1.478)	0.126 *** (1.878)		0.267 * (3.677)	0.350 * (4.998)
HJZ		0.143 (1.231)	0.010 (0.088)		0.180 (1.558)	0.134 (1.212)
R^2	0.838	0.950	0.950	0.841	0.956	0.960
调整 R^2	0.830	0.947	0.947	0.832	0.953	0.957
F 值或 J 值	98.398	295.533	297.047	270.583	190.014	172.244
概率	0.000	0.000	0.000	0.000	0.000	0.000

注：括号内数值为 t 值，＊、＊＊和＊＊＊分别表示回归系数的 t 值在 1%、5% 和 10% 水平下显著。

考虑到新型城镇化与经济发展质量之间可能存在着互为因果的内生性关系，即在新型城镇化的推进带来经济发展质量提升的同时，经济发展质量的提高也有可能反过来为新型城镇化的推进提供更好的治理环境，而这将带来新型城镇化耦合度更高、协调性更好的发展。为了在实证检验中尽量克服这一可能存在的内生性问题，本节同时设置了新型城镇化与其同一时期省级平均值的差值，以及新型城镇化和各控制变量的滞后项作为工具变量，并采用广义矩估计法（GMM）进行了内生性检验。之所以采用新型城镇化的省级平均值，是因为根据同群效应理论，处于同一发展环境下的省份会产生攀比而带来相互影响。也就是说，这一依托于省级平均值而"自我设定"的评判标准会影响其新型城镇化耦合协调度的变动，但却不会对经济发展质量带来直接的内生性影响。鉴于此，已有不少文献使用样本在一定范围内的均值作为工具变量来作内生性检验（Fisman & Svensson，2007；李子联，2020）。在表 5 - 15 模型 4、模型 5 和模型 6 新型城镇化影响经济发展质量的内生性检验中，与初始检验相似，解释变量新型城镇化耦合协调发展指数的系数均为正值，分别为 214.154、63.942 和 43.894，且均能通过显著性检验，表明新型城镇化的推进有效地带来了经济发展质量的提升，这与初始检验所得出的结论一致。

其次，在新型城镇化影响经济发展质量的"分维效应"检验中，采用 GMM 估计法进行内生性检验后可得表 5 - 16 所示的检验结果。结果显示：第一，产业城镇化对经济发展质量的提升具有明显的促进作用，这一结果在加入政策变量作为控制变量的前后均为显著，体现在模型 7、模型 8 和模型 9 中则是产业城镇化影响经济发展质量的系数分别为 59.469、18.862 和 6.906，两者之间均具有显著的正相关。这一结果与前文传导机制中所得出的结论相一致，符合依托产业扩张和升级来促进地方经济发展的政策现实。第二，人口城镇化对经济发展质量的影响除了在模型 12 中不显著外，在模型 10 和模型 11 中均具有显著的正向影响，影响系数分别为 29.014 和 4.974，表明在加入以财政收入分权等政策变量作为控制变量的前后，人口城镇化的推进能够带来各地经济发展质量的提升，但在以财政支出分权为控制变量的模型中，这一效应并不显著。这一差异性的检验结果表明人口城镇化对经济发展质量的积极影响存在着统计上的不稳定性，其原因可能在于人口城镇化长期以来滞后于产业城镇化和土地城镇化的推进进程，其对经济高质量发展的影响将因发展失衡或失调而带来负面效应，使得人口城镇化的建设绩效尚未完全显现，这也正是新时期应进一步推进以人为核心的新型城镇化的根本原因。第三，与产业城镇化的建设绩效相似，空间城镇化对经济发展质量也具有显著的促进作用，其影响系数在控制变量添加前后分别为 28.347、7.569 和 5.637，见模型 13、模型 14 和模型 15。对于这一结论，尽管不少文献指出中国在土地财政激励下所推动的"扩城运动"带来了诸多"城市病"问题，但它在另一方面促进了投资扩张、就业扩大和居民增收，这对于地区经济发展质量的提升具有十分重要的现实意义。因此综合而言，在本节所采用的研究样本内，空间城镇化的推进对经济发展质量带来了正的"净效应"。

表 5-16 "分维效应"的个体加权固定效应估计

变量	模型 7	模型 8	模型 9	模型 10	模型 11	模型 12	模型 13	模型 14	模型 15
C	-10.555* (-7.171)	-15.984* (-8.267)	-1.865 (-0.839)	12.107* (4.573)	-7.060* (-5.672)	3.996* (2.893)	14.774* (12.749)	-5.738* (-5.969)	0.686 (0.645)
CCH	59.469* (34.427)	18.862* (7.408)	6.906* (2.936)						
RCH				29.014* (10.563)	4.974* (4.271)	0.109 (0.095)			
KCH							28.347* (21.885)	7.569* (8.024)	5.637* (6.175)
CSF		36.211** (2.405)			103.758* (8.552)			87.398* (7.528)	
CZF			21.782* (10.202)			26.019* (14.879)			21.987* (13.051)
KZC		6.065 (0.545)	-8.129 (-0.837)		9.335 (0.896)	-5.570 (-0.591)		20.229** (1.979)	7.658 (0.802)
JFZ		2.364* (11.800)	2.076* (11.856)		2.047* (10.305)	1.885* (10.941)		1.917* (10.085)	1.749* (10.487)

变量	模型 7	模型 8	模型 9	模型 10	模型 11	模型 12	模型 13	模型 14	模型 15
WHS		3.443* (18.946)	2.822* (16.080)		3.484* (18.204)	2.764* (15.496)		3.319* (18.746)	2.779* (16.586)
SHZ		0.360* (4.472)	0.438* (5.952)		0.430* (5.501)	0.475* (6.574)		0.269* (3.433)	0.336* (4.694)
HJZ		0.245*** (1.873)	0.204*** (1.730)		0.335* (2.603)	0.243** (2.041)		0.252** (2.090)	0.168 (1.523)
R^2	0.796	0.944	0.954	0.633	0.946	0.955	0.744	0.954	0.960
调整 R^2	0.785	0.940	0.951	0.613	0.943	0.952	0.730	0.951	0.958
J 值	256.638	191.245	178.560	125.652	216.951	193.178	244.480	194.559	173.399
概率	0.000	0.000	0.000	0.000	0.000	0.000	0.000	0.000	0.000

注：括号内数值为 t 值，*、** 和 *** 分别表示回归系数的 t 值在 1%、5% 和 10% 水平下显著。

此外，在政策变量影响经济发展质量的效应中，除了科技支持政策的系数不能通过 t 统计的显著性检验外，其他变量包括环境治理政策的推进均带来了经济发展质量的提升，且这一结论具有较强的稳定性，见表 5 – 16。显然，控制变量的显著性在"总体效应"与"分维效应"的检验结果中存在着一定的差异性。基于此，不同于"总体效应"，"分维效应"检验结果的政策启示在于：在新时期进一步推进产业城镇化、人口城镇化和空间城镇化的过程中，应同时在财政政策、金融政策、教育政策、市场改革和环境治理等方面进行配套改革与创新，以在央地财政关系改善、金融深化发展、居民素质提升、市场机制完善和环境治理优化的过程中，使新型城镇化促进地方经济高质量发展的建设绩效更为显著。

（六）分地区样本下的"总体效应"与"分维效应"检验

为了检验全国样本下"总体效应"和"分维效应"的估计结果是否具有有效性和稳健性，本节拟进一步采用分地区样本，从东部、中部和西部三大地区来分别考察新型城镇化、产业城镇化、人口城镇化和空间城镇化影响经济发展质量的"总体效应"和"分维效应"，并在检验这些效应的过程中进一步揭示其空间差异。遵循上述检验思路，对各变量进行平稳性检验后发现：与全国样本相似，分地区情形下的各变量经 ADF、LLC 和 PP 检验后亦为零阶平稳，表明各变量的原始序列均可以作为面板数据模型的检验变量；各类模型经 Hausman 检验后，采用个体固定效应加权估计进行实证检验；为有效克服内生性问题，各类检验采用 GMM 估计法。

首先，在东部地区新型城镇化影响经济发展质量的实证检验中，所有模型均添加政策变量作为控制变量后可得表 5 – 17 所示的估计结果。其中，就"总体效应"而言，新型城镇化耦合协调发展指数对经济发展质量指数的影响系数在不同财政分权指标下的估计结果分别为 63.740 和 31.229，且均能通过 t 统计值的显著性检验，见模型 16 和模型 17。这一结果表明与全国样本下的"总体效应"相似，东部地区新型城镇化的推进在总体上推动了各省市的经济高质量发展。在"分维效应"的检验结果中，东部地区的产业城镇化对经济发展质量的影响系数分别为 17.283 和 6.872，且能通过显著性检验，表明产业城镇化的推进有效地促进了经济发展质量的提升，见模型 18 和模型 19；这一正效应亦体现在空间城镇化对经济发展质量的影响结果中，模型 22 和模型 23 显示空间城镇化对经济发展质量的影响系数分别为 8.650 和 5.455，表明空间城镇化的推进也促进了地区经济的高质量发展。与此不同的是，东部地区的人口城镇化却对经济发展质量带来了负向影响，其系数分别为 –4.217 和 –5.684，见

表 5-17　东部地区个体加权固定效应下的 GMM 估计

变量	模型 16	模型 17	模型 18	模型 19	模型 20	模型 21	模型 22	模型 23
C	-43.910* (-5.201)	-15.409 (-1.603)	-10.535* (-2.846)	2.613 (0.709)	6.250** (2.047)	13.817* (5.009)	-3.158 (-1.576)	3.055 (1.336)
OHX	63.740* (5.479)	31.229** (2.517)						
CCH			17.283* (4.066)	6.872** (2.021)				
RCH					-4.217 (-1.490)	-5.684** (-2.330)		
KCH							8.650* (6.134)	5.455* (3.609)
CSF	24.710*** (1.689)		6.618 (0.339)		66.912* (4.577)		33.241** (2.338)	
CZF		15.251* (5.247)		16.800* (5.747)		22.429* (9.676)		14.004* (5.065)
KZC	35.279* (2.840)	14.944 (1.234)	31.916** (2.429)	7.160 (0.605)	24.810*** (1.966)	2.966 (0.268)	34.483* (2.828)	18.097 (1.504)

变量	模型 16	模型 17	模型 18	模型 19	模型 20	模型 21	模型 22	模型 23
JFZ	2.777* (9.814)	2.413* (9.240)	3.143* (10.885)	2.576* (9.627)	2.706* (8.796)	2.209* (8.585)	2.778* (9.535)	2.402* (8.903)
WHS	2.521* (8.751)	2.200* (8.185)	2.560* (8.528)	2.170* (8.023)	2.889* (9.083)	2.367* (8.691)	2.618* (9.066)	2.321* (8.528)
SHZ	0.322** (2.548)	0.390* (3.293)	0.352** (2.432)	0.375* (3.007)	0.250*** (1.658)	0.330* (2.647)	0.286** (2.163)	0.368* (3.068)
HJZ	0.572** (2.186)	0.503** (2.083)	0.523*** (1.899)	0.455*** (1.904)	0.548*** (1.833)	0.465*** (1.865)	0.486*** (1.791)	0.495** (2.015)
R^2	0.962	0.968	0.956	0.967	0.952	0.966	0.961	0.967
调整 R^2	0.959	0.965	0.952	0.964	0.947	0.962	0.957	0.964
J 值	98.871	96.576	92.219	91.492	105.232	96.889	87.617	89.839
概率	0.000	0.000	0.000	0.000	0.000	0.000	0.000	0.000

注：括号内数值为 t 值，*、** 和 *** 分别表示回归系数的 t 值在 1%、5% 和 10% 水平下显著。

模型 20 和模型 21。从系数的 t 值来看，尽管在模型 20 中以财政收入分权作为控制变量时人口城镇化的负向影响不显著，但在模型 21 中将控制变量替换为财政支出分权后则出现了负效应的现象。

东部地区人口城镇化对经济发展质量的影响之所以出现了"逆事实"的负效应，主要是因为：当东部地区的经济发展质量指数普遍上升时，不少省市的人口城镇化水平却在样本范围内出现了震荡下降的趋势，使得两者在统计上表现出了反向变动的关系。这一现象极为明显地体现在北京、辽宁和海南三个省份的统计数据中，此外一些省份在不少时期内也出现了足以影响检验结果的异常下降现象，比如上海在 2001～2004 年、2010～2012 年、2013～2015 年和 2016～2019 年的 15 年内，山东在 2001～2004 年和 2007～2014 年的 12 年内，浙江在 2000～2004 年和 2010～2015 年的 11 年内，江苏在 2000～2004 年和 2011～2014 年 9 年内，广东在 2000～2005 年和 2012～2014 年的 9 年内以及吉林在 2013～2019 年的 7 年内均出现了人口城镇化水平下降的现象。从统计指标的构成来看，这些省市人口城镇化水平下降的现象与其人口密度的变动存在着较为紧密的联系。总体而言，在 2000～2019 年的样本范围内，全国不少城市，特别是东部省市均经历了较大程度的"扩城运动"，城市面积的急剧扩张使得城市人口的增长远远滞后于其推进速度，进而使得这些城市出现了人口密度下降的现象。作为一项正向指标，人口密度的波动式下降必然带来人口城镇化水平的下降，并最终使其与经济发展质量指数之间出现了反向变动的特征。

其次，在中部地区新型城镇化影响经济发展质量的"总体效应"中，回归系数分别为 82.399 和 67.807，且均能有效通过 t 统计值的显著性检验，表明中部地区各省市新型城镇化耦合协调发展程度的提高能够有效带来经济发展质量的提升，这与全国样本和东部地区样本的检验结果相一致，见表 5-18 模型 24 和模型 25。中部地区新型城镇化对经济发展质量具有显著正向影响的结论也可以在"分维效应"的检验结果中得到佐证。具体表现为：产业城镇化的推进促进了经济发展质量的提升，其影响系数在模型 26 中能够通过显著性检验，但在模型 27 中将控制变量财政收入分权替换为财政支出分权后则不显著；与产业城镇化不同的是，人口城镇化和空间城镇化在不同控制变量的情境中均对经济发展质量带来了显著的正向影响，其中人口城镇化的影响系数分别为 12.292 和 7.388，见模型 28 和模型 29；空间城镇化的系数则分别为 4.444 和 4.471，见模型 30 和模型 31，表明人口城镇化和空间城镇化的推进能够稳定地促进地区经济的高质量发展。因此中部地区新型城镇化对经济发展质量带来了正向影响的结论与全国情形一致，这一结论具有统计上的稳健性。

表 5 - 18 中部地区个体加权固定效应下的 GMM 估计

变量	模型 24	模型 25	模型 26	模型 27	模型 28	模型 29	模型 30	模型 31
C	-59.310 * (-7.255)	-44.148 * (-4.304)	-22.538 * (-5.960)	-4.546 (-0.625)	-13.178 * (-5.729)	-2.406 (-0.840)	-8.580 * (-3.402)	0.787 (0.286)
OHX	82.399 * (6.313)	67.807 * (4.533)						
CCH			25.178 * (5.312)	8.502 (1.206)				
RCH					12.292 * (6.152)	7.388 * (3.980)		
KCH							4.444 *** (1.883)	4.471 ** (2.055)
CSF	94.546 * (3.459)		61.372 (1.653)		132.499 * (4.764)		139.115 * (4.634)	
CZF		17.168 * (4.425)		21.835 * (3.256)		22.929 * (6.211)		26.631 * (7.993)
KZC	-0.819 (-0.038)	13.438 (0.709)	-52.589 ** (-2.119)	-6.687 (-0.273)	27.440 (1.255)	35.163 *** (1.733)	-7.443 (-0.315)	6.457 (0.328)

变量	模型 24	模型 25	模型 26	模型 27	模型 28	模型 29	模型 30	模型 31
JFZ	0.471 (1.310)	1.070 * (2.972)	0.812 ** (2.091)	1.543 * (3.490)	1.009 * (2.634)	1.689 * (4.759)	0.607 (1.402)	1.394 * (3.510)
WHS	3.599 * (8.722)	2.935 * (7.137)	4.116 * (9.964)	3.212 * (5.949)	3.733 * (8.323)	2.841 * (6.361)	4.299 * (9.359)	2.985 * (6.785)
SHZ	0.083 (0.617)	0.091 (0.686)	0.244 (1.634)	0.222 (1.576)	0.212 (1.496)	0.220 (1.621)	0.161 (1.037)	0.143 (1.008)
HJZ	0.019 (0.081)	-0.017 (-0.071)	0.508 *** (1.778)	0.307 (1.046)	-0.052 (-0.203)	0.031 (0.127)	0.348 (1.282)	0.114 (0.438)
R^2	0.947	0.950	0.931	0.938	0.941	0.946	0.932	0.942
调整 R^2	0.942	0.945	0.924	0.931	0.935	0.940	0.925	0.936
J 值	42.076	46.504	45.749	52.602	40.604	44.333	49.306	53.966
概率	0.000	0.000	0.000	0.000	0.000	0.000	0.000	0.000

注：括号内数值为 t 值，*、** 和 *** 分别表示回归系数的 t 值在 1%、5% 和 10% 水平下显著。

最后，相对于东部和中部地区而言，西部地区新型城镇化对经济发展质量的影响具有弱稳定性。具体表现为：在表 5 – 19 模型 32 和模型 33 所示的"总体效应"中，尽管新型城镇化耦合协调发展指数对经济发展质量指数具有正向影响，但仅有模型 32 中的系数 42.124 能够通过 t 统计值的显著性检验。而在"分维效应"的检验结果中，除了空间城镇化对经济发展质量的正向影响具有较强的稳定性即模型 38 和模型 39 中的影响系数 5.000 和 4.324 均为显著外，产业城镇化和人口城镇化的建设绩效则均出现了弱稳定性的特征。如在产业城镇化的检验结果中，不管是采用财政收入分权还是财政支出分权作为控制变量，产业城镇化对经济发展质量的影响系数尽管均为正值，但却不能通过显著性检验，见模型 34 和模型 35。之所以出现这一现象，极有可能是因为西部地区的产业基础相对较为薄弱，难以对城镇化的协调发展形成强而有力的支撑作用，对地方经济高质量发展的促进作用也就存在着不显著或不明显的现象。在人口城镇化的检验结果中，模型 36 中人口城镇化对经济发展质量的影响系数为 1.608，但这一正向影响不显著；而在模型 37 中的影响系数则逆变为 – 3.743，且能够通过显著性检验，表明与东部地区相似，西部地区人口城镇化亦未带来地区经济的高质量发展。从统计指标的构成来看，西部地区人口城镇化对经济发展质量的负效应也与人口密度的下降存在着较大的关联。

进一步地从综合东部和西部地区人口城镇化的建设绩效来看，人口密度的下降之所以降低了经济发展的质量，是因为相对于增长较慢的城镇人口而言，城市面积的过快扩张一方面导致了土地资源的投入与其产出效益之间的不对等，或者说土地配置效率的低下带来了土地资源的浪费，不利于土地要素的优化配置；另一方面则对地方财政和地方金融带来了较大的资金负担，并对其他产业、行业和企业的投资带来了"挤出效应"，因此，较低的资本要素配置效率不利于产业结构的优化升级和新兴行业的挖掘培育。值得一提的是，人口密度与经济发展质量之间有可能不是简单的线性关系，或者说，本节尽管指出人口密度的下降是导致人口城镇化与经济发展质量之间负相关的主要原因，但并不在于论证经济发展质量随着人口密度的提高而提升。实际上，人口密度与经济发展质量之间极有可能存在着倒"U"形的曲线关系，见图 5 – 10。即在人口密度较低时，极易出现生产要素配置效率较低的现象，不利于经济增长绩效的提升；在人口密度较高时，则易出现公共产品和服务供给不足的"城市病"问题，不利于居民民生福利的改善。就本节东部和西部地区所出现的人口密度下降而言，尽管不少观点指出北京、上海等一线城市出现了"人口拥挤"的高密度现

表 5 - 19

西部地区个体加权固定效应下的 GMM 估计

变量	模型 32	模型 33	模型 34	模型 35	模型 36	模型 37	模型 38	模型 39
C	-28.274* (-3.400)	-8.284 (-0.954)	-4.585 (-1.117)	3.096 (0.811)	-1.245 (-0.632)	7.689* (3.595)	-1.527 (-1.179)	3.181** (2.243)
OHX	42.124* (3.376)	18.577 (1.478)						
CCH			6.561 (1.140)	2.041 (0.422)				
RCH					1.608 (0.766)	-3.743*** (-1.891)		
KCH							5.000* (2.969)	4.324* (2.707)
CSF	185.878* (6.050)		210.795* (5.902)		235.407* (8.560)		217.695* (8.007)	
CZF		37.607* (8.534)		40.959* (9.205)		44.803* (11.337)		39.106* (10.555)
KZC	200.297* (3.558)	185.003* (3.489)	256.030* (4.456)	200.474* (3.840)	263.804* (4.955)	189.300* (3.847)	251.299* (4.575)	189.287* (3.761)

变量	模型 32	模型 33	模型 34	模型 35	模型 36	模型 37	模型 38	模型 39
JFZ	2.403 * (7.667)	2.093 * (6.982)	2.364 * (6.791)	2.019 * (6.386)	2.384 * (7.091)	1.859 * (5.959)	2.149 * (7.170)	1.848 * (6.677)
WHS	2.551 * (8.719)	2.283 * (7.951)	2.784 * (9.306)	2.357 * (8.271)	2.727 * (8.782)	2.462 * (8.509)	2.700 * (9.383)	2.275 * (8.190)
SHZ	0.434 * (3.118)	0.477 * (3.552)	0.403 * (2.721)	0.476 * (3.471)	0.434 * (2.706)	0.411 * (2.786)	0.236 (1.586)	0.354 ** (2.533)
HJZ	0.110 (0.630)	-0.249 (-1.475)	0.058 (0.318)	-0.295 *** (-1.762)	0.103 (0.557)	-0.360 ** (-2.148)	0.064 (0.362)	-0.267 *** (-1.655)
R^2	0.939	0.944	0.932	0.942	0.932	0.940	0.937	0.945
调整 R^2	0.934	0.939	0.925	0.937	0.926	0.934	0.932	0.940
J 值	78.001	64.458	78.354	62.872	74.390	63.413	75.928	59.451
概率	0.000	0.000	0.000	0.000	0.000	0.000	0.000	0.000

注：括号内数值为 *t* 值，*，** 和 *** 分别表示回归系数的 *t* 值在 1%、5% 和 10% 水平下显著。

象，但与国际上一些特大城市如东京、纽约相比，依然位于低人口密度区间，或者说处于倒"U"型曲线的左侧。在这一区间，由扩城所带来的人口密度下降将带来经济发展质量的下降，因此也就出现了东部和西部地区人口城镇化对经济发展质量带来了负向影响的现象。

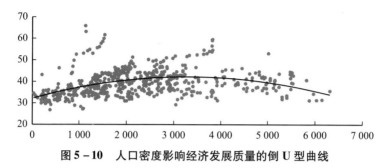

图 5 - 10　人口密度影响经济发展质量的倒 U 型曲线

注：图中纵坐标轴为经济发展质量指数，横坐标轴为人口密度，所有数据均根据国家统计局官方网站公布的原始数据整理计算而得。

综合如上研究发现：新型城镇化主要通过人口城镇化、空间城镇化和产业城镇化的协调推进促进了经济社会的高质量发展。其中，人口城镇化在需求端通过增收扩支、在供给侧通过要素集聚缩小了城乡之间的发展差距，因而有利于城乡之间和区域内外协调发展的推进；空间城镇化既在总量上促进了投资需求和资源供给的增加，又在结构上促进了要素配置和产业结构的优化，因而不仅有利于"稳增长"，还有利于"提质增效"；产业城镇化既促进了欠发达地区就业水平的上升从而促进了居民可支配收入的增长，又带来了发达地区产业结构的升级从而促进了经济发展质量的提升，因而有利于区域发展差距的缩小和全域协调发展的推进。总体而言，新型城镇化由其对需求端和供给侧带来了综合影响，因而其影响兼具"短期效应"和"长期绩效"，能够有效地促进宏观经济的数量增长和质量提升。

从实证结果来看，新型城镇化对经济增长质量的影响具有显著的"总体效应"和"分维效应"。其中，"总体效应"体现为新型城镇化耦合协调程度的提高能够有效地促进经济高质量发展，这一结论在全国样本和分地区样本的实证检验中均具有稳健性。"分维效应"体现在产业城镇化对经济发展质量的影响除西部地区不显著外，全国样本和东部及中部地区样本均具有显著的正效应；人口城镇化对经济发展质量的影响表现出了较为明显的空间差异，其中全国和中部地区为正效应，而东部和西部地区则为负效应；空间城镇化的推进有效地促进了经济发展质量的提升，这一结论无论是在全国样本还是在分地区样本的检验中均为稳健。因此，尽管空间城镇化进程中伴随出现了一些"城市病"问题，但其对经济发展质量带来了正效应的事实不容忽视。此外，人口城镇化对经济发展质量的影响之所以在东部和西部地区出现了负效应，主要是因为人口城镇化滞后于空间城镇化带来了城市人口密度的下降。因此，进一步推进以人为本和耦合协调的新型城镇化是新时期促进经济高质量发展的关键。

第六章　数字普惠金融与经济高质量发展

　　导语: 发挥数字普惠金融在绿色发展中的重要支撑作用是实现我国经济高质量发展的重要动力源。与前文从收入分配制度、高等教育质量改革、新型城镇化建设三个角度分析其对经济高质量发展的影响机理相似,此章拟从数字普惠金融的角度分析其通过绿色发展影响经济高质量发展的路径,主要内容包括数字普惠金融对农业绿色全要素生产率、碳排放和经济发展"数量"与"质量"的影响。研究发现:第一,数字普惠金融对农业绿色全要素生产率具有正向影响,其可以通过提升农业绿色技术进步及农业绿色技术效率来有效提升农业绿色全要素生产率。从数字普惠金融影响农业绿色全要素生产率的效果来看,沿海地区强于内陆地区,中部地区受到的影响最显著,其他地区未出现明显的影响。第二,数字普惠金融对经济增长具有显著的促进作用,且这一积极作用的空间溢出效应显著。也就是说,数字普惠金融的发展不仅带来了本地区经济的增长,还带动了周边地区的经济增长,因此其"增长绩效"显著。第三,数字普惠金融的经济效应因传统金融发展水平以及市场化程度的不同而具有明显的地区异质性,在传统金融覆盖不足或者市场化程度高的地区数字普惠金融能够驱动经济高质量发展。实证研究验证了"数字普惠金融—碳减排—经济高质量发展"这一路径的有效性,即数字普惠金融对经济高质量发展的提升效应可以通过抑制碳排放,尤其是降低社会生产过程中产生的碳排放来实现。因此,数字普惠金融的创新发展因其有效缓解了绿色环保型产业等朝阳产业、中小微企业以及低收入群体的投融资约束而促进了经济社会的创新发展、绿色发展和协调发展,是新时期推动经济高质量发展的重要渠道。

第一节　数字普惠金融与农业绿色全要素生产率

推动农业全要素生产率增长，促进农村经济稳定可持续发展是乡村振兴的重中之重。在当前低碳目标的政策约束下，发展农村经济不仅仅要提升农业全要素生产率，更要注重农业环境的治理以及农业低碳排放。由于农业绿色全要素生产率将农业污染以及农业碳排放等相关非期望产出纳入了衡量范围，因此农业绿色全要素生产率能够更好地体现农村经济的低碳、绿色和可持续发展，是农村经济高质量发展的重要衡量标准。新时期推动农业绿色全要素生产率的增长，应充分发挥数字普惠金融的支撑作用。这是因为：数字普惠金融在推行绿色金融发展理念、提升农村绿色金融发展效率、降低农村金融服务获得门槛、扩展金融边界以及推动农村产业结构优化升级等方面具有明显的优势，同时数字普惠金融能够为农业规模化、现代化和绿色化经营提供有利的资金保障，能够精准定位经营主体对农业绿色化发展的特殊需求，最终实现农业的可持续发展和高质量发展。

已有文献较少就数字普惠金融对农业绿色全要素生产率的影响展开研究，仅有的文献主要包括：徐明伟等（2018）提出数字普惠金融以其自身优势带动绿色经济发展；蒋长流和江成涛（2020）指出数字普惠金融能够通过技术效应遏制环境污染，赋予经济高质量发展的绿色引领力；张翱祥和邓荣荣（2022）通过空间杜宾模型进行研究，发现农业绿色全要素生产率增长存在区域一致性，数字普惠金融通过提升技术效率和促进技术进步正向影响农业绿色全要素生产率。因此，较少文献对数字普惠金融影响农业绿色全要素生产率的数量关系展开了实证研究，这为本节的研究提供了深化空间。

（一）农业绿色全要素生产率的测算

1. 理论基础及模型选择

本节采用数据包络分析法（DEA）对农业绿色全要素生产率进行测算。在进行效率评价时，已有研究往往采用角度、径向的 DEA 模型（郭军华，2010），该模型一方面需要考虑模型的投入与产出，另一方面需要投入或产出比例按同方向变动，而现实的生产场景往往无法满足这样的要求。为了扩大 DEA 模型的运用范围，同时更加贴合现实的生产经营状况，许多文献提出了 SBM 标准效率模型，该模型满足 DEA 模型的非角度、非径向特征，有效扩大了测算适用范围（Tone，2001；钱争鸣，2013；田伟，2014）。但是，SBM 标准效率模型只能对同一个时期内存在的两个以上的有效单元进行测算，却无法直接得到排序后的测算结果。基于此，学者们进一步提出了 SBM 超效率模型，这一模型有效弥补了 SBM 标准效率模型无法对测算结果排序的问题，但却没有考虑现实生产经营活动中存在着期望产出量与非期望产出量的情况。基于此，本节在借鉴李谷成（2014）测算方法的基础上选择了非径向、非期望的 DEA – Malmquist 指数法来对农业绿色全要素生产率进行测算，该方法不需要考虑投入与产出的同方向变动，且将非期望产出纳入模型内部更符合现实生产的情况。本节选取的 GML 指数表示农业绿色全要素生产率，农业绿色全要素生产率（GML）又可以分解为农业绿色技术进步（GTC）和农业绿色技术效率（GEC）两部分，且 GML、GEC 和 GTC 的取值均大于 0。当期 GML > 1 时，说明期望产出增加、非期望产出减少，农业绿色全要素生产率高于上期水平；反之，则说明农业绿色全要素生产率降低。当各个值均大于 1 时，表示农业绿色全要素生产率提高、绿色技术效率改进和发生绿色技术进步；反之，则表示农业绿色全要素生产率有所降低、绿色技术效率恶化和发生了绿色技术退步。

2. 农业绿色全要素生产率测算

本节选取全国除港澳台、西藏地区以外的 30 个省的 2010 年为基期的数据进行测算，其中投入指标之一劳动力以国内第一产业人数作为替代（王留鑫等，2019）、耕种面积即农业播种面积（李谷成 2008）、化肥投入量即农用化肥施用量（纪成君等，2020）、机械化水平采用农用机械总动力表示（王留鑫等，2019）、农药投入即农药使用量（纪成君等，2020）、农膜覆盖面积即塑料薄膜使用量（李欠男等，2019）、灌溉面积采用统计年鉴内有效灌溉面积表示（高杨，2018），非期望产出指标为化肥、农药、农膜、柴油和灌溉的农业生产碳排放总和以及土壤、牲畜、稻田等的农业碳排放量（李波等，2011），而期望产出指标为基于 2010 年的农业总产值也即农林牧渔总产值（杜江，2014）。考虑到农业种植将吸收一部分碳排放，因此测算的数据纳入了碳吸收指标。数据均来自各年的《中国统计年鉴》和《中国农村统计年鉴》。

3. 各省农业绿色全要素生产率平均指数对比

为更清晰地描绘各个地区农业绿色全要素生产率、农业绿色技术进步及农业绿色技术效率间的差异及变动情况，本节将 2011～2018 年 30 个省份相关数据的平均值绘制成图 6 – 1 所示的横向比较图。结果显示：农业绿色全要素生产率在大多数省份之间并不存在明显的差距，取值大多分布在1左右，但个别省份的离差值则较为明显。其中，贵州省农业绿色全要素生产率的平均值为1.137，是所有省份中的最大值；而内蒙古的农业绿色全要素生产率则最小，其均值仅为0.954；新疆地区的农业绿色全要素生产率同样较小，仅有0.978。尽管这三个地区均位于我国西部地区，但地区之间却存在着明显的差异。其中，贵州近年来加速发展新兴产业，地区内采用规模化经营方式，在传统人工农业生产的基础上投入了大量机械设备，较少的劳动力创造了更多的农业产出，有效提升了生产效率，促进了农业产业的创新发展。而内蒙古和新疆地区则拥有广袤的土地，畜牧业发达，但畜牧业投资周期长、短时间无法获得回报，同时地区基础设施建设周期长、耗资巨大，因此缺乏经济发展所必需的硬件设施，不利于地区农业产业从高消耗、低效率向低消耗、高效率的绿色农业产业的转化，因此农业绿色全要素生产率也相对较低。

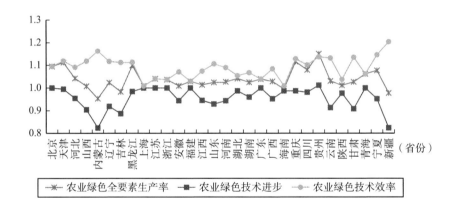

图6-1　各地区农业绿色全要素生产率平均指数对比图

农业绿色技术进步基本与农业绿色全要素生产率保持同方向变动，各个省份2011~2018年农业绿色技术进步的平均值大多分布在0.95左右，说明农业绿色技术进步存在放缓现象。从指标上来看，农业绿色全要素生产率可以分解为农业绿色技术进步与农业绿色技术效率两部分，因此可以认为各省农业绿色全要素生产率的提升主要依靠推动农业绿色技术效率提升实现。各省的农业绿色技术效率基本上都位于其他两条线的上方，说明各地区多年来都在致力于提升技术效率，不断将现有资源投向高效率生产部门，推动农业产业部门向集约化、规模化、高效化、低碳化和绿色化方向转变，从而不断推进农业绿色全要素生产率的提升。

4. 农业绿色全要素生产率均值指数变动情况

图 6-2 所示的农业绿色全要素生产率指数的动态变化图显示：农业绿色技术效率及农业绿色全要素生产率在 2011 年的差距较小，此后两者均得到了明显提升，且农业绿色技术效率提升的幅度明显高于农业绿色全要素生产率提升的幅度。而农业绿色技术进步在近几年间却存在着明显下滑的现象，其原因可能在于在推动农业绿色技术进步发展的过程中，由于新设备需要一定的建设周期，同时新工艺和新技术需要经过生产检验以印证是否适合当前产业的发展，因此技术进步存在着一定的时滞，表现为在本阶段内农业技术进步存在恶化的现象。图 6-2 显示在 2011 ~ 2013 年，农业绿色技术进步存在明显的下滑，而在 2013 ~ 2014 年则短暂回升，2014 ~ 2017 年再次回落，此后则呈现出了上升趋势。因此，在农业产业不断调整更新的影响下，农业绿色技术进步必将产生波动，从而呈现出跳跃式增长的特征。

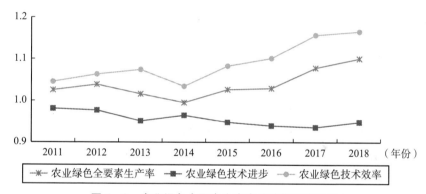

图 6-2　农业绿色全要素生产率均值指数变动图

从农业绿色全要素生产率与农业绿色技术效率之间的关系来看，两者呈现出了同方向变动的特征。其中，农业绿色技术效率在 2011 ~ 2013 年和 2013 ~ 2014 年分别经历了明显的上升和下降现象；与此相似，农业绿色全要素生产率在 2011 ~ 2012 年亦呈现出了上升的现象，而在 2012 ~ 2014 年则呈现出了明显的下降特征。之所以出现下降的现象，主要是因为农业绿色全要素生产率受农业绿色技术进步与农业绿色技术效率的共同影响，而在 2013 年农业绿色技术进步出现了明显的放缓，这将抑制农业绿色全要素生产率的上升。在 2014 年，农业绿色全要素生产率下降到了近几年的最低点，虽然农业绿色技术进步有了略微的回落，但农业绿色技术效率出现了显著下降。从 2014 年起，农业绿色全要素生产率与农业绿色技术保持着同步变动的趋势，尽管农业绿色技术进步出现了下滑，但由于农业绿色技术效率的显著增长，农业绿色全要素生产率也出现了明显的增长态势。

（二）变量设置与典型事实

1. 变量与数据

本节采用 2011 ~ 2018 年全国除港澳台、西藏地区以外的 30 个省份的省级面板数据进行实证研究。其中被解释变量为农业绿色全要素生产率及其分解变量农业绿色技术进步和农业绿色技术效率，解释变量为数字普惠金融指数及其分维度测算下的覆盖广度及使用深度，此外本节还选取了产业结构合理化水平、政府政策、基础设施建设、对外开放程度和农村人力资本作为控制变量。

在变量的测算中：首先，农业绿色全要素生产率基于已有文献的测算方法及效果采用了 DEA – Malmquist 指数法进行测算。其次，数字普惠金融选取北京大学数字金融研究中心课题组和蚂蚁金服共同编写的数字普惠金融指数作为衡量指标，该指数分为覆盖广度及使用深度两个分维指数。最后，在控制变量中，产业结构合理化水平使用泰戈尔指数进行衡量（干春晖，2011），选取三次产业产值、就业人数及总产值、总就业人数计算而得；政府政策采用政府财政农林水支出与地方政府一般公共预算支出的比值作为衡量指标；基础设施建设采用铁路里程数与行政土地面积的比值来代替；对外开放程度采用外商直接投资额与本国国内生产总值的比值进行替换；农村人力资本采用农村平均受教育年限作为衡量标准。

由于部分数据的数值存在偏小或偏大的极端现象，因此在数据描述及实证分析前对数据进行了无量纲化处理。其中，数字普惠金融、覆盖广度和使用深度的数值偏大，为了保持数据的协调性，将数字普惠金融相关数据统一除以 10 进行无量纲化处理；农业绿色全要素生产率、农业绿色技术进步和农业绿色技术效率的数据值偏小，为了保持与其他数据的平衡，则统一乘以 10 进行无量纲化处理。与此相似，数值偏小的产业结构合理化水平、基础设施建设水平、对外开放程度以及政府政策相关数据则扩大了 100 倍，处理后的变量统计性描述结果见表 6 – 1。

表 6 – 1 变量统计性描述

变量	平均值	标准差	最小值	最大值
农业绿色全要素生产率	10.39	0.950	6.643	14.14
农业绿色技术进步	9.557	0.739	6.036	12.12

变量	平均值	标准差	最小值	最大值
农业绿色技术效率	10.91	1.008	6.643	15.38
数字普惠金融	18.82	8.498	1.833	37.77
覆盖广度	16.79	8.272	0.196	35.39
使用深度	18.35	8.488	0.676	40.04
产业结构	22.19	14.530	1.764	77.73
政府政策	11.34	3.077	4.110	18.97
基建水平	4.245	4.753	0.340	27.27
对外开放	2.03	1.561	0.0103	7.959
人力资本	7.721	0.588	5.848	9.660

由表6-1可知数字普惠金融及其覆盖广度和使用深度的标准差均高于8,表明数字普惠金融及其不同维度之间存在着较大的差异。而农业绿色全要素生产率及其分解变量农业绿色技术进步及农业绿色技术效率因其自身测算的特殊性而具有较小的标准差,说明数值差异较小。控制变量产业结构的最大值为77.73,最小值为1.764,标准差达到14.530,说明我国产业结构之间存在较大的差异,而政府政策即农林水支出占一般公共预算支出的比重标准差为3.077,说明我国2011~2018年间各地区之间的变化差异不大,政府对各个地区的财政投入力度大致相同。政府基建水平的最大值为27.27,最小值为0.34,标准差为4.753,说明我国基建水平存在差异,主要原因在于基础设施建设采用了铁路里程数与行政土地面积的比值来代替。对外开放程度的最大值为7.959,最小值为0.0103,尽管两端存在较大的差距,但标准差仅有1.561,说明对外开放水平总体而言差异不大,各地区之间对外开放水平分布较均衡。人力资本的替代变量农村平均受教育年限的平均值为7.721,标准差仅有0.588,说明各个地区农村居民的受教育水平基本没有太大差异。

2. 典型事实

由图6-3可知,农业绿色全要素生产率指数整体分布较为集中,主要分布在数值10两侧;数字普惠金融的分布也相对较为密集,但分布范围广泛,主要原因在于中国各省份之间的数字普惠金融存在较大的差距。不仅如此,从省份均值来看,数字普惠金融在2011~2018年实现了9倍增长。农业绿色全要素生产率虽然没有呈现出迅猛的倍数增长关系,但由于其同样在不断增长，因此与数字普惠金融之间呈现出了同向关系，即随着数字普惠金融的增长，农业绿色全要素生产率呈现出上升的态势，这与预期相符。

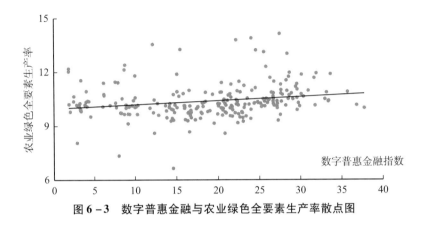

图 6-3 数字普惠金融与农业绿色全要素生产率散点图

（三）实证检验及结果分析

1. 模型选择

豪斯曼检验结果为 11.24，因此本节构建个体固定效应模型实证检验数字普惠金融对农业绿色全要素生产率的影响，个体固定效应模型如下：

$$CML_{it} = \beta_0 + \beta_1 \ln x_{it} + \beta_2 Control_{it} + ui + \varepsilon_{it}$$

其中 i 表示省份，t 表示年份，CML_{it} 表示 i 省份在 t 年度的农业绿色全要素生产率，ui 表示不可观测的个体效应，ε_{it} 为随机扰动项目与解释变量不相关。

2. 实证检验

（1）多重共线性

为保证模型的精确性以及探索各个变量之间是否存在线性关系，应在进行检验之前先进行多重共线性检验。表 6-2 检验结果显示：变量的 VIF 均小于 5，说明核心解释变量与控制变量之间不存在多重共线性，每个变量进入模型均能很好地解释模型，因此可以引入模型进行后续的实证分析。

表 6-2　　　　　　　变量方差膨胀因子

变量	VIF	1/VIF
产业结构	2.11	0.474174
对外开放	1.93	0.518705

变量	VIF	1/VIF
政府政策	1.75	0.572917
人力资源	1.47	0.678941
数字普惠金融	1.31	0.760648
基建水平	1.04	0.961461

（2）回归结果分析

①数字普惠金融对农业绿色全要素生产率的影响。采用三种模型分别对数字普惠金融对农业绿色全要素生产率的影响进行基准回归后，得到如表6-3所示的检验结果。在不添加控制变量的情况下，固定效应模型及随机效应模型的结果在1%显著性水平下优于混合模型的结果，数字普惠金融每增加1个单位，农业绿色全要素生产率提升0.023个单位。而在加入控制变量后，数字普惠金融对农业绿色全要素生产率的影响则得到了明显的提升。在混合效应模型下，数字普惠金融对农业绿色全要素生产率的影响由每增加1个单位提升0.022个单位上升到了0.027个单位；在随机效应模型下，从每增加1个单位提升0.023个单位上升到了0.027个单位；在固定效应模型下，数字普惠金融对农业绿色全要素生产率的影响在5%的显著性水平下显著，数字普惠金融每提升1单位，农业绿色全要素生产率提升0.026个单位，且加入控制变量后尽管显著性水平降低但整体效果增强，仍然符合研究预期。

表6-3　数字普惠金融对农业绿色全要素生产率的影响：基准回归

变量	混合模型		随机效应模型		固定效应模型	
	(1)	(2)	(1)	(2)	(1)	(2)
数字普惠金融	0.022 *** (3.12)	0.027 *** (3.29)	0.023 *** (3.14)	0.027 *** (3.72)	0.023 *** (3.21)	0.026 ** (2.48)
个体固定效应	否	否	是	是	是	是
控制变量	否	是	否	是	否	是
R^2	0.0351	0.0389			0.0453	0.0814
F 值	9.706	2.611			10.31	3.151

注：** 和 *** 分别表示在5%和1%水平下通过显著性检验。

②数字普惠金融不同维度对农业绿色全要素生产率的影响。数字普惠金融不同维度即覆盖广度及使用深度对农业绿色全要素生产率的影响如表6-4所示：数字普惠金融覆盖广度对农业绿色全要素生产率的影响具有减弱效果，而数字普惠金融使用深度则对农业绿色全要素生产率具有明显的提升效果。覆盖广度在没有加入控制变量前对农业绿色全要素生产率的影响表现为覆盖广度每增加1单位，农业绿色全要素生产率降低0.017个单位；加入控制变量后，减弱效果降低，每增加1单位覆盖广度，农业绿色全要素生产率降低0.013，这与预期不相符。之所以出现这一结果，极有可能是因为：数字普惠金融覆盖广度在地区之间的差异较小，而农业绿色全要素生产率则存在着明显的地区差异，使得覆盖广度与农业绿色全要素生产率之间无法保持统计上的同向变动，最终表现为覆盖广度给农业绿色全要素生产率带来了减弱作用。

表6-4　　　　数字普惠金融对农业绿色全要素生产率的影响：
区分数字普惠金融维度

变量	(1)	(2)	(1)	(2)
覆盖广度	-0.017 *** (-3.95)	-0.013 ** (-2.63)		
使用深度			0.045 *** (5.83)	0.043 *** (4.26)
控制变量	否	是	否	是
R^2	0.062	0.083	0.169	0.191
F	15.6	4.070	34.01	10.19

注：** 和 *** 分别表示在5%和1%水平下通过显著性检验。

在数字普惠金融使用深度的影响中，在未加入控制变量前，使用深度每增加1个单位，农业绿色全要素生产率增长0.045个单位；而加入变量后，数字普惠金融使用深度每增加1个单位，农业率绿色全要素生产率增长0.043个单位。有别于覆盖广度的跨越式整体增长，使用深度往往具有循序渐进的特征，它离不开国家软、硬件设施的建设。如在硬件设施的作用中，我国传统银行业线下物理网点的建设对数字普惠金融的发展起到了至关重要的影响，线下物理网点的建设加速了数字普惠金融的传播，增强了数字普惠金融使用深度的增长。同时农业绿色全要素生产率也与基础设施建设密不可分，只有基础设施更加完备农业生产才更有可能进行规模化生产，基础设施的进步提升了农业效率，增添了农业整体产值。因此，数字普惠金融使用深度的变化基本与农业绿色全要素生产率同步，数字普惠金融使用深度的不断增长促使了我国农业绿色全要素生产率得到明显的提升。

③数字普惠金融对农业绿色全要素生产率分解量的影响。本节进一步分解农业绿色全要素生产率，通过实证检验数字普惠金融是通过影响农业绿色技术进步这一路径还是农业绿色技术效率这一路径来进一步影响农业绿色全要素生产率。

由表6-5可知，数字普惠金融对农业绿色技术进步及农业绿色技术效率均具有明显的正向影响，且数字普惠金融对农业绿色技术效率的影响效果优于农业绿色技术进步。在未加入控制变量前，数字普惠金融每增加1个单位，农业绿色技术进步增加0.024个单位，农业绿色技术效率增加0.028个单位。从数字普惠金融促进农业绿色技术进步的路径来看，在保持资源不变的基础上，投入既定生产要素能够以更高的技术水平进行生产，因而能够提升农产品产量并增加农业产出；从数字普惠金融促进农业绿色技术效率的路径来看，在技术不变的情况下，通过提升各种要素间的协调性和优化要素间的配置，能够使现有技术水平释放其最大的技术潜能，从而提升要素的利用效率和农产品产量，最终增加农业预期产出。

表6-5　　　　　数字普惠金融对农业绿色全要素生产率的影响：
分解农业绿色全要素生产率

变量	农业绿色技术进步		农业绿色技术效率	
	(1)	(2)	(1)	(2)
数字普惠金融	0.024 *** (3.31)	0.028 ** (2.62)		
数字普惠金融			0.028 *** (3.54)	0.032 *** (3.20)
控制变量	否	是	否	是
R^2	0.051	0.108	0.068	0.122
F	10.96	3.419	12.56	3.470

注：** 和 *** 分别表示在5%和1%水平下通过显著性检验。

在加入控制变量后，数字普惠金融对农业绿色技术进步的影响由最初每增加1个单位提升0.024个单位增长到每增加1个单位提升0.028个单位，控制变量使得模型的解释能力增强，促进了数字普惠金融对农业绿色技术进步的影响。具体而言，产业结构的不断调整、政府对农林水支出比例的进一步提升、农村基础设施建设的不断完善以及对外开放程度的不断扩大、人力资本水平的显著增长都对我国的农业生产产生了不可逆转的正向影响，促进了农业预期产出的增加，减少了非预期产出，进而促进了农业绿色全要素生产率的提升。而在加入控制变量后，数字普惠金融每增加1单位，农业绿色技术效率增长 0.032 个单位。在技术不变的情况下，数字普惠金融依靠自身的便利性推动了农业生产部门之间的协调发展，推进了农业产业由劳动密集型以及资源密集型向资源节约型和环境友好型转变；数字普惠金融更加关注农业产业发展过程中的资源消耗率以及农业产出比率的提升，推动了资本、技术、人才从低效率农业产业部门向高效率部门的流动，从而增加了农业产出，提升了农业绿色技术效率，并最终提升了农业绿色全要素生产率。

④数字普惠金融对东、中、西部地区农业绿色全要素生产率的影响。由上述分析可知，数字普惠金融对农业绿色全要素生产率具有明显的正向影响，数字普惠金融通过提升农业绿色技术效率从而提升农业绿色全要素生产率的效果强于数字普惠金融通过提升农业绿色技术进步来提升农业绿色全要素生产率。同时，数字普惠金融覆盖广度对农业绿色全要素生产率具有减弱作用，而使用深度则具有明显的提升作用，该作用强于数字普惠金融本身对农业绿色全要素生产率的影响。为了进一步探究数字普惠金融对农业绿色全要素生产率的空间影响，本节参照国家统计局最新公布的地区划分标准将文章选取的 30 个省份划分为三个地区分别进行实证检验，检验结果见表 6 – 6。

表 6 – 6　数字普惠金融对农业绿色全要素生产率的影响：区分东、中、西部地区

变量	东部地区	中部地区	西部地区
数字普惠金融	0.021 * (1.72)	0.085 *** (4.78)	0.012 (0.88)
控制变量	是	是	是
R^2	– 0.0115	0.407	0.067
观测值	104	48	88

注：* 和 *** 分别表示在 10% 和 1% 水平下通过显著性检验。

数字普惠金融对我国中部地区的农业绿色全要素生产率具有明显的提升作用，具体表现为数字普惠金融每提升 1 个单位，农业绿色全要素生产率提升 0.085 个单位。不同于占据先天地理优势的东部地区，中部地区数字普惠金融的发展速度并没有像东部地区那样迅速，但中部地区的基础设施及其他相关资源处于全国的中上等水平，其环境状况也优于东部地区，因此能够为数字普惠金融的发展提供有力的支持，而这将进一步提升农业绿色全要素生产率。东部地区的数字普惠金融发展迅速，但由于早期发展的劳动密集型产业带来了资源使用率低和环境破坏严重等问题，因此尽管数字普惠金融促进了农业绿色全要素生产率的提升，但其效果却并没有中部地区显著。西部地区自身并不占据有利资源及地理优势，因此其经济发展低于东部及中部地区，而传统金融行业物理网点的建设也由于其地区内基础设施建设不足而较难建成，这阻碍了数字普惠金融的发展。而数字普惠金融发展缓慢则无法为农业绿色化、现代化和规模化经营提供保障，因此西部地区数字普惠金融对农业绿色全要素生产率的提升并没有显现出明显的效果。

⑤数字普惠金融不同维度对三个地区农业绿色全要素生产率的影响。进一步检验数字普惠金融不同维度即覆盖广度及使用深度对不同地区农业绿色全要素生产率的影响后，检验结果如表 6 - 7 所示。数字普惠金融的覆盖广度及使用深度均对西部地区的农业绿色全要素生产率具有显著影响。其中，覆盖广度对农业绿色全要素生产率具有显著负影响，数字普惠金融的覆盖广度每增加 1 个单位，农业绿色全要素生产率降低 0.03 个单位；数字普惠金融的使用深度则对西部地区农业绿色全要素生产率具有显著的正影响，使用深度每增长 1 单位，农业绿色全要素生产率增加 0.053 个单位。由于西部地区农业技术相对落后，而数字普惠金融的覆盖广度在地区之间的水平差异并不明显，因此覆盖广度并不能明显地给西部地区带来农业绿色全要素生产率的提升。而数字普惠金融的使用深度及农业绿色全要素生产率本就存在地区差异，因此数字普惠金融使用深度的加强可明显提升西部地区的农业绿色全要素生产率。

表 6 - 7　　数字普惠金融不同维度对三个地区农业绿色全要素生产率的影响

变量	覆盖广度			使用深度		
	东部地区	中部地区	西部地区	东部地区	中部地区	西部地区
数字普惠金融	- 0.006 (- 0.80)	- 0.004 (- 0.32)	- 0.030 ** (- 2.77)	0.030 *** (2.82)	0.094 *** (5.73)	0.053 ** (2.86)

变量	覆盖广度			使用深度		
	东部地区	中部地区	西部地区	东部地区	中部地区	西部地区
控制变量	是	是	是	是	是	是
R^2	0.0526	0.289	0.117	0.183	0.686	0.108
观测值	80	48	88	80	48	88

注：** 和 *** 分别表示在5%和1%水平下通过显著性检验。

数字普惠金融使用深度对中部地区农业绿色全要素生产率的影响在三个地区里最为显著，使用深度每增加1个单位，农业绿色全要素生产率增加0.094个单位，而覆盖广度则并未对中部地区产生较为显著的影响，这与上文数字普惠金融对不同地区农业绿色全要素生产率的影响结果是一致的，因此可以断定数字普惠金融主要依靠使用深度这一维度来影响农业绿色全要素生产率。在东部地区的样本检验中，数字普惠金融的覆盖广度未对其产生显著的影响，而使用深度则对东部地区具有显著促进作用，使用深度每增长1个单位，农业绿色全要素生产率增长0.030个单位。总体而言，由于东部地区的农业规模化、现代化和绿色化生产水平始终处于前列，数字普惠金融的发展水平及其覆盖广度、使用深度也处于较高水平，且其他能够影响农业发展的因素如人力资本、产业结构、政府政策、基建水平和对外开放程度等也均处于相对较高的位置，因此使用深度同各个因素的共同协作能够更好地推动本地区农业绿色全要素生产率的提升。

⑥数字普惠金融对不同地区农业绿色全要素生产率分解量的影响。为了进一步探究地区间的差异，本节将农业绿色全要素生产率分解为农业绿色技术进步和农业绿色技术效率两个维度，分别探究数字普惠金融对不同地区农业绿色技术进步及农业绿色技术效率的影响，实证结果见表6-8。

表6-8　数字普惠金融对三个地区农业绿色全要素生产率分解量的影响

变量	农业绿色技术进步			农业绿色技术效率		
	东部地区	中部地区	西部地区	东部地区	中部地区	西部地区
数字普惠金融	0.026 * (1.84)	0.092 *** (4.29)	0.011 (0.83)	0.018 (1.46)	0.055 *** (4.93)	0.028 (1.50)
控制变量	是	是	是	是	是	是

变量	农业绿色技术进步			农业绿色技术效率		
	东部地区	中部地区	西部地区	东部地区	中部地区	西部地区
R^2	0.0184	0.430	0.117	0.0372	0.351	0.108
观测值	104	48	88	104	48	88

注：* 和 *** 分别表示在 10% 和 1% 水平下通过显著性检验。

由检验结果可知：首先，数字普惠金融对中部地区农业绿色技术进步及农业绿色技术效率均具有显著正影响，这与上文所得的检验结果相一致，而数字普惠金融对农业绿色技术进步的影响明显高于农业绿色技术效率，因此可以断定中部地区数字普惠金融主要通过提升农业绿色技术进步来提升本地区农业绿色全要素生产率。具体表现为数字普惠金融每增长 1 个单位，中部地区农业绿色技术进步增长 0.092 个单位，而农业绿色技术效率增长 0.055 个单位。其次，西部地区数字普惠金融对其农业绿色技术进步及农业绿色技术效率并没有产生明显的影响。从功能上来看，数字普惠金融能够为农业生产提供资金支持和技术指导，能够促进农业产业改进生产规模及生产绿色化技术提升，但由于西部地区数字普惠金融发展缓慢，因此其对农业绿色技术进步及农业绿色技术效率的提升作用并不显著，即数字普惠金融并没有促进农业绿色技术进步及农业绿色技术效率增长，也并没有对西部地区农业绿色全要素生产率产生明显的正向或负向影响。最后，东部地区数字普惠金融对农业技术进步具有显著影响，东部地区不论是人力资本还是政府的财政支持政策以及数字普惠金融发展力度均处于我国前列，相比其他地区，更具备先天优势，因此能够更好地提升地区农业技术进步。

⑦数字普惠金融不同维度对沿海、内陆地区农业绿色全要素生产率的影响。我国不同地区间对外开放程度存在明显的差异，根据开放程度的不同，本节根据国家区域划分将文章选取的 30 个省份划分为沿海及内陆两个地区，并分别从数字普惠金融及其覆盖广度和使用深度去探究数字普惠金融对不同地区农业绿色全要素生产率的影响以更加深入地探究数字普惠金融的地区异质性特征。

表 6-9 实证结果发现：不论是沿海地区还是内陆地区，数字普惠金融均对农业绿色全要素生产率具有显著的正向影响，对于沿海地区的影响明显高于内陆地区，主要表现为数字普惠金融每增长 1 个单位，沿海地区农业绿色全要素生产率增长 0.034 个单位，而内陆地区农业绿色全要素生

产率增长 0.029 个单位。沿海地区经济发展水平高，对外开放水平始终处于我国前列，所处位置具备资源集聚功能，这些优势助推了数字普惠金融的发展，而数字普惠金融又为农民生产经营提供了资金保障。不仅如此，数字普惠金融为农业产业部门提供了必要的资金及技术支持，鼓励农业产业升级更新，促使农业产业整体向规模化、现代化、低碳化及绿色化转变，同时鼓励发展新兴绿色农业企业，缓解新兴企业贷款压力，削弱农业产业在获得金融服务时承担的资金风险，鼓励更多企业发展生产从而不断改变农村地区常见的小产业经营状况，进一步促进农业绿色全要素生产率的提升。

表6-9　数字普惠金融不同维度对沿海、内陆地区农业绿色全要素生产率的影响

变量	沿海地区			内陆地区		
	数字普惠金融	覆盖广度	使用深度	数字普惠金融	覆盖广度	使用深度
农业绿色全要素生产率	0.034 * (1.88)	-0.005 (-1.01)	0.023 *** (3.14)	0.029 * (2.06)	-0.019 ** (-2.69)	0.055 *** (4.08)
控制变量	是	是	是	是	否	是
R^2	0.247	0.108	0.360	0.079	0.096	0.167
F 值	59.9	2.06	17.66	3.404	4.376	5.924
观测值	72	72	72	168	168	168

注：*、** 和 *** 分别表示在10%、5%和1%水平下通过显著性检验。

相较于数字普惠金融对农业绿色全要素生产率的影响，数字普惠金融使用深度对沿海及内陆地区农业绿色全要素生产率的影响具有更明显的显著性。在 0.01 的显著性水平下，数字普惠金融每增长 1 个单位，沿海地区农业绿色全要素生产率增长 0.023 个单位，内陆地区具有更显著的变化，其农业绿色全要素生产率增长 0.055 个单位，说明使用深度对内陆地区的农业绿色全要素生产率具有更显著的影响。内陆地区由于地域广泛且地势平坦，更易发展规模化农业生产，因此数字普惠金融的增长为农业发展提供了强大的支撑，内陆地区借助数字普惠金融开展更深入的农业生产，改进农业生产技术，合理配置生产资源，提升农业生产的规模化及持续性，提升农业绿色全要素生产率。

数字普惠金融覆盖广度对内陆地区具有显著的负效应，表现为数字普

惠金融覆盖广度每增加 1 个单位，农业绿色全要素生产率降低 0.019 个单位。在国家不断推进农业现代化建设以及乡村振兴战略的背景下，内陆地区的农业发展迅速，农业绿色全要素生产率得到了有效提升，但数字普惠金融的覆盖广度并没有发生太大变化，因此其对于农业绿色全要素生产率极有可能存在无影响。

⑧数字普惠金融对沿海、内陆地区农业绿色全要素生产率分解量的影响。沿海及内陆地区受到数字普惠金融及其不同维度覆盖广度、使用深度的影响，具有明显的地区异质性，同时不同维度对同一区域农业绿色全要素生产率的影响效果各不相同。为了进一步探究不同地区数字普惠金融是通过何种途径来影响农业绿色全要素生产率，本节进一步分解农业绿色全要素生产率，结果见表 6-10。

表 6-10　数字普惠金融对沿海、内陆地区农业绿色全要素生产率分解量的影响

变量	农业绿色技术进步		农业绿色技术效率	
	沿海地区	内陆地区	沿海地区	内陆地区
数字普惠金融	0.037 * (2.00)	0.033 ** (2.21)	0.031 (1.66)	0.040 *** (3.04)
控制变量	是	是	是	是
R^2	0.247	0.084	0.247	0.103
观测值	72	168	72	168

注：*、** 和 *** 分别表示在 10%、5% 和 1% 水平下通过显著性检验。

数字普惠金融对沿海及内陆地区的农业绿色技术进步均具有明显的正向影响，其中对沿海地区的影响略微高于内陆地区，具体表现为数字普惠金融每增长 1 个单位，沿海地区农业绿色技术进步增长 0.037 个单位，而内陆地区增长 0.033 个单位。在农业生产投入不变的情况下，沿海及内陆地区不断更新生产技术，改进生产工艺，同时在数字普惠金融的支持下更换老旧设备，更新产业结构，促使地区农业绿色技术进步，从而提升农业产量，最终促进农业绿色全要素生产率的提升。

表 6-10 的检验结果显示：数字普惠金融对内陆地区具有明显的促进效果，数字普惠金融每增长 1 个单位，农业绿色技术效率增长 0.04 个单位。数字普惠金融为农业生产提供资金支持，促进农业产业升级，同时不断推动资源向更加高效的部门流动，提升农业绿色技术效率，推动农业产

业高效生产，从而使得农业绿色全要素生产率显著提升。对于沿海地区，数字普惠金融并未对农业绿色技术效率产生明显影响。沿海地区的农业发展相较于水产渔业相对落后，同时由于沿海地区发展重心是渔业及对外贸易，农业相较于内陆而言占地区经济总量的比重较小，因此即使沿海地区的数字普惠金融得到了迅速发展，但却没有有效地作用在农业绿色技术效率的提升上，其影响效果不显著。

基于上述研究发现：第一，数字普惠金融及其覆盖广度、使用深度对农业绿色全要素生产率具有显著影响。具体来说，数字普惠金融使用深度及数字普惠金融本身对农业绿色全要素生产率有正向影响且使用深度的影响程度高于数字普惠金融本身，而覆盖广度对农业绿色全要素生产率具有显著负影响。

第二，数字普惠金融通过提升农业绿色技术进步，增强农业绿色技术效率来提升地区农业绿色全要素生产率。但数字普惠金融对于农业绿色技术效率的影响程度要高于对农业绿色技术进步的影响，因此可以说，数字普惠金融主要依靠提升农业绿色技术效率来达到促进农业绿色全要素生产率提升的效果。

第三，数字普惠金融及其覆盖广度、使用深度对于农业绿色全要素生产率的影响具有明显的地区异质性特征。其中，中部地区具有明显的正向影响，而东部、西部及东北地区则不具有明显的效果，沿海地区数字普惠金融对农业绿色全要素生产率的正向影响明显高于内陆地区。就覆盖广度而言，西部地区及内陆地区均具有明显的负向影响，其余地区均未表现出显著的影响；就使用深度而言，中部及西部地区数字普惠金融对农业绿色全要素均有显著的提升效果，而对于东部及东北地区则不具备显著效果。同时按照对外开放程度的不同将区域分为沿海及内陆地区，使用深度均对农业绿色全要素生产产生了明显的激励效果。

第四，数字普惠金融对农业绿色技术进步及农业绿色技术效率具有明显的空间差异。中部地区数字普惠金融对农业绿色技术进步及农业绿色技术效率均具有显著提升的效果，其中对农业绿色技术进步的效果要明显高于农业绿色技术效率，同时高于中部地区数字普惠金融对农业绿色全要素生产率的影响，其他地区数字普惠金融并没有产生显著的影响。数字普惠金融对内陆地区农业绿色技术进步及农业绿色技术效率均有显著正向影响，同时对农业绿色技术效率的影响明显高于对农业绿色技术进步的影响；数字普惠金融对沿海地区农业绿色技术进步具有正向促进作用，而对农业绿色技术效率并没有影响，因此沿海地区农业绿色全要素生产率的提升主要依靠数字普惠金融促进农业绿色技术进步产生影响。

上述结论的启示在于：第一，应为农村地区营造良好的金融环境，加速数字普惠金融的发展。推动乡村地区经济建设必须依靠强有力的基础设施建设，完善的基础设施为传统金融物理网点建设提供强有力的支撑，同时在物理网点的基础上，大力建设网络基础设施，为乡村地区提供更加良好的金融发展环境，使得数字普惠金融更好地依托农村地区数据网发挥其覆盖广、成本低、建设周期短、回报快的优势，从而推动农村地区经济进一步发展，促进农业绿色全要素生产率的提升。第二，扩大数字普惠金融覆盖广度，增强使用深度。应开展数字普惠金融宣传教育工作，不断推进数字普惠金融与传统金融服务相结合，借助传统金融服务物理网点，创新数字普惠金融开发绿色助农项目，大力开发数字普惠金融绿色助农产品，增强农户及农村绿色企业对于数字普惠金融的可获得性。同时利用网络信息平台，描绘用户画像，准确获取农户需求，减少由于信息不对称导致的资源浪费，使得更多资源更有效地流向有需求的群体，从而扩大数字普惠金融的覆盖广度，增强使用深度，促进农村地区绿色农业的高质量发展。第三，合理配置金融资源，提升农业绿色技术进步及农业绿色技术效率。各个地区之间由于地理位置及经济发展水平存在的先天差异，金融资源配置也存在明显的差异。应合理配置资源，提升资源的整体使用效率，使金融资源不断向高效率农业部门转化，并推动原有的低效率、高消耗、高污染农业产业优化产业结构，加速发展低碳化、绿色化产业生产，从而提升地区农业绿色技术进步及农业绿色技术效率。尤其是西部及东北地区，土地资源广泛，应合理利用金融资源，引导金融资源更高效地运用，推动地区经济水平提升，改善技术退步及技术效率低等问题。

第二节　数字普惠金融的"增长绩效"

普惠金融依靠其自身的普惠性，能够提升金融服务的可获得性和消除金融排斥，从而提高了各类群体的获贷率，拓宽了金融服务的边界以及降低了产业信贷约束。而依托于互联网、大数据、云计算等技术的数字普惠金融则进一步缓解了信息传递过程中的不对称问题，能够在优化资源配置的基础上，提升自身的风控能力，使个体在获得金融服务时承担更小的金融风险，从而使得更多群体能够享受到便捷、高效、可持续的金融服务，能够增加群体收入和缩小贫富差距，为经济增长提供持续而稳定的动力。

（一）数字普惠金融促进经济增长的机理

对于数字普惠金融与经济增长之间关系的相关研究，已有文献主要从实证层面做了大量的分析（詹韵秋，2018；唐宇等，2020；褚翠翠等，2021；杨刚，2022；汪雯羽等，2022）。如詹韵秋（2018）实证研究发现数字普惠金融抑制了经济增长的数量，但却提升了经济增长的质量。具体而言，数字普惠金融与经济增长数量之间存在着"U"形曲线关系，且数量效应处于抑制区间；与经济增长质量之间则呈现出倒"U"形关系，且质量效应处于上升区间。与此不同的是，方先明等（2022）则发现数字普惠金融通过促进居民消费提升了经济增长，但金融服务可得性在数字普惠金融提升经济增长的过程中起着负向调节作用。客观而言，相关文献为本节的深化研究提供了广阔的研究视野，具有重要的借鉴价值。但与这些文献不同的是，本节拟在揭示数字普惠金融影响经济增长的传导机制的基础上，进一步就"增长绩效"展开实证研究。

1. 降低进入门槛

数字普惠金融以乡村居民及小微企业等特殊群体为主要服务对象，能够在提升这些群体资金可得性的同时有效降低其金融服务的获得成本，提升服务效率。同时作为一项国家政策，数字普惠金融降低了资金风险，从而拓宽了金融扶贫的精度和广度，减缓了发展过程中存在的金融排斥问题，即通过降低融资约束而扩大了信贷的可得性，因而能够为各类特殊群体提供平等的金融服务，从而激活了各类群体的经济活跃度。不仅如此，数字普惠金融借助数字技术，能够在传统金融服务的基础上扩大服务范围，通过延伸金融服务的物理边界使得各类群体足不出户便可享受到众多个性化的金融服务。同时，数字普惠金融通过开通金融服务绿色通道，能够满足老年群体获得金融服务的需求。因此，数字普惠金融所提供的简单而便捷的操作增强了金融服务的可触达性，能够吸引更多人群参与到金融活动中，使其在获取平等金融服务的过程中共享经济发展的成果，进而在增强地区经济活跃度的同时带来经济的快速增长。

2. 缓解金融排斥

数字普惠金融借助互联网优势所构建的网络信息平台，能够促进供给与需求的有效匹配，缓解传统金融中由信息获取不充分所导致的资源供给无效、资源供给不足或资源供给浪费等问题，因而能够提升金融资源的使用效率，并使金融发展水平显著提升。而金融资源的有效利用则加快了产业的现代化、规模化和优质化进程，从而为产业的可持续发展提供了长久支持和有力保障。更进一步地，产业发展则促使国家整体经济实现跨越式增长，居民生活水平和消费水平得以有效提升，而这将反过来进一步拉动国民经济的增长，因此这一良性循环将不断推动社会经济的高速和高质增长。此外，数字普惠金融还以其普惠性优势而为农村弱势群体提供了必要的资金保障，能够在助力乡村产业振兴和缩小城乡差距的过程中进一步推动国民经济的快速增长。

3. 提供绿色保障

数字普惠金融从机会平等及商业经济可持续性角度出发，致力于为国内特殊群体提供个性化金融服务，而这将为产业发展带来新的机遇。首先，数字普惠金融能够促进产业转型、优化产业结构，能够通过第一、第三产业的有机结合激活第三产业发展，从而为第三产业发展提供内生动力，并最终实现产业发展的"自我内循环"。其次，数字普惠金融通过平衡资源配置结构保障了资源获取的公平性，这为高新技术产业及低碳环保产业的发展带来了机遇。数字普惠金融有倾向性地将金融资源更多投入生物智能、资源节约、环境友好等新兴产业，提升了资源使用的效率并改善了资源使用的方向，同时淘汰了高成本、高消耗、低效率、低回报的传统产业，加速了低成本、低消耗、高效率、高回报的新型绿色产业的培育和壮大，终将为整个社会带来更加健康、更加环保和更加绿色的经济效益。

（二）变量设置与典型事实

本节参照干春晖等（2011）和杨俊等（2008）衡量经济增长的指标，以人均 GDP 作为被解释变量。核心解释变量为数字普惠金融，包括数字普惠金融覆盖广度、使用深度以及数字化程度三个维度。除此之外，本节还设置了影响经济增长的其他变量作为控制变量，包括科技创新、劳动要素、市场开放程度、城镇化水平和资本要素。其中，科技创新变量参照崔丹等（2021）的测算方法，采用熵值法测算出科技创新指数作为衡量科技创新的替代量；劳动要素以当年年末全社会总就业人数作为替代指标；市场开放程度以进出口总额同 GDP 的比值作为衡量市场开放程度的指标；城镇化水平以城镇人口占总人口的比重作为城镇化水平的衡量指标；资本要素则采用平均年限折旧法计算出全社会固定资本形成总额作为替代指标。如上所有数据均来自 2011～2022 年的《中国统计年鉴》。

为使统计数据及其检验结果更易比较，本节对被解释变量进行对数化处理，同时由于全社会总就业人数及全社会固定资本值的数据较大，本节亦对其采取了对数处理。其余变量则以原始数据直接进入回归模型进行检验。全部指标的统计性描述结果如表 6-11 所示：首先，被解释变量经济增长的对数值均值为 10.8406，最小值和最大值分别为 9.7058 和 12.0130，表明各省的差异不是很大。不过，由于这些数据是人均 GDP 的对数值，较大程度上抹平了原始数据之间的数值差异，因此并不能说明人均 GDP 在各省之间的差异较小，或者说我国各地区之间的发展差距较小并不能因此而体现。其次，主要解释变量数字普惠金融指数的均值为 217.2461，最小值和最大值则分别为 18.3300 和 431.9276，两者之间存在着较大的差距，表明我国各省之间的数字普惠金融发展存在着两极分化的现象。这一现象亦极为明显地出现在了数字普惠金融各维度的统计特征中。其中，覆盖广度指数的均值为 198.0103，最大值为 397.0019，最小值则只有 1.9600；使用广度指数的均值为 212.0363，最大值达到了 488.6834，最小值则仅为 6.7600；与此类似，数字化程度指数的均值为 290.2379，最大值和最小值则分别为 462.2278 和 7.5800，差距极为明显。

表 6 - 11　　　　　　　　　　　　指标统计性描述

变量	平均值	标准差	最小值	最大值
经济增长	10.8406	0.4361	9.7058	12.0130
数字普惠金融	217.2461	96.9682	18.3300	431.9276
覆盖广度	198.0103	96.3340	1.9600	397.0019
使用深度	212.0363	98.1058	6.7600	488.6834
数字化程度	290.2379	117.6443	7.5800	462.2278
科技创新	0.1596	0.1078	0.0661	0.8390
劳动要素	7.6374	0.7838	5.2130	8.8592
市场开放程度	0.2799	0.5178	0.0001	2.7759
城镇化水平	0.5819	0.1230	0.3496	0.8961
资本要素	9.5328	0.8061	7.2693	10.9895

进一步地对数字普惠金融与经济增长之间的统计关系进行更为直观的动态描述后可以发现：数字普惠金融与经济增长之间呈现出显著的正相关，即随着数字普惠金融的发展，经济增长亦得到了明显的加快。从两者的散点关系图可知，整体数据点相对密集，说明数字普惠金融地区整体水平相对平稳，当数字普惠金融在 100 ~ 300 时，经济增长水平达到 10.5 左右，个别散点分布在 10 以下的水平，还有个别的散点分布在 12 左右的水平，说明各个地区之间的经济发展存在着一定的差异性，见图 6 - 4。同样的数字普惠金融的散点分布于 0 ~ 450 之间，说明各个地区间数字普惠金融的发展

也存在一定的差异。由于我国地域面积广阔，各个地区之间的经济发展水平存在着一定差距，因此对于数字普惠金融发展的支持力度也存在着一定的差异性。从省份均值来看，2011~2020年数字普惠金融实增了9倍，可见数字普惠金融发展迅速，但地区间仍存在着显著的差距。由于各个地区的产业发展战略及方向不一致，因此其对数字普惠金融的发展力度也具有较大的差别，这就使得数字普惠金融对经济增长的促进作用也存在着一定的地区异质性。从图1可以看出发展数字普惠金融可以有效提升经济增长水平，因此国家应加大数字普惠金融支持力度，促进数字普惠金融更深发展。

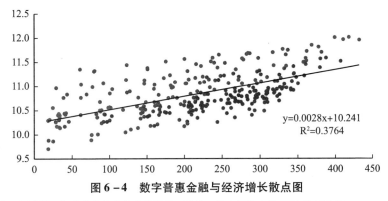

y=0.0028x+10.241
R²=0.3764

图6-4　数字普惠金融与经济增长散点图

注：图中横坐标为数字普惠金融指数的对数值，纵坐标为人均GDP的对数值。

（三）实证检验及结果分析

为了探究各变量之间是否存在着显著的相关性，本节拟构建以经济增长为被解释变量，以数字普惠金融及其各维度为主要解释变量，以劳动要素、资本要素、科技创新、城镇化水平和市场开放度为控制变量的面板数据模型。在进行检验之前，应对各变量进行多重共线性检验，由此得到如表6-12所示的方差膨胀因子结果。变量之间的方差膨胀因子最大为6.41，最小为1.68，均小于10，说明核心解释变量与控制变量之间不存在多重共线性，各个变量之间相互独立，不会互相影响，因此每个变量都可以进入模型，并能够增强模型的整体解释能力。

表6-12　　　　　　　　　　　主要指标方差膨胀因子

变量	VIF	1/VIF
资本要素	6.41	0.1560
劳动要素	5.78	0.1730

变量	VIF	1/VIF
城镇化水平	3.87	0.2587
科技创新	2.56	0.3902
数字普惠金融	1.88	0.5330
市场开放程度	1.68	0.5956

1. 数字普惠金融对经济增长的影响

对于模型类型的选择，本节在相关性检验的基础上，采用三种回归模型对其进行基准回归检验，最终确认选用固定效应模型，回归模型结果见表 6-13。

表 6-13　　数字普惠金融对经济增长的影响：基准回归

变量	混合模型		随机效应模型		固定效应模型	
	模型 1	模型 2	模型 3	模型 4	模型 5	模型 6
数字普惠金融	0.003 *** (13.41)	0.0001 *** (4.34)	0.002 *** (33.15)	0.001 *** (7.57)	0.006 *** (7.87)	0.0032 *** (4.19)
科技创新		0.386 *** (3.38)		1.261 *** (8.62)		0.944 *** (4.15)
劳动要素		-0.212 *** (-9.00)		-0.109 *** (-4.04)		0.172 *** (2.88)
市场开放程度		0.051 *** (2.66)		0.1202 (0.72)		0.0375 ** (2.14)
城镇化水平		2.398 *** (19.49)		1.6432 *** (11.52)		1.140 *** (5.08)
资本要素		0.278 *** (11.51)		8.457 *** (44.5)		0.205 *** (10.14)
R^2	0.376	0.909	0.3764	0.8735	0.9649	0.5865
F 值	179.9	485.7			144.71	189.57
双向固定效应	否	否	否	否	是	是

注：表中圆括号内的数值为 t 值；*** 表示在 1% 水平下通过显著性检验，** 表示在 5% 显著性水平下通过检验。

由表 6 - 13 可知，数字普惠金融对经济增长具有明显的促进作用。数字普惠金融打破传统金融的经营模式，能够更大程度上克服金融依靠物理网点传播的弊端，拓宽金融可到达边界，减少企业融资过程中所需的交易成本，推动市场贸易的自由化发展，提升经济增长水平。不仅如此，数字普惠金融对数字化技术的广泛应用，能够打破单一商业模式，并最终演化出模式多样的商业经营方式。数字普惠金融能够借助网络信息平台发展平台经济，能够创新性地推动多种行业知识、技术的交流与融合，助力资源共享，打破行业壁垒，从而改善市场供需结构，避免资源供需不匹配造成的资源浪费，推动经济稳定增长。具体表现为：在没有控制变量的情况下，混合模型中数字普惠金融对经济增长的影响系数在 1% 水平下显著，具体表现为数字普惠金融每增长 1 个单位，经济增长水平则提升 0.003 个单位，这一效应明显优于随机效应模型中的检验结果。而在双向固定效应模型下，数字普惠金融每增长 1 个单位，经济增长则增加 0.006 个单位，优于混合模型以及随机效应模型的检验结果。当加入控制变量以后，混合模型以及随机效应模型中数字普惠金融对经济增长的影响则明显降低。固定效应模型中的影响系数也明显降低，但仍优于另外两个模型，具体表现为数字普惠金融每增长 1 个单位，经济增长则提升 0.0032 个单位。因此从影响结果来看，选用双向固定效应模型来验证数字普惠金融对经济增长的影响较为合理，主要原因在于数字普惠金融自身具备一定的时间地区特征，发达地区自身数字普惠金融水平普遍较高且发展速度相对较快，控制其地区及时间去研究其影响更具有一定规范性及科学性。

2. 数字普惠金融对经济增长的影响分位数回归

为了验证选择双向固定效应模型来验证数字普惠金融对经济增长的影响是否具有一定的稳定性，本节在上述检验的基础上进行了分位数回归，结果见表 6 - 14。

表 6 - 14　　　数字普惠金融对经济增长的影响：分位数回归

变量	q = 25%	q = 50%	q = 75%
	模型 7	模型 8	模型 9
数字普惠金融	0.003 *** (1.97)	0.003 *** (3.40)	0.003 *** (3.08)
科技创新	1.061 *** (2.83)	0.938 *** (4.53)	0.851 *** (3.88)

变量	q = 25%	q = 50%	q = 75%
	模型 7	模型 8	模型 9
劳动要素	0.776 *** (2.87)	0.169 * (0.61)	0.125 (2.080)
市场开放程度	0.203 (1.41)	0.037 ** (- 0.23)	0.035 * (1.93)
城镇化水平	1.421 *** (2.53)	1.125 *** (3.84)	0.915 *** (2.96)
资本要素	0.183 *** (3.94)	0.207 *** (8.04)	0.223 *** (8.21)
双向固定效应	是	是	是

注：表中圆括号内的数值为 t 值；*** 表示在 1% 水平下通过显著性检验，** 表示在 5% 显著性水平下通过检验，* 表示在 10% 显著性水平下通过检验。

由表 6 - 14 可以看出，在分位数 0.25、0.5 和 0.75 下，数字普惠金融对经济增长的影响均具有显著性，且数字普惠金融对经济增长的影响基本保持稳定，该结果充分表现了数字普惠金融的普及全体、惠及全员的特征。具体表现为当数字普惠金融增长 1 个单位时，经济增长水平增加 0.003 个单位。因此选用双向固定效应模型去验证数字普惠金融的增长绩效，具备一定的科学性与稳定性。

3. 区分数字普惠金融不同维度

进一步地将数字普惠金融分为覆盖广度、使用深度和数字化程度后，可以更为深入、更加详细地观测数字普惠金融影响经济增长的绩效，结果见表 6 - 15。总体而言，数字普惠金融不同维度对经济增长的影响效果不同，但均表现为显著的正向影响，这意味着提升数字普惠金融的覆盖广度和使用深度以及数字化程度，能够有效缓解排斥效应，从而促进各省级地区的经济增长。具体表现为：首先，在不加入控制变量前，数字普惠金融覆盖广度对经济增长的影响最为强烈，具体表现为覆盖广度每增加 1 个单位，经济增长水平增加 0.011 个单位。而在加入了控制变量之后，覆盖广度对经济增长的影响力度则明显降低，体现为当覆盖广度增加 1 个单位时，经济增长增加了 0.006 个单位。其次，在使用深度这一维度的经济绩效中，当使用深度增加 1 个单位时，尽管经济增长所受到的影响亦为正向，但其效果不显著。最后，数字化程度所受到的影响相对稳定，即在加入控制变量前后，经济增长水平受数字普惠金融的影响基本稳定不变。

之所以出现如上结果，主要是因为：有别于覆盖广度的跨越式整体增长，使用深度的增强离不开国家软、硬件设施的建设。我国传统银行业线下物理网点的建设对数字普惠金融的发展起到至关重要的作用，线下物理网点的建设加速了数字普惠金融的传播，增强了数字普惠金融使用深度的增长。由于我国地区之间经济发展不平衡，同时地区间基础设施建设存在着不同程度的差异，因此不同地区之间数字普惠金融的使用深度具有明显差异，但这一差异将随着各地基础设施建设的不断推进而逐渐缩小。从数字化程度的经济绩效来看，数字普惠金融程度较高的省份，其数字化程度也相应较高，使得该地区具备互联网金融服务高便利以及低成本的优势，而这将促进经济增长水平的稳步提升。

表 6 – 15　　数字普惠金融对经济增长的影响：区分数字普惠金融不同维度

变量	模型 10	模型 11	模型 12	模型 13	模型 14	模型 15
覆盖广度	0.011 *** (11.34)	0.006 *** (6.28)				
使用深度			0.001 *** (3.26)	0.0004 (1.06)		
数字化程度					0.001 *** (4.29)	0.001 ** (1.96)
科技创新		1.113 *** (5.50)		1.261 *** (5.55)		1.198 *** (5.33)
劳动要素		0.151 *** (2.62)		0.184 *** (2.99)		0.181 *** (2.96)
市场开放程度		0.0265 (1.64)		0.0216 (1.19)		0.020 (1.18)
城镇化水平		0.645 *** (2.88)		1.093 *** (4.65)		1.144 *** (4.88)
资本要素		0.195 *** (10.07)		0.232 *** (11.72)		0.227 *** (11.4)
R^2	0.7929	0.6408	0.3668	0.5073	0.196	0.5075
F 值	180.11	206.16	117.52	177.14	121.65	179.21

注：表中圆括号内的数值为 t 值；*** 表示在 1% 水平下通过显著性检验，** 表示在 5% 水平下通过显著性检验。

4. 区分不同区域数字普惠金融的影响

由于我国地域面积广阔，各个地区之间的经济发展水平存在着明显的差异性，数字普惠金融的发展水平也具有明显的差异性。因此为了验证数字普惠金融对经济增长的影响是否具有地区异质性特征，本节将样本划分为东、中、西部三个地区进行子样本检验，检验结果见表6-16。

表6-16　　　　　数字普惠金融对经济增长的影响：区分东、中、西部地区

变量	东部地区：模型16	中部地区：模型17	西部地区：模型18
数字普惠金融	0.004 *** (3.51)	0.011 *** (7.56)	0.0003 (0.25)
科技创新	1.113 *** (5.50)	0.425 (0.44)	3.185 *** (4.16)
劳动要素	0.776 *** (2.87)	0.095 (0.61)	0.129 ** (2.080)
市场开放程度	0.203 (1.52)	-0.1028 (-0.23)	0.007 (0.31)
城镇化水平	0.640 ** (2.53)	2.291 *** (3.85)	2.990 *** (4.23)
资本要素	0.167 *** (5.98)	0.047 (1.10)	0.267 *** (7.79)
R^2	0.5352	0.7096	0.4815
F 值	67.15	73.82	160.64
观测值	110	80	110

注：表中圆括号内的数值为 t 值。*** 表示在1%水平下通过显著性检验，** 表示在5%水平下通过显著性检验。

总体而言，数字普惠金融对经济增长的影响在中部地区最为强烈。当数字普惠金融增长1个单位时，中部地区的经济增长增加了0.011个单位，东部地区则仅增长0.004个单位，而对于西部地区而言，数字普惠金融并没有对经济增长起到明显的效果。由于数字普惠金融促进经济增长需要借助一定的基础设施，中部地区面积广阔，基础设施建设水平完善，在最开始的发展阶段潜力较大，因此数字普惠金融可以有效提升该地区的经济增长水平，东部地区占据了先天的有利条件，自身经济发展水平较高，数字普惠金融并不是该地区发展的主要原因，因此数字普惠金融对其影响略低于中部地区。而对于西部地区而言，尽管面积广阔，但传统金融行业

物理网点的建设也由于其地区内基础设施建设不足而较难建成，这阻碍了数字普惠金融的发展，数字普惠金融发展缓慢无法迅速提供经济增长的保障，因此数字普惠金融对经济增长的影响也并未呈现出更加显著的效果。

5. 空间自相关检验

为了更好地验证数字普惠金融对经济增长是否具有空间影响，本节首先基于 30 个省份的距离矩阵计算表 6 - 17 所示的全局莫兰指数。

表 6 - 17　　　　　　2011 ~ 2020 年经济增长全局莫兰指数值

年份	莫兰指数	P 值
2011	0. 149 ***	0. 000
2012	0. 144 ***	0. 000
2013	0. 137 ***	0. 000
2014	0. 126 ***	0. 000
2015	0. 117 ***	0. 000
2016	0. 111 ***	0. 000
2017	0. 115 ***	0. 000
2018	0. 113 ***	0. 000
2019	0. 102 ***	0. 000
2020	0. 110 ***	0. 000

注：表中 *** 表示在 1% 水平下通过显著性检验。

由表 6 - 17 可以发现：在 2011 ~ 2020 年，经济增长的全局莫兰指数估计结果均在 1% 的显著性水平下为正，由此可以得到数字普惠金融与经济增长之间具有空间正相关性，即可以说明两者之间具有空间扩散效应。本地区数字普惠金融发展可以有效推动本地区经济增长水平的提升。为了更清晰地观察我国经济增长的空间相关特征，由此绘制如图 6 - 5 所示的莫兰指数散点图。

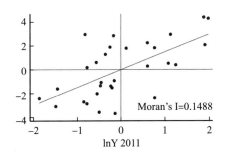
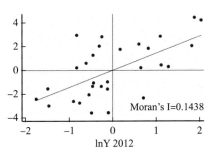

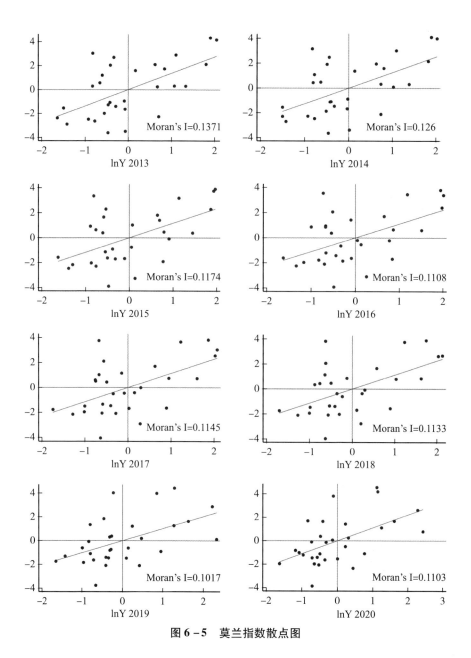

图 6 - 5   莫兰指数散点图

从图 6 - 5 所示的莫兰指数散点图可知：在 2011～2014 年观测值中绝大部分是位于第一象限以及第三象限，少量的观测值位于第二象限和第四象限。第一象限的数据点表明经济增长的空间分布表现为高差距的省（区、市）被高差距的省（区、市）所包围，而位于第三象限的数据点则表现为低差距的省市区被低差距的省（区、市）包围，说明数字普惠金融发展和经济增长之间呈现出"高 - 高"集聚和"低 - 低"集聚的空间分布状态，表明省际经济增长同省际数字普惠金融呈现出显著的空间依赖性和空间集聚性特征，而两个象限内的数据点并不均衡也表明了经济增长的空间分布不均衡特征。位于第二象限的点表明低差距的省（区、市）被高差距的省（区、市）所包围，说明经济增长的空间分布特征显著且该特征具有一定的外溢效果。在 2015～2020 年间可以看到数据点逐渐向第二、第四象限移动，说明数字普惠金融与经济增长之间的局部地区的相关性程度在减弱，但仍有将近 70% 的数据点落在第一、第三象限内，由此仍可以看出二者之间的相关性仍然具有很显著的特征，这与上文由莫兰指数值得到的相关结论相符合，即二者之间存在着显著的空间正相关性。

6. 空间模型回归结果

在莫兰检验的基础上，文章考虑到数字普惠金融水平可能会对邻近地区的经济增长产生影响，因此继续对数字普惠金融的影响进行空间模型回归，回归的结果如表 6-18 所示。

表 6-18　　　　　　　　　　空间模型回归结果

变量	空间杜宾模型：模型 19	空间滞后模型：模型 20	空间误差模型：模型 21
数字普惠金融	0.0024 *** (3.32)	0.0033 *** (4.55)	0.0026 *** (3.81)
科技创新	0.849 *** (4.28)	1.124 *** (5.49)	1.166 *** (5.78)
劳动要素	0.098 ** (1.52)	0.154 *** (2.89)	0.1607 *** (3.09)
市场开放程度	0.029 ** (2.01)	0.041 *** (2.66)	0.041 *** (2.70)
城镇化水平	0.318 (1.57)	1.047 *** (5.25)	1.009 *** (5.13)
资本要素	0.176 *** (9.46)	0.175 *** (8.81)	0.177 *** (9.68)
R^2	0.0279	0.6125	0.4696
Log-likelihood	473.77	422.93	430.61
Spatial	0.2419	0.5453 ***	0.6118 ***
Rho（lambda）	1.43	3.92	6.16
双向固定效应	是	是	是

注：表中圆括号内的数值为 t 值；*** 表示在 1% 水平下通过显著性检验，** 表示在 5% 水平下通过显著性检验，* 表示在 10% 水平下通过显著性检验。

总体而言，数字普惠金融对经济增长的影响在三个模型下均具有显著正相关性。其中，在空间杜宾模型下表现为数字普惠金融每增长 1 个单位，经济增长提升 0.0024 个单位，但由于 Spatial 值呈现出不显著状态，因此在空间杜宾模型下并不具备显著的空间效应。而在空间滞后模型下数字普惠金融每增长 1 个单位，经济增长水平提升 0.0033 个单位，并且 spirit 值在 1% 的统计水平下显著，因此在空间滞后模型下数字普惠金融的影响具有显著的空间溢出效应，并且其效果优于空间杜宾模型。在空间误差模型下，数字普惠金融每增长 1 个单位，经济增长水平提升 0.0026 个单位，且 Spatial 值具有显著性，因此在空间误差模型下数字普惠金融的影响同样具有明显的空间溢出效应。

7. 空间计量模型检验及选择

由上述结果可知数字普惠金融在空间滞后模型下最为显著，为了验证上述结果是否合理，本节进一步进行 LR 检验和 Wald 检验，并在此基础上进行 LM 检验来确定空间模型的类型。

由表 6 – 19 可知，在 30 个省份的距离矩阵下 LR 检验在 1% 的显著性水平下接受原假设，即空间杜宾模型可退化为空间误差模型和空间滞后模型。Wald 检验在 1% 的显著性水平下接受原假设，即空间杜宾模型可退化为空间滞后模型，同样地，在 1% 的显著性水平下可退化为空间误差模型。在 LM 检验中可以看出，LM - Error 不显著，同时其稳健 LM - Error 也不显著，而 LM - Lag 在 1% 的统计水平下显著，其稳健 LM - Lag 同样在 1% 的统计水平下显著，因此空间面板模型选用空间滞后模型进行检验最为合适，这一结果同样验证了上文三个空间模型检验结果，由此本节在上述检验基础上选择空间滞后模型进行研究。

表 6 – 19　　　　　　　　　　　空间模型检验结果

检验	指标	统计量	P 值
LR 检验	Spatial-lag	44.33 ***	0.0000
	Spatial-error	43.32 ***	0.0000
Wald 检验	Spatia-lag	3.91 ***	0.0479
	Spatial-error	111.69 ***	0.0000
LM 检验	LM – Error	0.595	0.441
	R – LM – Error	0.649	0.421
	LM – Lag	6.260 ***	0.012
	R – LM – Lag	6.314 ***	0.012

注：表中 *** 表示在 1% 水平下通过显著性检验。

8. 基于空间滞后模型的空间效应分解

在上述模型检验的基础上，最终选择空间滞后模型作为本节的验证模型。由表6-20空间滞后模型的分解结果可以看出数字普惠金融对本区域的经济增长具有显著的正效应，并且发展数字普惠金融可有效打破空间距离的间隔，加强周边区域之间的交流，从而增强经济联系。具体表现为数字普惠金融每增长1个单位，本区域内的经济增长水平提升0.027个单位。而由第二列间接效应也即空间溢出效应，可以得到数字普惠金融对周边区域的经济增长水平同样具有提升作用，其作用力度甚至优于本区域内的经济增长，第三列总效应则表示直接效应与间接效应的总和。由此可以看出，数字普惠金融的发展有明显的空间效应且其具备显著的溢出效应，本地区的数字普惠金融发展更容易影响到周边区域的经济增长水平，其溢出效果将促进邻近区域的经济增长。出现这一现象的原因可能在于：一方面，加速发展本地区内数字普惠金融有助于改善本地区经济环境，本地区环境的改善则可吸引投资资本，进而带来先进的技术及管理经验，这将使周边地区通过学习本地区的技术及管理而提升自身经济发展，促进本地区的经济增长；另一方面，在加速发展数字普惠金融的过程中，各地着力于减弱数字普惠金融在空间流动上的限制，突破时空局限，破除经济壁垒，拓宽金融扶贫的精度及广度，从而使得资源更加合理配置，减弱了金融资源的集中化，使各地区都能更加公平地享有金融资源，这将推动本地区及周边地区的经济发展。此外，数字普惠金融程度较高能够说明互联网金融的覆盖率、实际使用率也相对较高，由于互联网服务具备天然不受地域限制的优势，由此也使其给周边地区带来一定的"辐射"作用，进而促进周边地区的经济增长。

表6-20　　　　　　　　基于SAR模型的空间效应分解

变量	直接效应：模型22	间接效应：模型23	总效应：模型24
数字普惠金融	0.0027 *** (3.91)	0.0043 ** (2.02)	0.0069 *** (2.88)
科技创新	1.2041 *** (5.94)	2.0694 (1.48)	3.2735 ** (2.13)
劳动要素	0.1732 *** (3.00)	0.2848 (1.56)	0.4580 ** (2.10)
市场开放程度	0.0445 *** (2.58)	0.7360 (1.56)	0.1181 ** (2.01)

变量	直接效应：模型22	间接效应：模型23	总效应：模型24
城镇化水平	1.0086 *** (4.04)	1.6737 (1.51)	2.6824 ** (2.18)
资本要素	0.1871 *** (9.9)	0.3120 * (1.91)	0.4992 *** (2.92)

注：表中圆括号内的数值为 t 值；*** 表示在1%水平下通过显著性检验，** 表示在5%水平下通过显著性检验，* 表示在10%水平下通过显著性检验。

9. 稳健性检验

为了进一步验证模型估计结果的稳健性，本节选择将空间模型的权重矩阵进行更换，由此得到如表6－21所示的稳健性检验结果。结果显示：在更换空间模型的权重矩阵之后所得的数字普惠金融对经济增长的影响均具有显著正效应。具体表现为在空间经济距离矩阵的作用下，数字普惠金融每增长1个单位，经济增长水平提升了0.0034个单位。在空间地理距离矩阵模型下，数字普惠金融每增长1个单位，经济增长水平提升了0.0026个单位。而在经济地理嵌套矩阵的作用下，数字普惠金融每增长1个单位，经济增长水平提升了0.0032个单位。在0~1权重矩阵的作用下，数字普惠金融每增长1个单位，经济增长水平提升了0.0020个单位。在这四个矩阵的作用下，Spatial值均较为显著，表明数字普惠金融与经济增长之间存在较强关联性，并且相关关系显著为正，这说明本节选取的数字普惠金融对经济增长的影响具有明显的空间溢出效应，同时本节所得出的结果具有一定的稳定性。也就是说，数字普惠金融的发展显著促进了经济的增长。

表6－21 　　　　　　　　　　SAR模型稳健性检验

变量	空间经济距离 矩阵：模型25	空间地理距离 矩阵：模型26	经济地理嵌套 矩阵：模型27	0~1权重 矩阵：模型28
数字普惠金融	0.0034 *** (4.87)	0.0026 *** (4.55)	0.0032 *** (4.80)	0.0020 *** (3.01)
科技创新	0.954 *** (4.60)	1.166 *** (5.78)	1.049 *** (5.17)	1.165 *** (5.93)
劳动要素	0.155 *** (2.82)	0.161 *** (3.09)	0.141 *** (2.65)	0.169 *** (3.33)

变量	空间经济距离矩阵：模型25	空间地理距离矩阵：模型26	经济地理嵌套矩阵：模型27	0~1权重矩阵：模型28
市场开放程度	0.038 ** （2.40）	0.041 *** （2.70）	0.040 *** （2.57）	0.038 ** （2.53）
城镇化水平	1.176 *** （5.73）	1.009 *** （5.13）	1.136 *** （5.71）	0.920 *** （4.760）
资本要素	0.201 *** （10.82）	0.177 *** （9.68）	0.188 *** （10.23）	0.151 *** （7.95）
R^2	0.6106	0.4696	0.5403	0.6052
Log-likelihood	420.98	430.62	427.07	437.92
Spatial	0.1728 **	0.6119 ***	0.4899 ***	0.3599 ***
Rho（lambda）	2.29	6.16	4.63	6.67
双向固定效应	是	是	是	是

注：表中圆括号内的数值为 t 值； *** 表示在1%水平下通过显著性检验， ** 表示在5%水平下通过显著性检验， * 表示在10%水平下通过显著性检验。

如上研究发现：第一，数字普惠金融对经济增长的影响具有显著的正效应，数字普惠金融的发展有助于提升地区经济增长水平。数字普惠金融借助其自身发展优势可有效提升资源的利用率，提升社会弱势群体的资源可获得性，从而扩大经济覆盖范围，减缓农村经济发展中出现的金融排斥问题，从而提升乡村及城市各地区的资金可获得率及利用率，由此提升整体的经济增长水平。第二，数字普惠金融对经济增长的影响具有地区异质性特征。中部地区数字普惠金融提升经济增长水平的影响最为显著，东部地区次之，西部地区并未受到显著的影响。中部地区近年来不断完善基础设施建设，加快该地区数字普惠金融建设，不断完善本地区的征信体制及金融风险管控，使得该地区内的经济增长水平得到了一个较大的提升。而西部地区尽管地域面积广阔，但基础设施建设相对不完善，数字普惠金融在该地区的发展受到一定的限制，因此并未达到理想的促进效果。第三，数字普惠金融可通过提升覆盖广度、使用深度及数字化程度来提升经济增长。数字普惠金融覆盖广度、使用深度及数字化程度均对经济增长具有正向作用，提升这三者水平可有效破除时空局限，突破经济壁垒，拓宽金融扶贫的精度及广度，从而使得资源更加合理配置，减弱金融资源浪费严重等问题，有力地推动了地区经济增长。第四，数字普惠金融对经济增长的影响具有显著的空间正效应且溢出效应明显。本地区的数字普惠金融能显著促进该地区的经济增长水平，同时本地区的数字普惠金融具有明显的溢出效应，能够有效促进周边地区的经济增长。

第三节　数字普惠金融与经济高质量发展：碳排放的视角

　　我国的经济增长方式在较长时期内具有粗放型的特征，其所带来的贫富差距扩大、生态环境恶化和经济结构失衡等问题制约了经济发展质量的提升（蔡昉等，2008），突破这些约束以实现经济社会的高质量发展应转变经济发展动力和践行新发展理念。其中，通过有效的政策支持来促进节能减排是实现"2030年前碳达峰、2060年前碳中和"目标的关键，因而是提升发展效率和促进绿色发展的重要渠道。金融作为现代经济发展的核心，其在促进节能减排进而实现经济高质量发展的过程中发挥着不可替代的作用。而数字普惠金融作为互联网和智能化时代的必然产物，其对业态发展的引领和绿色生活的崇尚，必将在新时期促进经济社会高质量发展的过程中发挥更为显著的作用。然而，已有文献尽管就数字普惠金融和行业能源消耗这两个主题分别进行了广泛的研究（马晓君等，2021；付华等，2021），却鲜有从综合的角度关注两者之间的内在逻辑。据此，本节拟以碳排放为中介变量，从理论和实证两个层面揭示数字普惠金融影响经济高质量发展的内在关系。

（一）研究基础与理论机制

　　本节着重探讨数字普惠金融影响经济高质量发展的理论机制，学者们主要分析了数字普惠金融影响经济高质量发展的直接渠道与间接渠道。其中，有关直接渠道的研究多集中于理论层面，如薛莹和胡坚（2020）指出数字普惠金融所特有的普惠性与包容性优化了金融体系，其着重服务经济体中的重点领域以及薄弱环节，能够增强金融服务实体经济的能力。从空间差异的角度，王永仓和温涛（2020）指出，由于我国不同区域的资源禀赋存在较大差异，因此数字普惠金融对经济增长的影响具有明显的空间异质性特征。数字普惠金融的间接影响表现为其对居民创业、消费升级、减贫增收的影响。数字普惠金融对创业的影响十分突出，主要通过影响个体风险偏好进而影响创业选择（张兵和盛洋虹，2021）、通过带动居民收入增长与影响服务业发展进而影响居民创业（张林和温涛，2021）。在新发展格局下，数字普惠金融能够引领消费升级进而扩大内需（关键和马超，2020），数字普惠金融的"数字红利"有利于我国的减贫事业（陈慧卿等，2021）。概括而言，尚无文献从碳排放视角分析数字普惠金融影响经济高质量发展的路径。

在新发展阶段下，推动经济社会的高质量发展应在保证经济增长的同时保持经济发展的稳定性、挖掘经济发展的内在潜能，更重要的是应兼顾绿色环保与人民福祉，将发展成果惠及人民大众。而兼具创新性、普及性和优惠性的数字普惠金融则是推动经济高质量发展的重要渠道，这是因为数字普惠金融能够驱动经济朝着创新高效、协调发展、绿色清洁、开放包容和成果共享的方向发展，能够在带来直接效应与间接效应的过程中推动经济发展质量的提升。

1. 数字普惠金融影响经济高质量发展的直接效应

数字普惠金融影响经济高质量发展的直接效应表现为：一是激发经济体的创新力。数字普惠金融通过创新生产运行方式、资金供给方式以及交易支付模式而不断地促进了经济金融的综合革新，不仅契合了经济高质量发展对金融创新的需求，还通过丰富服务业态和催生新兴市场而推动了城市创新（刘毛桃等，2021）。此外，数字普惠金融运用数字分析技术有效控制了创新过程中的系统风险，提高了创新效率。二是促进协调发展。普惠金融被认为是一种均衡器，能够实现经济的包容性增长（Kapoor，2014），而数字普惠金融则凭借其天然的普惠性与广阔的服务范围而能够有效消除城乡和区域之间的发展失衡。根据北大数字金融中心与蚂蚁金服研究院联合课题组的联合调查结果，数字普惠金融的发展已经跨过了"胡焕庸线"，激发了处于劣势地位的西部地区的发展潜力。三是促进可持续发展。根据"IPAT"模型，人口数量、富裕程度以及技术进步程度能够影响环境质量，而数字普惠金融的收入效应以及技术效应则能够缓解环境压力（姜松和周鑫悦，2021），进而推动经济绿色可持续发展。四是扩大对外开放。数字普惠金融能够推动更高水平的对外开放，数字技术在加速金融市场开放的同时促进了数字贸易的发展，契合了经济高质量发展对外部环境条件的需求。数字普惠金融平台拓宽了贸易融资渠道，而移动支付所具有的急速到账与支付追踪功能，则使得跨境交易更加顺畅、安全、高效，这助推了我国企业"走出去"和加速了人民币国际化的进程。五是促进发展成果共享。数字普惠金融能够实现金融权利共享，一方面，数字普惠金融缓解了贫困群体借贷困难的情况，给予其脱贫致富的机会；另一方面，数字普惠金融提供的普惠服务与精准服务促进了基础教育的发展，低收入群体有望通过教育获得更多的就业机会，从而促进福利共享。

值得一提的是，数字普惠金融对经济高质量发展的影响可能受传统金融发展阶段以及市场化程度的不同而呈现出较大的差异，即在传统金融发展水平较低以及市场化程度较高的阶段，数字普惠金融对经济发展质量起到了促进作用；在传统金融发展较高以及市场化程度较低的阶段，数字普惠金融对经济高质量发展则起到了抑制作用。之所以出现这一差异，主要是因为传统金融发展水平较低的地区金融排斥现象也较为严重，它们能够从数字普惠金融的推广和普及中获得更多的收益（周雷等，2019）。此时，旨在完善市场机制的市场化改革则释放了政策红利，能够为金融发展提供政策支持（樊纲等，2011）；同时，市场化改革中金融资源配置效率的提高，也有助于数字普惠金融的高质量发展。

2. 数字普惠金融影响经济高质量发展的间接效应

（1）数字普惠金融对碳排放的影响

自环境库茨涅兹曲线提出以来，金融发展对碳排放的影响得到了相关文献的证实。如严成樑等（2016）的研究发现，金融发展水平与碳排放强度之间存在着"倒U型"关系，较为发达的金融市场能够有效降低碳排放。金融效率的提升对碳减排有利，而数字普惠金融作为一种新型的金融体系，不仅重构了金融的运行方式，还革新了能源的利用方式。其基本逻辑是：数字普惠金融通过改善地区信贷资源配置状况、引领技术进步等途径而达到了碳减排的作用，技术选择与技术进步这两种不同质的技术进步方式显著抑制了碳排放（赵军等，2020）。

从微观角度来看，数字普惠金融通过改变个体经济行为而减少了碳排放。对于消费者而言，数字技术的快速发展与推广，有效降低了人均碳排放。居民通过智能手机触摸数字普惠金融，享受到了低成本的金融服务以及便利的生活，使得线上服务不断取代了线下交易，减少了线下参与所产生的碳排放量。同时，数字普惠金融促进了环境保护与资源再利用。据中国循环经济协会的调查数据，我国每年有2 600万吨旧衣物被淘汰，其中90%进行填埋焚烧处理，产生了大量的碳排放。蚂蚁金服作为数字普惠金融的实践方，为居民提供了旧衣物捐赠平台，旧衣物的再利用极大地减缓了环境所负担的旧衣垃圾压力。① 对于企业而言，数字普惠金融能够减少企业行为的碳排放。首先，数字支付、网络借贷等数字普惠金融活动本身就带有节能减排的属性，人工智能取代人工服务提高了企业融资效率，偏

---

① 根据 BIR 机构的研究，每合理处理1kg废旧纺织物，就可以降低3.6kg二氧化碳排放。

远地区的企业在获得金融服务的同时摆脱了地域限制，减少了其线下参与金融借贷活动所产生的碳排放。其次，数字技术加速金融脱媒，绕过了商业银行体系，数字普惠金融为资金供需双方构建了良好的对接平台。金融非中介化发展也是效率优化的体现，减少了银行作为中介机构参与融资所产生的碳排放。

（2）碳排放的中介作用

金融发展能够促进经济规模的扩大，而经济总量的扩大可能会加重能源消耗（朱东波等，2018），不利于绿色低碳发展。因此，金融发展如果忽视了二氧化碳排放，将只会带来数量的增加而不是质量的提升。将优化生态环境内植于金融发展之中是实现高质量发展的重要途径，而碳排放起到了中介作用。数字普惠金融的运营模式以一种更为绿色的发展方式广泛渗透进入经济发展的多个环节，在这种渗透过程中实现了产业结构优化、能源结构合理化等多个目标，并将数字普惠金融的绿色特性快速扩散，其间伴随着节能减排。从这个角度看，数字普惠金融所带来的经济发展与碳排放具有十分密切的关系，数字普惠金融通过减少生产、交易过程中的碳排放而改善了经济社会发展的多个指标，进而推动了高质量发展。因此，碳排放是数字普惠金融推动高质量发展的关键环节。其机理在于：第一，数字普惠金融促使金融资源向节能环保的高科技企业倾斜，煤电、建材等高耗能、高污染产业的碳排放量不断减少，通过技术节能优化产业结构，促进经济可持续发展。第二，清洁能源的生产企业得以通过数字普惠金融平台以低成本、高效率、多渠道的方式获得研发资金，从而淘汰碳排放量较高的生产方式，能源结构的改善意味着整个经济体以较低的碳排放量实现绿色发展。低碳代表一种可持续、环境友好的经济发展方式，改善了经济社会的方方面面，推动了高质量发展。

因此，数字普惠金融的经济效应与碳排放具有十分密切的关系，数字普惠金融使得节能减排渗透进经济体，促进经济绿色发展，并且达到了优化产业结构、调整能源结构等目标，从而带动经济高质量发展。总体而言，数字普惠金融通过抑制碳排放实现对经济高质量发展的促进作用，碳排放起到了中介作用。

（二）变量、数据与模型

1. 变量说明

第一，本节的被解释变量经济发展质量（*ehq*）采用前文测算的经济发展质量指数，参阅第二章附录。

第二，本节的解释变量为数字普惠金融发展水平（*difi*），采用北京大学数字金融研究中心发布的数字普惠金融指数,该指数包括数字普惠金融覆盖广度(breadth)、使用深度(depth)以及数字化程度(digit)(郭峰等,2020)。

第三,本节选取的中介变量为碳排放强度(cg),碳排放强度指的是单位地区生产总值所产生的二氧化碳,该指标同时考虑了经济发展与二氧化碳排放。碳排放总量采用 IPCC 方法进行测算(IPCC,2006),计算公式如下:

$$CO_2 = \sum_{i=1}^{8} E_i \cdot S_i \cdot B_i \qquad (6-1)$$

其中,CO_2 为碳排放总量;i 为能源品种;E 为能源消费量;S 为标准煤折算系数;B 为碳排放系数,本节选取 8 种主要能源进行测算,各能源的二氧化碳排放系数如表 6-22 所示。

表6-22　　　　　　　　　各能源的二氧化碳排放系数

变量	煤炭	焦炭	原油	汽油	煤油	柴油	燃料油	天然气
标准煤折算系数	0.7143	0.9714	1.4286	1.4714	1.4714	1.4571	1.4286	1.3300
碳排放系数	0.7559	0.8550	0.5857	0.5538	0.5714	0.5921	0.6185	0.4483

第四,本节的门槛变量为传统金融发展水平(fd)与市场化程度(market)。地区传统金融发展水平选取银行业金融机构存贷款总额与 GDP 的比值来表示;市场化程度代表着要素的资源配置效率,选取中国省级市场化指数来表示地区市场化程度。

第五,为了控制其他因素对经济高质量发展的影响,本节选取人力资本存量(lnhc)、交通运输状况(lntrans)、政府干预程度(gov)以及工业化水平(lnindus)作为控制变量。高素质劳动人员具有更强的学习能力,是进行科技创新的基础。因此,本节选取各地区人均受教育年限作为衡量人力资本的代理变量,参考李翔和邓峰(2019)的方法,计算各地区六岁以上人均受教育年限,计算公式为:

$$\frac{\sum W_i K_i}{各地区总人数}$$

K_i 为第 i 种受教育程度的人数,当受教育程度为小学、初中、高中、大专、本科以及研究生的时候,W_i 分别为 6,9,12,15,16 和 19。交通运输状况在一定程度上代表了经济要素的流通速度,本节选取人均货运量作为区域交通运输状况的代理变量。政府对经济的干预从理论上来说会加速经济的发展，本节选取政府一般预算支出与教育支出之差占 GDP 的比重来衡量政府干预程度。发达的工业代表了先进的生产水平，工业发展对提升经济发展质量与提升综合国力起到了不可替代的作用，本节选取各地区工业企业数作为衡量地区工业化水平的代理变量。

2. 数据来源与描述性统计

本节选取 2011～2019 年中国 30 个省（区、市）（港澳台和西藏除外）为样本，数据主要来源于 WPS 数据库、《中国统计年鉴》《中国能源统计年鉴》《中国分省份市场化指数报告》以及各省（自治区、市）统计年鉴。表 6－23 给出了基于总体样本的变量描述性统计结果，可以发现数字普惠金融与经济高质量发展之间存在较大的区域差异，不同省份之间的碳排放差异也较大。

表 6－23　　　　　　　　　　　变量的描述性统计

变量名称	样本数量	均值	标准差	最小值	最大值
ehq	270	43.87	5.420	34.88	68.58
difi	270	2.030	0.920	0.180	4.100
lnhc	270	2.300	0.100	2.090	2.630
lntrans	270	3.390	0.430	2.220	4.520
gov	270	0.210	0.090	0.090	0.560
lnindus	270	8.830	1.200	5.810	10.92
breadth	270	1.840	0.900	0.0200	3.850
depth	270	1.980	0.910	0.070	4.400
digit	270	2.780	1.180	0.080	4.620
fd	270	3.160	1.140	1.520	8.130
market	270	0.670	0.200	0.230	1.140
cg	240	0.640	0.470	0.0700	2.290

图 6－6 显示了数字普惠金融影响经济高质量发展的直接效应，数字普惠金融与经济高质量发展之间存在正相关，数字普惠金融的发展增强了经济发展质量。图 6－7 刻画了数字普惠金融影响经济高质量发展的间接效应，数字普惠金融与碳排放强度之间存在负相关，碳排放强度随着数字普惠金融发展水平的提高而降低；碳排放强度与经济高质量发展之间表现出负相关特征，碳排放不利于经济高质量发展。这初步说明了数字普惠金

融可以抑制碳排放强度，进而提振经济发展质量，后文将进一步作传导路径检验。

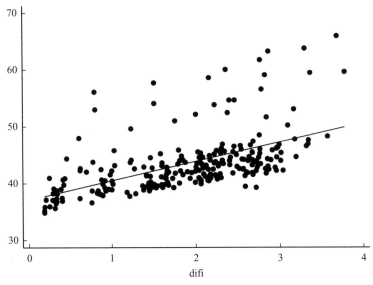

图 6 - 6　数字普惠金融与经济高质量发展

注：图中横坐标为数字普惠金融指数，纵坐标为经济发展质量指数。

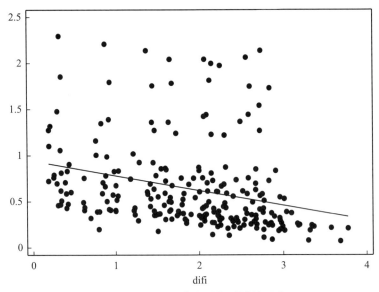

图 6 - 7　数字普惠金融与碳排放强度

注：图中横坐标为数字普惠金融指数，纵坐标为碳排放强度。

3. 模型构建

为了检验数字普惠金融通过碳排放影响经济高质量发展的传导路径，本节实证研究拟采取的思路是：首先构建基准回归模型以检验数字普惠金融对经济高质量发展的总体效应；其次，考虑到数字普惠金融对经济高质量发展的影响极有可能因金融发展阶段与市场化进程的不同而存在差异，本节拟进一步以传统金融发展水平以及市场化程度为门槛变量检验数字普惠金融影响经济高质量发展的门槛效应；最后，为进一步更加具体地揭示数字普惠金融影响经济高质量发展的路径，本节拟以碳排放为中介变量，采用逐步回归法检验碳排放强度的中介效应。

（1）基准回归模型

为检验数字普惠金融对经济高质量发展的总体效应，构建实证模型：

$$ehq_{it} = \alpha_0 + + \alpha_1 \, difi_{it} + \alpha_2 X_{it} + \mu_i + \delta_t + \varepsilon_{it} \qquad (6-2)$$

其中，i 表示地区，t 表示时间，ehq 表示被解释变量经济高质量发展水平，$difi$ 表示核心解释变量数字普惠金融发展水平，X_{it} 表示一系列控制变量，μ_i 代表个体固定效应，δ_t 表示时间固定效应，ε_{it} 表示随机扰动项。

（2）门槛面板模型

为了深入考察数字普惠金融对经济高质量发展的影响是否受到传统金融发展水平与市场化程度的制约，即数字普惠金融与经济高质量发展之间是否存在非线性关系，构建门槛面板模型作实证分析，以单一门槛为例。

$$ehq_{it} = \beta_0 + \beta_1 \, difi_{it} \cdot I(fd \leqslant \gamma) + \beta_2 \, difi_{it} \cdot I(\gamma < fd) + \beta_3 X_{it} + \varepsilon_{it}$$
$$(6-3)$$

$$ehq_{it} = \varphi_0 + \varphi_1 \, difi_{it} \cdot I(market \leqslant \gamma) + \varphi_2 \, difi_{it} \cdot I(\gamma < market) + \varphi_3 X_{it} + \varepsilon_{it}$$
$$(6-4)$$

其中，本节选取的门槛变量为传统金融发展水平（fd）与市场化水平（$market$），$I(\cdot)$ 为示性函数，γ 为相应的门槛值。

（3）中介效应模型

为了检验碳排放产生的中介作用，本节借鉴现有研究提出的中介效应检验步骤构建实证模型（Zhao et al.，2010）：

$$ehq_{it} = \mu_0 + \mu_1 \, difi_{it} + \mu_2 X_{it} + \varepsilon_{it} \qquad (6-5)$$
$$cg_{it} = \theta_0 + \theta_1 \, difi_{it} + \theta_2 X_{it} + \varepsilon_{it} \qquad (6-6)$$
$$ehq_{it} = \sigma_0 + \sigma_1 difi_{it} + \sigma_2 \, cg_{it} + \sigma_3 X_{it} + \varepsilon_{it} \qquad (6-7)$$

上式中，cg_{it} 表示中介变量碳排放强度。具体检验步骤如下：第一步，检验系数 μ_1 的显著性，若显著则存在中介效应；第二步，检验系数 θ_1 与 σ_2 的显著性，如果全部显著，则存在间接效应，如果有一个不显著，进行 bootstrap 检验，不显著则停止分析；第三步，检验系数 σ_1 的显著性，如果显著，则存在部分中介效应；第四步，检验 $\theta_1\sigma_2$ 与 σ_1 的符号，若同号则存在中介效应，否则存在遮掩效应。

（三）实证研究

1. 基准回归分析

表 6-24 报告了数字普惠金融对经济高质量发展的影响。其中，第（1）（3）（5）（7）列验证数字普惠金融总指数以及分维度指数（覆盖广度、使用深度以及数字化程度）对经济高质量发展的影响。第（2）（4）（6）（8）列表示引入人力资本存量、交通运输状况、政府干预程度以及工业化水平等地区经济特征变量后的结果。

由列（1）与列（2）可以看出，在添加了地区经济特征变量后，模型的拟合程度增强，数字普惠金融系数在 1% 的水平下显著，且系数均为正，数字普惠金融每提升 1 个单位，将促进经济高质量发展水平提高 0.279 个单位，说明数字普惠金融是经济高质量发展的重要驱动力。由列（3）~（8）可以看出，数字普惠金融的覆盖广度、使用深度以及数字化程度对经济高质量发展均起到了不同程度的正向促进作用，其中，数字普惠金融覆盖广度的系数估计值最大，使用深度次之，数字化程度的系数估计值最小，这说明增加数字普惠金融供给对经济高质量发展的促进作用最大，数字普惠金融使用深度以及数字化程度仍有较大的发展空间，这也说明了数字普惠金融对经济高质量发展具有显著的促进作用的结论是稳健的。数字普惠金融以更广的覆盖范围、更便利的使用体验以及更深层次的数字技术的运用缓解了信贷市场上长期存在的"所有制歧视"与"规模歧视"（马芬芬和王满仓，2021），促进了金融业的发展，进而带动经济发展质量。从系数上看，若未引入控制变量，将高估数字普惠金融总指数以及各维度指数对经济高质量发展的影响。从控制变量看，人力资本与政府干预程度对区域经济高质量发展具有促进作用，一是人力资本是技术创新的源泉，人才聚集是经济进步的强大动力；二是政府对经济的干预起到了正向激励作用，财政支出真正运用到经济建设之中。

2. 异质性分析

本节从传统金融发展水平与市场化程度两个方面，揭示不同地区数字普惠金融对经济发展质量的异质性影响。门槛效应结果如表 6-25 所示：传统金融发展水平与市场化水平变量均存在单一门槛，应选用单一门槛模型来衡量数字普惠金融对经济高质量发展的非线性影响。

表6-24

基准回归结果

变量	(1)	(2)	(3)	(4)	(5)	(6)	(7)	(8)
difi	0.343*** (0.015)	0.279*** (0.016)						
breadth			0.329*** (0.017)	0.265*** (0.015)				
depth					0.198*** (0.013)	0.153*** (0.011)		
digit							0.002 (0.128)	0.005 (0.019)
ln*hc*		0.399*** (0.038)		0.311*** (0.042)		0.567*** (0.037)		0.857*** (0.042)
ln*trans*		−0.040*** (0.006)		−0.045*** (0.006)		−0.034*** (0.006)		−0.045*** (0.008)
gov		0.003 (0.053)		−0.050 (0.053)		−0.033 (0.059)		−0.091 (0.080)
ln*indus*		−0.024*** (0.004)		−0.022*** (0.004)		−0.029*** (0.004)		−0.010* (0.006)

变量	（1）	（2）	（3）	（4）	（5）	（6）	（7）	（8）
C	3.078***	2.638***	3.171***	2.932***	3.382***	2.543***	3.769***	2.076***
	(0.032)	(0.099)	(0.023)	(0.106)	(0.026)	(0.109)	(0.097)	(0.158)
个体效应	YES	YES	YES	YES	YES	YES	YES	YES
时间效应	YES	YES	YES	YES	YES	YES	YES	YES
N	270	270	279	270	270	270	270	270
R^2	0.655	0.868	0.722	0.868	0.483	0.837	0.152	0.710

注：***、**、*分别代表在1%、5%、10%的水平上显著，括号里是稳健标准误。

表 6 -25 门槛效应检验

门槛变量	门槛	F 值	P 值	10%	5%	1%
传统金融 发展水平	单一门槛	40.18	0.000	17.927	22.582	28.077
	双重门槛	14.25	0.130	14.933	18.197	23.378
	三重门槛	14.74	0.490	27.253	33.031	48.399
市场化水平	单一门槛	36.0	0.010	21.19	24.99	33.67
	双重门槛	16.82	0.163	18.82	21.78	30.32
	三重门槛	8.60	0.557	17.88	20.91	27.26

表 6 -26 报告了传统金融发展水平与市场化水平变量的单一门槛值以及置信区间，根据各自的门槛估计值，可以将全国 30 个省份的样本划分为不同的组别。表 6 -27 显示，传统金融水平处于 [1.520，4.172] 区间的省份属于传统金融发展水平较低组，处于 [4.172，8.130] 区间的省份传统金融发展水平较高；市场化水平处于 [0.230，0.518] 区间的省份属于市场化程度较低组，处于 [0.518，1.140] 区间的省份属于市场化进程较高组。可以看出，传统金融发展水平的区域差异较小，相较于东部地区与西部地区，中部地区传统金融发展水平普遍较低。市场化水平存在较大的区域差异，绝大部分的东中部地区市场化水平较高，西部地区市场化水平较低。

表 6 -26 门槛估计结果

门槛变量	门槛	估计值	95% 置信区间	
传统金融发展水平	单一门槛	4.172	4.141	4.173
市场化水平	单一门槛	0.518	0.514	0.540

表 6 -27 基于传统金融发展水平与市场化水平门槛值的分组结果

组别	门槛变量值	省份
传统金融发展 水平较低	$fd < 4.172$	河北、江苏、浙江、福建、山东、广东、海南、山西、吉林、黑龙江、安徽、江西、河南、湖北、湖南、内蒙古、广西、重庆、四川、贵州、云南、陕西、宁夏、新疆
传统金融发展 水平较高	$fd \geqslant 4.172$	北京、天津、辽宁、上海、甘肃、青海

组别	门槛变量值	省份
市场化水平较低	*market* < 0.518	内蒙古、贵州、云南、甘肃、青海、宁夏、新疆
市场化水平较高	*market* ≥ 0.518	北京、天津、河北、辽宁、上海、江苏、浙江、福建、山东、广东、吉林、安徽、江西、河南、湖北、湖南、重庆、四川、陕西、山西、黑龙江、广西、海南

门槛回归结果如表 6-28 所示，由列（1）可以看出，在传统金融发展水平未跨越门槛值时，数字普惠金融对经济高质量发展影响显著，数字普惠金融每提高 1 个单位，会使经济发展质量提高 0.059 个单位，而当传统金融发展水平较高时，数字普惠金融会阻碍经济高质量发展。结合门槛值的分组结果，本文认为在初始要素禀赋条件相对较差、传统金融覆盖不足的中西部地区存在一定的金融排斥和金融资本错配问题，经济发展潜能无法释放，而数字普惠金融的发展为区域发展提供了十分必要的、合意的资金支持服务，极大地提高了金融资源配置效率，其更多地扮演"雪中送炭"的角色（徐子尧等，2020）；而传统金融发展水平较高的地区受到数字普惠金融的冲击较大，传统金融巨头虽然拥有雄厚的资金实力，但与数字普惠金融的优势相比仍处于弱势地位，在数字普惠金融与传统金融竞争的过程中损害了金融市场的稳定性，进而不利于经济高质量发展。由列（2）可以看出，无论市场化程度是否跨越门槛值，数字普惠金融对经济发展质量均起到了显著的正向作用。相较于市场化程度较低的地区，数字普惠金融在市场化程度较高的地区所发挥的经济效应更大，即当市场化程度跨越门槛值后，市场化程度越高，数字普惠金融提振经济高质量发展的作用越大。已有研究发现，市场化改革在推动经济高速增长的同时也能够在一定程度上提升经济效率（惠树鹏和郑玉宝，2014）。因此，信息的自由流动以及数据要素市场化有利于以大数据为技术基础的数字普惠金融发挥经济效应，市场化程度较高的地区为数字普惠金融赋能经济发展提供了良好的外部环境。近年来中西部地区的市场化进程相继跨越门槛值，数字普惠金融对该地区的经济高质量发展的正向促进作用逐渐凸显。因此数字普惠金融的经济效应一定程度上受到传统金融发展水平以及市场化进程的限制。在传统金融覆盖不足或者市场化程度高的地区，数字普惠金融能够显著提振经济高质量发展。

表 6 - 28   门槛回归结果

变量	(1)	(2)
$difi \cdot I(fd \leqslant 4.282)$	0.059 *** (0.003)	
$difi \cdot I(fd > 4.282)$	-0.015 *** (0.003)	
$difi \cdot I(market \leqslant 0.675)$		0.048 *** (0.004)
$difi \cdot I(market > 0.675)$		0.061 *** (0.004)
lntrans	-0.007 * (0.010)	-0.019 * (0.011)
lnhc	-0.005 (0.062)	0.011 (0.065)
gov	0.104 (0.067)	0.101 (0.069)
lnindus	0.081 *** (0.009)	0.058 *** (0.008)
C	2.978 *** (0.169)	3.179 *** (0.172)
N	270	270
R^2	0.902	0.896

注：*** 、** 、* 分别代表在 1%、5%、10% 的水平上显著，括号里是稳健标准误。

3. 传导路径的检验

促进社会经济绿色低碳高质量发展，是建设生态文明的重要内容。进一步检验数字普惠金融影响经济高质量发展的传导路径，本节将区域碳排放强度作为中介变量，探究数字普惠金融影响经济高质量发展的具体传导机制。由于西藏自治区的能源数据缺失，鉴于数据的可得性，本节选取测算出的 2011 ~ 2018 年各省（区、市）的碳排放数据进行中介效应检验。

中介变量为碳排放强度的结果如表 6 - 29 第（1）、（2）、（3）列所示。第（1）、（2）列的回归结果显示，数字普惠金融显著促进了经济高质量发展且对碳排放强度具有显著的抑制作用。第（3）列的回归结果中，以经济高质量发展作为被解释变量，碳排放强度的系数为负且显著，数字普惠金融的系数显著为正，说明在控制了碳排放强度变量的影响后，数字普惠金融促进经济高质量发展的作用仍显著。回归结果显示，σ_1 显著且 σ_1 与 $\theta_1\sigma_2$ 符号相同，表明碳排放强度起到了部分中介效应，数字普惠金融通过减少区域碳排放强度，从而助推经济高质量发展。而根据 bootstrap 自举法检验，系数乘积 $\theta_1\sigma_2$ 的置信区间为 [0321，0.831]，不包括0，证明中介效应显著。

表 6 – 29　　　　　　　　　　　中介效应回归结果

变量	（1）ehq	（2）cg	（3）ehq
difi	3.389 *** (0.336)	– 0.159 *** (0.035)	2.813 *** (0.326)
cg			– 3.614 *** (0.589)
C	37.107 *** (0.693)	0.939 ** (0.071)	40.499 *** (0.849)
控制变量	YES	YES	YES
N	240	240	240
R^2	0.300	0.803	0.401
bootstrap		0.13 [0.321，0.831]	

注：***、**、*分别代表在1%、5%、10%的水平上显著，括号里是稳健标准误。

由以上分析可知，区域碳排放强度在数字普惠金融提振经济高质量发展中存在部分中介效应，且其中介效应占总体效应的比重为 0.575 [0.159 × 3.614/3.389]，进一步说明数字普惠金融主要通过抑制社会生产过程中产生的碳排放进而驱动经济高质量发展。具体来说，移动支付以及数字技术带有节能减排的属性，数字普惠金融通过优化产业结构、调整能源结构、增强环保意识等方式节能减排，促进经济绿色低碳发展。

4. 稳健性检验

（1）内生性的探讨。本节采取两阶段 2SLS 估计来检验内生性问题，选取的工具变量为互联网普及率以及移动短信业务量，回归结果如表 6 – 30 所示。第一阶段回归中工具变量的系数估计值显著异于0；第二阶段回归中数字普惠金融指数的显著性以及系数估计值均没有发生明显变化。因此，在考虑了内生性问题后，数字普惠金融仍然正向促进了经济高质量发展。

（2）为了使上述结论更加具有说服力，本节采取以下三种方法进行稳健性检验：一是对变量进行缩尾处理。本节对主要解释变量进行1%水平的缩尾处理，并且对缩尾后的变量同时控制个体效应与时间效应进行回归，回归结果如表6-31第（1）列所示。二是替换核心解释变量。本节对数字普惠金融指数进行取对，并用其对数值重新与经济高质量发展进行拟合回归，回归结果如表6-31第（2）列所示。三是替换被解释变量。本节选用实际GDP作为被解释变量重新进行模型估计，回归结果如表6-31第（3）列所示。结果显示，三种检验方法下，主要解释变量的显著性以及估计值的相对大小与基准结果无甚差异，可以认为本节的结论是稳健的。

表6-30   工具变量回归

变量	第一阶段回归	第二阶段回归
	被解释变量：$difi$	被解释变量：ehq
$Internet$	0.058 *** (0.006)	
$message$	0.001 *** (0.000)	
$difi$		0.093 *** (0.010)
控制变量	YES	YES
双向固定效应	YES	YES
N	210	210
R^2	0.527	0.720
$Sargan$	1.777（$p=0.183$）	
相关性检验（F值）	52.830	

注：*** 、** 、*分别代表在1%、5%、10%的水平上显著，括号里是稳健标准误。

表6-31   稳健性检验结果

变量	（1）ehq	（2）ehq	（3）$\ln gdp$
$difi$	0.281 *** (0.016)		0.311 (0.261)

变量	（1）ehq	（2）ehq	（3）lngdp
ln*difi*		0.245 *** （0.021）	
ln*hc*	0.393 *** （0.038）	0.611 *** （0.039）	0.379 （0.628）
ln*trans*	− 0.037 *** （0.006）	− 0.047 *** （0.007）	− 0.416 *** （0.093）
gov	0.014 （0.053）	− 0.007 （0.063）	1.699 * （0.872）
ln*indus*	− 0.024 *** （0.004）	− 0.017 *** （0.004）	0.708 *** （0.063）
C	2.633 *** （0.099）	2.548 *** （0.118）	2.958 * （1.623）
个体效应	YES	YES	YES
时间效应	YES	YES	YES
N	270	270	270
R^2	0.864	0.810	0.608

注：***、**、* 分别代表在1%、5%、10%的水平上显著，括号里是稳健标准误。

基于上述研究发现：第一，数字普惠金融以更广的覆盖范围、更便利的使用体验以及更深层次的数字技术的运用促进了经济高质量发展，进一步分析发现，数字普惠金融的覆盖广度对经济高质量发展的促进作用最大，其使用深度以及数字化程度的作用效果较小。第二，数字普惠金融对经济高质量发展的驱动作用存在传统金融发展门槛以及市场化程度门槛。第三，通过传导路径的检验，证实数字普惠金融对经济高质量发展的提升效应可以通过抑制碳排放，尤其是降低社会生产过程中产生的碳排放来实现。

上述结论对于依托数字普惠金融来推动经济高质量发展的启示在于：第一，健全数字普惠金融体系，深化数字普惠金融发展。应当进一步加强基础设施建设，例如优化网络通信环境、深化数字分析技术等。尤其要注意引导金融科技运用于数字普惠金融之中，通过科技创新健全数字普惠金融基础设施用以扭转其覆盖面、数字化程度不足的现状。第二，促进数字普惠金融与传统金融协同发展。在维护金融市场稳定的前提下，实现数字普惠金融与传统金融优势互补，鼓励传统金融机构利用数字技术实现数字化升级与转型。政府应当引导传统金融机构进行数字化改革创新，同时为数字普惠金融提供强大的发展平台。第三，推进市场化进程。深化我国市场改革，加速数据要素市场化，为数字普惠金融的发展提供政策支持。第四，强化数字普惠金融在碳减排领域中的催化作用。数字普惠金融应带动银行、保险等社会资本进入碳中和前沿科技领域，助力实体企业产业链绿色化。

第七章 自贸区制度创新
与经济高质量发展

导语：以自贸区建设中的制度创新来推进高水平开放，是新形势下重构中国经济增长动力长效机制和促进经济高质量发展的重要渠道。与上文分别从收入分配制度改革、高等教育质量改革、新型城镇化建设和数字普惠金融发展的角度来分析其影响经济高质量发展的逻辑相似，本章从自贸区制度创新的角度来探索其影响经济高质量发展的路径，内容上包括自贸区税收政策创新及其绩效、自贸区金融制度创新及其绩效、自贸区建设的增长绩效以及自贸区促进经济高质量发展的"金融效应"四个方面。从内容上来看，尽管自贸区建设在渐进式改革创新中仍然存在着亟须进一步完善的地方，但在国际贸易摩擦日益频繁和日趋激烈的形势下，更大程度地加大对外开放的力度，更高水平地提升对外开放的质量，更有新意地打造对外开放的格局，应以自贸区和自贸港的建设为主要落脚点。研究发现：从整体绩效看，自贸区建设推动了区域经济的高质量发展，但上海自贸区因创新能力未得到有效提升而给其经济高质量发展带来了负向政策效应；从传导机理看，自贸区建设对提升贸易质量、带动社会投资、激发创新能力和促进金融创新等方面都具有积极作用，且这些政策效应将随着时间推移而愈加显著，但也不排除个别地区存在政策效应"失灵"的现象；从横向比较看，自贸区建设所带来的政策效应在不同地区之间存在着显著的空间差异，即不同自贸区对经济发展质量及动力机制的影响均存在着明显的异质性。

第一节 自贸区税收政策创新及其成效

新时期打造新的对外开放格局，应以自贸区建设为契机推动中国经济的高质量发展。从习近平总书记在第二届中国国际进口博览会开幕式上的主旨演讲中所谈到的"中国将继续鼓励自由贸易试验区大胆试、大胆闯，加快推进海南自由贸易港建设，打造开放新高地"，到十九届四中全会所形成的重要精神文本《中共中央关于坚持和完善中国特色社会主义制度，推进国家治理体系和治理能力现代化若干重大问题的决定》所明确的"加快自由贸易试验区、自由贸易港等对外开放高地建设"，无不表明自贸区建设在推动经济高质量发展中的重要引领作用。因此，在国际贸易摩擦日益频繁和日趋激烈的形势下，更大程度地加大对外开放的力度，更高水平地提升对外开放的质量，应以自贸区建设为主要落脚点。

制度创新是自贸区区别于中国以往任何经济组织形式的重要内容，其中税收政策创新和金融政策创新又是其发挥制度红利的关键所在。自上海自贸区设立以来，其在税收政策等制度上的创新经验，已经成为后续批次自贸区复制和推广的重要方案。在第二批（广东、天津、福建）和第三批（辽宁、浙江、河南、湖北、重庆、四川、陕西）的实施方案中，税收政策均比照上海自贸区，具有大致相同的政策表述，即落实现有相关税收政策，充分发挥现有政策的支持促进作用。具体表现在：已经试点的税收政策原则上可在自贸试验区进行试点，其中促进贸易的选择性征收关税、其他相关进出口税收等政策在自贸试验区内的海关特殊监管区域进行试点；自贸试验区内的海关特殊监管区域范围和税收政策适用范围维持不变。此外，在符合税制改革方向和国际惯例，以及不导致利润转移和税基侵蚀的前提下，积极研究并完善境外所得税收抵免的税收政策。那么，自贸区内的税收政策具有怎样的特征？政策的制定和实施是否给地区内经济的高质量发展带来了显著的绩效？基于此，本节拟梳理各自贸区税收制度的共性安排和个性安排。

（一）自贸区税收政策的共性安排

除国家规定的适用于进出口和保税区范围的增值税政策外①，各批次不同地区的税收政策至少还具有以下三个方面的共性安排。

第一，实施促进投资的税收优惠政策。通过实施递延型的税收政策来

---

① 按照《关于深化增值税改革有关政策的公告》（财关税〔2019〕39号），进出口、保税区相关的增值税改革有：第一，增值税一般纳税人发生增值税应税销售行为或者进口货物，原适用16%税率的，税率调整为13%；原适用10%税率的，税率调整为9%。第二，原适用16%税率且出口退税率为16%的出口货物劳务，出口退税率调整为13%；原适用10%税率且出口退税率为10%的出口货物、跨境应税行为，出口退税率调整为9%。出口退税率的执行时间及出口货物劳务、发生跨境应税行为的时间，按照以下规定执行：报关出口的货物劳务（保税区及经保税区出口除外），以海关出口报关单上注明的出口日期为准；非报关出口的货物劳务、跨境应税行为，以出口发票或普通发票的开具时间为准；保税区及经保税区出口的货物，以货物离境时海关出具的出境货物备案清单上注明的出口日期为准。第三，适用13%税率的境外旅客购物离境退税物品，退税率为11%；适用9%税率的境外旅客购物离境退税物品，退税率为8%。

减缓投资企业的资金压力，在分期缴税政策的实施过程中最终降低企业的生产成本，从而吸引资本和人才等高端生产要素的流入。如这些优惠政策规定：注册在试验区内的企业或个人股东，因非货币性资产对外投资等资产重组行为而产生的资产评估增值部分，可在不超过 5 年期限内分期缴纳所得税。又如：对试验区内企业以股份或出资比例等股权形式给予企业高端人才和紧缺人才的奖励，实行已在中关村等地区试点的股权激励个人所得税分期纳税政策。

第二，实施促进贸易的税收优惠政策。通过实施出口退税、征税环节优惠、免税等方式来促进特定行业、特定商品或劳务的进出口贸易，以使贸易行为符合国家和地区产业结构调整和经济发展方式转型的需要，最终促进地区经济的高质量发展。其中，出口退税的相关规定有：将试验区内注册的融资租赁企业或金融租赁公司在试验区内设立的项目子公司纳入融资租赁出口退税试点范围。征税环节优惠的相关规定有：对试验区内注册的国内租赁公司或租赁公司设立的项目子公司，经国家有关部门批准从境外购买空载重量在 25 吨以上并租赁给国内航空公司使用的飞机，享受相关进口环节增值税优惠政策。① 免税的政策规定有：在现行政策框架下，对试验区内生产企业和生产性服务业企业进口所需的机器、设备等货物予以免税，但生活性服务业等企业进口的货物以及法律、行政法规和相关规定明确不予免税的货物除外。

第三，实施可复制、可推广的共享性创新服务措施。在上海等地自贸区先行试点的基础上，一些创新性的税收政策逐渐为更多自贸区所复制，并在现实推广中逐渐形成了具有当地特色的创新举措。具体表现在：一是实施"办税一网通 10 + 10"创新税收服务措施。所谓"办税一网通 10 + 10"，是指在将上海自贸区"办税一网通"10 项创新税收服务措施推广至广东、天津、福建自贸区的同时，再在广东、天津、福建、上海自贸区推出 10 项创新税收服务措施。② 这些措施主要聚焦于通过网络化和智能化办

---

① 优惠政策根据《财政部 国家税务总局关于调整进口飞机有关增值税政策的通知》（财关税〔2013〕53 号）和《海关总署关于调整进口飞机进口环节增值税有关问题的通知》（署税发〔2013〕90 号）规定执行。

② 按照《国家税务总局关于创新自由贸易试验区税收服务措施的通知》（税总函〔2015〕208 号）的规定，"办税一网通 10 + 10"中前"10"是指网上自动赋码、网上自主办税、电子发票网上应用、网上区域通办、网上直接认定、非居民税收网上管理、网上按季申报、网上备案、纳税信用网上评价、创新网上服务；后"10"是指国地税办一窗化、自助业务一厅化、培训辅导点单化、缴费方式多元化、出口退税无纸化、业务预约自主化、税银征信互动化、税收遵从合作化、预先约定明确化、风险提示国别化。

公来为办税服务提供便利性，从而提高行政效率。二是实施扩大内销选择性征收关税政策。① 所谓内销选择性征收关税政策，是指对海关特殊监管区域内企业生产、加工并经"二线"内销的货物，根据企业申请，按其对应进口料件或按实际报验状态征收关税，进口环节增值税、消费税照章征收。企业选择按进口料件征收关税时，应一并补征关税税款缓税利息。

（二）自贸区税收政策的个性安排

1. 上海自由贸易试验区

对于上海自贸区的功能定位，刘剑文（2014）指出它除了自贸区本身固有的对外开放、自由贸易功能，还在特殊时点下被赋予制度创新和改革尖兵的重任。因此，自上海自贸区获批成立之始，其所实施的创新性税收政策就注定要具有可复制性和可推广性。尽管如此，上海自贸区在简化和便捷办税流程、降低企业投资生产成本以及促进生产要素流入等方面仍然制定了不同于其他自贸区的税收政策，因而具有十足的个性，见表 7-1。

表 7-1 上海自贸区相关税收政策

开始时间	范围	税收政策	目的
2003 年 12 月	上海外高桥保税区、外高桥港区	国内货物进入物流园区视同出口，办理报关手续，实行退税；园区货物内销按货物进口的有关规定办理报关手续，货物按实际状态征收；区内货物自由流通，不征增值税和消费税	促进保税区健康有序发展，为吸引外资、增强企业国际竞争力、扩大外贸出口
2012 年 8 月	洋山保税港区	启运港退税政策	缩短企业出口退税时间，降低资金占压成本，提高企业资金周转
2014 年 4 月	上海自贸区	对一般纳税人资格认定进行提速，"先批后核、核批分离"，进一步科学下放发票审批权限，完善事项的事中事后监管措施	缩短纳税人等候时间，充分还责、还利于纳税人，缩短审批周期，对发现的纳税人异常涉税指标及时预警和处理

---

① 《关于扩大内销选择性征收关税政策试点的通知》（财关税〔2016〕40号）要求：将内销选择性征收关税政策试点扩大到天津、上海、福建、广东四个自贸试验区所在省（市）的其他海关特殊监管区域（保税区、保税物流园区除外），以及河南新郑综合保税区、湖北武汉出口加工区、重庆西永综合保税区、四川成都高新综合保税区和陕西西安出口加工区5个海关特殊监管区域。

开始时间	范围	税收政策	目的
2015 年	上海市	出口退税无纸化管理	缓解企业资金压力，解决纳税人"两头跑""多次跑"等问题
2016 年 1 月	上海市	积极推进"互联网＋税务"服务模式，深化行政审批事项改革	推动企业快捷高效办税；简化升级办税流程，推进非贸付汇便利化；有效防范非贸付汇涉税风险
2016 年 4 月	上海（海关）	离岸服务外包全程保税监管制度	让企业享受到进口环节税费的优惠
2017 年 6 月	外高桥和洋山港保税区	"网上领票＋专业配送"服务	解决发票领用耗时耗力问题，减轻企业的费用负担，提高工作效率
2018 年 1 月	外高桥港区洋山保税港区	完善启运港退税政策	扩大政策成效，进一步推动自贸区发展
2018 年 8 月	上海市	启动智能优惠关税系统（Smart FTAX）	为企业提供自由贸易协定优惠关税的一站式查询及应用解决方案

资料来源：根据中国（上海）自由贸易试验区官网披露的相关信息整理而得。

以临港新片区的税收政策为例，其定位为"具有国际竞争力"的税收制度和政策规定[①]：对境外进入物理围网区域内的货物、物理围网区域内企业之间的货物交易和服务实行特殊的税收政策。这些特殊的税收政策表现在对新片区内符合条件的从事集成电路、人工智能、生物医药、民用航空等关键领域核心环节生产研发的企业，自设立之日起 5 年内减按 15% 的税率征收企业所得税。此外，新片区还将研究适应境外投资和离岸业务发展的新片区税收政策，研究实施境外人才个人所得税税负差额补贴政策；在不导致税基侵蚀和利润转移的前提下，探索试点自由贸易账户的税收政策安排。

2. 广东自由贸易试验区

广东自贸试验区的税收政策创新集中体现在其"自贸税易通"12 项税收服务中。这 12 项措施，总体上可以概括为"三易、三快、三优、三

[①] 参阅《中国（上海）自由贸易试验区临港新片区总体方案》（国发〔2019〕15 号）。

联"，具体包括提供随身易电子办税服务、全天易自助办税服务、开票易电子发票服务，快速办理出口退（免）税、快速办理税收优惠、快速办理涉外业务，优化涉税事项办理、优化票证领用手续、优化税收政策辅导，实行税务登记联合赋码、纳税信用联合共建、粤港澳税收联合互动。与上海自贸区的税收政策相似，广东自贸区的税收政策也主要聚焦于办税流程的简化、纳税效率的提高以及投资生产的优惠等方面，其采用的方式主要有变更办税程序、启用智能办税系统、缩短办税时间、降低相关税率等，具体措施及其政策意义见表7-2。

表7-2　　　　　　　　　　广东自贸区各片区相关税收举措

片区名称	实施时间	政策措施	意义
南沙新区	2015年8月	打造"互联网+自贸税易通"纳税	提升纳税服务质量与效能
	2015年12月	推行"自主有税申报"	强调纳税人申报税款的自主性
		推行"先办理、后监管"	实现行政管理的高效化
		推行复杂涉税事项事先裁定	为重点企业提供事先税收服务
		推行"三代"手续费全流程电子化支付	解决征纳双方权责不对等、纳税人申领"三代"手续费意愿不强等问题
	2020年1月	全面推行增值税电子普通发票和区块链电子发票，取消纸质发票	申领开票快捷、保存查询方便、核算对账清晰
前海蛇口	2014年	减按15%税率征收企业所得税	有效降低企业成本
	2016年3月	税务"全职能"窗口"一口办"，办税和缴款业务实现"网上办"，即办类业务实现"马上办"，咨询服务类业务"限时办"	提升前海e站通行政服务中心地税窗口服务质量
	2016年7月	建立税收数据化管理模式	提高税收风险筛选的精准度
	2019年	以信用为基础的纳税人分级分类管理，"升级管理系统""优质企业入链""欠税信息共享"	加快业务的办理速度，方便纳税人，激励企业。将信用税收做实做细；提高清缴欠税效率；提高开票效率

片区名称	实施时间	政策措施	意义
前海蛇口	2019 年 2 月	前海境外高端人才和紧缺人才个人所得税财政补贴政策（2013 年实施的"前海境外人才个税超过应纳税所得额15%"的税收部分由深圳市政府以财政补贴的形式返还）	修订完善政策让更多境外人才受益，境外人才个税补贴政策推广到粤港澳大湾区提供了可借鉴、可复制推广的经验模式
	2019 年 11 月	全面推行电子发票	降低税收征管成本和遵从成本
珠海横琴新区	2013 年 5 月	对部分货物免税、保税①	对部分货物免税、保税，降低企业成本，增加利润
	2014 年 6 月	横琴企业销售货物免增值税、消费税②	实行增值税和消费税退税政策，降低企业成本，吸引外资
	2017 年 4 月	移动应用实时缴税、人民币跨境缴税、证明文书网上开具、全税种有税申报、"一体化处罚"国地税"一窗通办""误收多缴退抵税绿色通道"	创新服务享便利，提速减负降成本，诚信纳税重信用
	2017 年 10 月	"税收遵从指数模式""纳税便利化指数及服务体系""税银信用'e'贷""创新税务诚信报告免责体系"	提升办税便利化程度和纳税人获得感；最大限度保障纳税人利益
	2019 年 5 月	"琴税 e 惠"微信小程序	为广大纳税人和缴费人提供一个便捷的税收政策服务平台
	2019 年 8 月	将旅游业纳入横琴新区企业所得税优惠目录，在横琴新区内的旅游企业将享受减按 15% 税率征收企业所得税③	对促进横琴新区休闲旅游产业集聚发展、加快横琴国际休闲旅游岛建设、助力澳门"一中心、一平台、一基地"建设产生重要的推动作用

资料来源：根据中国（广东）自由贸易试验区官方网站披露的相关信息整理而得。

3. 天津自由贸易试验区

相对而言，天津自贸区税收政策的个性安排较少，其政策措施与其他自贸区的方案较为一致。主要有三个方面的规定：第一，关于选择性征收

---

① 参阅《关于横琴开发有关进口税收政策的通知》（财关税〔2013〕17 号）。

② 参阅《关于横琴平潭开发有关增值税和消费税政策的通知》（财税〔2014〕51 号）。

③ 参阅《关于横琴新区企业所得税优惠目录增列旅游产业项目的通知》（财税〔2019〕63 号）。

关税政策,在自贸试验区内的海关特殊监管区域进行试点,即对设在自贸试验区海关特殊监管区域内的企业生产、加工并经"二线"销往内地的货物照章征收进口环节增值税、消费税,根据企业申请,试行对该内销货物按其对应进口料件或按实际报验状态征收关税的政策。① 第二,关于保税平台,在严格执行货物进出口税收政策前提下,允许在自贸试验区海关特殊监管区域内设立保税展示交易平台。第三,实施优惠性的税收政策。对在天津滨海新区设立并经天津市科技主管部门按照国家有关规定认定的内、外资高新技术企业,减按15%的税率征收企业所得税;对在天津经济技术开发区、天津港保税区、天津出口加工区和天津新技术产业园区内的企业,继续执行现行税收优惠政策,对符合前款规定的企业,可减按15%的税率征收企业所得税。②

4. 福建自由贸易试验区

相对于平潭片区,厦门片区和福州片区的税收政策具有更多的创新举措,同时亦带来了较为明显的经济绩效。其中,厦门片区的税收政策创新主要体现在三个方面:一是签署"银税互动"合作协议,即经纳税人授权,税务部门将纳税信用信息提供给银行,银行根据企业纳税信用情况给予小微企业信用贷款等融资支持。这一措施有效地解决了小微企业想贷款但无资产可担保、银行想给有发展潜力的小微企业贷款却无法掌握其信用的困境,实现了税银企三方共赢。二是出口退(免)税相关证明实现无纸化,有效地缓解了企业资金压力,解决了纳税人"两头跑""多次跑"等问题。三是推出集成电路产业链保税监管模式,即依托"芯火"双创基地(平台),对规定业务范围内进口相关货物、物品、设备及软件、技术等无形产品予以保税。这一措施的意义在于:能够有效解决集成电路中小微设计企业在研发初试阶段的税费和通关效率问题,满足集成电路产业生产要素自由、高速流动的需求,促进了企业发展和产业集聚。不同于厦门片区,福州片区的创新举措相对单一地表现在其推出的3A移动办税平台,即纳税人可以通过手机,在任何时间、地点办理任何税务事项。很明显,这一举措能够让征纳双方突破时空限制,实现信息高度共享,优化了税收服务,提升了征管效率,让纳税人的需求得到最快捷的满足,并让税务部门实时了解税源管理和风险管控情况。

---

① 参阅《关于中国(天津)自由贸易试验区有关进口税收政策的通知》(财关税〔2015〕21号)。

② 参阅《财政部 国家税务总局关于支持天津滨海新区开发开放有关企业所得税优惠政策的通知》(财税〔2006〕130号)。

5. 辽宁自由贸易试验区

除了在办税便利性进行全国经验的复制外，辽宁自贸区基于当地的产业结构与企业形式，主要在两个方面进行了税收政策上的创新：一是允许试点企业对再制造原材料开具增值税发票并进行税前抵扣。二是非上市及未在全国中小企业股份转让系统挂牌的中小高新技术企业以未分配利润、盈余和资本公积向个人股东转增股本，高新技术企业转化科技成果给予本企业相关技术人员的股权奖励，可在不超过5个公历年度内分期缴纳。[①]

6. 浙江自由贸易试验区

浙江为推动自由贸易试验区的快速发展，在提升办税效率方面做了四个方面的创新：一是搭建"15分钟办税圈"，为纳税人就近办税提供更多选择、提升自贸区办税便捷度和效率。二是开办"网上税务局"，实现了统一渠道、统一地址、统一登录、统一界面、原国地税电子税务局全部功能一站办理，高效便捷。三是深化"税银互动"合作领域，拓展受惠群体、提升运行效率，真正实现税、银、企三方高效对接。四是建立"兼合式协税网"，使得减税降费的宣传辅导成效呈现几何级增长。

7. 河南自由贸易试验区

河南自贸区郑州片区联合推出了服务自贸区发展的八项举措[②]：一是促进国地税业务一体化。进一步加强国、地税深度融合，实现"进一家门、取一次号、到一个窗、办两家事"。二是实现业务流转快捷化。业务审批网络化，全面推广网上办税，达到区内新办非个体纳税人网上办税宣传覆盖面百分之百，实现纳税人办税不进厅、大厅办税不排队；业务办理简约化，优化流程，提高流转效率，实现自贸区内流转业务全面提速，效率提升一倍；拓展"免填单"服务，实行免单和签单服务措施，实现涉税信息一次采集、按户存储、共享共用。三是促进办税服务便利化。优化资源配置，全面落实各项服务措施，最大限度方便纳税人。四是实现网上办税智能化。拓展"互联网＋税务"内容，在自贸区内推行"互联网＋自助办税服务"。五是推进专属业务精准化。加强自贸区实体和网上纳税人学堂的建设和管理，共同提供网上办税专项辅导，共同举办专题政策讲座，共编培训计划，共建师资队伍，共享培训资源，为自贸区纳税人提供动态化、个性化政策辅导和咨询服务。六是推进税收救济畅通化。建立健

---

① 参阅《中国（辽宁）自由贸易试验区沈阳片区第二批政策清单的通知》（沈政发〔2017〕49号）。

② 详见中国（河南）自由贸易试验区官网，http://www.zzftz.gov.cn/dfdg/992.jhtml。

全自贸区税收执法机制和投诉协调处理机制，规范税收执法行为，畅通企业税收救济渠道。在自贸区内建立纳税人维权中心。七是促进税收发票电子化。在自贸区先行推广电子发票，实现电子发票"全网络、全环节、全覆盖"，纳税人电子发票的申请、审批、领用、开票到验旧供新均在网上完成。八是推进出口退税便捷化。对自贸区内资信好、级别高的一类出口企业，开辟绿色通道，五个工作日内完成退税流程。

8. 湖北自由贸易试验区

湖北自贸区在不同片区具有不同的税收政策创新。其中，在武汉片区，主要表现为优化涉税办理程序、压缩办理时限、建立15分钟办税服务圈。在襄阳片区，主要实行"两无一免"退税模式以及全面推行"三快两免三无"的"323"办税服务举措，这些举措的特征在于无申请、无纸化、免填单，主动办，批量办；宣传辅导快、信息传递快、需求响应快；退税免填单、免跑路；前置无申请、审核无打扰、办理无纸化。在宜昌片区，主要在于促进纳税人跨区自由迁移，即取消纳税人办理跨区迁移时的注销清税流程，纳税人的涉税资格、发票信息和纳税申报义务全部保留，且自动延续至迁入地，纳税人可实现带税迁移、带票迁移等。

9. 重庆自由贸易试验区

根据重庆市《中国（重庆）自由贸易试验区管理试行办法》中第四章贸易便利第二十条规定，重庆自贸区税收政策的个性安排主要有：第一，实施货物状态分类监管，推行通关无纸化，允许企业自选核算方式，自定核销周期，自主核报，自主补缴税款，促进贸易业态发展。第二，对注册在重庆自贸试验区海关特殊监管区域内的融资租赁企业进出口飞机、船舶、海洋工程结构物等大型设备涉及跨关区的，在确保有效监管和执行相关税收政策的前提下，按物流实际需要，实行海关异地委托监管。第三，实施促进投资和贸易的有关税收政策，积极落实境外所得税收抵免的税收政策。在重庆自贸试验区建立便捷的税收服务体系，开展税收征管现代化试点，推行网上办税，提供在线纳税咨询、涉税事项办理情况查询等服务，实现主要涉税事项跨区域通办。

10. 四川自由贸易试验区

四川自贸区税收政策的个性安排表现在其推行出口退（免）税无纸化管理。其中，天府新区片区的具体措施是创建"海豚导税"微信平台，成都片区则推行中西部首个"税务企业号"、推行智能办税桌面系统、建立"一站式"税收服务专区、启用"国地联办"模式、开通视频会商系统、全面实施预约服务、推行涉税业务"全省通办"、发票领用"非接触式"

办理、推行"二维码"开票缴税、制作发布税收优惠政策指引、推行全流程涉税风险提示等，川南临港片区创新性地提出生产型出口企业出口退税服务前置，此举措已推广至全国。

11. 陕西自由贸易试验区

为了破解小微企业融资难的问题，陕西自贸试验区西安经开功能区创新了"税－银－企"合作机制，取得了较好的成效。目前，此案例已被国务院自由贸易试验区工作部际联席会议简报印发，供全国其他自贸试验区学习借鉴。其创新举措主要表现在：一是推出纯信用贷款模式。"税－银－企"合作机制借助大数据和"互联网＋金融"新技术手段，将金融科技融入合作模式创新，推出专门为小微企业提供的"因税获贷"纯信用贷款产品。二是简化企业贷款办理流程。"云税贷"是实现 7×24 小时自助全流程线上操作，小微企业贷款实现高效率、高额度，不受时间与空间的限制。三是设立税银企服务保障区。西安经开功能区设立了"税银 E 站"金融角暨纳税服务创新成果体验区，开启了办税服务厅办理贷款业务新模式。这些做法开辟了新的融资通道、降低了企业融资成本、促进了社会诚信建设，对于引导纳税人依法经营、诚信纳税具有重要意义。

12. 海南自由贸易试验区

海南自贸区个性化的税收政策集中体现为"无税不申报"政策。[①] 其中，政策适用范围为无发票票种核定的单位纳税人，需符合三个条件：当期全部收入为零；未做发票票种核定，即已申请发票票种核定、领购发票的纳税人不适用；属于增值税小规模单位纳税人，包括国家机关、企事业单位、社会团体等，不包括个体工商户、个人独资企业和合伙企业。政策适用税（费）种范围为增值税和消费税及其附加税费、印花税、土地增值税、资源税、环境保护税、车船税、车辆购置税、烟叶税、耕地占用税、契税、文化事业建设费等 15 个税（费）种，企业所得税、个人所得税、房产税和土地使用税除外。

13. 山东自由贸易试验区

为了提高办税效率，山东自贸区采取以下措施：第一，大力开展出口退税正风提速专项整治，对内大力精简出口退税流程资料，优化申报环节、审理流程和容缺办理，对外大力加强与人民银行等多部门沟通协作，

---

① 参见《国家税务总局海南省税务局关于推行"无税不申报"的通告》（国家税务总局海南省税务局通告 2019 年第 19 号）。

压缩报送资料、送单时间和退库时间。第二，开发电子信用证明，从线下窗口办变为线上自助办，让纳税信用 A 级纳税人足不出户即可查询、下载、打印电子信用证明。第三，开发微信办税服务平台，不断创新拓展微信办税功能。第四，推行税收政策法规查询软件。第五，投资重大建设项目实行税收困难减免。第六，融资租赁业务实行出口退税，自贸试验区济南片区内融资租赁企业、金融租赁公司及其设立的项目子公司，以融资租赁方式租赁给境外承租人且租赁期限在 5 年（含）以上，并向海关报关后实际离境的货物，试行增值税、消费税出口退税政策。

14. 江苏自由贸易试验区

江苏自贸区在不同片区具有不同的税收政策安排。其中，南京片区为企业提供"税务芯卡"，定制了"133"自贸区纳税服务举措。"1"是在自贸区设立"一条龙"的新办企业服务，工商、税务、公安、银行"流水线"自动对接，确保企业营业执照、税务登记等业务立办可取、一站办结；第一个"3"是在自贸区初期集中布点三台自助办机，实现 24 小时办税不打烊，保障园区内的纳税人可以实现信息查询、税票开具、发票开具等 4 项服务的自助操作；另一个"3"是实施"一企一卡一芯"的成长定制服务。在具体操作中，自贸区企业办理税务登记即会获得一个"税务芯片"，这个芯片相当于一张"税务身份证"，记录了企业的基本信息和为企业量身定制且会及时更新的适用税收优惠政策。此外，企业到办税服务厅办理业务时，通过刷芯片卡可进入"自贸区绿色通道"，享受便捷服务。苏州片区实施离岸服务外包业务免征增值税、技术转让技术开发免征增值税优惠政策。连云港片区制作了针对自贸区的办税"智慧礼包"，取消了 35 项税务证明事项，将 18 项新一批证明作为告知承诺制试点事项，推广出口退税全面网上办理，办理退税平均时间缩短为 2 个工作日，大力优化企业税务注销程序。

15. 黑龙江自由贸易试验区

黑龙江自贸区个性化的税收政策主要有①：一是鼓励对俄及开放型产业集聚发展，设立退税资金池。对出口企业应予获得的退税，经审核后等额先期支付给企业，税务部门正式返还后，收回纳入资金池周转。二是真正用好高水平人才，给予高级管理人才奖励。对纳入区内统计，符合产业布局规划要求、年度对地方经济发展贡献排名前 10 位的企业（房地产除

---

① 参阅《哈尔滨新区暨黑龙江自由贸易试验区哈尔滨片区关于鼓励产业集聚推动高质量发展的若干政策措施》。

外），给予企业领导班子（按实数，最高不超过 10 名）以及核心骨干人才（最高不超过 10 名）的个人所得税 80% 奖励（区本级留成部分，下同）；年度对地方经济发展贡献排名前 11～20 的企业，给予企业领导班子（按实数，最高不超过 10 名）以及核心骨干人才（最高不超过 10 名）的个人所得税 50% 奖励。三是建立个人收入倍增计划。在区内汇缴所得税、企业给予员工年度工资相对上一年新增部分，在个人所得税上给予 50% 的补贴。在区内汇缴所得税，由国家相关部门单独或联合认定的国家级工程技术研究中心、重点实验室、产业创新中心内工作的核心研发人员，在个人所得税上给予 30%～50% 的补贴。此外，黑河片区也不断探索税收便利化的路径，复制应用快速反应机制、电子税务局、办税自助机、"六能"服务等指标。

此外，广西自贸区、河北自贸区和云南自贸区由于获批成立的时间相对较短，因此尚未如其同批次的山东、江苏和黑龙江自贸区一样，形成了具有个性化的税收政策安排。从其官网披露的相关信息来看，目前其税收政策主要集中于办税流程的简化、纳税效率的提高、办税方式智能化和无纸化等方面，而在税收优惠政策上并未呈现。应当说，这与全国各自贸区所实施的便利化税收政策是一致的。

（三）自贸区税收政策创新的成效与优化方向

1. 主要成效

各自贸区在税收政策上所作出的创新尝试，给其辖区内投资贸易的促进和生产要素的流入都带来了极为重要的影响。具体而言，这些显著的成效表现在：

第一，转变政府职能改革成效明显。在我国自贸区建设的总体方案中，所涉及的主要任务和措施都将"加快转变政府职能"排在了首要位置。而在自贸区建设实践中，转变政府职能的改革成效亦十分明显，这对推动政府治理机构创新、提升政府治理能力都起到了十分重要的作用。从思路上来看，自贸区建设的重心在于在现行税收法律法规允许的范围内，最大限度地赋权还责给纳税人，为中国扩大开放和深化改革探索新思路和新途径。这一政策思路能够很好地体现在上文税收制度的共性安排和个性安排中，即以简化办税流程为导向，通过创建网上办税平台和实施一窗化办理措施在程序上、时间上提高简化程度和办事效率。

第二，有利于吸引高端人才。已获批的大部分自贸区都实施了旨在吸引高端人才的优惠政策，如"对试验区内企业以股份或出资比例等股权形式给予企业高端人才和紧缺人才的奖励，实行已在中关村等地区试点的股权激励个人所得税分期纳税政策"，这些政策对于吸引并留住高端人才，以更好地让其为企业的建设与发展问诊把脉和建言献策都具有十分重要的激励作用。

第三，提高投资领域开放程度。从自贸区所实施的方案来看，大部分自贸区都放宽了外资并购的准入限制，凡是不涉及准入特别管理措施的外资并购，全部实行备案管理制度，这一准入门槛上的降低能够有效地促进资本投资规模的扩大。此外，自贸区方案中所实行的"负面清单 + 准入前国民待遇"也大大地提高了开放程度。这是因为：一方面，"负面清单"之外的均可投资；另一方面，准入前国民待遇原则上意味着我国在不断加大开放底线和风险测试，使得自由贸易试验区投资领域的开放程度越来越高，对外资的开放程度也已经达到国际水平。另外，方案中涉及的"非货币性资产投资政策"也可以吸引外资，该政策的实施可以使企业享受递延纳税的待遇，从而降低其生产经营成本。

第四，有利于打造高效的营商环境。税收制度创新是自贸区建设的主要目标。对企业来说，在统一税制环境下，自贸区更加依靠法制化的管理，更加注重建立电子税务信息共享系统，创造更为简洁高效和规范的税制环境，这对纳税人而言必将带来遵从成本的降低和纳税意识的增强，有利于良好营商环境的形成。

2. 主要问题

尽管自贸区所实施的创新性税收政策在简化办税流程和提高办事效率等方面取得了显著的成效，但由于其并未真正触及税制的根本，因此对于企业所带来的激励作用可能较为有限。就目前而言，这些不足主要体现在四个方面。

第一，税改推进成效不大。在现行自贸试验区政策框架下，全国各地自贸区在企业所得税及个人所得税方面均实行与国内基本一致的税率水平，税改推进成效不大。一方面，企业所得税和个人所得税与国际通行规则衔接不畅，抑制了投资贸易自由化向纵深发展；另一方面，允许区内注册企业开展区外业务，区内外企业管理界限模糊，无法实施自贸区企业独享的差异化税制。

第二，未形成完整的税收政策体系。前三批自由贸易试验区总体方案中都提道：在符合税制改革方向和国际惯例以及不导致利润转移和税基侵蚀的前提下，积极研究完善适应境外股权投资和离岸业务发展的税收政策。但就目前而言，我国对于境外股权投资和离岸业务发展的税收政策还在研究阶段，并未在现实中形成相对完整的税收政策体系。

第三，税收政策创新不足。从横向比较来看，各自贸区所制定和实施的税收政策大同小异，即共性的税收政策较多，而符合自贸区自身特色的税收创新举措则相对较少，因此，缺少政策创新的亮点。

第四，税收政策的法制保障不健全。我国自贸区在税收优惠的法制建设上并不规范，只是通过各地自由贸易试验区总体方案以及国家税务总局、海关总署、财政部等部门发布的法律和规范性文件予以实施，所以导致各自贸区的税收优惠不能细致统一，或者说优惠的力度存在着"谨小慎微"或"蜻蜓点水"式的触及，因此并未发挥税收保障下的有效激励作用。

3. 优化方向

突破上述税收政策创新上的不足，应在已有的法律框架内，在税收政策优化上注重本土与国际规则的接轨，即税率应与全球自由贸易区的平均水平看齐；应实施分类管理与精准识别，税收优惠政策应针对发生实际自贸区业务的部分，防止虚拟注册企业、无自贸区业务的企业享受新片区的税收优惠；应利用所能运用的政策工具进行政策创新，应在企业所得税、个人所得税、资本利得税和红利税等方面做到全方位覆盖；应对所有市场主体给予一视同仁的国民待遇，防止企业规模、类型、国别上的政策歧视；应在尊重市场主体地位的同时，强化政府的宏观监管和指导作用。具体而言，税收政策优化的措施如下。

第一，借鉴他国（地区）经验统一企业所得税税率。普遍实行税收优惠以降低企业经营成本是国际上自贸区的通行做法，如新加坡、中国香港、韩国、德国等地著名自贸区的企业所得税税率都在15%～17%。目前，除高新技术企业可减按15%的税率缴纳企业所得税外，自贸区注册企业实际业务不区分在区内还是区外发生，为公平税负，所得税税率只能与国内企业保持一致，按25%征收。

第二，明确境外投资者涉税细则。为提升新片区对全球资金的吸引力，要明确对境外投融资者参与我国金融市场的税制安排，制定统一透明的境外投资者涉税细则，探索由境内金融基础设施代扣代缴规则。

第三，施行个人所得税优惠政策。借鉴粤港澳大湾区吸引国际高端人才的个税政策和做法，支持自贸区新片区实施更加优惠的个人所得税政策，对在新片区工作的境外（含港澳台）领军人才和紧缺人才，按内地与境外个人所得税税负差额给予补贴，并对该补贴免征个人所得税。甚至，应该一步到位地对在新片区工作的全球高端人才给予与香港等地接近或同等的个人所得税税负的政策安排，吸引海外高层次人才加速流向自贸区新片区。对于受雇于新片区内享有"境内关外"政策的外资企业的中国公民，与外国雇员一样享有关外的优惠政策。

第四，给予跨境商品零售以税收优惠。超低水平关税乃至零关税和增值税（消费税）优惠是世界各国自由贸易（港）区的通行做法。建议在自贸区新片区，将国家跨境电子商务零售进口税收政策扩大应用到高端服务贸易领域。参照现行跨境电商税收政策，给予按进口商品跨境零售征收综合税，即关税为零，增值税及消费税按70%计征，使更多民众享受到中国改革开放带来的发展红利。

第五，推进自贸区税收政策立法完善。有关部门应加强对自贸区立法的完善，各地自由贸易试验区总体方案以及国家税务总局、海关总署、财政部等部门发布的法律和规范性文件只是规定了税收政策的实施，并未对各自贸区的税收政策规范统一，良好的税收法制环境可以大力提高税收征管的效率与质量，为自贸区的健康发展营造良好的环境。

第二节　自贸区金融制度创新及其成效

金融创新是自贸区建设的重点所在，其创新成效事关自贸区试验的成败（季卫东，2014）。以上海、天津、广东、福建为代表的四大自由贸易试验区在过去的几年中围绕人民币资本项目可兑换、金融服务业对外开放、人民币跨境使用、建设国际金融市场、加强金融监管等方面进行了大胆尝试，金融创新深入渐进，多批金融创新案例发布，部分试点经验得到复制推广，推动金融自由化的发展。然而，在实践过程中也碰到很多瓶颈，自贸区金融创新面对很多问题与挑战。那么，这些金融创新的成效如何？自贸区内的金融创新案例具有怎样的特点？未来自由贸易港建设中金融创新的思路又有哪些？

（一）自贸区金融制度的共性安排

各个自贸区的金融创新有以下三方面的共性：第一，实施推动人民币国际化的金融创新政策。绝大部分自贸区都提出扩大人民币跨境使用，推动人民币业务创新发展，大部分自贸区提出允许区内跨国企业集团开展跨境双向人民币资金池业务。自贸区在跨境人民币结算业务最重要的一项创新是，允许企业到境外借款，自贸区企业可以到境外发行人民币债券，例如到台湾地区发行的保岛债，到香港发行的点心债。自贸区金融机构可以向境外销售理财产品，自贸区企业可以对境外进行人民币股权投资，可以在区域性的股权交易所上市。

第二，实施促进对外开放的金融创新政策。自贸区金融创新服务改革开放，在外汇管理方面更加宽松，主要包括四个方面的内容：一是经常项目便利化，各个自贸区都已经开展了很多的业务，比如 A 类企业货物贸易收入无须开立待核查账户和电子单证审核等业务。二是资本项目便利化以及健全外债宏观审慎管理，例如自贸区内试行资本项目限额内可兑换。三是进一步简化跨境资金池，例如放宽跨国公司外汇资金集中运营管理准入条件。四是在商业保理、大宗商品交易平台等领域，例如允许自贸区内符合条件的融资租赁业务收取外币租金等。另外，在扩大市场准入方面，绝大部分自贸区都提出扩大金融市场开放，不仅支持在试验区内设立外资银行和中外合资银行，还支持民营资本设立中小银行。多个自贸区鼓励在试验区内设立专业从事境外股权投资的项目公司。

第三，实施以服务实体经济为导向的金融创新制度。各个自贸区在保险方面的金融创新较多，除了黑龙江、广西两个自贸区，其余 16 个自贸区总体方案中均提到保险创新，支持设立各类专业性保险机构，开展产品创新。关于金融创新服务实体经济的规定有很多①，例如允许自贸区内银行业金融机构按相关规定为境外机构办理人民币衍生产品等业务，支持地方法人银行在依法合规、风险可控的前提下开展人民币与外汇衍生产品业务，或申请与具备资格的银行业金融机构合作开展远期结售汇业务等。支持自贸区内符合条件的个人按照规定开展境外证券投资。

（二）自贸区金融制度的个性安排

1. 上海自由贸易试验区

上海作为我国第一个批准设立的自贸区，被赋予制度闯关的时代使命，而金融创新一直是上海自贸区的特色，已经形成了许多可复制、可推广的成果。上海自贸区挂牌以来，原"一行三会"等国家监管部门发布了"金改 51 条"和"金改 40 条"，陆续出台了一系列实施细则和金融制度安排，其金融制度创新政策涉及降低服务业对外开放门槛、扩大资本账户重点功能范围、简化人民币跨境资金管理程序、推进部分金融产品定价市场化及探索外汇管理改革措施等诸多方面（见表 7-3），为推进更高层次的贸易投资便利化创造了良好的外部环境。

---

① 参阅《国务院关于支持自由贸易试验区深化改革创新若干措施的通知》（国发〔2018〕38 号）。

政策类型	政策名称	时间
降低服务业对外开放门槛	关于中国（上海）自由贸易区离岸银行业务准入工作有关问题的意见	2013 年 12 月
	中国（上海）自由贸易区商业保理业务管理暂行办法	2014 年 2 月
	中国银监会关于中国（上海）自贸区银行业监管有关问题的通知	2014 年 5 月
	上海市人民政府贯彻《国务院关于加快发展现代保险服务业的若干意见》的实施意见	2014 年 11 月
	《自由贸易试验区外商投资准入特别管理措施（负面清单）》	2017 年 6 月
	《中国（上海）自由贸易区关于扩大金融服务业对外开放进一步形成开发开放新优势的意见》	2018 年 6 月
	关于印发《中国（上海）自由贸易试验区跨境服务贸易负面清单管理模式实施办法》的通知	2018 年 10 月
	《中国（上海）自由贸易试验区临港新片区总体方案》	2019 年 8 月
	《全面推进中国（上海）自由贸易试验区临港新片区金融开放与创新发展的若干措施》	2020 年 5 月
扩大资本账户重点功能范围	中国人民银行上海总部关于印发《中国（上海）自贸区分账核算业务实施细则（试行）》	2014 年 5 月
	资本市场指出促进中国（上海）自由贸易区若干政策措施	2014 年 5 月
	上海市人民政府印发关于本市进一步促进资本市场健康发展实施意见的通知	2014 年 9 月
	《自由贸易账户业务同业操作指引（第一批试行）》	2018 年 12 月
简化人民币跨境资金管理程序	中国人民银行上海总部关于印发《关于上海市支付机构开展跨境人民币支付业务的实施意见》的通知	2014 年 2 月
	中国人民银行上海总部区内关于支持扩大人民币跨境使用的通知	2014 年 2 月
	中国人民银行上海总部关于启动自由贸易账户外币服务功能的通知	2015 年 4 月
	《上海服务国家"一带一路"建设发挥桥头堡作用行动方案》	2017 年 10 月
	国务院关于支持自由贸易试验区深化改革创新若干措施的通知	2018 年 12 月
	《中国（上海）自由贸易试验区临港新片区境内贸易融资资产跨境转让业务操作指引（试行）》	2020 年 3 月

表 7 - 3   上海自贸区金融制度创新政策体系

政策类型	政策名称	时间
探索利率市场化及深化外汇管理改革	中国人民银行上海总部区内开放小额外币存款利率上限的通知	2014 年 2 月
	中国（上海）自贸区大宗商品现货市场交易管理暂行规定	2014 年 4 月
	《进一步推进中国（上海）自由贸易区金融开放创新试点加快上海国际金融中心建设方案》的通知	2015 年 10 月
	关于印发《2016 年上海市政府自贸区债券招标发行规则》的通知	2016 年 11 月
	《进一步推进中国（上海）自由贸易试验区外汇管理改革试点实施细则》的通知	2018 年 1 月

资料来源：根据中央和各级政府官网公开信息整理编制。

表 7 - 3 显示银行业、保险业监管方面的政策创新有效降低了金融服务业准入门槛，激发了金融机构产品创新与业务创新的活力。2019 年 8 月，上海自贸试验区临港新片区正式设立，落实国务院批准的《中国（上海）自由贸易试验区临港新片区总体方案》，发布实施"特殊支持政策 50 条"、支持人才发展、支持金融业创新发展等一系列重大政策。目前，新片区新设企业 4 025 家，签约落地重点产业项目 168 个，总投资 821.9 亿元。同时，金融租赁公司、航运保险中心及保险资金运用中心等新型服务机构加快集聚，美国保险协会在区内成立首家行业协会管理公司，有效推动了上海国际航运中心建设。另外，区内金融机构可开展部分跨境投融资业务、离岸银行业务、大宗商品及金融衍生品柜台交易、人民币跨境保险等诸多金融创新业务，进一步提高了金融服务业对内对外开放程度。①

针对扩大资本账户重点功能范围的政策创新稳步推进了资本市场放开。利用"自由贸易"账户（FT 账户）的分账式核算管理提供本外币一体化金融服务，有效推进了投融资汇兑便利化，为之后深化人民币资本项目可兑换奠定良好基础。自由贸易账户在宏观审慎系数调整的前提下，本外币资金实现自由划转，在经常项目业务、境内贷款偿还、实业投资等方面可自由流动。自由贸易账户还能通过发挥连接境内和境外"两个市场、两种资源"的特点，为企业降低融资成本。至今，上海自贸区自由贸易账

---

① 上海推动 21 个金融业对外开放项目落地，摩根大通证券、野村东方国际证券成为国家首批核准的外资控股证券公司；交银理财公司、中银金融科技公司等落户，全年持牌金融机构新增 54 家，"沪伦通"、沪深 300 股指期权、长三角一体化 ETF、天然橡胶期权等一批金融创新产品成功推出；落实设立科创板及试点注册制改革，充分发挥改革试验田的作用，截至 2019 年 70 家企业已上市，有力推动上海国际金融中心建设。

户已累计发生跨境收付业务折合人民币超过65万亿元、境内人民币收付业务逾50万亿元。同时基于宏观审慎经营原则和微观金融监管制度构建了自由账户风险防范体系，针对异常资金流动实现常态化监管，有效控制洗钱、逃税、非法融资等金融风险。

针对简化人民币跨境资金管理程序方面的政策创新提高了人民币跨境和离岸资金的清算效率，为强化人民币实现流通手段的世界货币职能奠定坚实基础。在部分企业经常项目和直接投资项目采取"负面清单"管理模式，简化外汇审批手续，将政府职责由"重审批"向"重管理"转变。拓展本外币使用领域，实现本外币跨境双向资金池、外币集中管理、集中收付等功能，允许第三方支付机构参与人民币跨境业务，提高人民币账户融资和结算便利性，激发其"网络外部性"效应，进一步提高人民币国际货币地位。上海自贸区首创的跨境双向人民币资金池，如今已是最受跨国公司欢迎的政策之一。数据显示，截至2020年11月末，上海市辖内共有106家银行报送跨境人民币结算业务，当月业务结算量11 777.2亿元，全年累计业务量115 403.2亿元。①

在探索利率市场化及深化外汇体制改革方面的政策创新试图对接高标准自由贸易区市场化体系，为下一步金融改革积累经验。在区内小额外币范围内试行了存款利率上限的市场化调节试点，在控制有限规模有限风险的前提下发挥了存款利率稳定器作用，使得上海与全国其他市场的小额外币没有出现明显套利，整体市场情况平稳。再者放宽金融机构发行大额可转让存单的必要条件，丰富本币投资品种，促进产品创新与拓宽本币利率波动区间。在外汇管理方面，实现了负面清单与简政放权的重点领域突破，基于"区内优于区外"的政策导向，取消多项事前行政审批手续，优化为事中事后监管模式。简化跨国公司外汇资金结售汇审核，取消境外融资租赁债权审批，实行直接投资项下跨国公司意愿结汇，为对外贸易投资融资提供便利。

2. 广东自由贸易试验区

作为21世纪海上丝绸之路重要枢纽和粤港澳深度合作示范区，广东自贸区的金融创新主要集中在三个方面：一是推动跨境人民币业务创新发展，二是推动建立与粤港澳服务贸易自由化相适应的金融服务体系，三是开展跨境投融资创新。广东自贸区在跨境人民币业务上先行先试，在条件

---

① 来源于中国人民银行上海总部发布的上海市银行跨境人民币业务结算量情况通报（2020年11月）。

允许的情况下利用自贸区的政策采取境外发债的形式来融资，后来又落地 5 项跨境人民币业务新政，支持区内个人经常项目和直接投资跨境人民币业务、区内跨国企业集团跨境双向人民币资金池、区内金融机构和企业境外发行人民币债券募集资金回流、区内企业境外母公司熊猫债募集资金境内使用、区内银行发放境外人民币。此外，广东自由贸易试验区最为独特的一点是推动自贸区与港澳市场对接，坚持粤港澳一体化发展。具体政策内容见表 7-4。

表 7-4　　　　　　　　广东自贸区各片区相关金融创新举措

片区	开始时间	政策主题	政策内容
南沙新区	2014 年 12 月	推动跨境人民币各项业务创新发展	允许南沙新区内的金融机构为港澳台居民（包括机构和个人）提供跨境人民币结算金融服务，支持在南沙新区开展人民币计价业务试点①
	2015 年 4 月	引进和新设创新型金融机构	设立以碳排放为首个品种的创新型期货交易所②
		深化外汇管理体制改革	鼓励在自贸试验区设立专业从事境外股权投资的项目公司，区内试行资本项目可兑换
		融资租赁	进行内、外资融资租赁行业统一管理体制改革试点③
		完善穗港金融合作新机制	探索南沙片区企业在香港股票市场发行人民币股票
		航运金融	申请"单船单试"船舶交易外币结算业务
	2019 年 6 月	跨境融资	全国首推境内不动产抵押跨境融资业务，打造"境内资产抵押、境外资产保理"跨境融资新模式
	2019 年 12 月	跨境金融创新	开展"单一窗口"业务
前海蛇口	2015 年 7 月	拓宽跨境人民币借贷主体	将放款主体放宽至香港的非银行业金融机构，借款主体扩大至区内的银行和非银行金融机构
		设立前海国际板或"丝路板"	探索支持"一带一路"共建国家和地区企业在该板块发行股票并上市交易，实现人民币投资货币化
		开展股权众筹融资试点	支持发起设立中国互联网金融创新研究院等④
	2017 年	跨境人民币业务	在全国率先推动实现跨境人民币贷款、跨境双向发债、跨境双向资金池、跨境双向股权投资和跨境资产转让等"五个跨境"

片区	开始时间	政策主题	政策内容
前海蛇口	2018 年 2 月	外汇管理改革	开展资本项目收入的支付审核便利化试点
	2018 年	跨境金融创新	试点 QFGP、QFLP 和 QDIE 跨境业务
	2019 年 8 月	扩大跨境融资自主选择权	缓解企业"融资难、融资贵"
	2020 年 6 月	探索资本项目可兑换,扩大金融市场开放	推出"FT 账户企业通"⑤
珠海横琴新区	2013 年 9 月	珠澳跨境支付清算业务	横琴新区内的中国银行、光大银行在国内首发银联多币卡,粤港澳真正实现多币种同城支付
	2014 年 8 月	外汇管理制度	首批实施外商投资企业资本金意愿结汇
	2014 年 9 月	融资租赁	航企通过融资租赁引进飞机
	2015 年 7 月	个人跨境人民币业务	推进涉外商品房跨境按揭业务试点⑥
	2016 年 4 月	创新型企业信贷风险补偿机制	对中小企业提供信贷风险补偿专项资金
	2019 年 7 月	发展供应链金融⑦	对融资担保、小额贷款、融资租赁、商业保理等机构给予奖励

注:①参阅《关于支持广州南沙新区深化粤港澳台金融合作和探索金融改革创新的意见》(银发〔2014〕337 号)。

②参阅《广州市人民政府办公厅关于印发 2015 年广州金融创新发展重点工作实施方案的通知》(穗府办函〔2015〕56 号)。

③2015 年 12 月至今,越秀租赁公司已成功发行 3 笔短期融资券和中期票据共 24 亿元,开创广东自贸区租赁企业利用债务融资工具的先河,成为国内为数不多成功利用银行间债券市场开展融资业务的租赁企业。

④参阅《深圳市人民政府关于印发中国(广东)自由贸易试验区深圳前海蛇口片区建设实施方案的通知》(深府〔2015〕52 号)。

⑤根据《深入推进中国(广东)自由贸易试验区深圳前海蛇口片区外汇管理改革试点实施细则》,原选择"投注差"模式跨境融资的区内企业,可重新选择跨境融资宏观审慎管理模式,后者可在 2 倍净资产限额内借用境外资金,解决了部分企业因"投注差"过小导致跨境融资额度不足的问题。同时,放宽企业跨境融资时签约币种、提款币种、偿还币种必须一致的要求,只要求提款和偿还币种一致。

⑥概括而言,跨境个人住房按揭贷款主要是港澳地区居民若在横琴购房置业,可选择境外银行进行按揭贷款并支付房款。

⑦参阅《关于印发横琴新区关于促进供应链金融发展的扶持办法的通知》(珠横新金通〔2019〕17 号)。

资料来源:根据中国(广东)自由贸易试验区官方网站披露的相关信息整理而得。

3. 天津自由贸易试验区

天津自贸区将服务京津冀协同发展视为其战略定位,而最能凸显天津特色和优势的金融支持政策则是促进租赁业发展。天津自贸区自成立以来提出多项支持融资租赁发展的政策,如设立中国金融租赁登记流转平台,推进租赁资产登记、公示、流转。允许符合条件的融资租赁公司设立专业子公司。支持自贸试验区内租赁公司利用国家外汇储备，开展飞机、新型船舶、海洋工程结构物和大型成套进口设备等租赁业务。① 支持租赁公司依托自贸试验区要素交易平台开展以人民币计价结算的跨境租赁资产交易。允许自贸试验区内租赁公司在境外开立人民币账户用于跨境人民币租赁业务，允许租赁公司在一定限额内同名账户的人民币资金自由划转。2020年天津东疆保税港区转型升级为东疆综合保税区，推动融资租赁业"加速跑"，据统计，目前东疆融资租赁企业达到3 000多家，创新租赁模式40余项，租赁资产超万亿元，成为全球第二大飞机租赁聚集地。② 此外，天津自由贸易试验区在金融风险防范制度上也有许多创新，主要有对持有各类牌照金融机构进行分类监管机制；对企业跨境收支进行全面监测评价，实施分类管理；强化外汇风险防控，实施主体监管，建立合规评价体系，以大数据为依托开展事中事后管理。

4. 福建自由贸易试验区

福建自贸区在两岸金融合作、推动金融改革等方面成效显著，三个片区都有各自的特色创新举措。作为对台金融合作的示范"窗口"，厦门片区开启了两岸人民币现钞直接调运，并率先在全国试点开展对台人民币贷款，率先在大陆建立跨海峡人民币代理清算群，已初步建成集两岸人民币跨境贷款、清算、现钞调运及反假币为一体的两岸货币合作支点。此外，片区还持续推动海丝金融创新与合作。人民币代理清算群辐射"海丝"沿线。在两岸资本合作平台方面，厦门片区设立两岸股权交易中心"台资版"。③

平潭片区在推动两岸金融合作方面主要有两个创新点，一是开展台资企业、台胞征信查询工作，开创了大陆与台湾地区征信信息共享的先河，用"互联网＋金融＋征信"的模式，支持台资企业在平潭落地展业。2016年2月25日，福建自贸试验区平潭片区成功办理全国首笔台资企业及台胞在台湾地区信用报告的查询业务。二是创建两岸保险业合作新机制。在全国率先成立福建省保险业产品创新研发中心，整合福建保险业资源，建

---

① 参阅《人民银行关于金融支持中国（天津）自由贸易试验区建设的指导意见》（银发〔2015〕372号）。

② 天津东疆保税港区是我国金融租赁产业的集聚地，全国飞机租赁业务约90%都在此完成。此外，作为全国唯一试点的东疆保税港区已经开展经营性租赁收取外币租金业务。

③ 参阅《关于印发福建自贸试验区厦门片区促进企业改制上市发展办法的通知》（厦自贸委〔2018〕4号）。

立与台湾保险业者交流合作机制，在保险产品研发、认定与保护方面开展深入合作。[①]

两岸金融创新示范合作区是福州片区的战略定位，福州片区一方面搭建了对台专业化金融平台，设立对台、离岸金融等特色业务中心10家，例如"海峡两岸跨境金融中心"，专项推进对台金融、跨境金融等业务发展，实现了闽台金融市场互联互通和金融（基金）产品互认，强化了闽台金融机构同业合作。另一方面推进台资企业资本项目便利化改革[②]，率先制定了台资企业资本项下白名单制度，直接在银行即可一次性办结，享受资本项下自由结汇等五大政策红利。

5. 辽宁自由贸易试验区

除了在跨境金融创新方面进行全国经验的复制外，辽宁自贸区基于提升东北老工业基地发展和提高对外开放水平，主要进行了四方面的金融创新：一是发展航运融资业务，探索在建船舶、单船单机公司项目融资等新型融资方式。发展航运运价衍生品交易业务。二是促进保险业创新发展，设立外资专业健康保险机构，研究探索巨灾保险机制，支持在区内设立创新型保险公司。三是在服务实体经济方面，开展科创企业投贷联动改革试点[③]，建立"银政企保"紧密合作的融资担保体系，争取国家优先支持省内符合条件的企业首次发行上市。四是在金融开放层面，允许各类符合条件的资本在自贸区内设立银行、证券、保险、期货等金融机构及小额贷款公司、融资担保机构等地方金融组织，将各类银行分行级以下的机构、高管准入事项由事前审批改为报告制，建立绿色快速通道和限时办理机制。此外，营口片区在2018年出台了《知识产权奖励办法》，对片区内利用专利技术融资企业提供最高50%的贴息补贴，引导区内金融机构率先开展知识产权质押贷款业务。

6. 浙江自由贸易试验区

浙江自贸区主要围绕以油品为核心的大宗商品投资便利化和贸易自由化进行金融创新，建设大宗商品跨境贸易人民币国际化示范区，主要包括：推动与大宗商品出口国、"一带一路"国家和地区在油品等大宗商品贸易中使用人民币计价、结算，引导银行业金融机构根据"谁进口、谁付

---

① 参阅《平潭综合实验区打造两岸特色金融集聚区的实施方案》（岚综管综〔2015〕259号）。

② 参阅《关于印发福建省特殊经济区域台资企业资本项目管理便利化试点实施细则的通知》（闽汇〔2018〕59号）。

③ 参阅《辽宁省人民政府关于进一步提高金融服务实体经济质量的实施意见》（辽政发〔2017〕14号）。

汇"原则办理油品贸易的跨境支付业务，支持自贸试验区保税燃料油供应以人民币计价、结算。开展包括油品等大宗商品在内的更高水平贸易投资便利化试点，支持企业按规定开展具有真实贸易背景的新型国际贸易，支持银行按照"展业三原则"，依法为企业提供优质的金融服务，形成以服务油品、铁矿石等大宗商品自由贸易为主的金融服务体系。[①]

7. 河南自由贸易试验区

河南自贸区的金融创新主要围绕逐步完善金融服务体系以及金融领域开放，个性化安排主要有：实行基本存款账户核准"直通车"服务，一天即可实现；简化银行业机构事前准入事项，实现"一个口子"进出；将自贸试验区内保险支公司高管任职资格准入改为事后备案，3个工作日完成。跨国公司外汇资金集中运营管理准入门槛降低50%，跨境电商可采用人民币结算，放宽银行、证券、保险行业外资股比限制，扩大外资金融机构在华业务范围。此外，河南自贸试验区重点支持保险创新，创新跨境电子商务线上融资及担保方式，发展出口信用保险[②]，建立"一带一路"政策性出口信用保险统保平台，对大型成套设备出口融资应保尽保。

8. 湖北自由贸易试验区

湖北自贸区的金融创新主要体现在支持企业发展，推动自贸区的产业升级上。宜昌片区创新推出"财政出口增信贷"金融服务，外贸企业只要有不动产、股权、仓单、出口信用保险、出口退税专户等，都可以进行担保贷款。武汉片区大力推动投贷联动业务，银行和企业之间除了借贷关系，还有股权投资的关系。湖北自贸区还推动不动产抵押权变更登记改革，实施"一窗受理"集成服务的模式，企业无须筹措资金"还旧借新"，解决了企业过桥资金的难题。同时，湖北自贸区开发"专利质押融资科技贷款保证保险"，为银行风险装上"知识产权变现"和"保险赔付"双保障。武汉股权托管交易中心专为海归创业者打造的一个投融资对接平台"海创板"。

9. 重庆自由贸易试验区

重庆自贸区在金融结算服务以及外汇管理方面有许多创新，在外汇管理方面，重庆自贸区支持区内企业和金融机构通过境外上市、按照有关规

---

① 参阅《国务院关于印发北京、湖南、安徽自由贸易试验区总体方案及浙江自由贸易试验区扩展区域方案的通知》（国发〔2020〕10号）。

② 参阅《国务院关于印发中国（河南）自由贸易试验区总体方案的通知》（国发〔2017〕17号）。

定发行债券及标准化金融证券等方式开展境外融资并将资金调回境内使用。在跨境金融结算方面，两江片区"311"产业的崛起，为建设离岸金融结算中心创造了先决条件。两江片区将对注册在自贸试验区贸易功能区内符合条件的企业允许开设国际贸易结算中心专用账户，探索资金流与交易单证一致条件下的外汇收付。同时，自贸区内开展适应内陆加工贸易、转口贸易等多种贸易业态的结算便利化试点。① 允许重庆市内银行业金融机构与自贸试验区内持有《支付业务许可证》且许可业务范围包括互联网支付的支付机构合作，按照有关管理政策为跨境电子商务（货物贸易或服务贸易）提供跨境本外币支付结算服务。

10. 四川自由贸易试验区

四川自贸区着眼于打造内陆开放型经济高地，成都片区的金融创新个性化安排较多，在金融产品创新方面，成都高新区在信贷、基金、保险三个领域同时发力，加快生物产业特色金融产品研发，创新成立了成都高新区第一支生物医药细分领域体外诊断（IVD）基金、全国首创的生物产业特色信贷产品 BIO 品种贷和血液制品保险。在创新金融服务方面，中国人民银行成都分行依托四川支付结算综合服务系统的金融基础设施，在全国首创政务信息和金融信息"分布式共享"新模式，搭建"银政"信息互通桥梁。基于数据共享创新金融产品和提高政务服务水平，平台已实现银行与公积金数据的系统对接，银行机构在取得客户授权后，通过行内授信模型＋平台在线实时查询相结合的方式为客户提供授信和放贷。政府部门可以将柜台业务通过平台实现线上办理，大幅提高政务服务效率和服务质量。比如不动产登记中心将抵押登记业务办理通过平台延伸到银行网点，抵押注销实现线上审核直办，客户无须跑登记中心。

11. 陕西自由贸易试验区

陕西自贸区的金融创新举措主要探索内陆与"一带一路"共建国家合作，陕西自贸区在金融创新领域的一项重要突破是获得国家外汇管理局"国际保理美元融资业务"的批复，在全国 2 万多家商业保理公司属于首次。长安银科于 2019 年 8 月获得国家外汇管理局批准办理美元融资业务，成为全国首家获得开展出口企业美元计价应收账款美元融资业务资格的商业保理公司，此创新业务填补了国内资本项目相关商业保理业务政策的空白，为中小出口企业融资问题开辟的新路径。2018 年 4 月 16 日，陕西跨

---

① 参阅《关于支持中国（重庆）自由贸易试验区建设的指导意见》（渝银发〔2017〕117 号）。

境电子商务人民币结算服务平台——"通丝路"正式上线①，创新"互联网＋跨境人民币"新模式。

12. 海南自由贸易试验区

根据《中国（海南）自由贸易试验区总体方案》的内容，海南自贸区金融创新个性化安排有：第一，"大幅放宽外资市场准入"中明确了要对金融等重点领域加大开放力度，并放宽人身险公司外资股比限制至51%。第二，提升贸易便利化水平，支持开展海关税款保证保险试点。同时提升国际航运能力，支持境内外企业和机构开展航运保险、航运仲裁、海损理算、航运交易、船舶融资租赁等高端航运服务，打造现代国际航运服务平台。支持设立专业化地方法人航运保险机构。第三，鼓励探索知识产权证券化，完善知识产权交易体系与交易机制。省知识产权局委托中国信达海南分公司、信达证券作为奇艺世纪知识产权供应链资产支持证券的组织协调方、发行方，2018 年 12 月 21 日，在上海证券交易所成功发行，这是全国首单知识产权证券化，帮助企业利用版权等无形资产融资。第四，建设以天然橡胶为主的国际热带农产品交易中心、定价中心、价格指数发布中心。2018 年 12 月 18 日，海南国际热带农产品交易中心在海口揭牌，全国首家国际热带农产品交易中心正式成立。交易中心立足现货交易，为国内外广大投资者提供多样化的互联网＋热带农产品线上线下于一体的交易平台。

13. 山东自由贸易试验区

山东自贸区金融创新的个性化安排主要体现在三个方面：一是促进跨境投融资便利化，开展资本项目收入支付便利化改革试点，开展合格境内有限合伙人试点，设立专业从事境内股权投资类基金公司。二是创新金融服务，支持本地法人银行开展股债联动业务试点，与创业投资企业、股权投资企业开展战略合作，以支持区内科创企业为重点，通过银行融资与创投投资相结合的方式，拓宽科创企业融资渠道。三是促进金融开放，取消银行等外资持股比例限制，吸引知名国际金融机构总部、区域总部或功能总部等落户济南片区，济南片区加大招商引资力度，山东产权交易中心航空资产分中心揭牌，开展进出口飞机"保税融资租赁＋海关异地委托监管模式"，打造特色航空资产交易聚集地。

---

① 此交易平台提供跨境人民币结算服务，借助"互联网＋"的平台模式，实现跨境购物、交易、结算。平台重点支持陕西中小微出口企业和需要精准扶贫的农户将陕西特色产品推向全球市场。

14. 江苏自由贸易试验区

江苏自贸区在不同片区具有不同的金融创新制度。其中，南京片区增强金融服务实体经济能力，推进"江北新区建设金融支持科技创新改革试验区"申报。推动科技金融创新，搭建私募基金综合服务平台，开展合格境外有限合伙人试点，助力扬子江国际基金街区建设。发展绿色金融，推动江苏省股权交易中心创建绿色环保板块并开展挂牌和融资模式创新试点。[①] 推进数字金融，推动南京金融科技创新应用研究中心和数字资产登记结算平台建设，支持金融机构和金融科技企业在南京片区开展金融科技场景运用。深化金融业对外对内开放，在片区探索和推动设立"台商银行"和台资证券公司。争取国家金融管理部门在片区设立分支或办事机构，支持银行网点升格为分行或支行。苏州片区设立天使母基金和产业投资基金，探索设立跨境股权投资基金，推动境外人士跨境电子支付试点，推行"新（新加坡）苏（苏州）通外资登记模式"。连云港片区促进金融服务业发展，实施落户奖，对于新设立或连云港市外迁入的法人金融机构，实缴注册资本按照 10 亿元、5 亿元的标准，分别给予相应数额的奖励；银行业金融机构设立区域总部、一级分行、一级分支机构，可给予落户奖励；重点发展的金融企业，实缴注册资本达到 1 亿元（含）以上的，按照实缴注册资本金的一定比例给予奖励。

15. 黑龙江自由贸易试验区

黑龙江自贸区将在金融领域有以下几方面创新：在促进跨境投融资便利化方面，开展直接投资、外债和境外上市资本项目外汇收入结汇支付便利化试点；在依法依规前提下，允许非银行支付机构选择自贸试验区内有资质的备付金银行开立跨境人民币备付金账户；扩大人民币跨境使用，允许金融机构和企业从俄罗斯等国家和地区融入人民币资金，并纳入全口径跨境融资宏观审慎管理；以第三方担保、境内外资产、境外项目抵押等方式支持企业开展境内外融资。在增强金融服务功能方面，允许银行业金融机构与俄罗斯商业银行开展卢布现钞跨境调运业务资金头寸清算，完善卢布现钞跨境调运体系；支持自贸试验区内金融机构依法依规参与租赁业境外融资、远期结售汇、人民币对外汇掉期、人民币对外汇期权等涉外业务；加强对重大风险的识别和系统性金融风险的防范；强化反洗钱、反恐怖融资、反逃税工作。

---

① 参阅《中共南京市委南京市人民政府关于促进中国（江苏）自由贸易试验区南京片区高质量发展的意见》（宁委发〔2019〕35 号）。

此外，广西自贸区、河北自贸区和云南自贸区由于获批成立的时间相对较短，因此尚未如其同批次的山东、江苏和黑龙江自贸区一样，形成具有个性化的金融创新制度。从其官网披露的相关信息来看，目前其在金融领域的创新主要集中于扩大人民币跨境使用、促进投融资便利化、探索金融创新、深化外汇管理改革、服务实体经济等方面，主要是复制推广上海、天津、福建、广东等自贸区的经验，这与全国各自贸区所实施的金融创新举措是一致的。

（三）自贸区金融制度创新的成效与优化方向

1. 主要成效

各个自贸区在金融制度上所作出的创新，促进了对外开放，对实体经济起到了重要的推动作用，具体而言，这些显著的成效表现在：第一，金融创新案例多且广，形成了许多可复制可推广的创新经验。我国自贸区金融创新经验作为改革开放的试验田，在金融创新上采取局部区域试点的方式，试点成功后再进行推广，创新案例覆盖了银行、保险、证券三大领域，从政策性很强的外汇管理改革、利率市场化，到操作性很强的具体产品和业务的创新都有涉及，既包括了面向客户的产品与服务，也包括了科技等中后台支持服务功能，还包括金融监管方面的创新，促进了中央对金融改革开放大局的把握，激发各地金融创新的积极性。

第二，推动政策突破，促进政府职能转变。自贸区业务流程逐步优化促使政府职能从管理型向服务型转变，政府管理模式改革创新，政府管理由事先审批，转为注重集中、事后监管。具体体现在：转变以行政审批为主的行政管理方式，制定发布政府权力清单和责任清单；厘清政府与市场的关系，充分发挥市场在资源配置中的决定性作用和更好发挥政府作用；推进跨部门信息共享、综合办理和协同管理，鼓励社会力量参与，推动政府管理由注重事前审批转为事中事后监管。

第三，促进了贸易投资便利化。发布一系列境外投资的便利政策，包括投资审核制改为备案制、"一表申请、一口受理"等简化措施，使自贸区内企业跨境投资流程得到大幅简化，跨境投资活动效率大幅度提高。2014年5月，自贸区跨国公司外汇资金集中运营的试点工作启动，该试点业务创新体现为：一是跨国企业的国际外汇资金主账户可与境外自由划转，无额度控制；二是其国内、国际两个账户资金之间可有限融通，可在规定的外债和对外放款资金额度内划转，为境内外成员融通资金提供便利。境外融资便利业务的开通，有助于较大幅度降低企业融资成本，在一定程度上缓解国内企业"融资难""融资贵"问题。

第四，促进了区内企业的发展。自贸区金融创新首先作用于区内金融服务主体，通过金融服务主体强化试验区的金融功能，进而满足企业高质量、多元化的金融服务需求，促进企业发展。通过资金形成功能为企业提供资金支持，通过支付清算结算功能提高企业的运营效率，通过风险管理功能提高企业的抗风险能力。

2. 主要问题

尽管自贸区所实施的金融创新制度在促进贸易投资便利化和促进金融领域对外开放等方面取得了显著的成效，但由于金融风险控制不到位，围绕着资本项目可兑换和金融开放领域的创新受到限制，金融创新的激励与约束机制也并不完善。就目前而言，这些不足主要体现在：

第一，服务业开放程度不高，金融领域开放创新不及预期。一定程度上，自贸试验区建设重货物贸易，轻服务贸易，服务业改革开放的广度、深度不够。负面清单对外商投资服务业准入和其他限制较多，一定程度上影响了跨国公司进入研发、教育、医疗和文化等高端服务业领域。金融开放创新领域，在汇率自由化和利率市场化方面尚没有实质性开放措施，跨境资本流动方面还未有突破性进展。

第二，自主改革创新权限不够高，制约了制度性探索空间。自贸试验区对接国际经贸规则的难点在于需要国家权力的重新配置，而现有的改革创新更多聚焦于地方权力层面。目前，自贸试验区改革创新自主权还不够高。自贸试验区"自下而上"推动改革的方式与我国政府"自上而下"授权管理体制之间存在一定程度的矛盾，导致部分改革措施无法及时落地，一定程度上延缓了创新步伐。

第三，金融创新相关立法不完善。自贸区的立法对于金融创新的发展起到了重要的作用，然而目前的自贸区地方法规出现明显的滞后性。目前自贸区金融业务创新立法的框架依赖于中国人民银行、银保监会、证监会等金融监管机构出台的部门规章。然而，从中央出台的文件来看，法规中大多采用"支持""鼓励""允许"等较为模糊、不具有操作性的措辞，无法满足自贸区金融创新立法的实际诉求，自贸区金融创新缺乏最佳法治保障。

第四，自贸区宏观审慎监管缺位。自贸区的开放创新促进了中国的对外开放，但也加剧了风险，致使系统性风险、流动性风险、利率市场化风险发生的概率大大增加，给我国金融监管带来了一系列的挑战。然而，我国对自贸区金融创新的监管更多的是停留在微观层面，出台的自贸区相关法规大多强调"人民币跨境使用""融资租赁"等具体措施的监管，尽管有的自贸区法规也提到了"宏观审慎监管",但是规定仅有指导性,无法满足对自贸区金融创新进行宏观审慎监管的实际需求。

3. 优化方向

尽管存在阻碍,自贸区在金融改革措施总体上推动着各地区金融与经济发展,并持续引领中国金融体系的深刻变革,彰显了自贸区金融创新的广阔前景。未来的金融创新不仅应是业务、服务、工具上的创新,更应是制度、理念、技术上的创新。具体而言,金融创新优化的措施主要包括以下方面。

一是继续推进既定的金融改革开放试点任务。从第一、二批自贸区的金融创新案例来看,当前我国的金融创新虽然取得了很大的成就,但还没有完全覆盖总体方案中提出的改革开放任务,如资本项目可兑换、探索适合商业保理发展的外汇管理模式等。第三、四、五批自贸区由于成立时间相对较短,金融创新还不够丰富,如在账户体系、交易平台建设、融资租赁、航运金融等方面有待突破。

二是更多采取"自下而上"的方式。在当前全球金融风险增多的情况下,在守住不发生系统性金融风险底线的要求下,区域性金融改革难以从政策层面进行"一刀切"式放宽。由于各个自贸区情况不一,金融创新可能会更多地采取"自下而上"的方式,由各自贸区因地制宜地开展金融创新。

三是更加强调服务实体经济。在当前国内经济下行压力加大,自贸区金融创新应落实中央有关金融服务实体经济的要求,开展针对具体客户、具体业务的创新,尤其是那些能够解决企业融资难、降低融资成本的创新,将更加受到重视。

四是跨境人民币使用将成为重要创新领域。自贸区金融创新应立足自贸区作为开放前沿的特点,服务人民币国际化战略,抓住人民币跨境使用范围不断扩大、结算量不断提升的机遇,通过人民币跨境使用的创新,打通境内境外两个市场。

五是探索从自贸区到自贸港的金融创新演进过程。党的十九大报告对自由贸易港的战略定位是"开放程度最高的自由贸易试验区",从自贸区跃迁到自贸港的深层次需求在于通过进一步扩大开放带动广大内地相关产业集群的发展,所以说自贸港建设承载着全面改革开放和带动内地增长的双重目标。自贸港建设与"一带一路"建设应紧密结合,其对接不仅体现在基本的转口、加工以及相关的航运物流等配套服务上,更体现在跨区域综合联动的金融服务创新上。具体来看,上海自由贸易港的建设应当与上海国际金融中心建设互为补充，实现金融市场与要素市场的互联互通，扩展人民币在国际金融市场的话语权和影响力，提升其配置海内外金融资源的能力。海南自由贸易港应当突出中国特色和海南优势，金融领域的创新应在观光旅游、休闲度假、文体旅游、健康旅游为特色的旅游产业体系上持续发力，为旅游业等高端现代服务业提供金融创新支持。

六是完善风险防控体系。自贸区要构建宏观审慎管理框架，对标国际最高标准，实行"风险为本"的监管制度。首先，健全金融监管体系，探索金融综合监管试点，实施以合作监管与协调监管为支撑的综合监管，守住不发生系统性金融风险的底线，释放金融创新发展动能。其次，打造包容审慎的创新监管工具，推动传统监管体系向现代监管方式转型，依靠物联网、大数据、区块链等技术，优化测试风险防控机制，构建数字型监管体系。此外，深入开展自贸区金融监管沙盒试验，探索制定金融科技规则和标准，在有效防控风险的前提下鼓励金融科技创新，进一步推动金融科技的应用。

第三节　自贸区制度创新绩效的"质量效应"

在推动经济社会高质量发展的新时期，我国仍然面临着国际贸易保护主义抬头、全球自由贸易进程受阻等诸多不利于贸易质量提升的外部因素。特别是，新冠疫情在全球蔓延所带来的供求萎缩以及未来极有可能形成的新型"贸易壁垒"，将使国际贸易所面临的宏观形势愈发严峻。如何在这"百年未有之大变局"中开出"新局"？本节认为，应依托自贸区建设来进一步促进开放型经济的高质量发展，以最终形成国际国内双循环的新发展格局。这是因为自贸区建设的标志和亮点在于制度创新，在于创新行政管理、投资管理、贸易开放、市场监管等体制机制，在于形成并推广可复制的制度创新经验，而这将为自贸区乃至全国各地区都带来新一轮的制度改革红利。以《中国自由贸易试验区发展报告（2019）》所披露的数据为例：自上海自贸区首次建立及经验向全国推广以来，全国自贸区已累计新设企业60多万家，以不到全国万分之二的面积，吸收了12%的外资、创造了12%的进出口额。因此，自贸区这一组织形式在实践中探索和积累的制度创新经验及所带来的外溢效应，极为有效地加大了对外开放的力度，为地区发展带来了显著的制度红利，是各地乃至全国经济高质量发展的新亮点。那么，自贸区建设是如何促进经济高质量发展的？其政策实施的现实绩效如何？这些绩效在不同区域之间是否存在着空间差异？

（一）研究基础

对于自贸区建设促进经济高质量发展的机理与绩效，已有文献极少就此展开直接研究，而主要侧重于从自贸区制度创新及所带来的经济增长效应方面展开了理论分析和实证研究，并在这一分析中间接揭示了其对地区经济发展的积极作用。这些效应主要体现在：自贸区设立能够促进开放型经济新体制的构建（张幼文，2014），能够促进地区经济的增长（Chauffour et al.，2011；叶修群，2018；邢孝兵和雷颖飞，2019）、区域创新能力的提升（Aloise et al.，2017；徐洁香等，2020）以及进出口贸易的扩大（Ravikumar，2016；黄启才，2018）。如以各自贸区的经济增长绩效为例，王利辉和刘志红（2017）发现上海自贸区成立后，其对整个上海市人均GDP的增长有着显著的促进作用，其中金融制度方面的创新拉升了上海金融业季度增加值增长4.32%（周明升和韩冬梅，2018）；方云龙和王博（2020）以天津自贸区为样本，发现其经济效应亦显著为正，并指出沿海型自贸区的政策效果要优于内陆型；应望文和范波文（2018）对比沪、津、闽、粤四大自贸区的增长绩效后，发现上海自贸区的经济增长效应最为显著，并且提出更大范围的开放将带来更为明显的积极作用。除了经济增长效应之外，自贸区设立还有效促进了区域内的物资流转（丁俊发，2014）、增加了地方财力（宋立颖和郭敏，2019）和改善了营商环境（杨向东，2014），同时亦促进了区域之间的合作与联动（汪文姣等，2019），使得自贸区内的政策红利外溢至整个区域乃至全国。

从自贸区建设驱动经济增长的机制来看，已有文献指出，自贸区建设中所实施的制度创新主要通过促进外贸进出口、优化投资环境、提高创新能力和改善产业结构等方面推动了区域经济发展。其基本逻辑在于：在促进进出口贸易的渠道中，自贸区的设立在较大程度上放松了与自由贸易相关的行业准入条件（冯帆等，2019），从而为促进出口、便利进口提供了重要的发展契机。在优化投资环境的渠道中，贸易自由化和投资便利化在一定程度上降低了外资的准入门槛，同时较高的政策透明度和可预测性也为自贸区乃至整个区域营造了更加良好的营商环境，这都能够吸引优质外资向自贸区的空间聚集，从而带来地区经济更有"凝聚力"的增长（杨向东，2014；李光辉，2017）。在提升创新能力和改善产业结构的渠道中，自贸区的设立通过引进一些创新型外资企业，能够倒逼本土企业更新经营理念、创新生产方式和使用先进技术，能够在参与竞争中提升自主创新能力（张颖和逯宇铎，2019）；而创新型外资企业的引进以及本土企业创新能力的提升，则无疑带来了自贸区乃至整个区域产业结构的升级与优化，使地区在创新发展中实现经济的可持续发展（张丹，2018）。

基于如上机理，已有研究就自贸区建设中制度创新和政策实施对经济增长的影响展开了大量的实证研究，所采用的方法主要包括反事实分析法、双重差分法和合成控制法。首先，在反事实分析法的运用中，程等（Cheng et al.，2012）最早构建了基于面板数据的"反事实"方法对中国内地与香港所实施的经济一体化政策进行了绩效评估，此后这一方法亦被学者运用于财税领域的政策评估中（Bai et al.，2014）。与此类似，殷华和高维和（2017）、周明升和韩冬梅（2018）、应望文和范波文（2018）、汪文姣等（2019）则采用反事实分析法从多个角度检验了自贸区设立所带来的经济增长效应，发现自贸区建设中的制度创新对地区经济增长具有长期显著的促进作用。其次，在双重差分法的运用中，张军等（2019）基于双重差分法以及空间自回归模型，考量了沿海型自贸区与内陆型自贸区的差异，发现自贸区建设所带来的经济增长效应具有 U 型变化特征；此外，王爱俭等（2020）利用双重差分法和贝叶斯信息准则进行评估后发现，不同地区自贸区建设所带来的"制度效应"因设立时间不同而具有较大差异，表现为设立时间越晚，效果越不显著。最后，在合成控制法的运用中，更多的研究主要将其与双重差分法相结合来综合分析自贸区建设所带来的经济效应，如宋丽颖和郭敏（2019）结合双重差分法和合成控制法对比分析了上海自贸区对区域经济和地方财力的影响；梁双陆等（2020）利用国际数据基于合成控制法探究了中国－东盟、北美、欧洲等 5 个区域自贸区的设立对区域产业结构转型升级的影响。

如上文献围绕自贸区建设绩效所展开的理论探讨和实证研究均表明：自贸区作为开放型经济新体制的试验田，通过促进制度创新、打破贸易壁垒、改善营商环境和激发创新能力而有效地促进了区域内的经济增长。这一观点及其背后所采用的研究方法，对本节的深化研究具有十分重要的借鉴意义。然而，这一认知几乎"千篇一律"地来自自贸区建设所带来的"数量"增长效应的研究中，对于自贸区建设影响经济发展"质量"的研究则似乎存在着"集体失声"的现象，这在经济由高速增长向高质量发展转变的新形势下，无疑是一种理论研究上的"缺位"，当然也为本节的研究提供了深化空间。基于此，本节拟尝试从如下三个方面进行边际创新：一是从贸易效应、投资效应和创新效应三个方面揭示自贸区建设影响经济高质量发展的内在传导机制；二是基于五大发展理念构建经济高质量发展的评价体系，并利用省级面板数据综合采用合成控制法和双重差分法来检验自贸区设立是否有助于提升地区的经济高质量发展水平；三是从贸易、投资以及创新三个方面来分别探讨自贸区建设的政策效应。

（二）自贸区建设促进经济高质量发展的机理

与中国20世纪80年代所设立的经济特区不同，新时期设立的自贸区更加注重体制机制的创新，而不只是依赖于优惠政策的实施。制度设计及其改革完善，在诺斯（1990）和科斯（1999）等新制度经济学家的观点中，由于能够有效降低交易成本和提升产出效率，因此对经济社会的发展起着一种根本性和决定性的作用，是决定长期经济绩效的关键因素。从已有文献对自贸区建设促进地区经济发展的机制分析来看，自贸区制度的创新及推广主要通过促进进出口贸易、优化投资环境、提高创新能力和改善产业结构等方面推动了经济的高速增长。对于质量层面的效应而言，自贸区建设促进经济高质量发展的渠道可以更为具体地归纳为贸易效应、投资效应和创新效应三个方面，见图7-1。

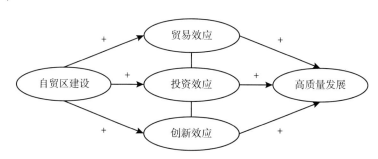

图7-1　自贸区建设促进经济高质量发展的路径

首先，自贸区建设通过发挥贸易效应而促进了经济的高质量发展。按照新古典经济学的增长理论：自由贸易促进经济发展的渠道主要来自贸易所带来的规模经济和资源配置效率。而自贸区设立的首要目标就是通过一系列制度创新、配套的体制改革以及灵活的政策措施来降低国与国之间的贸易成本，从而在扩大双边贸易规模的过程中形成规模效应（刘秉镰和吕程，2018），在优化双边贸易结构的过程中提升贸易质量。作为新时代高水平开放型经济的实验田，中国自贸区制度创新提升贸易质量的机制主要体现在两个方面：一是简化通关程序提高交易效率。在自贸区内，政府通过转变管理理念和创新管理方式，使政务服务更加透明高效，这有利于双边贸易企业更加及时有效、公正公平地掌握办事动态，有利于交易效率的提升。诸如上海、天津、福建和广东四大自贸区所设立的"三互"大通关体系、国际贸易"单一窗口"平台以及创新通关监管制度等都为进出口提供了高效便捷的通关机制，为企业删减了审批程序和缩减了通关时间，提供了极大的贸易便利。二是实施负面清单放松贸易限制。在提供便利化的基础上，自贸区通过减少负面清单的种类、降低双边贸易的税率，而使特定行业的特定产品与服务的贸易限制逐渐放松，有效地吸引了种类多样化、丰富化、差异化贸易产品的流入，使得贸易往来更加频繁。既带来了贸易总量的扩大，又带来了贸易结构的优化，从而促进了自贸区乃至整个区域社会福利的增加，推动了经济的高质量发展。

其次，自贸区建设通过发挥投资效应而带来了经济的高质量发展。从中国 20 世纪 80 年代以来所设立的经济特区的现实绩效来看，最早设立经济特区的沿海城市普遍经历了显著的高速增长期（Wei，1993）。这一增长绩效在早期主要通过扩大出口来拉动，而在后期则主要通过吸引外资来实现。就目前而言，由于外商直接投资在中国内地仍存在着特定产业、行业和产品与服务上的限制，因此开放型经济已经触及了制度空间的上限而面临发展约束。毋庸置疑，突破这一发展约束，应在制度上拓宽现有体制的限制区间，而以制度创新为特色的自贸区建设则为此提供了重要的契机。这是因为自贸区的设立为投融资提供了便利化条件，自贸区的投资管理制度创新为我国建设更高水平的开放型经济"打开了门户"。其机理主要表现在：第一，以负面清单制度为核心的制度创新，降低了外资进驻的准入门槛，扩大了外资进入的行业领域，能够吸引外商投资向自贸区集聚，从而形成产业集聚效应，提升投资绩效。第二，自贸区的限额内资本项目可兑换制度，一方面带来了政府职能较大程度的转变，另一方面则使企业掌握了更多的贸易自主权，从而使营商环境愈发良好，能够吸引外商投资不断向自贸区流入。这既能够改善本国资产质量，又能够带来前沿技术和管理经验，有利于区域内经济的高质量发展。第三，自贸区投融资汇兑便利制度的实施，为跨境投资减少了贸易壁垒，极大地推动了本土经济的"走出去"进程，使得国内企业在与技术先进国家展开合作的过程中弥补了技术短板，通过互利共赢带来经济发展质量的提升。

最后，自贸区建设通过发挥创新效应而带来了经济的高质量发展。按照内生增长理论的观点，创新是影响一国经济增长的内在动力，而地区间创新水平的差异，则是导致区域发展差距的关键原因。从微观层面来看，自贸区设立所伴随的"竞争效应"带动了地区自主创新能力的提升。这是因为：一方面，自贸区凭借其自身的制度优势和政策优惠，吸引了大量内外资企业的集聚，而这些相对优质企业在特定空间上的数量集聚则加剧了企业间的竞争；另一方面，自贸区对各类进口商品的优惠政策，使得同类型商品之间的可替代选择越来越多，更加精细的差异化使得产品市场的竞争愈发激烈。从宏观层面来看，自贸区设立所伴随的"溢出效应"提升了地区的创新能力。自贸区的贸易与投资在带来要素集聚的同时，也带来了知识和技术的空间溢出。一方面，本土企业的"走出去"战略有助于掌握东道国最新的技术研发动态，通过逆向知识溢出而促进了自身技术创新能力的提升（宋跃刚和杜江，2015）；另一方面，自贸区内更加自由的开放环境，在促进企业间日益密切的合作往来时，也带来了人才要素更加频繁地流动，而与人才在区域间的流通相伴随的则是知识技术的高频流动，这将引起知识和技术的空间溢出，从而带来区域内创新能力的提升。而创新能力提升则进一步带来了企业生产效率的提高和产业结构的升级，并促进了经济社会的高质量发展。

（三）方法、变量与数据

1. 合成控制法

为评估自贸区建设影响地区经济高质量发展的绩效，本节拟采用合成控制法。其思想可以概括为：通过处理相关预测变量，将其他未设立自贸区的省市进行适当的线性组合，构造出能与处理组即设立自贸区的省（区、市）更相似的"合成地区"，进而比较"真实地区"与"合成地区"在自贸区政策实施后的经济变量差异，由此判断自贸区政策对经济发展产生的影响。

假设总样本为 $J+1$ 个省市在 $t \in [1, T]$ 期的相关数据，且只有第一个地区（$i=1$）在 $T=T_0$ 时期实行自贸区政策，令该省市为实验组，其结果变量记为 Y_{1t}。将其余 J 个未实行自贸区政策的省市归为控制组，其结果变量记为 $Y_{jt}(i=2, 3, \cdots, J+1)$。将整个时间段分为两段即政策实施前 $t \in [1, T_0]$ 和政策实施后 $t \in [T_0+1, T]$。令 Y_{1t}^N 为实验组未实施自贸区政策时的指标观测值，令 Y_{1t}^F 为实验组在受到自贸区政策影响下的实际观测值，则 $Gap_{1t} = Y_{1t}^F - Y_{1t}^N$ 可以表示自贸区政策对实验组的影响，其值为自贸区建设的政策效应。在上式中，Y_{1t}^F 是实际观测得到的经济指标，而 Y_{1t}^N 作为反事实的结果变量为非观测值。本节采用阿巴迪和加尔迪扎巴尔（Abadie & Gardeazabal, 2003）提出的因子模型来估计 Y_{1t}^N：

$$Y_{1t}^N = \delta_t + \theta_t Z_i + \varphi_t \mu_i + \varepsilon_{it} \qquad (7-1)$$

其中，δ_t 是时间固定效应，Z_i 是一组可观测的控制变量，$\varphi_t \mu_i$ 是不可观测的互动固定效应，即时间效应 φ_t 与个体效应 μ_i 的乘积，ε_{it} 是随机扰动项。

为构造 Y_{1t}^N，可设置合成控制法的权重向量为 $W = (w_2, \cdots, w_{J+1})$，其中 w_i 表示第 i 个地区在合成控制中所占的比重，所有权重非负且其总和为 1，且 $\sum_{j=2}^{J+1} W_j = 1$。将控制组内的每一个地区的加权平均结果表示为 W，由此组成一个可行的合成控制组。可将合成控制地区的结果变量写为：

$$\sum_{j=2}^{J+1} w_j Y_{1t}^N = \delta_t + \theta_t \sum_{j=2}^{J+1} w_j Z_i + \varphi_t \sum_{j=2}^{J+1} w_j \mu_i + \sum_{j=2}^{J+1} w_j \varepsilon_{it} \qquad (7-2)$$

假设存在权重向量 $W^* = (w_2^*, \cdots, w_{J+2}^*)$，满足 $\sum_{j=2}^{J+1} w_j \times Z_j = Z_1$，且对于任意的 $t \in [1, T_0]$，均满足 $\sum_{j=2}^{J+1} w_j \times Y_{jt} = Y_{it}$，那么可由此估计在 t_2 时期的政策效果 Gap_{1t}^*：

$$Gap_{1t}^* = Y_{1t}^F - Y_{1t}^N = Y_{1t}^F - \sum_{j=2}^{J+1} w_j^* Y_{jt}, \ t \in [T_0 + 1, T] \qquad (7-3)$$

借鉴阿巴迪和加尔迪扎巴尔（2003）的方法来近似求解权重 W^*。令 $[1, T_0]$ 的时期变量数为 n，即 $n = T_0 - 1 + 1$。再定义 $A_1 = (Z_1, Y_1^1, \cdots, Y_1^n)$ 是 t_1 时期实验组（$n \times 1$）的特征向量，A_0 是控制组在 t_1 时期的（$J \times n$）维对应矩阵，包括 Z_j 和 Y_{jt} 指标。用 $\|A_1 - A_0 W\|_v = \sqrt{(A_1 - A_0 W)'V(A_1 - A_0 W)}$ 来度量 A_1 和 $A_0 W$ 之间的距离，通过最小化来确定 W^*，其中 V 是一个（$n \times n$）的半正定对称矩阵。

在 t_1 期间，若 Gap_{1t}^* 趋近于 0，即 Y_{1t}^F 与 Y_{1t}^N 非常接近，表明两者拟合效果较好。在 t_2 期间，Gap_{1t}^* 的走向及数值即为政策效果。因 t_2 时期的 Gap_{1t}^* 会存在波动，可以计算其平均效应：

$$\overline{Gap_{1t}^*} = \frac{1}{T - T_0} \sum_{t=T_0+1}^{T} Gap_{1t}^* \qquad (7-4)$$

此外，还可以构造预测误差均方 RMSPE 统计量评价 t_1 时期的合成值 Y_{1t}^N 与真实值 Y_{1t}^F 之间的偏离程度，若 RMSPE 越趋近于 0，则表明 Y_{1t}^N 与 Y_{1t}^F 之间的差值越接近于 0，说明合成值 Y_{1t}^N 是可靠的，具体计算公式为：

$$RMSPE = \left[\frac{1}{T_0 - 1 + 1} \sum_{t=1}^{T_0} (Y_{1t}^F - Y_{1t}^N)^2 \right]^{\frac{1}{2}} = \left(\frac{1}{n} \sum_{t=1}^{T_0} Gap_{1t}^{*2} \right)^{\frac{1}{2}}$$

$$(7-5)$$

2. 变量数据

在合成控制法下，本节选取设立时间较长的上海、广东、天津和福建四个自贸区试点省市作为实验组。同时，为能够更加清晰准确地揭示四大自贸区与合成控制组之间政策效果的差异，本节选取了 2003～2019 年各省市的年度数据作为时间窗口。考虑到 2017 年 3 月和 2018 年 10 月分别设立了 8 个自贸区，且截至 2019 年底，原有自贸区的制度创新经验已经对这些地区产生了一定的政策效果，因此为保证实验准确特将这 8 个省份剔除。而 2019 年 8 月设立的 6 个自贸区由于成立时间短，所受自贸区制度创新经验的影响几乎可以忽略不计，因此可以将这类地区保留。综上所述，本节最终选定山东、江苏、广西、河北、云南、黑龙江、北京、山西、内蒙古、吉林、安徽、江西、湖南、贵州、西藏、甘肃、青海、宁夏和新疆共 19 个省（区、市）作为对照组。

根据上文的机理分析，本节在实证检验中拟从贸易效应、投资效应和创新效应三个方面来分析自贸区建设影响经济高质量发展的传导路径。其中关于经济发展质量指标的测算，本节从"五大发展理念"即创新、协调、绿色、开放、共享五个方面来构建经济发展质量的综合评价指标，并利用熵权法来计算各省（区、市）的经济发展质量指数，具体评价指标见本书第二章第一节。如上所有数据均来源于国家统计局、各省金融统计年鉴以及 EPS 数据等官方渠道所披露的统计资料。

以上述所构建的综合指标为依据，对上海、广东、天津和福建四个省（区、市）的经济发展质量指数及排名进行计算后可得表 7-5 所示的评价结果。总体来看，四个省（区、市）的经济发展质量较高，其排名均处于全国前列，排名平均值分别位于全国第 2 位、第 3 位、第 4 位和第 6 位。从纵向动态演变来看，尽管四个省（区、市）的经济发展质量指数均经历了部分年份的下降期，但总体而言均呈现出了不断上升的态势。其中，上海、广东、天津和福建分别由 2003 年的 1.4121、1.3701、1.3899 和 1.3330 上升到了 2019 年的 1.6847、1.6125、1.5876 和 1.4223，表明这些省（区、市）在取得"数量"高速增长的同时，发展"质量"亦得到了不同程度的提升。相对应地，在 2003～2019 年的全国排名中，天津市不同年份的经济发展质量指数呈现出了较为明显的时序差异。在天津市的自贸区设立前即 2015 年之前，其经济发展质量指数排名呈现出了下降的趋势，由最初的第 3、4 下降为第 5，均值为 1.4769；但当自贸区成立之后，其经济发展质量综合排名则由第 5 上升至了第 4，且一直维持至今，均值上升为 1.5387，表明自贸区的设立对天津经济高质量发展有一定的促进作用。与此不同的是，上海市和广东省的经济发展质量指数在 2003～2008 年的排名情况稍有浮动，随后则分别稳定在了第 2、第 3 的位置，自贸区设立前后的均值分别由 1.6372 和 1.5246 上升到了 1.6772 和 1.572；福建省的排名情况在自贸区设立前后没有变化，一直保持在全国第6的位置，但经济发展质量指数的均值则由自贸区设立前的1.3688上升到了设立后的1.4005。如上测算结果表明：一方面，自贸区设立对地区经济发展质量均带来了促进作用，尽管质量提升的增幅不大；另一方面，自贸区设立后，地区之间的发展差距也出现了减小的趋势。因此，自贸区设立对于区域内的经济高质量发展，以及区域之间的协调发展均有一定程度的促进作用。

表7-5　　　　　　　　　　经济发展质量指数及全国排名

年份	上海		广东		天津		福建	
	经济发展质量	排名	经济发展质量	排名	经济发展质量	排名	经济发展质量	排名
2003	1.4121	2	1.3701	4	1.3899	3	1.3330	6
2004	1.4374	2	1.3837	5	1.4177	3	1.3510	6
2005	1.6083	1	1.5179	3	1.4710	4	1.3606	6
2006	1.6268	1	1.5345	3	1.4785	4	1.3533	6
2007	1.6549	1	1.5363	3	1.4692	4	1.3472	6
2008	1.6621	2	1.5115	3	1.4486	4	1.3425	6
2009	1.6133	2	1.4710	3	1.4032	5	1.3278	6
2010	1.6592	2	1.5017	3	1.4218	5	1.3354	6
2011	1.7151	2	1.5483	3	1.4608	5	1.3849	6
2012	1.7033	2	1.5606	3	1.4643	5	1.3759	6
2013	1.6898	2	1.5716	3	1.4959	5	1.3797	6
2014	1.6788	2	1.5514	3	1.4929	5	1.3760	6
2015	1.6735	2	1.5443	3	1.4996	4	1.3809	6
2016	1.6636	2	1.5474	3	1.5313	4	1.3957	6
2017	1.6736	2	1.5622	3	1.5059	5	1.3933	6
2018	1.6766	2	1.5936	3	1.5692	4	1.4103	6
2019	1.6847	2	1.6125	3	1.5876	4	1.4223	6
均值	1.6372	2	1.5246	3	1.4769	4	1.3688	6
自贸区设立后均值	1.6772	2	1.5720	3	1.5387	4	1.4005	6

注：表中排名情况是以全国31个省（区、市）的经济发展质量指数为基础进行的排名。

（四）绩效评估和路径检验

在充分考虑数据可得性的基础上，本节采用中国23个省（区、市）的面板数据进行实证研究，基本步骤包括：首先，对上海、广东、天津和福建四大自贸区建设影响经济高质量发展的效应进行总体检验；其次，分别从贸易效应、投资效应和创新效应三个方面依次检验四大自贸区建设影响经济高质量发展的路径。

1. 政策效应综合评估

根据合成控制法，本节将各省经济发展质量指数作为合成控制模型中的结果变量，并借鉴已有研究的处理方法选取了人均 GDP、固定资产投资总额、财政支出规模、进出口总额、人均收入水平、R&D 经费投入强度、产业结构高级化水平、城镇化率、居民消费价格指数、2003 年经济发展质量指数、2010 年经济发展质量指数以及 2019 年经济发展质量指数等指标作为控制变量。对上海、广东、天津和福建四大自贸区 2003～2019 年的经济发展质量指数进行合成后，可得图 7-2 所示的合成值趋势线。由图 7-2（a）（c）（d）可知：在自贸区成立之前，也即图中所显示的垂直虚线左侧时期，上海、天津和福建经济发展质量指数的实际值与合成值两者之间的变动趋势基本一致，且数值相差不大，说明这三个省份的模型拟合效果较好；而图 7-2（b）显示的广东经济发展质量指数与其合成值之间的差距在 2005～2010 年则相对较大，表明可能存在着拟合效果不佳的情况，应进一步采用安慰剂检验来判断其显著性。

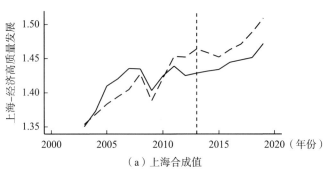

（a）上海合成值

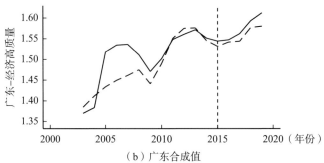

（b）广东合成值

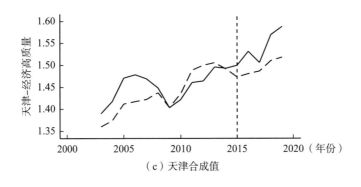

（c）天津合成值

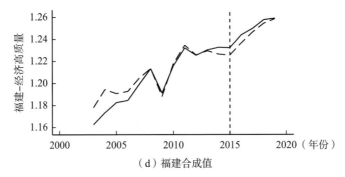

（d）福建合成值

图 7 - 2　四大自贸区经济发展质量指数合成图

注：图中实线为经济发展质量指数的实际值，虚线为经济发展质量指数的合成值，横坐标为年份。

从自贸区设立之后即图中垂直虚线右侧部分的经济发展质量指数与其合成值的比较来看，当指数实际值大于其合成值时，表明自贸区设立为经济高质量发展带来了正向的政策效应，反之则政策效应为负。由图 7 - 2（b）（c）（d）可知：广东、天津和福建经济发展质量指数的实际值曲线都位于其合成值曲线的上方，表明这三个省份自贸区建设中的制度创新和政策实施有效地促进了其经济发展质量的提升。其提升的程度或政策效应的大小如表 7 - 6 所示：从横向比较来看，广东、天津和福建三个自贸区设立对其经济高质量发展促进效应的平均值分别为 0.0170、0.0449、0.0042，表明天津的政策效应最为明显，而广东和福建的政策效应则依次递减。从各自政策效应的纵向变化趋势来看，尽管各地区的效应值出现了反复波动的现象，但总体而言广东和天津出现了效应增强的趋势，其值在 2019 年分别达到了 0.0322 和 0.0696 的最大值；而福建的政策效应则逐渐减弱，由 2016 年的最大值 0.0074 降至了 2019 年的最小值 0.0004。可见，不同自贸区之间的政策效应存在着较为明显的空间差异。

表 7－6 自贸区建设促进经济高质量发展的政策效应

年份	经济发展质量综合效应				贸易效应			
	上海	广东	天津	福建	上海	广东	天津	福建
2013	−0.0353	—	—	—	−7.4168	—	—	—
2014	−0.0267	—	—	—	42.8653	—	—	—
2015	−0.0181	0.0128	0.0262	0.0067	194.5606	33.4510	−59.3061	27.9600
2016	−0.0185	0.0055	0.0506	0.0074	341.8118	92.2793	−62.2351	32.7784
2017	−0.0231	0.0182	0.0193	0.0033	129.6605	124.1866	−51.5662	33.2301
2018	−0.0371	0.0164	0.0589	0.0033	259.9838	146.8581	−67.8035	26.1915
2019	−0.0374	0.0322	0.0696	0.0004	26.4840	197.7575	−82.0342	35.5525
均值	−0.0268	0.0170	0.0449	0.0042	141.1356	118.9065	−64.5890	31.1425

年份	投资效应				创新效应			
	上海	广东	天津	福建	上海	广东	天津	福建
2013	137.1903	—	—	—	−23.4551	—	—	—
2014	−68.9242	—	—	—	−28.5322	—	—	—
2015	514.5518	173.8432	168.7219	−16.9146	−27.3508	−3.2276	7.0493	3.8449
2016	741.4987	525.1424	628.7597	−9.4502	−33.3858	0.8006	14.2963	9.3400
2017	1 096.0694	893.5900	521.6288	−13.1224	−27.3279	10.3996	2.3425	6.8446
2018	1 423.8414	1 290.5645	1 584.2715	−23.2636	−31.8841	16.7984	1.4503	11.7092
2019	2 246.6750	1 873.2534	2 669.5671	−13.8317	−33.7854	23.7404	0.8948	14.1629
均值	870.1289	951.2787	1 114.5898	−15.3165	−29.3887	9.7023	5.2067	9.1803

　　与广东、天津和福建三个自贸区的政策效应不同，上海自贸区经济发展质量指数的实际值曲线在其合成值曲线的下方，表明上海自贸区建设并未带来其经济发展质量的提升，见图 7－2（a）。由表 7－6 可知：上海自贸区建设中的制度创新及政策实施对其经济发展质量所带来的效应为负，其绝对值在经历了 2013～2015 年的逐渐减小后又开始不断扩大，最终达到了 2019 年的 −0.0374，平均值为 −0.0268。这一结果表明，上海自贸区的设立对其经济发展质量不仅没有发挥提升作用，相反却带来了抑制效应。为什么会出现这一与理论不符的现象呢？本节认为自贸区经济高质量发展动力的机制差异可能是产生这一现象的根本原因。

　　2. 动力机制检验及效应评估

　　根据自贸区建设促进经济高质量发展的影响机理，如下部分拟从贸易效应、投资效应和创新效应三个方面来分别检验自贸区建设所带来的经济绩效，并在剖析这些动力结构及其政策效应空间差异的过程中进一步揭示地区经济高质量发展的动力机制。

（1）贸易效应

借鉴王利辉等（2017）和叶霖莉（2020）等的研究，本节以进出口贸易总额作为替代变量来考察四个自贸区驱动经济高质量发展的"贸易效应"路径，实证检验结果如图7-8所示。总体而言，四个自贸区在设立之前即图中垂直虚线左侧部分，进出口贸易总额的实际值与合成值的变动趋势基本保持一致且贴合较好，表明拟合效果较好，合成控制法能够较好地揭示自贸区设立对进出口贸易所带来的政策效应。此外，从自贸区设立前后的进出口贸易总额来看，四个地区的贸易总额都较之前呈现出了较为明显的上升趋势，表明自贸区设立后四个地区的进出口总额有了较大规模的扩张，具体表现为：上海、广东和福建在自贸区建立后，进出口贸易总额的实际值曲线均处于合成值曲线的上方，见图7-3（a）（b）（d）。结合表7-6自贸区建设促进进出口贸易的政策效应来看，三个自贸区的政策效应均值分别为141.1356、118.9065和31.1425。这一测算结果表明自贸区设立后所实施的创新型制度与政策促进了三个地区进出口总额的增长。从自贸区政策促进进出口贸易的效应比较来看，上海的政策效果最明显，广东次之，福建最小。其中，上海的进出口贸易总额在自贸区政策实施后呈现出了显著的上升趋势，但在2018年后进出口总额的增长则有所回落。

与上海、广东和福建的政策效应不同，天津自贸区成立后进出口贸易总额的实际值曲线处于合成值曲线的下方（见图7-3（c）），其政策效应的均值为－64.5890（见表7-6），表明天津自贸区的设立并没有促进进出口贸易总额的增长，这一结果与武剑和谢伟（2019）、方云龙和王博（2020）等人的结论一致。之所以出现这一现象，极有可能是因为：一方面，天津自贸区在发展定位上致力于贯彻落实京津冀协同发展和"一带一路"倡议建设，对于区内进出口贸易发展的制度设计及优势则不够突出，因此自贸区设立对进出口贸易所带来的政策效应不够显著。另一方面，天津辖区内爆发的突发事件制约了其进出口贸易总额的增长。在天津自贸区成立当年，滨海新区天津港内爆发的"8·12事故"在造成众多人员伤亡和财产损失的同时，也带来了进口额中占比较大的危险品等产品的进口限制。此外，对进出口货物的审查加严也降低了天津自贸区的外贸通行效率，这将使得进出口规模进一步缩减。

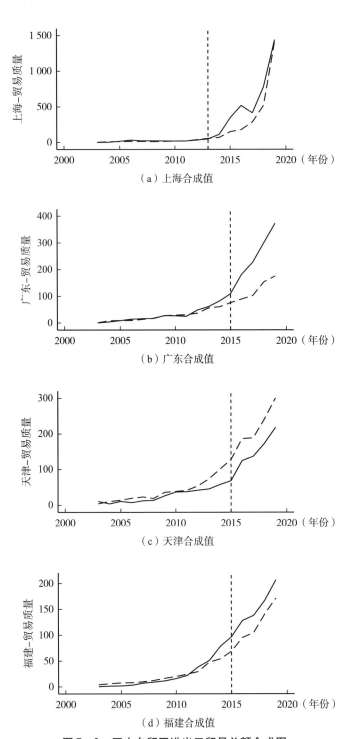

图7-3 四大自贸区进出口贸易总额合成图

注：图中实线为进出口贸易总额的实际值，虚线为进出口贸易总额的合成值，横坐标为年份。

（2）投资效应

借鉴谭娜等（2015）、高增安和李肖萌（2019）等的研究，本节以外商直接投资规模为代理变量来考察四个自贸区制度创新驱动经济高质量发展的"投资效应"路径，实证检验结果如图7-4所示。总体而言，在自贸区设立之前即图中垂直虚线左侧部分，上海、广东和天津外商直接投资总额的实际值与合成值在变动趋势上基本一致且在数值上基本重合，说明拟合效果较好，合成控制法能够有效地揭示自贸区设立对投资绩效所带来的政策效应。但福建外商直接投资总额的实际值与合成值之间则存在着一定距离，两者之间可能存在拟合度不高的现象，应进一步采用安慰剂检验来判断其显著性。从自贸区成立前后的投资变动来看，四个地区的外商直接投资总额在自贸区成立后都呈现出了急剧上升的态势，表明自贸区所实施的创新型制度和政策有效地促进了投资规模的扩大。具体表现为：上海、广东和天津在自贸区成立之后，外商直接投资总额的实际值曲线始终位于合成值曲线的上方，且两者之间的差值不断扩大，政策效应均值分别达到了870.13、951.28、1 114.59，见表7-6。这一结果表明自贸区建设有效地提升了这些地区吸引外资的能力和效率，因而对投资绩效产生了正向提升作用，且这一作用将随着自贸区建设的推进而愈加显著。

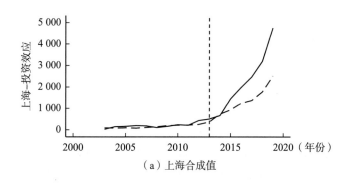

（a）上海合成值

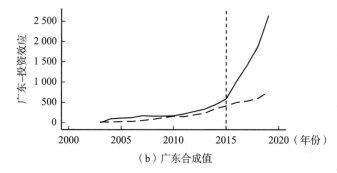

（b）广东合成值

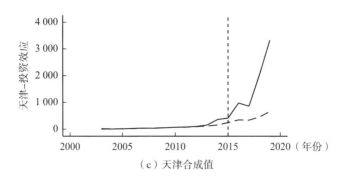

（c）天津合成值

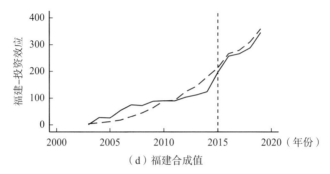

（d）福建合成值

图 7 － 4 四大自贸区外商直接投资总额合成图

注：图中实线为外商直接投资总额的实际值，虚线为外商直接投资总额的合成值，横坐标为
年份。

与以上三个省市自贸区建设绩效不同的是，福建自贸区成立后其外商
直接投资总额的实际值曲线则在合成值曲线的下方（见图 7 － 4（d）），表
明自贸区建设对其投资绩效带来了负面影响，负向效应的均值仅为
－15.3165（见表 7 － 6）。这一测算结果与邓慧慧等（2020）的研究结
论相一致。之所以出现负面效应，极有可能是因为：从地理位置来看，
福建省毗邻广东省，两者之间更易形成人才、资源和资本方面的市场竞
争，并有可能会产生区域间的相互排斥与挤兑。相对而言，广东自贸区
在区位条件、贸易往来和经济实力等方面都具有更强的资本吸引力，而
福建自贸区的竞争优势则相对较弱，不利于其投资绩效的提升。从这一
角度来说，自贸区之间应注重发展定位上的差别化，以避免同质化而引
发的不良竞争。此外，通过比较福建自贸区成立前后外商直接投资总额
实际值与合成值之间的差值可以发现，自贸区成立前的差值要略大于成
立之后的差值，这说明福建自贸区样本可能存在着前期模型拟合不佳的
情况，而这也有可能带来测算结果与理论分析上的偏差，亟待后文进一
步验证。

（3）创新效应

借鉴刘秉镰和王钺（2018）、张颖和逯宇铎（2019）等的处理方法，本节以人均专利数量作为替代变量来考察四个自贸区制度创新驱动经济高质量发展的"创新效应"路径，结果见图7－5。总体而言，四个自贸区在设立之前即图中垂直虚线左侧部分，人均专利数的实际值曲线与合成值曲线在变动趋势上能够基本保持一致且在数值上能够达到高度重合，表明合成控制法的拟合效果较好。此外从自贸区成立前后的创新能力看，四个地区的创新能力都较之前有了显著的提升，表明自贸区成立后所实施的制度改革对创新能力的提升带来了显著的激励作用。从不同自贸区的具体效应来看，广东、天津和福建在成立自贸区后，人均专利数的实际值曲线始终位于合成值曲线的上方，表明自贸区设立后广东、天津和福建的创新能力得到了较大程度的提升，且其提升的幅度高于合成预测值，因此政策效应极为明显，见图7－5（b）（c）（d）。相对而言，广东的政策效果最为明显，福建次之，天津最小，各自政策效应的均值分别为9.7023、9.1803和5.2067，见表7－6。

与广东、福建和天津不同，上海的人均专利数实际值在自贸区成立后反而低于合成值（见图7－5（a）），其政策效应的均值为－29.3887（见表7－6），表明自贸区设立后所实施的制度创新对其创新能力提升的政策效果不理想，这一实证结果与徐洁香等（2020）的结论相一致。上海自贸区设立对创新能力提升之所以带来了负面效应，极有可能是因为：首先，从图7－5（a）人均专利数实际值与合成值之间的差额可以发现，上海在还未实行自贸区政策的2010年时，其人均专利数实际值就已低于合成值。由此可知，创新能力增幅有限是由其经济特定发展阶段的资源禀赋和发展模式所导致的，不能只归因于自贸区政策的实施。其次，随着市场的发展与完善，创新能力的进一步提升将不再局限于企业研发创新的内部激励，还应依靠社会对知识产权的有效保护，通过提供保障制度以解决其"后顾之忧"，这是因为对企业知识产权的保护在很大程度上决定了其是否能够享有创新收益。就目前来看，广东和天津自贸区建设方案中知识产权的保障涉及较多，而上海自贸区的制度安排则关注于政府职能的转变、办事程序的精简和营商环境的改善等，对知识产权、技术保护等方面的规定则较少涉及，长期而言不利于区域创新能力的提升。

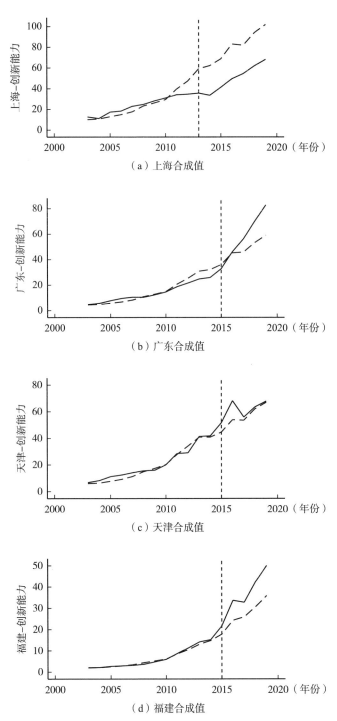

（a）上海合成值

（b）广东合成值

（c）天津合成值

（d）福建合成值

图 7 - 5　四大自贸区人均专利数合成图

注：图中实线为人均专利数的实际值，虚线为人均专利数的合成值，横坐标为年份。

进一步地结合上文自贸区设立影响经济高质量发展的综合效应来看，上海创新能力未得到有效提升极有可能是导致其经济发展质量在自贸区成立后出现负面政策效应的重要原因。这是因为相对于贸易和投资而言，创新才是引领地区经济高质量发展的关键动力。因此，尽管自贸区设立分别对天津的贸易规模和福建的投资规模也带来了负面的政策效应，但却不足以像创新能力一样能够在总体上影响经济发展质量的基本走向，也就出现了自贸区制度创新对上海与其他三省在经济发展质量上的效应差异。

（五）基于方法替换的稳健性检验

为检验上述政策效应是否具有显著性和稳健性，本节综合采用安慰剂检验法和双重差分法来对合成控制法的实证结果进行检验与比较。其中，安慰剂检验是将控制组的 19 个省（区、市）都分别作为实验组，对每个省市各做一次合成控制分析，并计算各指标实际值与合成值之间的差值。为此，本节将自贸区设立前的时间段记为 T_1、设立后的时间段记为 T_2，将设立自贸区的上海、广东、天津和福建四省市通过合成控制得到的差值记为 Gap_i，未曾设立自贸区的其他省市的差值记为 Gap_j，则在 T_2 时期得到的 $|Gap_i|$ 若远大于安慰剂检验得到的 $|Gap_j|$ 时，表明此时合成控制法的拟合效果较好且模型是稳定的。需要说明的是，如果 T_1 时期的 $|Gap_i|$ 与 $|Gap_j|$ 差异较大时，则说明真实结果变量的拟合效果较差，那么 T_2 时期的结果差异有可能只是一种统计偏差所带来的现象，并不必然指向政策实施的效果。鉴于此，为了避免拟合误差太大所带来的干扰，本节参照阿巴迪和加尔迪扎巴尔（2003）的处理方法，在安慰剂过程中剔除了 RMSPE 值超过实验组两倍的控制组省市。值得一提的是，由于本节的控制组样本仅有 19 个，如果继续剔除一些拟合效果不佳的样本则很难满足常规统计量 $P \leqslant 0.05$ 的显著性条件，因此本节将 $P \leqslant 0.2$ 作为安慰剂检验是否显著的标准，即将置信水平调整为 80% 见表 7－7。

表 7－7 　　　　　不同方法下的显著性与稳健性检验比较

省市	经济发展质量			贸易效应		
	合成控制法平均效应	双重差分法平均效应	结果比较	合成控制法平均效应	双重差分法平均效应	结果比较
上海	－ 0.0268 ***	－ 0.0366 ***	均显著	141.14 ***	339.47 **	均显著
广东	0.0170	0.0106 **	不显著	118.91 ***	261.73 *	均显著
天津	0.0449 ***	0.0369 ***	均显著	－ 64.59 ***	－ 97.56 *	均显著
福建	0.0042 ***	0.0179	显著	31.14	63.74 **	不显著

省市	投资效应			创新效应		
	合成控制法平均效应	双重差分法平均效应	结果比较	合成控制法平均效应	双重差分法平均效应	结果比较
上海	870.13 ***	1 723.91 ***	均显著	− 29.39 ***	− 7.20	显著
广东	951.28 ***	762.81 **	均显著	9.70 ***	22.16 ***	均显著
天津	1 114.59 ***	955.41 ***	均显著	5.21 ***	17.70 ***	均显著
福建	− 15.32	− 91.28	不显著	9.18 ***	18.02 ***	均显著

注：①表中合成控制法下，将安慰剂检验结果小于等于0.2的效应结果上统一标注为 *** 即表示结果显著。②表中双重差分法下，将检验结果 $P < 0.01$、$P < 0.05$、$P < 0.1$ 的效应结果上标注为 * 、 ** 、 *** 即标志结果显著。③表中稳健性比较一栏下，"均显著"表示安慰剂检验和双重差分法检验均显著，"显著"表示只有安慰剂检验显著，"不显著"表示安慰剂检验不显著。

据此检验方法，可得上海、广东、天津和福建四大自贸区建设对经济发展质量及其动力机制的政策影响，具体结果显示：首先，从经济发展质量指数的合成控制结果来看，上海、天津和福建三省市经济发展质量指数安慰剂检验结果的 $P = 0 < 0.2$，处于设定的置信区间内，因此能够通过显著性检验。但是，广东的安慰剂检验结果则不显著，表明广东省经济高质量发展水平的提升，不只是自贸区政策带来的结果，可能还存在着其他影响因素。其次，就自贸区建设的贸易效应来看，上海、广东和天津三个地区的安慰剂检验结果均显著，其中上海为 $P = 0 < 0.2$，广东为 $P = 0.2 \leqslant 0.2$，天津为 $P = 0.11 < 0.2$。福建的安慰剂检验结果则不显著，表明自贸区政策只是在其他影响因素的基础上进一步促进了其进出口贸易总额的增长。再次，就自贸区建设的投资效应来看，上海、广东和天津三个地区的安慰剂检验结果均极为显著，对应的 P 值均为0。但是，福建自贸区的拟合效果则存在着较大的偏差，其安慰剂检验结果不显著。最后，就自贸区建设的创新效应来看，四个自贸区的创新能力安慰剂检验结果均为显著，表明自贸区政策对其创新能力的提升作用具有显著性和稳健性。

在控制组样本数量较少的情形下，单一选用安慰剂检验来评判模型的显著性和稳健性可能会存在识别误差的问题。为此，本节进一步采用双重差分法来对如上四大自贸区的政策效果进行检验。具体方法为：选取2003 ~ 2019年作为样本的时间范围，将上海、广东、天津和福建四个自贸区设为实验组，同时为消除 2017 年和 2018 年新成立的自贸区对评估结果的影响，特将其删除之后把剩余未成立自贸区的省份作为对照组。此外，为了确保双重差分法的检验结果与合成控制法的安慰剂检验结果具有可比性，本节在双重差分法中特意采用与合成控制法相同的控制变量，具体模型为：

$$Y_{it} = \beta_0 treat \times after + \sum \beta_x Z_{it} + u_i + \gamma_t + \varepsilon_{it} \qquad (7-6)$$

上式中 Y_{it} 为结果变量，分别表示经济发展质量、进出口贸易总额、外商直接投资总额和人均专利数。$treat$ 为区分实验组和控制组的虚拟变量，其中实验组用 1 表示，对照组则用 0 表示。$after$ 是区分自贸区政策实施前后的虚拟变量，其中政策实施前用 0 表示，政策实施后则用 1 表示。综合来看，$treat \times after$ 的系数反映的是自贸区设立后的政策效应。Z_{it} 是控制变量，u_i 和 γ_t 分别为个体效应和时间效应。为方便对比，本节将合成控制法下得到的平均政策效应及安慰剂检验结果与双重差分法下得到的政策效应结果及显著性放置于同一表格中，见表 7-7。

首先，从经济发展质量指数的双重差分结果来看，上海、广东和天津的自贸区政策效应均值分别为 -0.0366、0.0106 和 0.0369，且都通过了显著性检验，表明上海自贸区设立后确实并未带来其经济发展质量的提升，而广东和天津的自贸区建设则对其经济高质量发展带来了正向的促进作用，这与合成控制法下所得到的结论是相一致的，表明该结论具有较强的稳健性。与此略有不同的是，尽管福建的政策效应均值为 0.0179，也即自贸区设立亦带来了其经济发展质量的提升，但其结果在双重差分法下却不能通过显著性检验，这与安慰剂检验下具有显著性特征的结果稍有出入。出现这一差异的原因可能在于：双重差分法自身对于控制组的选取有较为严格的要求，本节出于比较方便而选取的与安慰剂检验相同的控制组可能存在因选取不当而带来的结果偏差问题。

其次，从进出口贸易总额的双重差分结果来看，上海、广东、天津和福建的自贸区政策效应均显著，且其均值分别为 339.47、261.73、-97.56 和 63.74，表明上海、广东和福建自贸区设立后确实带来了区域进出口贸易总额的增长，而天津的这一政策效应则为负。尽管在安慰剂检验下天津的政策效应不能通过显著性检验，但就影响方向而言，双重差分法与合成控制法下所得到的结论是相一致的，因此自贸区设立影响进出口贸易总额的负向政策效应具有统计上的稳健性。

再次，从外商直接投资总额的双重差分结果来看，上海、广东和天津的自贸区政策效应均值分别为 1 723.91、762.81 和 955.41，且均能通过显著性检验，表明自贸区设立确实带来了这些地区投资绩效的提升，这与合成控制法下所得到的结论是相一致的，因此自贸区设立影响区域外商直接投资总额的正向政策效应具有稳健性。与此不同的是，福建自贸区的投资效应不管是在安慰剂检验中，还是在双重差分法下，均不能有效通过显著性检验，因此自贸区设立对福建外商直接投资总额带来了负向效应的结论不具有显著性。

最后，从人均专利数的双重差分结果来看，广东、天津和福建自贸区设立影响人均专利数的政策效应均值分别为 22.16、17.70、18.02，且均都通过显著性检验，表明自贸区设立确实带来了这些地区创新能力的提升，这与合成控制法下所得到的结论相一致，因此该结论亦具有统计上的稳健性。与此稍有不同的是，上海人均专利数的双重差分法结果为 −7.2，尽管在统计上不能通过显著性检验，但就方向而言，它与合成控制法检验结果的符号相同，即自贸区设立对区域创新带来了负向政策效应，这一效应在安慰剂检验中具有显著性。

综上研究发现：第一，自贸区建设有效地推动了区域经济的高质量发展，且这一制度创新的红利尤其在经济发展质量较低的地区更为明显。在综合采用合成控制法和双重差分法进行检验后发现，广东、天津和福建的自贸区设立对地区经济发展质量带来了正向的政策效应，但上海的这一政策效应却为负，即自贸区设立对上海经济高质量发展带来了抑制作用。造成这一现象的原因在于自贸区设立并未带来上海创新能力的有效提升。因此，对于这类基础设施完善、产业分工完备和经济发展领先的"超大城市"而言，应借助自贸区建设中的制度创新才能有效突破经济发展中的制度约束，以在提升创新能力的过程中实现经济的高质量发展。

第二，自贸区建设中的制度创新能够有效带来地区贸易质量、投资绩效和创新能力的提升，且这一政策效应随着时间的延长而愈发显著。合成控制法和双重差分法的检验结果显示，尽管自贸区设立对天津的进出口贸易总额、福建的外商直接投资总额和上海的人均专利数带来了负向政策效应，但总体而言，自贸区设立对这些中介因素的影响均带来了较为普遍和较具一般性的促进作用。因此，贸易质量、投资绩效和创新能力是自贸区设立影响地区经济发展质量的关键动力。

第三，自贸区建设所带来的政策效应在不同地区之间存在着显著的空间差异，即不同自贸区对经济发展质量及贸易质量、投资绩效和创新能力等动力机制的影响均存在着明显的异质性。合成控制法和双重差分法的检验结果显示，不同地区自贸区建设中的制度创新所产生的政策效应在力度和方向上均存在着显著的差别，即使是同一批设立的自贸区，因城市经济基础、地理环境、自贸区定位等因素的不同，也会产生富有差异的政策效果。如与上海、广东和天津不同，福建自贸区设立对投资绩效带来了不显著的负面影响。

第四节 "质量效应"的一个拓展：
金融创新的视角

除了前文所述的"贸易效应""投资效应"和"创新效应"外，自贸区建设还通过"金融效应"促进了经济的高质量发展。

（一）自贸区金融效应促进经济高质量发展的机理

自贸区是深化综合改革的试验田，包括投资管理制度改革、贸易监管制度改革、金融制度创新改革等多个方面（沈伟，2017）。其中金融制度改革对于优化营商环境、推动金融供给侧结构性改革和经济高质量发展起到了重要作用。结合已有研究和发展现状来看，自贸区建设及金融制度创新改革的影响主要体现在：金融科技升级、金融配套措施的完善、扩大金融市场准入、投融资便利化发展等诸多方面。因此本节主要将其归纳为：自贸区建设产生的金融效应主要通过金融创新和金融开放两个层面影响经济高质量发展。

一方面，自贸区建设通过提高金融创新水平促进经济高质量发展。中国经济已经经历过要素增长与投资驱动阶段，在工业化、城镇化、农业现代化、信息化——四化同步的新常态下，创新驱动已成为新的增长方式（喻平和常悦，2020）。林毅夫等（2019）认为金融创新可以通过解决我国金融体系中存在的金融结构矛盾从而促进经济高质量发展。作为新时代高水平开放型经济的实验田，我国自贸区制度提升金融创新水平的机制可以概括为以下三方面：一是科技金融的深化升级。自贸区内支持金融科技的发展，将大数据、云计算、人工智能和区块链等新兴技术运用于金融领域，促进了金融机构对基础信息的分析、决策和共享，提升了金融创新能力，促进创业创新。此外金融本质上是竞争性的服务业，自贸区对内支持民营资本进入金融领域、对外允许并扩大外资金融机构在自贸区内的经营业务和范围（易清华等，2020）。多方金融机构进驻自贸区，形成良性竞争，金融机构为吸引更多资本，不断增加自身金融产品多样性和金融技术的先进性，优化了金融资源的有效配置，最终推动全要素生产率的提高。二是完善金融配套政策。自贸区在推进金融改革的同时不断完善金融配套政策，推动各类资源向区内聚集。如大力引进优秀金融人才、健全金融人才引进机制，包括职业资格认证、人才落户、住房保障等措施（王方宏和杨海龙，2020）；同时加大对自贸区内金融机构的扶持力度，鼓励金融机构创新发展，通过财政奖补等手段定期给予支持。无论是人才引进或是政府帮扶，都为金融机构加快创新发展解决了"后顾之忧"，对于提升金融业的创新发展能力和水平起到重要作用。三是开创特色金融服务领域。各个自贸区都依据自身战略定位建设各具特色的金融服务体系，发挥自身竞争优势。如广东靠近港澳地区，其自贸区主要围绕粤港澳大湾区开展金融业务创新，同时注重金融科技领域的突破；天津自贸区地处北京市与河北省交界，主要开展融资租赁业务方面的金融创新，同时推进京津冀一体化金融合作。将金融制度与区域特性相结合，有助于金融创新的高效实现，提升金融创新效率，从而更好地促进区域经济高质量发展（见图7-6）。

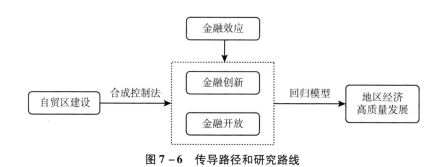

图7-6 传导路径和研究路线

另一方面，自贸区建设通过深化金融开放程度促进经济高质量发展。扩大金融业对外开放是我国的自主选择，这既是金融业自身发展的需要，也是深化金融供给侧结构性改革、实现经济高质量发展的内在要求（易纲，2019）。自贸区围绕跨境人民币业务、外汇管理改革以及金融服务业等领域展开试验，形成了较为完善的金融开放新框架，主要体现在：一是自贸区建设提供稳定的制度环境。自贸区凭借渐进式的金融政策性开放到金融制度性开放，逐步实现了国内金融开放型法律体系与国际金融规则的衔接。一方面降低了因政策不确定性可能带来的贸易风险，另一方面也推动了统一、开放的金融市场体系的形成。二是自贸区扩大金融市场准入。目前自贸区均提出扩大金融领域对内对外开放，支持民营资本进入金融业、提高或者取消外资股占金融机构的比例限制。与此同时，不同自贸区还结合自身发展需要，针对不同地区的投资主体提供特殊福利待遇等。吸引海外金融投资机构的入驻是推动金融开放的有效渠道，也是自贸区打造开放型市场的重要环节（刘军，2020）。金融开放程度加深，则会吸引更多的金融机构、业务和产品，增加金融有效供给，促进地区经济的蓬勃发展。三是自贸区建设促进投融资便利化发展。自贸区通过开展人民币境外融资、发行人民币计价债券等业务，增强我国金融机构参与跨境投融资的能力和水平。同时，随着跨境人民币使用的业务范围不断拓展，国内外业务往来更加密切（俞姗，2016）。跨境人民币使用量和使用频率在跨境贸易中大幅提高，对我国外汇储备的稳定和人民币国际化进程的推进都产生积极作用。

结合上述传导机制分析，本节的论证思路为：首先，验证自贸区设立与建设是否促进了地区的金融创新与开放即产生金融效应；其次，考察自贸区所在地的金融创新与开放对地区经济高质量发展的影响；最后，串联三者关系，以金融创新和金融开放为纽带，探究自贸区影响经济高质量发展的金融效应。

（二）方法、变量与数据

为评估自贸区建设产生的金融效应政策效果，本节拟采用前文所述的合成控制法进行实证检验。其思想可以概括为：通过处理相关预测变量，将其他未设立自贸区的省市进行适当的线性组合，构造出能与处理组即设立自贸区的省市更相似的"合成地区"，进而比较"真实地区"与"合成地区"在自贸区政策实施后的经济变量差异，由此判断自贸区政策影响经济发展的效果。

在合成控制法下，本节选取设立时间较长的上海、广东、天津和福建四个自贸区试点省市作为实验组。同时，为能够更加清晰准确地揭示四大自贸区与合成控制组之间政策效果的差异，本节选取了 2003～2019 年各省（区、市）的年度数据作为时间窗口。对照组的选取方法见上节。

据上文自贸区建设的金融效应传导路径分析可知，其主要通过金融创新和金融开放得以实现。因此本节从金融创新和金融开放两个角度分析自贸区建设产生的金融效应及对经济高质量发展的影响。

（1）金融创新指标：既往文献中选取的金融创新变量往往是存量指标，更多地体现了金融发展程度，如刘红等（2020）采用金融机构贷款余额作为金融创新能力的指标。本节认为应将金融创新看作是金融发展的增加值，体现金融发展水平的变化程度，因此选用金融业增加值作为衡量地区金融创新的指标。

（2）金融开放指标：当前对于金融开放的指标选择集中于两种：第一，参考 Lane & Milesi – Ferretti 的系列研究构建金融一体化的 GEQY 指标，主要以测量海外资产和负债的占比的方式对金融开放度进行综合测度（李泽广和吕剑，2017；董骥和李增刚，2019；鲍星，2020）。但该种测度方法多用于跨国面板数据的研究之中，在省际数据的获取方面有一定难度；第二，参考陶雄华和谢寿琼（2017）的研究，认为金融开放是"引进来"与"走出去"相结合的双向开放，在构建指标时考虑了资本的流入与流出。因此本节借鉴其构建方法：

$$FO_{it} = \alpha_1 \times \left(\frac{FDI_{it}}{GDP_{it}} \right) + \alpha_2 \times \left(\frac{OFDI_{it}}{GDP_{it}} \right) + \alpha_3 \times \left(\frac{FDL_{it}}{DTL_{it}} \right)$$

其中 FO_{it} 为金融开放，FDI_{it} 为外商直接投资存量，$OFDI_{it}$ 为对外直接投资存量，FDL_{it} 为金融机构外币存款贷款总额，DTL_{it} 为金融机构本外币存款贷款总额，$\alpha_1 + \alpha_2 + \alpha_3 = 1$，具体地，$\alpha_1 = 0.4$，$\alpha_2 = 0.3$，$\alpha_3 = 0.3$。

为考察自贸区金融效应对地区经济高质量发展的具体影响效果，需分析自贸区所在省市的金融创新和金融开放与经济高质量发展之间的关系，因此将上海、广东、天津和福建四个省市的金融创新（FC）和金融发展（FO）作为解释变量，经济高质量发展指数（quality）作为被解释变量分别进行回归分析。此外，本节还考虑了金融创新和金融开放的共同作用对经济高质量发展产生的影响，因此将金融创新和金融开放的交互项（FC × FO）也作为解释变量纳入面板回归模型之中。

考虑经济高质量发展受到多方面因素的影响，这里参考汪淑娟和谷慎（2021）以及张腾等（2021）的研究，选取物质资本存量（phy）、人力资本水平（labor）以及政府财政干预（government）作为控制变量，其中物质资本存量（phy）选用单豪杰（2008）提出的计算方法计算得出、人力资本水平（labor）选用各省人均受教育年限来表示、政府财政干预（government）选用政府财政支出占 GDP 比重计算得出。所有变量皆取其对数，

具体模型如下所示:

$$\ln quality_{it} = \alpha_0 + \beta_1 \ln FC_{it} + \sum_{i=1}^{3} \alpha_i \ln Control_{it} + \mu_i + \varepsilon_{it} \qquad (7-7)$$

$$\ln quality_{it} = \alpha_0 + \beta_1 \ln FO_{it} + \sum_{i=1}^{3} \alpha_i \ln Control_{it} + \mu_i + \varepsilon_{it} \qquad (7-8)$$

$$\ln quality_{it} = \alpha_0 + \beta_1 \ln FC \times FO_{it} + \sum_{i=1}^{3} \alpha_i \ln Control_{it} + \mu_i + \varepsilon_{it}$$

$$(7-9)$$

其中关于经济发展质量指标的测算,本节从"五大发展理念"五个方面来构建经济发展质量的综合评价指标,并利用熵权法来计算得出各省市的经济发展质量指数,具体评价指标见第二章第一节。如上所有数据均来源于国家统计局、各省金融统计年鉴以及 EPS 数据等官方渠道所披露的统计资料。

(三)实证分析

遵循本节的研究逻辑与思路、结合上文中理论机制分析,文中实证部分主要分两步展开:构建"反事实"模型,利用合成控制法,检验自贸区建设是否促进了地区的金融创新和金融开放即金融效应政策效果如何;构建面板回归模型,探究自贸区金融效应带来的金融创新和金融开放与地区经济发展质量之间的关系。

1. 自贸区建设的金融效应检验

(1)金融创新

借鉴周明升和韩冬梅(2018)、王灿和喻平(2020)等的研究,本节选取金融业增加值对数作为衡量地区金融创新的指标,并选择金融机构本外币年末贷款余额、金融机构本外币年末存款余额、社会消费品零售总额、社会固定资产投资总额、各省市的金融业固定资产投资额、第三产业占 GDP、2003 年金融业增加值对数、2010 年金融业增加值对数以及 2019 年金融业增加值对数作为控制变量。对上海、广东、天津、福建四大自贸区 2003～2019 年的金融创新水平进行合成,可得图 7 - 7 所示的合成值趋势线。由图 7 - 7 可知:在自贸区成立之前即图中所示垂直虚线左侧时期,四个自贸区省市金融创新的实际值与合成值的变动趋势相当,且两者间差值较小,表明四个自贸区省市的模型拟合结果较好。

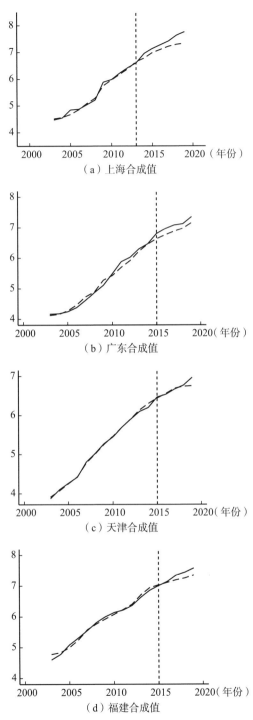

（a）上海合成值

（b）广东合成值

（c）天津合成值

（d）福建合成值

图 7 – 7　四大自贸区金融创新合成图

注：图中实线为金融创新的实际值，虚线为金融创新的合成值，横坐标为年份。

从自贸区设立之后即图中垂直虚线右侧的金融创新实际值与合成值的比较来看，当实际值大于合成值时即实现处于虚线的上方，表明自贸区的设立产生了正向的金融效应，促进了地区金融创新的发展，反之则阻碍了地区金融创新水平的提升。由图7-7（a）~（d）可见，上海、广东和福建三个省市的金融创新实际值都在合成值的上方，天津市在2015~2017年的金融创新实际值与合成值间差值较小，2017年后两者差值显著扩大，但其实际值依旧处于合成值的上方。因此可以表明四大自贸区建设产生的金融效应显著地提升了地区的金融创新水平，其提升的程度或政策效应的大小如表7-8所示：从横向比较来看，上海、广东、天津和福建四大自贸区设立对其金融创新的平均促进作用分别为0.245、0.1871、0.0491和0.1494，上海自贸区的政策效果最优，广东和福建次之，天津自贸区的政策效果最弱。其中上海自贸区成立时间较长，金融创新最为显著；而广东、天津和福建作为我国第二批次批准设立的自贸区，其金融创新的政策效果间仍存在较大差距，可见不同地区之间自贸区的政策效果存在着一定的空间差距。从纵向比较来看，在设立自贸区后，除天津自贸区的政策效果稍有波动外，其他省市的政策效果都随着自贸区成立时间的增加而增强，说明自贸区建设对地区金融创新水平的提升效果受自贸区成立时间长短的影响并且呈现逐步递增的态势。

表7-8 自贸区建设的金融效应

年份	金融创新				金融开放			
	上海	广东	天津	福建	上海	广东	天津	福建
2013	-0.046	—	—	—	0.015	—	—	—
2014	0.173	—	—	—	0.008	—	—	—
2015	0.154	0.170	0.026	-0.025	0.025	0.016	0.007	-0.001
2016	0.174	0.204	-0.021	0.031	0.034	0.027	0.014	-0.004
2017	0.196	0.205	-0.020	0.152	0.034	0.036	0.011	-0.006
2018	0.339	0.147	0.025	0.187	0.038	0.032	0.013	-0.008
2019	0.435	0.193	0.213	0.228	0.046	0.031	0.025	-0.009
均值	0.245	0.187	0.049	0.149	0.031	0.031	0.016	-0.007

（2）金融开放

借鉴陶雄华和谢寿琼（2017）、吴少将（2020）等的研究，本节构建了各省市的金融开放指标，以此来衡量地区的金融开放水平。此外选择贸易进口年末总额、贸易出口年末总额、社会消费品零售总额、社会固定资产投资总额、各省市的金融业固定资产投资额、第三产业占 GDP、2003年金融开放指标、2010 年金融开放指标以及 2019 年金融开放指标作为控制变量。对四大自贸区 2003～2019 年的金融开放程度进行反事实实验，可得图 7-8 所示的合成值趋势线。由图 7-8 可见，在自贸区成立之前即图中垂直虚线左侧部分，天津的金融开放实际值与合成值几乎重合，模型拟合效果最好；上海和广东前期拟合效果不够贴合，但对比其自贸区成立前后金融开放实际值与合成值间差距可见，在自贸区成立前两者的差距要远小于自贸区成立后两者之差，说明上海和广东的拟合效果较好；而福建自贸区的金融开放前期拟合效果较差，存在拟合不佳导致的实验偏差，应进一步采用安慰剂检验来判断其结果的稳健性。

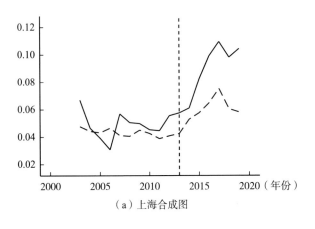

（a）上海合成图

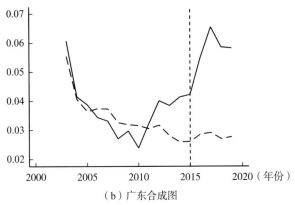

（b）广东合成图

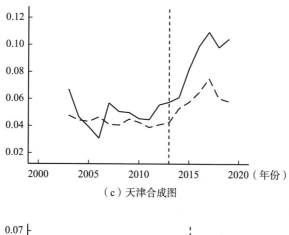

（c）天津合成图

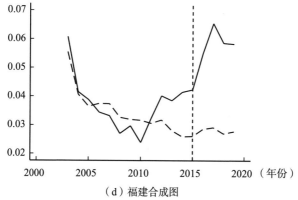

（d）福建合成图

图7-8　四大自贸区金融开放合成图

注：图中实线为金融开放的实际值，虚线为金融开放的合成值，横坐标为年份。

　　比较自贸区成立之后即图中垂直虚线右侧自贸区金融开放的实际值与合成值，其中图7-8（a）～（c）均显示，在上海、广东和天津自贸区的合成图中，金融开放的实际值趋势线始终处于合成值的上方，说明自贸区的设立提升了地区的金融开放程度，产生了正向的金融效应。此外，从表7-8中的具体政策效果来看，上海、广东、天津自贸区建设提升金融开放水平的平均政策效果分别为0.0309、0.0312和0.0155。上海和广东的政策效果相当，天津自贸区的政策效果稍弱。福建自贸区（见图7-8（d））的金融开放实际值处于合成值下方，平均政策效应为-0.0065，说明福建自贸区的金融开放政策效果不理想。综合考虑，福建自贸区出现这种现象可能存在以下原因：第一，以跨境人民币业务为代表的自贸区金融开放政策是全国各个自贸区推进金融发展的主要目标，其中上海、广东等自贸区更是主要试点，福建自贸区在此竞争中的优势不断减小。尤其是当前各个自贸区以跨境人民币业务为首的金融模式同质化越来越明显，福建自贸区自身特色不突出，无法在竞争中与其他自贸区错位发展，使得自贸区跨境人民币业务后续难以取得重大突破，以致受到负面影响。第二，福建自贸区的战略定位是立足两岸、服务全国，意在便利海峡两岸的交流与合作。随着ECFA（海峡两岸经济合作框架协议①）的不断发展，逐步推进了两岸之间的进一步开放，但同时福建自贸区也在两岸的金融合作中失去了原有的优势。第三，从实证过程来看，通过比较福建自贸区成立前后金融开放实际值与合成值之间的差值可以发现，自贸区成立前的差值要大于成立之后的差值，这说明福建自贸区样本可能存在着前期模型拟合不佳的情况，而这也有可能造成实证结果与理论分析上的偏差，亟待后文进一步验证。

（3）稳健性检验

为检验上述政策效应是否具有显著性和稳健性，本节综合采用安慰剂检验法和双重差分法来对合成控制法的实证结果进行检验与比较。其中，本节参照阿巴迪和加尔迪扎巴尔（2003）的安慰剂检验办法，将控制组的19个省市都分别作为实验组，对每个省市各作一次合成控制分析，并计算各指标实际值与合成值之间的差值。若设立了自贸区省市的差值远大于未设立自贸区省市的差值，则表明此时合成控制法的拟合效果较好且模型是稳定的。其中需要说明的是，由于本节的控制组样本仅有19个，再剔除一些拟合效果不佳的样本则很难满足常规统计量 $P \leqslant 0.05$ 的显著性条件，因此本节将 $P \leqslant 0.2$ 作为安慰剂检验是否显著的标准，即将置信水平调整为80%。

据此检验方法，可得上海、广东、天津、福建四大自贸区设立对地区金融创新和金融开放政策影响的安慰剂检验结果，具体结果显示：在金融创新的安慰剂检验中，上海和广东两个省市的金融创新安慰剂检验结果的 $P = 0 < 0.2$，通过显著性检验；天津和福建的安慰剂检验结果的值分别为：$P = 0.18 < 0.2$、$P = 0.08 < 0.2$，处于设定的置信区间内，因此能够通过安慰剂的显著性检验。在金融开放的安慰剂检验中，上海、广东和天津的安慰剂检验结果均显著，对应的 P 值均为0。但是，福建自贸区的拟合效果则存在着较大的偏差，其安慰剂检验结果不显著。

在控制组样本数量较少的情形下，单一选用安慰剂检验来评判模型的显著性和稳健性可能会存在识别误差的问题。为此，本节进一步采用双重

---

① 《海峡两岸经济合作框架协议》，简称为ECFA。该协议于2010年9月12日实施，后期不断补充和完善，协议主要是为促进海峡两岸在贸易、金融、投资等方面展开经济交流与合作。

差分法来对如上四大自贸区的政策效果进行检验。具体方法参见上节。此外，为了确保双重差分法的检验结果与合成控制法的安慰剂检验结果具有可比性，本节在双重差分法中特意采用与合成控制法相同的控制变量，具体模型为：

$$Y_{it} = \beta_0 treat \times after + \sum \beta_x Z_{it} + u_i + \gamma_t + \varepsilon_{it} \qquad (7-10)$$

上式中 Y_{it} 为结果变量，分别表示金融创新和金融开放。$treat$ 为区分实验组和控制组的虚拟变量，其中实验组用1表示，控制组则用0表示。$after$ 是区分自贸区政策实施前后的虚拟变量，其中政策实施前用0表示，政策实施后则用1表示。综合来看，$treat \times after$ 的系数反映的是自贸区设立后的政策效应。Z_{it} 是控制变量，u_i 和 γ_t 分别为个体效应和时间效应。为了方便对比，本节将合成控制法下得到的平均政策效应及其安慰剂检验结果与双重差分法下得到的政策效应结果及其显著性放置于同一表格中，见表7-9。

表7-9　　　　　　　　　不同方法下显著性与稳健性方法比较

省市	金融创新			金融开放		
	合成控制法平均效应	双重差分法平均效应	结果比较	合成控制法平均效应	双重差分法平均效应	结果比较
上海	0.245 ***	0.219 **	均显著	0.031 ***	0.035 ***	均显著
广东	0.187 ***	0.260 ***	均显著	0.031 ***	0.018 ***	均显著
天津	0.049 ***	0.089	显著	0.016 ***	0.006 **	均显著
福建	0.149 ***	0.032 *	均显著	-0.007	-0.015 *	不显著

注：①表中合成控制法下，将安慰剂检验结果小于等于0.2的效应结果上统一标注为 *** 即表示结果显著。②表中双重差分法下，将检验结果 $P < 0.01$、$P < 0.05$、$P < 0.1$ 的效应结果上标注为 *、**、*** 即标志结果显著。③表中稳健性比较一栏中，"均显著"表示安慰剂检验和双重差分法检验均显著；"显著"表示只有安慰剂检验显著；"不显著"表示安慰剂检验不显著。

从金融创新的双重差分结果来看，上海、广东和福建的自贸区政策效应均值分别为0.2187、0.2604和0.0322，且都通过了显著性检验，表明上海、广东和天津的自贸区建设对其金融创新的发展带来了正向的促进作用，这与合成控制法下所得到的结论是相一致的，表明该结论具有较强的稳健性。与此略有不同的是，尽管天津的政策效应均值为0.0895，即天津自贸区设立亦带来了其金融创新的提升，但其结果在双重差分法下却不能通过显著性检验，这与安慰剂检验下具有显著性特征的结果稍有出入。

从金融开放的双重差分结果来看，上海、广东和天津的自贸区政策效应均值分别为 0.0345、0.0178 和 0.0061，且均能通过显著性检验，表明自贸区设立确实带来了这些地区的金融开放，这与合成控制法下所得到的结论是相一致的，因此自贸区设立影响区域金融开放的正向政策效应具有稳健性。与此不同的是，福建自贸区的金融开放政策效应在安慰剂检验中不显著，并且在双重差分法下，其显著性也较低。因此不能有效通过显著性检验，即自贸区设立对福建省金融开放带来了负向效应的结论不具有显著性。

2. 金融创新与金融开放影响经济高质量发展的检验

由上文实证结果可知，自贸区建设一定程度上促进了地区的金融创新和金融开放，带来了积极的金融效应，而自贸区的金融效应是否提升地区的经济高质量发展水平仍需进一步验证。因此通过检验上海、广东、天津和福建四个自贸区所在省市的金融创新与金融开放对经济高质量发展的影响，可以最终判断自贸区金融效应对地区经济高质量发展的作用效果。

以上文所构建的经济高质量综合指标为依据，对上海、广东、天津、福建四个省市的经济高发展水平进行计算分析，得到各省市的经济高质量发展指数（$quality$）和全国排名。图 7 - 9 和图 7 - 10 分别展示了上海、广东、天津、福建四个省市 2003 ~ 2019 年金融创新和金融开放与经济高质量发展之间简单的动态变化关系。从图中可见，四个省市的经济高质量发展指数随着金融创新和金融开放的增加而增加，呈现递增的线性趋势。初步可以说明上海、广东、天津和福建四个省市的经济高质量发展水平受到金融创新和开放的影响，并随着金融创新水平的提升和金融开放程度的加深而提高。

利用面板回归模型，对自贸区金融创新和金融开放与经济高质量发展间的关系进行分析。具体回归结果如表 7 - 10 所示，其中（1）（3）（5）为未引入控制变量的简单回归，（2）（4）（6）为包含控制变量的回归结果。从回归结果可见，首先，$\ln FC$ 和 $\ln FO$ 的影响系数都为正并且显著，同时金融创新和金融开放两者交互项（$\ln FC \times FO$）也显著为正，说明上海、广东、天津、福建四个省市的金融创新和金融开放对地区经济高质量发展具有促进作用，同时在两者共同作用下也依然对地区经济高质量发展产生积极的正向影响。

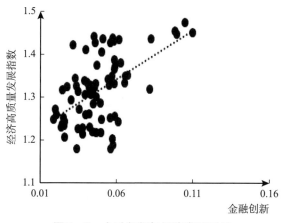

图 7 - 9　金融创新与经济发展质量

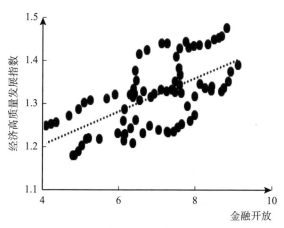

图 7 - 10　金融开放与经济发展质量

表 7 - 10　　　　　　　　　　回归结果

变量	经济高质量（lnquality）					
	（1）	（2）	（3）	（4）	（5）	（6）
lnFC	0. 148 ***	0. 059 **				
lnFO			0. 078 **	0. 009		
ln$FC \times FO$					0. 096 **	0. 038 **
cons	− 0. 013	− 0. 408 *	0. 515 **	− 0. 59 **	0. 387 **	− 0. 882 **
control	No	Yes	No	Yes	No	Yes
R^2	0. 69	0. 747	0. 272	0. 747	0. 533	0. 827

注：***、**、*分别表示在1%、5%、10%的水平下显著。

其次，比较金融创新和金融开放两者间的系数大小可见，金融创新对经济高质量发展的影响效果要大于金融开放对经济高质量的影响效果，而金融创新和金融开放的交互项系数也略大于金融开放的影响系数，说明金融开放政策的推进需要辅以相关的配套措施，方能达到最优化的效果。

最后，引入控制变量后，金融创新、金融开放及两者交互项的系数值均有所下降。这是因为，高质量发展是一个由多种因素组成的复杂过程，忽略其他因素的影响作用会夸大金融创新和金融开放的作用。

综上研究发现：第一，自贸区的建设显著提升了地区的金融创新水平，并且其提升效果受自贸区成立时间长短的影响呈现逐步递增的态势。但综合合成控制法和双重差分法的实证结果来看，不同地区自贸区建设中的金融创新所产生的政策效应在力度上均存在着显著的差别，即使是同一批设立的自贸区，因城市经济基础、地理环境、自贸区定位等因素的不同，也会产生富有差异的政策效果，存在区域间发展不均衡的现象。第二，自贸区建设促进了地区金融开放程度的深化，产生了正向的金融效应，但福建自贸区金融开放政策效应为负且不显著，自贸区政策效果不理想。造成这一现象的原因可能是由于自贸区金融发展模式趋同、自贸区自身优势不突出以及自贸区之间资源竞争等问题导致的。因此自贸区在金融改革创新的过程中仍需立足自身定位、扬长避短，不同自贸区间应错位发展。第三，上海、广东、天津和福建四大自贸区所在省市的金融创新和金融开放对经济高质量发展产生了显著的正向影响，均促进了地区经济发展质量的提升。从面板模型回归结果来看，金融创新对经济高质量产生的影响一定程度上大于金融开放对经济高质量的影响；同时金融创新和金融开放两者同时作用下产生的影响效果也大于单一金融开放的影响效果。因此在推进自贸区金融开放的过程中，应配以相关的金融政策作为辅助，以达到促进经济高质量发展的最优效果。综上所述，上海、广东、天津和福建四大自贸区建设提升了区域的金融创新水平、深化了金融开放程度，产生积极的金融效应，与此同时金融创新和金融开放促进了地区经济高质量发展。因此，自贸区建设产生的金融效应提升了区域经济发展水平，促进了经济高质量发展。

第八章　通往经济高质量发展的
路径与对策

导语：总结前文的分析结论，收入分配制度改革、高等教育质量改革、新型城镇化建设、数字普惠金融发展和自贸区制度创新，因其分别推动了"五大发展理念"中的共享发展、创新发展、协调发展、绿色发展和开放发展，因而是促进经济由高速增长向高质量发展转变的重要维度。新形势下推进经济的高质量发展，应继续深化收入分配制度改革，形成合理有序的收入分配格局，通过使增长成果为更多民众所共享来对经济主体形成有效激励，并在促进需求结构和供给结构优化的过程中实现经济的高质量发展；应深化高等教育制度改革，构建高等教育质量保障体系，通过促进高等教育质量的提升来发挥人力资本在科技创新、效率提升和资源节约、环境改善中的重要作用；应继续推进新型城镇化，促进人口城镇化、土地城镇化和产业城镇化的同步推进与协调发展，通过深化户籍制度、农地制度和财税制度等配套制度改革来发挥制度在区域协调发展中的经济绩效；应推动数字普惠金融的创新发展，通过硬件基础设施建设、软件生态环境改善、数字建设能力提升、加强多方协调合作以及金融数据开放共享促进数字普惠金融的高质量发展；应以自贸试验区建设为契机，推进国际经济新格局下的高水平开放，通过发挥"示范效应"和"辐射效应"带动区域一体化高质量发展。

第一节　形成合理有序的收入分配格局

促进收入分配公平是提升经济增长质量的重要保障。深化收入分配制度的公平性改革，应在已有改革成果的基础上，继续坚定改革信心和巧用改革智慧。就目前而言，深化收入分配制度改革，应使"收入分配格局趋于合理"，体现为"居民收入在国民收入分配中的比重、劳动报酬在初次分配中的比重逐步提高，社会保障和就业等民生支出占财政支出比重明显提升"；应使"收入分配秩序明显改善"，体现为"合法收入得到有力保护，过高收入得到合理调节，隐性收入得到有效规范，非法收入予以坚决取缔"。① 可见，形成合理有序的收入分配格局，即是要提高劳动报酬在初次收入分配中的份额、提高居民收入在国民收入分配格局中的比重、提高民生支出在财政支出中的占比，并使合法收入得到有效保护、非法收入得到完全取缔、隐性收入得到有力规范以及过高收入得到合理调节。

（一）制度原则

从制度调整来讲，政府应遵循以下几条基本原则：第一，确保经济个体的资源禀赋得以充分发挥。政府应默认一种自由的机制，使得经济个体在不侵犯他人自由的前提下能够充分利用其所拥有和可获得的资源禀赋，并给予这种资源配置行为以相应的收益和激励。这就是说，不管是体能卓越者，还是形象出众者，抑或才智超群者，政府所设计的机制都应该使其各尽其才，并一视同仁地为其创造相应的就业机会，同时允许其从中获得与其投入成正比的收益。因此，对于任何能够充分发挥经济个体资源禀赋的职业和产业，政府都应该鼓励及扶持，以为不同资源禀赋的拥有者大开便利之门。不过，应当提及的是，对于因资源禀赋的获得及发挥而侵犯他人自由者，政府所设计的机制理应对此有所惩罚和约束。这一设计对于确保社会公正无疑是合理且有激励作用的。

第二，确保财政支出的转移支付得以充分有效。对于因"借用"低收入者所应均分但不能配置或尚未配置的高收入者，政府应在其获得相应的经济财富后按照累进税率对其进行征税，并将所征税收以转移支付的形式对低收入者进行补偿和资助，诸如教育、医疗和社会保障等公共支出方面。在这一过程中，政府除应鼓励和督促高收入者进行积极纳税以外，也应设计相应的规则监督其所征税收能够有效地补偿低收入者的资源耗损，并使低收入者能够因其补偿而获得最低的生活保障；同时，对于未按规则进行补偿，而将所征税收用于巨额行政费用支出或是公款消费的"与民争利"行为，所设计的机制理应对此作出相应的惩罚和约束。从这一点来说，监督对于确保转移支付得以充分有效地运用无疑至关重要。因此，所设计的机制必然应让不同阶层的人们，诸如低收入者和高收入者均能参与财政监督，并对监督行为承担相应的权利和义务。

第三，促进机会平等。设计合理有效的平等机制，营造公平正义的社

---

① 《关于深化收入分配制度改革的若干意见》，人民出版社 2013 年版，第 9 ~ 10 页。

会环境，应首先确保所有经济个体在参与经济活动时都能够实现机会平等，即所有社会成员，不管他是高收入者，还是低收入者，在面对同样的经济机会以及同等的竞争条件下，都能够遵循同等的竞争规则获取资源禀赋。这一逻辑与合理且有效的平等机制是贯通一致的。由于追求机会平等，因此拥有或者能获得不同资源禀赋的经济个体能够充分发挥其比较优势以获得不同的经济机会，而不是出现一种情况：使得资源禀赋贫乏者优先于富有者获得一种经济机会。从这一层意义上来说，追求机会平等允许而且应当确保不同资源禀赋的经济个体获得不同的经济机会，而不是一视同等。政府所设计的机制即在于保证其贯通执行，并在出现不平等行为时进行必要的惩罚和约束。由于这一机制的存在，任何降低资源配置效率的"黑幕交易"都是非法且不合理的。

第四，实现结果公平。追求机会平等能够有效地提高资源配置能力，并在参与经济活动的初始即可确保部分的公平正义；但是，由于经济个体的资源禀赋存在差异，同时其在经济活动的过程中面临着不同的"机缘"，因此，在经济活动的末尾必将出现不同的经济收益。如果意识到经济活动过程中所有均分的资源进行了"具有商业信用性质"的重新配置，那么，由于经济个体资源禀赋差异出现的不同收益是不平等的，即便它在一开始就已经做到了"十全十美"的机会平等。由于结果不公平的存在，政府所设计的机制应该对经济收益在经济个体之间进行重新分配，使得高收入者缴纳更多的税收，低收入者获取更多的补偿。特别是，对于从上一代中所继承的财富，或是各种偶然性所得，这一机制应该对其征收更大比例的税收。应当提及的是，结果公平并不是结果均等，追求结果公平仍然默认经济个体资源禀赋差异的存在，并在适当降低资源禀赋富有者的经济收益、提高资源禀赋贫乏者的补偿所得后，仍然坚持激励原则以使富有者获得更高的收入水平。

（二）政策体系

形成合理有序的收入分配格局，降低收入分配的不平等程度，实现经济的和谐发展，政府应遵循合理且有效的平等机制，搭建经济个体充分发挥资源禀赋的发展平台，创建适合经济个体平等发展的制度空间。具体地，政府应从产业支撑、人才培养、制度建设以及结构优化等方面着重推进收入分配改革。

第一，搭建产业发展平台，扩大就业吸纳空间。提供就业平台要求政府应大力夯实适合不同资源禀赋充分发挥的产业基础，并以此进一步扩大产业的就业吸纳空间，以使经济个体能够"各尽其才"和"各尽所需"。

具体包括：首先，进一步发展高新技术产业，为"技术型"人才提供就业平台。高新产业不仅是增强科技创新能力从而促进经济持续增长的新载体，还是吸纳社会就业从而提高居民收入的扩容器，因此，充分发挥"技术型"人才的资源禀赋，应以发展高新技术产业特别是战略性新兴产业为支撑。其次，进一步发展文化产业，为"知识型"人才提供就业平台。文化产业对从业者具有较高的知识要求，发展文化产业能够充分发挥"知识型"人才的资源禀赋。最后，进一步夯实传统产业，为"体能型"和"服务型"人才提供就业平台。以建筑、餐饮和娱乐等产业为代表的传统行业具有较强的就业吸纳能力，能够为广大的欠缺知识和技术的"体能型"和"服务型"人才提供有效的就业平台。搭建经济个体充分发挥资源禀赋的就业平台，应在这一过程中加强政策支持和规划引导，促进新兴产业的跨越发展，推进文化产业的快速发展，实现传统产业的可持续发展；应重点发展高新技术产业，兼顾发展传统农业和工业，促进产业结构的配套调整和优化升级。

第二，完善教育培训机制，提高居民增收能力。为居民提供素质基础，要求政府应完善教育培训机制和提高知识技能。这是因为教育培训不仅是提高居民知识技能从而增强就业创业能力的重要保证，更是提升社会科技水平从而实现经济强国愿景的重要支撑。因此，充分发挥经济个体的资源禀赋，应以教育培训作为实施人才战略的基点。这就要求在人才培养过程中应坚持育人为本，以改革创新为动力，以服务社会为导向，大幅增加教育培训的公共投入，大幅提高教育培训的培养质量，大力促进教育分享的机会公平，大力加强教师队伍的资金扶持，推动教育培训事业的科学发展，提高教育培训的现代化水平。另外，完善教育培训机制，进一步实施人才战略，还应在这一过程中具体实施：首先，继续完善实施高端人才计划，加大人才引进的公共投入。围绕国家社会发展战略目标，国家在更长的时期内为国家重点创新项目、重点学科和重点实验室、中央企业和国有商业金融机构等，引进更多高端人才并有重点地支持一批能够突破关键技术、发展高新产业、带动新兴学科的战略科学家和领军人才来华创新创业，以形成有效的"知识溢出效应"。其次，培植技术人才，发挥技术人才在生产服务领域中的领导作用。技术人才除应加以引进外，更应从长远发展战略层面考虑加以培养和扶植。这就要求一方面应加大技术的应用教育，另一方面则应充分利用已有的技术型人才，充分发挥技术型人才在生产服务领域中的领导作用。总之，突破人才资本约束，除应有效引进人才外，更应有效培植人才，实现人才资本的长远发展。

第三，构建机会平等机制，夯实制度公正平台。保证居民参与经济活动时能够获得同等的机会，要求政府应创建经济个体充分发挥资源禀赋的机会平等机制，应夯实制度的公正平台。这是因为机会平等不仅是追求社会公正的基本前提，更是构建和谐社会的内在要求，因此，充分发挥经济个体的资源禀赋，应更加重视机会平等的制度建设和机制完善，让社会所有公众都能更加平等地参与经济建设、享受医疗保障、获取教育培训等活动。这就要求在机制完善过程中具体实施以下措施：首先，应进一步破除劳动要素市场的垄断壁垒，坚持人才就业选拔的唯贤理念。劳动要素市场中任人唯亲的配置机制不利于优秀人才公平地参与经济活动，因而对于提高经济效率毫无裨益；而坚持任人唯贤的选拔理念不仅有利于维护社会的公平正义，还能有效地促进经济社会的和谐发展，因而具有十分重要的现实意义。其次，应进一步取消城乡对峙分割的传统障碍，实现要素自由流动的优化配置。城乡分割不仅人为地强化了城乡之间的不平等意识，使得城乡对峙进一步恶化，还使得城乡之间的要素资源难以实现自由流动和优化配置，从而使得经济效率难以得到有效提高。因此，创建经济个体充分发挥资源禀赋的平等机制，应进一步取消城乡对峙分割的障碍，使得城乡经济个体能够自由地配置城乡资源，能够平等地获得参与经济活动的机会。最后，应进一步约束特殊社会群体的特殊权利，推进阶层社会资本的良性发展。特殊社会群体的特殊权利不利于所有经济个体在参与经济活动时获得同等机会，使得底层人们时时被排除在上层社会之外，难以实现向上层社会的自由流动。因此，进一步约束特殊社会群体的特殊权利，对于保证经济个体的机会平等具有十分重要的政策意义。

　　第四，缩小收入分配差距，实现分配结果公平。确保居民在公平参与经济活动后获得合理的收益分配，并在出现收入差距时实施财税政策做相应调整，以使收入分配的结果更为公平，要求政府应缩小收入分配差距，实现分配的结果公平。这是因为缩小收入分配差距不仅有利于缓和社会矛盾从而维护社会稳定，还有利于弘扬社会公正从而激发工作热情。实现结果公平并不是追求简单的均等，而是在保证经济效率的前提下设置一定的收入层次，使有能力和奋进的劳动者能够得到更多的经济激励。因此，充分发挥经济个体的资源禀赋，应以结果公平作为收入分配的基本原则。这就要求在结构调整过程中具体实施以下措施：首先，整治非法活动，打击非法收入。不法分子所从事的非法活动不仅破坏了社会治安，影响了经济发展的投资环境，其所带来的非法收入还拉大了社会差距，严重破坏了社会的公平正义。因此，确保收入分配的结果公平，应首先加大法律的惩治力度，进一步整治非法活动和打击非法收入。其次，严惩贪污腐败，约制灰色收入。行政机关和事业单位官员以权谋私的贪污腐败行为不仅严重侵害了国家的公共资源和纳税人的经济利益，还进一步拉大了社会差距和破坏了公平正义。因此，完善监管机制，加大惩治力度，对于维护社会公平正义具有十分重要的政策意义。再次，拓宽投资渠道，鼓励财产收入。确保收入分配的结果公平，缩小居民收入差距，更应注重居民收入水平的提高。对于具备一定财产的居民而言，提高居民的收入水平就是要拓宽居民的财产投资渠道，鼓励其从资产投资中获得财产性收入。最后，完善激励机制，提高工资收入。对于不具备一定财产的居民而言，提高居民的收入水平就是要提高其工资性收入，使其能够通过积极工作和劳动投入获得相应的收入。在这一过程中，完善激励机制尤为重要。

第五，深化分配制度改革，完善市场竞争机制。应形成有效的市场竞争机制，使经济个体在从事经济活动中既能够平等地参与市场竞争，又能够有效地优化资源配置。具体地，完善市场竞争机制应从以下几个方面进行推进：首先，深化改革，继续完善市场价格的形成机制。市场竞争首先是价格的竞争，而打破价格的垄断应从根本上对垄断行业进行深化改革。因此，应继续深化电力、石油、铁路、电信等垄断行业的商品和服务的价格改革，必要时引入民营企业进行多种经营，实现多种竞争；同时应进一步完善政府价格决策方式，健全政府定价制度。其次，规范秩序，实现公平有序的市场竞争机制。打破垄断和集中的关键在于形成有序的竞争机制，这就要求采取"标本兼治、着力治本"的方针，制订和完善保证司法公正的法律程序，建立信用信息共享的机制，明确和建立相关监管部门职务问责制，从法制、诚信体系和市场监管等方面作相应的完善，切实整顿和规范市场秩序。最后，转变经济增长观念，建立地区之间的对话机制，切实打破地方行政垄断。转变以经济增长为单一指标的考核机制，进而转变地方政府以经济增长为目标的发展观念，有利于破除地方保护；建立地区之间的对话机制，则有利于地区之间的友好互助。

第二节　推进以质量为导向的高等教育改革

高等教育质量的提升应通过一系列组织、标准和措施在教育活动的过程中给予有效的保障。所谓高等教育的质量保障或质量保证，就是指特定的组织根据一套质量标准体系，按照一定程序，对高校的教育质量进行控制、审核和评估，并向学生和社会相关人士保证高等教育的质量，提供有关高等教育质量的信息，其基本理念是对学生和社会负责、保持和提高高校的教育质量水平、促进高等教育整体发展，最终发挥人力资本在经济高质量发展中的引领作用。

（一）推进高等教育质量的保障制度改革

在借鉴国外主要发达国家有关高等教育质量保障体系构建经验的基础上，构建中国的高等教育质量保障体系，至少应从观念、组织、标准和程序等方面来进行词义上的分解，并应从这几个方面来进行同步推进。

第一，摆正高等教育质量观是实现质量保障的前提。一种与时俱进的、符合教育本质核心的高等教育质量观才能指导教育者在日常的教学活动过程中设置合理的专业结构和健全的培养方案，才能指导教育者培养出符合时代需求以及满足受教育者自身发展的高级专门人才。就目前我国的经济社会形势而言，摆正高等教育质量的发展观，就是要实现高等教育由外延发展向内涵建设、由规模扩张向质量提升的转变；既要从宏观上把握高等教育的结构，明确学校、院系和学科的定位，适应地方经济社会的发展对高等教育的要求，又要从微观上、从学校本身把握高等教育的内部结构，理顺专业结构、学科结构与理论结构，使培养的人才和社会需求相一致。因此，构建以提高教育质量为导向的保障机制，核心即在于遵循教育规律，适应社会需求，树立"育人为本"的质量观；目标则在于通过素质教育与专业教育、通才教育与专才教育的结合，建立符合国情的专门人才培养体系，以着重培养具有创新精神、创业意识和能力的新型人才。

第二，多方组织协同调节是实现质量保障的关键。提升高等教育质量是一项以人和机构为主参与的社会活动，因此，是人而非其他，在这一过程中发挥着关键性的调节作用。就高等教育质量保障的主体而言，一般可以分为政府、高校和社会三大主体。其中，政府长期以来在我国的教育质量保障中发挥着不可替代的主导作用，既提供了资金保障，又掌握着人事安排，更设计了政策制度；相对而言，高校和社会在质量保障的过程中明显参与度不足。从功能上来看，社会调节主要有市场引导、舆论监督和社会评价三大机制。其中，市场引导机制的功能在于引导质量观念、优化资源配置和改善经营管理，舆论监督机制的功能在于营造质量氛围、实施质量预警和规范质量行为，而社会评价机制的功能则在于反馈质量信息、诊断质量问题和推进质量竞争。因此，综合发挥政府、高校和社会在高等教育质量保障过程中的协同调节作用，既能发挥政府的质量调控作用，又能发挥高校的质量管理作用，还能发挥社会调节机制发生的自发性、运行的间接性和效应的深刻性等优势。

第三，制定健全有效的评估标准是实现质量保障的准绳。高等教育质量标准化既是实现我国从高等教育大国转变为高等教育强国的重要路径，也是增强我国高等教育文化软实力的重要手段。制定健全有效的评估标准，既能发挥评估标准在质量管理过程中的引导作用，又能发挥评估标准在高等教育活动偏离标准时的约束作用。因此，健全有效的评估标准是实现高等教育质量保障的准绳。所谓高等教育质量的标准化，就是有关高等教育质量标准的一系列管理活动，而作为高等教育质量标准化高级表现形式的高等教育质量标准体系则是领域内高等教育质量相关标准所关联形成的科学有机体。从两者的关联来看，高等教育质量标准体系是高等教育质量标准管理系统化和整体化的标志。因此，实现高等教育质量的标准化，前提在于制定健全有效的评估标准体系。既应在事前关注高等教育的投入，又应在事中关注科研教学的质量，更应在事后关注高等教育的产出，以全方位地对高等教育的整个活动过程进行有效规制。

第四，建立健全有效的监控与评价体系是实现质量保障的重点。高等教育质量监控与评价体系是高等教育质量保障体系的重要组成部分。应重视教育质量的过程评价和产出评价，对高等院校教育教学质量进行宏观监控。一方面是对教育教学过程进行监督和评价，包括建立校、院、系三级教学质量评估体系、教学质量评估考核项目及指标，以及成立具有专业评估知识的教学质量管理团队。另一方面对毕业生质量进行监控，将人才培养作为衡量高校质量水平的重要评价指标，通过社会中介机构对毕业生在社会各行各业的工作情况进行科学评价。依据市场化、社会化的要求，建立高校人才质量评价体系，用市场来检验高等教育质量，提升高等教育质量水平。此外，立足我国国情建立一个具有中国特色的元评估机构。元评估是对高等教育质量评估机构进行管理和监督的手段之一，是政府实行外部治理的理性选择。它一方面能够防范中介评估机构的法律和道德风险，另一方面可以维护中介机构的独立性和被评估者的正当权益。不仅有利于评估中介机构进行全面的反思，推进评估标准、评估体系的不断完善更新，还能在一定程度上刺激高等院校自身的教育教学质量提升，使得高等教育质量保障体系落到实处。

第五，强化日常教研管理是实现质量保障的核心。高等教育质量建设是一个庞大的系统工程，它尤其应注重日常教学和科研活动中的过程管理，应与时俱进地推进课程与教学的创新改革，应持续不断地优化生源、加强师资建设和增加教育投入。就目前而言，我国高等教育在日常的教研活动中普遍存在诸如优质高等教育资源与优秀生源不足、教育理念落后、制度不规范、教师专业发展比较缓慢、教学能力和教学实践比较薄弱、学术学习主动性不高和学习方向不明、课程内容陈旧、课程结构体系设置不完善、课堂教学传统和教学方法落后、教学管理和考试制度不合理等问题。克服这些不足，就是要在日常的教学和科研活动中不断强化过程管理。就大方向而言，从高校的角度，应完善有效的激励制度，按照健全合理的标准进行奖优罚劣；从学院的角度，应敢于创新、勇于创新、喜于创新，结合日常实践推进教学改革、鼓励科研创新；从教师的角度，应积极上进、坚守信仰，以培养学生、传承知识、服务社会为使命，不断提高教学和科研质量。

（二）全方位提升高等教育质量

以高等教育质量提升来促进经济社会的高质量发展，应在构建并完善高等教育质量保障体系的基础上，进一步在教育理念、制度改革、人才引进、学生培养和教学管理等具体细节上共同发力，以在提升日常教学质量和科研质量的过程中，最终培养出具有专业技能、创新思维、科学素养和人文精神的高素质人才，最终创造出能够促进科技进步和科技创新的高质量成果。

第一，应继续深化高等教育制度改革。既要在理念上继续把高等教育事业摆在优先发展的重要位置，又要在实际中加大经费投入和加强政策支持以切实推进高等教育事业的优先发展；应推进高等教育的公平发展和均衡发展，应在侧重发展优势大学、优势学科和优势专业的基础上，打破高等教育发展中的地区歧视和学科歧视，以做到真正的公平与均衡。就促进高等教育的地区均衡发展而言，应在国家层面上为中西部地区的高等教育发展提供更多的人力和物力支持，以减少地区发展高等教育的成本。应提高中西部地区蓄养人才的能力，以使该地区能够切实获得高等教育质量提升对创新能力提升、就业质量提高、产业结构升级和资源环境优化所带来的"红利效应"。具体而言，应加大中西部地区，尤其是西部地区的基础设施建设，包括交通、物流、信息等方面，以改善中西部地区的工作和生活环境；应为高层次人才提供更加丰厚的社会保障和薪金福利政策，以消除他们的后顾之忧，做好"待遇留人"；最为根本的是，应通过国家宏观调控等方式在中西部地区为高层次人才创造更多、更优的发展平台和机会。同时，配以必要的启动资金、做好团队建设，以使人才能够切实发挥作用，真正做到"事业留人"。

第二，应树立人才立校的理念，应坚持将人才引进作为高校长远发展的关键举措。这就要求在现实中将人才引进思路由"被动接受"转变为"主动邀约"，既包括主动招收优质的本科生和研究生，又包括主动招聘优质的、富有潜力的大学教师，以从生源和师源上确保高等教育的培养质量、研究质量和社会服务质量。在这一过程中，优惠的政策是引进优质人才的制度保障，而其核心在于为不同层次的人才提供快捷的发展通道和丰厚的报酬待遇。其中，发展通道的"打通"应摒弃"论资排辈"的固化思维，应拥有"不拘一格"的自信与勇气，应给予道德品质高、科研能力强、教学水平高的年轻教师以更加灵活的晋升机会，以更加务实地推进绿色通道的建设；应放眼未来、立足长远，应加大人才投入在经费总支出中的比重，应适当提高教师的薪金福利，并为教师使用各项经费提供必要的便利，以使其在获得职业尊严的过程中为高等教育质量的提升作出更大的贡献；应完善奖惩机制，应在提供正向激励的同时，实施优胜劣汰的筛选机制和淘汰机制，以在业务竞争和绩效提升中使高校师资队伍更具活力。

第三，应重新审视和完善内涵有先进高等教育质量观的人才培养目标。应凸显服务社会、造福家国、关注人文的使命感，这就要求高等教育的人才培养目标应更加紧密地联系现实需求，旨在提高社会经济效益，通过创新能力的加强和生产技能的提高来最终实现资源节约型、环境友好型、人与自然和谐共处型社会的有效建成。应进一步明确"人才培养"在高等教育目标和使命中的核心地位，这就要求改革职称评审和绩效考核机制，应增加学生培养质量在教师职称评定等各类晋升考核中所占的权重。因此，高校在注重知识、技术和文化等专业教学投入的同时，也应培养和增强学生服务于经济社会的全局意识，应更加务实地培养学生学以致用的理念，通过政用产学研一体化的科研或实践来增强学生个体的生产技能，使高校所培养的人才能够更加有效地适应企业生产和社会发展的需求；通过提升学生的创新能力来使个体生产技能与经济效益、社会效益和生态效益更为匹配，最终真正实现高等教育的高质量发展。

第四，应关注日常教学质量，并在质量提升中切实提高学习者的满意度。这就要求在日常教学管理和实施的过程中，应着重在课程内容上完善理论体系，以不断增强其与经济社会发展需求的吻合度，克服实用性差的弊病；应在课程设置上遵循由易到难、循序渐进的原则，增强课程之间的衔接度，克服知识重复和杂乱无章的弊病；应在课程讲解中注重理论联系实际，从必要的案例分析和热点讲解中强化专业理论的现实应用性，以使"枯燥无聊"变得"生动有趣"。实际上，课程的设置与选择，取决于培养目标所映射的教育观和质量观。就高等教育质量观的摆正而言，我们认为高等教育服务应统筹多样化的服务需求，不但要尽力匹配和满足其需求，促进个体的发展，还要以最大化的社会发展效益为目标。因为作为高等教育产品的教育服务能否匹配和满足不同多元多样的教育需求以达到质量预期，是高等教育质量得以提升的基础和关键。

第五，应在保证教育质量的同时适度增加高校的招生数量，并鼓励和激励人才继续深造以获得更高的专业技能。就目前高等教育事业的发展实践来看，高校扩招仍然是提升国民素质和提高专业技能的重要渠道，因此适度增加高校的招生数量，是促进高等教育高质量发展的必要前提，"量变"仍然是"质变"的充分条件。未能保证高等教育的质量，我们认为应在两个层面上进行扩招：一是应增加高学历层次高等教育的招生数量，二是应增加"双一流"高校的招生数量。实际上，在人口素质普遍提升的基础上，高等学校作为人才培养的基地，适当增加"双一流"高校和高学历层次的招生数量，能够更加有效地推进人力资本数量的有效积累。因此，应进一步采取激励措施鼓励高校毕业生继续深造，以促进其科研和实践经验的积累，促进教育结构的优化，以在同步提升高等教育质量和数量的过程中，最终使高等教育的"改革红利"得到充分释放。

第三节　推进以协调发展为核心的新型城镇化

协调发展是经济高质量发展的重要维度，促进区域协调发展的本质在于缩小地区之间的发展差距及域内居民之间的收入差距，而新型城镇化因其更加注重生产要素的优化配置、更加注重人口城镇化与土地城镇化的协调发展、更加注重城镇化与工业化和现代化的同步推进，而"恰好"为农民增收和地区增产带来了发展机遇。因此，新型城镇化是促进区域协调发展进而经济高质量发展的重要举措。

（一）新型城镇化背景下区域协调发展面临的问题

1. 产业城镇化中影响区域协调发展的因素

首先，工业化导致收入分配差距拉大加剧了区域间的不协调。随着工业化的启动，诸如比较劳动生产率、就业机会的结构性变化等因素都会拉大城乡之间的收入差距，进而使城乡间发展失衡。这主要是因为，工业化的发展需要大量的资本和技术投入，具有资本和技术禀赋的"精英群体"往往更能够及时捕捉到政策所带来的有利信息，并凭借有效的市场激励机制，以较快的速度进行资本投资并完成财富的大量积累而成为社会的高收入阶层。相反，社会对人口众多的非技术劳动者则"青睐"不够而需求较少，这将导致其获取财富的机会较少而收入降低，其与高收入阶层的收入差距由此而拉大。另外，在产业城镇化进程中，制度上存在着系统性的城市偏向政策，例如城市偏向的金融制度和社会保障制度等。这些都将进一步拉大城乡居民的收入差距。

其次，第三产业发展相对滞后影响了区域协调发展。在工业化对区域协调发展的推动作用已经呈现出减弱趋势的情形下，第三产业或服务业将逐渐起主导作用。工业的发展需要以自然资源的投入为物质基础，同时也容易带来环境的污染和恶化。我国粗放型的工业化发展历程表明，无论是资源的耗费，还是环境的破坏，这一方式都不具有可持续性。尽管这一过程能够在短期内促进经济增长，但这种立足于资源和价格优势的发展战略已经不再适应于如今的工业化。随着环境成本的内化和生产效率的提高，人们对城市服务设施的需求以及生产现代化的需要都将推动第三产业的发展。这是因为第三产业的发展能够赋予城市新的活力，能够为型城镇化的进一步发展带来新的动力。但从全国层面来看，尽管自 2013 年开始，第三产业增加值在国内生产总值中的比重已经超越第二产业成为主导产业，但与发达经济体相比，这一占比仍然相对较低，且与城镇化的发展相偏离。之所以出现这一服务业发展相对滞后的现象，主要是因为土地的粗放利用抬高了服务业发展成本。此外，城市追求"视觉形象"的发展方式降低了城市的包容性，同时高档现代化的服务业则在一定程度上打压了传统服务业和就业岗位。因此可以认为，尽管第三产业应当在促进新型城镇化进而实现区域协调发展中发挥更为重要的作用，但其滞后性则无疑影响了区域的协调发展。

最后，城镇化总体滞后于工业化和经济社会发展水平阻碍了区域间的协调。之所以出现城镇化滞后于工业化和经济发展程度的现象，主要是由受限的人口流动和粗放的发展方式所造成的。一方面，在我国的大部分地区，工业发展相对发达，但城镇化与工业化发展则不协调，大量进城职工受户籍限制"离土不离乡"，并没有真正融入城市的生活，这就导致了城镇化的滞后，工业的发展对城镇化的带动效应较弱。另一方面，较为传统的产业技术结构也是造成城镇化滞后于工业化的主要原因。虽然工业产值增速很快，但产业技术水平却相对落后，这在一定程度上削弱了城市吸引人才的动力，从而弱化了产业的人口集聚效应。总之，城镇化滞后于工业化和经济社会发展的现象阻碍了土地规模的进一步展开，延缓了工业的现代化进程，加剧了区域发展的不平衡。

2. 土地城镇化中影响区域协调发展的因素

首先，区域协调发展进程中，政府资金过度依赖于土地财政。在我国城镇化进程中，农村集体土地的低价征用，为工业化积累和城镇基础设施供给提供了雄厚的财政支持。客观地说，土地财政是我国工业化、市场化和城市化进程中的特殊产物，对于特定时期国民经济的发展有着不可忽视的推动作用，具有一定的合理性和必然性。但是，土地财政并不具有可持续性和借鉴价值，特别是在房地产开发已经面临发展瓶颈的新形势下，地方政府如果继续依靠土地红利来支撑基础设施建设和公共财政支出，则必将出现资金来源受限和资金保障不足的问题。此外，土地财政的存在使得大多数企业纷纷投资房地产行业，严重影响了经济结构的转型升级。在巨大利益的驱动下，土地财政还往往促使政府形成急功近利的行为，只注重当前经济增长而忽视了可持续增长动力的构建。不仅如此，高房价"本身"就已经是新型城镇化面临的主要障碍，地方政府将发展思路依旧定位于土地财政会进一步推高房价，从而导致部分房地产商在"一夜暴富"的同时，普通民众则"不敢买房"和"买不起房"，使得社会贫富差距进一步加大。总之，过度依赖土地会导致土地使用效率的下降以及土地供应不足等问题，使得土地城镇化在快速推进之后面临发展后劲不足的现象，不利于城乡协调发展的推进。

其次，区域协调发展进程中，只追求现代化的视觉形象建筑。新型城镇化并不等同于城市的现代化，如果一味追求高标准、追求现代化，则必将进一步拉大城乡发展差距，并将进一步抬高农民进城的门槛，这与新型城镇化的发展理念背道而驰。这一现象具体体现在发展现实中则是，政府往往会通过打造视觉形象来提高房地产发展环境的价值基础，以期继续通过"卖地"来获得最高的土地出让利益。但是，这一模式所带来的"大型生态公园""大马路"等基础建筑则提高了城市运行的成本，使得农民进城的门槛被逐渐抬高，而城市的包容性则与此同时被不断降低。不仅如此，如果所有城镇都向欧美看齐，盲目照搬照抄发达国家城市建设的模式，且城镇中的"有识之士"和精英阶层也崇尚欧美发展方式，那么中国的城市就成了"千城一面"的现代化城市形态。追求现代化视觉形象建筑所带来的问题集中体现在城市定位趋同、城市群内部功能互补性不强以及集群效应不高等特征上。其中，城乡建设定位趋同带来的城市个性不够鲜明，使得一些地区在推进新型城镇化建设的过程中存在着不同程度的破坏现象，使得城乡发展中的一些自然环境、古街区以及古村落等都遭受到了一定程度的毁损，导致新型城镇化进程中形成了资源和环境不协调的局面。

最后，区域协调发展过程中，人口城镇化滞后于土地城镇化的发展。"速成"的城镇化模式，也即土地城镇化明显快于人口城镇化的模式，因其带来了城市土地利用效率的低下以及经济发展方式的粗放而制约着区域经济的协调发展。其主要成因在于：其一，二元土地制度和二元户籍制度的限定扭曲了城镇化的发展，但从根本上来看，这主要是由于较低的工业用地价格推动了土地城镇化，而较高的住宅用地价格抑制了人口的城镇化；其二，工业化进程的加快带来了城市建设用地的大规模扩张，但对人口城镇化所发挥的"吸纳效应"则相对有限；其三，地方政府对土地财政的依赖使其财政收支与城镇化发展存在反向变化关系，而后者又进一步加剧了人口城镇化与土地城镇化的失衡；其四，户籍管制是人口城镇化发展缓慢的主要原因，而政策的放松和制度的改革则能促进城镇化的协调发展（李子联，2013）。综合而言，上述由政府过度干预所带来的资源配置方式扭曲了劳动力要素、土地要素和资本的相对价格，阻碍了社会公平。这种局势若得不到有效控制，则将会给人们的生活质量造成很大的负面影响，进而给社会的发展带来不和谐的因素，不利于经济社会的稳定。不仅如此，过度开发不可再生的土地资源会导致经济发展的后劲不足，从而导致经济的不可持续发展。

3. 人口城镇化中影响区域协调发展的因素

首先，"二元"城市结构问题制约了区域的协调发展。城镇化使得传统的城乡二元结构正逐渐转化为城镇户籍居民与流动人口的"新二元"分割与对立。这是因为，在城镇完成了职业转换的农民工并未彻底改变其原有身份，体现在其并未完全享受到医疗、养老、教育等方面的社会福利上。同时，在农村人口进入城市的过程中会与原城市市民发生矛盾，例如进城农民会被排除在城镇福利之外，会遭遇城市居民的社会歧视和排斥等问题，这都使得进城务工者在城市缺乏归属感，并易丧失工作积极性。因此，这一"新二元"城市结构阻碍了农村生产要素的流动。从根本上说，城市二元结构是城乡二元结构在城市的进一步延伸。其实，流动人口在对居住地尽了义务后，也应获得相应的权利。但是，在城镇化进程中，发达城镇总是偏好引进精英人才，排斥中低端人口，并忽视低端人口对城市的贡献。这大大阻碍了不同群体间福利的共同增进，降低了区域发展利益的综合协调。

其次，户籍制度问题约束了区域的协调发展。户籍从计划而来，作为历史的产物，这种制度虽然能满足工业发展的"理想预期"，但却逐渐演变成了制约当下城镇发展的最大限制性因素。这不仅造成和加剧了城乡二元分化问题，也制约了城镇化的进一步发展。目前城镇户籍主要是通过代际继承获得而非根据个人能力，而户籍背后是公民权利的体现，这种公民等级差别体现了权利与义务的不对等。更为严重的是，户籍制度会导致资源的不合理配置。在市场经济条件下，因户籍制度的存在而导致的同工不同酬的现象违背了劳动力价值规律。对于农村户口的劳动者来说，他们并不能公平地享受多劳多得的待遇。总之，城乡有别的户籍制度是导致"滞后城镇化""半城镇化"等问题的主要原因。

最后，地方政府财政压力过大限制了区域的协调发展。随着新型城镇化的推进，地方政府在扩大职责的同时，也伴随出现了愈发严重的财政危机。这是因为：城镇基础设施的建设、中小企业的引进、新农村规划和建设都需要雄厚的资金支持，而农民进城以后所需的各种福利待遇所带来的公共成本也需由政府来"买单"。但是相对而言，地方政府的财政支持较为薄弱，而在"自上而下"的转移支付制度中，转移支付层层下拨由于缺乏规范性和透明性，往往会发生中间政府从中截留以缓解本级财政压力的现象。此外，分税制尽管规定了中央政府的财政收入，但却并没有明确省级以下地方政府税收的划分，而这则加重了乡、县层级政府的财政压力。因此，在新型城镇化推进的过程中，地方债务率将会随着城镇化率的提高而上升。而地方财政资金的缺乏是市政基础设施改善和公共服务水平提高的直接制约因素，债务率的上升必将影响全域协调发展的进一步推进。

（二）推进新型城镇化的对策

1. 推进产业城镇化

通过产业转移与承接来抵消工业化带来的收入差距扩大问题。应由追求发展结果的均等转向追求发展机会的均等。以我国三大地区为例，东部和中西部地区因资源禀赋、经济技术水平的差异，各自的主导产业有很大不同，但其所具有的互补性使得实施产业联动具备一定的客观基础。对于东部较发达地区来说，原有的比较优势会不断发生变化，原有产业面临升级或淘汰，这就要求东部地区不仅需要强化创新驱动，还需把部分劳动密集型产业转移出去，即经济能量在中心凝聚的同时也要求有广阔的外围。这个外围是由经济联系的紧密程度界定的。而中西部地区的土地、劳动力资源都较为丰富，能够接受东部地区产业的转移。中西部地区以较低的成本承接产业转移也为自身带来了优势。产业转移能够带动承接地区的技术水平、劳动生产率等方面的提高以推动传统产业的优化升级，从而有助于该地区新的主导产业的形成，进而带动整个经济的发展。

通过充分发展第三产业来应对工业化动力不足问题。当前，城镇化的发展与第三产业有着越发密切的关系。第三产业发展越迅速，其城市建成区面积以及各方面建设速度也就越快。结合中国的经济现实来看，第三产业对城镇化的作用未能充分发挥，大力发展第三产业是必要之举。而发展第三产业的重心应放在生产性服务业上，同时加快新兴服务业的发展。新兴服务业处于现代产业链、价值链高端环节，是获取竞争优势的制高点，可促进技术水平的提高和创新能力的增强，但这需要政府凭借合理的规制来消除政策性歧视，并逐步放开生产性服务业的投入约束。此外，应继续促进传统服务业的深化发展，我国城乡居民人均收入的较快增长为提升传统服务业提供了广阔空间，促进传统服务业的发展能够大量吸收从农村转移出来的劳动力。同时通过培训已在服务行业从业的人员，支持其向更高的层次发展，进而促进技术服务业的发展。总之，第三产业能够促进农民增收，使城镇体系更加完备，促进各地区发展利益和发展机会的协调。

以凸显地方特色、适合地区发展的产业战略导向带动区域协调发展。发展需要立足于本地的实际情况，突出地方特色，一味追求高技术、新产业往往会造成投资效率低下和资源的严重浪费。而依托特色产业的城镇化不仅能促进区域经济的协调发展，还能促进人口的就地城镇化。在大量城市务工人员出现回流的情况下，依托本地产业及资源的新型城镇化能够推动当地人口从事非农产业，真正主导城镇化的过程。以江苏省连云港市为例，一个立足本地实际情况并发挥其比较优势的主导产业能够带动相关产业和整体经济的发展，如可以充分发挥依海的优势，抓住沿海开发的契机，重点发展其沿海产业，建设沿海产业带；应积极寻求与大集团、大企业的合作来统筹大型能源项目的布局；应凭借其大型矿石码头、深水航道等优势建设石油储备基地、大型钢铁基地。

2. 推进土地城镇化

减少政府参与土地买卖，完善土地财政方向。政府参与土地的买卖将直接导致房价和土地价格的上涨，并最终使政府的行为逐渐被土地"绑架"。因此，政府应从土地市场中退出，做好城市规划方面的本职工作，而对于土地的征收和卖出，则只应发挥市场裁判和监管的作用。在征地过程中，应充分遵循市场价格规律，征收和补偿应完全市场化。在土地征用的市场体制下，应使农村集体土地进入一级市场，使村集体与用地者直接进行交易，以使低价出让工业用地的情况通过征地成本的提高从根本上得以有效缓解。此外，应完善政府的绩效考核制度。在经济发展数量指标的巨大考核压力下，为保持和创造短期政绩，地方政府往往会忽视财政风险的裸露和累积。因此，对于地方官员的政绩需要进行公正、全面、客观的评价以改变其治理理念。在考核指标上应加大对可持续发展指标的重视，而非紧紧盯住经济增长率，最终改变地方政府依赖土地的观念，营造出和谐的经济社会环境。

加大实用建筑投资，避免城市的"贵族化"倾向。在需求方面，应更多地关注普通居民的需要，以为普通市民提供便捷、舒适的城镇生活，并取代"人造景观"的虚设建筑。应避免豪华别墅积压过剩而普通住房严重短缺的问题，相应地应加大对城市消费性设施的投资，以提高土地的实用性。应切实增加底层群众所需要的基础设施建设，增强城市的包容性，加快人口的城镇化。同时，应科学规划城市面貌，根据各个城镇和乡村的独有特色和优势合理利用土地，避免千篇一律的城市面貌。例如，对于耕地面积较少的地区，应发展专业大户和家庭农场；而耕地面积相对较多且大量劳动力外出务工的地区，则应发展规模化程度较高的农业经营。应在推进土地制度改革的同时，着重保护乡村的自然风貌，应传承聚落文化，以在推动新型城镇化的同时"望得见山，看得见水，记得住乡愁"。

改革现有制度，协调人口与土地的关系。现行的土地制、财税制、户籍制等都是影响人口城镇化滞后于土地城镇化的外在因素。这需要中央对现有制度进行适当的改革，从二元土地制度入手，推动农村集体土地的流转改革。应在推进土地买卖市场化的同时引入土地增值税和财产税来充实地方税。土地市场改革的期间也需要促进人力资本的大量积累，通过人力和知识储备提高劳动力的边际收益，扭转土地与人口的不协调。此外，合理引导人口流动，对于大城市进行一定的限制，规划发展小城镇，这样能够有效协调人口城镇化与土地城镇化的问题。应充分利用公共服务的吸引作用将过于密集的人口引导至中小城镇，以此促进人口在地区上的合理分布，以在缓解大城市"城市病"的同时，促进小城镇吸引人才的进入与回流，进而为当地的发展而积累人力资本。

3. 推进人口城镇化

深化二元制度改革，创新制度供给。推动区域协调发展需要积极推进进城务工人员的市民化，进城人员的市民化是改变其边缘化地位，防止弱势群体聚集而导致城市贫民扩张的根本途径。一个城市人才的更新不能仅仅看重高端人才的更新，也需要中低收入人口为城市带来活力。例如，新生代的农民工已在城镇居住，比较了解城市，能较容易地适应并融入城市生活，而且相较于老一代农民工，他们受教育程度更高，能力更强。因此，推进新生代农民工市民化有着较低的成本，操作性也较强。对于进城定居和就业的人口来说，他们所需要的是与其工资收入、受教育能力相适应的生活和就业环境。区域协调发展过程中，既要看到进城人口市民化的"成本"，更要看到流入人口对当地的贡献。因此，要降低农民进城落户的门槛，增加城市的包容性，减少形象工程的建设，注重解决城镇居民就业和生活条件的改善。总之，促进地区间人口的自由流动是区域协调发展的重要途径。

逐步完善公共服务设施，创新户籍制度改革。单单的户籍制度阻碍的只是农民获得市民身份的权利，已经不会阻止农民进城。户籍制度承载着过多的社会功能，其改革的难度并不在于户籍本身，而在于与户籍紧密相连的社会福利。现阶段并不能让所有进城者都享有与城镇居民相同的待遇。因此，在推进城镇化的过程中最重要的是社会保障制度的逐步完善，逐步建立全覆盖的保障体系和服务设施，实现基本公共服务的均等化，通过福利共生来防止区域发展差距的扩大。此外，对于大城市而言，根据有无户籍"一刀切"的福利划分方式太过绝对，没有充分考虑流动人口的分层以及不同人群对当地经济贡献的差别。所以，"门槛式"的一次性获得所有权益可以过渡到"阶梯式、渐进式"的获益方式。通过建立量化指标来综合资源的分配，在分配过程中兼顾效率与公平。

多元化财政来源，完善土地财政代偿机制。寻找替代土地财政的长期融资机制是在土地财政不可持续背景下的必然选择。新的资金来源使土地财政得到控制，是解决地方政府财政压力过大的根本途径，也能减缓城镇土地面积的无序扩张，使土地城镇化与人口城镇化之间的关系得到协调。首先，新型城镇化的支出项目大多为公共品，其具有沉淀成本高、盈利能力弱等方面的特征，这就决定了商业性金融与建设资金间不匹配。而政策性金融可以成为地方融资的先导力量，满足巨大的资金需要。这也需要国家政策的支持，促进相关银行或金融机构提供融资需要。其次，市政债券等融资债券为城镇的建设融资提供了新渠道。相比"土地财政"，市政债券更加透明、规范，也更符合市场化的需要。政府债券发行过程中，也要明确债券用途、偿债来源等事项，以保持债券规模与经济发展水平相适应。最后，优化政府间的财政来源以保证各级政府的财政收入。地方政府财权与事权的分离是造成其巨大债务的客观原因。这就需要各级政府科学配置其财政收入，优化政府间的财政分配。

第四节　推进数字普惠金融的创新发展

将大数据、区块链和人工智能等数字技术融入传统普惠金融业务中的数字普惠金融由其提供了标准化、流程化和批量化的金融产品，因而既拓宽了金融服务的受益范围，又提升了金融服务的供给效率。同时，又由其能够精准识别与挖掘潜在的客户需求，以及能够在服务过程中实施全面监管和有效约束，因而既降低了商业银行的搜寻成本，又降低了经营风险。可以认为，在新发展阶段下推动数字普惠金融的高质量发展是解决中小微企业、低收入阶层和受排斥群体"融资难""信贷难""资金难"的关键渠道，是发展创新型企业和环保型企业等具有融资约束但却有益于提升经济发展质量的经济主体的重要支撑，是缩小居民、产业、城乡和地区收入差距的主要力量，对于促进经济社会的高质量发展和实现居民的共同富裕具有十分重要的理论价值和现实意义。

（一）数字普惠金融的发展约束

尽管数字普惠金融随着数字技术的推广而得到了较大程度的发展，但目前仍然存在着城乡发展失调、区域发展不均、服务体系不全以及金融监管缺位等问题，使得一方面广大的农村地区和偏远山区仍然得不到普惠性的金融服务，另一方面已接触到数字普惠金融服务的群体则经常面临信息暴露、金融诈骗以及风险敞口等问题。这些问题的出现，既归因于科技层面的设施建设落后，又归因于经济层面的生态构建不足，更与主观方面的教育程度较低等因素有关。总之，供给和需求两方面的发展约束共同制约了数字普惠金融的高质量发展。

1. 供给视角下的发展约束

一是基础设施建设滞后。数字普惠金融的高质量发展离不开基础设施的支撑，既需要新一代信息基础设施这些硬件设备的建设，又需要数据库、信息管理系统和网络交易平台等软件设施的完善。与发达地区和发达城市具有完备的公共设施不同，广大农村地区和偏远山区普遍存在着数字普惠金融的基础设施建设滞后和供给不足的问题，使得这些地区的居民在客观上不具备使用数字普惠金融服务的条件，严重制约了数字普惠金融的推广和普及。

二是数字建设能力较弱。数字建设能力的高低直接决定了数字普惠金融产品和服务的供给水平。在数字经济快速发展的背景下，不管是规模较大的国有金融机构，还是中小型股份制从业金融机构，均存在着数字建设能力较弱的问题。之所以出现这一现象，不仅是因为同时具备金融、法律、信息和软件技术的高端人才极度匮乏，更是因为从业金融机构本身缺乏数字普惠金融的建设动力和创新动力，导致金融产品的创新性和金融服务的完备性均有待提高。

三是产品服务不健全。从产品与服务的设计看，数字普惠金融与数字经济的场景融合度较差，主要表现为线上线下联动不够、对生产生活场景的研究不够系统和深入，金融服务还没有达到"足不出户、触手可及"的层次。从产品与服务的内容看，数字理财、数字信贷、数字保险和数字风控等金融产品和服务不管是在广度还是在深度上均存在着供给不足的现象。不少从业金融机构所从事的"数字普惠金融"，只是假借其名以拓展相关业务，实际上却未根据普惠金融受众的真正需求研发设计相关的产品和服务，因而存在着伪普惠、伪创新和伪发展等问题。此外，目前我国的数字普惠金融主要定位于满足城市中青年受众的消费信贷需求，而小微企业、个体户和农民群体的金融产品与服务需求因未予考虑而仍未得到满足，这与数字普惠金融定位不明确和服务不精准密切相关。

四是数字化风险控制难。从功能属性来看，数字普惠金融的功能主要在于解决受排斥群体的金融需求问题，因此"融资难""信贷难""资金难"的小微企业、农村居民以及处于朝阳产业的新型企业是数字普惠金融的主要服务对象。这些群体由于缺乏必要的抵押资产而具有天然的弱质性和较高的风险性。如何在有效控制风险的同时为其提供既"普及"又"优惠"的金融产品和服务，是数字普惠金融高质量发展的必由之路。然而，受制于数字化建设水平，从业金融机构在保障供给方和受众方双方资金安全上仍然存在着较多的技术、法律和制度上的漏洞，而这些漏洞所导致的风险控制不足又将进一步降低金融机构和受众群体之间的相互信任。

五是金融发展生态缺失。包括技术、法律、制度、素养和文化等因素在内的金融生态是金融发展的必要环境，金融生态的完备和完善程度在客观上影响着数字普惠金融发展质量的高低。就目前而言，数字普惠金融发展生态缺失的现象依然较为普遍，主要表现为：一方面，征信体系的数据不健全且共享性差。受普惠金融起步晚的影响，大量中小微企业和个人用户的信用数据未纳入征信体系中，使得数字普惠金融机构无法利用这些数据提供普惠性的金融产品和服务，数据也就难以发挥其在营销获客和风险控制等环节的作用。此外，已有的信用数据也主要掌握在政府部门、大中型金融机构、科技公司和供应链的核心企业中，其互联互通和融合应用程度仍然较低，因此社会信用数据库建设仍然存在着不同程度的"孤岛化"和"碎片化"等问题。另一方面，金融服务的监管体系不健全。金融监管不仅要规范金融服务的流程和产品的普惠性，更要预见和规避数字普惠金融发展衍生的新问题和新风险，如隐私保护、数字金融诈骗以及社会信任缺失等问题。

2. 需求视角下的发展约束

一是居民缺乏金融知识，数字鸿沟有待跨越。相比于传统的"面对面"式的金融交易，注重于线上交易的数字普惠金融更具有主动性、新颖性和抽象性的特征，这就要求受众群体既应拥有支撑数字金融的设备工具，更应具备基本的金融知识和学习能力，以使其能够通过电脑、手机等网络支付工具享受到数字普惠金融提供的产品和服务。遗憾的是，在我国广大的农村地区和偏远山区，仍然有一大批人群或受制于基础设施的不完善，或受制于自身网络技能和金融知识的缺乏，而被排斥于数字普惠金融的"大门"之外。在这些人群与现代金融之间，仍然存在着一道道"既宽又广"的"数字鸿沟"和"知识鸿沟"，使得社会中的弱势群体、特别是老年人群和农民群体不仅难以获得信贷支持，还无法进行普通的移动支付和数字交易。因此，数字普惠金融的高质量发展不仅需要供给层面的设施建设、产品创新和监管完善，更需要受众群体自身素养的提升。只有在科技、金融和教育得到协同发展的情形下，数字普惠金融的功能才得以真正有效的发挥。

二是居民使用意愿不强，潜在需求有待挖掘。受众内在的需求意愿是决定数字普惠金融的产品与服务是否能够得到有效推广的关键因素。内在意愿所催发的市场需求不仅能够激发数字普惠金融的创新，更能够引导数字普惠金融的发展方向。从当下的发展实践来看，我国数字普惠金融既存在着供给层面从业机构创新动力不足的问题，又存在着需求层面受众群体使用意愿不强的现象。其中，需求意愿不强的原因在于：一方面，对于从未接触数字普惠金融的人群而言，由于其文化程度和知识储备普遍较低，不具备使用数字普惠金融的能力，以及不了解数字普惠金融为生活生产所带来的便利，因此理所当然地"不愿意"使用这些新兴工具。另一方面，对于具备一定的金融知识和网络技能的人群而言，极有可能因经常接触到网络诈骗和金融风险等新闻事件，而容易形成不信任数字金融和网络金融的心理，并由此带来数字普惠金融使用意愿的下降。构建安全的数字普惠金融体系是克服这种社会心理和扩大潜在金融需求的关键。

（二）推动数字普惠金融高质量发展的对策

一是以硬件为支撑，有效夯实数字普惠金融的设施基础。硬件设施是发展数字普惠金融的基础，在新发展阶段下推动数字普惠金融的高质量发展：应加大新基金的投资力度，着重提升小城镇、农村地区和偏远山区的物联网覆盖率、互联网普及率和智能移动终端的使用率；应加快第五代移动通信网络（5G）基站和大数据平台中心等新型数字基础设施的建设，推进数字经济在普惠金融中的广泛应用与深度融合；应继续扩大支付工具和网络金融的覆盖面，并合理探索普惠金融服务站的综合化、数字化和智能化升级。以农村地区为例，继续推动数字普惠金融的更大范围、更有深度和更高质量的发展，应着重加强三个方面的硬件设施建设：第一，扎实推进宽带进村入户工程建设。应加强乡村之间的统筹协调，继续加大财政投入力度，通过新建、改造和升级信息基础设施来着力打通"最后一公里"，以使农村地区实现真正的互联互通。第二，加快数字信息基础设施的更新改造。在已建成信息基础设施的乡村，应借助新基建契机，对已经老化的网络接入设备和线路进行更新、改造和升级，以使农村的固网上网业务接入速率得到较大程度的提升。第三，加快推进5G基站布局和建设，逐步实现由重点乡镇以上区域连续覆盖向城乡深度覆盖方向推进，以使农村地区真正实现现代化、数字化和智能化。

二是以软件为保障，持续改善数字普惠金融的生态环境。从内涵上来看，数字普惠金融高质量发展的软件既包括提供产品和服务的信息管理系统，又包括监控数字普惠金融活动过程的监管系统，还包括对这些软件本身的接纳能力和使用能力，总之是一个硬件设备之外影响数字普惠金融发展的抽象环境。因此，从完善软件设施的角度推动数字普惠金融的高质量发展，首先，应加快建设和完善征信系统和构建信用信息共享机制。应综合发挥政府、企业、农户和金融机构的协同优势，共同推进县域涉农和小微企业的信用信息数据库建设，并在突出特色的基础上最终融入全国统一的信用平台中；应加强公共征信数据和市场化征信数据在普惠金融领域的功能互补和相互融合，通过先进的数字技术依法合规推动金融、产业和政务等领域的数据融合与应用。其次，应科学制定数字普惠金融的指标检测体系和预警体系。这就要求以全面且科学的指标为指引来改善数据体系和综合信息的收集，通过多维度的信用数据和持续的数据跟踪，在保障数据全面性、准确性和持续性的同时，发挥其对金融活动过程的实时监测和科学监控。最后，应着力提升受众群体的金融理念和知识技能。从发展教育的角度来提升受众群体的理念、知识和技能是一个长期的过程，但却是改善数字普惠金融生态环境的重要保障。应将金融知识和典型案例纳入义务教育框架，应深入开展全民性的数字普惠金融宣传活动，以提升居民的基本金融素养和风险防范意识。

三是以创新为手段，着力推进普惠金融主体的数字建设。创新是数字普惠金融高质量发展的内在动力和核心环节，应在引进和培育高层次创新人才的基础上从理念、模式、产品和应用等方面进行综合创新，以切实推进普惠金融机构的数字化建设水平。具体而言：首先，从创新理念来看，应坚持问题导向，应在全面、深度调研的基础上形成创新的动力和挖掘创新的方向，以推进产品服务与现实需求的有效融合。在设计创新性金融产品之前，应尤其关注小微企业、农民群体、城镇低收入群体和老年人群等普惠对象的社会特征、现实诉求、金融需求和风险偏好，并在此基础上开发出符合这些群体的特色产品与服务，以达至价格更优惠、操作更便捷、交易更安全、服务更精准以及模式更持久的目标。其次，从创新渠道来看，应综合发挥线上线下交易的优势，推进线上线下渠道的一体化建设，以在满足不同人群交易需求的同时，逐步推进普惠金融产品与服务的全域数字化；应加快数字技术从传统的营销获客向风险管理、生态运营、过程管理和综合评价等核心环节渗透，以发挥数字技术在整个普惠金融活动中的提质增效作用。最后，从创新产品来看，应强化数字创新与现实场景应用。一方面，应围绕产业发展的基本特点和现代化需求，利用互联网技术创新金融产品和提升金融服务，以开发出符合产业特色的专属产品与服务。如在普惠保险的创新中，可以充分发挥"保险＋期货"在金融服务中的作用，以更有效地化解普遍存在的生产经营风险；在农村普惠金融创新中，可以提供数字支付、数字农贷和线上惠农理财等产品服务。另一方面，应拓展数字普惠金融的应用场景，鼓励各类企业向数字化、信息化和智能化方向转型，积极探索"5G＋智慧农业""5G＋智慧制造业"以及"5G＋智慧服务业"等场景，以加快推进智慧企业、数字经济和现代社会的建设进程。

四是以合作为前提，协同解决数字普惠金融的发展困境。从数字普惠金融的参与主体来看，它既有提供金融产品与服务的从业金融机构，又有提供技术支撑的互联网公司和第三方组织，更有消费金融产品和享受金融服务的广大受众，还有实施业务审查、风险管理和行业规范的政府部门，这些主体分别发挥着不同的功能角色、承担着不同的服务职能和发挥着不同的支持作用。因此，推动数字普惠金融的高质量发展，应加强这些经济主体的协调合作以共同解决发展中的困境。首先，应发挥政府在推进数字金融服务基础设施建设、构建社会信用体系、完善金融监督体系和加快法律法规治理进程中的重要作用，以为数字普惠金融的高质量发展提供完备的硬件设施和良好的软件环境。其次，应加强金融与非金融机构的有效合作，既要发挥金融机构的专业优势，又要借助互联网公司的技术优势，还要利用第三方组织机构的数据优势和研究优势，在扬长避短中共同为社会提供创新性、普惠性和安全性的金融产品与服务。最后，应发挥受众群体在数字普惠金融产品消费与服务享用中的需求拉动作用，应通过金融知识和网络技能的宣传与培训来提高广大民众的数字金融素养，通过完善互联网、物联网、信息网等基础设施来改善受众群体的消费环境，最终在提升消费意愿和消费能力的过程中促进数字普惠金融产品与服务的创新，并形成一股内在而持久的需求拉动力。

五是以开放为共识，切实加强数字普惠金融的数据共享。在数字经济时代，数据与资本、劳动和土地一样都是带来社会总产出增加的重要生产要素。数据的完备程度与质量高低直接决定着微观层面数字计算的结果和生产决策的逻辑，并进而通过产品与服务的供给效率而进一步影响着宏观层面现代化的推进和智能化的进程。因此，推动数字普惠金融的高质量发展，应从数据的完备性和有效性两个方面来加强数据库的建设与完善，而以开放的心态来促进各类数据的整合与共享则是实现这一目标的有效途径。在这一过程中，应坚持数据建设的"统一性"和"差异性"相结合的原则。其中统一性是指应构建全国统一的统计指标体系和建设全国统一的数字普惠金融数据库，各地接轨全国数据库的数据应以此指标体系为基础来进行统计；差异性是指各地区、各行业、各机构在统计以全国指标为基础的数据之外，可以根据自身特色建设富有差异性和个性化的小型数据库，但均应通过全国数据平台进行发布和接入。这就要求各地区、各行业和各机构所提供的数据在保证质量的基础上互通有无，通过开放、整合和共享来共同建成全国统一的高质量数据平台。此外还应注重数据资源的安全性，应高度重视消费者和受众客户的信息保护工作；应注重数据资源的科学性，应持续加大数字普惠金融的透明度。

第五节　推进制度型开放的自贸区建设

在推动经济社会高质量发展的新时期，构建更高水平的开放型经济体制、打造全新的对外开放格局，应以具有更大推广范围的自由贸易试验区建设为契机。从习近平总书记所谈到的"中国将继续鼓励自由贸易试验区大胆试、大胆闯，加快推进海南自由贸易港建设，打造开放新高地"，到十九届四中全会所形成的重要精神文本《关于坚持和完善中国特色社会主义制度，推进国家治理体系和治理能力现代化若干重大问题的决定》所明确的"加快自由贸易试验区、自由贸易港等对外开放高地建设"，无不表明自贸区建设在推动新时期经济社会高质量发展中的重要引领作用。特别是，在全球性突发事件的负面冲击和国际经贸摩擦日益频繁的新形势下，更大程度地加大对外开放的力度，更高水平地提升对外开放的质量，更有新意地打造对外开放的格局，尤其应以自贸区建设为重要落脚点。

从现实绩效来看，自上海自贸区首次建立及经验向全国推广以来，自贸区这一组织形式在建设实践中所探索和积累的制度创新经验为相关地区的发展带来了较为显著的制度红利。以2019年《中国自由贸易试验区发展报告》所披露的统计数据为例：自贸区建立以来累计新设企业60多万家，以不到全国万分之二的面积上吸收了12%的外资，创造了12%的进出口额。其中，上海自贸区以1/50的面积创造了上海市1/4的生产总值和40%的外贸进出口总额。可见，自贸区建设中的综合创新及所带来的外溢效应，极为有效地推进了对外开放的力度，是各地经济高质量发展的新亮点。尽管如此，从各批次自贸区所推广的制度经验及实施效果来看，当前自贸区"本身"的建设质量却并未因此而得到更大程度的改观，仍然存在着较大的提升空间，主要表现在：制度深化改革的空间仍可拓展，自由贸易的自由属性仍需凸显，经济绩效外溢的力度仍应加强，地区经济发展的质量仍待提升。具体而言，应以"四个结合"来更加切实地提高自贸区的建设质量。

首先是政策优惠与制度创新相结合。对于自贸区建设的目标和内容，韩正副总理在自贸区建设五周年座谈会上曾做过高度而精准的概括，指出"自贸区是制度创新的高地，不是优惠政策的洼地"。这一观点表明制度创新是自贸区建设的重要内容，应从以往对政策优惠的依赖转向制度创新，但在逻辑上并未强调制度创新的唯一性和否定政策优惠的兼容性。然而，在建设实践中，不少片区对这一观点存在着一种误解，以为自贸区建设只有制度创新而无优惠政策，因而最终走向了"为创新而创新"的困境。实际上，自贸区建设的"初心"在于推进经济社会的高质量发展。制度创新，与传统路径上的"优惠政策"一样，都是不同时期促进经济发展的重要手段和有效工具，只是其在特定发展阶段因面临的深化空间不同而有所侧重。只要这些工具对目标仍然具有指向性，那么不管是制度创新还是优惠政策，它都可以适用于特定阶段下的特定区域。毫无疑问，对于经济发展程度相对落后的自贸区而言，在借鉴前几批自贸区制度创新经验的基础上，配套实施适合本土的、富有特色的、更加实惠的招商引资政策，将人才引进的力度、土地利用的优惠、资本投资的激励进行量化并落到实处，对于吸引和集聚优质生产要素、从而促进当地经济社会的高质量发展，无疑具有更为重要的政策作用。因此，在自贸区建设中，既应通过制度创新来优化营商环境，又应实施优惠政策来吸引和集聚生产要素；应在发挥贸易监管、投资便利、金融制度、创新创业等制度创新作用的同时，继续发挥税收、土地、户籍、社会保障等优惠政策的激励作用，以进一步释放制度红利和政策效能，特别是在经济欠发达的自贸区尤应如是。

其次是区内发展与区间协同相结合。就本质而言，自贸区并不只是自贸区内的自贸区，应是联通周边地区和经济腹地共同发展的自贸区，是承载更多发展使命和发挥更大外溢效应的特殊平台，是促进整个地区乃至整个国家经济高质量发展的重要载体。因此，在自贸区建设中，既应通过制度创新和政策优惠来先行提升区内的高质量发展，又应发挥其对区外其他地区的吸纳效应和辐射效应来进一步带动其他地区的高质量发展，最终实现区内外联动发展的良性循环。在促进区内外高质量联动发展的过程中，应构建一种更加有效的竞合机制：一方面应通过"各扬所长"来促进区内外的有效竞争，它要求摆脱传统竞争模式下局限于区域间的"资源战""人才战"和"市场战"，应通过发挥区内外的竞争优势形成"合作中有竞争"的互补格局，通过借力自贸区建设所带来的机遇不断发展特色产业，通过摆脱对发达国家和发达省市的依赖而主动提升本区域的竞争能力和发展质量，最终实现全球竞争视野下区域内外强强联合的蓬勃格局。另一方面应通过"共享所有"来促进区内外的互通互补，应在交通设施、要素资源和公共服务等方面促进区内外的资源共享。其中，共享交通设施能够提高区内外的交往效率和降低交易成本，是高质量联动发展的基础；共享要素资源能够促进区内外资源的优化配置和经济社会的共同发展，是高质量联动发展的关键；共享公共服务能够增加居民的福利水平和幸福指数，是高质量联动发展的本质。总之，促进自贸区内外的协同发展，应在"合作中有竞争"的互补格局下，更加重视区间交通的互联互通，更加重视资源要素的自由流动，更加重视社会公共服务的同城化和一体化。

再次是"精心筑巢"与"主动引凤"相结合。在自贸区建设中，不少片区往往只注重于"精心筑巢"，即通过完善基础设施、改善营商环境和确立法律法规来为资本投资、企业生产和居民生活提供一种更好的硬环境和软环境，以为"巢优凤自来"；但却忽略了"主动引凤"，即忽略了主动走出去向全国乃至全球寻货源、找市场和招人才的积极作为，忽略了自我营销在促进地方经济社会高质量发展中的重要作用。实际上，通过完善公共基础设施和着力推进制度创新来改善生产生活的环境并不是自贸区建设的所有内容，"精心筑巢"并不必然引来"金凤凰"；还应在此基础上，进一步强化攻守兼备的理念，形成主动竞争的思维，以更加积极的姿态切实提升自贸区建设的质量。总体而言，引进高端人才是自贸区建设中"主动引凤"的重点，既应综合引进各类人才以增强辖区内的人才储备，又应专门引进特定人才来支撑特色产业的高质发展，因此在思路策略上应做到"长期储备"与"短期应急"相结合，在人才类型上应做到"通才"与"专才"相结合，在政策内容上应做到"货币补贴"与"优质服务"相结合。更加广义地，"主动引凤"还应聚焦于物化的资源、商品和服务在自贸区内外的通畅与循环，应具备全球视野构建自贸区内的特色产业链和供应链，并通过与相关国家、地区和企业的多方合作来增进其稳定性，以在构建良性循环机制中确保地方经济发展"乘风破浪、行稳致远"。显然，这与自贸区内政府、企业和个人所应采取的积极态度和竞争能力密不可分。

最后是便利推进与自由探索相结合。目前各批次自贸区已经在投资管理领域、贸易便利化领域、金融开放创新领域、事中事后监管措施和人力资源等五个领域进行了较大程度的改革创新，但仍然主要聚焦于政府行政职能转变和企业办事效率提高等方面的边际革新，如"证照'一口受理、并联办理'审批服务模式""企业'套餐式'注销服务模式""跨境电商零售进口退货中心仓模式""进出口商品智慧申报导航服务""保理公司接入央行企业征信系统""绿色债务融资工具创新"等，而对于"自由贸易试验区"中"自由"的特征及属性则较少涉及。应当说，这些创新性措施有效地改善了自贸区内的营商环境和降低了企业投资运营的交易成本，对于目前产业结构和行业框架下相关企业绩效的提升具有一定的促进作用。但是，仅仅停留于程式上或流程上的边际改进，因其创新空间狭窄而极易触碰到改革的"天花板"，因而对于外来新经济增长点的培育、对外开放力度的加大以及改革开放格局的重构所发挥的作用都较为有限。事实上，国内自贸区在便利化推进上已达到了上限，如何进一步突破这一限制以继续发挥自贸区建设在经济高质量发展中的推动作用，应在"自由"这一关键词上做"大文章"，诸如应在加强有效监控的基础上，进一步放开部分行业和特定产品的准入限制，以在增量上培育新的增长点；进一步创新人民币自由兑换机制，以在资本账户逐渐开放的过程中提升资本配置的效率；进一步降低相关税率，以在降低税收成本、突破财税约束的过程中吸引各类优质生产要素的集聚；等等。总之，应在深化便利创新的基础上，进一步扩大开放的自由度，以最终真正实现自贸区的"自由"。

具体而言：第一，应发挥自贸区建设中贸易质量、投资绩效和创新能力等动力机制对经济高质量发展的促进作用。应进一步完善通关一体化制度来提高通关效率，以在降低交易成本的过程中促进进出口贸易额的增长；应进一步放松负面清单的投资限制，进一步打造宽松透明的营商环境，以在大力吸引外商投资的过程中形成规模经济；应进一步减少对外投资阻碍，依托先进国家的技术平台来学习和获得先进科学技术，在提升科技创新能力的过程中促进经济发展质量的提升。

第二，应充分发挥自贸区的制度创新优势，通过完善创新激励制度来提升区域创新能力。在自贸区制度创新设计中，不仅要注重创新要素的投入激励，还应关注投入产出的效率提升。其中，应加强和完善知识产权保护制度，推进产权保护的法治化进程，使企业在获得权利保障的过程中敢于创新、勇于创新和乐于创新，以此发挥自贸区制度对整个区域创新能力提升的激励作用。

第三，应探索不同自贸区的差异化和特色化发展模式。在追求经济高质量发展的当下，应充分发挥各自地区的区位优势和资源禀赋，避免同质化而造成的恶性竞争和资源浪费现象。应依据各个自贸区的特色，有所侧重地制定符合自身发展的定位与目标，真正发挥改革开放试验田的带头作用。

第四，应进一步推进自贸区制度的自主化改革。只有结合自身发展实践并坚持自主改革，才能切实形成改革热情和创新动力。实际上，任何建设经验的推广不应只是简单地"复制"和"粘贴"，每个自贸区都有其特殊的经济环境和发展背景，只有将他方经验与自身发展相结合，才能真正发挥自贸区制度对地区经济高质量发展的最大激励效用。

第五，应充分发挥自贸区金融效应中金融创新和金融开放等动力机制对经济高质量发展的促进作用。一方面，推动金融创新发展。支持和鼓励科技金融发展，积极将新知识、新技能运用于自贸区金融发展之中；完善金融配套政策，为金融改革创新塑造良好的制度环境；深入研究其他自贸区的金融创新政策，积极探索金融创新服务产品体系。此外也应把握好金融监管与创新的平衡，积极稳妥推进各项改革，提升金融监管能力、完善容错机制。另一方面，深化金融对外开放。采取稳中有进的金融对外开放思路，依据金融对外开放风险的大小确定金融对外开放的秩序。如推进外汇市场的逐步开放；推进资本账户适当有管制的开放，实现资本项目下的货币从部分、基本到完全可兑换；强化汇率、利率市场化改革和资本账户开放的协同性等。

参 考 文 献

[1] 阿列克谢·舍甫琴科著，周艳辉摘译：《如何看待中国共产党在改革时期的作用》，载于《国外理论动态》2005 年第 5 期。

[2] 安虎森、颜银根、朴银哲：《城市高房价和户籍制度：促进或抑制城乡收入差距扩大?》，载于《世界经济文汇》2011 年第 4 期。

[3] 白秀银：《中国化马克思主义收入分配理论与国民收入分配关系调整研究》，载于《毛泽东思想研究》2012 年第 3 期。

[4] 蔡昉、都阳、王美艳：《经济发展方式转变与节能减排内在动力》，载于《经济研究》2008 年第 6 期。

[5] 蔡昉：《农村剩余劳动力流动的制度性障碍分析》，载于《经济学动态》2005 年第 1 期。

[6] 蔡增正：《教育对经济增长贡献的计量分析》，载于《经济研究》1999 年第 2 期。

[7] 钞小静、惠康：《中国经济增长质量的测度》，载于《数量经济技术经济研究》2009 年第 6 期。

[8] 钞小静、廉园梅：《劳动收入份额与中国经济增长质量》，载于《经济学动态》2019 年第 9 期。

[9] 钞小静、任保平：《中国经济增长质量的时序变化与地区差异分析》，载于《经济研究》2011 年第 4 期。

[10] 陈东、刘金东：《农村信贷对农村居民消费的影响》，载于《金融研究》2013 年第 6 期。

[11] 陈红蕾、覃伟芳：《中国经济的包容性增长：基于包容性全要素生产率视角的解释》，载于《中国工业经济》2014 年第 1 期。

[12] 陈慧卿、陈国生、魏晓博，等：《数字普惠金融的增收减贫效应》，载于《经济地理》2021 年第 3 期。

[13] 陈佳美：《组织创新对中国经济增长质量提高的影响分析》，载于《经济学家》2013 年第 12 期。

［14］陈诗一、陈登科：《雾霾污染、政府治理与经济高质量发展》，载于《经济研究》2018 年第 2 期。

［15］陈学飞、展立新：《我国高等教育发展观的反思》，载于《高等教育研究》2009 年第 8 期。

［16］程恩富：《公平与效率交互同向论》，载于《经济纵横》2005 年第 12 期。

［17］程虹、李丹丹：《一个关于宏观经济增长质量的一般理论》，载于《武汉大学学报》2014 年第 3 期。

［18］褚翠翠、佟孟华、李洋、费威：《中国数字普惠金融与省域经济增长》，载于《经济问题探索》2021 年第 6 期。

［19］崔玉平：《教育规模扩大对长期经济增长的引致贡献》，载于《教育与经济》2007 年第 2 期。

［20］邓创、徐曼：《金融发展对中国城乡收入差距的非线性影响机制》，载于《南京社会科学》2019 年第 6 期。

［21］邓慧慧、赵家羚、赵晓坤：《自由贸易试验区助推产业升级的效果评估》，载于《国际商务》2020 年第 5 期。

［22］邓可斌、丁菊红：《户籍管制，经济增长与地区差距》，载于《制度经济学研究》2010 年第 1 期。

［23］邓祥征、钟海玥、白雪梅：《中国西部城镇化可持续发展路径的探讨》，载于《中国人口·资源与环境》2013 年第 10 期。

［24］邸俊鹏、孙百才：《高等教育对经济增长的影响》，载于《教育研究》2014 年第 9 期。

［25］杜江：《中国农业增长的环境绩效研究》，载于《数量经济技术经济研究》2014 年第 11 期。

［26］杜育红、赵冉：《教育在经济增长中的作用：要素积累、效率提升抑或资本互补？》，载于《教育研究》2018 年第 5 期。

［27］樊纲、王小鲁、马光荣：《中国市场化进程对经济增长的贡献》，载于《经济研究》2011 年第 9 期。

［28］范红忠：《有效需求规模假说、研发投入与国家自主创新能力》，载于《经济研究》2007 年第 3 期。

［29］方先明、刘韫尔、陈楚：《数字普惠金融、居民消费与经济增长》，载于《东南大学学报》2022 年第 3 期。

［30］冯志峰：《供给侧结构性改革的理论逻辑与实践逻辑》，载于《经济问题》2016 年第 2 期。

［31］付华、李国平、朱婷：《中国制造业行业碳排放》，载于《改革》2021年第5期。

［32］高杨、牛子恒：《农业信息化、空间溢出效应与农业绿色全要素生产率》，载于《统计与信息论坛》2018年第10期。

［33］高兆明：《从价值论看效率与公平》，载于《哲学研究》1996年第10期。

［34］龚刚、陈琳：《供给推动——论经济增长方式转型中的财政政策》，载于《南开经济研究》2007年第2期。

［35］龚立新：《从"均中求富"到"双论思想"——毛泽东、邓小平收入分配思想的演进与比较》，载于《江西社会科学》2002年第5期。

［36］辜胜阻、李华、易善策：《城镇化是扩大内需实现经济可持续发展的引擎》，载于《中国人口科学》2010年第3期。

［37］谷慎、马谌宸：《金融发展与城乡二元经济结构转换》，载于《统计与信息论坛》2019年第9期。

［38］顾明远：《解放思想，30年教育成就斐然》，载于《中国教育学刊》2008年第6期。

［39］关键、马超：《数字金融发展与家庭消费异质性》，载于《金融经济学研究》2020年第6期。

［40］郭晨、张卫东：《产业结构升级背景下新型城镇化建设对区域经济发展质量的影响》，载于《产业经济研究》2018年第5期。

［41］郭丛斌、闵维方：《中国城镇居民教育与收入代际流动的关系研究》，载于《教育研究》2007年第5期。

［42］韩冬梅、周明升：《上海自贸区金融开放创新的宏观效应模拟》，载于《统计与决策》2019年第9期。

［43］何兴邦：《城镇化对中国经济增长质量的影响》，载于《城市问题》2019年第1期。

［44］何宜庆、吴铮波：《高等教育发展、技术创新水平与产业结构升级》，载于《高校教育管理》2019年第3期。

［45］洪银兴：《对供给侧结构性改革的几点认识》，载于《唯实》2016年第10期。

［46］胡鞍钢、周绍杰、任皓：《供给侧结构性改革——适应和引领中国经济新常态》，载于《清华大学学报（哲学社会科学版)》2016年第2期。

［47］胡建华：《高等教育价值观视野下的高等教育质量》，载于《高

等教育研究》2005 年第 11 期。

　　[48] 胡宗义、刘亦文：《金融非均衡发展与城乡收入差距的库兹涅茨效应研究》，载于《统计研究》2010 年第 5 期。

　　[49] 华桂宏、李子联：《中国供给侧结构性改革的维度框架与路径选择》，载于《江海学刊》2016 年第 6 期。

　　[50] 华民：《"马尔萨斯制约"与经济发展的路径选择》，载于《复旦学报》2005 年第 5 期。

　　[51] 华民：《中国经济高增长并未结束》，载于《人民论坛》2014 年第 2 期。

　　[52] 惠树鹏、郑玉宝：《中国市场化改革对区域经济增长效率的影响》，载于《甘肃社会科学》2014 年第 6 期。

　　[53] 贾康：《从供给侧入手塑造新动力源》，载于《人民日报》2016 年 1 月 25 日，第 16 版。

　　[54] 姜安印、杨志良：《新型城镇化建设与城市经济高质量增长》，载于《经济问题探索》2020 年第 3 期。

　　[55] 姜松、周鑫悦：《数字普惠金融对经济高质量发展的影响研究》，载于《金融论坛》2021 年第 8 期。

　　[56] 金碚：《关于"高质量发展"的经济学研究》，载于《中国工业经济》2018 年第 4 期。

　　[57] 靳希斌：《教育经济学（第四版）》，人民教育出版社 2009 年版。

　　[58] 康志勇：《中国企业自主创新存在本土市场效应吗》，载于《科学学研究》2012 年第 30 期。

　　[59] 赖德胜、王琦、石丹淅：《高等教育质量差异与区域创新》，载于《教育研究》2015 年第 2 期。

　　[60] 李波、张俊飚、李海鹏：《中国农业碳排放时空特征及影响因素分解》，载于《中国人口·资源与环境》2011 年第 8 期。

　　[61] 李稻葵：《关于供给侧结构性改革》，载于《理论视野》2015 年第 12 期。

　　[62] 李谷成：《中国农业的绿色生产率革命：1978—2008 年》，载于《经济学（季刊）》2014 年第 2 期。

　　[63] 李光辉、王芮：《我国自贸区建设的成就与今后重点发展方向》，载于《国际贸易》2017 年第 7 期。

　　[64] 李娟伟、任保平：《国际收支失衡、经济波动与中国经济增长质量》，载于《当代财经》2013 年第 1 期。

［65］李克强：《协调推进城镇化是实现现代化的重大战略选择》，载于《行政管理改革》2012 年第 11 期。

［66］李敏谊：《改革开放三十年教育事业发展的伟大成就》，载于《教育学报》2008 年第 6 期。

［67］李平、李淑云、许家云：《收入差距、有效需求与自主创新》，载于《财经研究》2012 年第 2 期。

［68］李婷、李实：《中国收入分配改革：难题、挑战与出路》，载于《经济社会体制比较》2013 年第 5 期。

［69］李翔、邓峰：《科技创新、产业结构升级与经济增长》，载于《科研管理》2019 年第 3 期。

［70］李泽广、吕剑：《金融开放的"数量效应"与"质量效应"再检验》，载于《国际金融研究》2017 年第 4 期。

［71］李子联、崔苧心、谈镇：《新型城镇化与区域协调发展》，载于《中共中央党校学报》2018 年第 1 期。

［72］李子联：《分配与增长：一个马克思主义经济学的分析》，载于《马克思主义研究》2015 年第 4 期。

［73］李子联：《高等教育质量提升的"就业效应"》，载于《中国人口科学》2020 年第 3 期。

［74］李子联、华桂宏：《新常态下的中国经济增长》，载于《经济学家》2015 年第 6 期。

［75］李子联、王爱民：《江苏高质量发展：测度评价与推进路径》，载于《江苏社会科学》2019 年第 1 期。

［76］李子联、魏畅：《高等教育质量的宏观测度与时空差异》，载于《教育与经济》2018 年第 4 期。

［77］李子联：《增长质量与收入公平分配关系研究》，载于《社会科学》2015 年第 9 期。

［78］李子联：《制度、激励与增长：一个经验总结》，载于《社会科学》2010 年第 5 期。

［79］李子联：《中国经济高质量发展的动力机制》，载于《当代经济研究》2021 年第 10 期。

［80］李子联：《中国收入分配格局：从结构失衡到合理有序》，载于《中南财经政法大学学报》2015 年第 3 期。

［81］李子联：《中国收入分配制度的演变及其绩效：1949－2013》，载于《南京大学学报》2015 年第 1 期。

［82］李子联、朱江丽：《收入分配与自主创新：一个消费需求的视角》，载于《科学学研究》2014 年第 12 期。

［83］李子联、朱江丽：《中国的收入分配与贸易模式》，载于《金融研究》2013 年第 10 期。

［84］梁军、赵青：《教育人力资本及其溢出效应对中国自主创新的影响研究》，载于《上海大学学报》2018 年第 6 期。

［85］梁琦、黄卓：《空间经济学在中国》，载于《经济学（季刊)》2012 年第 4 期。

［86］梁琦、李晓萍、吕大国：《市场一体化、企业异质性与地区补贴》，载于《中国工业经济》2012 年第 2 期。

［87］梁文艳、唐一鹏：《教育质量与国家经济增长的研究述评》，载于《教育学报》2010 年第 5 期。

［88］林春：《财政分权与中国经济增长质量关系》，载于《财政研究》2017 年第 2 期。

［89］林毅夫、付才辉、任晓猛：《金融创新如何推动高质量发展》，载于《金融论坛》2019 年第 11 期。

［90］林毅夫、任若恩：《东亚经济增长模式相关争论的再探讨》，载于《经济研究》2007 年第 8 期。

［91］刘秉镰、吕程：《自贸区对地区经济影响的差异性分析》，载于《国际贸易问题》2018 年第 3 期。

［92］刘国瑞：《新发展格局与高等教育高质量发展》，载于《清华大学教育研究》2021 年第 1 期。

［93］刘海英、张纯洪：《中国经济增长质量提高和规模扩张的非一致性实证研究》，载于《经济科学》2006 年第 2 期。

［94］刘海英、赵英才、张纯洪：《人力资本"均化"与中国经济增长质量关系研究》，载于《管理世界》2004 年第 11 期。

［95］刘金全、徐宁、刘达禹：《农村金融发展对农业经济增长影响机制的迁移性检验》，载于《南京农业大学学报》2016 年第 2 期。

［96］刘瑞、郭涛：《高质量发展指数的构建及应用》，载于《东北大学学报》2020 年第 1 期。

［97］刘瑞翔、夏琪琪：《城市化、人力资本与经济增长质量》，载于《经济问题探索》2018 年第 11 期。

［98］刘赛红、王志飞：《农村信贷投入、农业振兴与城乡居民收入差距研究》，载于《云南财经大学学报》2019 年第 3 期。

［99］刘世锦：《进入新常态下的中国经济》，载于《中国发展观察》2014 年专号。

［100］刘树成：《论又好又快发展》，载于《经济研究》2007 年第 6 期。

［101］刘伟、苏剑：《"新常态"下的中国宏观调控》，载于《经济科学》2014 年第 4 期。

［102］刘文革、周文召、仲深、李峰：《金融发展中的政府干预、资本化进程与经济增长质量》，载于《经济学家》2014 年第 3 期。

［103］刘亚雪、田成诗、程立燕：《世界经济高质量发展水平的测度及比较》，载于《经济学家》2020 年第 5 期。

［104］刘艳华、辉敏敏、李明：《农户信贷配给程度的空间异质分析》，载于《农业经济问题》2014 年第 7 期。

［105］刘亦文、欧阳莹、蔡宏宇：《中国农业绿色全要素生产率测度及时空演化特征研究》，载于《数量经济技术经济研究》2021 年第 5 期。

［106］刘自成：《深入学习贯彻党的十九大精神：加快建设教育强国》，载于《教育研究》2017 年第 12 期。

［107］柳翔浩：《高等教育融入国家科技创新体系》，载于《教育研究》2018 年第 9 期。

［108］陆铭、陈钊：《城市化、城市倾向的经济政策与城乡收入差距》，载于《经济研究》2004 年第 6 期。

［109］吕艳、胡娟：《我国区域高等教育发展水平对区域创新的影响分析》，载于《中国高教研究》2010 年第 10 期。

［110］罗来军、朱艳、赵鹏飞：《中国教育规模与质量影响经济增长的内生路径分析》，载于《经济理论与经济管理》2009 年第 1 期。

［111］罗纳德·巴尼特著，蓝劲松主译：《高等教育理念》，北京大学出版社 2012 年版。

［112］马立政、李正图：《中国经济高质量发展路径演进研究》，载于《学习与探索》2020 年第 6 期。

［113］马茹、张静、王宏伟：《科技人才促进中国经济高质量发展了吗?》，载于《经济与管理研究》2019 年第 5 期。

［114］马轶群、史安娜：《金融发展对中国经济增长质量的影响研究》，载于《国际金融研究》2012 年第 11 期。

［115］毛洪涛、马丹：《高等教育发展与经济增长关系的计量分析》，载于《财经科学》2004 年第 1 期。

［116］毛雁冰、原云轲：《绿色新型城镇化对经济增长影响的实证研究》，载于《上海大学学报》2019 年第 6 期。

［117］倪鹏飞：《新型城镇化的基本模式、具体路径与推进对策》，载于《江海学刊》2013 年第 1 期。

［118］聂飞：《自贸区建设促进了制造业结构升级吗?》，载于《中南财经政法大学学报》2019 年第 5 期。

［119］欧进锋、许抄军、刘雨骐：《基于"五大发展理念"的经济高质量发展水平测度》，载于《经济地理》2020 年第 6 期。

［120］欧内斯特·曼德尔著，赵春明译：《资本主义发展的长波——一个马克思主义的解释》，北京师范大学出版社 1993 年版。

［121］彭宇文、谭凤连、谌岚等：《城镇化对区域经济增长质量的影响》，载于《经济地理》2017 年第 8 期。

［122］钱晓烨、迟巍、黎波：《人力资本对我国区域创新及经济增长的影响》，载于《数量经济技术经济研究》2010 年第 4 期。

［123］钱争鸣、刘晓晨：《中国绿色经济效率的区域差异与影响因素分析》，载于《中国人口·资源与环境》2013 年第 7 期。

［124］乔海曙、陈力：《金融发展与城乡收入差距"倒 U 型"关系再检验》，载于《中国农村经济》2009 年第 7 期。

［125］秦永、王孝坤：《高等教育规模扩张与中国经济增长》，载于《宏观质量研究》2017 年第 3 期。

［126］曲庆彪：《超越乌托邦—毛泽东的社会主义观》，北京出版社 1996 年版。

［127］权晓虹、沈体雁：《区域创新的教育因素分析与政策含义》，载于《中国软科学》1999 年第 11 期。

［128］任保平：《经济增长质量：理论阐释、基本命题与伦理原则》，载于《学术月刊》2012 年第 2 期。

［129］任保平、魏婕：《经济增长质量：一种全新增长命题的理论阐释》，载于《福建论坛》2012 年第 9 期。

［130］任保平、文丰安：《新时代中国高质量发展的判断标准、决定因素与实现途径》，载于《改革》2018 年第 4 期。

［131］单豪杰、沈坤荣：《解读中国经济增长之谜：一个激励导向的分析》，载于《经济评论》2008 年第 1 期。

［132］邵宜航、徐菁：《高等教育扩张的增长效应：人力资本提升还是信号干扰》，载于《财贸经济》2017 年第 11 期。

［133］沈坤荣、付文林：《中国的财政分权制度与地区经济增长》，载于《管理世界》2005 年第 1 期。

［134］沈坤荣、李子联：《中国经济增长的动力与约束》，载于《经济学动态》2011 年第 1 期。

［135］沈伟：《自贸区金融创新：实践、障碍及前景》，载于《厦门大学学报》2017 年第 5 期。

［136］师博、张冰瑶：《全国地级以上城市经济高质量发展测度与分析》，载于《社会科学研究》2019 年第 3 期。

［137］石中英、张夏青：《30 年教育改革的中国经验》，载于《北京师范大学学报》2008 年第 5 期。

［138］史丹、李鹏：《我国经济高质量发展测度与国际比较》，载于《东南学术》2019 年第 5 期。

［139］宋丽颖、郭敏：《自贸区政策对地方财力的影响研究》，载于《经济问题探索》2019 年第 11 期。

［140］宋旭光、赵雨涵：《中国区域创新空间关联及其影响因素研究》，载于《数量经济技术经济研究》2018 年第 7 期。

［141］宋跃刚、杜江：《制度变迁、OFDI 逆向技术溢出与区域技术创新》，载于《世界经济研究》2015 年第 9 期。

［142］孙叶飞、夏青、周敏：《新型城镇化发展与产业结构变迁的经济增长效应》，载于《数量经济技术经济研究》2016 年第 11 期。

［143］孙玉奎、周诺亚、李丕东：《农村金融发展对农村居民收入的影响研究》，载于《统计研究》2014 年第 11 期。

［144］孙志军：《中国教育个人收益率研究》，载于《中国人口科学》2004 年第 5 期。

［145］谭娜、周先波、林建浩：《上海自贸区的经济增长效应研究》，载于《国际贸易问题》2015 年第 10 期。

［146］檀慧玲：《高等教育在芬兰国家创新体系中的角色及启示》，载于《比较教育研究》2010 年第 5 期。

［147］田国强：《一个关于转型经济中最优所有权安排的理论》，载于《经济学（季刊）》2001 年第 1 期。

［148］田秋生：《高质量发展的理论内涵和实践要求》，载于《山东大学学报》2018 年第 6 期。

［149］田伟、杨璐嘉、姜静：《低碳视角下中国农业环境效率的测算与分析》，载于《中国农村观察》2014 年第 5 期。

［150］托斯坦·胡森：《论教育质量》，载于《华东师范大学学报（教育科学版）》1987 年第 3 期。

［151］汪淑娟、谷慎：《科技金融对中国经济高质量发展的影响研究》，载于《经济学家》2021 年第 2 期。

［152］汪文姣、戴荔珠、赵晓斌：《广东自贸区对粤港澳经济联系强度的影响效应评估》，载于《国际经贸探索》2019 年第 11 期。

［153］汪雯羽、贝多广：《数字普惠金融、政府干预与县域经济增长》，载于《经济理论与经济管理》2022 年第 2 期。

［154］汪宗顺、郑军、汪发元：《产业结构、金融规模与经济高质量发展》，载于《统计与决策》2019 年第 19 期。

［155］王爱俭、方云龙、于博：《中国自由贸易试验区建设与区域经济增长》，载于《财贸经济》2020 年第 8 期。

［156］王灿、喻平：《金融创新、金融监管与经济增长》，载于《统计与决策》2020 年第 7 期。

［157］王丹、熊晓琳：《论共享发展的实现理路》，载于《马克思主义研究》2017 年第 3 期。

［158］王国刚：《城镇化：中国经济发展方式转变的重心所在》，载于《经济研究》2010 年第 12 期。

［159］王俊、刘东：《中国居民收入差距与需求推动下的技术创新》，载于《中国人口科学》2009 年第 5 期。

［160］王利辉、刘志红：《上海自贸区对地区经济的影响效应研究》，载于《国际贸易问题》2017 年第 2 期。

［161］王留鑫、姚慧琴、韩先锋：《碳排放、绿色全要素生产率与农业经济增长》，载于《经济问题探索》2019 年第 2 期。

［162］王明生：《"大跃进"前后毛泽东分配思想述论》，载于《南京大学学报》2002 年第 4 期。

［163］王少平、欧阳志刚：《中国城乡收入差距对实际经济增长的阈值效应》，载于《中国社会科学》2008 年第 2 期。

［164］王小鲁：《中国城市化路径与城市规模的经济学分析》，载于《经济研究》2010 年第 10 期。

［165］王永仓、温涛：《数字金融的经济增长效应及异质性研究》，载于《现代经济探讨》2020 年第 11 期。

［166］魏敏、李书昊：《新时代中国经济高质量发展水平的测度研究》，载于《数量经济技术经济研究》2018 年第 11 期。

［167］温忠麟、叶宝娟：《中介效应分析：方法和模型发展》，载于《心理科学进展》2014 年第 5 期。

［168］吴向东：《论马克思人的全面发展理论》，载于《马克思主义研究》2005 年第 1 期。

［169］吴延兵、刘霞辉：《人力资本与研发行为》，载于《经济学（季刊）》2009 年第 4 期。

［170］吴易风：《马克思的经济增长理论模型》，载于《经济研究》2007 年第 9 期。

［171］武剑、谢伟：《中国自由贸易试验区政策的经济效应评估》，载于《经济学家》2019 年第 8 期。

［172］郗希、乔元波、武康平：《可持续发展视角下的城镇化与都市化抉择》，载于《中国人口·资源与环境》2015 年第 2 期。

［173］郗海霞：《美国研究型大学对城市经济和产业的贡献》，载于《清华大学教育研究》2007 年第 6 期。

［174］邢孝兵、雷颖飞：《自由贸易区的地区经济增长效应》，载于《国际商务研究》2019 年第 4 期。

［175］徐洁香、雷颖飞、邢孝兵：《自由贸易试验区的创新质量效应研究》，载于《国际商务》2020 年第 4 期。

［176］徐现祥、李书娟、王贤彬，等：《中国经济增长目标的选择：以高质量发展终结"崩溃论"》，载于《世界经济》2018 年第 10 期。

［177］徐子尧、张莉沙、刘益志：《数字普惠金融提升了区域创新能力吗》，载于《财经科学》2020 年第 11 期。

［178］薛莹、胡坚：《金融科技助推经济高质量发展：理论逻辑、实践基础与路径选择》，载于《改革》2020 年第 3 期。

［179］亚诺什·科尔奈：《突进与和谐的增长》，经济科学出版社 1988 年版。

［180］严成樑、李涛、兰伟：《金融发展、创新与二氧化碳排放》，载于《金融研究》2016 年第 1 期。

［181］杨俊、黄潇、李晓羽：《教育不平等与收入分配差距：中国的实证分析》，载于《管理世界》2008 年第 1 期。

［182］杨俊、刘珺：《中国金融发展与经济增长门限效应的实证研究》，载于《重庆大学学报》2008 年第 4 期。

［183］杨汝岱、朱诗娥：《公平与效率不可兼得吗？基于居民边际消费倾向的研究》，载于《经济研究》2007 年第 12 期。

［184］杨向东：《中国（上海）自由贸易试验区的经济与政治效应关系初探》，载于《上海财经大学学报》2014年第6期。

［185］杨志成：《中国特色社会主义教育学理论体系发展的新境界》，载于《中国教育学刊》2017年第5期。

［186］姚东旻、宁静、韦诗言：《老龄化如何影响科技创新》，载于《世界经济》2017年第4期。

［187］姚先国、张海峰：《教育、人力资本与地区经济差异》，载于《经济研究》2008年第5期。

［188］姚洋：《泛利性政府——东亚模式的一个贡献》，载于《制度经济学研究》2004年第4期。

［189］姚枝仲、周素芳：《劳动力流动与地区差距》，载于《世界经济》2003年第4期。

［190］叶霖莉：《中国自贸区的经济增长效应评估》，载于《国际商务研究》2020年第3期。

［191］叶茂林、郑晓齐、王斌：《教育对经济增长贡献的计量分析》，载于《数量经济技术经济研究》2003年第1期。

［192］叶修群：《自由贸易试验区与经济增长》，载于《经济评论》2018年第4期。

［193］殷华、高维和：《自由贸易试验区产生了"制度红利"效应吗?》，载于《财经研究》2017年第2期。

［194］尹恒、龚六堂、邹恒甫：《收入分配不平等与经济增长：回到库兹涅茨假说》，载于《经济研究》2005年第4期。

［195］尹学群、李心丹、陈庭强：《农户信贷对农村经济增长和农村居民消费的影响》，载于《农业经济问题》2011年第5期，第21－27页。

［196］喻平、常悦：《金融创新与经济增长的作用机制与政策模拟分析》，载于《中国地质大学学报》2020年第11期。

［197］詹新宇、崔培培：《中国省际经济增长质量的测度与评价》，载于《财政研究》2016年第8期。

［198］张海军、张志明：《金融开放、产业结构升级与经济一体化发展》，载于《经济问题探索》2020年第5期。

［199］张宏彦、何清、余谦：《中国农村金融发展对城乡收入差距影响的实证研究》，载于《中南财经政法大学学报》2013年第1期。

［200］张杰、刘志彪：《需求与自主创新能力的形成》，载于《经济与管理研究》2008年第2期。

［201］张军：《分权与增长：中国的故事》，载于《经济学（季刊）》2007 年第 1 期。

［202］张军、吴桂英、张吉鹏：《中国省际物质资本存量估算》，载于《经济研究》2004 年第 10 期。

［203］张平：《"结构性"减速下的中国宏观政策和制度机制选择》，载于《经济学动态》2012 年第 10 期。

［204］张涛：《高质量发展的理论阐释及测度方法研究》，载于《数量经济技术经济研究》2020 年第 5 期。

［205］张涛、张若雪：《人力资本与技术采用：对珠三角技术进步缓慢的一个解释》，载于《世界经济研究》2009 年第 2 期。

［206］张腾、蒋伏心、韦朕韬：《数字经济能否成为促进我国经济高质量发展的新动能?》，载于《经济问题探索》2021 年第 1 期。

［207］张晏、龚六堂：《分税制改革、财政分权与中国经济增长》，载于《经济学（季刊)》2005 年第 5 期。

［208］张幼文：《自贸区试验与开放型经济体制建设》，载于《学术月刊》2014 年第 1 期。

［209］赵洪丹、赵宣凯、丁志国：《农村金融创新与农村经济发展》，载于《中国农业大学学报》2019 年第 12 期。

［210］赵汇、代贤萍：《共享发展与社会分配公正》，载于《中国特色社会主义研究》2016 年第 6 期。

［211］赵亮：《我国自贸区发展及其对经济增长的驱动研究》，载于《上海经济研究》2016 年第 12 期。

［212］郑浩、张印鹏：《中国高校数量规模对经济发展影响的实证研究》，载于《中国高教研究》2017 年第 8 期。

［213］周立、王子明：《中国各地区金融发展与经济增长实证分析》，载于《金融研究》2002 年第 10 期。

［214］周业安、章泉：《财政分权、经济增长和波动》，载于《管理世界》2008 年第 3 期。

［215］周永红、熊洋：《高等教育质量对我国经济发展的影响》，载于《湖北大学学报》2013 年第 4 期。

［216］朱东波、任力、刘玉：《中国金融包容性发展、经济增长与碳排放》，载于《中国人口·资源与环境》2018 年第 2 期。

［217］朱江丽、李子联：《长三角城市群产业－人口－空间耦合协调发展研究》，载于《中国人口·资源与环境》2015 年第 2 期。

[218] Abadie A. and Gardeazabal J. "The Economic Costs of Conflict: A Case Study of the Basque County" [J]. *American Economic Review*, 2003, 93 (1): 113 –132.

[219] Abay K. A., Koru B., Chamberlin J. and Berhane G. "Does Rainfall Variability Explain Low Uptake of Agricultural Credit? Evidence from Ethiopia" [J]. *European Review of Agricultural Economics*, 2022, 49 (1): 182 –207.

[220] Aghion P., Dewatripont M., Hoxby C., Mas – Colell A. and Sapir A. "Why Reform Europe's Universities?" [J]. *Bruegel Policy Brief*, 2007, 4: 1 –8.

[221] Akai N. and Sakata M. "Fiscal Decentralization Contributes to Economic Growth: Evidence from State – Level Cross – Section for the United States" [J]. *Journal of Urban Economics*, 2002, 52: 93 – 108.

[222] Alesina A. and Perotti R. "Income Distribution, Political Instability and Investment" [J]. *European Economics Review*, 1996, 81 (5): 1170 – 1189.

[223] Alesina A. and Rodrik D. "Distribution Politics and Economic Growth" [J]. *Quarterly Journal of Economics*, 1994, 109 (2): 465 –490.

[224] Aloise P. G. and Macke J. "Eco-innovations in Developing Countries: The Case of Manaus Free Trade Zone (Brazil)" [J]. *Journal of Cleaner Production*, 2017, 168: 30 –38.

[225] Anselin L., Attila V. and Zoltan A. "Local Geographic Spillovers between University Research and High Technology Innovations" [J]. *Journal of Urban Economics*, 1997, 42: 422 –448.

[226] Archibugi D. "Patenting As an Indicator of Technological Innovation: A Review" [J]. *Science and Public Policy*, 1992, 19 (6): 670 –692.

[227] Au Chun – Chung and J. Vernon Henderson. "How Migration Restrictions Limit Agglomeration and Productivity in China" [J]. *Journal of Development Economics*, 2006, 80 (2): 350 –388.

[228] Audretsch. "R & D Spillovers and the Geography of Innovation and Production" [J]. *American Economic Review*, 1996, 86: 630 –640.

[229] Ayala L. and Jurado A. "Pro-poor Economic Growth, Inequality and Fiscal Policy: The Cases of Spanish Regions" [J]. *Regional Studies*, 2011, 44 (7): 103 –121.

[230] Bahmani – Oskoee M. and J. Alse. "Export Growth and Economic Growth: An Application of Cointegration and Error – Correction Modeling" [J]. *Journal of Development Areas*, 1993, 27: 535 – 542.

[231] Bai C. E. , Li Q. and Ouyang M. "Property Taxes and Home Prices: A Tale of Two Cities" [J]. *Journal of Econometrics*, 2014, 180 (1): 1 – 15.

[232] Balassa B. "Export and Economic Growth: Further Evidence" [J]. *Journal of Development Economics*, 1978, 5: 181 – 189.

[233] Balassa B. "Exports Policy Choices and Economic Growth in Developing Countries after the 1973 Oil Shocks" [J]. *Journal of Development Economics*, 1995, 18: 23 – 35.

[234] Baron R. M. and Kenny D. A. "The Moderator-mediator Variable Distinction in Social Psychological Research: Conceptual, Strategic, and Statistical Considerations" [J]. *Journal of Personality and Social Psychology*, 1986, 51 (6): 1173 – 1182.

[235] Barro R. J. and J. Lee. "International Measures of Schooling Years and Schooling Quality" [J]. *American Economic Review*, 1996, 86: 218 – 223.

[236] Barro R. J. "Human Capital and Growth" [J]. *American Economic Review*, 2001, 91 (2): 12 – 17.

[237] Barro R. J. "Inequality and Growth in a Panel of Countries" [J]. *Journal of Economic Growth*, 2000, 5 (1): 5 – 32.

[238] Behera A. R. "Does Institutional Credit Drive Agricultural Growth: Evidence from Odisha" [J]. *International Journal of Applied Social Science*, 2019, 6 (2): 268 – 273.

[239] Benhabib J. and Rustichini A. "Social Conflict and Growth" [J]. *Journal of Economic Growth*, 1996, 1 (1): 125 – 142.

[240] Benhabib J. and Spiegle M. "The Role of Human Capital in Economic Development: Evidence from Aggregate Cross-country Data" [J]. *Journal of Monetary Economics*, 1994, 2: 143 – 173.

[241] Benjamin D. , Brandt L. and Giles J. "Did Higher Inequality Impede Growth in Rural China" [J]. *Economic Journal*, 2011, 121 (557): 1281 – 1309.

[242] Benneworth P. and Sanderson A. "The Regional Engagement of Universities: Building Capacity in a Sparse Innovation Environment" [J].

Journal of Higher Education Policy & Management, 2009, 21 (1): 14 – 22.

[243] Berman E. and Bui L. T. M. "Environmental Regulation and Productivity: Evidence from Oil Refineries" [J]. *Review of Economics and Statistic*, 2001, 83: 498 – 510.

[244] Bertola G. "Factor Shares and Savings in Endogenous Growth" [J]. *American Economic Review*, 1993, 83: 1184 – 1198.

[245] Bils M. and Klenow P. J. "Does Schooling Cause Growth?" [J]. *The American Economic Review*, 2000, 90 (5): 1160 – 1183.

[246] Black S. E. , Lynch L. M. and Krivelyova A. "How Workers Fare When Employers Innovate" [J]. *Industrial Relations: A Journal of Economy and Society*, 2004, 43 (1): 44 – 66.

[247] Bosker M. , Brakman S. , Garretsen H. and Schramm M. "Relaxing Hukou: Increased Labor Mobility and China's Economic Geography" [J]. *Journal of Urban Economics*, 2012, 72 (2 – 3): 252 – 266.

[248] Brückner M. "Economic Growth, Size of the Agricultural Sector, and Urbanization in Africa" [J]. *Journal of Urban Economics*, 2012, 71 (1): 26 – 36.

[249] Brülhart M. and Sbergami F. "Agglomeration and Growth: Cross-country Evidence" [J]. *Journal of Urban Economics*, 2009, 65 (1): 48 – 63.

[250] Bugliarello G. "Urban sustainability: Dilemmas, Challenges and Paradigms" [J]. *Technology in Society*, 2006, 28 (1): 19 – 26.

[251] Cacioppe R. , Forster N. and Fox M. "A Survey of Managers' Perceptions of Corporate Ethics and Social Responsibility and Actions that May Affect Companies' Success" [J]. *Journal of Business Ethics*, 2008, 82 (3): 681 – 700.

[252] Cai Fang, Dewen Wang, and Yang Du. "Regional Disparity and Economic Growth in China: The Impact of Labor Market Distortions" [J]. *China Economic Review*, 2002, 13 (2): 197 – 212.

[253] Cheng C. Y. , Lu C. F. and Chen Y. H. "Does Taiwan's Entry into the WTO Truly Reduce Its Agricultural Output Values" [J]. *The Journal of International Trade & Economic Development*, 2016, 25 (6): 834 – 856.

[254] Cheng H. , Ching H. S. and Shui K. W. "A panel Data Approach for Program Evaluation – Measuring the Benefits of Political and Economic Inte-

gration of Hong Kong with Main-land China" [J]. *Journal of Applied Econometrics*, 2012, 27 (5): 705 – 740.

[255] Cheung K. Y. and Lin P. "Spillover Effects of FDI on Innovation in China: Evidence from Provincial Data" [J]. *China Economic Review*, 2004, 15 (1): 25 – 44.

[256] Child M. N. "The Effect of A Depressed Economy on Agricultural Sector" [J]. *Journal of African Studies*, 2008, 3 (2): 152 – 167.

[257] Croix D. and Doepke M. "Inequality and Growth: Why Differential Fertility Matters" [J]. *American Economic Review*, 2004, 93 (4): 1091 – 1113.

[258] Daudey E. and Garcia – Penalosa C. "The Personal and the Factor Distributions of Income in a Cross-section of Countries" [J]. *Journal of Development Studies*, 2007, 43 (5), 812 – 829.

[259] Dawood M. and Mansoob S. M. "Want Economic Growth with Good Quality Institutions? Spend on Education" [J]. *Education Economics*, 2009, 17 (4): 445 – 468.

[260] Domar E. D. "The Theoretical Analysis of Economic Growth" [J]. *American Economic Review*, 1952, 42, 479 – 495.

[261] Edler J. and Georghiou L. "Public Procurement and Innovation – Resurrecting the Demand Side" [J]. *Research Policy*, 2007, 36: 949 – 963.

[262] Enders J. , de Boer H. and Weyer E. "Regulatory Autonomy and Performance: the Reform of Higher Education Re-visited" [J]. *Higher Education*, 2013, 65: 5 – 23.

[263] Enoma A. I. "Long-run Agricultural Growth in Nigeria: An Empirical Analysis" [J]. *Journal of Policy Issues*, 2001, 3 (7): 12 – 20.

[264] Fisman R. and Svensson J. "Are Corruption and Taxation Really Harmful to Growth? Firm Level Evidence" [J]. *Journal of Development Economics*, 2007, 83: 63 – 75.

[265] Foellmi R. and Zweimuller J. "Income Distribution and Demand-induced Innovation" [J]. *Review of Economic Studies*, 2006, 73 (4): 941 – 960.

[266] Fogarty M. S. and Garofalo G. A. "Urban Spatial Structure and Productivity Growth in the Manufacturing Sector of Cities" [J]. *Journal of Urban Economics*, 1988, 23 (1): 60 – 70.

[267] Forbes K. "A Reassessment of the Relationship between Inequality and Growth" [J]. *American Economic Review*, 2000, 90 (40): 869 – 887.

[268] Fritsch M. "Measuring the Quality of Regional Innovation Systems: A Knowledge Production Function Approach" [J]. *International Science Reviews*, 2002, 25 (1): 86 – 101.

[269] Fujita M., Mori T., Henderson J. V. and Kanemoto Y. "Spatial Distribution of Economic Activities in Japan and China" [J]. North Holland, Amsterdam, In: Henderson J. V., Thisse J – F. (Eds.) [M]. *Handbook of Regional and Urban Economics*, 2004, vol. IV: 2911 – 2980.

[270] Fukuda T. "The Relationship between Financial Development and Income Iinequality in India: Evidence from Varx and Ardlassessments" [J]. *Asian Economic and Financial Review*, 2017, 7 (10): 1014 – 1027.

[271] Fu X. "Foreign Direct Investment, Absorptive Capacity and Regional Innovation Capabilities: Evidence from China" [J]. *Oxford Development Studies*, 2008, 36 (1): 89 – 110.

[272] Galor O. and Zeira J. "Income Distribution and Macroeconomics" [J]. *Review of Economic Studies*, 1993, 60: 35 – 52.

[273] Gray W. B. "The Cost of Regulation: OSHA, EPA and the Productivity Slowdown" [J]. *American Economic Review*, 1987, 77: 998 – 1006.

[274] Greenwood J. and Jovanovic B. "Financial Development, Growth, and the Distribution of Income" [J]. *Journal of Political Economy*, 1990, 98 (5): 1076 – 1107.

[275] Griliches Z. "Patent Statistics as Economic Indicators: A Survey" [J]. *Journal of Economic Literature*, 1990, 28 (4): 1661 – 1707.

[276] Grosman G. and E. Helpman. "Comparative Advantage and Long – Run Growth" [J]. *American Economic Review*, 1990, 80: 796 – 815.

[277] Guisan M. C., Aguayo E. and Exposito P. "Economic Growth and Cycles: Cross-country Models of Education, Industry and Fertility and International Comparisons" [J]. *Applied Econometrics and International Development*, 2001, 1 (1): 9 – 37.

[278] Hartarska V., Nadolnyak D. and Shen X. "Agricultural Credit and Economic Growth in Rural Areas" [J]. *Agricultural Finance Review*, 2015, 75 (3): 302 – 312.

[279] Hayek F. A. "The Use of Knowledge in Society" [J]. *American*

Economic Review, 1945, 4: 519 – 530.

[280] Henderson J. V. "Urbanization and Economic Development" [J]. *Annals of Economics and Finance*, 2003, 4: 275 – 342.

[281] Hill C. W. L. and Rothaermel F. T. "The Performance of Incumbent Firms in the Face of Radical Technological Innovation" [J]. *Academy of Management Review*, 2003, 2: 257 – 274.

[282] Hsiao C. , Ching H. S. and Wan S. K. "A Panel Data Approach for Program Evaluation: Measuring the Benefits of Political and Economic Integration of Hong Kong with Mainland China" [J]. *Journal of Applied Econometrics*, 2012, 27 (5): 705 – 740.

[283] Hu A. and Jefferson G. "Returns to Research and Development in Chinese Industry: Evidence from State-owned Enterprises in Beijing" [J]. *China Economic Review*, 2004, 15 (1): 86 – 107.

[284] Hu Dapeng. "Trade, Rural-urban Migration, and Regional Income Disparity in Developing Countries: A Spatial General Equilibrium Model Inspired by the Case of China" [J]. *Regional Science and Urban Economics*, 2002, 32 (3): 311 – 338.

[285] Chen Jihong, Wan Zheng, Zhang Fangwei, Park Nam-kyu, Zheng Aibing, and Zhao Jun. "Evaluation and Comparison of the Development Performances of Typical Free Trade Port zones in China" [J]. *Transportation Research Part A*, 2018, 118: 506 – 526.

[286] Johansen T. and Arano K. "The Long – Run Economic Impact of an Institution of Higher Education: Estimating the Human Capital Contribution" [J]. *Economic Development Quarterly: The Journal of American Economic Revitalization*, 2016, 3: 203 – 214.

[287] John V. and T. W. Schultz. "Investment in Human Capital" [J]. *Economic Journal*, 1972, 82 (32): 67 – 87.

[288] Kaoru T. "A Slacks-based Measure of Efficiency in Data Envelopment Analysis" [J]. *European Journal of Operational Research*, 2001, 130 (3): 498 – 509.

[289] Kaoru T. "Dealing with Desirable Inputs in Data Envelopment Analysis: A Slacks-based Measure Approach" [J]. *American Journal of Operations Management and Information Systems*, 2021, 6 (4): 86 – 91.

[290] Kapingura F. M. "Financial Sector Development and Income Ine-

quality in South Africa" [J]. *African Journal of Economic and Management Studies*, 2017, 8 (4): 420 – 432.

[291] Khalifa Al – Youssif Y. "Exports and Growth: Some Empirical Evidence from the Arab Gulf States" [J]. *Applied Economics*, 1997, 29: 693 – 697.

[292] Krueger A. B. and Lindahl M. "Education for Growth: Why and for Whom" [J]. *Journal of Economic Literature*, 2001, 39 (4): 1101 – 1136.

[293] Kurtz M. J. and Brooks S. M. "Conditioning the ' Resource Curse': Globalization, Human Capital and Growth in Oil-rich Nations" [J]. *Comparative Political Studies*, 2011, 44 (6): 747 – 770.

[294] Kuznets S. "Economic Growth and Income Inequality" [J]. *American Economic Review*, 1955, 45 (1): 1 – 28.

[295] Lee N. "Educations and Economic Growth in KOREA, 1966 to 1997" [J]. *Journal of Applied Business Research*, 2000, 16 (4): 83 – 93.

[296] Lewis W. A. "Economic Development with Unlimited Supplies of Labor" [J]. *The Manchester School of Economic and Social Studies*, 1954, 22 (1): 139 – 191.

[297] Liu Zhiqiang. "Institution and Inequality: the Hukou System in China" [J]. *Journal of Comparative Economics*, 2005, 33 (1): 133 – 157.

[298] Liu Zhiqiang. "The External Returns to Education: Evidence from Chinese Cities" [J]. *Journal of Urban Economics*, 2007, 3: 542 – 564.

[299] Lucas Jr. R. E. "On the Mechanics of Economic Development" [J]. *Journal of Monetary Economics*, 1988, 22 (1): 3 – 42.

[300] Madsen J. "Human Capital and World Technology Frontier" [J]. *Review of Economics and Statistics*, 2014, 4: 676 – 692.

[301] Manuel A., Daniel C., Esther F. and M. Dolores León. "Regional Scientific Production and Specialization in Europe: The Role of HERD" [J]. *European Planning Studies*, 2014, 22 (5): 949 – 974.

[302] March J. G. "Exploration and Exploitation in Organizational Learning" [J]. *Organization Science*, 1991, 1: 71 – 87.

[303] Marouani M. A. and Nilsson B. "The Labor Market Effects of Skill-biased Technological Change in Malaysia" [J]. *Economic Modeling*, 2016, 57: 55 – 75.

[304] Moomaw R. L., Shatter A. M. "Urbanization and Economic De-

velopment: A Bias toward Large Cities?" [J]. *Journal of Urban Economics*, 1996, 40 (1): 13 –37.

[305] Moretti E. "Worker's Education, Spillovers, and Productivity: Evidence from Plant – Level Production Functions" [J]. *The American Economic Review*, 2004, 3: 656 –690.

[306] Murphy K. , Shleifer A. and Vishny R. "Income Distribution, Market Size and Industrialization" [J]. *Quarterly Journal of Economics*, 1989, 104 (3): 537 –64.

[307] Narayanan S. "The Productivity of Agricultural Credit in India" [J]. *Agricultural Economics*, 2016, 47 (4): 399 –409.

[308] Nelson C. R. and C. I. Plosser. "Trends and Random Walks in Macroeconomic Time Series: Some Evidence and Implications" [J]. *Journal of Monetary Economics*, 1982, 10: 139 – 162.

[309] Nelson R. R. and Phelps E. S. "Investment in Human, Technological Diffusion, and Economic Growth" [J]. *American Economic Review*, 1966, 56 (1/2): 69 –75.

[310] Ozturk I. "The Role of Education in Economic Development: A Theoretical Perspective" [J]. *Journal of Rural Development and Administration*, 2001, 1: 39 –47.

[311] Peet R. "Inequality, Crisis and Austerity in Finance Capitalism" [J]. *Cambridge Journal of Regions Economy and Society*, 2011, 4 (3): 383 –399.

[312] Perotti R. "Political Equilibrium, Income Distribution, and Growth" [J]. *Review of Economics Studies*, 1993, 60: 755 –776.

[313] Photis L. "Global Inequality as One of the Root Causes of the Financial Crisis: A Suggested Explanation" [J]. *Economy and Society*, 2011, 40 (3): 323 –344.

[314] Piketty T. "The Dynamics of the Wealth Distribution and Interest Rates with Credit Rationing" [J]. *Review of Economics Studies*, 1997, 64 (1): 173 – 189.

[315] Pose A. R. and Tselios V. "Inequalities in Income and Education and Regional Economic Growth in Western Europe" [J]. *Annuals of Regional Science*, 2008, 44 (2): 349 –375.

[316] Pritchett L. "Where Has All the Education Gone?" [J]. *World*

Bank Economic Review, 2001, 3: 367 – 391.

[317] Puga D. "The Rise and Fall of Regional Inequalities" [J]. *European Economic Review*, 1999, 43: 303 – 334.

[318] Ram R. "Exports and Economic Growth: Evidence from Time – Series and Cross – Section Data" [J]. *Economic Development and Cultural Change*, 1987, 36: 51 – 72.

[319] Ram R. "Exports and Economic Growth: Some Additional Evidence" [J]. *Economic Development and Cultural Change*, 1985, 33: 415 – 425.

[320] Ranis G. and Fei J. C. H. "A Theory of Economic Development" [J]. *American Economic Review*, 1961, 51 (4): 533 – 565.

[321] Ravikumar S. "The Study of Free Trade Zone Policy in India: A make in India Initiative" [J]. *International Journal of Multidisciplinary Management Studies*, 2016, 6 (2): 10 – 18.

[322] Ray S. "Challenges and Changes in Indian Rural Credit Market: A Review" [J]. *Agricultural Finance Review*, 2019, 79 (3): 338 – 352.

[323] Romer D. "Endogenous Technological Change" [J]. *Journal of Political Economy*, 1990, 98 (5): 71 – 102.

[324] Romer P. M. "Increasing Returns and Long – Run Growth" [J]. *Journal of Political Economy*, 1986, 94 (5): 1002 – 1037.

[325] Russek S. "Differential Labour Mobility and Agglomeration" [J]. *Papers in Regional Science*, 2010, 89 (3): 587 – 606.

[326] Schultz T. W. "Investment in Human Capital" [J]. *American Economic Review*, 1961, 51 (1): 1 – 17.

[327] Seabron A. , Thomas N. and Geoffrey P. "Efficiency of Financial Transmission Rights Markets in Centrally Coordinated Periodic Auctions" [J]. *Energy Economics*, 2010, (32): 103 – 110.

[328] Taylor A. M. and Williamson J. G. "Convergence in the Age of Mass Migration" [J]. *European Review of Economic History*, 1997, 1 (1): 27 – 63.

[329] Tiebout C. "A Pure Theory of Local Expenditure" [J]. *Journal of Political Economy*, 1956, 64 (5): 416 – 424.

[330] Torrisi B. "Asymmetric Salary and Uniformity of Academic Positions at Universities in the EU28" [J]. *Open Access Library Journal*, 2016, 3: 1 – 21.

[331] Tushman M. L. and Anderson P. "Technological Discontinuities and Organizational Environments" [J]. *Administrative Science Quarterly*, 1986, 3: 439 – 465.

[332] Uzawa H. "Optimal Growth in a Two – Sector Model of Capital Accumulation" [J]. *Review of Economics Studies*, 1964, 31: 1 – 24.

[333] Vandenbussche J. , Aghion P. and Meghir C. "Growth, Distance to Frontier and Composition of Human Capital" [J]. *Journal of Economic Growth*, 2006, 11 (2): 97 – 127.

[334] Venieris Y. and D. Gupta. "Income Distribution and Sociopolitical Instability as Determinants of Savings: A Cross – Sectional Model" [J]. *Journal of Political Economy*, 1986, 94: 873 – 883.

[335] Vernon R. "International Investment and International Trade in the Product Cycle" [J]. *Quarterly Journal of Economics*, 1966, 80: 190 – 207.

[336] Wang Xiaoyan, and Liu Jian. "China's Higher Education Expansion and the Task of Economic Revitalization" [J]. *Higher Education*, 2011, 2: 213 – 229.

[337] Whalley J. and Shunming Zhang. "A Numerical Simulation Analysis of (Hukou) Labour Mobility Restrictions in China" [J]. *Journal of Development Economics*, 2007, 83 (2): 392 – 410.

[338] Woo J. "Growth, Income Distribution, and Fiscal Policy Volatility" [J]. *Journal of Development Economics*, 2011, 96 (2): 289 – 313.

[339] Xu C. and Y. Qian. "Why China's Economic Reforms Differ: The M – Form Hierarchy and Entry/Expansion of the Non – State Sector" [J]. *Economics of Transition*, 1993, 1: 135 – 170.

[340] Young A. "Substitution and Complementarities in Endogenous Innovation" [J]. *Quarterly Journal of Economics*, 1993, 108: 775 – 807.

[341] Yurko A. "How Does Income Inequality Affect Market Outcome in Vertically Differentiated Markets?" [J]. *International Journal of Industrial Organization*, 2011, 29 (4): 493 – 503.

[342] Zhao X. , et al. "Reconsidering Baron and Kenny: Myths and Truths about Mediation Analysis" [J]. *Journal of Consumer Research*, 2010, 37, 197 – 206.

[343] Zweimuller J. and Brunner J. K. "Innovation and Growth with Rich and Poor Consumers" [J]. *Metroecomomica*, 2005, 56: 233 – 262.

后　记

　　此书是国家社会科学基金后期资助项目"中国高质量发展理论框架与经验问题研究"（项目编号：20FJLB020）的结项成果。虽然项目获批于2020年，但书稿部分内容的形成却可最早追溯到我在南京大学攻读博士学位阶段的2010年。受一众名师的引领和指点，十多年来我一直关注于中国经济发展的理论与实践。借助于国家社科基金后期资助项目立项的契机，才得以将与经济高质量发展这一主题相关的文章汇聚成书。尽管对这一话题的思考持续不断，但由于时间跨度长，因此难免出现章节之间衔接不紧的现象。为此只能借助评审专家和学界同仁的修改意见，反复通读、斟酌与接驳，有时甚至出现了对一些内容删了又加、加了又删的纠结现象。如此几度春秋，几易其稿，终成此书。

　　在书稿形成过程中，除了要感谢各位匿名评审专家外，更要感谢为此书作出过实质性贡献的课题组成员，他们或参写部分内容，或提供数据资料，或助力技术处理。他们是：参与第二章经济高质量发展指数测度的王爱民老师（江苏师范大学副教授），参与第四章高等教育质量指数测度的魏畅同学（中国人民银行徐州分行），参与第五章第一节研究的朱江丽老师（南京大学副教授），参与第五章第二节和第七章研究的刘丹同学（南京农业大学博士生），参与第六章第一、二节研究的张晨雪同学（江苏师范大学研究生），参与第六章第三节研究的孙子淞同学（南京农业大学博士生），参与第七章第一节研究的余一辰同学（河海大学研究生）。在此对他们的工作深表谢意，并祝他们健康如意！

　　感谢家人，他们带给我的温馨，是儿子形容下的"沙沙的流水声"；他们带给我的幸福，是女儿小胖手比出的神似不形似的爱心。感恩世界，感谢所有，此记！

李子联，于南京聚宝山

图书在版编目（CIP）数据

中国高质量发展理论框架与经验问题研究/李子联
著 . -- 北京：经济科学出版社，2024.1
国家社科基金后期资助项目
ISBN 978 - 7 - 5218 - 5491 - 6

Ⅰ. ①中… Ⅱ. ①李… Ⅲ. ①中国经济 - 经济发展 -
研究 Ⅳ. ①F124

中国国家版本馆 CIP 数据核字（2024）第 005834 号

责任编辑：刘　莎
责任校对：王苗苗
责任印制：邱　天

中国高质量发展理论框架与经验问题研究

ZHONGGUO GAOZHILIANG FAZHAN LILUN KUANGJIA YU JINGYAN WENTI YANJIU

李子联　著

经济科学出版社出版、发行　新华书店经销
社址：北京市海淀区阜成路甲 28 号　邮编：100142
总编部电话：010 - 88191217　发行部电话：010 - 88191522
网址：www. esp. com. cn
电子邮箱：esp@ esp. com. cn
天猫网店：经济科学出版社旗舰店
网址：http://jjkxcbs. tmall. com
固安华明印业有限公司印装
710 × 1000　16 开　28.75 印张　520000 字
2024 年 1 月第 1 版　2024 年 1 月第 1 次印刷
ISBN 978 - 7 - 5218 - 5491 - 6　定价：129.00 元